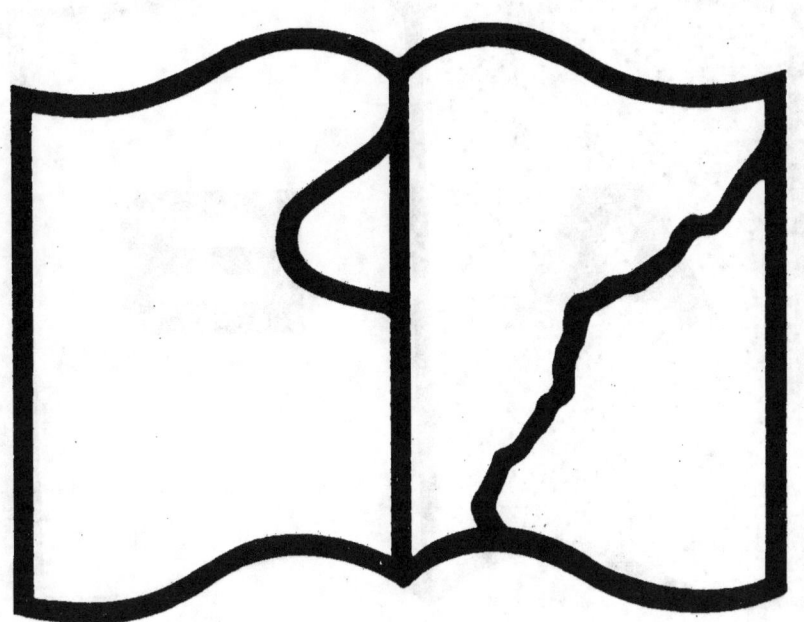

Texte détérioré — reliure défectueuse

NF Z 43-120-11

Contraste insuffisant

NF Z 43-120-14

[octo]bre 1641... M. de la Salle... de... fête de St... 143
...
1er [février?] 1839... la page 266...

au couvent des oiseaux
1ere réponse ————— page 209
2eme réponse page 264
3eme réponse page 128 chapitre 22 de la 1ere partie
4eme réponse sujet de trouble et désolation... 1839
page   mon âme le 14 [9]bre 1839
  49

Depuis plusieurs jours je demandais à Monseigneur
avec larmes et ferveur qu'il m'accordât de l'aimer d'un amour
sincère et... bonne comme lui et... le soir du
dernier jour de 9bre 1839, à minuit moins 10 minutes
j'ouvris le livre au hasard et tombai page 265
sur les paroles de mon adoré maître et Seigneur.

6 avril 1840 page 336

Le 14 mai 1840 mon confesseur m'ayant par[lé?] d'une faveur accordée à...
... je revins et toute tremblante d'un bonheur si inattendu j'ouvris
Ste Thérèse au hasard conjurant le Seigneur de venir à moi... me dit...
pas le courage d'aller... lui qu'elle ne fut pas ma... de tomber
page 269 sur le sujet de méditation que m'avait ce jour là
même donné mon confesseur, j'en conclus que sa voix devoit être
pour moi la voix de Dieu et je n'hésitai plus.

Le 17 mai ayant eu dans la soirée occasion de parler à...
de ne... avoir... de grâces que Dieu m'a faites j'eus peur d'...
douleur d'avoir offensé Dieu, je lui en demandai bien par...
et ... comme à mon ordinaire avant ma... ...
de me coucher je tombai sur la page 96 et 98
... à notre Seigneur le 10 [9]bre 1841 elle répond je...
... ... double volonté je ... ...

1641 première huitaine de mars ouvrant ma ttte Thérèse dans un moment de peine d'inquiétude il me fut dit dans six mois je ferai paraître de grand en mars [...] (remarquez [...])

3ème en avril après avoir délivrance de peine [...]

4 [...] à devenir meilleur —

4. avril au moment d'une gde douleur — que [...]
   [...] ai je pas dit que cela s'accomplirait —

5 dans le même tems que je me mis en peine que [...]

6 que je priasse que cette âme était fort en peine [...]
   jusqu'à 28 avril de ne point tourmenter de la sorte que [...]
   de parler de cette affaire j'eus que c'est que le tems fut venu de la [...]

   le 28 avril ste magdelaine (Lisbeth) étoile du matin [...]
   (28 avril au soir) contentez vous de me servir et [...]
   et le 29 avril au matin j'ai demandé et demande à notre [...]
   Chériesternel [...] peignant qu'il soit ainsi toute ma vie des [...]
   de monseigneur, comme de toutes les grâces que je demande [...]
   nous trois [...] de ste madelene [...] protection de ste [...]
   au nom de Monseigneur[...] qui ô mon Dieu vous avez [...]
   vos affections comme aussi la grâce de n'y jamais manquer et [...]
   aspirer s'il m'arrivait de ne plus pouvoir le dire [...]
   Jésus ! Marie ma chérie mère au nom de tous mes chers protect[...]
   du ciel bénissez ma prière et faites de plus en plus plaisir [...]
   de reconnaissance et d'aimer pour la très sainte [...]
   pleine de mépris de pour tout ! ô mon Dieu ! aimez au ciel [...]
   aimés sur la terre ! que mon époux et mes enfants [...]
   tout [...] la première génération jusqu'à la dernière [...]
   que maman [...] afin que nous soyons tous réunis [...]
   [...] dans le ciel Amen ——— ô bien aimé père éternel qui [...]
   [...] votre fils chéri pour nous, daignez recevoir mes [...]
   [...]

D. Gras

[illegible faded lines]

...jour de ma [cinquante] et troisième, qui se trouvait aussi le soir de mon année de retraite veille du [1er mai]
la fois 30 avril ayant soigné [Emilie] et été un enfant malade je lui page 152   1841

aujourd'hui 19 mai 1841 j'ai demandé à Dieu au nom de son fils
bien aimé de lui demander toujours et sans cesse jusqu'à mon dernier souffle
1° la foi qui transporte les montagnes, la vérité, l'humilité, et surtout et par
dessus tout la charité miséricordieuse et reconnaissante [immense]
étendue sans borne jusqu'à mon dernier souffle
2° la délicatesse de Ste Thérèse [...]
part à la [Bté] de la Ste vierge moi part aussi au glaive de
douleur qui traversa son âme
  au St Roi David son rep et son talent
  a Ste Magdelaine son amour pour dieu et sa protection toujours
et comme elle sera mon ange gardien jusqu'à mon dernier souffle
et je demande cette même grâce à l'éternel au nom de son
fils bien aimé [...] hautement pour moi mais encore pour [les]
les miens depuis la première génération jusqu'à la dernière
[...] sans [...] communion en l'honneur [...]
[illegible lines]

LES ŒVURES

DE SAINTE THERESE
DIVISE'ES EN DEVX PARTIES.

De la Traduction de

MONSIEVR ARNAVLD D'ANDILLY.

PREMIERE PARTIE

À PARIS,
Chez PIERRE LE PETIT, Imprimeur & Libraire ordinaire du Roy,
Ruë S. Iacques, à la Croix d'Or.

M. DC. LXXI.
Avec Aprobation & Privilege.

AVERTISSEMENT.

L'EMINENCE de l'esprit de sainte Therese iointe à toutes les vertus & à toutes les graces surnaturelles qui peuvent enrichir une ame, me la faisant considerer comme l'une des plus grandes lumieres de l'eglise dans ces derniers siecles, me porta il y a desja plusieurs années à entreprandre de traduire toutes ses Oeuvres. Mais lors qu'apres avoir donné au public son traité du chemin de la perfection & quelques autres petits traitez je voulois continuër, ie me trouvay engagé à traduire des vies de saints par des raisons dont iay rendu compte dans l'avis au Lecteur du volume de celles que iay fait imprimer d'un grand nombre des plus Illustres. Vn autre engagement m'obligea ensuite à la traduction de Joseph: & l'ayant achevée à cet age que Dieu a comme donné pour terme à la vie des hommes, & au delà des borne du quel l'Ecriture dit qu'il n'y a plus que de l'infirmité & de la douleur i'avois resolu de ne travailler desormais que pour moy-même, en m'occupant seulement à dés saintes lectures qui remplissent mon esprit que des pensées de l'eternité, Dans ce dessein la premiere chose que ie fis fut de relire Sainte Therese pour ma propre édification; & i'en fus

AVERTISSEMENT.

si touché que ie crus, que puis que Dieu me donnoit une santé si extraordinaire dans un tel âge ie devois l'employer à achever ce que ie n'avois fait que cōmencer; & ie m'y suis attaché avec tant d'application que Dieu m'a fait la grace de finir ce long travail plutost que ie n'avois osé l'esperer.

Encore que la sainte parle beaucoup dans ses ouvrages de la pratique des vertus, & particulierement de celles de l'humilité & de l'obeïssance: neanmoins parceque l'oraison est le principal suiet dont elle traitte, elle s'estand plus sur celuy-la que sur tous les autres, à cause qu'elle le consideroit comme le moyen d'arriver à cette haute perfection qu'elle souhaitoit aux ames dont Dieu luy avoit donné la conduite. mais parceque les graces dont il l'a favorisée & les veritez qu'il luy a fait connoistre dans une ocupation si sainte sont si extraordinaires & si éleuées, que ce qu'elle en raporte peut passer pour des nouvelles de l'autre monde & pour un langage tout nouveau, il n'y a pas suiet de s'estonner que presque tous ceux qui lisent ses œuvres trouvent de l'obscurité dans les endroits où elle traite de ces matieres si sublimes. C'est ce qui m'avoit fait croire que pour dissiper en quelque sorte ce nuage qui s'offre d'abord à leurs yeux, & qui demande tant d'attention pour ne se point refroidir dans une lecture si differante de celle des autres livres, ie devois commencer cet avertissement par éclaircir les termes dont la sainte se sert pour faire entendre des choses qui ont si peu de rapport à nos connoissances ordinaires, afin que lors que l'on se rencontrera dans

AVERTISSEMENT.

ces endroits difficiles on ne soit pas surpris par l'ignorance des termes dont la Sainte est contrainte d'user pour s'expliquer; & qu'ainsi ne perdant point courage on franchisse ces ecueils qui ont iusques-icy arresté la pluspart du monde dans les endroits les plus eslevez, & les plus exellens de ses ouurages. mais depuis ayant consideré que cela tiendroit icy trop de place i'ay pensé qu'il valoit mieux renvoyer les lecteurs à la table des matieres que i'ay faite si exacte que l'on y verra de suite à commencer à la page 874. tout ce qui regarde les diverses manieré d'oraison.

Apres que l'on se sera randu ces termes familiers, ie veux croire que l'on n'aura pas beaucoup de peine à entendre tout ce qui est compris dans ce volume. ie l'ay divisé en deux parties : & voicy l'ordre dans lequel i'ay iugé à propos de mettre les diverses pieces qui le composent.

LA VIE DE LA SAINTE écrite par elle mesme.

Ie ne m'arresteray point à donner des loüanges à cet Ouurage, puis qu'il est desia si connû & si estimé de tout le monde. Ie me contenteray de dire que comme la Sainte se trouva obligée par le commendement de ses superieurs d'y parler des graces qu'elle avoit receuës de Dieu, c'est-la qu'elle commence à traiter particulierement de l'oraison, qu'elle compare à un iardin spirituel qui peut estre arrosé en quatre manieres dont la premiere est l'oraison Mentale, qui est comme tirer de l'eau d'un puits à force de bras : la seconde, l'oraison de quietude, qui est comme en tirer

AVERTISSEMENT.

avec une machine : La troisiéme, l'oraison d'Union, qui est comme en recevoir sans peine d'une fontaine ou d'un ruisseau par des rigoles : Et la quatriéme, l'oraison de Rauissement, qui est comme une pluye qui tombe du ciel sans que nous y ayons rien contribué. A quoy j'aiousteray que le feu d'un amour de Dieu tel qu'estoit celuy dont brûloit le cœur de la sainte ne pouvant estre si ardant sans jetter des flammes, elle interromp souvent son discours pour l'adresser à cette supréme majesté par des paroles toutes de feu & d'amour de même que saint augustin dans ses Confessions, dont elle temoigne que la lecture avoit fait une si forte impression en son ame, & son stile dans ces matieres d'un amour Celeste & tout divin me paroist si semblable au sien, qu'il est à mon avis facile de voir qu'ils estoient animez d'un même esprit. I'ay fait marquer ces paroles de la sainte à Dieu avec des doubles virgules à la marge afin qu'on les puisse trouver sans peine : & i'ay fait mettre en italique celles que Dieu luy disoit. Elles sont en si grand nombre que ie pense qu'il se trouvera tres-peu de saints à qui il ait fait une telle grace.

FONDATIONS faite par la sainte de plusieurs monasteres.

Quoy que ces fondations soient une relation de plusieurs choses semblables, elles sont meslées de divers euenemens raportez d'une maniere si agreable, & la narration en est si pure, qu'il y a peu d'histoires plus divertissantes. Elles sont aussi tres-vtiles parce que la Sainte n'y perd aucune ocasion de faire d'excellan-

AVERTISSEMENT.

Les reflections sur l'exercice des vertus pour exiter ses Religieuses à s'auancer de plus en plus dans le service de Dieu.

MANIERE DE VISITER les Monasteres.

Rien ne peut ce me semble estre plus vtile pour les Superieurs & pour les Superieures que ce petit traité, tant il excelle également en iugement, en prudence, & en sainteté.

AVIS DE LA SAINTE T. à ses Religieuses.

Ces auis sont aussi des instructions fort utiles.

LE CHEMIN DE LA PERFECTION.

Ie ne diray rien de ce Traité aprés le iugement si avantageux que le public en a desja fait lors que ie luy en ay donné la Traduction.

MEDITATIONS sur le pater.

Ie ne pourrois que repeter la même chose que ie viens de dire sur le Chemin de la perfection.

LE CHASTEAV DE L'AME.

C'est icy ou ie me trouve obligé de me baucoup estandre, à cause de la prevention presque generale que cet Ouurage est si obscur qu'il est inutile de le lire.

La maniere d'exprimer les choses est ce qui les rend d'ordinaire intelligibles ou obscures. Ainsi de tres-faciles à entendre par elles-mêmes peuvent estre obscures lors qu'elles sont mal exprimées : au lieu que les plus difficiles estant bien traduites peuvent quelque eslevées qu'elles soient estre randuës claires par la netteté de l'expression. Que si on allegue sur cela la difficulté qui se rencontre dans les escrits des prophetes & l'apocalypse, il suffit ce me semble de repondre que les prophe-

AVERTISSEMENT.

tes & Saint Iean, ou pour mieux dire le Saint Esprit qui parloit par leur bouche, n'a pas eu dessin de se rendre plus intelligible, parce que ce sont des secrets & des mysteres qui doivent demeurer inconnus aux hommes iusques à ce que le temps soit arrivé de les rendre par les effets intelligibles à tout le monde. Mais pour ce qui regarde ces traitez de Sainte Therese, & particulierement celuy du chasteau de l'ame, c'est le contraire. Car elle dit precisément en divers endroits qu'elle fait tout ce qu'elle peut pour se rendre intelligible, à cause que son dessein est de decouvrir à ses Religieuses ce que Dieu luy avoit fait connoistre de son infinie grandeur & des merveilles renfermées dans les graces extraordinaires qu'il fait aux ames; comme aussi de leur apprendre ce qu'elle sçavoit des artifices dont le Demon se sert pour les faire tomber dans ses pieges, & pour destruire ainsi en elles l'ouvrage de son Esprit Saint. en quoy elle temoigne toûiour apprehender de ne se pas bien expliquer: ce qui montre combien elle desiroit d'eviter l'obscurité. La question n'est donc pas si ces matieres sont si élevées qu'elles soient inconnuës à ceux qui n'ont point receu de Dieu le don de ces oraisons si sublimes puis que chacun en convient? mais de sçavoir si cette grande Sainte à exprimé de telle sorte ce que l'experience luy en à appris qu'elle l'ait rendu intelligible: & c'est ce que ie suis persuadé qu'elle à fait, me paroissant que l'on peut entendre ce qu'elle raporte de ces communications de Dieu avec les ames à qui il donne dés cette vie des connoissances Angeliques. Ainsi il ne s'agit pas de demeurer d'acord si elle

AVERTISSEMENT.

a eu intention dans cet Ouvrage de bien exprimer ces hautes veritez, puis que l'on n'en peut douter, ny si elle s'en est bien acquitée apres avoir veu de quelle sorte elle s'explique si clairement dans tout le reste; mais seulement de juger si dans cette traduction j'ay bien compris son sens, & si j'ay esté assez heureux pour la faire comprandre aux autres. Or c'est en quoy je ne suis pas si presompteux que de croire d'avoir aussi bien reüssi qu'auroit pû faire des personnes tres-habiles & beaucoup plus intelligente que ie ne le suis en ces matieres si spirituelles. Ce que ie puis dire avec verité est, que ie n'ay jamais rien trouvé de si difficile, tant par les choses en elles-mêmes que par la maniere d'écrire de la Sainte, qui met quelquefois parentheses sur parentheses lors que l'esprit de Dieu l'emporte avec tant de rapidité à declarer ce qu'elle sçait des effets de la grace qui vont si fort au dela des connoissances humaines. Ainsi il n'y a point d'efforts que ie n'aye faits pour tacher à découvrir son veritable sens. Et comme la difficulté tombe sur ce qui est de l'oraison, le moyen dont ie me suis servy pour m'en eclaircir a esté de considerer avec une extreme application tout ce que la Sainte en a dit dans ces autres Traitez qui ont precedé celuy de ce Chasteau de l'ame, dans lequel elle marque particulierement que depuis quatorze ou quinze ans qu'elle avoit escrit de cette matiere, Dieu luy en avoit fait connoistre beaucoup de choses qu'elle ignoroit auparavant : tellement que l'on peut dire que ce Traité est comme son Chef-d'œuvre en ce qui regarde l'oraison. Mais cet avantage ne luy oste pas celuy d'estre aussi

AVERTISSEMENT.

tres-excellent & tres utile pour ce qui est de la pratique des vertus. Elle en parle admirablement en plusieurs endroits. Et si d'un costé les personnes spirituelles y trouvent tant de lumieres dont elles n'avoient point de connoissance ; ceux que Dieu n'a pas favorisez de semblables graces & qui sont même encore engagez dans le siecle, n'y trouveront pas moins à apprendre pour la pratique d'une vie toute chrestienne. Car cette grande Sainte y fait voir que la perfection ne depend pas de ces graces extraordinaires, de ces visions merveilleuses, de ces ravissemens, de ces extases que Dieu donne à qui il luy plaist & que l'on ne doit pas demander ny même desirer ? mais que tout consiste à soûmetre entierement nostre volonté à la sienne. Ce qui est d'une si grande consolation que l'on ne sçauroit trop admirer son infinie bonté pour les hommes, de vouloir ainsi par des voyes si differentes les rendre eternelement heureux.

PENSE'ES SVR L'AMOVR DE DIEV.

Ie ne sçaurois assez m'estonner de ce que le traité du Chasteau de l'ame faisant tant de bruit, on ne parle point de ces pensées sur l'amour de Dieu qui sont comme la suite de la septiéme demeure de ce Chasteau spirituel & encore plus élevée s'il se peut. I'avoüe n'avoir jamais rien veu qui m'ait parû plus beau, ny qui porte l'esprit à une plus haute admiration de la grandeur infinie de Dieu & des merveilles de sa grace. En quoy ce traité est d'autant plus a estimer que la Sainte y mêle selon sa coûtume à des pensées si sublimes, des in-

AVERTISSEMENT.

structions tres-utiles pour la pratique des vertus, & qu'au lieu de decourager les lecteurs par la veüe d'une perfection à laquelle ils n'oseroient aspirer, elle les console en leur faisant voir qu'il n'est point necessaire pour estre entierement uny à Dieu & ainsi parfaitement heureux, qu'il nous favorise de ces graces si relevées : mais qu'il suffit comme ie viens de le diré de soûmettre absolument nostre volonté à la sienne & de temoigner cette soûmission par toutes nos actions.

MEDITATIONS APRE'S LA COMMVNION.

Comme j'avois déja donné ce petit traité au public avec celuy du Chemin de la Perfection & les Meditations sur le Pater, ie me contenteray de dire que ie l'ay mis ensuite du Chasteau de l'ame & des pensées sur l'amour de Dieu, parce qu'il est plein de mouvemens si vifs & si ardens de cet amour qui peut passer pour l'une de ces effusions du cœur qui détachent de telle sorte une ame des sentimens de la terre quelle l'éleve vers le Ciel par son ardeur & son impatience de posseder cet adorable Sauveur qui fait toute sa felicité, & la remplit de l'esperance de regner éternellemeut avec luy dans sa gloire.

Quant aux LETTRES DE LA SAINTE ? ayant consideré ses Ouvres comme toutes comprises dans les trois volumes en Espagnol imprimez à Anvers en 1649. j'avois crû apres avoir achevé le troisième qu'il n'y avoit plus rien d'elle à traduire.

AVERTISSEMENT.

Mais sur ce que j'appris qu'il y avoit un quatriéme Volume aussi imprimé à Anvers en 1661. j'ay voulu le voir; & j'ay trouvé qu'il n'est composé que des lettres de la Sainte & de quelques avis à ses Religieuses & aux Carmes Déchaussez, avec des Remarques de Monsieur l'Evesque de Palafox, & qu'il n'y a que deux ou trois de ces lettres qui ayent du rapport à ses autres Ouurages: le reste n'estant que des lettres particulieres qu'elle écriuoit touchant les affaires de son Ordre. Ainsi j'ay creu que Monsieur Pelicot ayant traduit avec grand soin ce quatrieme volume, ie ne pourrois sans une espece de larcin en tirer ces deux ou trois lettres, ou me persuader sans presomption de pouvoir en les traduisant de nouveau y mieux reüssir que luy.

Voila donc en quoy consistent generalement toutes les Oeuures de cette grande sainte qui ont parû iusques à cette heure. Et ie n'ay rien obmis à traduire de ces trois premiers Volumes que des Vers dont la reprise est: Que muero porque no muero: C'est à dire, Car ie meurs de ne mourir pas; parce que la Sainte ayant declaré expressément en la page 83. de sa vie que ces vers estoient une production de son amour & non pas de son esprit, j'avoüe n'avoir pas esté assez hardy pour entreprendre d'expliquer des pensées que le Saint Esprit luy à inspirées & fait exprimer d'une maniere si élevée & si penetrante, que quand on pourroit douter de la verité des paroles de cette admirable Sainte, ce que personne n'oseroit faire, il seroit facile de iuger par le stile de ces vers diuins qu'elle n'y a point eu de part.

AVERTISSEMENT.

I'ay mis pour le soulagement des lecteurs au commencement de chaque suiet dont elle parle quelques mots à la marge qui en sont l'abregé : & à la fin de ce suiet un petit fleuron qui montre qu'elle passe à une autre matiere, afin que l'on voye tout d'une veüe iusques où celle-là s'esterd.

On trouuera aussi dans quelques endroits d'autres apostils, mais imprimez en italique pour en montrer la diferance. & comme ie ne doute point que ces apostils qui sont dans l'Espagnol ne soient des remarques faites par quelque grand contemplatif sur les matieres les plus difficiles de l'oraison, & qu'ils ont esté traduits par le pere Cyprien dans sa traduction des Ouurages de cette grande Sainte, ie me suis creu obligé de les traduire aussi afin que l'on ne pust blâmer d'auoir negligé de le faire.

Pour ce qui regarde la fidelité de ma traduction, i'espere que ceux qui voudront se donner la peine de la conferer exactement avec l'Espagnol, iugeront qu'il est difficile d'estre plus religieux que ie l'ay esté à rapporter le sens de la Sainte, & même iusques aux moindres des mots que l'on ne pourroit obmettre sans l'alterer en quelque sorte. mais comme chaque langue à des beautez & des expressions qui luy sont particulieres, il n'y a point de soin que ie n'aye pris pour balancer par les avantages que nostre langue a sur l'Espagnole, ceux que l'Espagnole à sur la nostre. Et ie suis persuadé que c'est l'une des regles la plus importante aussi bien que la plus difficile à pratiquer que l'on puisse suiure dans la traduction, parce qu'elle fait qu'en plusi-

AVERTISSEMENT.

eurs endroits les copies surpassent les originaux. Apres avoir rendu raison à ceux qui liront cet Ouurage de la conduite que i'y ay tenuë, il ne me reste qu'à implorer l'assistance de cette glorieuse Sainte, afin que Dieu ait mon travail agreable. Et si ses prieres ont esté si puissantes lors qu'elle estoit encore sur la terre ou il ne luy decouuroit ces hautes veritez que comme à travers des nuées esclatantes de lumiere; que ne dois-ie point attendre de son intercession maintenant que ces voiles estant levez elle regne avec luy dans la gloire? qu'elle voit ces veritez dans leur source, & que l'ardante charité dont elle estoit embrasée s'est augmentée de telle sorte dans le Ciel, qu'on peut la considerer comme l'un de ces Seraphins qui brulent sans cesse de ce feu diuin que nul siecle ne verront esteindre. I'espere aussi que ceux qui seront le plus touchez de la lecture de ces admirables Ouvrages de la Sainte, & particulierement entre tant de maisons religieuses, celles de son Ordre voudront bien imiter sa charité en ne me refusant pas la priere que ie leur fais de tout mon cœur de se souvenir de moy devant Dieu.

APROBATION DES DOCTEVRS.

Es faveurs que Sainte Therese a recuës du ciel sont si extraordinaires & si elevées qu'on ne les peut pas comprendre aisement sans en avoir eu l'experience & le sentiment dans le cœur ; & quelque idée que l'on en pûst concevoir, il seroit difficile de trouver des paroles dans le langage commun pour les bien exprimer. Il a falu pour en reconnoistre la verité qu'elles ayent esté examinées par des Saints qui avoient part aux mêmes graces & qui avoient le don de discerner les esprit, il a esté necessaire que cette sainte prit la plume & qu'elle fit elle même son histoire pour le faire connoistre à toute l'Eglise. Elle ne Pouvoit avoir d'interprete en nostre Langue qui pûst mieux soutenir dans une traduction la grandeur de ces pensées & la force de ses paroles que Monsieur d'Andilly, qui a signalé son merite par tant d'ouurages excellens. Nous estimons que celuy-cy répond parfaitement à la dignité de son suiet, & qu'il est tres capable d'edifier la foy & la pieté des personnes les plus chretiennes & les plus spirituelles. A Paris ce 25 May 1670.

A. Debreda Curé de S. André.

Grenet Curé de S. Benoist.

P. Marlin Curé de S. Eustache.

T. Fortin Proviseur du College de Harcourt.

N. Gobillon Docteur de Sorbonne Curé de S. Laurens.

EXTRAIT DV PRIVILEGE DV ROY.

PAR Lettres Patentes de Sa Majesté données à Saint Germain en Laye le 27 de Novembre 1669 Signé, CADET, il est permis au Sieur ARNAVLD D'ANDILY, Conseiller de Sa Maiesté en ses Conseils, de faire imprimer par tel Imprimeur ou Libraire qu'il voudra choisir, la Traduction par luy faite d'Espagnol en François des *Oeuvres de Sainte Therese*, soit en un ou en plusieurs volumes, & ce pandant le temps & space de dix années, à compter du iour que ladite Traduction sera achevée d'imprimer : & defenses sont faites à tous Imprimeurs, Libraires ou autres de l'imprimer sans le consentement dudit Sieur d'Andilly, ny d'en vendre de contrefaits, à peine de quinze cens liures d'amande, de confiscation des exemplaires contrefaits, & de tous depens, domages & interest, ainsi qu'il est plus au long porté par lesdites Lettres.

Registre sur le liure de la communauté des Imprimeurs & Libraires de paris, le deuxième Iuillet mil six cens soixante-dix. Signé, LOVIS SEVESTRE, *Sindic.*

Nous soussigné avons cedé & transporté au Sr. le Petit Imprimeur & Libraire ordinaire du Roy, le present Privilege pour la traduction des *Oeuures de sainte Therese*, pour en ioüir pendant le temps porté par iceluy. Fait à pompone le 5. Iuillet mil six cens soixante-dix. Signé, ARNAVD D'ANDILLY.

Achevé d'imprimer. pour la premiére fois le dixième Iuillet mil six cens soixante dix.

LA

LA VIE
DE
SAINTE THERESE
ECRITE
PAR ELLE-MESME

Avant propos de la Sainte.

E souhaiterois que comme l'on m'a ordonné d'écrire tres-particulierement la maniere de mon oraison & les graces que j'ay reçües de Dieu, on m'eust permis de faire connoistre avec la mesme exactitude la grandeur de mes pechez & la vie si imparfaite que j'ay menée. Ce me seroit beaucoup de consolation. Mais au lieu de me l'accorder on m'a lié les mains sur ce sujet. Ainsi il ne me reste qu'à conjurer au nom de Dieu ceux qui liront ce discours de ma vie de se souvenir tousiours que j'ay esté si méchante, que je ne remarque un seul de tous les Saints qui se sont convertis à Dieu dont l'exemple puisse me consoler. Car ie voy que depuis qu'il luy a plû de les toucher ils n'ont point continué a l'offenser; au lieu que non seulement ie devenois tousiours plus mauvaise; mais il sembloit que ie prisse plaisir à resister aux graces que nostre Seigneur me faisoit, quoy que ie comprisse assez qu'elles m'obligeoient à le mieux servir & que ie ne les pouvois trop reconnoistre. Qu'il soit beny à iamais de m'avoir attendue avec tant de patience: ie ne sçaurois trop l'en remercier, & i'imploro de tout mon cœur son secours pour pouvoir écrire avec autant de

A

clarté que de verité cette relation que mes confesseurs m'ont ordonné de faire, & que ie n'avois iusques icy osé entreprendre, quoy que Dieu m'eust il y a long-temps donné la pensée d'y travailler. Ie souhaite qu'elle reussisse à sa gloire, & que me faisant encore mieux connoistre à ceux qui m'y ont engagée ils me fortifient dans ma foiblesse, afin que ie puisse faire un bon usage des graces que i'ay receues de Dieu à qui toutes les creatures doivent donner de continuelles loüanges.

CHAPITRE PREMIER.

Vertus du pere & de la mere de la Sainte. Soin qu'ils prenoient de l'éducation de leurs enfans. La Sainte n'estant âgée que de six ou de sept ans, entre avec un de ses freres dans le desir de souffrir le martyre.

LES faveurs que i'ay receuës de Dieu & la maniere dont i'ay esté élevée auroient dû suffire pour me rendre bonne, si ma malice n'y eust point apporté d'obstacle. Mon pere estoit fort affectionné à la lecture des bons livres, & en avoit plusieurs en langue vulgaire, afin que ses enfans les pussent entendre. Ma mere secondoit ses bonnes intentions pour nous ; & le soin qu'elle prenoit de nous faire prier Dieu & de nous porter à concevoir de la devotion pour la sainte Vierge & pour quelques Saints, commença à m'y exciter à l'âge de six ou sept ans. I'y estois aussi poussée parce que ie ne voyois en mon pere & en ma mere que des exemples de vertu.

Mon pere estoit tres-charitable envers les pauvres & les malades, & avoit une si grande bonté pour les serviteurs qu'il ne put iamais se resoudre d'avoir des esclaves, tant ils luy faisoient de compassion. Ainsi ayant eu durant quelques iours chez luy une esclave qui appartenoit à l'un de ses freres, il la traitoit comme si elle eust esté sa propre fille, & disoit qu'il ne pouvoit sans douleur voir qu'elle ne fust pas libre. Il estoit tres-veritable dans ses paroles : on ne l'entendit jamais jurer ni médire de personne ; & il n'y avoit rien dans toute sa conduite que de fort honneste & de fort loüable.

Ma mere estoit aussi tres-vertueuse; & son peu de santé la fit tomber dans de grandes infirmitez. Quoy qu'elle fust extremement belle, elle faisoit si peu de cas de cet avantage qu'elle avoit receu de la nature, qu'encore qu'elle n'eust que trente-trois ans lors qu'elle mourut, une personne fort âgée n'auroit pû vivre d'une autre maniere qu'elle faisoit. Son humeur estoit extremement douce : elle avoit beaucoup d'esprit : sa vie fut traversée par de grandes peines, & elle la finit tres-chrestiennement.

Nous estions douze enfans, trois fils, & neuf filles : & tous par la

CHAPITRE. I.

misericorde de Dieu ont imité ses vertus & celle de mon pere, excepte moy, quoy que ie fusse celle de tous ses enfans qu'il aimoit le mieux. Ie paroissois avant que d'avoir offensé Dieu avoir de l'esprit; & ie ne sçaurois me souvenir qu'avec douleur du mauvais usage que i'ay fait des bonnes inclinations que nostre Seigneur m'avoit données. I'estois en cela d'autant plus coupable que ie ne voyois rien faire à mes freres qui m'empeschat d'en profiter.

Quoy que ie les aimasse tous extrêmement & que i'en fusse fort aimée, il y en avoit un pour qui i'avois une affection encore plus particuliere. Il estoit environ de mon âge, & nous lisions ensemble les vies des Saints. Il me parut en vayāt le martyre que quelques-uns d'eux ont souffert pour l'amour de Dieu qu'ils avoient acheté à bon marché le bonheur de jouir eternellement de sa presence; & il me prit un grand desir de mourir de la mesme sorte, non par un violent mouvement d'amour que ie me sentisse avoir pour luy, mais afin de ne point differer à iouïr d'une aussi grande felicité que celle que ie lisois que l'on possede dans le ciel. Mon frere entra dans le mesme sentiment: & nous déliberions ensemble du moyen que nous pourrions tenir pour venir à bout de nostre dessein. Nous proposames de passer dans les pays occupez par les Maures, & de demander à Dieu qu'il nous fit la grace de mourir par leurs mains. Et quoy que nous ne fussions encore que des enfans, il me semble qu'il nous donnoit assez de courage pour executer cette resolution si nous en pouvions trouver le moyen: & ce que nous estions sous la puissance d'un pere & d'une mere estoit la plus grande difficulté que nous y voyons. Cette éternité de gloire & de peines que ces livres nous faisoient connoistre frapoit nostre esprit d'un étrange étonnement: nous repetions sans cesse: Quoy! pour toûjours, toûjours, toûjours. Et bien que ie fusse dans une si grande jeunesse Dieu me faisoit la grace en prononçant ces paroles qu'elles imprimoient dans mon cœur le desir d'entrer & de marcher dans le chemin de verité.

Lors que nous vismes mon frere & moy qu'il nous estoit impossible de reussir dans nostre dessein de souffrir le martyre, nous resolumes de vivre comme des hermites; & nous travaillâmes ensuite à faire des hermitages dans le iardin: mais les pierres que nous mettions pour cela les unes sur les autres venant à tomber parce qu'elles n'avoient point de liaison, nous ne pumes en venir à bout. Ie ne sçaurois encore maintenant penser sans en estre beaucoup touchée que Dieu me faisoit dés lors des graces dont i'ay si peu profité.

Ie donnois l'aumône autant que ie le pouvois: & mon pouvoir estoit petit. Ie me retirois en solitude pour faire mes prieres qui étoient en grand nombre, avec le rosaire pour lequel ma mere avoit une grande devotion & nous l'avoit inspirée. Lors que ie me iovois avec les petites filles de mon âge mon grand plaisir estoit de faire des monasteres & d'imiter les Religieuses: & il me semble que ie desirois de l'estre, quoy que non pas avec tant d'ardeur que les autres choses dont i'ay parlé.

I'avois environ douze ans quand ma mere mourut: & connoissant la perte que j'avois faite ie me iettay toute fondante en larmes aux pieds d'une image de la sainte Vierge, & la suppliay de vouloir être ma mere. Quoy que ie fisse cette action avec une grande simplicité il m'a paru qu'elle me fut fort avantageuse. Car i'ay reconnu manifestement que je ne me suis iamais recômandée à cette bienheureuse Mere de Dieu, qu'elle ne m'ait assistée. Elle m'a enfin appellée à son service: & ie ne puis penser qu'avec douleur que ie ne perseveray pas aussi fidellemêt que ie devois dans les bons desir que j'avois alors. Seigneur mon Dieu, puis que i'ay suiet de croire que me faisant tant de graces vous aviez dessein de me sauver, n'auroit-il pas falu que par le respect qui vous est dû encore plus que pour mon interez, mon ame dans laquelle vous vouliez habiter n'eust point esté prophanée par tant de pechez? je ne sçaurois en parler sans en estre vivement touchée, parce que ie n'en puis attribuer la cause qu'à moy seule étant obligée de reconnoistre qu'il n'y a rien que vous n'ayez fait pour me porter dés cet âge à estre absolument toute à vous, & que mon pere & ma mere ont pris tant de soin de m'élever dans la vertu & m'ont donné de si bons exemples, qu'au lieu de me pouvoir plaindre d'eux j'ay tous les suiets du monde de m'en loüer.

Lors que ie fus un peu plus avancée en âge ie commençay à connoistre les dons de la nature dont Dieu m'avoit favorisée & que l'on disoit estre grands. Mais au lieu d'en rendre graces à Dieu ie m'en servis pour l'offenser, ainsi que ie le diray dans la suite.

CHAPITRE II.

Prejudice que receut la Sainte de la conversation d'une de ses parentes. Combien il importe de ne frequenter que des personnes vertueuses. On la met en pension dans un monastere.

IL me semble que ce que ie vay rapporter me nuisit beaucoup, & il me fait quelquefois considerer combien grande est la faute des peres & des meres qui ne prennét pas soin d'empescher leurs enfans de rien voir qui ne les puisse porter à la vertu. Car ma mere estant telle que ie l'ay dit, tant de bonnes qualitez que ie voyois en elle firent peu d'impression sur mon esprit lors que ie commençay à devenir raisonnable : & ce qu'elle avoit de defectueux me fit grand

CHAPITRE II.

tort. Elle prenoit plaisir à lire des romans : & ce divertissement ne luy faisoit pas tant de mal qu'à moy. Car elle ne laissoit pas de prendre tout le soin qu'elle devoit avoir de sa famille: & peut-estre ne le faisoit-elle que pour occuper ses enfans, afin de les empescher de penser à d'autres choses qui auroient esté capables de les perdre. Mais nous oublions nos autres devoirs pour ne penser qu'à cela seul. Mon pere le trouvoit si mauvais qu'il faloit bien prendre garde qu'il ne s'en apperceust pas. Ie m'appliquay donc entierement à une si dangereuse lecture: & cette faute que l'exemple de ma mere me fit faire causa tant de refroidissement dans mes bons desirs, qu'elle m'en fit commettre beaucoup d'autre. Il me sembloit qu'il n'y avoit point de mal à employer plusieurs heures du iour & de la nuit à une occupation si vaine sans que mon pere le sceust, & ma passion pour cela estoit si grande que ie ne trouvois de contentement qu'à lire quelqu'un de ces livres que ie n'eusse point encore veu.

Ie commençay de prendre plaisir à m'aiuster & à desirer de paroistre bien: i'avois un grand soin de mes mains & de ma coëffure: i'aimois les parfums & toutes les autres vanitez; & comme i'étois fort curieuse je n'en manquois pas. Mon intention n'estoit pas mauvaise; & ie n'aurois pas voulu étre cause que quelqu'un offensast Dieu pour l'amour de moy. Ie demeuray durant plusieurs années dans cette excessive curiosité sans comprendre qu'il y eust du peché: mais ie voy bien maintenant qu'il estoit fort grand.

Comme mon pere estoit extrêmement prudent il ne permettoit l'entrée de sa maison qu'à ses neveux mes cousins germains: & plust à Dieu qu'il la leur eust refusée aussi-bien qu'aux autres. Car ie connois maintenant quel est le peril dans un âge où l'on doit commencer à se former à la vertu, de converser avec des personnes qui non seulement ne connoissent point combien la vanité du monde est méprisable, mais qui portent les autres à l'aimer. Ces parens dont ie parle n'estoient qu'un peu plus âgez que moy : nous étions toûjours ensemble : ils m'aimoient extrêmement : mon entretien leur étoit tres-agreable : ils me parloient du succez de leurs inclinations & de leurs folies; & qui pis est i'y prenois plaisir : ce qui fust la cause de tout mon mal.

Que si i'avois à donner conseil aux peres & aux meres ie les exhorterois de prédre bien garde de ne laisser voir à leurs enfans à cet âge que ceux dont la compagnie peut leur estre utile; rien n'estant plus important à cause que nôtre naturel nous porte plutôt au mal qu'au bien. Ie le sçay par ma propre experience. Car ayant une sœur plus âgée que moy fort sage & fort vertueuse ie ne profitay point de son exemple, & ie reçus un grãd préiudice des mauvaises qualitez d'une de mes parentes qui venoit souvent nous voir. Côme si ma mere qui

A iii

connoissant la legereté de son esprit eust preveu le dómage qu'elle me devoit causer, il n'y avoit rien qu'elle n'eust fait pour luy fermer l'entrée de sa maison: mais elle ne le peut à cause du pretexte qu'elle avoit d'y venir. Ie m'affectionnay extrêmement à elle, & ne me lassois point de l'entretenir parce qu'elle contribuoit à mes divertissemens & me rendoit comte de toutes les occupations que luy donnoit sa vanité. Ie veux croire qu'elle n'avoit point d'autre dessein dans nôtre amitié que de satisfaire son inclination pour moy & le plaisir qu'elle prenoit à me parler des choses qui la touchoient.

I'arrivay ainsi à ma quatorziéme année: & il me semble que durant ce temps ie n'offençay point Dieu mortellement, ny ne perdis point sa crainte mais i'en avois davantage de manquer à ce que l'honneur du monde oblige. Cette crainte estoit si forte en moy, qu'il me paroît que rien n'auroit esté capable de me la faire perdre. Que i'aurois esté heureuse si i'avois tousiours eu une aussi ferme resolution de ne faire iamais rien de contraire à l'honneur de Dieu! mais ie ne prenois pas garde que ie perdois par plusieurs autres voyes cet honneur que i'avois tant de passion de conserver, parce qu'au lieu de me servir des moyens necessaires pour cela i'avois seulement un extréme soin de ne rien faire contre ce qui peut ternir la reputation d'une personne de mon sexe.

Mon pere & ma sœur voyoient avec un sensible déplaisir l'amitié que i'avois pour cette parente, & me témoignoient souvent de ne la point approuver. Mais comme ils ne pouvoient luy défendre l'entrée de la maison, leurs sages remontrances m'estoient inutiles, & il ne se pouvoit rien ajouster à mon adresse pour reussir dans les choses où je m'engageois si imprudemment.

Ie ne sçaurois penser sans étonnemens au préjudice qu'apporte une mauvaise compagnie; & ie ne le pourrois croire si ie ne l'avois éprouvé, principalement dans une si grande jeunesse. Ie souhaiterois que mon exemple pust servir aux peres & aux meres pour les faire veiller attentivement sur leurs enfans: car il est vray que la conversation de cette parente me changea de telle sorte que l'on ne reconnoissoit plus en moy aucune marque des inclinations vertueuses que mon naturel me donnoit; & qu'elle & un autre qui estoit de son humeur m'inspirerent les mauvaises qu'elles avoient. C'est ce qui me fait connoistre combien il importe de n'estre qu'en bonne compagnie & ie ne doute point que si i'en eusse rencontré à cet âge une telle qu'il eust esté à desirer & que l'on m'eust instruite dans la crainte de Dieu, ie me serois entierement portée à la vertu, & fortifiée contre les foiblesses dans lesquelles ie suis tombée.

Ayant ensuite entierement perdu cette crainte de Dieu, il me resta seulement celle de manquer à ce qui regardoit mon honneur; & elle

CHAPITRE II.

me donnoit des peines continuelles. Mais me flatant de la creance que l'on n'avoit point de connoissance de mes actions ie faisois plusieurs choses contraires à l'honneur de Dieu, & mesme à celuy du monde pour lequel i'avois tant de passion.

Ce que je viens de rapporter fut donc à ce qui m'en paroît, le commencement de mon mal, & ie ne dois pas peut-estre en attribuer la cause aux personnes dont i'ay parlé, mais à moy-méme, puis que ma seule malice suffisoit pour me faire commettre tant de fautes, ioint que i'avois auprés de moy des filles tousiours disposées à me fortifier dans mes manquemens, & s'il y en eut eu quelqu'une qui m'eut donné de bons conseils ie les aurois peut-estre suiuis: mais leur interêt les aveugloit de méme que i'étois aveuglée par mon affection à suivre mes sentimens. Neanmoins comme i'ay naturellement de l'horreur pour les choses deshonnestes, i'ay tousiours esté tres éloignée de ce qui peut blesser l'honneur: & ie me plaisois seulement dans les divertissemens & les conversations agreables. Mais parce qu'en ne fuyant pas les occasions on s'expose à un peril évident, ie me mettois au hazard de me perdre, & d'attirer sur moy la iuste fureur de mon pere & de mes freres. Dieu m'en garentit par son assistance; quoy que ces conversations dangereuses ne purent estre si secrettes qu'elles ne donnossent quelque atteinte à ma reputation, & que mon pere n'en soupçonnast quelque chose.

Trois mois ou environ s'étoient passez de la sorte lors que l'on me mit dans un monastere de la ville où j'estois, & où l'on élevoit des filles de ma condition, mais plus vertueuses que moy. Cela se fit avec tant de secret qu'il n'y eut qu'un de mes parens qui le sçeut. On prit pour pretexte le mariage de ma sœur, & ce que n'ayant plus de mere je serois demeurée seule dans la maison. L'affection que mon pere avoit pour moy estoit si extraordinaire, & ma dissimulation si grade, qu'il ne me pouvoit croire aussi mauvaise que ie l'estois. Ainsi ie ne tombay point dans sa disgrace; & bien qu'il se répandit quelque bruit de ces entretiens trop libres que j'avois leus on n'en pouvoit parler avec certitude, tant parce qu'ils durerent peu, qu'à cause que ma passiō pour l'hōneur faisoit qu'il n'y avoit point de soin que je ne prisse pour les cacher, sans considerer, mon Dieu, qu'ils ne pouvoient être cachez à vos yeux qui penetrēt toutes choses. Quel mal, ô mon Sauveur, n'arrive-t il point de ne se pas representer cette verité, & de s'imaginer qu'il puisse y avoir quelque chose de secret de ce qui se fait contre vôtre volonté? Pour moy ie suis persuadée que l'on éviteroit beaucoup de maux si l'on se mettoit fortemēt dans l'esprit que ce qui nous importe n'est pas de cacher nos fautes aux hōmes, mais de prendre garde à ne rien faire qui vous soit desagreable.

Les huit premiers jours que ie passay dans cette maison me furent

fort penibles, non pas tant par le déplaisir d'y estre que par l'apprehension que l'on eust connoissance de la mauvaise conduite que j'a-
vois euë. Car j'en estois déja lasse, & parmy tous ces entretiens si
vains & si dangereux ie craignois beaucoup d'offenser Dieu & me
confessois fort souvent. Au bout de ce temps, & encore plutost ce me
semble, cette inquietude se passa, & ie me trouvois mieux que dans
la maison de mon pere.

 Les Religieuses estoient fort satisfaites de moy & me témoignoiét
beaucoup d'affection, parce que Dieu me faisoit la grace de contenter toutes les personnes avec qui ie me trouvois. J'estois alors tres
éloignée de vouloir estre religieuse; mais j'avois de la ioye de me
voir avec de si bonnes filles: car celles de cette maisō avoient beaucoup de vertu, de pieté, & de regularité. Le demon ne laissa pas neanmoins pour me tenter de pousser des personnes du dehors à tacher
de troubler le repos dont ie iovissois; mais comme il n'estoit pas facile d'entretenir un tel commerce il cessa bien-tost: ie commençay
à rentrer dans les bons sentimens que Dieu m'avoit donnez dés
mon enfance: ie connus combien grande est la grace qu'il fait à
ceux qu'il met en la compagnie des gens de bien; & il me semble
qu'il n'y avoit point de moyen dont son infinie bonté ne se servit
pour me faire retourner à luy. Que soyez-vous, mon Sauveur, à iamais beny de m'avoir soufferte si long-temps. Amen.

 La seule chose qui me paroit me pouvoir excuser dans ma conduite precedente si je n'avois commis tant d'autres fautes, c'est que
tout ce commerce que j'avois eu se pouvoit terminer avec honneur
par un mariage, & que mon confesseur & d'autres personnes dont
je prenois conseil en diverses choses me disoient que ie n'offensois point Dieu en cela. Vne des Religieuses du monastere cou-
choit dans la chambre où j'estois avec les autres pensionnaires, &
il me semble que Dieu commença par son moyen à m'ouvrir les
yeux ainsi que ie le diray dans la suite.

CHAPITRE III.

Grands avantages que tire la Sainte des entretiens d'une excellente Reli-
gieuse sous la conduite de laquelle elle estoit avec les autres pensionnaires
Elle commence à concevoir un foible desir d'estre Religieuse. Vne gran-
de maladie la contraint de retourner chez son Pere. Elle passe chez un de
ses oncles qui estoit tres-vertueux: & ensuite du peu de seiour qu'elle y fit
elle se resout à estre Religieuse.

COMME cette bonne Religieuse estoit fort discrete & fort
sainte je commençay à profiter de ses sages entretiens. Ie pro-

CHAPITRE III.

nois plaisir à l'entendre si bien parler de Dieu, & il me semble qu'il n'y a point eu de temps auquel ie n'y en ait pris. Elle me raconta comme cette seule parole qu'elle avoit leüe dans l'Evangile : *Plusieurs sont appellez, mais peu sont éleus,* l'avoit portée à se faire Religieuse, & me representoit les recompenses que Dieu donne à ceux qui quittent tout pour l'amour de luy. De si saints entretiens commencerent à bannir de mon esprit mes mauvaises habitudes, à y rappeller le desir des biens eternels, & à m'oster l'extrême aversion que j'avois d'étre Religieuse. Ie ne pouvois voir quelqu'une des sœurs pleurer en priant Dieu, ou faire quelques autres actions de pieté sans luy en porter envie, parce que j'avois en cela le cœur si dur que j'aurois pû entendre lire toute la passion de N. S. sans ietter une seule larme, & j'en souffrois beaucoup de peine.

Ie demeuray un an & demy dans ce monastere & y proficay beaucoup. Ie faisois plusieurs oraisons vocales, & priois toutes les Sœurs de me recommander à Dieu afin qu'il luy plût de me faire connoître en quelle maniere il vouloit que je le servisse. Mais j'aurois desiré que sa volonté ne fût pas de m'appeller à la Religio, quoy que d'un autre côté j'apprehendasse le mariage. Au bout de ce temps je me sentis plus portée à être Religieuse, mais non pas dans cette maison, parce que les austeritez me paroissoiét alors d'autant plus excessives que je conus depuis qu'elles étoient plus loüables; & quelques-unes des plus jeunes Religieuses me fortifioient dans cette pensée; au lieu que si toutes se fussent rencontrées dans une même disposition, cela m'auroit beaucoup servy. Ce qui me confirmoit encore dãs ce sentiment c'est que j'avois une intime amie dans une autre monastere, & que si j'avois à me rendre Religieuse j'aurois voulu étre avec elle, considerant ainsi d'avantage ce qui flatoit mon inclination que mon veritable bien. Mais ces bonnes pensées de me donner entierement à Dieu dans la vie Religieuse s'effaçoient bien-tost de mon esprit & n'avoient pas la force de me persuader d'en venir à l'execution.

Quoy que je ne negligeasse pas entierement alors ce qui regardoit mon salut, N. S. veilloit beaucoup plus que moy pour me disposer à embrasser la profession qui m'étoit la plus avantageuse. Il m'envoya une grande maladie qui me contraignit de retourner chez mon pere. Quand je fus guerie on me mena voir ma sœur qui demeuroit à la campagne, & qui avoit tant d'affection & de tendresse pour moy qu'elle auroit desiré de tout son cœur que je demeurasse toûjours avec elle. Son mary me témoignoit aussi beaucoup d'amitié : & j'ay l'obligation à Nostre Seigneur que je n'ay jamais été en lieu où l'on ne m'en ait fait paroître, quoy que je ne le meritasse pas étant aussi imparfaite que je le suis.

Ie m'arrestay en chemin en la maison d'un de mes oncles frere de

B

mon pere & qui étoit veuf. C'eſtoit un homme fort ſage & tres-vertueux; & Dieu le diſpoſoit à la vocation à laquelle il l'appelloit : car quelques années aprés il abandonna tout pour ſe faire Religieux, & finit ſa vie de telle ſorte que j'ay ſuiet de croire qu'il eſt maintenant dans la gloire. Il me retint quelques iours auprés de luy. Son principal exercice étoit de lire de bons liures en langue vulgaire, & ſon entretien ordinaire de parler des choſes de Dieu & de la vanité de celles du monde. Il m'engagea de prendre part à ſa lecture; & quoy que ie n'y trouuaſſe pas grand gouſt ie ne le luy témoignay point; car il ne ſe pouuoit rien aiouſter à ma complaiſance quelque peine qu'elle me donat: elle étoit méme ſi exceſſiue que ce que l'on auroit dû conſiderer en d'autres comme une vertu eſtoit en moy un grand defaut. O mon Dieu par quelles voyes voſtre Maieſté me diſpoſoit-elle à l'état auquel vous m'appelliez, en me contraignant contre ma propre volonté de me faire violence. Vous ſoyez beni eternellement. Amen.

Quoy que ie n'euſſe demeuré que peu de iours auprés de mon oncle, ce que i'y avois lû & entendu dire de la parole de Dieu ioint à l'auantage de converſer auec des perſonnes vertueuſes fit une telle impreſſion dans mon cœur, qu'elle m'ouurit les yeux pour côſiderer ce que i'auois côpris dés mon enfance que tout ce que nous voyôs icy bas n'eſt rien, que le monde n'eſt que vanité, & qu'il paſſe comme un éclair. I'entray dans la peur d'eſtre dânée ſi ie venois à mourir en l'état où i'étois: & quoy que ie ne me determinaſſe pas entierement à étre Religieuſe, ie demeuray perſuadée que c'étoit pour moy la condition la plus aſſurée: & ainſi peu à peu ie me reſolus à me faire violence pour l'embraſſer.

Ce combat qui ſe paſſoit en moy-méme dura trois mois; & pour vaincre mes repugnances ie côſiderois que les trauaux de la Religiô ne ſçauroient étre plus grands que les douleurs que l'on ſouffre dâs le purgatoire; & qu'ayant merité l'enfer ie n'aurois pas ſuiet de me plaindre d'endurer en cette vie autant que ie ferois dâs le purgatoire, pour aller aprés dans le Ciel où tendoient tous mes deſirs; mais il me ſemble que i'agiſſois en cela plutôt par une crainte ſeruile que par un mouuement d'amour. Le demon pour me detourner d'un ſi bon deſſein me repreſentoit que i'étois trop delicate pour pouuoir porter les auſteritez de la Religion. A quoy ie répondois, que I. C. ayant tant ſouffert pour moy il eſtoit bien iuſte que ie ſouffriſſe quelque choſe pour luy, & que i'auois ſuiet de croire qu'il m'aideroit à le ſupporter. Ie ne me ſouuiens pas bien toutefois ſi i'auois dans l'eſprit cette derniere penſée, & ie fus aſſez tantée durant ce temps. Ma ſanté continuoit d'étre fort mauuaiſe, & i'auois outre la fiévre des grandes foibleſſes: mais le plaiſir que ie prenois à lire de

CHAPITRE IV.

bons livres me soûtenoît: & les Epistres de S. Ierôme m'encouragerent tellement que je me resolus de declarer mon dessein à mon pere, ce qui étoit presque comme prendre l'habit de Religieuse, parce que j'étois si attachée à tout ce qui regarde l'honneur que rien ne me paroissoit capable de me faire manquer à ce que je m'étois une fois engagée.

Comme mon pere avoit une affection toute extraordinaire pour moy il me fut impossible d'obtenir de luy la permission que je luy demandois quelque instance que je luy en fisse & quelques personnes que j'employasse auprés de luy pour tâcher de le fléchir. Tout ce que je pûs tirer de luy fut que je ferois aprés sa mort ce que je voudrois. La connoissance que j'avois de ma foiblesse me faisant voir combien ce retardement me pouvoit étre préjudiciable, je tentay une autre voye pour venir à bout de mon dessein comme on le verra dans la suite.

CHAPITRE IV.

La Sainte prend l'habit de Religieuse, & sent en même temps un tres-grand changement en elle. Elle retombe dans une si grande maladie que son pere est obligé de la faire sortir du monastere pour la faire traiter. Celuy de ses oncles dont il a esté cy-devant parlé luy donne un livre qui luy sert beaucoup pour luy apprendre à faire oraison: & elle commence à entrer dans l'oraison de quietude & même d'union, mais sans le connoistre. Besoin qu'elle eut durant plusieurs années d'avoir un livre pour se pouvoir recueillir dans l'oraison.

LOrsque j'étois dás ces pensées je persuaday à l'un de mes freres de se faire Religieux en luy representant qu'il n'y a que vanité dans le monde, & nous resolumes enséble d'aller de grád matin au monastere où étoit cette amie qui m'étoit si chere. Mais quelque affection que j'eusse pour elle j'étois dans une telle disposition que je serois entree sans difficulté en quelque autre monastere que ce fût où j'aurois crû pouvoir mieux servir Dieu, & qui auroit été plus agreable à mon pere parce que n'ayát alors devát les yeux que mon salut je ne pesois plus à chercher ma satisfaction particuliere. Je croy pouvoir dire avec verité que quád j'aurois été preste à rédre l'esprit je n'aurois pas souffert d'avátage que je fis au sortir de la maison de mon pere. Il me sembloit que tous mes os se detachoiét les uns des autres, parce que mon amour pour Dieu n'étoit pas assez fort pous surmonter entierement celuy que j'avois pour mon pere & pour mes proches, & il étoit si violent que si N.S. ne m'eût assistée je n'aurois jamais pû continuer dás ma resolution, mais il me

B ij

donna la force de me surmonter moy-méme: & ainsi je l'executay.

Dans le momēt que je pris l'habit j'éprouvay de quelle sorte Dieu favorise ceux qui se font violēce pour le servir. Personne ne s'apperceut de celle qui se passoit dans mon cœur: mais chacun croyoit au contraire que je faisois cette action avec grāde joye. Il ne se peut riē ajoûter à celle que j'eus de me voir revestüe de ce saint habit, & elle a toûjours continué jusques à cette heure. Dieu chāgea en une tresgrande tendresse la secheresse de mon ame: je ne trouvois rien que d'agreable dans tous les exercices de la Religion: je balayois quelquefois la maison dans les heures que je donnois auparavant à mon divertissement & à ma vanité; & j'avois tant de plaisir à penser que j'étois délivrée de ces vains amusemens & de cette folie que je ne pouvois assez m'en étonner, ni comprendre comment un tel chāgement s'étoit pû faire. Ce souvenir fait encore maintenant une si forte impression sur mon esprit qu'il n'y a rien quelque difficile qu'il fût que je craignisse d'entreprendre pour le service de Dieu. Car je sçay par diverses experiences que quand c'est son seul amour qui nous y engage, il ne se contente pas de nous aider à prendre de saintes resolutions, mais il veut pour augmenter nôtre merite que les difficultez nous étonnent, afin de rendre nôtre joye & nôtre recompense d'autant plus grande que nous aurons eu plus à combatre: & il nous fait même goûter ce plaisir dés cette vie par des douceurs & des consolations qui ne sont conniies que de ceux qui les éprouvent. Je l'ay comme je viens de le dire experimenté diverses fois en des occasions fort importantes. C'est pourquoy si j'étois capable de donner conseil, je ne serois jamais d'avis lors que Dieu nous inspire de faire une bonne œuvre, & nous l'inspire diverses fois, de manquer à l'entreprendre par la crainte de ne la pouvoir executer, puisque si c'est seulement pour son amour que l'on s'y porte elle ne sçauroit ne pas reüssir par son assistance, rien ne luy étant impossible. Qu'il soit beny à jamais. Ainsi soit-il.

" O mon souverain bien & mon souverain repos, la grace que vôtre infinie bonté m'avoit faite de me conduire par tant de divers détours à un état aussi assuré qu'est celuy de la vie Religieuse, & dās une maison où vous aviez un si grand nombre de servantes de qui je pouvois apprendre à m'avancer dans vôtre service, ne devoit-elle pas me suffire? Comment puis-je passer outre dans la suite de ce discours lors que je pense à la maniere dont je fis profession, à l'incroyable contentement que je ressentis de me voir honorée de la qualité de vôtre Epouse, & à la resolution dans laquelle j'étois de m'efforcer de tout mon pouvoir de vous plaire? Je n'en puis parler sans verser des larmes: mais ce devroient être des larmes de sang, & mon cœur devroit se fendre de douleur lors que je voy que quel-

CHAPITRE IV.

" que grands que paruſſent ſes bons ſentimens ils étoient bien foi-
" bles puis que je vous ay offenſé depuis. Je trouve maintenant que
" j'avois raiſon de craindre de m'engager dâs un état ſi relevé quãd
" je conſidere le mauvais uſage que j'en ay fait: mais vous avez vou-
" lu, mon Dieu, pour me rendre meilleure & me corriger, ſouffrir que
" je vous aye offenſé durant vingt ans en employant auſſi mal que j'ay
" fait une telle grace. Il ſemble, mon Sauveur, veu la maniere dont j'ay
" vécu que j'euſſe reſolu de ne rien tenir de ce que je vous promet-
" tois. Ce n'étoit pas neanmoins mon intention: mais repaſſant par
" mon eſprit de quelle ſorte j'ay agy depuis je ne ſçay quelle elle pou-
" voit être. La ſeule choſe dont je ſuis aſſurée c'eſt que cela fait bien
" connoiſtre, ô Jesus-Christ mon Saint Epoux, quel vous étes, &
" quelle je ſuis. Et je puis dire avec verité que ma douleur de vous
" tant offenſer eſt ſouvent moderee par la joye que je reſſens de ce
" que la patience avec laquelle vous me ſouffrez fait voir la grandeur
" de vôtre miſericorde. Car en qui Seigneur, a-t-elle jamais plus pa-
" ru qu'en moy qui me ſuis renduë ſi indigne des graces que vous
" m'avez faites? Helas! mon Createur, j'avouë qu'il ne me reſte point
" d'excuſe. Je ſuis ſeul coupable de toutes les fautes que j'ay commi-
" ſes; & je n'avois pour les éviter qu'à répondre par mon amour pour
" vous à celuy dont vous me donnez tant de preuves. Mais n'ayant
" pas alors été aſſez heureuſe pour m'acquitter d'un devoir qui m'é-
" toit ſi avantageux, que puis je faire maintenant que d'avoir recours
" à vôtre bonté infinie?

Le changement de vie & de nourriture altera ma ſanté, quoy que j'en fuſſe fort contente: mes défaillances augmenterent, & mes maux de cœur étoient ſi grands que ſe trouvant joints à tant d'au-tres maux on ne pouvoit les voir ſans étonnement. Je paſſay ainſi la premiere année: & il me ſemble qu'en cet état je n'offenſois pas beaucoup Dieu. Le mal étoit ſi grand que je n'avois preſque toû-jours que fort peu de connoiſſance, & je la perdois quelquefois en-tierement. Il ne ſe pouvoit rien ajoûter aux ſoins que mon pere pre-noit de moy: & parce que les Medecins de ce lieu-là ne reüſſiſſoient point à me traiter, il me fit tranſporter en un autre, où il y en avoit que l'on diſoit être fort habiles, & que l'on eſperoit qui me gueri-roient. Comme l'on ne faiſoit point vœu de clôture dans le mona-ſtere d'où je ſortois, la Religieuſe que j'ay dit m'avoir priſe en grande affection & qui étoit deja ancienne m'accompagna. Je de-meuray preſque un an dans ce lieu où l'on me mena: & la quantité des remedes que l'on employa durant trois mois me fit tant ſouf-frir que je ne ſçay comment je pus les ſupporter.

Eſtant partie à l'entrée de l'hyver je demeuray juſques au mois d'Avril en la maiſõ de ma ſœur parce qu'elle étoit proche du lieu où

B iij

l'on devoit commencer au printemps à me traiter. J'avois passé en y allant chez celuy de mes oncles dont j'ay parlé, & il me donna un livre qui porte pour titre, le troisiéme abecedaire, lequel enseigne la maniere de faire l'oraison de recueillement. Comme j'avois renoncé à lire de mauvais livres depuis avoir reconnu combien ils sont dangereux & qu'il y avoit un an que je n'en lisois plus que de bons, je receus celuy-là avec grande joye & me resolus de faire tout ce que je pourrois pour en profiter. Car je ne sçavois point encore comment il faloit faire oraison & se recueillir; mais N. S. m'avoit favorisée du dôs de larmes. Cette lecture me toucha fort: je commençay à me retirer quelque-fois dans la solitude, à me confesser souvent, & à marcher dans le chemin que me montroit ce livre qui me servoit de directeur: car je n'en ay point eu durant vingt ans ny de confesseur qui m'entendit, quoy que j'en aye toûjours cherché, ce qui m'a fait beaucoup de tort & a été cause que souvent je suis retournée en arriere & que j'ay même couru fortune de me perdre entierement: au lieu qu'un directeur m'auroit au moins aidée à éviter les occasions d'offenser Dieu.

Sa souveraine Majesté me fit dés-lors beaucoup de graces; & sur la fin des neuf mois que je passay dans cette solitude, quoy que je ne fusse pas si soigneuse de ne la pas offenser que ce livre m'enseignoit, & que je passasse par dessus beaucoup de choses que j'aurois dû pratiquer parce qu'il me paroissoit impossible d'agir avec tant d'exactitude, je prenois garde neanmoins de ne point tomber dans quelque peché mortel. Pleust à Dieu que j'eusse toujours usé d'une semblable vigilance; mais quant aux pechez veniels je n'en tenois pas grand compte : & ce fût là mon grand mal.

De l'Oraisõ. Marchant dans ce chemin il plût à Nostre Seigneur de me donner l'oraison de quietude, & quelquefois celle d'union encor que je ne comprisse rien ny à l'une ny à l'autre, & que j'ignorasse le prix de cette faveur que je croy qu'il m'auroit été fort avantageux de connoistre.

Cette oraison d'union duroit tres peu, & moins à ce que je croy qu'un *Ave Maria*. Mais elle produisoit un tel effet dans mon ame que bien que je n'eusse pas encore vingt ans je me trouvois dans un si grand mépris du monde, qu'il me sembloit que je le voyois sous mes pieds & avois compassion de ceux qui s'y trouvoient engagez, quoy qu'ils ne s'occupassent qu'à des choses permises.

Ma maniere d'oraison étoit de tâcher autant que je le pouvois d'avoir toûjour Nostre Seigneur JESUS CHRIST present au dedans de moy; & lors que je considerois quelqu'une des actions de sa vie je me la representois dans le fond de mon cœur. Mais j'employois la pluspart de mon temps à lire de bons livres : & c'étoit là tout

CHAPITRE IV.

mon plaisir, parce que Dieu ne m'a pas donné le talent de discourir avec l'entendement & de me servir de l'imagination. I'étois si grossiere que quelque peine que je prisse je ne pouvois me representer au dedans de moy l'humanité de Iesus-Christ.

Encore que par cette voye de ne pouvoir agir par l'entendement on arrive plûtôt à la contemplation pourvû que l'on persevere, elle est extrêmement penible à cause que la volonté n'ayant point dequoy s'occuper, ni l'amour d'objet present qui l'arreste, l'ame demeure comme sans appuy & sans exercice dans une secheresse & une solitude difficile à supporter. D'où il arrive qu'elle se trouve combattuë par les diverses pensées qui luy viennent. Ceux qui sont dans cette disposition ont besoin d'une plus grande pureté de cœur que ceux qui peuvent agir par l'entendement à cause que ces derniers se representant le neant du monde, ce que nous devons à I. C. ce qu'il a souffert pour nous, le peu de service que nous luy rendôs, & les graces qu'il fait à ceux qui l'aiment, en tirant des instructiôs pour se defendre des mauvaises pensées, & fuyr les occasions qui pourroient les faire tôber dâs le peché. Ainsi côme ceux qui sont privez de cét avantage sont en plus grand peril, ils doivent beaucoup s'occuper à de sainctes lectures pour en tirer le secours qu'ils ne peuvent trouver dans eux-mêmes. Cette maniere de prier sans que l'entendement agisse est si penible, & la lecture quelque breve qu'elle soit est si necessaire pour se recueillir & suppléer à l'oraison mentale, que si le directeur ordonne sans cette aide de demeurer long-temps en oraison il sera impossible de luy obeyr, & la santé des personnes qu'il conduira de la sorte se trouvera alterée par une si grande peine que sera celle qu'elles souffriront.

I'ay maintenant ce me semble sujet de croire que ç'a été par une conduite particuliere de Dieu que durât dix-huit ans que je demeuray dans de si grandes secheresses, manque de sçavoir mediter, je ne trouvay personne qui m'enseignat cette maniere d'oraison, parce qu'il m'auroit été impossible à mon avis de la pratiquer. Ainsi excepté lors que je venois de cômunier je n'osois jamais m'engager à prier que je n'eusse un livre, & je n'apprehendois pas moins de demeurer en oraison sans cette assistance qu'un homme craindroit de s'engager à combattre seul contre plusieurs. Ce livre m'étoit comme un second ou un bouclier pour me deffendre de la distractiô que tant de diverses pensées pouvoient me donner, & il m'assuroit & me consoloit parce qu'il faisoit que ces secheresses ne m'arrivoient guere; au lieu que je ne manquois jamais d'y tomber quand je n'avois point de livre, & mon ame s'égaroit dans ses pensées. Mais je n'avois pas plûtôt pris un livre qu'elle se recueilloit, & mon esprit comme attiré doucement par ce moyen devenoit calme

& tranquille. Quelquefois méme il me suffisoit d'ouvrir le livre sans avoir besoin de passer plus outre: d'autres fois je lisois vn peu & d'autrefois je lisois beaucoup selon la grace que N. Seigneur me faisoit.

Il me paroissoit alors qu'avec des livres & de la solitude je n'avois rien à apprehender: & je croy qu'étant assistée de Dieu cela se seroit trouvé veritable si un directeur ou quelqu'autre personne m'eût avertie de fuyr les occasions, & m'eût aidée à ne point differer d'en sortir lors que j'y serois tombée. Que si le demon m'eût en ce tems-là attaquée ouvertement il me semble que je ne me serois jamais laissée aller à commettre encore de grands pechez: mais il étoit si artificieux, & moy si mauvaise que je profitois peu de mes bonnes resolutiós, quoy qu'elles me servissent beaucoup pour pouvoir souffrir avec autant de patience qu'il plût a N. Seigneur de m'en donner en d'aussi grands maux que furent ceux que j'enduray dans ces terribles maladies. J'ay sur cela pensé cent fois avec étonnement quelle est l'infinie bonté de Dieu, & je ne sçaurois sans en ressentir beaucoup de joye considerer la grandeur de ses misericordes. Qu'il soit beny à jamais de m'avoir fait voir si clairemét que je n'ay point eu de bon dessein, dont il ne m'ait recompensée méme dés cette vie. Quelque imparfaites & mauvaises que fussent mes œuvres mon divin Sauveur les perfectionnoit & les rendoit bonnes : il cachoit mes defauts & mes pechez: obscurcissoit les yeux de ceux qui les voyoient pour les empécher de les appercevoir; & s'il arrivoit qu'ils les remarquassent il les effaçoit de leur memoire. Ainsi je puis dire qu'il couvre mes fautes pour les rendre imperceptibles, & qu'il fait éclater la vertu qu'il met en moy comme malgré moy.

Mais il faut revenir à mon sujet pour obyr à ce que l'on m'a commandé: surquoy je me contenteray de dire que si je m'engageois à rapporter particulierement la conduite que Dieu a tenue envers moy dans ces commencemens, j'aurois besoin de beaucoup plus d'esprit que je n'en ay pour pouvoir faire connoistre les infinies obligations dont je luy suis redevable, & quelle a été mon extréme ingratitude qui me les a fait oublier : Qu'il soit à jamais beny de l'avoir soufferte. Ainsi soit-il.

CHAPITRE V.

Préjudice que la Sainte dit avoir toûjours receu des demy sçavans. Dieu se sert d'elle pour retirer son Confesseur d'un grand peril. La maladie de la Sainte la reduit en tel état qu'on la crût morte.

J'AY oublié de dire que durát l'année de mon noviciat des choses qui étoient de peu de consequence en elles-mémes me causerent

beaucoup

CHAPITRE V.

beaucoup de chagrin, parce que l'on m'accusoit souvent sans raison; & qu'estant fort imparfaite j'avois peine à souffrir: mais la joye de me voir religieuse me les faisoit supporter. Comme j'aimois la solitude & pleurois quelquefois pour mes pechez, les sœurs s'imaginoient & disoient entre elles que je n'estois pas contente. J'estois neanmoins affectionnée à toutes les choses de la religion. Il n'y avoit que le mépris que j'avois peine à souffrir tant je desirois d'estre estimée. Du reste j'estois exacte en tout ce que je faisois, & il ne paroissoit rien en moy que de vertueux. Cela ne me justifie pas toutefois, parce que je ne pouvois ignorer que j'y recherchois ma satisfaction; & qu'ainsi mon ignorance dans le reste ne me pouvoit servir d'excuse, si ce n'en est une que ce monastere n'estant pas étably dans une grande perfection, ma malice faisoit que je laissois ce qui s'y faisoit de bon pour suivre ce qu'il y avoit de mauvais.

Il y avoit alors une religieuse malade d'une effroyable maladie & qui luy causa bien-tost la mort. C'estoit des ulceres qui s'étoient faits en son ventre par lesquels elle rendoit la nourriture qu'elle prenoit. Ce mal qui donnoit de l'horreur à toutes les sœurs ne produisit autre effet en moy que de me faire admirer la patience de cette bonne religieuse. Je disois à Dieu que s'il luy plaisoit de m'en accorder un semblable il n'y avoit rien que je ne fusse preste de souffrir, & il me semble que j'étois veritablement dans cette disposition, parce que j'avois un si violent desir de jouir des biens eternels que j'étois resoluë d'embrasser tous les moyens qui me le pouvoient procurer. Je ne sçaurois assez m'étonner que je fusse alors dans ce sentiment: car je ne me sentois point avoir encore cet amour pour Dieu qu'il me paroît avoir eu depuis que j'ay commencé à faire oraison. J'estois seulement éclairée d'une certaine lumiere qui me faisoit considerer comme digne de mépris tout ce qui prend fin; & comme d'un prix inestimable ces biens celestes & permanens que l'on peut acquerir par le détachement des biens perissables & passagers. Dieu exauça ma priere; Deux ans n'estoient pas encore accomplis que je me trouvay en tel estat qu'encore que mes souffrances ne fussent pas de la mesme nature que celles de cette bonne Religieuse, je croy qu'elles n'estoient pas moins grandes comme on pourra le connoistre par ce que je vay dire.

Le temps de faire des remedes pour ma guerison estant venu, mon pere, ma sœur, & cette Religieuse qui avoit tant d'amitié pour moy & qui sortit pour m'accompagner, me firent transporter avec toute l'affection imaginable au lieu destiné pour cette cure. Alors le demon commença à jetter du trouble dans mon ame : & Dieu tira du bien de ce mal.

Il y avoit en ce lieu-là un Ecclesiastique qui avoit d'assez bonnes qualitez, & de l'esprit, mais qui n'estoit que mediocre sçavant.

je le pris pour mon Confesseur parce que j'ay toûjours aimé les gens de lettres; & les demy sçavans m'ont fait tant de tort que j'ay connu par experience qu'il vaut mieux en avoir qui ne soient point du tout sçavans pourvû qu'ils soient vertueux & de bonnes mœurs, parce que se défiant d'eux mêmes, & moy ne m'y fiant pas non plus, ils ne font rien sans en demander conseil à des gens habiles, & ceux là ne m'ont jamais trompée, au lieu que ces demy sçavans l'ont souvent fait, quoy qu'ils n'en eussent pas l'intention; mais seulement parce qu'ils n'en sçavoient pas davantage, & que les croyant capables je ne me tenois pas obligée à faire plus que ce qu'ils me conseilloient. Ils me conduisoient par une voye large, ne faisoient passer des pechez mortels que pour des pechez veniels, ne comptoient pour rien les veniels; & j'estois si mauvaise que s'ils m'eussent traitée avec plus de rigueur je pense que j'en aurois cherché d'autres.

Vne telle conduite m'a esté si préjudiciable que je me suis crû obligée de la remarquer icy, afin d'avertir les autres d'éviter un si grand mal. Mais cela ne m'excuse pas devant Dieu, parce qu'elle estoit par elle-mesme si dangereuse & les fautes qu'elle me faisoit commettre si grandes, que cela seul devoit suffire pour m'empêcher d'y tomber. Ie croy que Dieu permit pour punition de mes pechez que ces confesseurs se trompassent & me trompassent de la sorte, & je trompay d'autres personnes en leur disant ce qu'ils me disoient. Ie demeuray durant plus de dix sept ans dans cet aveuglement, & jusques à ce qu'un sçavant Religieux de l'Ordre de saint Dominique commença à me détromper, & que des Peres Iesuites acheverent de me faire connoistre combien cette conduite estoit dangereuse, & me firent apprehender le peril où elle me mettoit comme je le diray dans la suite.

Lors que je commençay de me confesser à ce Prestre seculier il me prit en fort grande affection, parce que depuis que j'estois Religieuse je m'accusois de peu de fautes en comparaison de celles dont je me suis accusée dans la suite de ma vie. Il n'avoit aucune mauvaise intention dans cette affection qu'il me portoit; mais elle estoit si excessive qu'elle ne pouvoit passer pour bonne. Ie luy faisois connoistre que pour rien du monde je n'aurois voulu offenser Dieu en des choses importantes, & il m'assuroit qu'il estoit dans la mesme disposition. Ainsi nous entrâmes en de grandes communications: & comme mon esprit estoit plein des pensées de la grandeur de Dieu, & mon plaisir dans ces conversations de parler de luy, cet amour pour sa divine Majesté d'une personne aussi jeune que j'estois alors donna tant de confusion à cet Ecclesiastique qu'il se resolut de me declarer l'estat déplorable où il estoit. Car il y avoit prés de sept ans qu'il estoit engagé dans une affection tres perilleuse avec une femme de ce mesme lieu, & il ne laissoit pas de dire la Messe, ce qui estoit une chose si

CHAPITRE V.

publique qu'elle l'avoit ruiné de reputation sans que l'on osast neanmoins luy en parler. Comme ie l'aimois beaucoup cela me donna une extrême compassion, parce que i'estois dans un tel aueuglement que ie considerois come une vertu d'aimer les personnes qui nous aimét. Que maudite soit cette maxime lors qu'elle s'étend iusques à nous porter à faire des choses contraires à la loy de Dieu. C'est l'une de ces folies qui trompe le monde, qui me trompoit comme les autres : car c'est à Dieu seul a qui nous sommes redevables de tout le bien que nous recevons des hommes : & ainsi comment peut-on atribuer à vertu de ne point rompre les amitiez qui luy sont desagreables & qui l'offensent? Malheureux monde que vous estes aueugle! que vostre aueuglement est perilleux? & que vous me feriez, Seigneur, une grande grace s'il vous plaisoit de me rendre tres-ingrate envers luy, & que ie ne le fusse point envers vous. Pour m'éclaircir encore davantage de cet affaire ie m'informay particulierement des personnes du logis où cet Ecclesiastique demeuroit; & i'appris que si quelque chose le pouvoit excuser dans le malheureux estat où il se trouvoit, c'estoit que cette méchante femme luy avoit donné & l'avoit obligé de porter à son col pour l'amour d'elle une medaille de cuivre où il y avoit un sort, & que l'on n'avoit iamais pû le faire resoudre à la quitter. Ie ne suis pas persuadée de tout ce que l'on dit de ces sortileges : mais ie diray ce que i'en ay vû, afin que les hommes se gardent de ces detestables creatures qui aprés avoir renoncé à toute crainte de Dieu & à la pudeur que leur sexe les oblige d'avoir en si grande recommandation, sont capables de commettre toute sorte de crimes pour satisfaire aux passions que le demon leur inspire. Quelque grande pecheresse que ie sois ie n'ay iamais été tentée d'aioûter foy ni d'avoir recours à ces moyés diaboliques: ie n'ay iamais eu intention de mal faire: & ie n'aurois iamais voulu quand ie l'aurois pû, contraindre quelqu'un de m'aimer parce que Dieu m'a empesché de tomber dans ces crimes où s'ils m'eût abandonée à moy-même, ie serois tombée comme les autres, n'y ayant en moy que misere & que foiblesse. Lors que i'eus appris tout ce particulier ie témoignay à cet Ecclesiastique plus d'affection qu'auparavant : en quoy mon intention estoit bonne; mais ma conduite ne l'estoit pas, puisque l'on ne doit iamais faire le moindre mal pour en tirer du bien quelque grand qu'il soit. Ie ne luy parlois presque toûiours que de Dieu: & cela put luy servir: mais ie croy que cette grande amitié qu'il avoit pour moy fut ce qui le fit resoudre à me remettre entre les mains cette medaille. Ie la fis ietter dans la riviere, & il se trouva aussi-tost comme un homme qui se réveille d'un profond sommeil. Tout ce qu'il avoit fait durant un si long-temps se representa à ses yeux : il en fut épouvanté, connut la grandeur de son peché, & en conceut de l'horreur. Ie ne doute point

C ij

que la Sainte Vierge ne l'ait extrêmement assisté en ce rencontre : car il avoit une grande devotion pour la feste de sa Conception & la solemnisoit tres particulierement. Il abandonna entierement cette malheureuse femme, & ne pouvoit se lasser de rendre graces à Dieu de luy avoir ouvert les yeux pour sortir d'un si grand aveuglement. Il mourut au bout d'un an que j'avois commencé à le voir, & il en avoit passé plusieurs au service de Dieu; je n'ay jamais crû que l'affection qu'il me portoit fust si mauvaise, quoy qu'elle eût pû estre plus pure, & il s'est rencontré des occasions où j'aurois peu commettre des plus grandes fautes, si je n'avois tousjours apprehendé d'offenser Dieu : mais comme je l'ay déja dit je n'aurois jamais voulu faire ce que j'aurois crû estre un peché mortel ; & il me semble que cette disposition dans laquelle cet Ecclesiastique me voyoit augmentoit l'affection qu'il avoit pour moy, parce que si je ne me trompe les hommes estiment beaucoup plus les femmes lors qu'ils les voyét portées à la vertu, & elles acquierent par ce moyen un plus grand pouvoir sur leur esprit, comme on le connoistra dans la suite. Ainsi je suis persuadée que Dieu fera misericorde à ce Prestre : car il mourut dans des fort bonnes dispositions, tres détaché de ce dangereux commerce, & il semble que N. S. voulut le sauver par le moyen que j'ay dit.

J'eu durant trois mois de tres-grandes douleurs au lieu dont je viens de parler, parce que les remedes estoient plus forts que la delicatesse de ma complexion ne pouvoit porter. Les medecins qui me virent durant les deux premiers mois me mirent presqu'à l'extremité : & ce mal de cœur si extraordinaire pour lequel on me traitoit s'augmenta avec tant de violence qu'il me sembloit quelquefois qu'on me l'arrachoit avec des ongles de fer, & il me mettoit en un tel estat que l'on apprehendoit que l'excez d'une douleur si insupportable ne passast jusques à la rage. La fiévre ne me quittoit point : les medecines qu'on m'avoit données sans discontinuation durant un mois m'avoient si extremement abattuë, que j'estois reduite à ne pouvoir prendre que des boüillons : le feu qui devoroit mes entrailles fit que mes nerfs se retirerent avec des douleurs si excessives que je n'avois ny jour ny nuit un seul moment de repos : & tant de maux joints ensemble me mirent dans une profonde tristesse.

Mon pere me ramena alors au lieu d'où j'étois partie, les medecins me virent encore & perdirent toute esperance de me guerir, parce qu'outre tous ces maux j'estois etique. Mais ce qui me donnoit de la peine n'étoit pas de me voir condamnée par eux; c'étoit les douleurs que ce retirement de nerfs me faisoit souffrir depuis la teste jusques aux pieds, & qu'ils disoient eux mesmes estre des plus grandes que l'on sçauroit endurer. Ainsi l'ô auroit pu dire que j'aurois été à plaindre dans un si étrange tourmét, si mes pechez ne l'eussent bien merité.

CHAPITRE V.

Trois mois se passerent dans cette souffrance; & l'on ne comprenoit pas comment il estoit possible que ie resistasse à tant de maux ioints ensemble. Ils estoient tels que ie ne puis m'en souvenir sans étonnement, & ne point considerer comme une grace particuliere de Dieu la patience qu'il me donna & que l'on connoissoit visiblement venir de luy seul. L'histoire de Iob que i'avois leuë dans les morales de S. Gregoire me servit beaucoup, & il paroist que Dieu pour me donner la force de supporter tant de douleurs me prepara par cette lecture & par le secours que ie tirois aussi de ce que ie commençois à faire oraison. Tous mes entretiens n'estoient qu'avec luy seul, & i'avois presque tousiours dans l'esprit & dans la bouche ces paroles de Iob que ie sentois ce me sembloit me fortifier. *Après avoir receu tant de bien faits de la main de Dieu, pourquoy ne souffrirois-je pas avec patience les maux qu'il m'envoye ?*

Ie fus travaillée de la sorte que ie viens de dire depuis le mois d'Avril iusqu'au 15. d'Aoust, mais principalement les trois derniers mois: & alors la feste de l'Assomption de la Sainte Vierge estant venuë & ayant tousiours aimé à me confesser souvent ie voulus me confesser. On creut que c'estoit l'apprehension de la mort qui m'y portoit, & mon pere pour me rassurer ne voulut pas me le permettre. O amour qui ne procedez que d'une excessive tendresse naturelle, combien estez vous à craindre, puis qu'encore que mon pere fust si sage & si bon catholique, l'affection qu'il avoit pour moy me pouvoit estre si prejudiciable ? Il me prit cette mesme nuit une défaillance qui dura prés de quatre iours sans qu'il me restast aucun sentiment. On me donna dans ce temps le Sacrement de l'Extrême-Onction : on croyoit à tous momens que i'allois rendre l'esprit : on me recitoit le *Credo* comme si i'eusse esté en état de pouvoir l'entendre ; & l'on doutoit si peu que ie ne fusse morte que lors que ie revins à moy ie trouvay sur mes yeux de la cire de la bougie que l'on y avoit presentée pour voir si i'étois passée. Dans la douleur qu'avoit mon pere de m'avoir empesché de me confesser il poussoit des cris iusques au ciel, il adressoit ses prieres à Dieu, & ie ne sçaurois trop loüer son infinie bonté d'avoir daigné les entendre. La fosse pour m'enterrer avoit durant un iour & demy esté ouverte dans nôtre monastere, & un service fait pour moy dans un convent de Religieux de nôtre ordre lors qu'il pleut à Dieu me faire revenir comme des portes de la mort. Ie me confessay aussi-tost & communiay en répandant quantité de larmes: mais il me semble que ces larmes ne procedoient pas du seul regret d'avoir offensé Dieu, ce qui auroit suffi pour me sauver si ces pechez que l'on ne faisoit passer que pour veniels, & que j'ay connu clairement depuis estre mortels, n'y eussent point apporté d'obstacle. Car encore que les douleurs que je souffris fussent insupportables &

qu'il me resta peu de sentiment, il me semble que ie me confessay entierement de toutes les choses en quoy ie croyois avoir offensé Dieu : & il m'a fait cette grace entre tant d'autres que depuis que i'ay commencé à me confesser ie n'ay point manqué à m'accuser de tout ce que i'ay creu estre peché, quoy que veniel. Ie suis neanmoins persuadée que si ie fusse morte mon salut estoit fort douteux à cause de l'ignorance de mes confesseurs, & que i'estois si mauvaise. Ainsi ie ne sçaurois penser sans trembler a la maniere dont Dieu voulut me conserver comme par miracle.

Pouvez-vous, mon ame, trop considerer la grandeur de ce peril d'où nostre Seigneur vous tira ! & quand vostre amour pour luy ne vous empécheroit pas desormais de l'offenser, la crainte ne deuroit-elle pas vous retenir, puis qu'il pouroit vous oster la vie lors que vous vous trouveriez dans un estat encore mille fois plus dangereux ? Ie croy mesme que ie pourrois sans exagerer dire mille & mille fois au lieu de mille, quand ie devrois estre reprise par celuy qui en me commandant d'écrire ma vie, m'a ordonné de me moderer en ce qui regarde l'aveu de mes pechez dans lesquels ie ne me flatte que trop. Ie le conjure au nom de Dieu de trouver bon que ie les fasse connoistre sans en rien dissimuler, afin de mieux faire voir combien la misericorde de Dieu est admirable, & avec quelle patiéce il supporte nos offenses. Qu'il soit beny à jamais. Ie le prie de me reduire plutost en cendre que de souffrir que ie sois si malheureuse que de cesser de l'aimer.

CHAPITRE VI.

Extremité où la Sainte se trouve encore après cette merveilleuse foiblesse. Elle se fait ramener dans son monastere & demeure percluse durant trois ans. Patience avec laquelle elle souffre tous ses maux. Ses dispositions interieures. Elle a recours à saint Ioseph & recouvre sa santé par son intercession. Grandes loüanges de ce Saint.

DIEU seul connoist jusques à quel point alloient les incroyables douleurs que ie souffris ensuite de cette défaillance qui me dura quatre jours. Ma langue estoit toute dechirée à force de l'avoir mordue, & mon gozier en tel estat, tant par mon extréme foiblesse, qu'à cause que ie n'avois rien pris durant ce temps, que l'eau méme n'y pouvant passer i'estois comme étranglée. Il me sembloit que mes os n'avoient point de liaison : i'avois un étourdissement de teste incroyable : i'estois toute ramassée comme en un peloton sans pouvoir non plus la remuer, ni les bras, les mains & les pieds que si i'eusse esté morte, & il me semble que i'avois seulement la liberté de remuer un doigt de la main droite : ie ne pouvois souffrir que l'on me touchast

CHAPITRE VI.

pour peu que ce fuſt; & s'il eſtoit beſoin de me faire changer de place il faloit que ce fuſt avec un linceul que deux perſonnes tenoient par les deux bouts. Ie demeuray ainſi iuſques au Dimanche des rameaux ſans aucun ſoulagement lors qu'on me touchoit; mais mes douleurs ceſſoient aſſez ſouvent pourveu que l'on ne me touchaſt point, & dans la crainte où i'eſtois que la patience ne me manquat ie me tenois heureuſe de voir que ces douleurs ſi aiguës n'eſtoient pas continuelles, quoy que les friſſons de la fiévre double quarte qui me reſtoit fuſſent ſi grands qu'ils puſſent paſſer pour inſupportables, & que mon dégouſt fuſt extrême.

Ie déſirois avec tant d'ardeur de retourner dans noſtre monaſtere, que ne pouvant me reſoudre d'attendre davantage ie m'y fis ramener en cet eſtat. Ainſi l'on m'y revit envie lors que l'on m'y croyoit morte; mais avec un corps plus que mourant & que l'on ne pouvoit regarder ſans compaſſion. Ma foibleſſe alloit au delà de tout ce qui s'en peut dire: il ne me reſtoit que les os, & cela dura plus de huit mois. Ie demeuray enſuite durant prés de trois ans toute percluſe, quoy qu'avec un peu d'amendement; & lors que ie commençay à me pouvoir traîner ie rendis des grandes actiōs de graces à Dieu. Ie ſouffris tous ces maux avec beaucoup de reſignation à ſa volonté, & les derniers avec ioye parce qu'ils me paroiſſoient n'eſtre rien en comparaiſon des premiers: mais quand ils auroient toûjours duré ie me trouvois tres-diſpoſée à me ſoûmettre à tout ce qu'il luy plairoit d'ordonner de moy. Il me ſemble que mon deſir de guerir n'eſtoit que pour pouvoir m'occuper à l'oraiſon dans la ſolitude en la maniere qu'on me l'avoit enſeignée, parce qu'il n'y avoit point dans l'infirmerie de lieu propre pour cela. Ie me confeſſois fort ſouvent & parlois beaucoup de Dieu. Toutes les Sœurs en eſtoient édifiées & s'étonnoient de la patience que noſtre Seigneur me donnoit, leur paroiſſant impoſſible ſans ſon ſecours que ie ſouffriſſe avec plaiſir de ſi grands maux.

Ie ne ſçaurois trop le remercier de la grace dont il me favoriſoit de pouvoir faire oraiſon, parce qu'elle me faiſoit comprendre quel bonheur c'eſt de l'aimer, & que ie ſentois alors en moy des diſpoſitions à la vertu que je n'avois point auparavant, quoy qu'elles ne fuſſent pas encore aſſez fortes pour m'empeſcher de l'offenſer. Ie ne diſois du mal de perſonne & i'excuſois celles dont on ſe plaignoit, parce que i'avois toûjours devant les yeux, que ie devois traiter les autres comme i'aurois voulu que l'on me traitaſt. Ie ne perdois donc point d'occaſion d'en uſer ainſi, quoy que ce ne fuſt pas ſi parfaitement que ie ne fiſſe des fautes en quelques rencontre; mais i'évitois pour l'ordinaire d'y en commettre. Celles avec qui je converſois plus particulierement en eſtoient ſi perſuadées, qu'elles croyoient n'avoir rien à apprehender de moy sur ce suiet : ce qui n'empesche pas que ie n'aye un grand compte à rendre à Dieu du mauvais exemple que ie leur donnois en d'autres choses. Ie prie sa divine Maiesté de me le pardonner, & ce que i'estois la cause de plusieurs maux, quoy que mon intention ne fust pas si mauvaise qu'estoient les effets de ma mauvaise conduite.

I'entray dans un grand amour de la solitude, & prenois tant de plaisir de penser à Dieu & d'en parler que si ie trouvois quelqu'un avec qui m'en entretenir sa conversation m'estoit beaucoup plus agreable que toute la politesse, ou pour mieux dire la grossiereté du monde. Ie me confessois & communiois souvent : i'estois tres-affectionnée à lire de bons livres, & i'avois un tel repentir de mes pechez que ie n'osois quelquefois faire oraison, tant i'apprehendois l'extrême peine que la pensée d'avoir offensé Dieu me donnoit & qui me tenoit lieu d'un grand chastiment. Cela augmenta encore de telle sorte que ie ne sçay à quoy comparer le tourment que i'en souffrois. Ce n'estoit pas la crainte qui le causoit: car ie n'en avois aucune; mais c'estoit le souvenir des faveurs que nostre Seigneur me faisoit dans l'oraison, de tant d'autres obligations que ie luy avois, & de mon extréme méconnoissance. Les larmes que ie répandois en si grande abondance pour mes pechez m'affligeoient au lieu de me consoler lors que ie consideris que ie n'en devenois pas meilleure, & que toutes les resolutions que ie faisois & la peine que ie prenois pour m'en corriger ne m'empeschoient pas d'y retomber quand les occasions s'en offroient. Il me sembloit que ces larmes n'estoient que des larmes feintes, & que mon repantir n'étoit qu'une dissimulation qui me rendoit encore plus coupable par le mauvais usage que ie faisois de ces larmes qu'il plaisoit à Dieu de me donner.

Ie taschois dans mes confessions de ne dire rien que de necessaire; & il me semble que ie faisois tout ce que ie pouvois pour me rendre Dieu favorable. Mais mon malheur venoit de ce que ie ne coupois pas la racine des occasions qui donnoient suiet à mes fautes, & de ce que ie ne tirois presque point de secours de mes confesseurs. Car s'ils m'eussent avertie du peril où ie me trouvois & m'eussent dit que i'estois obligée de renoncer entierement à ces dangereuses conversations, ie ne doute point qu'ils n'eussent remedié à ce mal & fait cesser toutes mes peines, parce que i'avois tant d'horreur du peché mortel que si l'on m'eust fait connoistre que i'y estois tombée, ie n'aurois pû souffrir d'y demeurer seulement durant un iour.

Toutes ces marques de la crainte que i'avois d'offenser Dieu estoient des effets de mon oraison; & cette crainte estoit tellement enveloppée & comme étouffée par mon amour pour luy, qu'elle ne me pouvoit permettre de penser au châtiment que i'aurois dû apprehender

CHAPITRE VI.

der. Durant tout le temps que ie fus si malade ie pris un grand soin de ne point commettre de pechez mortels: mais ie desirois la santé pour mieux seruir Dieu,& ce desir fut la cause de mon mal. Me trouuant percluse quoy que si ieune, & voyant l'estat où les medecins de la terre m'auoient mise, ie resolus de recourir à ceux du ciel pour obtenir ma guerison. Ie supportois neanmoins mon mal si patiemment que ie pensois quelquefois que si cette santé que ie souhaitois tant deuoit estre cause de ma perte, il m'étoit beaucoup meilleur de demeurer comme i'estois: mais ie m'imaginois tousiours que ie seruirois mieux Dieu si i'estois saine. En quoy ie me trompois fort; rien ne nous estant si auantageux que de nous abandonner entierement à la conduite de Dieu qui sçait beaucoup mieux que nous mêmes ce qui nous est utile. Ie commençay donc à demander que l'on dit des messes pour moy, & que l'on fit des prieres approuvées; n'ayant iamais pû souffrir certaines devotions de quelques personnes, & particulierement de femmes, que l'on a connu depuis estre superstitieuses.

Deuotion de la Sainte pour Saint Ioseph.

Ie pris pour patron & pour intercesseur le glorieux S. Ioseph, me recommanday beaucoup à luy; & i'ay reconnu depuis que ce grand Saint m'a donné en cette occasion & en d'autres où il y alloit même de mon honneur & de mon salut, une plus grande & plus prompte assistance que ie n'aurois osé la luy demander. Ie ne me souviens point de l'auoir iusques icy prié de rien que ie n'aye obtenu, ny ne puis penser sans estonnement aux graces que Dieu m'a faites par son intercession, & aux perils dont il m'a deliurée tant pour l'ame que pour le corps. Il semble que Dieu accorde à d'autres saints la grace de nous secourir dans des certains besoins: mais ie sçay par experience que S. Ioseph nous secourt en tous; comme si Nostre Seigneur vouloit faire voir que de même, qu'il luy estoit soûmis sur la terre parce qu'il luy tenoit lieu de pere & en portoit le nom, il ne peut dans le ciel luy rien refuser. D'autre personnes à qui i'ay conseillé de se recommander à luy l'ont éprouvé comme moy: plusieurs y ont maintenant une grande devotion; & ie reconnois tous les iours de plus en plus la verité de ce que ie viens de dire.

Ie n'oubliois rien de tout ce qui pouvoit depender de moy pour faire que l'on celebrat sa feste auec grande solemnité. En quoy bien que mon intention fut bonne i'agissois fort imparfaitement, parce qu'il y entroit plus de vanité que de cet esprit de pieté qui est simple & tout interieur. Car i'estois si imparfaite que ie mêlois toûjours de grands defauts au bien que N. Seigneur m'inspiroit de faire tant i'estois naturellement vaine & curieuse: ie le prie de tout mon cœur de me le pardonner. L'experience que i'auois des graces que Dieu accorde par l'intercession de ce grand Saint me faisoit souhaiter de pou-

D

voir persuader à tout le monde d'avoir une grande devotió pour luy: & ie n'ay connu personne qui en ait eu une veritable & la luy ait témoignée par ses actions qui ne se soit avancé dans la vertu. Ie ne me souviens point de luy avoir depuis quelques années rien demandé le iour de sa feste que ie n'aye obtenu : & s'il se rencontroit quelque imperfection dans l'assistance que j'implorois de luy, il en reparoit le defaut pour la faire reüssir à mon avantage. Si j'avois la liberté d'écrire tout ce que ie voudrois ie rapporterois plus particulierement avec grand plaisir les obligations que j'ay à ce glorieux Saint & que d'autres personnes luy ont comme moy: mais pour demeurer dans les bornes que l'on m'a prescrites ie passeray plus legerement que ie ne le desirerois sur plusieurs choses, & m'étendray sur d'autres plus que ie ne devrois par mon peu de discretion en tout ce que ie fais. Ie me contenteray donc en cette rencontre de prier au nom de Dieu ceux qui n'aioûteront pas foy à ce que ie dis de le vouloir éprouver : & ils connoistront par experience combien il est avantageux de recourir à ce grand Patriarche avec une devotion particuliere. Les personnes d'oraison luy doivent ce me semble étre fort affectionnées. Car ie ne comprens pas comment l'on peut penser à tout le temps que la sainte Vierge demeura avec Iesvs-Christ, enfant, sans remercier S. Ioseph de l'assistance qu'il leur rendit. Et ceux qui manquent de directeur pour s'instruire dans l'oraison n'ont qu'à prendre cet admirable Saint pour leur guide, afin de ne se point égarer. Dieu veüille que ie ne me sois point égarée moy même dans la hardiesse que j'ay prise de parler de luy, & de publier le respect que ie luy porte aprés avoir tant manqué à le servir & à l'imiter. Ma guerison fut en effet de son pouvoir ie sortis du lit ; ie marchay ; ie cessay d'estre percluse ; & le mauvais usage que je fis d'une telle grace fut un effet de mon peu de vertu.

Qui auroit pû s'imaginer que je fusse si-tost tombée aprés avoir reçeu de si grandes faveurs de Dieu, aprés qu'il avoit commencé à me donner des vertus qui devoient m'animer à le servir, aprés qu'il m'avoit retiré d'entre les bras de la mort & du peril d'une condamnation eternelle ; & aprés avoir comme ressuscité mon ame aussi bien que mon corps en sorte que toutes les personnes qui m'avoient veuë dans un estat si deplorable ne pouvoient alors voir sans étonnement que je fusse encore en vie. Mais peut on, mon Dieu, nommer une vie celle que l'on passe au milieu de tant de dangers ? Il me semble neanmoins qu'écrivant cecy ie pourrois me confiant en vostre assistance & en vostre misericorde dire avec S. Paul, quoy que non pas si parfaitement que luy : *Ie ne vis plus : mais c'est vous mon Createur qui vivez en moy* depuis quelques années, parce que je

CHAPTRE V.

"voy ce me semble que vous me conduisez par la main & m'inspirez
"une ferme resolution, dont i'ay éprouvé l'effet en plusieurs rencon-
"tres, de ne rien faire de contraire à vostre volonté, quoy que ie vous
"aye sans doute offensé en beaucoup de choses sans le connoistre. Ie
"croy aussi qu'il n'y a rien que ie ne fisse de tout mon cœur pour vo-
"stre service si i'en rencontrois des occasions ainsi qu'il y en a eu quel-
"ques-unes où ie vous ay esté fidelle par vostre assistance ; & il me
"semble que ie n'aime ni le monde ni ce qui est dans le monde, & que
"hors de vous seul, mon Dieu, qui estes tout mon bon-heur & toute
"ma ioye, ie considere tout le reste comme des crois fort pesantes. Il
"se peut faire que ie me trompe : mais vous Seigneur, qui voyez le
"fond de mon cœur vous sçavez que mes sentimens sont conformes
"à mes paroles. Quel sujet n'aurois-je pas toutefois d'apprehender si
"vous cessiez de m'assister, connoissant comme ie fais que ie n'ay de
"force & de vertu qu'autant qu'il vous plaist de m'en donner ? Mais
"dans cette opinion que i'ay de moy-même n'entre-t-il point ; ô mon
"Sauveur, quelque presomption qui vous porte à m'abandonner ?
"Détournez, s'il vous plaist, de moy un si grand malheur pour vostre
"bonté & par vostre misericorde. Ie ne sçay comment nous pouvons
"aimer une vie pleine de tant de dangers : cela me paroissoit impossi-
"ble, & m'est neanmoins arrivé diverses fois. Puis-je donc cesser de
"craindre voyant que pour peu que vous vous éloignez de moy, mes
"bonnes resolutions ne m'empêchent pas de tomber? Que soyez vous
"beny à iamais de ce qu'encore que ie vous aye abandonné vous ne
"m'avez pas abandonnée de telle sorte que vostre main secourable
"ne m'ait souvent relevée. Ie ne sçaurois dire & serois bien fâchée de
"le pouvoir dire combien de fois il vous a plû de me faire cette gra-
"ce, ainsi qu'on le verra dans la suite.

CHAPITRE VII.

La Sainte apres estre guerie se rengage en des conversations dangereuses, & par une fausse humilité n'ose plus continuer à faire oraison. Combien la closture est necessaire dans les monasteres des femmes, & quel mal c'est de mettre des filles dans les maisons non reformées. JESUS-CHRIST s'apparoist à la Sainte avec un visage severe. Elle engage son pere à faire oraison : il y fait un grand progrez, & meurt saintement. La Sainte sort de son monastere pour l'assister. Un Religieux Dominicain la porte à rentrer dans l'exercice de l'oraison. Combat qui se passoit en elle-même parce qu'elle n'estoit pas encore détachée de ces conversations inutiles & dangereuses. Quelle peine c'est à une ame qui aime Dieu de recevoir de luy des faveurs au lieu de chastiment lors qu'elle l'offence encore : & combien grand est le besoin de communiquer avec des personnes vertueuses pour se fortifier dans ses bonnes resolutions.

JE me rengageay alors dans tant d'occasions si perilleuses, que passant d'un divertissement à un autre, & de vanité en vanité mon ame tomba dans un tel déreglement, que j'avois honte d'oser m'approcher de Dieu par une communication telle qu'est celle dont il nous favorise dans l'oraison ; & à mesure que mes pechez se multiplioient je perdois le goust qui se rencontre dans la pratique des vertus. En quoy je voyois clairement, mon Dieu, que ce n'estoit pas vous qui vous retiriez de moy; mais que c'estoit moy qui me retirois de vous. Ainsi me trouvant trompée par le plus grand artifice dont le demon se puisse servir & me voyant si malheureuse, je commençay sous pretexte d'humilité à creindre de faire oraison. Je crûs que puis que nulle autre n'estoit plus imparfaite que moy je devois suivre le train ordinaire, & me contenter des prieres vocales ausquelles j'estois obligée, sans oser converser avec Dieu par l'oraison mentale dans le même temps que je meritois d'estre en la compagnie des demons.

Estant en cet estat je trompois le monde, parce qu'il ne paroissoit rien en moy dans l'exterieur que de loüable, il n'y avoit point de sujet de blâmer les autres Religieuses de la bonne opinion qu'elles en avoient. Je n'agissois pas neanmoins en cela avec dissimulation ny à dessein de paroistre avoir plus de pieté que je n'en avois. Car par la grace de Dieu je ne me souviens point de l'avoir jamais offensé par hypocrisie ou par vaine gloire. J'en avois au contraire tant d'aversion, qu'aussi-tost que j'en sentois les premiers mouvemens, la peine que j'en souffrois estoit si grande, que le demon estoit contraint de me laisser en repos sans plus oser me tenter en cette maniere, parce qu'y perdant plus qu'il n'y gagnoit il voyoit que ses vains efforts tournoient à mon avantage;& c'est pourquoy il ne m'a guere attaquée de ce costé-là. Peut-estre neanmoins que si Dieu eust permis qu'il m'eust tentée aussi fortement en cela qu'en d'autres choses je n'aurois pû y resister ; mais sa divine Majesté m'en a jusques icy preservée,& je ne sçaurois trop luy en rendre graces. Ainsi comme je ne pouvois ignorer ce qui étoit dans mon cœur j'estois si éloignée de vouloir passer dans l'esprit de ces bonnes filles pour meilleure que je n'estois, que ie ne pouvois voir sans beaucoup de peine la trop bonne opinion qu'elles avoient de moy.

Ce qui leur cachoit ainsi mes defauts venoit de ce qu'elles voyoient qu'estant encore si ieune & dans tant d'occasions de perdre mon temps,ie me retirois souvent pour prier & lire beaucoup;que ie prenois plaisir à parler de Dieu, à faire peindre en plusieurs lieux son image,& à mettre dans mon Oratoire diverses choses qui excitoient la devotion ; que ie ne disois du mal de personne, & autres choses semblables qui avoient quelque apparence de vertu : à quoy il faut aioûter que ie reüssissois assez en ce que l'on estime dans le monde. Tout cela faisoit que l'on me donnoit plus de liberté qu'aux plus anciennes, & que l'on prenoit une grande confiance en moy. Ie n'en abusois pas. Car ie ne faisois rien sans en demander la permission:il ne m'est iamais arrivé de parler par des trous,ou à travers des fentes de murailles, ou de nuit ; & ie ne pouvois comprendre que l'on en usast de la sorte dans un monastere, parce que Dieu m'assistoit ; & y faisant reflexion ie trouvois qu'estant aussi imparfaite que i'estois,& les autres si bonnes, ie n'aurois pû sans un grand peché donner suiet de douter de leur vertu en commettant de semblables fautes : mais i'en faisois assez d'autres dans lesquelles il est vray neanmoins que ie ne tombois pas de propos deliberé, & avec autant de connoissance que i'aurois fait en celles-là.

Ce que ie viens de rapporter me donne suiet de croire que ie receus un grand prejudice d'estre en une maison où il n'y avoit point de closture, parce que les libertez que les Religieuses qui estoient bonnes pouvoient prendre innocement à cause qu'elles ne s'estoient pas obligées à davantage, auroient esté capables de me damner estant aussi mauvaise que ie suis, si Dieu ne m'eust soustenuë par des graces particulieres. Ainsi ie treuve qu'un monastere de femmes sans closture les met dans un si grand peril, que c'est plutost le chemin de l'enfer pour celles qui sont mauvaises, qu'un remede à leur foiblesse. On ne doit pas toutefois prendre ce que ie dis pour le monastere où i'estois alors,puis qu'il y a tant de Religieuses qui servent Dieu avec une grande perfection, & qu'estant aussi bon qu'il

D iij

est-il ne sçauroit ne point continuer à les favoriser de ses graces. Ce monastere n'est pas du nombre de ceux dont l'entrée est fort libre, & l'on y observe toute la regle : mais i'entens parler de quelques autres monasteres que i'ay veus, & qui me font une tres-grande compassion. Il ne suffit pas que Dieu fasse entendre sa voix une seule fois à ces pauvres filles pour les rappeller à luy : il faut qu'il frappe diverses fois aux oreilles de leur cœur pour les faire rentrer dans leur devoir, tant elles sont remplies de l'esprit du monde, de sa vanité, & de ses plaisirs, & comprennent peu leurs obligations. Dieu veüille même qu'elle ne tiennent point pour vertu ce qui est peché, comme cela m'est arrivé trop souvent : & il est si difficile de ne s'y pas tromper qu'il n'y a que Dieu qui par une assistance particuliere de sa grace puisse donner la lumiere necessaire pour le comprendre.

Que si les parens vouloient suivre mon conseil, quand même ils ne seroient point touchez de la consideration du salut de leurs filles en les mettant dans des maisons où elles courent plus de fortune de se perdre que dans le monde, ne devroient-ils pas l'estre par la consideration de leur honneur, & les marier plutost moins avantageusement, où les retenir auprés d'eux, que de les mettre pour s'en décharger en de semblables monasteres ? si ce n'est qu'ils reconnussent en elles de tres bonnes inclinations & Dieu veüille encore que cela leur serve : Car si elles se portent au mal dans le monde on le connoistra bien-tost : au lieu que dans les monasteres elles se peuvent long-temps cacher : mais enfin on le découvre : & ce mal est d'autant plus grand qu'elles le communiquent aux autres, sans que quelquefois il y ait de la faute de ces pauvres filles qui se laissent aller sans y penser au mauvais exemple qu'on leur donne.

En verité on ne peut trop plaindre celles qui renonçant au siecle pour éviter les perils qui s'y rencontrent, & passer leur vie au service de Dieu, se trouvent en beaucoup plus grand hazard que iamais, & ne sçavent comment y remedier, parce que la ieunesse, la sensualité, & le demon les poussent à faire les mêmes choses qu'elles avoient voulu éviter en quittant le monde : elles s'apperçoivent si peu qu'elles sont mauvaises, qu'elles sont presque persuadées qu'elles font bien. Il me semble qu'on peut en quelque sorte les comparer à ces mal-heureux heretiques, qui s'aveuglent voulontairement, & tâchent d'engager les autres dans leur erreur qu'ils prennent pour la verité, sans pouvoir neanmois en estre entierement persuadez, parce qu'ils sentent dans le fons de leur cœur comme une voix interieure qui leur dit qu'ils se trompent.

Quel mal-heur est donc plus grand que celuy des monasteres autant d'hommes que de femmes qui ne sont pas reformez, & où l'on

CHAPITRE VII.

marche egalement par deux voyes si differentes, l'une de la vertu, & l'autre du relâchement? Mais que dis-je egalement: Helas! on suit beaucoup plus la voye qui est si perilleuse, parce que nos mauvaises inclinations nous y poussent, & que l'exemple de ce que la pluspart y marchent nous la fait paroistre encore plus agreable. Ainsi le chemin de la veritable observance est si peu battu, que le Religieux & la Religieuse qui veulent satisfaire aux obligations de leur vocation ont plus de sujet d'apprehender les personnes auec qui ils viuent que les demons, & doiuent estre plus retenus à parler de l'amour que l'on doit auoir pour Dieu que des amitiez & des liaisons que le diable fait contracter dans ces monasteres.

Cecy est obscur & il faut qu'il y ait quelque faute dans l'exemplaire Espagnol.

Y a-t-il donc sujet de s'estonner de voir tant de maux dans l'Eglise, puis que ceux qui deuroient porter les autres à la vertu ont tellement éteint en eux l'esprit des Saints Fondateurs de leurs Ordres? je prie Dieu de tout mon cœur d'y vouloir apporter le remede qu'il sçait y estre necessaire.

Quand je m'engageay dans ces conversations dont j'ay parlé, & que je voyois pratiquer aux autres je ne croyois pas qu'elles me dussent estre aussi prejudiciable que je l'ay éprouvé depuis: mais il me sembloit que ces visites si ordinaires dans plusieurs monasteres ne me feroient pas plus de mal qu'aux autres Religieuses que je voyois estre bonnes. Ie ne consideroit pas que comme elles estoient beaucoup meilleures que moy elles ne s'exposoient pas par là a un si grand peril que je faisois; & je voyois bien neanmoins qu'il y en avoit, quand ce n'auroit esté qu'à cause du temps qui s'y employoit si mal.

Lors que je commençois de faire connoissance avec une certaine personne Dieu m'ouvrit les yeux pour me faire voir l'estat où j'estois, & que ces sortes d'amitiez me conuenoient mal. IESUS-CHRIST se presenta à moy avec un visage seuere, & me fit connoistre combien ma mauuaise conduite luy estoit desagreable. Ie le vis plus clairement des yeux de mon ame que ie ne le pourrois voir auec ceux de mon corps: & quoy qu'il y ait plus de vingt-six ans que cela se passa, cette veuë fit une telle impression sur mon esprit qu'elle m'est encore aussi presente qu'elle me le fut dans ce moment. Ie demeuray si épouventée & si troublée que je ne voulus plus voir cette personne: mais ie receus un grand dommage d'ignorer que l'on peut voir quelque chose sans l'entremise des yeux corporels. & le demon pour me confirmer dans cette ignorance me faisoit entendre que c'estoit une chose impossible: que ce que j'auois vû n'estoit qu'une imagination: que ce pouuoit estre un artifice du malin esprit, & autres choses semblables. Neanmoins il me paroissoit toujours que c'estoit Dieu, & que ie ne me trompois pas: mais comme cela ne s'accordoit point avec mon inclination i'aidois aussi moy-même à me tromper: de sorte que n'osant en parler à qui que ce fust ie ne pûs resister aux instances que l'on me fit de revoir cette personne, & à l'assurance que l'on me donnoit que non seulement cela ne pouvoit nuire à ma reputation; mais que sa conversation m'estoit honorable. Ainsi ie m'y rengageay & à d'autres encore en d'autres temps, parce que durant le grand nombre d'années que ie goustois un plaisir si dangereux il ne me paroissoit pas qu'il le fust beaucoup, quoy que ie reconnusse quelquefois qu'une telle recreation n'estoit pas bonne. Nulle autre ne me causa tant de distraction que mes entretiens avec cette personne, parce que ie conçus beaucoup d'amitié pour elle.

Vn iour que i'estois avec cette même personne & avec une autre nous vismes venir vers nous un crapaut, mais qui marchoit beaucoup plus viste que ces sortes d'animaux n'ont accustumé. Ie n'ay iamais pû comprendre comment il pouvoit venir & en plein midy du costé d'où il venoit. Ie crûs que cela n'estoit pas sans quelque mystere, & l'impression qu'il me fit ne s'est iamais effacée de mon esprit. Dieu tout-puissant auec combien de soin & de bonté me donniez-vous en tant de manieres differentes de salutaires avertissemens? & que i'en ay peu profité?

Il y avoit dans ce même monastere une Religieuse ma parente fort ancienne & grande servante de Dieu. Elle me donnoit quelquefois de tres-bons avis: & non seulement ie ne les suivois pas mais ils me causoient de l'éloignement d'elle, parce qu'il me sembloit qu'elle se scandalisoit sans suiet. Ie rapporte cecy pour faire voir l'extrême bonté de Dieu, & ma malice qui me rendoit digne de l'enfer par mon ingratitude ; comme aussi afin que si Dieu permet que quelques Religieuses lisent un iour cecy, elles apprennent par mon exemple à ne pas tomber en des semblables fautes. Ie les conjure en son nom d'éviter de telles recreations, & ie les prie de me faire la grace de desabuser par ce que ie dis icy quelques-unes de celles que i'ay trompées en les assurant qu'il n'y avoit point de mal ny de peril : en quoy ie ne sçaurois trop deplorer mon aveuglement & les maux dont le mauvais exemple que j'ay donné a esté la cause. Car ie n'avois pas dessein de les tromper ; mais j'estois trompée la premiere dans la creance que j'avois qu'il n'y avoit pas grand mal à cela.

Estant donc si imparfaite & si incapable de m'aider moy-même j'avois un tres-grand desir d'estre utile aux autres : ce qui est une tentation ordinaire à ceux qui commencent : & neanmoins elle me reüssit. Ainsi comme i'aimois extrêmement mon pere ie luy souhaitois ardemment le bon heur de sçavoir faire oraison que ie croyois

posseder

CHAPTRE VII.

posseder & qui passoit dans mon esprit pour le plus grand dont on puisse joüir en cette vie. I'usay donc de toute l'adresse que je pûs pour luy en faire naistre le desir : ie luy engageay & luy donnay des livres pour l'instruire : & ce qu'il estoit tres-vertueux fit qu'il s'y appliqua avec tant de soin qu'il y fit en cinq ou six ans un fort grand progrez. La consolation que j'en eux fut telle que l'on peut s'imaginer ; & ie ne pouvois me lasser d'en loüer Dieu. Il eut beaucoup de traverses, & il les supportoit avec une tres-grande soûmission à sa volonté. Il venoit souvent me visiter pour se consoler avec moy par des entretiens de pieté, & ie ne pouvois voir sans une étrange confusion qu'il me croyoit toûjours la mesme qu'auparavant, quoy que ie fusse alors si distraite que ie ne faisois plus d'oraison.

Ie demeuray durant plus d'un an en cet estat, m'imaginant de témoigner en cela plus d'humilité. Mais ce fust comme ie diray dans la suite la plus grande tentation que i'ay euë, & dont la continuation auroit esté capable d'achever de me perdre, parce qu'en faisant oraison on se recueille aprés avoir offensé Dieu, & l'on prend davantage garde à fuïr les occasions. Mon pere venant donc me voir dans la creance que ie continuois toûjours ce saint exercice ie ne pûs souffrir plus long-temps de le voir trompé. Ainsi ie luy dis que ie ne faisois plus d'oraison; mais ie ne luy en dis pas la cause. Ie pris pour pretexte mes infirmitez, estant veritable qu'il m'en estoit beaucoup resté depuis avoir esté guerie de cette grande maladie dont i'ay parlé; & ce n'est que depuis peu que ie sens quelque soulament dans ce qu'elle me font souffrir.

I'ay durant vingt ans esté travaillée d'un vomissement qui ne me permettoit de manger qu'à midy, & quelquefois encors plus tard: mais depuis que ie communie plus souvent ce vomissement me prend le soir avant que ie me couche, & m'incommode encore plus qu'auparavant. Ie suis mesme obligée de l'exciter avec une plume ou quelque autre chose, parce qu'autrement il me feroit souffrir d'avantage. Ie ne suis aussi presque jamais sans ressentir diverses douleurs: & elles sont quelquefois bien grandes, principalement des maux de cœur, quoy que ie ne tombe pas souvent dans cette défaillance qui m'estoit auparavant si ordinaire: mais ie me trouve délivrée de cette paralysie, & de ces fievres qui me tourmentoient si fort ; & ie suis depuis huit ans si peu touchée de ces maux qui me restent, que quelquefois ie m'en réioüis, parce qu'il me semble que c'est en quelque maniere servir Dieu de les supporter avec patience.

Comme mon pere estoit tres veritable & qu'il ne me soupçonnoit point de vouloir mentir, il crût aisement ce que ie luy dis: & parce que ie connoissois bien que ce pretexte que i'avois pris ne suffisoit pas, i'aioûtay pour le mieux persuader que tout ce que ie

E

pouvois faire estoit d'assister au chœur. Mais cela mesme ne devoit pas me dispenser de continuer à faire oraison, puis que l'on n'y a point besoin de forces corporelles; qu'il ne faut que de l'amour, & que pourveu qu'on le veüille & que l'on ne se décourage point Dieu donne tousiours le moyen de s'y occuper. Ie dis tousiours, parce qu'encore que la violence des maux empêche quelquefois l'ame de rentrer en elle-mesme, elle ne laisse pas de trouver d'autres momens où elle le peut, mesme au milieu des douleurs: & iamais l'oraison n'est plus parfaite qu'en ces rencontres où une ame qui aime Dieu veritablement offre avec ioye à IESUS-CHRIST ces mesmes douleurs dans la veuë que c'est pour se conformer à sa volonté qu'elle les souffre, qu'elle devient en quelque sorte par ce moyen semblable à luy, & mille autres pensées qui se presentent à elle dans ce divin commerce de l'amour qu'elle a pour son Dieu.

Ainsi l'on voit que ce n'est pas seulement dans la solitude que l'on peut pratiquer utilement l'oraison; mais qu'avec un peu de soin on tire aussi de grands avantages des temps mesme où Nostre Seigneur nous oste celuy de la faire par les souffrances qu'il nous envoye. Et c'est-ce qui m'arrivoit lors que i'estois dans la disposition qu'il desiroit de moy.

Cependant mon Pere m'aimoit de telle sorte, & avoit si bonne opinion de moy qu'il ne doutoit point de la verité de ce que ie luy disois, & me plaignoit extrémement. Comme il estoit déia arrivé à un si haut degré de perfection il se contentoit de me voir sans me beaucoup entretenir, disant que c'estoit perdre du temps inutilement; & ie ne m'en mettois guerre en peine, parce que ie l'employois en de vaines & inutiles occupations.

Ie ne portay pas seulement mon pere à faire oraison i'y excitay encore d'autres personnes, lors mesme que i'abusois de telle sorte des graces de Dieu. Car aussi-tost que ie voyois qu'elles avoient quelque inclination pour la priere ie les instruisois de la maniere de mediter, & leur donnois des livres qui en traitoient, parce que ie ne fus pas plutost entrée dans ce saint exercice que ie fus touchée du desir d'y voir les autres y entrer aussi. Il me sembloit que ne servant pas Dieu comme i'y estois obligée ie devois au moins pour ne rendre pas inutile la faveur qu'il me faisoit, procurer que d'autres le servissent au lieu de moy. Ce que ie rapporte pour faire voir iusques à quel point alloit mon aveuglement de negliger mon salut lors que ie travaillois pour celuy des autres.

Mon pere tomba ensuite malade de la maladie dont il mourut, & qui ne deura que peu de iours. Ie sortis pour l'aller assister; & cette maladie qu'il souffroit dans son corps n'estoit pas si grande que celle où mon ame estoit tombée par ces vains amusemens, & ces vaines occupations, quoy que durant tout le temps que i'eſtois en ſi mauvais eſtat ie ne croyois pas pecher mortellement, & que ſi ie l'euſſe crû ie n'aurois voulu pour rien du monde y demeurer. Les peines que ie pris dans cette maladie de mon pere pour ſatisfaire à mon devoir furent ſi grandes, que ie m'acquitay en quelque ſorte de celles qu'il s'eſtoit donné pour moy durant mes longues infirmitez. Ie faiſois plus que ma ſanté & mes forces ne me permettoient; & bien que ie connuſſe aſſez que ie perdrois en le perdant tout mon appuy & toute ma conſolation, il n'y eut point de contrainte que ie ne me fiſſe pour luy cacher ma douleur, encore qu'elle fuſt ſi violente, & que ie l'aimaſſe avec tant de tendreſſe qu'il me ſembla lors qu'il expira qu'on m'arrachoit l'ame.

La maniere dont il mourut, le deſir qu'il en avoit, & les choſes qu'il nous dit aprés avoir reçû l'extréme Onction nous obligent à rendre à Dieu des grandes actions de graces. Il nous chargea de luy demander pour luy ſa miſericorde, de le prier de nous aſſiſter pour perſeverer dans ſon ſervice, & conſiderer quel eſt le neant du monde. Il nous temoignoit avec larmes ſon extréme regret de n'avoir pas ſervy Dieu comme il l'auroit dû, & nous dit qu'il auroit ſouhaité de mourir Religieux dans l'un des ordres les plus auſteres. Ie ne doute point que Dieu ne luy eut fait connoiſtre qu'il mourroit de cette maladie: car encore que les medecins le trouvaſſent beaucoup mieux il ne tenoit compte de l'aſſeurance qu'ils luy en dônoient, & ne penſoit qu'à ſe preparer à la mort. Son plus grand mal eſtoit une douleur dans les épaules qui ne le quitta iamais, & qui eſtoit quelquefois ſi violente qu'elle le contraignoit de ſe plaindre. Surquoy ie luy dis qu'ayant une ſi grande devotion pour ce que ſouffrit nôtre Seigneur lors qu'il porta ſa croix ſur les épaules il devoit croire qu'il vouloit luy faire ſentir par cette douleur combien grande avoit eſté la ſienne. Ces paroles luy donnerent tant de conſolation qu'on ne l'entendit plus ſe plaindre. Il demeura trois jours ſans ſentiment: mais le jour qu'il mourut Dieu le luy rendit ſi entier que nous ne pouvions aſſez nous en étonner; & il le conſerva toûjours juſques à ce qu'au milieu du *Credo*, qu'il diſoit luy-même, il rendit l'eſprit. Son viſage reſſembloit à celuy d'un Ange: & il me paroiſſoit l'eſtre en quelque ſorte par les excellentes diſpoſitions où eſtoit ſon ame lors qu'elle abandonna ſon corps. Mais qui peut mieux que ce que ie viens de rapporter faire connoiſtre combien aprés avoir vû une telle vie & une telle mort je ſuis coupable de ne m'eſtre pas corrigée de mes défauts pour reſſembler en quelque ſorte un ſi bon pere? Vn Religieux Dominicain fort ſçavant, & qui eſtoit ſon Confeſſeur depuis quelques années, diſoit avoir trouvé en luy une telle pureté de conſcience, qu'il ne doutoit point qu'il n'augmentat dans le ciel le nombre des bien-heureux.

E ij

Comme ce Religieux eſtoit extrémement vertueux i'en receus beaucoup d'aſſiſtance. Car m'eſtant confeſſée à luy Dieu luy donna une grande charité pour moy, & il s'appliqua avec ſoin à me faire cônoiſtre le mauvais état où i'étois, Il me faiſoit communier de quinze iours en quinze iours. Ie pris peu à peu confiance en luy, luy parlay de mon oraiſon, & il me dit de ne la pas diſcontinuer, parce qu'elle ne me pouvoit eſtre que fort utile. Ie commençay donc à la reprendre & ne l'ay iamais quittée depuis; mais ie n'évitay pas les occaſions qui m'étoient ſi preiudiciables. Ainſi ie paſſois une vie tres-penible, parce que l'oraiſon me donnoit la connoiſſance de mes fautes. Dieu m'appelloit d'un coſté; le monde m'entraînoit de l'autre. Les biens celeſtes m'attiroient; ceux de la terre me retenoient attachée; & i'aurois bien voulu pouvoir allier deux contraires auſſi oppoſez que la vie ſpirituelle, & la ſatisfaction que dônent les plaiſirs des ſens. Ce combat qui ſe paſſoit en moy-même me faiſoit beaucoup ſouffrir dans mon oraiſon, à cauſe que ma maniere de la faire étant de me recueillir interieurement, & que mon eſprit ſe trouvant alors eſclave au lieu qu'il auroit dû eſtre le maiſtre, ie ne pouvois le renfermer au dedans de moy ſans enfermer avec luy mille choſes vaines. Ie paſſay pluſieurs années dans cette peine; & ie ne ſçaurois penſer ſans étonnement comment il ſe peut faire que ie ne me corrigeay point de ce defaut, ou que ie n'abandonnay point l'oraiſon. Mais il n'eſtoit pas en mon pouvoir de l'abandonner, parce que Dieu qui vouloit ſe ſervir de ce moyen pour me faire des graces encore plus grandes, m'y retenoit & m'y ſouſtenoit par ſa main toute-puiſſante.

„ Seigneur mon Dieu, de quelles occaſions ne m'avez-vous point
„ alors delivrée par voſtre bonté, & de qu'elle ſorte ne m'y renga-
„ geois ie point par ma miſere? De quel peril de me perdre entiere-
„ ment de reputation ne m'avez-vous point garentie, lors que ie m'a-
„ bandonnois ſi imprudemment à faire des choſes qui pouvoient me
„ faire connoiſtre pour auſſi imparfaite que ie l'étois; vous cachiez mes
„ fautes, Seigneur, aux yeux des hommes; leur laiſſez ſeulement ap-
„ percevoir ce peu qu'il y avoit de bon en moy, & le leur faiſiez paroi-
„ ſtre ſi grands, qu'ils continuoient à me beaucoup eſtimer. Ainſi bien
„ que quelquefois ils entreviſſent mes vanitez, les autres choſes qui
„ leur paroiſſoient dignes de loüange les éblouiſſoient, & les empeſ-
„ choient de s'y arreſter & de le croire, à cauſe ſans doute que voſtre
„ ſupréme ſageſſe à qui toutes choſes ſont preſentes, le iugeoit necef-
„ ſaire pour me conſerver l'eſtime des perſonnes à qui vous vouliez
„ que ie parlaſſe dans la ſuite des temps pour les porter à vous ſervir,
„ & qu'au lieu de conſiderer la grandeur de mes pechez, vous ne con-
„ ſideriez que le deſir que i'avois de vous eſtre fidelle, & la peine que
„ ie ſouffrois de n'en avoir pas la force.

CHAPITRE VII.

"O Dieu de mon ame, comment pourray-je exprimer les graces dont
"vous m'avez favorisée durant ce temps, & comme lors que je vous
"offensois le plus, vous me disposiez par un tres-grand repentir à les
"gouster? Vous usiez pour cela, mon Dieu, du chastiment que vous
"connoissiez me devoir estre le plus penible, en ne punissant que par
"de grandes faveurs d'aussi grandes fautes qu'étoient les miennes. Je
"ne croy pas, Seigneur, en parlant ainsi dire une folie, quoy qu'il n'y
"auroit pas sujet de s'estonner que j'eusse l'esprit troublé par le sou-
"venir d'une aussi étrange ingratitude qu'estoit la mienne.

C'estoit une chose si insupportable à mon humeur de recevoir au lieu de chastimens des faveurs, qu'une seule m'estoit plus difficile à supporter que ne me l'auroient esté plusieurs grandes maladies, parce que connoissant que je les avois bien meritées j'aurois crû satisfaire en quelque sorte par ce moyen à la justice de Dieu : mais recevoir de nouvelles graces apres s'estre renduë indigne des premieres c'est une espece de tourment qui me paroist terrible, & il le doit estre à tous ceux qui ont quelque connoissance de Dieu & quelque amour pour luy, puisque c'est une marque de vertu. Ces sentimens étoient le sujet de mes larmes, & de ma douleur de me voir tousiours à la veille de faire de nouvelles cheutes quelque veritables que fussent mes desirs & quelque fermes que fussent mes resolutions. Qu'une ame est à plaindre de se trouver seule au milieu de tant de perils? car il me semble que s'il y eut eu quelqu'un à qui j'eusse pû communiquer toutes mes peines il m'auroit empêchée de tomber dans les mesmes fautes par la honte de l'avoir pour témoin de ma foiblesse, quand mesme la crainte d'avoir offensé Dieu ne m'auroit pas retenuë.

Ainsi je conseillerois à ceux qui s'appliquent à l'oraison, & principalement dans les commencemens, de faire amitié avec des personnes qui soient dans le mesme exercice. C'est une chose tres-importante, quand mesme ils n'en tireroient autre avantage que de s'entre-aider par leurs prieres. Car si dans le commerce du monde quelque vain & inutile qu'il soit, on tasche de faire des amis pour soulager son esprit en leur témoignant ses deplaisirs, & augmenter sa satisfaction en leur faisant part de ses joyes, je ne voy pas pourquoy il ne seroit point permis à ceux qui commencent à aimer & à servir Dieu veritablement de communiquer à quelque personnes ces consolations & ces peines que ceux qui font oraison ne manquét jamais d'avoir, ni que pourveu qu'ils veüillent sincerement se donner à Dieu ils ayent sujet de craindre en cela la vaine gloire. Elle pourra bien les attaquer & leur faire sentir la pointe de ses premiers mouvemens; mais ce ne sera que pour faire acquerir du merite en les rendant victorieux; & ils profiteroient à mon avis aux autres & à eux-mémes par la lumiere qu'ils en tireront pour leur conduire. Ceux qui se persuadét au contraire que l'on ne peut sans vanité entrer dans une cō.nunication si sainte trouveroient donc qu'il y auroit de la vanité à entendre devotement la Messe à la veuë du monde, ou à faire d'autres actiōs ausquelles on est obligé cōme chrétien,& que la crainte qu'il s'y rencontre de la vanité ne doit amais empécher de faire.

Cela est si important pour ceux qui ne sont pas encore bien affermis dans la vertu, & qui outre les obstacles qui s'opposent à leurs bons desseins ont des amis qui les en détournent, que je ne sçaurois trop representer la consequence. Il n'y a rien que ces dangereux amis ne fassent pour empescher ceux qu'ils voyent dans une veritable disposition d'aimer & de servir Dieu, de la témoigner : & ils poussent au contraire ceux qui sont engagez dans des affections deshonnestes à les publier hautement: ce qui est si ordinaire qu'il passe aujourd'huy pour galanterie.

Ie ne sçay si ce que je dis est une reverie. Mais si c'en est une vous n'aurez,mon pere,qu'a jetter ce papier dans le feu. Et si ce n'en est pas une je vous supplie de m'aider à faire connoistre la grandeur de ce mal afin que l'on évite d'y tomber. On agit aujourd'huy si foiblement en ce qui regarde le service de Dieu, que ceux qui marchent dans ses voyes doivent se donner la main les uns aux autres pour s'y avancer: de mesme que ceux qui n'ont l'esprit remply que des plaisirs & des vanitez du siecle s'exhortent à les rechercher. En quoy il est étrange que si peu de gens ayent les yeux ouverts pour remarquer leurs folies : au lieu que lors qu'une personne commence à se donner à Dieu tant de gens en murmurent, qu'elle a besoin de compagnie pour la defendre & la soutenir contre leurs attaques jusques à ce qu'elle soit assez forte pour ne point craindre de souffrir, puis qu'autrement elle se trouvera dans une grande détresse. Ie pense que c'est pour ce sujet que quelques Saints s'enfuyoient dans les deserts: & c'est une espece d'humilité que de se defier de soy même,& d'esperer du secours de Dieu par l'assistance des personnes vertueuses avec lesquelles on converse. La charité s'augmente par la communion:& il s'y rencontre tant d'avantages que ie ne serois pas assez hardie pour en parler de la sorte si je ne les avois éprouvez. Mais quoy que je sois la plus foible & la plus miserable de toutes les creatures,je croy que ceux-même qui sont affermis dans la vertu ne perdront rien en ajoutant foy par humilité à ceux qui ont éprouvé ce que ie dis. Pour ce qui est de moy je puis asseurer que si Dieu ne m'eust fait connoistre cette verité & donné le moyen de communiquer souvent avec des personnes d'oraison, je serois ensuite, de diverses chûtes & rechûtes,tombée dans l'enfer, parce qu'ayant tant d'amis qui m'aidoient à tōber, je me trouvois si seule lors qu'il falloit me relever, que je ne comprens pas maintenant comment je le pouvois faire. Dieu

CHAPITRE VIII.

seul par son infinie misericorde me donnoit la main, & je ne sçaurois trop l'en remercier. Qu'il soit beny aux siecles des siecles Ainsi soit-il.

CHAPITRE VIII.

Combien la Sainte souffrit durant dix-huit ans de sentir son cœur partagé entre Dieu & le monde. Elle exhorte à ne discontinuer iamais de faire oraison quelque peine que l'on y ait, & dit qu'en certains temps elle y en avoit eu de tres-grandes.

CE n'est pas sans raison que je me suis tant étenduë sur cette partie de ma vie dont les imperfections pourront donner un si grãd degoust aux personnes qui la liront, puis que je souhaite de tout mon cœur qu'ils ayent de l'horreur de voir qu'une ame ait pû estre si opiniastre dans ses pechez & si ingrate envers Dieu apres en avoir reçû tant de graces. Ie voudrois que l'on m'eust permis de rapporter particulierement tous les pechez que j'ay commis durant ce temps pour ne m'estre pas appuyée à cette inébranlable colomne de l'oraison. Ie passay prés de vingt ans sur cette mer agitée par de continuels orages: mes chûtes étoient grandes: je ne me relevois que foiblement: je retombois aussi-tost dans un état si deplorable que je ne tenois point de compte des pechez veniels; & quoy que j'apprehendasse les mortels, ce n'estoit pas autant que ie l'aurois deu, puis que ie ne m'éloignois pas des occasions qui me mettoient en danger de les cõmettre. C'estoit a mon avis l'un des états le plus penible que l'on se puisse imaginer, parce que je ne goustois ni la joye de servir Dieu fidelement, ni le plaisir que donnent les contentemens du monde. Lors que i'estois engagée dans ces derniers, le souvenir de ce que ie devois à Dieu me troubloit: & quant i'estois avec Dieu dans l'oraison ces affections du monde m'inquietoient: C'estoit une guerre si penible que ie ne sçay comment je pus la soutenir non seulement durant vingt ans., mais durant un mois. Cela me fait voir clairement la grandeur de la misericorde que Dieu m'a faite de me donner la hardiesse de continuer à faire oraison lors que i'estois si mal-heureusement engagée dans le commerce du monde. Ie dis la hardiesse: car peut-il y en avoir une plus grande que de trahir son Prince & son Roy, & sçachant qu'il le connoist ne laisser pas de continuer, puis qu'encore que nous ne puissions n'estre pas tousiours en la presence de Dieu, il me semble que ceux qui font oraison y sont d'une maniere tres differente des autres, parce qu'ils sont asseurez qu'il les regarde: au lieu que le commun des hommes demeure quelquefois plusieurs iours sans se souvenir qu'il les voit. Il est vray que durant ces vingt années il se passa dans un certain temps plusieurs mois, & mesme ce me semble un an tout entier, que je prenois grand soin de ne point offenser Dieu & de m'occuper à l'oraison.

La verité que je veux suivre tres-exactement m'a obligé de dire cela. Mais combien peu ay-je passé de ce temps heureux auquel ie me tenois plus sur mes gardes en comparaison de celuy que j'ay passé d'une maniere si déplorable? Il n'y avoit neanmoins guere de jours que ie n'employasse beaucoup de temps à l'oraison, si ce n'estoit que ie fusse malade ou fort occupée. Mais c'étoit dans mes maladies que j'estois le mieux avec Dieu, & que je travaillois davantage à porter les personnes avec qui ie communiquois à se donner entierement à luy. Ie les y exhortois souvent, & le priois de vouloir leur toucher le cœur. Ainsi excepté cette année dont j'ay parlé depuis vingt-huit ans qu'il y a que ie commençay à faire oraison, dix huit ans se sont passez dans ce combat de traiter en même-temps avec Dieu & avec le monde. Quant aux autres dix années qu'il me reste à parler; la cause de cette guerre changea, & elle ne laissa pas d'estre grande. Mais comme ie commençois alors à connoistre la vanité du monde & que ie tachois ce me semble de servir Dieu, tout me paroissoit doux & facile ainsi que ie le diray dans la suite.

De l'Oraisō

Deux raisons m'ont obligée à rapporter cecy particulierement: l'une pour faire voir la misericorde de Dieu & mon ingratitude: & l'autre pour faire connoistre combien grande est la grace dont il favorise une ame lors qu'il la dispose à s'affectionner à l'oraison, quoy que ce ne soit pas si parfaitement qu'il seroit à desirer, puis que pourveu qu'elle persevere nonobstant les tentations, les chûtes, & les pechez où le diable la fait tomber par ses artifices, ie ne doute point que Nostre Seigneur ne la conduise enfin au port ainsi que j'ay suiet de croire qu'il luy a plû de me faire cette grace que ie le prie de tout mon cœur de me vouloir continuer. Plusieurs personnes fort saintes ont écrit de l'avantage qu'il y a de s'exercer à l'oraison mentale; & il y a suiet d'en loüer Dieu. Sans cela ie n'aurois pas la presomption d'en oser parler.

Ie suis asseurée par l'experience que i'en ay que ceux qui ont commencé à faire oraison ne la devoient point discontinuer quelques fautes qu'ils y commettent, puis que c'est le moyen de s'en corriger & que sans cela ils y auroient beaucoup plus de peine. Mais il faut qu'ils prenent garde à ne se laisser pas tromper par le demon lors que sous pretexte d'humilité il les tentera côme il m'a tantée, d'abandonner ce saint exercice: & ils doivent en s'appuyant sur la verité des promesses de Dieu qui sont infaillibles croire fermement; que pourveu qu'ils se repentent sincerement & resolvent de ne le plus offenser, il leur pardonnera, les assistera comme auparavant, & leur fera même

de

CHAPITRE VIII.

de plus grandes graces si la grandeur de leur repentir les en rend dignes.

Quant à ceux qui n'ont pas encore commencé à faire oraison ie les coniure au nom de Dieu de ne se pas priver d'un tel avantage. Il n'y a en cela que tout suiet de bien esperer, & rien à craindre, puis qu'encore que l'on n'avance pas beaucoup dans ce chemin, & que l'on ne fasse pas assez d'efforts pour se rendre parfait & digne de recevoir les faveurs que Dieu accorde à ceux qui le sont, on connoistra au moins le chemin du ciel:& si l'on continuë d'y marcher, la misericorde de Dieu est si grande que l'on doit esperer que cette perseverance ne sera pas vaine, parce qu'il ne manque iamais de recompenser l'amour qu'on luy porte, & que l'oraison mentale n'est autre chose à mon avis que de témoigner dans ces frequens entretiens que l'on a seul à seul avec luy, combien on l'aime, & la confiance que l'on a d'en estre aimé. Comme l'amitié doit estre fondée sur le rapport qui se rencontre entre ceux qui s'aiment, si l'extrême disproportion qu'il y a entre Dieu qui est tout parfait:& des creatures aussi imparfaites que nous sommes, fait que nous ne l'aimons pas encore, nous devons nous representer combien il nous importe de nous rendre dignes de son amitié, & supporter par cette consideration la peine que ce nous est de converser beaucoup avec une Maiesté qui nous est si disproportionnée.

O vous, mon Seigneur & mon Dieu, dont la veuë fait la felicité des Anges, il me semble que ce que ie viens de dire est la maniere dont ie me trouve avec vous, & ie ne sçaurois y penser sans souhaiter de pouvoir fondre comme de la cire au feu de vostre divin amour. Que ne devez-vous point souffrir, mon Sauveur, lors que vous estes auec une creature qui ne peut souffrir d'estre avec vous? Vostre bonté est neanmoins si excessive que non seulement vous ne la reiettez pas, mais vous luy faites des faveurs : vous attendez avec patience qu'elle s'approche de vous en se conformant à vos volontez, & ne laissez pas cependant de l'aimer telle qu'elle est. Vous luy tenez compte des momens où elle vous témoigne de l'amour, & un leger repentir, vous fait oublier toutes ses fautes. Ie l'ay éprouvé, mon Createur, & je ne comprens pas comment tout le monde ne tâche point de s'approcher de vous pour avoir quelque part au bonheur de vôtre amitié. Les méchans qui sont si éloignez de vous par leurs mauvaises habitudes doivent s'en approcher afin que vous les rendiez bons & que vous souffriez d'estre avec eux durant quelques heures en chaque iour encore qu'ils ne soient pas avec vous, ou que s'ils y sont, ce ne soit, comme i'y estois, qu'avec mille distractions que les soins & les pensées du monde leur donnent. Ie sçay qu'ils ne sçauroient au commencement, ny quelquefois même dans la suite se defendre de

F

„ ces distractions; mais pour les recompenser de la contrainte qu'ils se
„ font de demeurer avec vous, vous empéchez les demons de les atta-
„ quer aussi fortement qu'ils feroient : vous diminuez le pouvoir que
„ ces esprits de tenebres auroient de leur nuire; & vous donnez enfin à
„ ces ames le pouvoir de les surmonter & de les vaincre. Ainsi, ô mon
„ Dieu, qui estes la vie de tous ceux qui se confient en vostre assistance,
„ vous n'en laissez perdre un seul; mais en rendant la santé de leur corps
„ plus vigoureuse, vous leur donnez aussi celle de l'ame.

Ie ne sçay d'où peut proceder la crainte de ceux qui apprehendent de faire l'oraison mentale; mais ie n'ay pas peine à comprendre que le demon nous iette dans l'esprit des vaines terreurs pour nous faire un mal veritable, en nous empéchant de penser aux offenses que nous avons commises contre Dieu, à tant d'obligations que nous luy avons, aux extrêmes travaux & aux incroyables douleurs que Nostre Seigneur a souffert pour nous racheter, aux peines de l'enfer, & à la gloire du Paradis.

C'estoient là dans les perils que i'ay courus les suiets de mon oraison, & à quoy mon esprit s'appliquoit quand il le pouvoit. Il m'est arrivé quelquefois durant plusieurs années de desirer tellement que le temps d'une heure que ie m'estois prescrit pour faire oraison fust achevé, que i'estois plus attentive à écouter quand l'heure sonneroit qu'à ces suiets de ma meditation, & il n'y a point de penitence quelque rigoureuse qu'elle fust, que ie n'eusse souvent plutost acceptée que la peine que ce m'estoit de me retirer pour prier. La repugnance que le diable me causoit, ou ma mauvaise habitude estoit si violente, & la tristesse que ie ressentois en entrant dans l'Oratoire estoit si grande, que i'avois besoin pour m'y resoudre de tout le courage que Dieu m'a donné & que l'on dit aller beaucoup au delà de mon sexe, dont i'ay fait un si mauvais usage : Mais enfin N. Seigneur m'assistoit : car aprés m'estre fait cette violence ie me trouvois tranquille & consolée, & avois méme quelquefois desir de prier.

Que si estant si imparfaite & si mauvaise Dieu m'a soufferte durant si long temps, & s'il paroist clairement que ç'a esté par le moyen de l'oraison qu'il a remedié à tous mes maux : qui sera celuy quelque méchant qu'il soit qui devra apprehender de s'y engager, puis que ie ne croy pas qu'il s'en trouve aucune autre qui aprés avoir reçû de Dieu tant de graces en ait esté si ingrate durant tant d'années? Qui peut dis-ie manquer de confiance en voyant qu'elle a esté sa patience envers moy parce que ie tâchois de me retirer pour demeurer avec luy, quoy que souvent avec tant de repugnance qu'il me faloit faire un grand effort sur moy, ou qu'il m'y poussast contre mon gré?

Si l'oraison est donc si necessaire & si utile à ceux qui non seulement ne servent pas Dieu, mais qui l'offensent : comment ceux qui

CHAPITRE VIII.

le servent pourroient-ils la quitter sans en recevoir un grand preiudice, puis que ce seroit se priver de la consolation la plus capable de soulager les travaux de cette vie, & comme vouloir fermer la porte à Dieu lors qu'il vient pour nous favoriser de ses graces?

Ie ne sçaurois penser sans compassion à ceux qui servent Dieu en cet estat, & que l'on peut dire en quelque maniere le servir à leurs dépens. Car quant aux personnes qui font oraison il les en recompense par des consolations qui rendent leurs peines si faciles à supporter qu'elles ne peuvent passer que pour tres-legeres. Mais comme je traiteray amplement ailleurs de ces faveurs que Dieu fait à ceux qui perseverent en l'oraison, je n'en diray pas icy davantage. J'ajoûteray seulement que l'oraison a esté le moyen dont Dieu s'est servy pour me faire tant de faveurs, & que ie ne voy pas comment il peut venir à nous si nous luy fermons cette porte, parce que lors qu'il a resolu d'entrer dans une ame pour se plaire en elle & la combler de ses graces, il veut la trouver seule, pure, & dans le desir de la recevoir. Ainsi comment pouvons-nous esperer qu'il accomplisse un dessein qui nous est si avantageux, si au lieu de luy en faciliter les moyens nous y apportons de l'obstacle?

Pour faire connoistre quelle est la misericorde de Dieu & l'avantage que ie tiray de ne point abandonner l'oraison & la lecture, il faut que ie parle icy de l'artifice dont le demon se sert pour perdre les ames, & de la bonté & de la conduite dont N. Seigneur use pour les regagner, afin que mon exemple serve à faire éviter les perils dans lesquels ie suis tombée. Sur quoy ie les coniure par l'amour qu'elles doivent avoir pour ce divin Sauveur & par celuy qu'il leur porte, de prendre garde principalement à fuïr les occasions : car lors que l'on s'y engage quel sujet n'y a-t-il point de trembler ayant tant d'ennemis à combattre, & si peu de force pour nous defendre?

Ie voudrois pouvoir bien representer la servitude où mon ame se trouvoit alors reduite. Ie connoissois assez qu'elle étoit captive; mais je ne comprenois pas en quoy, & avois peine à croire que ce que mes Confesseurs ne consideroient que comme des fautes legeres fust un aussi grand mal qu'il me sembloit estre. L'un d'eux à qui je dis le scrupule que cela me donnoit me repondit, qu'encore que je fusse dans une haute contemplation, de semblables occasions & entretiens ne m'estoient point prejudiciables. Cecy m'arriva sur la fin lors qu'avec l'assistance de Dieu je prenois davantage de soin d'éviter les grands perils; mais je ne fuyois pas encore entierement les occasions.

Comme mes Confesseurs me voyoient dans de si bons desirs & que je m'occupois à l'oraison, ils s'imaginoient que je faisois beaucoup: mais je sentois bien dans le fond de mon cœur que je n'en faisois pas assez pour repondre aux obligations que j'avois à Dieu. Ie ne sçaurois maintenant penser sans un extrême regret à tant de fautes que cela me fit commettre, & au peu de secours que l'on me donnoit pour les éviter, n'en recevant que de Dieu seul. Car ceux qui auroient dû m'ouvrir les yeux pour me faire connoistre mes manquemens, me donnoient au contraire la liberté de continuer en me disant que ces satisfactions & ces divertissemens ausquels j'aurois dû renoncer estoient permis.

I'avois une telle affection pour les predications que je n'aurois pû en estre privée sans en ressentir beaucoup de peine ; & ie ne pouvois entendre bien prêcher sans concevoir une grande amitié pour le predicateur, quoy que ie ne sçusse d'où cela venoit. Il n'y avoit point de sermon qui ne me parust bon encore que ie visse les autres en porter un jugement tout contraire : mais lors qu'en effet il estoit bon ce m'estoit un plaisir sensible; & depuis que j'ay commencé à faire oraison ie ne me suis iamais lassée de parler ni d'entendre parler de Dieu. Que si d'un costé les predications me donnoient tant de consolation, elles ne m'affligeoient pas peu de l'autre, parce qu'elles me faisoient connoistre combien j'estois éloignée d'estre telle que ie devois. Ie priois Dieu de m'assister; mais il me semble que ie commettois une grande faute, en ce qu'au lieu de mettre toute ma confiance en luy seul i'en avois encore en moy-méme. Ie cherchois des remedes à mes maux & me tourmentois assez: mais ie ne considerois pas que tous mes efforts seroient inutiles si ie ne renonçois entierement à cette confiance que i'avois en moy pour n'avoir recours qu'à luy seul. Mon ame desiroit de vivre, & ie voyois bien que ce n'estoit pas vivre que de combattre ainsi sans cesse contre un espece de mort. Mais il n'y avoit personne qui me pût donner cette vie apres laquelle ie soûpirois : ie ne pouvois moy-même me la donner ; & Dieu de qui seul ie la pouvois recevoir me la refusoit avec iustice, puis qu'apres m'avoir fait la grace de me ramener tant de fois à luy, ie l'avois toûjours abandonné.

CHAPITRE IX.

Impression qu'une image de IESUS CHRIST *tout couvert de playes fit dans l'esprit de la Sainte. Avantages qu'elle tiroit de se representer qu'elle l'accompagnoit dans la solitude, & de la lecture des confessions de S. Augustin. Qu'elle n'a iamais osé demander à Dieu des consolations.*

DANS un estat si deplorable mon ame se trouvoit lasse & abattuë; & ie cherchois inutilement du repos dans mes mauvaises habitudes. Entrant un iour dans l'Oratoire i'y vis une image de IESUS CHRIST tout couvert de playes que l'on avoit empruntée

CHAPITRE IX.

pour une feste qui se faisoit dans nôtre maison. Cette image étoit si devote & representoit si vivement ce que Nostre Seigneur a souffert pour nous, que ie me sentis penetrée de l'impression qu'elle fit en moy par la douleur d'avoir si mal reconnu tant de souffrances endurées par mon Sauveur pour mon salut. Mon cœur sembloit se vouloir fendre : & alors toute fondante en larmes, & prosternée contre terre ie priay ce divin Sauveur de me fortifier de telle sorte qu'à commencer dés ce moment ie ne l'offensasse iamais.

I'avois une devotion particuliere pour sainte Magdeleine & pensois souvent à sa conversion, principalement lors que ie communiois, parce qu'estant assurée que i'avois N. Seigneur au dedans de moy ie me iettois comme elle à ses pieds dans la creance qu'il seroit touché de mes larmes. Mais ie ne sçavois ce que ie faisois : car c'estoit beaucoup qu'il souffrit que ie les répandisse, puis que le sentiment qui les tiroit de mes yeux s'effaçoit si tost de mon cœur. Ie me recommandois à cette glorieuse Sainte pour obtenir de Dieu par son intercession qu'il me pardonnast.

Il me paroist que rien ne m'avoit encore tant servy que la veuë de cette image dont ie viens de parler, parce que ie commençois à me beaucoup défier de moy-méme, & à mettre toute ma confiance en Dieu. Il me semble que ie luy dis alors que ie ne partirois point de là iusques à ce qu'il luy eust plû d'exaucer ma priere ; & ie croy qu'elle me fut tres utile, ayant esté depuis ce iour beaucoup meilleure qu'auparavant.

Comme ie ne pouvois discourir avec l'entendement, ma maniere d'oraison estoit de me representer Iesus Christ au dedans de moy, & de le considerer dans les lieux où il estoit le plus seul & où il souffroit davantage, parce qu'il me sembloit qu'en cet estat il estoit encore plus touché des prieres de ceux qui comme moy avoient tant de besoin de son assistance. I'avois beaucoup de ces simplicitez, & ne me trouvois nulle part si bien que quand ie l'accompagnois en esprit dans le iardins des oliviers, & me representois cette incroyable souffrance qui luy fit dans son agonie arroser la terre de son sang. Ie desirois ardemment de l'essuyer : mais la veuë du grand nombre de mes pechez m'empêchoit d'oser l'entreprendre. Ie demeurois là aussi long-temps que mes pensées n'estoient point troublées par ces autres pensées qui me donnoient tant de peine. Durant plusieurs années & avant méme que d'estre Religieuse lors que ie me recommandois à Dieu avant que de m'endormir ie pensois toûiours un peu à cette oraison de Iesus Christ dans le iardin, parce que l'on m'avoit dit que l'on pouvoit gagner par là plusieurs indulgences. Ie suis persuadée que cela me servit beaucoup, à cause que ie commençay par ce moyen à faire oraison sans sçavoir que ie la faisois: & j'y étois si accoustumée que je n'y manquois non plus qu'à faire le signe de la croix.

Pour revenir à la peine que j'avois dans ces meditations où l'entendement n'agit point, je dis que l'ame y perd ou y gagne beaucoup. Elle y perd en ce que l'esprit n'a rien à quoy s'attacher: & elle y gagne à cause que son amour pour Dieu est la seule chose dont elle s'occupe: mais elle ne souffre pas peu avant que d'en venir là, si ce n'est que Dieu luy veüille donner bien-tost l'oraison de quietude, ainsi que je l'ay vû arriver à certaines personnes: & quand l'on marche par ce chemin il est bon d'avoir un livre afin de pouvoir se recueillir. La veuë des campagnes, des eaux, des fleurs & autres choses semblables recueilloient aussi mon esprit, y rappelloient le souvenir de leur Createur, & le portoient à se recueillir lors même que j'estois la plus ingrate envers Dieu, & l'offensois davantage. Mais quant aux choses celestes & sublimes mon entendement étoit si grossier qu'il ne m'a jamais esté possible de me les imaginer jusques à ce que N.S. me les ait representées par une autre voye.

Mon incapacité en cela estoit si extraordinaire qu'à moins que de voir les objets de mes propres yeux je ne pouvois me les imaginer ainsi que les autres font lors qu'ils se recueillent en eux-mêmes. Tout ce que je pouvois faire estoit de penser à IESUS-CHRIST entant qu'homme: mais quoy que mes lecteurs m'apprissent de ses divines perfections & que je visse plusieurs de ses images, je ne pouvois me le representer au dedans de moy. J'estois comme un aveugle ou comme une personne qui se trouve dans une telle obscurité que parlant à une autre qu'elle est tres-asseurée estre presente, elle ne la voit point: c'est ce qui m'arrivoit lors que je pensois à N.S. & faisoit que je prenois tant de plaisir à considerer ses images. Que mal-heureux sont ceux qui negligent de se procurer ce secours: c'est une marque qu'ils n'aiment point leur Sauveur: car s'ils l'aimoient ne prendroient-ils pas plaisir à voir son portrait comme l'on en prend à voir ceux de ses amis?

Avantage que tire la Sainte de la lecture des Confessions de S. Augustin.

Je n'avois point lû jusques alors les Confessions de S. Augustin, & Dieu permit par une providence particuliere que sans que j'y pensasse on me les donna. J'estois fort affectionnée à ce Saint, tant parce que le monastere où j'avois demeuré seculiere estoit de son Ordre, qu'à cause qu'il avoit esté pecheur, & que je trouvois de la consolation à penser aux Saints que Dieu avoit convertis à luy après en avoir esté offensé, parce que j'esperois qu'ils m'assisteroient pour obtenir de sa misericorde de me pardonner comme il leur avoit pardonné. Mais je ne pouvois penser qu'avec beaucoup de douleur que depuis qu'il les avoit une fois appellez à luy ils n'estoient plus retombez dans les mêmes pechez; au lieu qu'il m'avoit appellée

CHAPITRE IX.

tant de fois sans que ie me fusse corrigée. Neanmoins considerant son extrême amour pour moy je reprenois courage, & dans la defiance que i'ay si souvent euë de moy-même je n'ay jamais cessé de me confier en sa misericorde.

Ie ne sçaurois penser sans étonnement à la dureté & à l'obstination de mon cœur au milieu de tant de secours que je recevois de Dieu : car puis-je ne point craindre lors que je considere le peu que ie pouvois sur moy-même, & que les chaisnes qui me retenoient attachée m'empêchoient toûjours d'executer la resolution de me donner entierement à luy ?

Quand je commençay à lire les Confessions de ce grand Saint, ie m'y vis ce me sembloit comme dans un miroir qui me representoit à moy même telle que j'estois : ie me recommanday extrêmement à luy ; & lors que i'arrivay à sa conversion & y lûs les paroles que luy dit la voix qu'il entendit dans ce iardin, mon cœur en fut si vivement penetré qu'elles y firent la même impression que si Nostre Seigneur mes les eust dites à moy-même. Ie demeuray durant un long temps toute fondante en pleurs, & dans une douleur tres-sensible. Car que ne souffre point une ame lors qu'elle perd la liberté de disposer d'elle-même comme il luy plaist : & i'admire à cette heure comment ie pouvois vivre dans un tel tourment. Ie ne sçaurois trop vous loüer, mon Dieu, de ce que vous me donnastes alors comme une nouvelle vie en me tirant de cet état que l'on pouvoit comparer à une mort, & à une mort tres-redoutable. Il m'a paru que depuis ce iour vostre divine maiesté m'a extrêmement fortifiée, & ie ne sçaurois douter qu'elle n'ait entendu mes cris & n'ait esté touchée de compassion de me voir répandre tant de larmes.

Ie commençay à me plaire encore davantage dans une sainte retraite avec Dieu, & à éviter les occasions qui pouvoient m'en divertir : parce que i'éprouvois que ie ne les avois pas plutost quittées que ie m'occupois de mon amour pour son éternelle Maiesté ; car ie sentois bien que ie l'aimois ; mais ie ne comprenois pas comme i'ay fait depuis en quoy consiste cet amour quand il est veritable : & à peine me disposois-ie à le servir qu'il me favorisoit de ses graces. Il sembloit qu'il me conviast à vouloir bien recevoir les faveurs que les autres tâchent avec grand travail d'obtenir de sa bonté. Et dans ces dernieres années il me faisoit déia gouster ces delices surnaturelles, qui sont des effets de son amour. Ie n'ay iamais eu la hardiesse de les luy demander ni cette tendresse que l'on recherche dans la devotion ; mais ie le priois seulement de me faire la grace de ne le point offenser, & de me pardonner mes pechez. I'en connoissois trop lagrandeur pour oser desirer de recevoir des faveurs, & ie voyois bien que la bonté me faisoit une assez grande misericorde de me souffrir en sa presence, & même de m'y attirer n'y pouvant aller de moy-même. Il ne me souvient point de luy avoir demandé des consolations qu'une seule fois que mon ame estoit dans une extrême secheresse; & ie n'y eus pas plutost fait reflexion que ma confusion & ma douleur de me voir si peu humble me procurerent ce que i'avois eu la hardiesse de demander. Ie n'ignorois pas que cela est permis: mais i'estois persuadée que ce n'est qu'à ceux qui s'en sont rendus dignes par une veritable pieté, qui s'efforcent de tout leur pouvoir de ne point offenser Dieu, & qui sont resolus & preparez à faire toutes sortes de bonnes œuvres. Il me sembloit que mes larmes estoient seulement des larmes de femme inutiles & sans effet, puis qu'elles ne m'obtenoient pas ce que ie desirois. Ie croy neanmoins qu'elles m'ont servi, & particulierement depuis ces deux rencontres dont i'ay parlé dans lesquelles ie souffris tant, puis que ie commençay à m'appliquer dauantage à l'oraison, & à perdre moins de temps dans les choses qui me pouvoient nuire. Ie n'y renonçois pas toutefois entierement: mais Dieu qui m'aidoit à m'en retirer & n'attendoit pour cela que de m'y voir en quelque sorte disposée, me fit comme on le verra dans la suite de nouvelles graces qu'il n'a accoustumé d'accorder qu'à ceux qui sont dans une grande pureté de conscience.

CHAPITRE X.

Maniere dont la Sainte estoit persuadée de la presence de IESUS-CHRIST *dans elle. Des ioyes qui se rencontrent dans l'oraison. Que c'est une fausse humilité que de ne pas demeurer d'accord des graces dont Dieu nous favorise.*

De l'Oraison.

IE me trouvois quelquefois dans l'estat que ie viens de dire; mais cela passoit promptement, & il commença en la maniere que ie vay le rapporter. En me representant IESUS-CHRIST ainsi que ie l'ay dit, comme si i'eusse esté auprés de luy, & d'autrefois en lisant, ie me trouvois tout d'un coup si persuadée qu'il estoit present qu'il m'estoit impossible de douter qu'il ne fust dans moy ou que ie ne fusse entierement comme abysmée en luy: ce qui n'estoit point par cette maniere de vision que ie croy que l'on appelle theologie mystique. L'ame en cet estat se trouve tellement suspenduë qu'elle pense estre hors d'elle-même. La volonté aime: la memoire me paroit comme perduë, & l'entendement* n'agit point; mais il ne me semble pas qu'il se perde: il est seulement tout épouvanté de la grandeur de ce qu'il voit, parce que Dieu prend plaisir à luy faire connoistre qu'il ne comprend rien à une chose si extraordinaire.

La Sainte dit qu'il l'entend-ment n'agit point, parce qu'il ne raisonne point ni ne fait point de reflexion, tant il est occupé de la grandeur de ce qu'il voit. Mais il est vray neanmoins qu'il ne laisse pas d'agir, puis qu'il considere ce qui se presente à luy, & connoist qu'il ne le sçauroit comprendre. Ainsi quand la Sainte dit qu'il n'agit point cela signifie qu'il ne raisonne point, mais qu'il est épouvanté de cette merveille qui est si extraordinaire que tout ce qu'il en connoist est qu'il luy est impossible de la comprendre entierement.

I'avois

CHAPITRE X.

J'avois auparavant presque toûjours resenty une tendresse que Dieu donne à laquelle il me semble que nous pouvons contribuer quelque chose. C'est une consolation qui n'est ny toute sensible ny toute spirituelle: mais qui telle qu'elle est elle vient de Dieu. Il me sêble comme je l'ay dit, que nous pouvons y contribuer beaucoup en considerant nostre bassesse, nostre ingratitude envers Dieu, les obligations infinies que nous luy avons, ce qui a souffert pour nous dans toute sa vie, & les extrêmes douleurs de sa passion ; comme aussi en nous representant avec joye les merveilles de ses ouvrages, son infinie grandeur, l'amour qu'il nous porte, & tant d'autres choses qui s'offrent à ceux qui ont un veritable desir de s'avancer dans son service lors mesme qu'ils ny font point de reflexion. Que si quelque mouvement d'amour se ioint à ces considerations, l'ame se rejouït, le cœur s'attendrit, & les larmes coulent d'elles mesmes. Il paroist d'autres fois que nous les tirons de nos yeux comme par force ; & qu'en d'autres rencontres nôtre Seigneur nous les fait répandre sans que nous puissions les retenir. On diroit que par une aussi grande faveur qu'est celle qu'il nous fait de n'avoir pour objet de nos larmes que sa suprême Majesté, il veut comme nous payer du soin que nous prenons de nous occuper si sainctement. Ainsi je n'ay garde de m'étonner de l'extrême consolation que l'ame en reçoit, puis qu'elle ne sçauroit trop s'en consoler & s'en réjoüir.

Il me paroist dans ce moment que ces consolations & ces joyes qui se rencontrent dans l'oraison se peuvent comparer à celles des bienheureux. Car Dieu ne faisant voir à chacun d'eux qu'une felicité proportionnée à leurs merites ils sont tous parfaitement contens, quoy qu'il y ait encore plus de difference entre les divers estats de gloire qui se trouvent dans le ciel, qu'il n'y en a entre les consolations spirituelles dont on iouït sur la terre. Lors que Dieu commence icy bas à faire à une ame cette faveur dont ie viens de parler elle se tient si recompensée des services qu'elle luy a rendus qu'elle croit n'avoir plus rien à desirer, & certes avec raison, puis que les travaux du monde seroient trop bien payez par une seule de ses larmes. Car quel bon-heur n'est-ce point de recevoir ce témoignage que nous sommes agreables à Dieu? Ainsi ceux qui en viennent là ne sçauroient trop reconnoistre combien ils luy sont redevables ny trop luy en rendre graces, puis que c'est une marque qu'il les appelle à son service, & qu'il les choisit pour leur donner part à son royaume s'ils ne retournent point en arriere.

Il faut bien se garder de certaines fausses humilitez dont ie parleray, telle qu'est celle de s'imaginer qu'il y auroit de la vanité à

De la fausse humilité.

G

demeurer d'accord des graces que Dieu nous fait. Nous devons reconnoître que nous les tenons de sa seule liberalité sans les avoir meritées, & que nous ne sçaurions trop l'en remercier. Autrement comment pourrions-nous nous exciter à l'aimer si nous ignorions les obligations que nous luy avons? Car qui peut douter que plus nous connoistrons combien nous sommes pauvres par nous-mesmes, & riches par la magnificence dont il plaist à Dieu d'user envers nous, & plus nous entrerons dans une solide & veritable humilité. Cette autre maniere d'agir n'est propre qu'à nous jetter dans le découragement, en nous persuadant que nous sommes indignes & incapables de recevoir de grandes faveurs de Dieu. Quand il luy plaist de nous les faire, nous pouvons bien apprehender que ce nous soit un sujet de vanité : mais alors nous devons croire que Dieu ajoûtera à cette grace celle de nous donner la force de resister aux artifices du demon, pourveu qu'il voye que nous agissons si sincerement que nostre seul desir est de luy plaire, & non pas aux hommes. Et qui doute que plus nous nous souvenons des biens faits que nous avons receus de quelqu'un, & plus nous l'aimons. Si donc non seulement il nous est permis ; mais il nous est très avantageux de nous representer sans cesse que nous sommes redevables à Dieu de nôtre estre ; qu'il nous a tirez du neant, qu'il nous conserve la vie après nous l'avoir donnée ; qu'il n'y a point de travaux qu'il n'ait endurés pour chacun de nous & mesme la mort, & qu'avant que nous fussions nez il avoit resolu de les souffrir : pourquoy me sera-t-il défendu de considerer toûjours, qu'au lieu que j'employois mon temps à parler de choses vaines il me fait la grace de ne trouver maintenant du plaisir qu'à parler de luy ? Cette grace est si grande, que nous ne sçaurions nous souvenir de l'avoir receuë, & de la posseder sans nous trouver non seulement conviez, mais contraints d'aimer Dieu, en quoy consiste tout le bien de l'oraison fondée sur l'humilité.

Que sera-ce donc quand une ame verra qu'elle a receu d'autres graces encore plus grandes, telles que sont celles que Dieu fait à quelques uns de ses serviteurs de mépriser le monde & eux-mêmes ? Il est évident que ces personnes si favorisées de luy se reconnoissent beaucoup plus obligées à le servir que celles qui sont aussi pauvres, aussi imparfaites, & aussi indignes que je suis. La premiere & la moindre de ces graces devoit estre plus que suffisante pour me contenter : & il a plû, neanmoins à son infinie bonté de m'en accorder d'autres que je n'aurois osé esperer. Ceux à qui cela arrive doivent s'efforcer plus que jamais de le servir afin de n'estre pas ingrats de ses faveurs, puis qu'il ne les accorde qu'à cette condition. Que s'ils y manquent ils les retire, & ils tombent d'un estat si heureux & si élevé dans un estat encore pire que celuy où ils estoient aupara-

CHAPITRE X.

vant, & sa Majesté donnera ces mesmes graces à d'autres qui en feront un meilleur usage pour eux-mesmes, & pour autruy. Comment d'ailleurs voudroit-on que celuy qui ignore qu'il est riche fist de grandes liberalitez d'un bien qu'il ne sçait pas qu'il possede? Nous sommes si foibles par nous-mesmes qu'il me paroist impossible que nous ayons le courage d'entreprendre de grandes choses si nous ne sentons que Dieu nous assiste. Car comment cette violente inclination qui nous porte toûjours vers la terre nous permettroit-elle de nous détacher, & d'avoir mesme du dégoust & du mépris de tout ce qui est icy-bas, si nous ne goustions déja quelque chose du bonheur dont on iouït dans le Ciel? Ce n'est que par ces faveurs que nostre Seigneur nous redonne la force que nous avons perduë par nos pechez: & ainsi à moins d'avoir receu ce gage de son amour accompagné d'une vive foy, pourrions nous nous réioüir d'estre méprisez de tout le monde, & aspirer à ses grandes vertus qui peuvent nous rendre parfaits? Nous ne regarderons que le present: nostre foy est comme morte: & ces faveur la reveillent & l'augmentent. Comme ie suis tres-imparfaite ie iuge des autres par moy-mesme: mais il se peut faire que la lumiere de la foy leur suffit pour entreprendre de grandes choses. Quant à moy qui suis si miserable i'avois besoin de cette assistance & de ce secours.

Ie laisse à ces personnes les plus parfaites que ie ne sçaurois dire ce qui se passe dans eux-mesmes, & me contente pour obeïr à celuy qui me l'a ordonné de rapporter ce que i'ay éprouvé. Il en connoistra mieux les défauts que moy: & s'il se trouve que ie me trompe il n'aura qu'à jetter ce papier au feu. Ie le prie seulement au nom de Dieu & tous mes Confesseurs de publier ce que i'ay dit de mes pechez; & s'ils jugent à propos d'user mesme dés mon vivant de cette liberté que ie leur donne, afin que ie ne trompe pas davantage ceux qui ont bonne opinion de moy, i'en auray beaucoup de joye. Mais quant à ce que i'écriray dans la suite ie ne leur donne pas cette mesme liberté: & s'ils le montrent à quelqu'un ie les conjure aussi au nom de Dieu de ne leur point dire en qui ces choses se sont passées, ni qui les a écrites. C'est pour cette raison que ie ne me nomme point ni les autres; mais me contente de rapporter le mieux que je puis ce que i'ay à dire sans me faire connoistre. Que s'il y a quelque chose de bon il suffira pour l'autoriser que des personnes sçavantes & vertueuses l'approuvent, & on le devra entierement attribuer à Dieu qui m'aura fait la grace d'y reüssir, puis que ie n'y auray point eu de part, & qu'estant si ignorante & si imparfaite je n'ay esté assistée en cela de qui que ce soit. Il n'y a que ceux qui m'y on engagée par l'obeïssance que ie leur dois, & qui sont maintenant absens qui sçachent que i'y travaille : & ie le fais avec peine & comme à la dérobée, parce que cela m'empesche de filer, & que ie suis dans une maison pauvre où ie n'ay pas peu d'affaires. Si Dieu m'avoit donné plus d'esprit & plus de memoire ie pourrois me servir de ce que i'ay entendu dire & de ce que i'ay lû : mais ma capacité est si petite que s'il se rencontre quelque chose de bon dans cet écrit Nostre Seigneur me l'aura inspiré pour en tirer quelque bien : & au contraire tout ce qui s'y trouvera de mauvais estant entierement de moy, ie vous prie, mon Pere, de le retrancher. Il seroit dans l'un & dans l'autre inutile de me nommer, puis qu'il est certain que l'on ne doit point durant la vie d'une personne publier ce qu'il y a de bon en elle, & que l'on ne pourroit aprés ma mort dire du bien de moy sans rendre inutile ce que i'aurois écrit de bon, lors que l'on verroit que ce seroit l'ouvrage d'une personne si defectueuse & si méprisable. Dans la confiance que i'ay que vous, & ceux qui doivent voir ce papier m'accorderez cette grace que ie vous demande si instamment au nom de Dieu, i'écriray avec liberté ; au lieu que ie ne pourrois autrement le faire sans un grand scrupule, excepté pour ce qui regarde mes pechez : car en cela ie n'en ay point ; & quant au reste il me suffit d'estre femme, & une femme tres imparfaite pour n'avoir pas les aisles assez fortes pour m'élever d'avantage. Ainsi excepté ce qui regarde simplement la relation de ma vie, le reste sera s'il vous plaist sur vostre compte & ce sera à vous à vous en charger puis que vous m'avez tant pressée d'écrire quelque chose des graces que Dieu m'a fait dans l'oraison. Que si ce que i'en diray se trouve conforme à la verité de nostre sainte foy catholique vous pourrez vous en servir comme vous le iugerez à propos : & s'il y est contraire vous n'aurez s'il vous plaist qu'à le brûler à l'heure mesme pour me détromper, afin que le demon ne tire pas l'avantage de ce qui m'avoit paru m'estre avantageux. Car Nostre Seigneur sçait comme ie le diray dans la suite, que i'ay tousiours fait ce que i'ay pu pour trouver quelqu'un qui fust capable de m'empescher par ses avis de tomber dans les fautes que mon peu de lumiere me pouvoit faire commettre.

Quelque desir que i'aye de rendre intelligible ce que ie diray de l'oraison, il paroistra sans doute bien obscur à ceux qui ne la pratiquent pas. I'y parleray des obstacles & des dangers qui se rencontrẽt dans ce chemin selon que ie l'ay appris par ma propre experience, & par une longue communication avec des personnes fort sçavantes & fort spirituelles, qui croyent que Dieu m'en a donné autant de connoissance en vingt-sept ans qu'il y a que ie marche dans cette voye quoy que i'y aye bronché plusieurs fois, qu'il en a donné à d'autres

CHAPITRE XI.

en trente sept ou quarante sept ans qu'ils y ont aussi marché en pratiquant toûjours la penitence & la vertu.

Que Noſtre Seigneur ſoit beny à jamais, & qu'il ſe ſerve de moy comme il luy plaira. Il m'eſt témoin que ie ne pretens autre choſe dans tout ce que je rapporteray ſinon qu'il tourne à ſa gloire, & que celuy en ſoit quelqu'une de voir qu'il luy ait plû de changer en un jardin de fleurs odoriferantes un fumier auſſi infect que ie ſuis. Ie le prie de tout mon cœur de ne pas permettre que j'arrache ces fleurs pour retourner au meſme eſtat que j'eſtois, & ie vous coniure, mon Pere, en ſon nom de luy demander pour moy cette grace, puis que vous me connoiſſez mieux que vous ne me permettez de me faire connoître aux autres.

CHAPITRE XI.

L'Oraiſon n'eſt autre choſe que le chemin pour arriver à devenir heureuſement eſclave de l'amour de Dieu: mais ſouvent lorsque l'on croit avoir entierement renoncé à tout, il ſe trouve que l'on y eſt encore attaché. Celuy qui commence à faire oraiſon doit s'imaginer que ſon ame eſt un jardin qu'il entreprend de cultiver. Quatre manieres de l'arroſer par l'oraiſon, dont la premiere eſt comme tirer de l'eau d'un puits avec grande peine. La ſeconde d'en tirer avec une machine. La troiſiéme d'en tirer d'un ruiſſeau par des rigoles. La quatriéme de le voir arroſer par de la pluye qui tombe du ciel. Et la Sainte traite dans ce chapitre de la premiere de ces quatre manieres d'oraiſon qui eſt la Mentale, & dit qu'il faut bien ſe garder de s'étonner des ſechereſſes qui s'y rencontrent, & de quelle maniere on doit alors ſe conduire.

J'AY donc à parler maintenant de ceux qui commencent à devenir heureuſement eſclaves de l'amour de Dieu: car l'oraiſon n'eſt autre choſe à mon avis que le chemin par lequel nous nous engageons à dépendre abſolument comme des eſclaves de la volonté de celuy qui nous a témoigné tant d'amour. Cette qualité d'eſclave eſt ſi relevée & ſi glorieuſe que ie ne ſçaurois y penſer ſans une ioye extraordinaire: & nous n'avons pas plutoſt commencé de marcher avec courage dans un ſi heureux chemin que nous banniſſons de noſtre eſprit la crainte ſervile. Dieu de mon cœur que ie regarde comme mon unique & ſouverain bien, pourquoy ne voulez vous pas que lors qu'une ame ſe reſout à vous aimer, & qu'afin de ne s'occuper que de vous elle fait ce qu'elle peut pour abandonner tout le reſte, elle n'aye pas auſſi-toſt la ioye de s'élever iuſques à ce parfait amour qui vous eſt dû? Mais que dis-ie Seigneur? c'eſt de nous-mêmes & non pas de vous que nous avons en cela ſuiet de nous plaindre, puis que

De l'Oraiſon & de l'Amour de Dieu.

ce n'est que par nostre faute que nous differons à joüir pleinement de de vostre amour qui est la source de tous les biens imaginables.

Nous sommes si lents à nous donner entierement à Dieu, & un bonheur si precieux ne se peut & ne se doit acheter qu'avec tant de peine qu'il n'y a pas sujet de s'étonner que nous soyons long-temps à l'acquerir. Ie sçay bien qu'il n'a point de prix sur la terre ; mais ie ne laisse pas d'estre persuadée que si nous faisions tout ce qui est en nostre pouvoir pour nous détacher de toutes les choses d'icy bas, & porter tous nos desirs vers le Ciel ainsi qu'on fait quelques Saints, sans remettre d'un jour à un autre, nous pourrions esperer que Dieu nous accorderoit bien-tost une si grande faveur. Mais lorsque nous nous imaginons que nous nous donnons entierement à luy il se trouve que ce n'est que l'interest & les fruits que nous luy offrons, & que nous retenons en effet le principal & le fond. Aprés avoir fait profession de pauvreté, ce qui est sans doute d'un grand merite, nous nous rengageons souvent dans des soins temporels, & particulierement dans celuy d'acquerir des amis afin qu'il ne nous manque rien pour le necessaire, & mesme pour le superflu. Ainsi nous rentrons dans de plus grandes inquietudes, & nous nous mettons peut-estre dans un plus grand peril que lors que nous avions dans le monde la disposition de nostre bien.

Nous croyons de mesme avoir renoncé à l'honneur du siecle en nous faisant Religieuses, ou en commençant à mener une vie spirituelle dans le desir d'arriver à la perfection. Mais pour peu que l'on touche à ce qui regarde cet honneur nous oublions aussi-tost que nous l'avons donné à Dieu : nous voulons pour le reprendre le luy arracher des mains : nous voulons disposer comme auparavant de nostre volonté aprés l'en avoir rendu le maistre ; & nous en usons ainsi dans tout le reste.

C'est une plaisante maniere de pretendre acquerir l'amour de Dieu, de le posseder pleinement, & d'avoir des grandes consolations spirituelles dans le mesme temps que nous demeurons toûjours dans nos anciennes habitudes, que nous n'executons point nos bons desseins, & que nous ne nous élevons point au dessus des affections de la terre. Quel rapport y a-t il entre des choses si opposées ; & ne sont-elles pas absolument incompatibles? Comme nous ne nous donnons pas tout d'un coup à Dieu il ne nous enrichit pas aussi tout d'un coup par le don d'un tresor si precieux : & nous devons nous estimer trop heureux s'il luy plaist de nous en gratifier peu à peu, quand mesme il nous en cousteroit tous les travaux que l'on peut souffrir en cette vie. C'est une assez grande misericorde qu'il fait à une ame lors qu'il luy donne le courage de se resoudre à travailler de tout son pouvoir pour acquerir un tel bien, puis que si elle persevere il la rendra avec

CHAPITRE XI.

le temps capable de l'obtenir. Mais il est besoin qu'il luy donne ce courage, & un courage tout extraordinaire pour ne point tourner la teste en arriere, parce que le diable ne manquera pas de luy tendre plusieurs pieges pour l'empêcher d'entrer dans ce chemin, à cause qu'il sçait que non seulement elle luy échaperoit des mains, mais qu'elle luy feroit perdre plusieurs autres ames. Car je suis persuadée que celuy qui commence de courir dans cette sainte carriere, & fait tous ses efforts pour arriver avec l'assistance de Dieu au comble de la perfection n'ira pas seul dans le ciel, mais que Dieu luy donnera comme à un vaillãt capitaine des soldats qui marcherõt sous sa conduite.

Ie traiteray maintenant de la maniere dont on doit commencer pour reüssir dans une telle entreprise, & remettray a parler ensuite de ce que i'avois commencé à dire de la theologie mystique : c'est ainsi ce me semble qu'on la nomme. Le grand travail est dans ce commencement quoy que Dieu l'adoucisse par son assistance : car dans les autres degrez d'oraison il y a plus de consolation que de peine, bien qu'il n'y en ait nul qu'il ne soit accompagné de croix, mais fort differentes. Ceux qui veulent suivre IESUS-CHRIST ne sçauroient sans s'egarer prendre un autre chemin que celuy qu'il a tenu : & peut-on se plaindre de ses heureux travaux dont on est si liberalement recompensé même dés cette vie ?

Estant femme, & ne voulant écrire que tout simplement pour satisfaire à ce que l'on m'a ordonnée, je desirerois me pouvoir exemter d'user de comparaisons : mais il est si difficile aux personnes ignorantes comme moy de bien exprimer le language du cœur & de l'esprit, que ie suis contrainte de chercher quelque moyen pour m'en démesler ; & si je rencontre mal, comme cela arrivera le plus souvent, ma bestise vous sera, mon Pere, un petit sujet de recreation.

Quatre manieres d'Oraison.

Ie croy avoir leu ou entendu dire cette comparaison, sans sçavoir ni où je l'ay leuë, ou de qui je l'ay entenduë, ni a quel propos, tant j'ay mauvaise memoire ; & elle me paroist assez propre pour m'expliquer. Ie dis donc que celuy qui commence doit s'imaginer qu'il entreprend de faire dans une terre sterile & pleine de ronces & d'épines un jardin qui soit agreable à Dieu, dont il faut que ce soit Nostre Seigneur luy-même qui arrache ces mauvaises plantes pour en mettre de bonnes en leur place ; & il peut croire que cela est fait quand aprés s'estre resolu de pratiquer l'oraison il s'y exerce, & qu'à l'imitation des bons jardiniers il cultive & arrose ces nouvelles plantes, afin de les faire croistre & produire des fleurs dont la bonne odeur convie sa divine Majesté à venir souvent se promener dans ce jardin & prendre plaisir à considerer ces fleurs qui ne sont autres que les vertus dont nos ames sont parées & embelies.

Il faut maintenant voir de quelle sorte on peut arroser ce jardin :

comment on doit y travailler : considerer si ce travail n'excedera point le profit que l'on en tirera ; & combien de temps il doit durer. Il me semble que cet arrosement se peut faire en quatre manieres. Ou en tirant de l'eau d'un puits à force de bras. Ou en tirant avec une machine & une rouë comme i'ay fait quelquefois, ce qui n'est pas si penible & fournit davantage d'eau. Ou en la tirant d'un ruisseau par des rigoles, ce qui est d'un moindre travail, & arrose neanmoins tout le iardin. Ou enfin par une abondante & douce pluye que Dieu fait tomber du ciel, ce qui est incomparablement meilleur que tout le reste, & ne donne aucune peine au iardinier.

Ces quatre manieres d'arroser un iardin pour l'empescher de perir étant appliquées à mon suiet, pourront faire connoistre en quelque sorte les quatres manieres d'oraison dont Dieu par son infinie bonté m'a quelquefois favorisée. Ie le prie de tout mon cœur de me faire la grace de me si bien expliquer que ce que ie diray serve à l'un de ceux qui m'ont ordonné d'écrire cecy, & à qui il a fait faire en quatre mois plus de chemin dans ce saint exercice que ie n'en ay fait en dix-sept ans. Aussi s'y est-il mieux preparé que ie n'avois fait, & il arrose par ce moyen ce iardin sans grand travail en toutes ces quatre manieres, quoy que dans la derniere cette eau celeste ne luy soit encore donnée que goutte à goutte : mais de la sorte dont il marche ie ne doute point qu'il ne la reçoive bien-tost en telle abondance qu'il pourra avec l'assistance de Dieu s'y plonger entierement. Que si ces termes dont ie me sers pour m'expliquer luy paroissent extravagans, ie seray bien aise qu'il s'en mocque.

※

De l'Oraison Mentale.

On peut donc comparer ceux qui commencent à faire oraison à ceux qui tirent de l'eau d'un puits avec grand travail, tant ils ont de peine à recueillir leurs pensées accoustumées à suivre l'égarement de leurs sens lors qu'ils veulent faire oraison. Il faut qu'ils se retirent dans la solitude pour ne rien voir & ne rien entendre qui soit capable de les distraire, & que là ils se remettent devant les yeux leur vie passée. Les parfaits aussi-bien que les imparfaits doivent en user ainsi ; mais moins souvent comme ie le diray dans la suite.

La difficulté est au commencement, à cause que l'on n'ose s'assurer si le repentir que l'on a de ses pechez est un repentir veritable accompagné d'une ferme resolution de servir Dieu, & on doit alors extrémement mediter sur la vie de IESUS CHRIST, quoy qu'on ne le puisse faire sans que cette application lasse l'esprit.

Nous pouvons arriver iusques-là par nostre travail, supposé le secours de Dieu sans lequel il est évident que nous ne sçaurions seulement avoir une bonne pensée. C'est commencer à travailler pour

tirer

tirer de l'eau du puits: & Dieu veüille que nous y en trouvions; mais au moins il ne tient pas à nous, puis que nous tâchons à en tirer & faisons ce que nous pouvons pour arroser ces fleurs spirituelles. Dieu est si bon que lors que pour des raisons qui luy sont connuës & qui nous sont peut estre fort avantageuses, il permet que le puits se trouve sec dans le temps que nous faisons comme de bons jardiniers tout ce que nous pouvons pour en tirer de l'eau, il nourrit les fleurs sans eau & fait croistre nos vertus. l'entens par cette eau nos larmes, & à leur defaut la tendresse & les sentimens interieurs de devotion.

 Mais que fera celuy qui dans ce travail ne trouvera durant plusieurs jours qu'une telle secheresse & un tel dégoust de voir que quelques efforts qu'il fasse, & encore qu'il ait tant de fois décendu le sceau dans le puits, il n'aura pû en tirer une seule goutte d'eau ? N'abandonneroit-il pas tout s'il ne se representoit que c'est pour se rendre agreable au Seigneur de ce jardin qu'il s'est donné tant de peine, & qu'il l'auroit prise inutilement s'il ne se rendoit digne par sa perseverance de la recompense qu'il en espere ? Il luy arrivera même quelquefois de ne pouvoir pas seulement remuër les bras ny avoir une seule bone pensée, puis qu'en avoir, est tirer de l'eau de ce puits. Que fera, dis-je, alors ce iardinier? Il se consolera, il se reiovyra, & reputera à tres grande faveur de travailler dans le iardin d'un si grand Prince. Il luy suffira de sçavoir qu'il contente ce Roy du Ciel & de la Terre sans chercher sa satisfaction particuliere. Il le remerciera beaucoup de la grace qu'il luy fait de continuer de travailler avec tresgrand soin à ce qu'il luy a commandé, encore qu'il ne reçoive point de recompense presente, & de ce qu'il luy aide à porter cette croix, en se souvenant que luy même, tout Dieu qu'il est, a porté la croix durant toute sa vie mortelle sans chercher icy bas l'establissement de son Royaume, & n'a iamais abandonné l'exercice de l'oraison. Ainsi quand même cette secheresse dureroit touiours il la doit considerer comme une croix qu'il luy est avantageux de porter & que Iesus Christ luy aide à soustenir d'une maniere invisible. On ne peut rien perdre avec un si bon maître : & un temps viendra qu'il payera avec usure les services qu'il luy aura rendus. Que les mauvaises pensées ne l'estonnent donc point, mais qu'il se souvienne que le démon en donnoit à S. Ierosme au milieu même du desert. Comme i'ay souffert ces peines durant plusieurs années ie sçay qu'elles sont touiours recompensées ; & ainsi ie consideroris comme une grande faveur que Dieu me faisoit lors que ie pouvois tirer quelque goutte d'eau de ce puits. Ce n'est pas que ie ne demeure d'accord que ces peines sont tres grandes, & que l'on a besoin de plus de courage pour les supporter que plusieurs grands travaux que l'on souffre dans le monde : mais i'ay reconnu clairement que Dieu les recompense

H

avec tant de liberalité mesme dés cette vie, qu'une heure des consolations qu'il m'a donnée depuis dans l'oraison m'a payée de tout ce que j'y avois souffert durant si long temps. Il me semble que Nostre Seigneur permet que ces peines & plusieurs autres tentations arrivent aux uns au commencement, & aux autres dans la suite de leur exercice en l'oraison, pour éprouver leur amour pour luy, & connoistre s'il se pourront resoudre à boire son calice & à luy aider à porter sa croix avant qu'il ait enrichy leurs ames par de plus grandes faveurs. Ie suis persuadée que cette conduite de Dieu sur nous est pour nostre bien, parce que les graces dont il a dessein de nous honorer dans la suite sont si grandes, qu'il veut auparavant nous faire éprouver quelle est nostre misere, afin qu'il ne nous arrive pas ce qui arriva à Lucifer.

" Que faites-vous, Seigneur, qui ne soit pour le plus grand bien d'u-
" ne ame lors que vous connoissez qu'elle est à vous; qu'elle s'aban-
" donne entierement à vostre volonté; qu'elle est resoluë de vous sui-
" vre par tout jusques à la mort & à la mort de la croix; de vous aider à
" porter cette croix, & enfin de ne vous abandonner jamais?

Ceux qui se sentent estre dans cette resolution & avoir ainsi renoncé à tous les sentimens de la terre pour n'en avoir que des spirituels, n'ont rien à craindre. Car qui peut affliger ceux qui sont déja dans un estat si élevé que de considerer avec mépris tous les plaisirs que l'on gouste dans le monde, & de n'en rechercher point d'autres que de converser seuls avec Dieu? Le plus difficile est fait alors. Rendez en graces, bien heureuses ames, à sa divine Majesté: confiez-vous en sa bonté qui n'abandonne jamais ceux qu'elle aime; & gardez-vous bien d'entrer dans cette pensée: pourquoy donne t-il à d'autres en si peu de jours tant de devotion, & ne me la donne pas en tant d'années? Croyons que c'est pour nostre plus grand bien: & puis que nous ne sommes plus à nous mêmes, mais à Dieu, laissons-nous conduire par luy comme il luy plaira. Il nous fait assez de grace de nous permettre de travailler dans son jardin & d'y estre auprés de luy, comme nous ne sçaurions n'y point estre puis qu'il y est toujours. S'il veut que ces plantes & ces fleurs croissent & soient arrosées les unes par l'eau que l'on tire de ce puits, & les autres sans eau: que nous importe?

" Faites donc, Seigneur, tout ce qu'il vous plaira pourveu que vous
" ne permettiez pas que je vous offense, & que je renonce à la vertu
" si vous m'en avez donné quelqu'une dont je ne suis redevable qu'à
" vous seul. Ie desire de souffrir puis que vous avez souffert: je souhaite
" que vostre volonté soit accomplie en moy en toutes les manieres
" que vous l'aurez agreable; & ne permettez pas, s'il vous plaist, qu'un
" tresor d'aussi grand prix qu'est vostre amour enrichisse ceux qui ne

CHAPITRE XI.

vous servent que pour en recevoir des consolations.

Il faut extrêmement remarquer, & l'experience que i'en ay, fait que ie ne crains point de le dire, qu'une ame qui commence à marcher dans ce chemin de l'oraison mentale avec une ferme resolution de continuër & de ne faire pas grand cas des consolations & des secheresses qui s'y rencontrent, ne doit pas craindre, quoy qu'elle bronche quelquefois, de retourner en arriere, ni de voir renverser cet edifice spirituel qu'elle commence, parce qu'elle le bastit sur un fondement inébranlable. Car l'amour de Dieu ne consiste pas à répandre des larmes, ni en cette satisfaction & cette tendresse que nous desirons d'ordinaire parce qu'elles nous consolent; mais il consiste a servir Dieu avec courage, à exercer la iustice, & à pratiquer l'humilité. Autrement il me semble que ce seroit vouloir toûiours recevoir, & iamais ne rien donner.

Pour des femmes foibles comme moy, ie croy qu'il est bon que Dieu les favorise par des consolations telles que i'en reçois maintenant de sa divine Maiesté afin de leur donner la force de supporter les travaux qu'il luy plaist de leur envoyer ainsi que i'en ay eu assez. Mais ie ne sçaurois souffrir que des hommes sçavans, de grand esprit, & qui font profession de servir Dieu fassent tant de cas de ces douceurs qui se trouvent dans la devotion & se plaignét de ne les point avoir. Ie ne dis pas que s'il plaist à Dieu de les leur donner ils ne les reçoivent avec ioye, parce que c'est une marque qu'il iuge qu'elles leur peuvent estre avantageuses. Ie dis seulement que s'ils ne les ont pas ils ne s'en mettent point en peine; mais croyent qu'elles ne leur sont point necessaires, puis que N. Seigneur ne les leur accorde pas: qu'ils demeurent tranquilles & considerent l'iniquietude & le trouble d'esprit comme une faute & une imperfection qui ne convient qu'à des ames lâches, ainsi que ie l'ay veu & éprouvé.

Ie ne dis pas tant cecy pour ceux qui commencent, quoy qu'il leur importe beaucoup d'entrer dans ce chemin avec cette resolution & cette liberté d'esprit, que ie le dis pour ce grand nombre d'autres qui aprés avoir commencé à marcher n'avancent point. Et ie croy que l'on doit principalement en attribuër la cause à ce qu'ils ne se sont pas d'abord fortement resolus d'embrasser la croix. Aussi-tost que leur entendement cesse d'agir ils s'imaginent qu'ils ne font rien & s'affligent, quoy que ce soit peut-estre alors que leur volonté se fortifie sans qu'ils s'en apperçoivent. Ce qu'ils considerent comme des manquemens & des fautes n'en sont point aux yeux de Dieu. Il connoist mieux qu'eux-mêmes leur misere, & se contente du desir qu'ils ont de penser toûiours à luy & de l'aimer. C'est la seule chose qu'il demande d'eux; & ces tristesses ne servent qu'à inquieter l'ame & à la rendre encore plus incapable de s'avancer.

H ij

Ie puis dire avec certitude, comme le sçachant par diverses experiences & observations que i'en ay faites & par les conferences que i'ay euës avec des personnes fort spirituelles, que cela vient souvent de l'indisposition du corps. Nostre misere est si grande, que tandis que nostre ame est enfermée dans cette prison elle participe à ses infirmitez, le changement du temps & la revolution des humeurs font que sans qu'il y ait de sa faute elle ne peut faire ce qu'elle voudroit, & souffre en diverses manieres. Alors plus on la veut contraindre plus le mal augmente; ainsi il est besoin de discernement pour connoistre quand la faute procede de là, & ne pas achever d'accabler l'ame. Ces personnes doivent se considerer comme malades, changer même durant quelques jours l'heure de leur oraison, & passer côme elles pourront un temps si fâcheux, puis que c'est une assez grande affliction à une ame qui aime Dieu de se voir reduite à ne pouvoir le servir comme elle le desire à cause des infirmitez que son corps luy communique par la liaison qu'il a avec elle.

Ie dis qu'il faut user de discernement, parce qu'il arrive quelquefois que c'est le demon qui cause ce mal, & qu'ainsi comme il ne faut pas toûjours quitter l'oraison quoy que l'esprit soit distrait & dans le trouble, il ne faut pas aussi toûjours gesner une ame en luy voulant faire faire plus qu'elle ne peut. Il y a des œuvres exterieures de charité & des lectures ausquelles elle pourra s'occuper. Que si elle n'est pas même capable de cela elle doit s'accommoder pour l'amour de Dieu a la foiblesse de son corps, afin de le rendre capable de la servir à son tour. Il faut se divertir par de saintes conversations, & même prendre l'air des champs si le Confesseur en est d'avis. L'experience nous apprend ce qui nous convient le plus en cela. En quelque estat que l'on se trouve on peut servir Dieu. Son joug est doux & il importe extrêmement de ne pas contraindre & gesner l'ame, mais de la conduire avec douceur à ce qui luy est le plus utile.

Ie le repete encore, & ne sçaurois trop le repeter : il ne faut ni s'inquieter ni s'affliger de ces secheresses, de ces inquietudes, & de ces distractions de nostre esprit. Il ne sçauroit se délivrer de ces peines qui le gesnent & acquerir une heureuse liberté s'il ne commence à ne point apprehender les croix, mais alors N. Seigneur l'aidera à les porter : sa tristesse se changera en joye, & il avancera beaucoup. Autrement n'est il pas evident par ce que i'ay dit, que s'il n'y a point d'eau dans le puits nous ne sçaurions y en mettre : mais il n'y a rien que nous ne devions faire pour en tirer s'il y en a, parce que Dieu veut que nostre travail soit le prix de nostre vertu, & qu'elle ne peut augmenter que par ce moyen.

CHAPITRE XII.

La Sainte continuë à parler de l'Oraison Mentale. Dit qu'il se faut bien garder de pretendre à un estat plus eslevé, si Dieu luy-même ne nous y esleve. Rapporte comme il la rendit en un moment capable de faire connoistre à ses Confesseurs les graces dont il la favorisoit.

MOn dessein dans le precedent Chapitre où j'ay fait plusieurs digressions qui m'ont paru necessaires, a esté de montrer ce que nous pouvons contribüer à acquerir cette premiere sorte de devotion que j'ay dit estre l'oraison mentale. Nous ne sçaurions nous representer ce que N. Seigneur a souffert pour nous sans en estre touchez d'une extrême compassion. Mais la douleur qu'elle excite en nous & les larmes qu'elle nous fait répandre sont meslées de consolations, & nous ne sçaurions penser à l'amour qu'il nous porte, à sa resurrection, ny à la part qu'il veut nous donner à sa gloire, sans ressentir une grande ioye, qui n'est ny toute spirituelle ny toute sensuelle; mais qui n'est pas moins loüable que la peine que ces souffrances nous ont causée est meritoire.

Tout ce qui nous porte à la devotion par le moyen de l'entendement est de cette sorte & nous y avons quelque part, quoy que sans l'assistance de Dieu nous ne pourrions iamais y arriver. Lors qu'il a mis une ame en cét estat elle ne doit point aspirer plus haut: & il faut bien remarquer cecy, parce que cette pretention causeroit sa perte. Elle doit seulement faire plusieurs actes qui la portent à ne trouver rien de difficile pour servir Dieu, à augmenter son amour pour luy, & autres choses semblables qui l'aident à s'avancer dans la vertu. En quoy on peut utilement se servir d'un livre qui porte pour titre l'Art de servir Dieu. L'ame se representera alors IESUS-CHRIST comme s'il estoit devant ses yeux, concevra de grands sentimens d'amour pour sa sainte humanité, luy tiendra toûjours compagnie, luy parlera, l'invoquera dans ses besoins, se soulagera dans ses travaux en luy representant ce qu'elle souffre, augmentera ses consolations en s'en réioüissant avec luy au lieu de se porter par là à l'oublier, & n'employera point en tout cela de prieres estudiées, mais usera seulement de paroles conformes à ses desirs & à ses besoins. C'est un excellent moyen de s'avancer en peu de temps, & ie croy qu'on l'est déja beaucoup lors que l'on travaille à acquerir cette precieuse presence de Dieu, à s'en servir utilement, & à s'efforcer de reconnoistre par un amour sincere pour luy les obligations qu'on luy a.

En agissant de la sorte on ne doit point comme ie l'ay dit, se mettre en peine de n'avoir pas de sentimens de devotion; mais penser

De l'oraison Mentale. Suite.

H iij

seulement à plaire à Dieu qui nous donne le desir de le contenter, quoy que nos œuvres ne répondent pas à ce desir. En quelque estat que nous soyons cette veuë de Iesus-Christ que nous considerons comme present est un moyen tres-asseuré pour nous avancer dans la premiere maniere d'oraison dont j'ay parlé, passer en peu de temps dans la seconde, & ensuite dans les deux autres, sans avoir sujet d'apprehender les pieges que le diable pourroit nous tendre.

I'ay fait voir jusques icy ce que nous pouvons à mon avis contribuer pour entrer dans cette premiere maniere d'oraison. Que si pour passer outre & chercher ces gousts & ces consolations que Dieu donne à qui il luy plaist, on fait des efforts d'esprit, on perdra ce que l'on avoit déja, en voulant acquerir ce que l'on n'a pas. Car ces gousts & ces consolations estant surnaturels, la recherche que l'on en fait par des voyes humaines est inutile ; & l'entendement cessant d'agir l'ame demeure dénuée de tout, & dans une extréme secheresse.

Comme tout cét edifice est fondé sur l'humilité, plus nous nous approchons de Dieu, plus nous devons pratiquer cette vertu: & nous ne sçaurions y manquer sans que tout l'edifice tombe par terre : car n'est-ce pas un grand orgueil de vouloir monter plus haut, au lieu de reconnoistre que Dieu nous fait trop de graces de nous permettre d'approcher de luy ?

Ie n'entens pas en disant cecy parler des pensées que l'on peut avoir des choses celestes, de Dieu, de son infinie grandeur, & de son adorable sagesse, qui sont toutes pensées tres saintes, & que je n'ay jamais euës, en estant si incapable & si miserable que ie n'aurois pû seulement rien comprendre aux choses terrestres si Dieu ne m'en eust fait la grace : mais d'autres se pourront servir utilement de ces considerations, principalement s'ils sont sçavans, la science me paroissant tres-avantageuse dans un tel suiet lors qu'elle est accompagnée d'humilité. Ie l'ay reconnu depuis peu de iours en quelques personnes doctes, qui ont fait en fort peu de temps un fort grand progrez dans l'oraison : ce qui me fait extrêmement desirer qu'il y ait un grand nombre de sçavans, comme on le verra dans la suite.

Ce que i'ay dit que nous ne devons point aspirer plus haut, mais attendre que Dieu nous y éleve, est une maniere de parler spirituelle;& j'en laisse l'intelligence à ceux qui l'ont experimenté, ne pouvant me mieux expliquer. Dans cette Theologie mystique dont i'ay commencé de parler, l'entendement cesse d'agir, parce que Dieu le suspend *ainsi que ie le diray plus particulierement s'il luy plaist de m'assister.

*Cette suspension de l'ent.n. demeurt don. la Sainte parle icy, & qu'elle nomme Theologie mystique, c'est lors que Dieu découvre à l'ame un amas de choses surnaturelles & divines, & qu'il la remplit d'une si grande lumiere qu'elle les voit toutes distinctement d'une seule veuë, sans avoir besoin pour cela ny de discours, ny de raisonnement, ny de travail : l'attention qu'elle y a estant si forte qu'elle ne peut en avoir à d'autres choses. Cette lumiere ne la rend pas seulement capable de voir & d'admirer ces divins objets; elle passe jusques à la volonté.elle l'enflâme & la rend toute bruslante d'amour. Ainsi tendu

CHAPITRE XII.

qui cela dure l'entendement est si estonné & si attaché à ce qu'il voit, qu'il ne peut considerer autre chose : la volonté, comme ie l'ay dit, brusle d'amour : la memoire demeure sans action, parce que l'ame est si occupée de la ioye qu'elle ressent qu'elle perd le souvenir de tout le reste. Quant à ce que la Sainte dit que cette élevation & suspension est surnaturelle, elle entend que l'ame patit plus alors qu'elle n'agit. Et pour le regard de ce qu'elle aiouste que l'on ne doit point entreprendre de s'élever par soy-mesme à cet estat, mais attendre que Dieu nous y esleve deux raisons le luy font dire : l'une que nous travaillerions en vain, parce que cela surpasse nos forces : & l'autre parce que ce seroit manquer d'humilité. Ce n'est pas sans sujet qu'elle donne ces avis pour empescher que l'on ne tombe dans l'erreur qu'il se rencontre en quelques traitez d'oraison qui conseillent de suspendre entierement la pensée, de ne se figurer quoy que ce soit & de ne pas presqu respirer, d'où il arrive qu'au lieu de s'enflâmer dans la pieté & l'amour de Dieu, on tombe dans la froideur & dans l'indevotion.

Ie dis donc que nous ne devons point tâcher de suspendre nostre entendement ni cesser de le faire agir, parce que nous demeurerions comme hebetez sans pouvoir arriver à ce que nous pretendrions d'obtenir par ce moyen. Mais lorsque c'est Dieu qui le suspend & arreste ses fonctions il luy donne des sujets de s'occuper qui le ravissent en admiration, & luy font comprendre sans discourir & sans raisonner plus de choses durant l'espace d'un *Credo*, que nous ne pourrions en apprendre avec toute nostre estude en plusieurs années.

C'est une resverie de s'imaginer qu'il depende de nous de faire agir ou de faire cesser d'agir comme il nous plaist, les puissances de nostre ame. Ie repete encore que bien qu'on ne le croye pas il n'y auroit pas en cela grande humilité ; & que s'il n'y a point de peché, c'est au moins une peine tres mal employée, & qui laisse l'ame dans le dégoust, parce qu'elle se trouve comme un homme qui s'estant déja élancé pour sauter, & estant retenu par quelqu'un, trouve qu'il a fait un effort inutile. Que si l'on y fait attention on connoistra par ce dégoust qu'il y a quelque manquement d'humilité, puis que cette excellente vertu a cela de propre que nulle des actions dont elle est accompagnée n'en donne iamais. Ie pense avoir assez fait entendre parce que i'ay dit ce que je voulois éclaircir ; mais ce n'est peut-estre qu'à moy. Ie prie Dieu de vouloir ouvrir les yeux de ceux qui le liront par l'experience qu'ils en feront. Car pour peu qu'ils l'éprouvent ils n'auront point de peine à l'entendre.

Ie lûs beaucoup durant plusieurs années sans rien comprendre à ce que ie lisois, & passay aussi un long-temps sans pouvoir dire un seul mot pour faire entendre aux autres ce que Dieu me faisoit connoistre, & i'en avois beaucoup de peine : mais sa divine Majesté en donne quand il luy plaist l'intelligence en un moment, d'une maniere qui épouvante. Ie puis donc dire avec verité qu'encore que ie communiquasse avec plusieurs personnes tres spirituelles qui s'efforçoient de m'aider à leur faire entendre les graces que Dieu me faisoit, ma stupidité estoit si grande que cela m'estoit entierement inutile. Comme Nostre Seigneur a toûjours voulu me servir de maistre, dont ie ne sçaurois trop le loüer ni le dire sans en avoir de la confusion, il vouloit peut-estre que ie n'eusse l'obligation qu'à luy de m'ouvrir l'esprit, & de me délier la langue. Ainsi sans que ie le recherchasse ni le luy demandasse, n'ayant esté curieuse qu'en des choses vaines, & non pas en celles où il auroit esté loüable de l'estre, sa divine Maiesté me donna sur cela en un moment une si claire intelligence & une si grande facilité à m'expliquer que mes confesseurs en furent estonnez, & moy plus qu'eux, parce que ie sçaurois mieux qu'ils ne le pouvoient sçavoir quelle estoit mon incapacité. Il n'y a pas long-temps que i'ay receu cette grace, & elle fait que ie ne me mets point en peine d'apprendre ce que Nostre Seigneur ne m'enseigne pas, si ce n'est pour ce qui regarde ma conscience.

Ie redis encore qu'il faut bien prendre garde a ne pas élever son esprit si ce n'est pour suivre l'attrait de Dieu qui l'éleve ; ce qu'il est facile de connoistre. Cét avis est fort important, principalement pour les femmes, parce que le diable peut par ses illusions les tromper plus facilement que les hommes, quoy que ie tienne pour certain que Nostre Seigneur ne permettra pas que les artifices de cét ennemy de nostre salut nuisent a ceux qui s'efforcent de s'approcher humblement de sa suprême Maiesté; mais qu'au contraire ils profiteront du mal qu'il voudroit leur faire.

Ie me suis beaucoup estenduë sur ce suiet, a cause que ce chemin estant le plus battu pour ceux qui cómencent, ces avis me paroissent fort importans. D'autres en auront sans doute beaucoup mieux écrit, & i'ay une extrême confusion d'avoir entrepris d'en parler. Que Nostre Seigneur qui souffre & qui veut qu'une personne aussi imparfaite que ie suis se mesle de parler de choses si relevées & si divines, soit beny en tout & a iamais.

CHAPITRE XIII.

Divers avis tres-utiles pour ceux qui commencent à vouloir, faire oraison, afin de se garentir des pieges que le demon leur tend pour les empécher de s'y avancer. Combien il importe de communiquer avec des personnes sçavantes, & d'avoir un bon Directeur.

De l'oraiso. suite. Et combien il importe d'a-voir un bon Directeur.

I ESTIME devoir maintenant parler de certaines tentations qui se rencontrent lors que l'on commence a s'exercer dans l'oraison, dont i'en ay éprouvé quelques-unes, & donner sur ce suiet des avis qui me paroissent necessaires. Il faut marcher dans ce chemin avec ioye & tranquillité : & c'est se tromper que de se persuader comme font quelques-uns, que la devotion ne s'accorde pas avec cette liberté d'esprit. Il est tres-bon neanmoins de se défier de soy-même afin de ne se point engager dans les occasions où l'on a accoustumé d'offenser Dieu, iusques a ce que l'on soit extrêmement confirmé dans la vertu ; mais il se trouve tres peu de personnes qui le soient assez pour pouvoir s'empescher de tomber lors qu'elle se rencontrent

dans

CHAPITRE XIII.

dans ces occasions qui sont conformes à leur naturel; & tandis que nous vivons l'humilité nous oblige à ne perdre jamais le souvenir de nostre foiblesse & de nostre misere.

Il y a toutefois de temps & des occasions où il est permis de donner du relâche à son esprit, & une recreasion qui le rende capable de retourner avec plus de vigueur à l'oraison: ce que la discretion si necessaire en toutes choses doit regler. Il faut aussi pour ne point laisser ralentir nos desirs avoir une grande confiance en Dieu, & esperer que pourvû que nous nous efforcions toûjours de nous avancer nous pourrons avec son assistance acquerir peu à peu la perfection où tant de Saints sont arrivez par ce moyen. Car Dieu veut & prend plaisir a voir que l'on marche avec courage dans son service, pourveu que ce courage soit accompagné d'humilité & de defiance de soy même. Ie n'ay jamais vû aucune de ces ames genereuses demurer en chemin, ni aucune de celles qui estoient lâches quoy qu'elles fussent humbles, qui ayent pû autant avancer en plusieurs années que les autres faisoient en peu de temps. Ie ne sçaurois penser sans étonnement à l'avantage qu'il y a de ne se point décourager par la grandeur de l'entreprise à cause que l'ame prend ainsi un vol qui la mene bien loin, quoy qu'ayant comme un petit oiseau les aisles encore foibles, elle se lasse & soit contrainte quelquefois de se reposer.

Ces paroles de saint Paul qui me faisoient voir que nous ne pouvons rien de nous mêmes, mais que nous pouvons tout avec l'assistance de Dieu, me servirent beaucoup, comme aussi ces autres de saint Augustin: *Donnez-moy, Seigneur, la force de faire ce que vous me commandez, & commandez-moy ce que vous voudrez*. Ie me representois souvent qu'il n'estoit point arrivé de mal à saint Pierre pour avoir osé entreprendre de marcher sur la mer, bien qu'il ait eu peur après s'y estre engagé. Ces premieres resolutions sont fort importantes, quoy qu'il faille agir alors avec grande retenuë, & ne rien faire que par l'avis de son Directeur: mais il faut prendre gardé à ne choisir pas pour Directeur un homme qui ne nous apprenne qu'a aller comme des crapauts à la chasse des lezards & nous ne sçaurions trop avoir toûjours l'humilité devant les yeux pour connoistre que c'est de Dieu seul que nous tenons tout ce que nous avons de force.

Surquoy il importe de sçavoir quelle doit estre cette humilité; car je ne doute point que le demon ne nuise beaucop à ceux qui s'exercent a l'oraison, & ne les empêche de s'avancer en leur donnant une fausse idée de cette vertu, pour leur faire croire qu'il y a de l'orgueil a desirer d'aspirer si haut que de vouloir imiter les Saints & desirer de souffrir comme eux le martyre, parce que leurs actions sont plus admirables qu'imiables pour des pecheurs comme nous. Ie ne conteste pas cela, & dis seulement qu'il est besoin de dicerner ce que nous pouvons imiter, & ce que nous ne pouvons qu'admirer. Il y auroit sans doute de l'imprudence à une personne foible & malade de vouloir beaucoup ieuner, faire de grandes penitences, & s'en aller dans un desert ou elle ne pourroit trouver dequoy manger, ni aucun soulagement & autres choses semblables.

Mais nous devons estre persuadez que nous pouvons avec l'assistance de Dieu nous efforcer de concevoir un grand mépris du monde, de l'honneur, & des richesses: car nous y sommes naturellement si attachez qu'il nous semble que la terre nous doive manquer. Lors que nous voulons tant soit peu oublier les choses corporelles pour penser aux spirituelles, nous nous imaginons aussi-tost qu'il est plus facile de se recüeillir quand on ne manque de rien parce que la pensée de nos besoins nous donne de la distraction, & du trouble dans l'oraison. Surquoy j'avoüe ne pouvoir souffrir que nous ayons si peu de confiance en Dieu, & tant d'amour propre que de semblables soins nous inquietent. Cependant il est certain que lors que l'on est si peu avancé ces bagatelles ne donnent pas moins de peine que des choses fort importantes en donneroient à ceux qui le sont beaucoup, & nous nous persuadons neanmoins d'estre spirituels. Cette maniere d'agir me paroist vouloir accorder & satisfaire tellement le corps & l'ame que l'un ne perdant rien de ce qui peut le contenter, l'autre ait le bon-heur de jouir de Dieu. Ce n'est pas que cela ne puisse estre si on embrasse la vertu: mais c'est marcher à pas de tortuë que de marcher de la sorte? & l'on n'arrive jamais par ce chemin à une grande élevation, & liberté d'esprit. Il est bon pour des personnes mariées, & l'on ne les s'auroit blasmer d'agir conformement à leur vocation: mais on ne me persuadera jamais qu'il soit propre à ceux qui ont renoncé au monde. Ie l'ay éprouvé, & serois toûjours demeurée dans ce chemin si Dieu par son extréme bonté ne m'en eust enseigné un autre.

Neanmoins pour ce qui est des desirs i'en avois toûjours des grands: mon mal estoit que ie voulois, comme ie l'ay dit allier deux choses incompatibles, l'exercice de l'oraison, & mon divertissement: & ie croy que si l'on m'eust fait connoistre l'erreur où i'estois, & ce que ie devois faire pour m'élever plus haut sans voler toujours ainsi terre à terre, ie serois passée de ces desirs steriles aux actions qu'ils devoient produire: mais pour punition de nos pechez il se trouve si peu de personnes qui n'ayent en cela une excessive & dangereuse discretion, que c'est à mon avis ce qui empesche ceux qui commencent d'arriver bientost à une grande perfection: car il ne tient point à Dieu, & nous sommes si miserables que nous ne devons en attribuer la faute qu'à nous-mêmes.

Nous pouvons aussi imiter les Saints dans leur amour pour la soli-

CHAPITRE XIII.

tude, dans leur silence, & dans plusiers autres vertus qui ne tuëroient point ce miserable corps qui ne craint pas de déregler l'ame par le soin qu'il prend de se conserver avec tant de delicatesse. Le demon de son costé contribuë beaucoup à l'entretenir dans un estat si perilleux: car pour peu qu'il le voye apprehender pour sa santé cela luy suffit pour luy faire croire que les moindres austeritez seroient capables de la ruïner, & qu'il ne pourroit continuer à beaucoup pleurer sans courir fortune de devenir aveugle. I'en puis parler comme l'ayant éprouvé; & ie ne comprens pas comment la veuë & la santé nous peuvent parroistre plus precieuses que l'avantage que ce nous seroit de les perdre pour un tel suiet, estant aussi infirme que ie suis ie n'ay iamais pû rien faire, & ie ne fais guere encore, iusques à ce que ie me sois resoluë à ne tenir aucun cõpte de mon corps & de ma santé. Mais aprés que Dieu m'eut fait connoître cet artifice du demon, lors que cet esprit infernal s'efforçoit de me faire croire que ie me tuois, ie luy répondois: il m'importe peu de mourir. Lors qu'il vouloit me persuader ie devois me divertir pour me délasser l'esprit, ie luy repartois: ie n'ay besoien que de croix, & non pas de divertissemens; & ainsi du reste. I'ay clairement reconu dans la suite qu'encore que ma santé soit toujours mauvaise, la tantation du diable ou ma lacheté me rendoit encore plus infirme: car ie me porte beaucoup mieux depuis que ie n'ay pas tant pris de soin de la conserver. Il paroist par là combien il importe à ceux qui commencent à faire oraison de ne se pas laisser aller a de si bas sentimens: en quoy ils doivent me croire & profiter de mes fautes, puis que ie le sçay par experience.

Vne autre tantation suit ordinairement celle-la, qui est que commençant à gouster le repos & l'avantage qui se rencontre dans l'oraison on desire que tout le monde soit parfait. Ce desir n'est pas mauvais mais on peut faillir en travaillant à le faire reüssir, si l'on ne s'y conduit avec tant de discretion & d'adresse qu'il ne paroisse pas que l'on veuille enseigner les autres; & il faut estre bien confirmé dans la vertu afin de ne leur estre pas un sujet de tentation. I'en puis parler avec connoissance comme l'ayant éprouvé lors que ie voulois porter quelques personnes à s'exercer à faire oraison. Car d'un costé m'entendant parler d'une maniere si élevée du grand bien qui s'y rencontre, & me voyant de l'autre si imparfaite elles ne comprenoient pas comment ie me meslois de la faire, & de quelle sorte cela se pouvoit accorder; ce qui leur estoit un juste sujet de tentation, ainsi qu'elles me l'ont dit depuis. Et d'ailleurs la bonne opinion qu'elles avoient de moy les empeschoit de considerer comme mauvais ce qui l'estoit en effet, à cause qu'elles me le voyoient faire quelquefois. C'est un artifice du demon: il se sert de nos vertus pour autoriser le mal que nous faisons:& ce mal pour petit qu'il soit apporte un tres-grand dommage dans une communauté. Quel devoit donc estre celuy que j'y causois par ma mauvaise conduite? Ainsi il n'y a eu en plusieurs années que trois personnes qui ayent profité de ce que je leur disois au lieu que depuis que nostre Seigneur m'a affermie davantage dans la vertu, plusieurs en deux ou trois années seulement en ont profité comme je le diray dans la suite. Il y a de plus en cela un autre mal, qui est que l'ame perd ce qu'elle avoit gagné : car dans ces commencemens elle ne doit prendre soin que d'elle-même, & rien ne luy peut estre plus utile que de se considerer seul dans le monde avec Dieu seul.

Voicy une autre de ces tentations dont il faut se garder, quoy qu'elle procede d'un zele qui paroist louable C'est le déplaisir que l'on a des fautes & des pechez que l'on remarque dans les autres. Le demon persuade à ces personnes que leur peine ne procede que du desir qu'elles ont que l'on n'offense point Dieu, & de ce qu'elles ne peuvent souffrir que l'on manque à luy rendre l'honneur qui luy est dû. Ainsi elles voudroient pouvoir aussi-tost y remedier, & leur inquietude est telle qu'elle trouble leur oraison : En quoy le mal est d'autant plus grand qu'elles s'imaginent n'estre poussées que par un mouvement de vertu, de perfection, & de zele pour Dieu.

Ie n'entens point parler en cela de la peine que donnent les pechez publics s'il s'en rencontre qui passent en coutume dans une congregation, ni du dommage qu'apportent à l'Eglise ses heresies qui precipitent tant d'ames dans l'enfer: car cette peine est tres-louable, & n'inquiete pas.

Le plus seur pour un ame qui pratique l'oraison est donc d'entrer dans un entier détachement pour ne penser qu'à soy-même & à plaire à Dieu: ce qui est d'autant plus important que je n'aurois jamais fait si j'entreprenois de rapporter toutes les fautes que j'ay vû commettre par la confiance que l'on prend en sa bonne intention.

Nous devons considerer attentivement les vertus des autres, & ne regarder leurs defauts que dans la veuë de nos pechez. Quoy que nous n'agissions pas d'abor en cela avec perfection, cette creance que les autres sont meilleures que nous, nous conduit avec le temps à une grande vertu. C'est le moyen de commencer à s'avancer avec l'assistance de Dieu. Elle nous est si necessaire en toutes choses, que nous travaillons en vain sans elle : ainsi nous ne sçaurions trop la luy demander ; & il ne nous la refuse jamais, pouvû que nous fassions de nôtre costé tout ce qui est en nôtre puissance.

Ceux à qui l'entendement fournit beaucoup de pensées & de meditations sur un même sujet doivent fort considerer cet avis. Et quant à ceux qui comme moy ne peuvent agir avec l'entendement

CHAPITRE XIII.

qui les embarrasse plus qui ne leur sert, ils n'ont autre choses à faire qu'à demeurer en paix jusqu'à ce qu'il plaise à nôtre Seigneur d'éclairer leur esprit, & leur donner des lumieres qui les occupent.

Pour revenir à ceux qui agissent avec l'entendement, je croy les devoir avertir de n'y employer pas tout leur temps, parce qu'encore que ce soit une choses fort meritoire, cette maniere d'oraison leur paroist si douce & si agreable qu'ils croyent s'y devoir toûjours appliquer sans qu'il y ait pour cela aucun jour de repos, tel qu'est le Dimanche pour le œuvres manuelles. Ils comptent pour perdu le temps qu'ils employent à autres choses : & je considere au contraire cette perte comme un grand gain. Ils n'ont, ainsi que je l'ay dit, qu'à se figurer IESUS CHRIST. present à leurs yeux, & sans gesner leur esprit ni se fatiguer à commencer des oraisons, parler à luy, l'entretenir, luy representer leurs besoins, reconnoistre qu'ils ne sont pas dignes de l'honneur qu'il leur fait de les souffrir en sa compagnie, & diversifier ces considerations en se servant tantost de l'une & tantost de l'autre pour ne se point dégouster s'ils n'usoient toûjours que des mêmes mets. Et comme ceux cy sont tres bons & tres-agreables, la nourriture qu'ils en tireront s'ils s'y accoustument, sera si solide, qu'elle les maintiendra dans une santé tres vigoureuse.

Ie veux éclaicir cela encore davantage, parce que ce qui regarde l'oraison est difficile à comprendre si quelqu'un ne nous l'enseigne. Ce n'est pas que je ne desirasse d'abreger, & que je ne sçache que la capacité de ceux qui m'ont commandé d'écrire est si grande qu'il me suffit de toucher seulement les choses pour les leur faire comprendre: mais je ne suis pas assez habile pour pouvoir expliquer en peu de paroles ce qu'il est si important de faire clairement entendre. Comme j'ay beacoup souffert en cela j'ay compassion de ceux qui commencent sans avoir autre secours que des livres parce qu'il y a une difference incroyable entre celuy que l'on en tire, & l'experience.

Pour revenir donc à mon suiet : representons nous quelque mystere de la passion, tel qu'est celuy de nôtre Seigneur attaché à la colomne : considerons dans quel abandonnement il s'y trouva, les extrémes douleurs qu'il y souffrit, & autres choses semblables que ceux qui sçavent mediter ou qui sont sçavans pourront trouver dans la consideration d'un tel objet. C'est la maniere d'oraison par où tous doivent commencer & continuer, & un chemin seur & excellent dont on ne doit point sortir jusques à ce que nôtre Seigneur nous fasse entrer dans des voyes surnaturelles. Ie dis tous, quoy qu'il y ait plusieurs ames qui profitent davantage de quelques autres meditations que de celles de la sacrée passion, parce que de même qu'il y a diverses demeures dans le ciel, il y a aussi divers chemins qui conduisent. Les uns sont touchez de la consideration du bonheur eternel dont on y joüit, & les autres des peines eternelles de l'enfer. D'autre le font de la penseé de la mort. D'autres qui ont une grande tendreſſe de cœur ne pouuant reſiſter à la douleur que leur donne la paſſion de IESUS-CHRIST ſon contraints de paſſer de cette penſée à celle de ſa ſuprême grandeur, de ſon infiny pouvoir qui paroiſt dans toutes ſes creatures, de l'extreme amour qu'il nous porte, & de ſon admirable conduite, ſans que cela les empeſche de rentrer ſouvent dans la meditation de ſa vie, & de ſa paſſion d'où procede tout nôtre bonheur.

Ceux qui commencent ont beſoin de diſcernement pour juger ce qui leur eſt le plus utile, & d'eſtre aſſiſtez en cela par un ſage & habile Directeur: car s'il ne l'eſt pas il pourra beaucoup leur nuire au lieu de leur profiter, manque de ſçavoir de quelle ſorte il doit les conduire, & même les empeſcher de ſe mieux conduire que s'ils ne l'avoient point, parce que ſçachant quel eſt le merite de l'obeïſſance ils n'oſent faire que ce qui leur ordonne. J'ay vû avec grande compaſſion des perſonnes ſouffrir extrémement en cet eſtat, & une entre autres qui ne ſçavoit plus que devenir parce que l'incapacité de ſemblable Directeurs afflige tout enſemble l'ame & le corps, & empeſche que l'on ne puiſſe avancer. Vne autre perſonne me dit qu'il y avoit huit ans que ſon Directeur la tenoit attachée à la ſeule conſideration d'elle-même, quoy que nôtre Seigneur l'euſt desja miſe dans l'oraiſon de quietude, ce qui luy donnoit une grande peine. Ce n'eſt pas que cette connoiſſance de ſoy-même ne ſoit ſi neceſſaire qu'on ne doit jamais s'en départir, puis qu'encore que l'on marche dans ce chemin en pas de geant on a ſovent beſoin de ſe ſouvenir que l'on eſt plus petit qu'un enfant qui tette encore, & je le repeteray diverſes fois à cauſe qu'il eſt ſi important, qu'il n'y a point d'eſtat d'oraiſon quelque elevé qu'il puiſſe eſtre, où l'on ne ſoit obligé de faire reflexion de temps en temps ſur celuy auquel on eſtoit lors que l'on ne faiſoit que de commencer, parce que cette connoiſſance de nous mêmes & de nos pechez eſt dans l'oraiſon ce qu'eſt le pain dans la nourriture que nous prenons, qui quelque bonne & delicates que ſoient les viandes ne ſçauroit profiter ſans luy: mais il en faut uſer avec diſcretion, car lors qu'une ame eſt ſi perſuadée de ſon neant qu'elle ne peut ſans confuſion ſe trouver en la preſence d'un ſi grand Roy parce qu'elle ſçait que tout ce qu'elle peut faire pour ſon ſervice n'eſt rien en comparaiſon de ce qu'elle luy doit; quel beſoin y a-t-il de s'arrêter la, au lieu de nous nourrir des autres mets que nôtre Seigneur nous preſente, puis qu'il connoit beaucoup mieux que nous ceux qui nous ſont les plus propres.

Il importe donc extrémement que le Directeur ſoit judicieux & experimenté. Que ſi avec cela il eſt ſçavant, ce ſera un très-grand

CHAPITRE XIII.

bien : mais si l'on ne sçauroit en rencontrer qui ait tout ensemble ces trois qualitéz, c'est beaucoup qu'il ait les deux premieres, parce que l'on peut s'il en est besoin consulter les personnes sçavantes.

Encore que s'aye dit que ceux qui commencent ne tirent pas grand avantage d'estre conduits par des gens sçavans s'ils ne sont exercez dans l'oraison je n'entens pas qu'il ne doivent point communiquer auec eux: car j'aimerois mieux traiter auec un homme sçavant, qui ne feroit point oraison, qu'avec un homme d'oraison qui ne seroit pas sçavant, parce que ce dernier ne pourroit m'instruire de la verité ni fonder sur elle sa conduite. Comme les fammes sont ignorantes elles ont besoin d'estre enseignées par des personnes éclairées qui leur apprennent les veritez de l'Ecriture sainte si necessaires pour les porter à s'acquiter de leurs devoirs : mais je mesle peut-estre trop de choses ensemble : & il faut que ie m'explique mieux, l'ay toûjours ce defaut de ne pouvoir me faire entendre qu'avec beaucoup de paroles.

Lors qu'une Religieuse commence à faire oraison, si son directeur n'est pas habile & qu'il se mette dans l'esprit qu'elle doit plutost luy obeïr qu'à son superieur, il l'y portera tout simplement en pensant bien faire. Que si ce même confesseur conduit une femme mariée, il luy dira d'employer à l'oraison les heures qu'elle deuroit donner aux soins qui regardent sa famile, bien que cela mécontente son mary : & ainsi il renverse l'ordre des temps & des choses par sa mauvaise conduite, à cause que manquant de lumiere il ne peut en donner aux autres quoy que son intention soit bonne. Encore qu'il semble qu'il n'est pas besoin pour ce sujet d'avoir beaucoup de science, j'ay toûjours crû & croiray toûjours qu'il n'y a personne qui ne doive tascher de communiquer avec les plus sçavans qu'il pourra trouver, & que plus ont est spirituel & avancé dans l'oraison plus cela est necessaire. C'est ce tromper de s'imaginer que les sçavans qui ne font point oraison ne peuvent servir à ceux qui la font. I'en puis parler par experience ayant toûjours aimé de communiquer avec eux, & particulierement durant quelques années à cause du besoin que j'en avois : car encore que quelques uns ne s'exercent pas à l'oraison, ils n'en ont point d'eloignement & n'en ignorent pas l'utilité, parce que l'Ecriture sainte qu'ils lisent sans cesse la leur fait connoistre. Ainsi ie tiens qu'une personne d'oraison qui consulte des gens sçavans ne sera point trompée par les artifices du diable si elle ne se veut tromper elle-même, tant je suis persuadée que cet esprit des tenebres apprehende les gens sçavans, vertueux, & humbles, à cause qu'estans capables de découvrir ses illusions, elles ne peuvent que luy nuire au lieu de luy reüssir.

Ce qui me fait parler de la sorte c'est qu'il y en a qui s'imaginent que les sçavans ne sont pas propres pour des personnes d'oraison s'ils ne sont spirituels: & il est vray que i'ay dit qu'un directeur doit estre spirituels mais il importe tellement aussi qu'il soit sçavant, & il seroit si fascheux qu'il ne le fust pas, que c'est ce qui me fait croire qu'il est tres avantageux de traiter avec des gens doctes & vertueux encore qu'ils ne soient pas spirituels, puis qu'ils ne laisseront pas de nous servir. Dieu leur fera connoistre ce qu'ils doivent nous enseigner & les rendra eux mêmes spirituels afin que leur conduite nous soit utile. Ie puis l'assurer parce que ie l'ay remarqué en plus de deux personnes.

Ie dis donc qu'une Religieuse qui est resoluë de se soumettre entierement à la conduite d'un directeur fait une tres grande faute de ne tascher pas de le choisir tel que i'ay representé qu'il doit estre, & particulierement si ce directeur est un Religieux, puis qu'il dépend de son superieur qui peut n'avoir aucune de ces trois qualitez necessaire à une bonne conduite, ce qui seroit seul une croix asses pesante pour cette personne, sans assuiettir encore son esprit à un homme qui ne seroit pas habile. I'avouë que ie n'ay iamais pû gagner cela sur moy, & que je n'y trouve point de raison.

Que si c'est une personne seculiere qu'elle louë Dieu de ce qu'il luy est permis de choisir; qu'elle ne manque pas d'vser de cette heureuse liberté qu'il luy donne, & qu'elle demeure plutost sans directeur iusqu'à ce qu'elle en ait trouvé un qui luy soit propre car Dieu le luy donnera pourvû qu'elle en ait un grand desir & de luy demande avec humilité.

Ie luy rends des graces infinies: & les femmes, ceux qui n'ont point de lettres devoient sans cesse le remercier comme je fais, de ce qu'il se trouvé des hommes qui ont acquis par tant de travaux la connoissance des veritez que nous ignorons. I'ay souvent admiré que de gens sçavans, & entre autres des Religieux ayent employé tant de veilles pour acquerir des conoissances qui m'ont esté si utiles sans que j'aye eu autre peine que de m'en faire instruire par eux en leur proposant mes doutes, qu'il y ait des personnes qui negligent de profiter d'un si grand bien. Dieu nous garde de les imiter : car quelle plus grande imprudence, peut il y avoir que de perdre par sa faute le profit que l'on peut faire des travaux & des peines de ces Religieux, dont les austeritez dans le manger, dans le dormir, & dans tous les autres exercices de la penitence jointes au renoncement de leur propre volonté par le vœu d'obeïssance, sont des croix continuelles ausquelles ie ne puis penser sans confusion. Et peut estre neanmoins s'en trouvera-til parmy nous qui sommes exemtes de ces travaux & vivons trop à nôtre aise, qui oseront se preferer à eux à cause que nous faisons un peu plus d'oraison.

Quelque

CHAPITRE XIV

« Quelque inutile que ie fois & incapable de profiter aux autres, ie ne laisse pas, mon Dieu, de vous louer de m'auoir fait telle que ie suis : mais ie vous loue & vous remercie encore dauantage des connoissances que vous aues données à d'autres pour éclairer par leur lumieres les tenebres de nostre ignorance; & nous deurions sans cesse prier pour eux : car autrement où en serions nous dans cette grande tempeste qui agite & trouble maintenant vostre Eglise? Que si quelques-uns d'eux sont tombez, leur cheute doit d'autant plus faire eclater la vertu des autres qui sont demurez fermes dans la pieté? & nous ne sçaurions, Seigneur, trop vous prier de les y maintenir & de les assister touiours, afin qu'ils continuent à nous assister »

I'ay fait vne grande digression: mais elle estoit necessaire pour empècher de s'ègarer ceux qui comencent à marcher dans un chemin si important. Ie reuiens à ce que Ie disois de se représenter IESUS-CHRIST ataché à la colomne. Il sera bon sur cela de s'arrester vn peu de temps à considerer les extrêmes douleurs qu'il y souffroit, quel est celuy qui les souffroit, pour qui les souffroit, & avec quel amour il les souffroit : mais on ne doit pas se peiner pour s'imaginer toutes ces choses : il faut au contraire demurer en paix, & tacher seulement si on le peut d'ocuper son esprit à regarder IESUS-CHRIST comme il nous regarde, à luy tenir companie, a luy demander nos besoins, à s'humilier deuant luy, à se reiouïr d'y estre, & à se reconnoistre indigne d'vne si grande faueur. Si on en peut venir la dés le commencement de l'oraison on fera vn grand profit, & j'en ay trouvé beaucoup. Ie ne sçay, mon pere, si ie mexplique bien : c'est à vous d'en iuger : & ie prie Nostre Seingeur de me faire touiours la grace de ne me point tromper dans les choses que j'entreprandray pour tâcher de luy plaire.

CHAPITRE XIV

De l'oraison de Quietude ou de Recueillement, qui est la seconde sorte d'oraison que la sainte compare à la seconde maniere d'arroser ce iardin spirituel par le moyen d'une machine qui tire de l'eau auec vne rouë

APRES auoir dit auec quel trauail il faut tirer á force de bras de l'eau du puits pour arroser ce iardin spirituel, j'ay maintenant à parler de la seconde maniere d'en auoir par le moyen d'une rouë où des seaux seront attachez; ce qui sera d'un grand soulagement au jardinier, & luy fournira avec beaucoup moins de peine de l'eau en plus grande abondance. Dans cette seconde sorte d'oraison

De l'oraison de Quietude ou de Recueillement

que l'on nomme Oraison de quietude, l'ame commence à se recueillir & à éprouver quelque chose de surnaturel qu'il luy seroit impossible d'acquerir par elle-même. Il est vray qu'elle a durant un peu de temps de la peine à tourner la rouë, & a travailler avec l'entendement à remplir les seaux: mais elle en a beaucoup moins qu'a tirer de l'eau du puits, parce que celle-cy est plus a fleur de terre à cause que la grace se fait alors connoistre plus clairement. Cela se fait en recueillant au dedans de soy toute ses Puissances, c'est à dire, l'entendement, la memoire & la volonté, afin de mieux gouter cette douceur toute celeste. Ces puissances ne s'endorment pas neanmoins; mais la seule volonté agit sans sçavoir en quelle maniere elle agit : elle sçait seulement qu'elle est captiue, & donne son consentement avec joye à cette heureuse captiuité qui l'assuiettit à celuy qu'elle aime. O Iesvs mon Sauveur, c'est alors que nous éprouvons si heureusement qu'elle est la puissance de vostre amour, puis qu'il tient le nostre tellement vny à luy qu'il nous est impossible en cét estat d'aimer autre chose que vous.

L'entendement & la memoire contribuent à rendre la volonté capable de jouir d'un si grand bien; mais il arrive quelquefois qu'ils luy nuisent au lieu de l'aider : & alors elle ne les doit point considerer, mais continuer à jouir de sa tranquillité & de sa joye, parce qu'en voulant les rappeller de leur egarement elle s'egareroit avec eux. Ils sont comme des Pigeons, qui ne se contentent pas de la nourriture qu'on leur donne vont en chercher à la Campagne, d'où apres qu'ils n'ont rien trouvé, ils reviennent au colombier pour voir si on leur donnera encore a manger, & voyant qu'on ne leur en donne point ils retournent de nouveau en chercher. C'est ainsi qu'agissent ces deux puissances au regard de la volonté dans l'esperance quelle leur fera quelque part des faveurs quelle reçoit de Dieu. Elles s'imaginent sans doute de la pouvoir servir en luy representant le bon-heur dont elle iouït, & il arrive souvent au contraire qu'elles luy nuisent : ce qui l'oblige de se conduire envers elles de la maniere que ie le diray dans la suite.

Tout ce qui se passe dans cette oraison de quietude est accompagné d'une tres grande consolation, & donne si peu de peine que quelque long-tems qu'elle dure, elle ne lasse point l'ame, parce que l'entendement ny agit que par intervalles, & tire neanmoins beaucoup plus d'eau qu'il n'en tiroit du puits dans l'oraison mentale avec beaucoup de travail. Les larmes que Dieu donne alors sont des larmes toutes de joye, & on sent qu'on les repand sans pouvoir contribuer à les faire naistre.

Cette eau si favorable & si precieuse dont Nostre Seigneur est la source fait incomparablement davantage croistre les vertus que celle

CHAPITRE XVI.

que l'on pouvoit tirer de la premiere maniere d'oraison, parce que l'ame s'éleve au dessus de sa misere, & commence deja vn peu à connoistre quel est le bon-heur de la gloire: ce qui la fait comme ie l'ay dit croistre en vertu, parce qu'elle l'aproche de Dieu qui est le principe de toutes les vertus, & qu'il ne commence pas seulement à se communiquer à elle, mais veut qu'elle connoisse qu'il s'y communique. Ansi l'ame ne se trouue pas plutost en cét estat qu'elle perd le desir de toutes les choses d'icy-bas & qu'elle luy paroissent méprisables, parce qu'elle voit clairement qu'il n'y a ni honneur ni richesses, ni plaisirs dont la possession puisse approcher d'un seul moment du bonheur dont elle iouit alors, & qu'elle connoit certainement estre veritable & solide; au lieu qu'il est difficile de comprendre sur quoy l'on se fonde pour croire qu'il puisse y avoir des veritables contentemens dans cette vie, puis que ceux qui passent pour les plus grands sont toûiours mêlez de degoust & d'amertumes, & qu'apres les avoir possedez vn peu de temps on tombe dans la douleur de les perdre sans esperances de les pouvoir recouvrer.

Quant à cette seconde maniere d'oraison que l'on nomme comme ie l'ay dit oraison de quietude, il n'y a ni prieres, ni travaux, ni penitences qui nous la puissent faire acquerir. Il faut que ce soit Dieu luy-même qui nous la donne, il veut pour faire paroistre son immensité qui le rend presét par tout, que l'ame cónoisse qu'elle n'a point besoin d'entremetteurs pour traiter avec luy, mais qu'elle peut luy parler elle même & sans éleuer sa voix, parce qu'elle est si proche de luy qu'elle n'a qu'a remuer les levres pour se faire entendre.

Il semble qu'il soit ridicule de parler ainsi, puis que persône n'ignore que Dieu nous entend toûiours : mais ie pretens dire qu'il veut alors montrer a l'ame quels sont les effets de sa presence, & luy faire connoistre par cette merueilleuse satisfaction interieure & exterieure qu'il luy donne si differente de toutes celles d'icy bas, qu'il cômence d'agir en elle de la maniere particuliere, & de remplir le vuide que ses pechez y avoient fait.

L'ame ressent cette satisfaction dans le plus intime d'elle-même sans sçavoir d'ou ni comment elle la reçoit : elle ne sçait pas même souvent ce qu'elle doit faire, ni ce qu'elle doit desirer & demander, parce qu'il luy semble que rien ne luy manque quoy qu'elle ne puisse comprendre ce que cest qu'elle a trouvé. I'advoüe ne sçavoir non plus comment l'expliquer: i'aurois besoin en cella ainsi qu'en plusieurs autres choses ou ie puis m'estre trompée de l'aide de la science pour apprendre à ceux qui l'ignorent qu'il y a deux secours que Dieu donne l'un ugeneral, & l'autre particulier ; & dans ce dernier il se fait si clairement connoistre à l'ame qu'elle croit le voir de ses propres yeux mais j'agis sans crainte, parce que iesçay que ce que i'ecris sera veu par des personnes si sçauantes & si habiles, que s'il s'y rencontre des erreurs ils ne manqueront pas de les corriger. Ie voudrois neanmoins pouvoir bien expliquer cecy, parce q'une ame à qui Dieu fait de semblables faueurs dés qu'elle commence de s'occuper à l'oraison n'y comprend rien, ni ne sçait ce quelle doit faire : car si Dieu la mene par le chemin de la crainte comme il m'y a menée, elle se trouvera dans vne fort grande peine, à moins qu'elle rencontre quelqu'un qui luy donne lumiere : mais alors cette Peine se changera en consolation, parce qu'elle verra clairement quel est le chemin qu'elle doit tenir & y marchera auec assurance.

En quelque estat que nous soyons c'est vn si grand auantage pour s'auancer de sçauoir ce que l'on doit faire, que iay baucoup souffert & perdu beaucoup de temps manque de cette connoissance. C'est ce qui me donne vne grande compassion des ames qui se trouuent seules & sans assistance lors quelle arriuent à ce point la : car encore que j'aye lû plusieurs liures spirituels qui traitent en quelque sorte de ce suiet, c'est fort obscurement : & quand mesme il en parleroint auec beaucoup de clarté, on auroit grande Peine à le comprendre, à moins que d'estre fort exercé dans cette maniere d'oraison.

Ie desirerois de tout mon cœur que Dieu me fist la grace de representer si clairement ce que cette oraison de quietude qui commence à nous mettre dans vn estat surnaturel opere en l'ame, que l'on peust connoistre par ses effets si c'est l'esprit de Dieu qui agit. Quand ie dis qu'on le peut connoistre, j'entens comme on le peut icy bas, : car encore que ce soit l'esprit de Dieu il est toujours bon de marcher auec crainte & retenue, parce qu'il pourra arriuer que le demon se transformera en Ange de lumiere sans que l'ame s'en apperçoiue, à moins que d'estre déla tres exercée à l'oraison.

I'ay d'autant plus de besoin d'vne assistance particuliere de Nostre Seigneur pour bien expliquer cecy que i'ay tres peu de loisir, à cause qu'estant dans vne maison qui ne commence que de s'establir, ainsi qu'on le verra dans la suite, les heures que ie suis obligée de passer avec la communauté & tant d'autres occupations emportent & consument tout mon temps ce qui fait qu'au lieu d'ecrire de suite ie n'ecris qu'à diuerses reprises, quoy qu'il me falust du repos & que ie desirasse d'en avoir, parce que lorsque l'on n'ecrit que par le mouvement de l'esprit de Dieu on le fait beaucoup mieux & avec plus de facilité, car alors c'est comme si l'on avoit devant ses yeux vn modelle que l'on n'a qu'à suiure au lieu que quand cela manque & que l'on n'agit que par soy-même on n'entend non plus ce langage que si c'estoit de l'Arabe, bien qu'on ait passé plusieurs années dans le exercice de l'oraison. Ainsi ie trouve vn si grand avantage d'y estre quand ie travaille à cette relation, que ie voy clairement que ce n'est

CHAPITRE XIV.

pas mon esprit qui conduit ma main qu'il a si peu de part à ce que ie fais que ie ne sçaurois aprés l'avoir écrit dire coment ie l'ay écrit: ce que i'ay épouvé diverses fois.

Il faut revenir à nostre jardin spirituel, & dire comment ces plantes commencent à pousser des boutons pour produire ensuite des fleurs & des fruits, & de quelle sorte ces fleurs se preparent à parfumer l'air par leur odeur. Cette comparaison me donne de la ioye parce que lors que je commençay à servir Dieu ainsi qu'on le verra dans la suite de ma vie, s'il est vray qu'il m'ait fait la grace de commencer veritablement, il m'est souvent arrivé de considerer avec vn extrême plaisir que mon ame estoit comme vn jardin dans lequel il se promenoit. Ie le priois alors de vouloir augmenter la bonne odeur de cés vertus qui semblables á des petites fleurs paroissoient vouloir s'ouurir, de les faire fleurir pour sa gloire que je recherchois seule & non pas la miene, de les nourir aprés les avoir fait croistre, & de couper & tailler ces plantes comme il le jugeroit à propos afin de les faire pousser avec plus de force. I'vse de ce terme parce qu'il arriue des temps ausquels l'ame ne reconnoist plus ce jardin, tant il luy paroist sec & aride, sans qu'elle ait aucun moyen de l'arroser pour le faire reverdir se trouvant elle méme si seche & si sterile qu'elle ne se souvient point d'avoir jamais eu aucune vertu. le pauure jardinier souffre beaucoup en cet estat parce que Nostre Seigneur veut qu'il luy semble qu'il a perdu toute la peine qu'il a prise à arroser & cultiuer ce jardin : mais c'est alors le temps le plus propre pour arracher jusques aux moindres racines de ce peu de mauvaises herbes qui y restent, & qui ne peuvent estre arrachées que par l'humilité que nous donne la connoissance que nous ne pouvons rien de nous méme, & que tous nos travaux sont innutiles si Dieu ne nous favorise de l'eau de sa grace, mais il ne recommence pas plutost à nous la donner que l'on voit ces plantes pousser & croitre de nouveau.

O mon Seigneur mon Dieu, qui faites toute ma beatitude, ie ne sçaurois sans répandre des larmes de joye dire ainsi que je le puis dire tres veritablement, que vous prenez plaisir d'estre dans nous comme vous estes dans l'Eucharistie, que si ce n'est par nostre faute nous pouvons jouir de cet incõparable bon-heur, puisque vous avez dit vous méme que vous prenez plaisir d'estre auec les enfens des hommes. Quelle parole ô mon Sauveur ! Ie n'ay jamais pû l'entendre sans vne extrême consolation lors méme que mes pechez m'avoient le plus eloignée de vous. Est il possible, mon Dieu, qu'aprés que vous avez fait de si grandes faveurs á vne ame, & luy avez donné de telles preuves de vostre amour qu'il luy est impossible de douter qu'elle les ait receuës tant les effets les luy rendent évidentes, elle continuë à vous offenser ? Ouy certes, Seigneur, cela n'est que

„ trop possible, puis qu'il ne m'est pas seulement arrivé une fois, mais
„ plusieurs fois, & ie souhaite de tout mon cœur d'estre la seule cou-
„ pable d'une si horrible ingratitude. il a plû neanmoins a vostre infi-
„ nie bonté d'en tirer quelque bien, & de faire voir que c'est dans les
„ plus grands maux que vous prenez plaisir à faire éclater la grandeur
„ de vostre misericorde. Combien me trouvay-ie donc obligée de la
„ publier toute ma vie, Ie vous suplie, mon Dieu, de m'accorder la
„ grace de ne jamais y manquer, & de faire entendre à tout le monde
„ iusques où va l'excez des faveurs dont ie vous suis redevable. Elles
„ sont si grandes que ceux qui en ont connoissance ne les peuvent con-
„ siderer sans s'en estonner, & qu'elles me font sortir hors de moy-me-
„ me afin de vous mieux loüer que ie ne le pourrois autrement. car si
„ ie demeurois seule sans vostre assistance ne me trouverois je pas re-
„ duire à voir secher dans ce jardin de mon ame les fleurs spirituelles
„ des vertus que vous y avez fait croistre ; & cette miserable terre ne
„ reviendroit-elle pas aussi aride qu'elle estoit auparavant. Ne le per-
„ mettez pas, mon Sauveur : ne souffrez pas qu'une ame que vous avez
„ rachetée par tant de travaux, & que l'on peut dire que vous avez en-
„ core rachetée diverses fois en la tirant d'entre les griffes de ce dra-
„ gon infernal, se perde miserablement.

 Pardonnez-moy, mon Pere si ie parois m'eloigner de mon suiet &
ne vous en estonez point, puis que ce n'est pas en effet en sortir, &
que lors que j'écris cecy les extremes obligations que jay a Dieu se
representat à mon esprit ie n'ay pas souvét peu de peine à me retenir
pour ne m'etendre pas encore davantage à publier ses loüanges. Ie
veux esperer que vous ne l'aures pas desagreable, Parce qu'il me sêble que ie puis sur cella cháter avec vous le même cátique, mais avec
cette difference que ie luy suis beaucoup plus redevable que vous,
parce qu'il m'a pardóné plus de pechez, cóme vous ne l'ignorez pas.

CHAPITRE XV.

La Sainte continue à traiter de l'oraison de Quietude ou de Recueillement,
& donne d'excellens avis sur ce suiet.

De l'oraison de Quietude ou de Recueillement.

JE reviens maintenant à mon suiet. Ce recueillement & cette tranquilité qui se rencontre dans ce que l'on nomme oraison de quietude se fait beaucoup sentir à l'ame par la satisfaction & par la paix
qu'elle y trouve : ainsi son contentement est tres-grand, & le repos
dans lequel ses puissances sont alors, augmente le plaisir dont elle
iouit. Comme elle n'est point encore arrivée à un plus grand bon-
heur & n'en connoist point qui le surpasse, il luy semble qu'elle n'a
plus rien à souhaiter, & elle diroit volontiers comme saint Pierre à

CHAPITRE XV.

Iesus Christ: Seigneur, établissons icy nostre demeure. Elle n'ose se remuër, & voudroit même quelquefois ne point respirer, tant elle apprehende que ce bon-heur ne luy échape, quoy qu'elle deust considerer que n'ayant rien pû contribuer à l'attirer, elle peut encore moins le retenir plus long-temps qu'il ne plaist a Dieu qu'elle en ioüisse.

I'ay déja dit que dans cette oraison de quietude les puissances de l'ame se trouvent si contente d'estre avec Dieu, qu'encore que tandis qu'elle dure la memoire & l'entendement ne soient pas exemts de distractions, la volonté demeure toûjours si unie à sa divine Majesté, que non seulemét elle ne perd point sa tranquillité & son repos, mais elle rapelle même peu à peu ces deux autres puissances pour les obliger à se recueillir. Car bien qu'elle ne soit pas encore entierement abysmée en Dieu, elle est si occupée de luy sans sçavoir en quelle maniere cela se passe, que quoy que fassent ces deux autres puissances elles ne peuvent troubler sa ioye ni la divertir de travailler paisiblement à empescher que cette étincelle de l'amour de Dieu dont il luy plaist de la favoriser ne s'eteigne point.

Ie supplie sa divine maiesté de m'assister pour bien faire entendre cecy. il y a plusieurs ames qui arrivent à cet estat d'oraison; mais peu qui passent plus outre, dont ie ne sçay à quoy atribuër la faute, estant certain qu'elle ne vient point de Dieu. car peut-on croire qu'apres qu'il luy a plû d'accorder à une ame une aussi grande grace qu'est celle d'arriver iusques à un tel degré de bon-heur, il ne luy en fasse pas de plus grandes si elle ne s'en rend point indigne ; Il luy importe donc extrêmement de connoistre combien elle luy est obligée, & le mépris qu'elle doit faire de toutes les choses de la terre lors qu'il la met en estat de s'eléver ainsi vers le ciel. Que si cette ame est si mal-heureuse que de retourner en arriere, comme j'ay fait & aurois continué si la misericorde de Dieu ne m'eust ramenée à luy, ie ne doute point que l'on n'en doive principalement attribuer la cause a de grands pechez, & l'on ne sçauroit passer d'un tel bô-heur à un si extreme malheur sans un estrange aveuglement. C'est pourquoy ie coniure au nom de Dieu ceux a qui il a fait une si grande faveur que de leur dôner l'oraisô de quietude de considerer quel en est le prix afin de l'estimer autant qu' elle le merite, & de croire fermement par une humble & sainte confiance en sa bonté qu'ils ne seront point touché du desir de retourner goûter des viandes d'Egipte. Mais si par leur lâcheté cette tentation les ebranloit ainsi qu'il m'est arrivé, qu'ils se remettent toûjours devant les yeux quel est le bien qu'ils ont perdu, & qu'ils marchent avec crainte. Que s'ils ne rentrent dans l'exercice de l'oraison leur mal ira toûjours en augmentant, & ils tomberont enfin tout à fait: car n'est ce pas une veritable chûte de ne pouvoir se resioüire rer dans vn chemin par lequel on estoit arriué à vn tel bon-heur: lors que ie parle de la sorte ie ne pretens pas dire que ces personnes doiuent estre impecables, quoy qu'aupres avoir receu des si grandes faueurs de Dieu il n'y a rien qu'elles ne soient obligées de faire pour tâcher de ne le point offencer: mais ie n'ignore pas combien grande est nostre misere. ie les exhorte seulement & les coniure de ne point cesser de faire oraison, puis que c'est le moyen de reconnoistre leur faute, de s'en repentir, & d'obtenir de la bonté de Dieu la force necessaire pour se relever: au lieu qu'autrement ie ne crains point d'asseurer qu'elles sont en tres grand peril. Ie ne sçay si en parlant de la sorte ie ne me trompe point en ce que, comme ie l'ay dit, ie iuge des autres par moy même.

Cette oraison de quietude ou de recueillement est comme vne étincelle par laquelle Dieu commence à embraser l'ame de son amour, & à luy faire cōnoistre avec plaisir quel est cet amour. Il est impossible que ceux qui ont l'experience de cette maniere d'oraison ne reconnoissent bien-tost si cette étincelle est vn effet de la grace de Dieu, ou vne illusion du demon, ou vne tromperie qui vient d'eux mêmes, parce que si elle est veritable on ne la sçauroit acquerir, mais il faut necessairement qu'elle soit donnée de Dieu. Car encore que nous soyons naturelement si portez à desirer des choses agreables & delicieuses qu'il n'y a rien que nous ne fassions pour nous le procurer, & qu'ainsi nous employons tous nos efforts pour tâcher d'allumer vn feu dont la chaleur est si douce, il se trouve qu'au lieu de reüssir dans nostre dessein nous ne faisons que jetter de l'eau dessus qui l'éteindroit s'il estoit allumé. mais lors que cette étincelle vient de Dieu, quelque petite qu'elle soit, pourveu que l'ame ne l'eteigne point par sa faute, elle allume bien-tost vn grand feu, qu'ainsi que ie le diray en son lieu, jette de flâmes de ce violent amour pour Dieu dont il favorise & embrase les ames parfaites. Cette étincelle est vne marque & vn gage qu'il donne a l'ame du choix qu'il a fait d'elle pour luy accorder de grandes graces si elle se prepare avec le soin qu'elle doit à les recevoir: cette faveur est telle qu'elle va infinimēt audela de tout ce que j'en pourrois raporter. C'est pourquoy cōme ie l'ay deja dit, ie ne sçaurois voir sans douleur que plusieurs ames arrivant jusques-la, il y en a si peu qui passent outre que j'aurois honte de dire combien le nombre en est petit. Celuy des autres dont j'ay eu connoissance est assez grand, & ie pense les devoir exhorter à ne pas cacher dans la terre le talent qu'ils ont receu, puis qu'il y a suiet de croire que Dieu les a choisies pour profiter à plusieurs autres, particulierement en ce teps ou il a besoin de serviteurs forts & courageux pour soutenir les foibles & les lâches. Ceux qui sentent avoir du cœur doiuent croire que Dieu leur fait la grace d'estre du nombre des premiers, s'efforcer

forcer de s'en rendre dignes en faifant au moins pour le fervice de leur bienfacteur ce que les loix de l'amitié portent dans le monde les amis à faire les uns pour les autres. Ils ne peuvent y manquer comme ie l'ay dit fans avoir fujet de trembler, puis que leur ingratitude feroit capable de les faire tomber dans le precipice; & Dieu veüille fi cela arrive qu'ils n'en entraifnent pas d'autres avec eux.

 L'ame n'a autre chofe à faire dans cette oraifon de quietude que de demeurer en repos & fans faire bruit. I'appelle bruit de chercher avec l'entendement plufieurs paroles & plufieurs confiderations pour remercier Dieu de la faveur qu'il luy fait, & faire une exacte reveüe de fes fautes & de fes pechez pour connoiftre qu'elle ne la merite pas: car c'eft ce que veut faire l'entendement & à quoy travaille la memoire. I'avoüe que ces deux puiffances me donnent fouvent beaucoup de peine, particulierement la memoire que ie ne fçaurois alors arrefter quoy que i'en aye fi peu dans les autres temps. Quand cela arrive la volonté doit demeurer en repos & reconnoiftre que ce n'eft pas de la forte qu'on doit traiter avec Dieu, mais que c'eft comme jetter fans difcretion fur une étincelle de groffes bûches qui l'éteignent: Il faut qu'elle luy dife avec une profonde humilité. Que puis-je faire, mon Dieu? quelle proportion y a-t-il entre la fervante & fon Seigneur, entre la terre & le ciel? ou autres paroles femblables que fon amour luy infpirera & qui feront conformes à fes fentimens, fans s'arrefter aux importunitez de fon entendement qui voudroit qu'elle luy fift part de fa joye, ny fans vouloir l'obliger à fe recueillir quand il s'égare comme il fait fouvent lors qu'elle eft dans le repos & dans l'union avec Dieu: car elle travailleroit en vain: & il vaut beaucoup mieux que fans le fuivre elle le laiffe aller pour continuer à joüir en paix de la faveur qu'elle reçoit, & qu'elle fe retire en elle-mefme comme les prudentes abeilles fe retirent dans leurs cellules pour faire le miel, qu'elles ne feroient jamais fi au lieu d'y travailler elles s'amufoient à courir les unes aprés les autres.

 Cet avis eft fi important, que l'ame ne fçauroit fans perdre beaucoup, manquer à la fuivre, principalement fi elle a l'entendement fubtil, parce qu'il ne commencera pas plutoft d'agir qu'il s'engagera dans des grands raifonnemens & croira faire beaucoup s'ils font éloquens; au lieu qu'alors tout ce que l'on doit faire eft d'eftre tres perfuadé que c'eft de Dieu que nous tenons cette faveur fans que nulle autre raifon que fa feule bonté le porte à nous l'accorder: c'eft de reconnoiftre que nous fommes auprés de luy: c'eft de luy demander fon affiftance, & le prier pour l'Eglife, pour les ames du Purgatoire, & pour les perfonnes qui fe recommandent à nos prieres. Mais tout cela fe doit faire fans y employer

L

beaucoup de paroles, avec un grand desir qu'il luy plaise de nous écouter.

Cette maniere d'oraison est fort puissante, & l'on obtient plus par elle que par tous les discours de l'entendement. La volonté considerant l'avantage qu'elle en reçoit se represente les raisons qu'elle a de s'enflammer de plus en plus dans l'amour de Dieu, & doit alors faire quelques actes de cet amour, tels que sont ceux de penser à ce qu'elle fera pour reconnoistre envers sa divine Majesté tant d'obligations sans écouter, ie le repete encore, ce que l'entendement luy voudroit representer pour la faire entrer dans des pensées fort élevées. De petites pailles, & moins encore que des pailles s'il se pouvoit, que nous jetterons avec humilité dans ce feu de l'amour de Dieu l'allumeront beaucoup mieux que si nous y mettions quantité de bois par des grands raisonnemens, qui quelques beaux qu'il nous parussent l'éteindroient presque à l'heure-même au lieu de l'allumer davantage. Cela n'est bon que pour les sçavans tels que sont ceux qui me commandent d'écrire cecy; car par la misericorde de Dieu les sçavans aussi bien que les ignorans, & les ignorans aussi bien que les sçavans peuvent estre favorisez du don de cette oraison. Ainsi il pourra arriver que les premiers se trouveront alors dans la liberté de faire reflexion sur quelque passage de l'Ecriture mais quelque avantage que la science leur donne devant & aprés l'oraison, ie croy que pendant le temps qu'elle dure elle leur est peu necessaire & ne fait au contraire que refroidir la volonté, parce que l'entendement se trouvant si proche de la lumiere divine est tellemét éclairée que ie ne me connois plus alors moy mesme : ie me trouve toute une autre personne; & quoy que ie n'entende presque rien de toutes les prieres latines, il m'est arrivé quelquefois dans cette oraison de quietude non seulement d'entendre ce que signifient en ma langue quelque versets des Pseaumes, mais d'avoir la joye de voir que i'en comprenois le sens. I'excepte dans ce que je viens de dire ceux qui sont obligez de prescher & d'enseigner : car ils peuvent alors se servir de l'avantage qu'ils tirent de l'oraison pour instruire les ignorans comme moy, n'y ayant rien de plus loüable que d'exercer la charité & de servir les ames en la seule veuë de Dieu.

Dans cette heureuse quietude les plus sçavans mesme doivent laisser l'ame joüir du repos où elle se trouve sans se servir de leur science. Vn temps viendra qu'elle leur sera fort utile, & qu'ils ne voudroient pourquoy que ce fust ne l'avoir pas, à cause du moyen qu'elle leur donne de servir Dieu qui est le seul usage que l'on en doit faire: mais ie les prie de croire que quand l'on est en la presence de la Sagesse eternelle le moindre acte d'humilité vaut mieux que toute la science du monde : ce n'est pas alors le temps de raisonner; mais de

CHAPITRE XV.

reconnoiftre fincerement ce que nous fommes, & de nous prefenter en cet eftat devant Dieu, qui s'abaiffant jufques à vouloir bien nous fouffrir en fa prefence veut que nous entrions fincerement dans la veuë de noftre neant. Que l'entendement s'occupe tant qu'il luy plaira à choifir des termes elegans pour rendre des actions de grace à Dieu: la volonté doit demeurer en repos fans ofer non plus que le Publicain lever les yeux vers le ciel; & cette maniere de remercier Dieu luy eft infiniment plus agreable que toute la rethorique dont fe fert l'entendement.

Quelque excellente que foit cette oraifon de quietude ie ne pretens pas qu'il faille abandonner entierement la mentale, ni ceffer mefme d'ufer de quelques prieres vocales fi on le peut. Ie dis fi on le peut, parce que fi la quietude eft grâde on ne fçauroit parler qu'avec grande peine. Il me femble que l'on peut connoiftre quand c'eft l'efprit de Dieu qui nous porte à cette oraifon, ou quand par un fentiment de devotion qui nous donne nous nous y portons nous mefmes par le defir de joüir des douceurs qui s'y rencontrent: auquel cas elle ne produit aucun effet, & l'on retombe auffi-toft dans la fechereffe. Que fi c'eft le demon qui nous y pouffe, une ame exercée le pourra connoiftre, parce qu'elle demeurera dans l'inquietude avec peu d'humilité, peu de difpofition à pratiquer ce que Dieu veut, peu de lumiere dans l'entendement, & nulle fermeté pour la verité.

Mais pourveu que l'ame refere à Dieu toute la douceur & le plaifir dont elle joüit dans fon oraifon & le prenne pour objet de tous fes defirs & de toutes fes penfées; non feulement le demon ne luy pourra nuire par ce plaifir qu'il luy aura caufé pour la tromper? mais Dieu permettra qu'elle en tirera de l'avantage, parce que dans la creance que c'eft à Dieu qu'elle eft obligée de ce plaifir il arrivera fouvent que le defir d'en joüir la portera à faire oraifon avec encore plus de joye. Ainfi fi cette ame eft humble, fi elle n'a point de curiofité, fi elle ne recherche point les confolations quoy que fpirituelles, & prend au contraire plaifir à fouffrir, elle ne fera point de cas de toutes ces confolations que le demon luy donnera, & ne fera touchée que de celles qui luy viendront de la part de Dieu.

Il faut fur tout avoir un extrême foin dans l'oraifon & dans les confolations que l'on y reçoit de s'humilier toûjours de plus en plus: c'eft le moyen de rendre inutiles tous les artifices du diable qui ne font que menfonge & illufion, & de l'empêcher d'ofer fouvent nous tenter par ces plaifirs & ces confolations qu'il nous caufe lors qu'il verra que ne reüffiffant qu'à fa confufion & à fa honte il y perd au lieu d'y gagner. C'eft pour cette raifon & d'autres encore que j'ay marquées dans la premiere maniere d'oraifon qui eft la mentale, par laquelle on tire de l'eau du puits pour arrofer ce jardin fpirituel

L ij

qu'il importe extrêmement de commencer par renoncer à toutes sortes de consolations, & comme de braves soldats qui veulent servir leur Prince à leurs dépens n'avoir autre desir ni autres pensées que d'aider nostre Seigneur IESUS CHRIST à porter sa croix, sans pretendre de luy d'autre recompense que celle qu'ils sont assurez qu'il leur donnera dans son royaume Eternel.

Il est necessaire dans les commencemens d'avoir toûjours ces pensées devant les yeux: je dis dans les commencemens, parce que lors que l'on est plus avancé on en est si persuadé qu'au lieu d'avoir besoin de se representer le neant du monde & des plaisirs qui s'y rencontrent, il faut en détourner sa veuë pour tâcher à les oublier afin de ne trouver pas la vie ennuyeuse. En effet c'est si peu de chose que ceux qui sont arrivez à une plus grande perfection auroient honte de n'avoir renoncé aux biens du monde qu'à cause qu'ils sont perissables, puis qu'ils les quitteroient avec encore plus de joye s'ils duroient toûjours: & plus on augmente en vertu, plus on se confirme dans ce sentiment. L'amour de Dieu qui est déja grand dans ces ames opere en elle ces effets: mais quand à ceux qui commencent, cet avis est si important que je ne me lasse point de le repeter & mesme les plus avancez dans l'oraison ont besoin de s'en servir en certains temps où Dieu pour les éprouver paroist les abandonner. On doit toûjours se souvenir que dans cette vie l'ame ne croist pas comme le corps, quoy que l'on dise qu'elle croisse & qu'elle croisse en effet en une certaine maniere: car lors qu'un enfant a pris sa croissance pour devenir homme, on ne voit plus son corps décroistre; mais il n'en est pas de mesme de l'ame, parce que Dieu le permet ainsi comme je l'ay éprové en moy, ne sçachant pas ce qui se passe dans les autres. C'est sans doute pour nostre bien qu'il en use de la sorte afin de nous humilier, & nous obliger à nous tenir sur nos gardes pendant que nous sommes dans cet exil, où ceux qui paroissent les plus avancez & les plus fermes ont le plus de sujet de craindre & de se défier de leur foiblesse. Il y a de temps où ceux mesme dont la volonté est si unie à celle de Dieu qu'ils souffriroient plutost toutes sortes de tourmens & mesme la mort, que de commettre volontairement la moindre imperfection, sont combattus par des tentations si violentes, qu'ils ont besoin pour ne point offenser Dieu de recourir aux premieres armes de l'oraison, c'est à dire de se representer que tout finit, qu'il y a un ciel & un enfer, & autres choses semblables.

Mais pour revenir à ce que je disois: c'est un excellent moyen pour se garentir des artifices du demon, & des fausses douceurs qu'il nous fait trouver dans l'oraison que de ne les point desirer, & de se resoudre au contraire de la commencer toûjours par une forte resolution de ne cesser jamais de marcher dans ce chemin de croix que IESUS

CHRIST luy-mesme nous a montré & obligé de suivre par ces paroles : *Prenez vostre croix & me suivez.* Il est nostre regle & nostre modelle: ceux qui pratiquent ses conseils & ne pensent qu'a luy plaire n'ont rien à craindre ; & leur avancement dans la vertu leur fera connoistre que c'est par son esprit qu'ils agissent, & non pas par celuy du demon. Que s'il arrive quelquefois qu'ils tombent, la promtitude avec laquelle ils se releveront, & d'autres choses que ie vay dire leur seront des marques que nostre Seigneur ne les a pas abandonnez.

Quand c'est par l'esprit de Dieu que nous agissons nous n'avons pas besoin de chercher des considerations pour nous humilier & pour nous confondre : nostre Seigneur luy-mesme nous en met devant les yeux de beaucoup plus fortes que celles que nous pourrions nous imaginer, & que l'on peut dire n'estre rien en comparaison de la veritable humilité qu'il nous donne, & de la lumiere dont il l'accompagne. Ces considerations nous mettent dans une telle confusion qu'elles nous aneantissent, parce que leur lumiere est si grande qu'elle nous fait clairement connoistre que nous ne pouvons rien de nous mêmes ; & plus Dieu nous favorise de ses graces, plus elle augmente. Elle nous donne aussi un grand desir de nous avancer encore davantage dans l'oraison avec une ferme resolution de ne le iamais discontinuer quelque peine qui s'y rencontre : elle nous met dans une ferme confiance, mais une confiance meslée d'humilité & de crainte pour nostre salut : elle chasse ensuite cette crainte servile pour mettre en sa place une crainte filiale beaucoup plus forte: elle commence à faire entrer l'ame dans un amour de Dieu entierement desinteressé, & à rechercher la solitude pour jouïr avec plus de repos du bonheur de ne s'occuper que de luy seul : & enfin pour n'en dire pas davantage, c'est comme une source dont l'ame sent couler en elle toutes sortes de biens, & qui luy fait connoistre évidemment qu'il ne luy manque presque plus rien pour faire épanouïr ces fleurs dont les boutons estoient desja si preparez à s'ouvrir. Quand une ame est en cet estat elle ne sçauroit ne point croire que Dieu est avec elle jusques à ce qu'elle retombe dans ses imperfections : mais alors tout luy fait peur, & cette crainte luy est avantageuse, quoy qu'il y ait des ames à qui la persuasion que Dieu est avec elles sert plus que ne feroient toutes les apprehensions & les terreurs que l'on pourroit leur donner, principalement si elles ont beaucoup d'amour & de desir de luy plaire ; car cela estant, le souvenir des faveurs qu'il leur a faites est plus capable de les ramener à luy que la veuë de toutes les peines de l'enfer, ainsi que ie l'ay éprouvé toute méchante que ie suis.

Ie remets à parler ailleurs plus particulierement des marques qui nous font connoistre ce qui vient de l'esprit de Dieu ; & i'e gere qu'il me fera la grace d'en dire quelque chose d'assez à propos par l'experience que m'en donnent tant de peines que i'ay souffertes avant que d'en avoir conoissance, & par ce que i'en ay appris des personnes si sçavantes & si saintes, que ceux que Dieu permet qui souffrent en cela autant que i'ay fait ne doivent point faire difficulté d'ajouter foy à leurs sentimens, & de profiter des instructions qu'ils peuvent tirer de leurs lumieres.

CHAPITRE XVI.

De l'Oraison d'Vnion, qui est la troisiéme sorte d'oraison que la Sainte compare à la troisiéme maniere d'arroser un jardin par des rigoles d'une eau vive tirée d'un ruisseau ou d'une fontaine.

De l'Oraison d'Vnion.

IL faut maintenant parler de la troisiéme maniere d'arroser ce jardin spirituel par le moyen d'un eau courante tirée d'une fontaine ou d'un ruisseau : ce qui ne donne pas grande peine, parce qu'il n'y a qu'a la conduire : car Dieu soulage tellement le jardinier que l'on peut dire en quelque sorte que luy mesme est le iardinier, puis que c'est luy qui fait presque tout.

Cette troisiéme sorte d'oraison est comme un sommeil de ces trois puissances, l'entendement, la memoire, & la volonté dans lequel encore qu'elles ne soient pas entierement assoupies, elles ne sçavent comment elles operent. Le plaisir que l'on y reçoit est incomparablemét plus grand que celuy que l'on goûtoit dans l'oraison de quietude: & l'ame est alors tellement inondée & comme assiegée de l'eau de la grace qu'elle ne sçauroit passer outre, ni ne voudroit pas quand elle le pourroit retourner en arriere, tant elle se trouve heureuse de iouir d'une grande gloire: c'est comme une personne agonizante, qui avec le cierge beny qu'elle tient en sa main est preste à rendre l'esprit pour mourir de la mort qu'elle souhaite: car dans une oraison si sublime l'ame ressent une ioye qui va au delà de toutes paroles, & cette ioye me paroist n'estre autre chose que de mourir presque entierement à tout ce qui est dans le monde pour ne posseder que Dieu seul, ce qui est la seule maniere dont ie me puis expliquer. L'ame ne sçait alors ce qu'elle fait, elle ignore mesme si elle parle, ou si elle se taist; si elle rit, ou si elle pleure; c'est une heureuse extravagance ; c'est une celeste folie dans laquelle elle s'instruit de la veritable sagesse d'une maniere qui la remplit d'une consolation inconcevable.

Depuis cinq ou six ans Dieu m'a souvent donné avec abondance cette sorte d'oraison sans que ie comprisse ce que c'estoit, ni que ie pusse le faire comprendre aux autres. Ainsi quand ie me suis trouvée dans cet endroit de ma relation i'avois resolu de n'en point par-

CHAPITRE XVI.

ler, ou de n'en dire que tres-peu de chose: ie voyois bien que ce n'étoit pas une entiere union de toutes les puissances avec Dieu, & ie connoissois encore plus clairement que c'étoit plus que ce qui se rencontre dans l'oraison de quietude; mais je ne pouvois discerner quelle est la difference qui se trouve entre elles. Maintenant ie croy mon Pere, que l'humilité que vous avez témoignée en voulant vous servir pour écrire sur un suiet si relevé d'une personne aussi incapable que ie suis, a fait qu'il a plû à Dieu de me donner auiourd'huy cette troisiéme sorte d'oraison lors que ie venois de communier, sans que i'aye peu m'occuper d'autre chose, de me mettre dans l'esprit ces comparaisons, de m'enseigner cette maniere de les exprimer, & de m'apprendre ce que l'ame doit faire alors, sans que ie me puisse lasser d'admirer de quelle sorte il m'avoit fait dans un moment connoistre toutes ces choses. Ie m'estois souvent veuë transportée de cette sainte folie & comme enyvrée de cet amour, sans neanmoins pouvoir connoistre comment cela se faisoit. Ie voyois bien que c'étoit Dieu; mais ie ne pouvois comprendre de quelle maniere il agissoit alors en moy, parce qu'en effet ma volonté, mon entendement, & ma memoire estoient presque entierement unis à luy; mais non pas tellement absorbez qu'ils n'agissent encore. I'ay une extrême ioye de ce qu'il a plû à Dieu d'ouvrir ainsi les yeux de mon ame, & le remercie de tout mon cœur de cette grace.

Dans le temps dont ie viens de parler les puissances sont incapables de s'appliquer à autre chose qu'à Dieu: il semble que nulle d'elles n'osant se mouvoir nous ne sçaurions sans leur faire une grande violence les divertir d'un tel obiet; & encore ne sçay-ie si avec tous nos efforts nous le pourrions. En cet estat on n'a dans la bouche que des paroles d'actions de graces sans ordre & sans suite, si ce n'est que Dieu luy-mesme les arrange, car l'entendement n'y a point de part, & dans cet heureux estat où l'ame se trouve elle voudroit ne faire autre chose que de louër & de benir Dieu. C'est alors que les fleurs commencent desia à s'épanovir & à parfumer l'air de leur odeur: c'est alors que l'ame desireroit pour l'interest de la gloire de son maistre que chacun peut voir quel est le bonheur dont il luy plait qu'elle iouïsse, afin de l'aider à l'en remercier & prendre part à sa ioye, dont l'excez est tel qu'elle en est presque suffoquée. Il me sembloit que i'estois comme cette femme dont il est parlé dans une parabole de l'Evägile, qui appelloit ses voisines pour se réiouïr avec elle de ce qu'elle avoit retrouvé la dragme qu'elle avoit perduë, & que c'étoient les sentimés où devoit être David cet admirable Prophete quand il touchoit sa harpe avec tant de ferveur & de zele pour chanter les louanges de Dieu. I'ay une grande devotion à ce glorieux Saint, & ie desirerois que tout le monde y en eust, particulierement les pecheurs.

w

Mon Dieu, en quel estat se trouve l'ame dans un si haut degré d'oraison!elle voudroit estre toute convertie en langues pour avoir plus de moyen de vous loüer, & elle dit mille saintes extravagances qui ne procedent toutes que du desir de vous plaire. Ie connois une personne qui bien qu'elle ne sçache point faire de vers en faisoit alors sur le champ pleins de sentimens tres-vifs & tres-passionnez pour se plaindre à Dieu de l'heureuse peine qu'un tel excez de bonheur luy faisoit souffrir: son entendement n'avoit point de part à ces vers: c'estoit une production de son amour, & non pas de son esprit; & que n'auroit-elle point voulu faire pour donner des marques de la joye dont cette peine estoit meslée? il n'y a point de tourmens qui ne luy eussent paru doux si l'occasion se fusse offerte de les endurer pour témoigner à Dieu la reconnoissance de ses faveurs, & elle voyoit clairement que l'on ne devoit presque rien attribuer aux Martyrs de la constance avec laquelle ils souffroient tant d'effroyables supplices, parce que toute leur force venoit de luy.

Mais quelle peine n'est-ce point à une ame de se voir contrainte de sortir de cet estat de bonheur & de gloire pour se rengager dans les soins & les occupations du monde, puis que je croy n'avoir rien dit
,, des joyes que l'on ressent alors qui ne soit au dessous de la verité?
,, Que soyez-vous, Seigneur, beny à jamais, & que toutes les creatu-
,, res ne cessent point de vous loüer. Ie vous supplie, ô mon Roy, que
,, comme en écrivant cecy je me trouve encore dans cette celeste &
,, sainte folie de vôtre amour dont vôtre misericorde me favorise, vous
,, y fassiez entrer tous ceux à qui je m'efforceray de la communiquer.
,, Ou permettez, Seigneur, que je ne converse plus avec personne &
,, délivrez moy de tous les embarras du siecle, ou faites finir mon exil
,, sur la terre pour me retirer à vous. Vostre servante, mon Dieu, ne
,, peut plus souffrir une aussi grande peine que celle d'estre éloignée de
,, vostre presence, & si elle a plus long-temps à vivre elle ne sçauroit
,, gouster d'autres consolations que celles que vous luy donnerez;
,, elle brûle du desir d'estre affranchie des liens du corps: le manger
,, luy est insupportable: le dormir l'afflige: elle voit qu'en cette vie
,, tout le temps se passe à satisfaire le corps; & rien ne la peut conten-
,, ter que vous seul, parce que ne voulant vivre qu'en vous, c'est ren-
,, verser l'ordre que de vivre en elle mesme. O mon veritable Maistre
,, & toute ma gloire, que la croix que vous faites porter à ceux qui arri-
,, vent jusques à cette maniere d'oraison est legere & pesante tout en-
,, semble! legere par sa douceur; pesante, parce qu'en de certains
,, temps on la trouve insupportable, sans que neanmoins l'ame vouslust
,, s'en décharger si ce n'estoit pour se voir unie à vous dans un autre
,, vie. Mais d'autre part quand elle se represente qu'elle ne vous a ja-
,, mais rendu de service, & qu'en demeurant dans le monde elle vous

en

CHAPITRE XVI.

en pourroit rendre, elle voudroit que cette croix fuft encore plus pe- ,,
fante, & la porter iufques au iour du iugement, parce qu'elle ne ,,
compte pour rien tous ces travaux lors qu'il s'agit de vous rendre le ,,
moindre fervice: ainfi elle ne fçait que defirer; mais elle fçait bien ,,
qu'elle ne defire que de vous plaire.

Mon Fils, puis que voftre humilité m'oblige pour vous obeïr à vous nommer ainfi, fi en écrivant cecy par voftre ordre vous trouvez que j'excede en quelque chofe, ie vous prie qu'il ne foit veu que de vous, & de confiderer que l'on ne doit pas pretendre que ie puiffe rendre raifon de ce que ie dis lors que N. Seigneur me tire hors de moy-même: car ie ne fçaurois croire que ce foit moy qui parle depuis cette communion dont ie viens de parler: tout ce qui fe prefente à mon efprit me paroift un fonge; & ie voudrois ne voir autre chofe que des perfonnes malades de cette heureufe maladie dans laquelle ie me trouve. Que foyons nous tous frapez de cette fainte folie pour l'amour de celuy qui a bien voulu pour l'amour de nous paffer pour un infenfé. Puis que vous me témoignez tant d'affection, mon Pere, car eftant mon confeffeur ie dois bien vous nommer ainfi quoy que pour vous obeïr ie vous aye appellé mon fils, faites-la moy paroiftre, s'il vous plaift en demandant à Dieu qu'il m'accorde cette grace, qui eft fi rare que ie ne voy prefque perfonne qui n'ait des foins exceffifs pour ce qui le touche en particulier; & detrompez moy ie vous prie fi je fuis comme il fe peut faire, plus que nulle autre dans cette erreur, en me le difant tout franchement avec la liberté dont l'on ufe fi peu en femblables chofes.

Ie fouhaiterois, mon Pere, que de mefme que l'on voit en ce temps des méchans s'unir pour confpirer contre Dieu & répandre dans le monde des herefies, ces cinq perfonnes que nous fommes qui nous aimons en luy, nous uniffons pour nous defabufer les uns les autres en nous reprenant de nos defauts, afin de nous rendre plus capables de plaire à Dieu; nul ne fe connoiffant fi bien foy-même qu'il connoit ceux qu'il confidere avec charité par le defir de leur profiter: mais cela fe doit pratiquer en particulier, parce que c'eft un langage dont on ufe fi peu dans le monde, que mefme les predicateurs prennent garde dans leurs fermons de ne mécontenter perfonne: ie veux croire qu'ils ont bonne intention: ce n'eft pas neanmoins le moyen de faire un grand fruit; & j'attribuë ce que leurs predications convertiffent fi peu de perfonnes à ce qu'ils ont trop de prudence & trop peu de ce feu de l'amour de Dieu dont brûloient les Apoftres, de ce feu qui leur faifoit tellement méprifer l'honneur & la vie qu'ils eftoient toûjours prefts de les perdre pour gagner tout, lors qu'il s'agiffoit d'annoncer & de foûtenir les veritez qui regardent la gloire de Dieu: ie ne me vante pas d'eftre en cet eftat; mais je m'eftimerois

M

heureuse d'y estre. O que c'est bien connoistre la veritable liberté que de considerer comme une veritable servitude la maniere dont l'on vit & l'on converse dans le monde ; & que ne doit point faire un esclave pour obtenir de la misericorde de Dieu l'affranchissement de cette captivité afin de pouvoir retourner dans sa patrie ? Ainsi puis que ce que je viens de dire en est le chemin, & que nous ne sçaurions arriver à un si grand bonheur qu'à la fin de nostre vie, nous devons sans cesse y marcher sans nous arrester. Ie prie Dieu de tout mon cœur de nous en faire la grace, & vous, mon Pere, si vous le jugez à propos de déchirer ce papier qui n'est que pour vous, & de me pardonner ma trop grande hardiesse.

CHAPITRE XVII.

La Sainte continuë à parler dans ce Chapitre de l'Oraison d'Vnion.

De l'oraison d'Vnion. Suite.

IE croy avoir suffisamment parlé de l'oraison d'union, qui dans la comparaison dont je me suis servie est la troisiéme maniere dont on tire de l'eau pour arroser ce iardin spirituel, & j'ay fait voir ce que l'ame y doit faire, ou pour mieux dire ce que Dieu qui fait alors l'office de iardinier opere en elle : car il la laisse dans une pleine ioye, & ne luy demande autre chose sinon que sa volonté iouïsse avec plaisir des faveurs qu'il luy communique, & qu'elle se soûmette à tout ce qu'il luy plaira d'ordonner d'elle : en quoy elle n'a pas besoin de peu de resolution, parce que l'excez de son contentement est quelquefois tel qu'elle se croit toute preste à se separer de son corps : & quelle mort pourroit estre plus heureuse ?

Il me paroit, mon Pere, comme ie l'ay déja dit, que le mieux que l'ame puisse faire en cét état est de s'abandonner entierement à Dieu. S'il veut l'enlever au ciel ; qu'elle y aille : s'il veut la mener en enfer qu'elle s'y resolue sans s'en mettre en peine puis qu'elle ne fait que le suivre, & qu'il est tout son bonheur : s'il veut qu'elle meure à l'instant même ; qu'elle en soit bien aise : s'il veut qu'elle vive encore mille années ; qu'elle y consente : & enfin qu'elle se remette absolument à sa divine Majesté pour disposer d'elle comme d'une chose qui luy appartient par le don qu'elle luy a fait sans reserve de tout ce qu'elle est, & sans s'enquerir de la maniere dont il luy plaira d'en ordonner.

Dans cette oraison si élevée qui est un effet de la puissance de Dieu à qui des choses encore plus difficiles sont faciles ; l'entendement ne travaile point, & il me paroit qu'il s'étonne seulement de voir que ce celeste iardinier ne demande autre chose de luy sinon qu'il se réiouïsse du plaisir qu'il reçoit de commencer à sentir l'odeur des fleurs. Lors que c'adorable iardinier arrose l'ame de cette eau dont il est le crea-

CHAPITRE XVII.

teur encore que cela dure peu il luy en donne en si grande abondance qu'elle acquiert en un moment ce qu'elle n'avoit pû obtenir par tous les efforts de son esprit durant vingt années de travail : & elle voit aussi-tost grossir & meurir les fruits en sorte qu'elle peut en manger : mais ce divin iardinier ne luy permet pas d'en faire part à personne iusques à ce que la nourriture qu'elle en tire l'ait tellement fortifiée qu'elle le puisse sans se faire tort & sans se mettre en hazard de mourir de faim, cōme il arriveroit si au lieu de s'occuper à rendre graces à celuy à qui elle est obligée d'une si grande faveur & à en faire son profit, elle consumoit inutilement ces fruits par le desir d'en faire gouster aux autres. Ceux qui ont cōnoissance de ce que ie dis le pourront mieux expliquer que moy, & ie sens que mon esprit se lasse.

Comme lors que l'on est arrivé à cette oraison d'union les vertus sont beaucoup plus fortes que dans celle de quietude, l'ame ne sçauroit l'ignorer, parce qu'elle se sent toute autre qu'elle n'estoit ; & admire comment elle peut operer de grandes choses par la vigueur que luy donne l'odeur des fleurs que N. Seigneur veut qui s'ouvrent afin de luy faire connoistre les vertus qu'elle possede : mais elle voit clairement en même temps qu'elle a travaillé en vain durant plusieurs années pour les acquerir, & que c'est cét admirable iardinier qui l'en a enrichie en un moment. Cette connoissance la fait entrer dans une humilité encore beaucoup plus profonde que celle qu'elle avoit auparavant, parce qu'elle voit clairement que la seule chose qu'elle a faite a esté de donner son consentement à ce que Nostre Seigneur vouloit accomplir en elle, & de recevoir avec ioye les graces dont il l'a favorisée. Cette maniere d'oraison est à mon avis une union manifeste de l'ame avec Dieu, dans laquelle il me semble qu'il permet que ces trois puissances de nostre ame, l'entendement, la memoire & la volonté connoissent ce qu'il opere en elles & s'en réioüissent. Comme il pourra, mon Pere, vous arriver la même chose que i'ay souvent éprouvée & qui m'a donné tant d'étonnement, ie me croy obligée de vous la dire. On sent que la volonté est comme liée & ioüit d'une grande ioye & d'un grand repos dans le même temps que l'entendement & la memoire sont si libres, qu'ils peuvent traiter d'affaires, & s'occuper à des œuvres de charité.

Or quoy qu'il semble que cecy soit la même chose que ce que i'ay dit arriver dans l'oraison de quietude, il y a de la difference, parce que dans l'oraison de quietude l'ame demeure dans ce saint repos dont ioüissoit Magdeleine sans oser se remuër ; au lieu que dans l'oraison d'union elle se trouve capable de travailler comme Marthe. Ainsi l'on peut dire qu'elle est presque tout ensemble dans la vie active & la vie contemplative, & qu'elle peut s'appliquer à

M ij

des œuvres de charité, à des affaires conformes à sa profession & à la lecture, quoy qu'elle sente bien qu'elle ne sçauroit disposer absolument d'elle-même, parce que sa volonté qui est sa principale partie est toute occupée ailleurs. C'est comme si parlant à quelqu'un lors qu'un autre nous parle en même temps, nostre attention estoit partagée, & l'on connoit avec beaucoup de satisfaction que l'on est ainsi : c'est une preparation à ioüir d'une tres grande tranquillité, quand après s'estre dégagé de l'occupation des affaires on se trouve dans la retraite & la solitude : c'est de même que si une personne qui n'ayant point de faim ne se soucieroit point de manger, ne laisseroit pas de manger quelque chose avec appetit si elle la trouvoit à son goust. Ainsi l'ame ne voudroit pas alors se rassasier des contentemens du monde, parce que celuy dont elle ioüit la satisfait beaucoup plus : mais elle est preste de recevoir avec ioye celuy de plaire à Dieu encore davantage, de se conformer à sa volonté, & de posseder le bonheur d'estre avec luy.

Il y a une autre sorte d'union, qui encore qu'elle ne soit pas entiere & parfaite est plus grande que celle que ie viens d'expliquer ; mais elle ne l'est pas tant que celle de cette troisième eau dont i'ay parlé. Ie prie Dieu mon pere, de vous les donner toutes si vous ne les avez pas déja ; & ie ne doute point que vous ne soyez bien aise de me la voir expliquer icy, parce que c'est une nouvelle grace que nous recevons de Dieu que de comprendre celle qu'il nous fait & de pouvoir la faire comprendre aux autres. Or bien qu'il semble que la premiere suffise pour bannir de l'ame le trouble & la crainte, & la faire marcher courageusement dans le chemin du ciel en luy donnant du mépris de toutes les choses de la terre, cette autre grace qui luy fait comprendre quel est son bon-heur est si avantageuse, que celuy qui la reçoit ne sçauroit trop en remercier Nostre Seigneur ; & celuy qui ne l'a pas, trop le loüer de l'avoir donnée à d'autres qui peuvent par ce moyen luy profiter.

Dieu me favorise souvent de cette maniere d'union dans laquelle il recueille la volonté, & l'entendement aussi ce me semble, parce qu'il ne discourt point, mais s'occupe seulement à joyir du bon-heur de sa presence, & entre dans une telle admiration de tant de merveilles qu'il voit, que l'une luy faisant oublier l'autre, il ne sçait à laquelle s'attacher.

Quant à la memoire elle demeure libre, & l'imagination aussi à mon avis, & lors qu'elle se trouve seule il n'est pas croyable quelle guerre elle fait à la volonté & à l'entendement pour tâcher de les troubler. Elle me fatigue de telle sorte & m'irrite tellement contre elle que je demande souvent à Dieu de m'en priver alors entierement si elle continuë à me causer de la distraction, & quelquefois je luy dis: Quand sera ce Seigneur, que les puissances de mon ame ne seront plus ainsi partagées; mais se reüniront pour ne s'occuper que de vos loüanges? Cecy me fait voir quel est le mal que nous a causé le peché; puis que c'est luy qui nous empéche de faire ce que nous voudrions, & de n'avoir point d'autre pensée que de plaire à Dieu. Ie dis que cela m'arrive quelquefois & ie l'ay éprouvé encore aujourd'huy, ayant employé tous mes efforts pour faire que ma memoire & mon imagination se reünissent avec mon entendement & ma volonté, sans qu'il m'ait esté possible d'en venir à bout. Elles ne leur font neantmoins autre mal que de les troubler, à cause que l'entendement ne considerant point ce que la memoire luy represente elle ne peut s'arrester à rien; mais passe d'un objet à un autre, & demeure ainsi toûjours errante & vagabonde comme ces papillons qui volent la nuit: ce qui est une comparaison qui me paroit assez propre, parce qu'encore que ces petits animaux soient incapables de faire du mal ils ne laissent pas d'estre importuns. A cela je ne sçay point de remede; & si Dieu m'avoit fait connoistre qu'il y en eust je m'en servirois avec grand plaisir, tant ie m'en trouve souvent importunée. On peut voir par là nostre misere & la puissance de Dieu, puis que cette memoire qui demeure libre nous lasse & nous tourmente si fort: & qu'au contraire l'entendement & la volonté iovyssent d'un si grand repos parce qu'ils sont unis à Dieu.

Le seul soulagement que i'ay trouvé aprés en avoir cherché durant tant d'années est celuy dont i'ay parlé dans l'oraison de quietude, de considerer la memoire comme une extravagante & une folle dont Dieu seul peut arrester les égaremens, & l'enchainer. Il faut que nous la souffrions avec patience de même que Iacob souffroit Lia, & nous contenter de la grace que N. Seigneur nous fait de posseder Rachel. Ie dis qu'il enchaîne la memoire & la traite comme une esclave, parce que quelques efforts qu'elle fasse elle ne sçauroit tirer à elle l'entendement & la volonté; au lieu qu'ils peuvent souvent sans grãd travail l'attirer à eux: car il arrive quelquefois que Dieu ayant compassion de son égarement & de ses inquietudes & du desir qu'elle a de se réunir avec les autres puissances, permet qu'elle se vienne brûler à ce divin feu, qui a déja tellement consumé les autres qu'il leur a comme fait changer de nature pour les rédre capables de iouir de ce bô-heur surnaturel dont il les favorise alors par une grace si extraordinaire.

La ioye & la gloire dont l'ame iouit dans les diverses manieres dõt elle tire de l'eau de cette divine source est si grande qu'elle reiaillit sur le corps: on connoit évidemment qu'il y participe; que les vertus croissent & s'augmentent, comme ie l'ay dit, & il semble que Dieu veut par là faire connoistre le plus clairement qu'on le peut en cette vie les divers états où l'ame se trouve. Vous pourrez, mon

Pere, en communiquer avec des personnes spirituelles & sçavantes qui sont arrivées iusques à ce degré d'oraison:& si elles l'approuvent vous aurez suiet de croire que cette connoissance vient de Dieu & & de l'en remercier beaucoup, à cause qu'il pourra comme ie l'ay dit vous donner avec le temps la ioye de la comprendre, & d'avoir cependant celle de sçavoir qu'il l'a accordée à un autre,& que la lumiere de vostre esprit & de vostre science pourront vous faire iuger par ce que ie vous en ay rapporté combien grande est cette faveur. Qu'il soit beny & loüé aux siecles des siecles. Ainsi soit-il.

CHAPITRE XVIII.

De la quatriéme sorte d'Oraison qui est l'Oraison de Ravissement ou d'Extase, ou d'élevation & transport d'esprit, qui sont des termes differens pour exprimer une même chose ; & que la Sainte compare à la quatriéme maniere dont un iardin se trouve arrosé par une abondante pluye qui tombe du ciel.

De l'oraison de Ravissement ou d'Extase, ou d'élevement & transports d'esprits.

Dieu veüelle, s'il luy plait, mettre sa parole en ma bouche pour pouvoir dire quelque chose de la quatriéme maniere dont l'ame obtient de l'eau pour arroser ce jardin spirituel. l'ay en cecy encore beaucoup plus de besoin de son assistance que ie n'en avois pour parler de cette troisiéme eau que l'on reçoit dans l'oraison d'union: car alors l'ame sentoit bien qu'elle n'estoit pas entierement morte au monde, mais qu'elle y vivoit encore quoy que dans une grande solitude,& estoit capable de faire entendre au moins par des signes, l'heureux état où Dieu la mettoit.

Dans toutes les precedentes manieres d'oraison il faut que le jardinier travaille, bien qu'il soit vray que dans celle d'union son travail est accompagné de tant de consolations & de tant de gloire que l'ame voudroit qu'il durat toûjours, & le considere plutost comme une felicité que comme un travail. Mais en cette quatriéme maniere d'oraison on est dans une ioye parfaite & toute pure: on connoit que l'on en jovit, quoy que sans sçavoir comment on en iouït:& l'on sçait que ce bon-heur comprend tous les biens imaginables, sans pouvoir neanmoins concevoir quel il est : tous les sens sont tellement remplis & occupez de cette ioye qu'ils ne sçauroient s'appliquer à quoy que ce soit d'interieur ou d'exterieur. Ils pouvoient comme ie l'ay dit dans les autres manieres d'oraison donner quelques marques de leur ioye: mais en celle-cy, bien qu'elle soit incomparablement plus grande,& l'ame & le corps sont incapables de la témoigner, parce que quand ils le voudroient ils ne le pourroient sans troubler par cette distraction le merveilleux bonheur dont ils iouïssent : & que s'ils

CHAPITRE XVIII.

le pouvoient, cette union de toutes les puissances cesseroit d'estre.

Ie ne sçaurois bien faire entendre, ce que c'est que ce que l'on appelle en cela union, ny comment elle se fait; & ie le laisse à expliquer à ceux qui sont sçavans dans la Theologie mystique dont j'ignore tous les termes. Ie ne sçay pas bien ce que c'est qu'esprit, ny quelle difference il y a entre l'esprit & l'ame : il me paroit que ce n'est que la même chose, quoy qu'il me semble quelquefois que l'ame sorte d'elle-même ainsi que la flâme sort du feu & s'éleve au dessus de luy avec impetuosité, sans neanmoins que l'on puisse dire que ce soient deux corps differens, puis que ce n'est qu'un même feu. Ie laisse donc aux sçavans, tel que vous estes, mon Pere, à comprendre sur ce sujet ce que ie ne puis bien démeler.

Ie pretens seulement de rapporter ce que l'ame sent dans cette divine union qui fait que deux choses qui auparavant étoient distinctes & separées n'en font plus qu'une. Que vous êtes bon, mon Dieu soyez-vous beny à iamais, & que toutes les creatures vous loüent de ce que vôtre amour pour nous fait que nous pouvons parler avec certitude de cette communication que vous avez avec quelques ames, même durant cette vie : car encore qu'elles soient iustes cette faveur est un effet si extraordinaire de vostre grandeur & de vostre magnificence qu'elle surpasse tout ce que l'on en peut dire. O liberalité sans bornes d'accorder des faveurs si excessives à des personnes qui vous ont tant offensé ! Peut-on n'en estre point épouvanté, à moins que d'avoir l'esprit si occupé des choses de la terre que l'on soit entierement incapable d'envisager les merveilles de vos œuvres ? I'avoüe qu'un tel excez de bonté surpasse tellement tout ce que i'en sçaurois comprendre que ie me perds dans cette consideration sans pouvoir passer plus outre : car où pourrois-ie aller sans reculer au lieu d'avancer, puis que nulles paroles ne sont capables d'exprimer les remerciemens que ie vous dois de tant de graces ? Quelquefois pour me soulager ie vous dis des extravagances, non pas durant cette sublime union estant alors incapable d'agir, mais au commencemnet ou à la fin de mon oraison, & ie vous parle en cette sorte : Prenez garde, Seigneur, à ce que vous faites ; & bien qu'en me pardonnant tant de pechez vous ayez voulu les oublier, souvenez vous en ie vous prie afin de moderer les faveurs dont vous me comblez : ne mettez pas, ô mon Createur, une liqueur si precieuse dans un vase à demy cassé, puis que vous avez vû si souvent qu'elle n'y peut demeurer sans se répandre : n'enfermez pas un tel tresor dans une ame qui est incapable de le conserver, parce qu'elle n'a pas encore entierement renoncé aux consolations de la vie presente : ne confiez pas une place à une personne si lâche qu'elle en ouvriroit les portes aux premiers efforts des ennemis que l'excez de vostre amour ne vous fasse

,, pas, ô mon Roy, en hazardant des pierreries de si grand prix donner
,, suiet de croire que vous n'en tenez pas grand compte, puis que vous
,, les laisseriez en garde à une creature si foible & si miserable que
,, quelque soin qu'elle prit pour tâcher avec vostre assistance d'en bien
,, user, elle ne pourroit en profiter pour personne ; & enfin pour dire
,, tout en un mot entre les mains d'une femme aussi méchante que ie
,, suis, & qui au lieu de faire valoir ces talens ne se contente pas de
,, les laisser inutiles, mais les enterre. Vous ne faites d'ordinaire, mon
,, Dieu, de si grandes graces qu'afin que l'on ait plus de moyen de ser-
,, vir les autres, & vous sçavez que c'est de tout mon cœur que ie vous
,, ay dit autrefois que ie m'estimerois heureuse si vous me priviez du
,, plus grand bien que l'on puisse posseder sur la terre, afin de l'accor-
,, der à une autre qui en feroit un meilleur usage pour vostre gloire.

Il m'est comme ie l'ay dit souvent, arrivé de tenir de semblables discours à Dieu, & ie m'appercevois ensuite de mon ignorance de ne pas connoistre qu'il sçavoit mieux que moy ce qui m'estoit propre, & de mon peu d'humilité de ne pas voir que i'estois incapable de travailler à mon salut s'il ne m'en eust donné la force par d'aussi grandes faveurs que celles qu'il me faisoit.

J'ay maintenant à parler des graces & des effets que produit cette oraison, & à dire si l'ame peut ou ne peut pas contribuer quelque chose pour s'élever à un estat si sublime. Il arrive souvent dans l'union dont i'ay parlé que cette élevation & union d'esprit vient avec l'amour cœleste : mais selon ce que i'en puis comprendre il y a de la difference dans cette union entre l'élevation de l'esprit, & l'union. Ceux qui ne l'ont pas éprouvé seront persuadez du contraire ; mais pour moy il me semble qu'encore que cette union & cette élevation ou transport d'esprit soient la même chose, Dieu opere l'un & l'autre en diverses manieres, & que plus l'ame se détache des creatures, plus l'esprit prend son vol vers le ciel. Ainsi ie connus clairement que ce sont des graces differentes, quoy que comme ie l'ay dit elles ne paroissent estre que la même chose : de même qu'un petit feu est un feu aussi bien qu'un grand, encore qu'il y ait de la difference entre l'un & l'autre : car il faut beaucoup de temps pour faire qu'un petit mourceau de fer devienne tout rouge dans un petit feu au lieu qu'il n'en faut guere pour faire qu'un gros morceau de fer devienne si ardent dans un grand feu qu'il ne luy reste plus aucune apparence de ce qu'il estoit auparavant : & ainsi i'ay suiet de croire que ce sont deux graces differentes que Dieu accorde dans cette sorte d'oraison. Ie suis assurée que ceux qui auront eu des ravissemens n'auront pas peine à le comprendre : mais ceux qui n'en ont point eu le considereront comme une folie : & ce pourroit bien en estre une qu'une personne comme moy ose se mêler de parler d'une chose

qu'il

CHAPITRE XVIII.

qu'il paroit impossible d'expliquer, & de trouver seulement des termes qui la puissent faire comprendre grossierement.

Neanmoins comme Nostre Seigneur sçait que je n'ay autre intention en cecy que d'obeïr & de faciliter quelque moyen aux ames pour acquerir un si grand bien, j'espere qu'il m'aidera dans cette entreprise, & je ne diray rien qu'une longue experience ne m'ait fait connoistre. J'ay d'autant plus de sujet de me promettre de son infinie bonté qu'il m'assistera, que lors que je commençay à vouloir écrire cette quatriéme maniere d'oraison que je compare à la quatriéme sorte d'eau dont ce jardin spirituel se trouve arrosé, cela me paroissoit aussi impossible que de parler Grec: ainsi je quittay la plume & m'en allay communier. Beny soyez vous à jamais, Seigneur, qui instruisez les ignorans. O vertu de l'obeyssance que vous avez de pouvoir! Dieu éclaira mon esprit en me disant & en me representant ce que ie devois dire, & veut maintenant ce me semble faire la mesme chose en me mettant dans la bouche ce que je suis incapable moy-même de comprendre & d'écrire. Comme ce que je viens de rapporter est tres-veritable il est évident que ce que je diray de bon viendra de Dieu, & que ce que ie diray de mauvais tirera sa source de cet occean de misere qui est en moy.

Que s'il y a quelques personnes, comme il y en a sans doute plusieurs, qui soient arrivées à ces degrez d'oraison dont il a plû à Nostre Seigneur de me favoriser toute indigne que je suis, & que dans la crainte qu'elles auront de s'égarer elles desirent de me communiquer leurs sentimens, j'espere que son adorable bonté fera la grace à sa servante de les aider à passer plus avant sans craindre de se tromper.

Il me reste donc à parler de cette eau qui tombe du ciel en si grande abondance qu'elle arrose entierement le iardin: & il est facile de iuger de quel repos & de quel plaisir iouyroit toûjours le iardinier si Nostre Seigneur ne manquoit jamais de la donner lors qu'il en seroit besoin, & si l'air estoit toûjours si temperé que n'y ayant point d'hyver les plantes fussent sans cesse couvertes de fleurs & chargées de fruits; mais parce que c'est un bonheur que l'on ne peut esperer en cette vie, il faut que ce iardinier soit dans un soin continuel de ne demeurer pas sans eau, afin que quand l'une manque on puisse y suppléer par un autre. Celle qui vient du ciel tombe quelquefois lors que le iardinier y pense le moins: & il arrive presque toûjours que c'est ensuite d'un long exercice d'oraisõ mentale: nôtre ame étant comme un petit oiseau que Nostre Seigneur apres l'avoir vû voltiger long temps pour s'élever vers luy avec son entendement & sa volonté qui sont ses aisles, prend de sa divine main pour le remettre dans son nid afin d'y estre en repos, & le recompenser ainsi

N

,, dez cette vie. Que cette recompense est grande, ô mon Dieu, puis
,, qu'un moment de la joye qu'elle donne suffit pour payer tous les
,, travaux que nous sçaurions souffrir icy-bas pour vostre service!

Lors que dans cette quatriéme maniere d'oraison une personne cherche ainsi son Dieu, peu s'en faut qu'elle ne se sente entierement défaillir: elle est comme évanouïe: à peine peut-elle respirer: toutes ses forces corporelles sont si affoiblies qu'il luy faudroit faire un grand effort pour pouvoir seulement remuer les mains: les yeux se ferment d'eux-mêmes; & s'ils demeurent ouverts ils ne voyent presque rien, ni ne sçauroient lire quand ils le voudroient: ils connoissent bien que ce sont des lettres, mais ils ne peuvent les distinguer ny les assembler, parce que l'esprit n'agit point alors; & si on parloit à cette personne elle n'entendroit rien de ce qu'on luy diroit. Ainsi ses sens non seulement luy sont inutiles, mais ne servent qu'à troubler son contentement: elle tâcheroit en vain de parler, parce qu'elle ne sçauroit ni former ny prononcer une seule parole: toutes ses forces exterieures l'abandonnent, & celles de son ame s'augmentent pour pouvoir mieux posseder la gloire dont elle joüit; mais elle ne laisse pas d'éprouver au dehors un fort grand plaisir.

Quelque long-temps que dure cette sorte d'oraison on ne s'en trouve jamais mal; & ie ne me souviens point que Dieu m'en ait favorisée lors que i'estois malade sans que ie ne me sois ensuite portée beaucoup mieux; car comment un si grand bien pourroit-il causer du mal? Les effets de cette sublime oraison sont si manifestes que l'on ne sçauroit douter qu'elle n'augmente la vigueur de l'ame, & qu'aprés avoir ainsi fait perdre au corps avec plaisir toute la sienne, elle ne luy en redonne une nouvelle beaucoup plus grande.

Il est vray selon ce que i'en puis iuger par ma propre experience, que dans le commencement cette sorte d'oraison finit si promtement qu'elle ne se fait pas connoistre par des marques exterieures; mais l'on voit par les avantages que l'on en reçoit qu'il faut que les rayons du soleil ayent esté bien vifs & bien ardens pour avoir pu penetrer l'ame de telle sorte qu'elle l'ait comme fait fondre; & il est fort remarquable que cette suspension de toutes les puissances ne dure à mon avis iamais long-temps; c'est beaucoup quand elle va iusques à une demie heure; & ie ne croy pas qu'elle m'ait iamais tant duré. Il est vray qu'il est difficile d'en iuger puisque l'on a perdu tout sentiment; & i'ajouste que mesme alors il ne se passe guere de temps sans que quelqu'une des puissances se reveille. La volonté est celle qui se maintient davantage; mais l'entendement & la memoire recommencent bien-tost à l'importuner; neanmoins comme elle demeure dans le calme elle les ramene & les oblige à se recueillir; ainsi elles demeurent tranquilles durant quelques momens, & se

CHAPITRE XVII.

laiſſent emporter enſuite à de nouuelles diſtractions. On peut en cette matiere paſſer quelques heures en oraiſon, & on les y paſſe en effet, parce que l'entendement & la memoire aprés avoir gouſté de ce vin celeſte le trouvent ſi delicieux qu'elles s'en enyurent & ſe perdent heureuſement pour ſe reunir avec la volonté dans la jouiſſance d'un ſi grand bon-heur : mais le temps qu'elles demeurent en cet eſtat, incapables ce me ſemble de s'imaginer quoy que ce ſoit, eſt fort court, & lors qu'elles recommencent à revenir à elles, ce n'eſt pas de telle ſorte qu'elles ne paroiſſent durant quelques heures comme heberées, parce que Dieu les ramene peu à peu à luy.

J'aurois maintenant à dire ce que l'ame ſent interieurement lors qu'elle eſt en cet eſtat : mais je laiſſe d'en parler à ceux qui en ſont capables : car comment pourrois-je écrire une choſe que je ne ſçaurois comprendre ? Lors qu'au ſortir de cette oraiſon & aprés avoir communié ie penſois de quelle ſorte ie pourrois exprimer ce que l'ame fait quand elle jouit d'un ſi grand bon-heur, noſtre Seigneur me dit, Ma fille, elle s'oublie entierement elle-meſme pour ſe donner toute entiere à moy ; ce n'eſt plus elle qui vit, mais c'eſt moy qui vis en elle, & cela eſt ſi incomprehenſible que tout ce qu'elle peut comprendre eſt qu'elle n'y comprend rien.

Ceux qui l'auront éprouvé entendront quelque choſe à cecy ; & il eſt ſi obſcur que ie ne ſçaurois l'expliquer plus clairement, tout ce que j'y puis ajoûter eſt, qu'il eſt impoſſible de douter alors que l'on ne ſoit proche de Dieu, & que toutes les puiſſances ſont tellement ſuſpenduës, & comme hors d'elles-meſmes qu'elles ne ſçavent ce qu'elles font. Si l'on penſe mediter ſur quelques myſteres, la memoire n'en repreſente non plus le ſouvenir que ſi elle n'en avoit iamais entendu parler : ſi on lit on ne comprend rien à ce qu'on lit, & il en arrive de meſme des oraiſons vocales. Ainſi les aiſles de ce petit papillon auſquelles on peut comparer les diſtractions que donne la memoire, ſe trouvant brûlée, il tombe par terre ſans pouvoir ſe remuer : la volonté eſt toute occupée à aimer ſans comprendre en quelle maniere elle aime : & quand à l'entendement, s'il entend il ne comprend rien à ce qu'il entend ; mais ie croy qu'il n'entend rien, puis que comme ie lay dit, il ne s'entend pas luy-meſme, & ie n'entens rien non plus a tout cela.

J'eſtois au commencement dans une ſi grande ignorance que ie ne ſçavois pas que Dieu eſt dans toutes les creatures, & il me paroiſſoit neanmoins ſi clairement qu'il eſtoit preſent qu'il m'eſtoit impoſſible d'en douter : ceux qui n'eſtoient point ſçavans me diſoient que ce n'eſtoit que par ſa grace : mais comme i'eſtois perſuadée du contraire ie ne les pouvois croire, & cela me donnoit de la peine. Vn ſçavant Religieux de l'Ordre de Saint Dominique

N ij

m'en tira & me consola beaucoup en m'asseurant que Dieu estoit alors present, & qu'il se communique ainsi aux hommes.

Ie finiray ce chapitre en disant qu'il faut remarquer que Dieu ne fait jamais que par une grace tres-particuliere tomber cette eau du Ciel dont j'ay parlé, & que l'ame en reçoit toûjours de tres-grands avantages ainsi qu'on le verra dans la suite.

CHAPITRE XIX.

La sainte continuë à traiter dans ce chapitre de l'Oraison de Ravissement ou d'Estase, parle des effets qu'elle opere en l'ame, & exhorte encore à ne discontinuer jamais pour quelque cause que ce soit, de faire oraison.

De l'Oraison de Ravissement, suite.

AV sortir de cette Oraison qui unit si fortement l'ame à son Createur elle demeure dans une si grande tendresse pour luy qu'elle voudroit s'aneantir afin de se perdre heureusement en luy-même: on se trouve noyé dans ses larmes sans sçavoir quand, ny comment elles ont commencé de couler, & l'on sent avec un plaisir inconcevable que par un effet incomprehensible ces heureuses larmes en calmant l'impetuosité du feu de l'amour que l'on a pour Dieu, l'augmentant au lieu de l'éteindre. Cecy peut passer pour de la rabe: mais il n'y a neanmoins rien de plus vray.

Il m'est arrivé quelquefois dans cette sorte d'oraison de me trouver si hors de moy méme, qu'après qu'elle estoit finie je ne sçavois si ce n'avoit point esté un songe, ou si la gloire à laquelle je m'estois sentie participer estoit veritable: je me trouvois toute trempée de larmes qui tomboient de mes yeux avec la même abondance qu'on voit une grande pluye tombée du Ciel, & cela me faisoit connoistre que ce n'avoit pas esté un songe: au commencement il duroit peu; & je me sentois alors si encouragée à endurer pour Dieu, que pour luy en donner des preuves j'aurois souffert avec joye que l'on eust mis mon corps en mil pieces. C'est dans cet heureux estat que l'on conçoit des desirs fervens; que l'on prend des resolutions de servir Dieu d'une maniere heroïque; qu'on le luy promet solemnellement, & que l'on commence d'avoir le monde en horreur par la claire connoissance de sa vanité & de son neant. Ainsi l'on tire de beaucoup plus grands avantages de cette oraison de ravissement que des precedentes; & elle augmente l'humilité parce que l'ame voit manifestement qu'elle est tres-indigne d'une faveur qui va si fort au delà de ce qu'elle sçauroit pretendre, & esperer qu'elle est absolument incapable de rien contribuer pour l'acquerir. Et comme lors que le Soleil donne à plomb en quelque lieu on apperçoit jusques au moindre filets des toiles des araigrées,

CHAPITRE XIX.

cette heureuse ame connoist jusques à ses moindres imperfections & son extréme misere. Cette veuë fait disparoistre à ses yeux la vaine gloire, parce qu'elle ne sçauroit plus ignorer qu'elle ne peut du tout rien d'elle-même, ou que si elle peut quelque chose c'est si peu, qu'à peine peut-elle croire d'avoir presté son consentement à cette extréme faveur qu'elle a receuë, parce qu'il semble que Dieu le luy ait arraché comme par force, & fermé malgré elle la porte à ses sens afin de la faire joüir du bon-heur de sa presence : elle ne voit rien : elle n'entend rien, à moins qu'on ne luy fasse une grande violence : il n'y a presque rien qui luy puisse plaire : sa vie passée & les grandes misericordes que Dieu luy a faites se representent à elle dans un plein jour, & son entendement n'a point besoin d'agir pour en discerner distinctement les plus petites circonstances, parce qu'il les envisage toutes d'un seul regard : ainsi l'ame voit que Dieu au lieu de la chastier par les peines de l'enfer qu'elle avoit si justement meritées, il la rend participante de sa gloire : elle se repand alors dans les loüanges de Dieu, & je voudrois à l'heure que je parle me pouvoir aneantir pour ne subsister plus qu'en luy seul. Beny soyez vous, mon Sauveur, de ce que me trouvant telle qu'une eau toute corrompuë & pleine de bourbe, vous d'aignez la purifier de telle sorte qu'elle ne soit pas indigne d'estre servie à vostre divine table. Et soyez vous aussi beny à jamais de ce que faisant comme vous faites toute la felicité des Anges, vous voulez bien élever à un estat si heureux un vermisseau tel que je suis.

L'Ame voit donc clairement qu'elle n'a rien contribué à produire ce fruit délicieux : elle s'en nourrit ; & apres avoir fait connoistre par diverses marques qu'elle conserve au dedans de soy ce tresor du Ciel, elle commence d'en faire part aux autres pour les enrichir comme elle en est enrichie, & demande à Dieu qu'elle ne soit pas seule à le posseder. Elle profite ensuite beaucoup à son prochain sans presque s'en appercevoir ny rien faire en cela d'elle-mesme, & les autres le connoissent mieux qu'elle, parce que ses bonnes œuvres sont comme autant de fleurs dont l'excellente odeur qui va toûjours en augmentant, les attire : ils admirent ses vertus, & en estiment tant le fruit qu'ils desireroient de pouvoir comme elle s'en nourrir. Quand l'ame qui est comme la terre qui porte ses heureuses plantes & ces excellens fruits est cultivée par les persecutions, par les maladies, & par tant d'autres souffrances sans lesquelles il avient rarement qu'elle arrive à un estat si heureux, & qu'elle est arrosée par le détachement de ses propres interests, cette eau celeste la penetre de telle sorte que l'on ne voit guere qu'elle se seche. Mais si l'ame ne s'éloigne de toutes les occasions du peché : si elle manque de reconnoistre les obligations qu'elle a à Dieu, & qu'ainsi cette terre

N iij

se remplisse d'épines comme j'en estois pleine au commencement, elle redevient bien-tost si aride que pour peu que le jardinier neglige de travailler, & que Nostre Seigneur ne recommence par un effet de son infinie bonté à donner de la pluye, le jardin se peut compter pour perdu, ainsi que cela m'est quelquefois arrivé, & ie ne pourrois iamais le croire : & ie l'écris pour la consolation des ames foibles comme la mienne, afin qu'elles ne perdent point courage, mais se confient toûjours en la misericorde de Dieu, quoy qu'elles soient tombées par leur faute d'un estat aussi sublime qu'est celuy où il luy avoit pleu de les élever : car il n'y a rien que l'on n'obtienne par les larmes qu'un saint repentir fait répandre, & une eau en attire un autre.

C'est par cette raison qu'estant telle que ie suis & ne faisant qu'offenser Dieu au lieu de luy temoigner par mes services ma reconnoissance de tant de graces, ie me suis portée à obeïr au commandement que i'ay receu d'écrire ma vie. C'est aussi ce qui me feroit souhaiter de pouvoir parler d'une telle maniere que l'on fust obligé de me croire, & me fait demander à Dieu de me la donner. Ie repete donc encore, que ceux qui ont commencé de s'exercer à l'oraison ne doivent iamais perdre courage sous pretexte que s'ils retomboient dans le peché ils ne pourroient la continuer sans devenir encore pire. Cela seroit vray si d'un costé l'on discontinuoit ce saint exercice, & que de l'autre on ne se corrigeast point de ses defauts : mais pourvû que l'on persevere dans l'oraison on doit estre persuadé que l'on arrivera enfin au port.

Le piege que le demon me tendit en me faisant croire qu'estant aussi mauvaise que ie l'estois ie ne pouvois sans temerité continuer à faire oraison, fut cause que ie la quittay durant dix huit mois, ou au moins durant un an. car ie ne me souviens pas bien du temps, & cela seul auroit suffit pour me precipiter dans l'enfer sans que les demons s'en mélassent.

Quel aveuglement peut estre plus grand : & que cet ennemy mortel des hommes sçait bien ce qu'il fait lors qu'il s'efforce de nous pousser ainsi dans le precipice ! Il n'ignore pas le traistre qu'il est, qu'une ame qui continuë dans l'oraison est perduë pour luy, & que les fautes dans lesquelles il la fait tomber, au lieu de luy nuire luy servent par l'assistance de Dieu à s'avancer dans son service.

O IESUS-CHRIST mon Sauveur, lorsqu'une ame qui estoit si heureuse que de s'occuper à l'oraison tombe dans quelque peché, & que par un effet de vostre bonté vous luy donnez la main pour la relever ; quels mouvemens n'excite point en elle la connoissance de sa misere, & de vostre misericorde ? Elle se perd alors dans la veuë de vostre supréme grandeur : elle n'ose lever les yeux vers le ciel,

CHAPITRE XIX.

& ne les ouvre que pour connoistre ce qu'elle vous doit ; elle implore le secours de la Reine des Anges vostre mere pour appaiser vostre colere ; elle invoque les Saints qui vous ont offensé depuis avoir esté appellez par vous à vostre service afin qu'ils l'assistent par leurs intercessions, & se reconnoit indigne que la terre la soutienne ; elle admire la liberalité qui vous a porté à luy faire tant de graces ; elle a recours aux Sacremens, & comprend avec une vive foy la merveilleuse vertu que vous y avez renfermée ; elle vous donne mille loüanges d'avoir preparé de tels remedes pour ses playes, que quelque grandes qu'elles soient ils sont capables de les guerir parfaitement ; elle s'en étonne, elle l'admire ; & qui pourroit, mon Sauveur, n'estre point épouvanté de voir d'un costé les bienfaits dont vous nous comblez, & de l'autre l'excez de nostre ingratitude & de nostre perfidie? Ie ne sçay comment mon cœur ne se fend point de douleur de me trouver si mechante qu'en écrivant cecy il me semble qu'avec ce peu de larmes qu'il vous plait de me faire répandre, celle qui viennent de moy ne partant que d'une source corrompuë, ie puis reparer tant d'offenses que ie commets sans cesse contre vous comme si j'avois dessein de rendre inutiles par mes pechez les graces & les faveurs que vous m'avez faites. Quant à ces larmes qui viennent de moy, éclaircissez, Seigneur, une eau si trouble, donnez leur du prix & de la valeur par vostre assistance, afin qu'au moins elles ne soient pas un suiet de tentation à d'autres pour oser former des jugemens temeraires comme i'ay fait lors que ie disois en moy-même ; D'où vient, mon Dieu, qu'encore que ie ne sois Religieuse que de nom, vous me faites des faveurs que vous n'accordez pas à des personnes si saintes, élevées dez leur enfance dans la religion, qui vous ont tousiours si fidellement servy, & que l'on peut dire estre des veritables Religieuses? Ie comprens bien maintenant, mon Sauveur, que comme vous connoissez ma foiblesse vous voyez que i'ay besoin de ce secours; & qu'au contraire ces personnes estant fortes & courageuses vous leur reservez les recompenses qu'elles meritent pour les leur donner tout à la fois au sortir de cette vie ; au lieu de ne les leur donner que peu à peu. Vous sçavez neanmoins, mon Dieu, que i'ay souvent excusé en vostre presence ceux qui murmuroient contre moy, parce que ie trouvois qu'ils n'en avoient que trop de suiet; mais cela n'arriva que depuis que vous me retintes par vostre bonté pour m'empescher de vous tant offenser, & que ie m'éloignois de tout ce que ie croyois qui vous pust déplaire ; car ce fut alors que vous commençastes d'ouvrir les tresors de vos graces à vostre servante. Il sembloit que vous n'attendiez sinon que ie fusse preparée à les recevoir ; puis que vous commençastes aussi tost non seulement à me les donner, mais à me faire connoistre que vous m'en estiez si liberal.

„ Ainsi au lieu qu'auparavant on avoit mauvaise opinion de moy,
„ quoy que non pas telle qu'on l'auroit dû parce que l'on ne connois-
„ soit pas tant mes defauts bien qu'ils fussent assez visibles, on com-
„ mença de l'avoir bonne: mais cela changea dans la suite & passa jus-
„ ques à murmurer contre moy, & mesme à me persecuter. Au lieu
„ de me plaindre & d'en vouloir du mal à quelqu'un, ie vous suppliois,
„ mon Dieu, de considerer qu'ils avoient raison d'en user ainsi, &
„ vous de permettre qu'ils découvrissent toutes mes imperfections.
„ Les Religieuses disoient donc & d'autres aussi que ie voulois passer
„ pour sainte, & que bien qu'il s'en falut beaucoup que i'eusse encore
„ accomply toute ma regle, & que ie n'eusse pas la vertu des saintes
„ Religieuses qu'il y avoit dans nostre monastere, ainsi qu'il est vray
„ que ie ne l'ay ny ne l'auray iamais si Dieu ne fait tout de sa part pour
„ me la donner, ie m'efforçois d'introduire de nouvelles coûtumes, &
„ que i'estois toute propre à faire du mal.
„ Cela m'estant quelquefois un suiet de tentation, un iour qu'en
„ disant mon office i'arrivay à ce verset du Pseaume *Iustus es Domine,*
„ *& rectum judicium tuum.* Vous estes iuste, Seigneur, & vos iugemens
„ sont équitables, ie consideray en moy-mesme combien ces paroles
„ estoient vrayes: car le demon n'a iamais eu le pouvoir de me tenter
„ en ce qui regarde la foye. i'ay tousiours, Seigneur, esté tres-forte-
„ ment persuadée que vous estes la source de tous les biens; & plus
„ les choses sont élevées au dessus de la nature, plus ie le croy ferme-
„ ment, parce que ie sçay que vostre pouvoir n'a point de bornes &
„ que vostre grandeur est infinie. Pensant donc alors en moy-mesme
„ comment il se pouvoit faire qu'estant aussi iuste que vous estes, &
„ moy aussi mauvaise que ie suis, vous me fissiez de graces & des fa-
„ veurs que vous n'accordiez pas à ces bonnes Religieuses qui vous
„ servent comme je l'ay dit avec tant de fidelité, vous me répondites:
„ *Contentez vous de me servir, & ne vous mettez pas en peine du reste.* Ce
„ furent là, mon Dieu, les premieres paroles que ie vous ay entendu
„ me dire. Elles me remplirent d'un merveilleux étonnement: mais ie
remets à expliquer en un autre lieu de quelle sorte ces divines paroles se font entendre, parce que ce seroit de mon sujet dont ie
ne me suis déja que trop éloignée puis que ie ne sçay presque plus où
j'en suis. Vostre Reverence, mon Pére, me doit pardonner ces digressions, puis qu'il n'est pas étrange que ie perde la suite de mon
discours lors que ie me represente avec quelle patience il a plû à
Dieu de me souffrir, & l'estat où il me met par sa grace.
Ie prie de tout mon cœur sa divine Majesté de me rendre toûjours
extravagante de la sorte, & de m'oster plutost la vie dans ce moment
que de permettre qu'il y en ait jamais un seul dans lequel ie sois capable de resister aux mouvemens qu'il luy plaira de me donner. Il
ne

ne faut point d'autre preuve pour faire connoistre iusques à quel excez va sa misericorde que de voir combien de fois il m'a pardonné tant d'ingratitudes: il a fait cette grace à S. Pierre; mais il ne la luy a faite qu'une fois, & il me l'a faite tant de fois que le diable n'avoit que trop de subjet de me tenter, & me representant que ie ne pouvois pretendre sans extravagance que me declarant ainsi ouvertement l'ennemie de Dieu ie dûsse iamais estre aimée de luy. Quel aveuglement pouvoit estre comparable au mien, & où avois je l'esprit, ô mon Sauveur, lorsque ie m'imaginois de pouvoir trouver hors de vous quelque remede à mon mal; Quelle folie de fuir la lumiere pour m'angager dans des tenebres où l'on ne sçauroit marcher sans broncher à chaque pas; & quelle orgueilleuse humilité que celle dont le demon se servoit pour me faire abandonner la colomne de l'oraison dont l'appuy auroit pû m'empêcher de faire de si grandes chûtes ? Ie ne sçaurois maintenant considerer sans en estre épouvantée la grandeur du peril où me poussoit cét artifice sous pretexte d'humilité: il me representoit, comme ie l'ay dit qu'estant si mauvaise & ayant receu tant de graces de Dieu ie ne devois pas m'appliquer à l'oraison, mais me contenter des prieres vocales ausquelles j'estois obligée & dont ie m'acquittois si imparfaitement: à quoy il aioûtoit que ie ne pouvois pretendre de faire davantage sans indiscretion, & sans témoigner que ie connoissois bien peu le prix des faveurs particulieres que Dieu fait aux ames. Il est vray que ces pensées estoient loüables en elles-memes: mais l'effet en auroit esté tres-dangereux; & ie ne sçaurois trop vous remercier, mon Sauveur, de m'avoir preservée d'un si grand mal.

Il me semble que c'estoit ainsi que cét esprit mal-heureux commença par tenter Iudas, quoy que non pas si ouvertement: & ie ne doute point que si Dieu n'y eust remedié il m'auroit fait tomber peu à peu dans le precipice où il me poussoit. Ie coniure au nom de Nostre Seigneur tous ceux qui veulent s'apliquer à l'oraison de bien considerer cét avis que ie leur donne, & de profiter de mon exemple, en apprenant que ie n'eus pas plutost quitté ce saint exercice que ie me trouvay encore plus imparfaite qu'auparavant : ce qui montre quel estoit le venin caché dans le remede que le Diable me presentoit: & quelle belle humilité estoit celle qui ne produisoit dans mon esprit que de l'inquietude & du trouble. Mais comment mon ame auroit-elle pû estre dans le calme au même temps qu'elle se trouvoit privée de ce qui faisoit toute sa douceur & tout son repos, que les graces & les faveurs qu'elle avoit receuës de Dieu luy estoient presentes, & qu'elle voyoit qu'il ne se rencontre que du dégoust dans tous les contentemens de la terre? Il y a plus de vingt-un an que cela se passa en moy de la sorte, & ie ne comprens pas comment i'ay pû demeurer si long temps en cet estat : mais si ie m'en souviens bien c'estoit seulement dans la resolution de reprendre l'exercice de l'oraison lors que je serois meilleure. Iamais esperance fut-elle plus mal fondée? car si lors même que ie faisois de saintes lectures qui auroient dû m'ouvrir les yeux pour connoistre mes pechez, que ie m'occupois à l'oraison, & que ie répandois des larmes en la presence de Dieu, i'estois neanmoins si mauvaise, que devois-je attendre autre chose que de me perdre mal-heureusement quand étant privée de tous ces secours je me trouvois engagée dans de vains divertissemens & dans plusieurs occasions dangereuses sans autre assistance que de ceux qui pouvoient m'aider à me precipiter dans l'abysme ?

Ie croy qu'un Religieux de l'Ordre de S. Dominique fort sçavant a beaucoup merité devant Dieu de m'avoir reveillée d'un sommeil si perilleux. Ce bon Pere, comme ie pense l'avoir déja dit, me fit communier tous les quinze iours ; & ie commençay à revenir a moy, quoy que i'offençasse encore Dieu : mais parce que ie n'estois pas hors de la bonne voye i'y marchois & m'y avançois peu à peu en tombant & en me relevant : car pourveu que l'on ne cesse point d'y marcher on arrive enfin, quoy que tard, où nous doit conduire cet heureux chemin, dont s'égarer n'est à mon avis autre chose que d'abandonner l'oraison. Dieu veüille, s'il luy plaist, par sa grace nous preserver d'un tel mal-heur.

Ce que ie viens de dire est si important que ie coniure au nom de Nostre Seigneur ceux qui le liront d'y faire une tres grande attention, & de bien considerer que quelque grandes que soient les faveurs que Dieu fait à une ame dans l'oraison elle ne doit point cesser de se défier d'elle-méme, mais éviter iusques aux moindres occasions de l'offenser, puis qu'autrement elle courroit toûjours fortune de tomber; l'artifice du demon estant si grand, qu'encore qu'il soit veritable que cette ame est favorisée de Dieu, il tâche à se servir pour la perdre de ces mémes graces qui devroient contribuer à son salut. Ainsi quelque veritables que soient les desirs & les resolutions de bien faire qu'ont ceux qui ne sont pas encore affermis dans les vertus, ny assez mortifiez & détachez d'eux-mémes, ils ne sçauroient trop suivre ce conseil pour éviter un tel peril. Vn avis si important ne vient pas de moy : c'est Dieu luy-même qui le donne & c'est ce qui me fait desirer que les personnes ignorantes comme ie suis en profitent, parce qu'une ame qui se trouve en cet estat doit continuellement estre sur ses gardes, sans sortir d'elle-même pour s'engager dans le combat par une vaine confiance en ses forces : il luy doit sufire de se defendre ; & encore a-t-elle besoin de bonnes armes pour soustenir l'effort des demons, tant elle est incapable de les attaquer, & de les vaincre comme font ceux qui sont arrivez

CHAPITRE XIX.

à ce degré de perfection dont je parleray dans la suite.

L'artifice du diable est si grand qu'il se sert pour perdre une ame de ce qui devroit le plus servir : car lors qu'elle se voit si proche de Dieu qu'elle connoist la difference qui se trouve entre les biens du ciel & ceux de la terre, & combien elle luy est obligé de l'amour qu'il luy porte, cet ennemy mortel des hommes prend sujet de ce même amour qu'elle a pour Dieu pour la faire entrer dans une si grande confiance & une telle certitude de son salut, qu'elle se persuade de ne pouvoir iamais perdre le bon-heur qu'elle possede, & pense voir si clairement la recompense que Dieu luy prepare & en connoistre tellement le prix, qu'elle mourroit plûtost celuy semble que de renoncer à une si grande felicité pour des choses aussi basses & aussi méprisables que sont les plaisirs de la terre, Ainsi par cette mal-heureuse confiance elle perd la défiance qu'elle devroit avoir d'elle même, & croyant n'avoir plus rien à apprehender, parce que son intention est bonne, elle ne se tient plus sur ses gardes, mais s'expose hardiment dans les perils. Ce n'est pas neanmoins par orgueil qu'elle agit de la sorte : elle sçait qu'elle ne peut rien d'elle même : c'est par une confiance en Dieu qui n'est pas accompagnée de la discretion qui devroit luy faire considerer que n'estant encore que comme un petit oiseau dont la plume ne fait que commencer à paroistre, elle peut bien sortir de son nid, & en sort en effet par l'assistance de Dieu, mais ne sçauroit encore voler, à cause qu'elle n'est pas affermie dans les vertus qui sont ses aisles, & n'a pas assez d'experience pour connoistre les dangers qu'elle doit craindre, & le dommage qu'elle peut recevoir de se confier à elle même.

Ce fut cette dangereuse confiance qui me fut si prejudiciable; & l'on voit par là quel est le besoin d'avoir un directeur, & de communiquer avec de personnes spirituelles. Ie croy neanmoins que lors que Dieu a fait arriver une ame à ce degré d'oraison il continuë de la favoriser, & ne permet pas qu'elle se perde si elle ne l'abandonne entierement. Mais s'il arrive qu'elle tombe je la conjure encore au nom de Nostre Seigneur de bien prendre garde à ne se laisser pas tromper par le demon, s'il vouloit sous pretexte d'une fausse humilité luy persuader d'abandonner l'oraison, comme il me le persuada ainsi que ie l'ay dit, & que je ne sçaurois trop le redire. Confions nous en Dieu : sa bonté est beaucoup plus grande que nostre malice; nostre repentir luy fait oublier nostre ingratitude; & au lieu de nous chastier d'avoir abusé de ses graces, elles le portent à nous pardonner, parce qu'il nous considere comme des domestiques qui ont eu l'honneur de le servir. Que ceux qui se trouveront en cet estat se souviennent de ce qu'il dit sur ce suiet dans l'Evangile, & de la maniere dont il en a usé envers moy, qui me suis plutost lassée de l'offen-

O ij

ser qu'il ne s'est lassé de me pardonner. Que s'il ne se lasse donc point de donner, & si la source de ses misericordes est inépuisable : ne serions-nous pas bien mal-heureux de nous lasser de recevoir? Qu'il soit beny à jamais: & que toutes ses creatures luy donnent dans tous les siecles des siecles les loüanges qui luy sont deuës.

CHAPITRE XX.

De la difference qu'il y a entre l'oraison d'Vnion & celle de Ravissement, & des merveilleux effets que produit cette derniere.

De l'oraison de Ravissement, suite.

JE desirois de pouvoir avec l'assistance de Dieu faire connoistre la difference qu'il y a entre l'Vnion & le Ravissement que l'on nomme autrement l'élevation ou le vol de l'esprit, car ces trois differens noms ne signifient qu'une même chose, & l'on y ajoûte aussi celuy d'Extase.*

*Lors que la Sainte dit que le ravissement surpasse l'union, elle veut dire que l'ame joüyt plus plainement de Dieu dans le ravissement que dans l'union, parce qu'il s'y rend alors plus absolument le maistre. Ce qui est en effet de la sorte parce que l'usage des puissances tant interieures qu'exterieures se perd dans le ravissement. Et quand elle dit que l'union est le commencement, le milieu, & la fin, elle entend que la pure union est presque toûjours d'une mesme sorte: mais que dans le ravissement il y a des degrez dont les uns sont comme le commencement d'autres comme le milieu, & d'autres comme la fin: ce qui fait qu'on leur donne divers noms, dont les uns signifient ce qui est le moins parfait, d'autres ce qui est plus parfait, & d'autres ce qui l'est encore davantage, ainsi que la Sainte le declare ailleurs.

Le ravissement va encore beaucoup au delà de l'union, & produit de beaucoup plus grands effets. On peut dire que l'union est comme le commencement, le milieu, & la fin; mais c'est seulement dans l'interieur; au lieu que le ravissement estant dans un beaucoup plus haut degré d'élevation il n'opere pas seulement dans l'interieur, mais aussi dans l'exterieur. Que Nostre Seigneur rende, s'il luy plaist, cela intelligible comme le reste, qu'il m'auroit esté impossible d'expliquer s'il ne m'eust fait connoistre en quelle sorte j'en pouvois donner quelque intelligence.

Cette derniere eau dont j'ay parlé tombe en si grande abondance, que si nous estions capables de la recevoir toute entiere nous croirions avec sujet avoir au dedans de nous la nuée d'où Dieu en se cachant à nos yeux fait sortir & répand cette admirable pluye qui arrose si heureusement nostre ame. Quand nous luy rendons grace d'une si grande faveur & nous efforçons autant qu'il est en nostre pouvoir de la reconnoistre, il rassemble toutes les puissances de nostre ame de même qu'une nuée se forme des vapeurs de la terre, & la tire ensuite vers le Ciel, où il luy montre les tresors & les richesses infinies de ce royaume eternel dont il veut la rendre participante. Je ne sçay si cette comparaison est iuste: mais je sçay tres-bien que cela se passe de la sorte. L'ame dans ces ravissemens semble ne plus animer le corps. Il sent sensiblement que la chaleur naturelle l'abandonne, & devient tout froid; mais avec un plaisir inconcevable.

CHAPITRE XX.

On peut presque toujours dans l'oraison d'union resister à l'atrait de Dieu quoy qu'avec peine, parce que nous sommes encore dans nostre païs & dans nostre terre: mais il n'en est pas de même dans le ravissement: on ne peut presque jamais y resister; & il arrive souvent que sans que nous y pensons & sans aucune autre preparation qui nous y dispose il vient avec une impetuosité si promte & si forte, que nous voyons & sentons tout d'un coup élever la nuée dans laquelle ce divin Aigle nous cache sous l'ombre de ses aisles. Il nous est impossible de concevoir de quelle sorte cela se passe: car encore que nous y trouvions un grand plaisir, nous sommes naturellement si foibles que nous ne pouvons d'abord n'être point touchez de crainte.

Il faut qu'une ame soit extraordinairement genereuse pour s'abandonner alors sans reserve entre les mains de Dieu & se laisser conduire par luy où il luy plaist, quelque peine qu'elle en ressente. Ie me suis quelquefois trouvée en avoir une si grande que ie faisois tous mes efforts pour tâcher de resister, principalement lors que ie tombois dans ces ravissemens en presence de plusieurs personnes, tant j'apprehendois qu'il n'y eust de l'illusion. En cét estat qui est comme un combat que l'on entreprendroit contre un tres puissant geant, je resistois quelquefois un peu; mais je me trouvois apres si lasse & si fatiguée qu'il me sembloit que j'avois le corps tout brisé.

En d'autres temps il m'estoit absolument impossible de m'opposer à un mouvement si violent: ie me sentois enlever l'ame & la teste ensuite sans que je pusse l'empécher, & quelquefois tout mon corps, en sorte qu'il ne touchoit plus à terre. Vne chose si extraordinaire & qui ne m'est arrivée que rarement, avint une fois entre autres lors que j'estois à genoux dans le chœur avec toutes les Religieuses & preste à communier. Comme cela me parut surnaturel & qu'il pourroit estre extrémement remarqué, i'usay du pouvoir que me donnoit la qualité de Prieure que j'avois alors pour leur defendre d'en parler.

Vne autre fois durant un sermon qui se faisoit le jour de la feste de nostre Patron & où il y avoit plusieurs Dames de qualité, commençant à sentir que la même chose m'alloit arriver je me jettay par terre, & nos Sœurs s'approcherent de moy pour me retenir; mais cela ne peut empécher que l'on ne s'en apperceust: Ie priay alors beaucoup N. S. de ne vouloir plus me favoriser de ces graces qui paroissent à l'exterieur sans pouvoir estre cachées, & qui me donnoient tant de peine: & j'ay ce me semble sujet de croire qu'il luy a pleu de m'exaucer; cela ne m'estant point arrivé depuis; mais il n'y a pas encore long-temps.

Dans la resistance que ie faisois pour m'empécher d'estre ainsi élevée de terre ie sentois sous mes pieds quelque chose qui me poussoit avec tant de violence que ie ne sçaurois à quoy le comparer; nul autre de tous les mouvemens qui se passent dans l'esprit n'ayant rien qui approche d'une telle impetuosité; & ce combat que i'epprouvois en moy méme estoit si grand que j'en avois le corps tout rompu sans pouvoir rien gagner par ma resistance, à cause qu'il faut que tout cede au pouvoir infiny de Dieu.

Quelquefois Dieu se contente de nous faire voir qu'il nous veut accorder cette faveur & qu'il ne tient qu'à nous de la recevoir; mais encore que nous y resistoins par humilité, elle ne laisse pas de produire les mémes effets que si nous y avions donné un entier consentement.

Ces effets sont grands. Nous connoissons que telles graces ne sçauroient venir que de luy ; qu'il est maistre de nostre corps aussi-bien que de nostre ame, & que nous ne pouvons rien de nous méme : ce qui imprime dans nostre esprit une grande humilité ie confesse neanmoins que cela me donnoit au commencement une étrange crainte, parceque rien n'est plus étonnant que de se voir ainsi élever en l'air: car encore que l'ame tire le corps aprés elle avec un singulier plaisir quand il ne resiste point, le sentiment ne se perd pas; au moins cela se passoit de la sorte en moy, puis que ie connoissois bien que i'estois élevée de terre. La Majesté de Dieu se montre alors à nous dans un tel éclat qu'il nous épouvante & nous fait concevoir une extrême apprehension d'offenser un maistre si redoutable : mais nous sentons en même temps redoubler nostre amour pour luy, en voyant que bien que nous ne soyons que des vers de terre & que pourriture, celuy qu'il nous porte est si grand qu'il ne se contente pas d'élever nostre ame iusqu'à luy ; mais veut élever aussi nostre corps, quoy que mortel & composé d'un limon qui estant de soy-mesme si méprisable, l'est encore beaucoup plus par nos pechez.

Vn autre de ces effets est un si merveilleux détachement que ie ne sçaurois l'exprimer : tout ce que i'en puis dire est qu'il me paroist en quelque sorte different des autres ausquels l'esprit seulement a part, parce qu'il semble que dans celuy-cy Dieu veut que le corps aussi-bien que l'ame se détache tellement de toutes les choses de la terre, que la vie luy devienne ennuyeuse, & nous fait ainsi entrer dans une heureuse peine que nous ne sçaurions concevoir de nous-mesmes, ni cesser d'avoir quand Dieu nous la donne.

Ie desirerois de faire entendre en quelque sorte combien grande est cette peine, mais ie ne croy pas le pouvoir. I'en diray neanmoins quelque chose aprés avoir remarqué que ie ne l'ay euë qu'ensuite des visions & des relations dont ie parleray, & dans le temps auquel Nostre Seigneur me favorisoit de tant de graces dans l'oraison & m'y faisoit goûter tant de douceurs. Or quoy que ie ne laisse pas de goûter encore quelquefois ces mémes douceurs, ie me trouve le plus

CHAPITRE XX.

souvent dans la peine dont ie vay parler. Elle est tantost plus grande, & tantost moindre: ie commenceray par celle qui est la plus grande.

Quelque violens & impetueux que fussent les mouvemens que je ressentois lors que Dieu me vouloit faire entrer dans le ravissement dont ie traiteray cy-aprés, il me paroist n'y avoir pas moins de différence entre eux & cette peine dont i'ay maintenant à parler qu'entre une chose corporelle & une spirituelle; & ie ne croy pas exagerer en usant de cette expression, parce qu'encore qu'il semble que le corps participe à ce que l'ame souffre dans ces mouvemens, ce n'est pas avec un aussi extreme abandon que celuy que l'on éprouve dans cette peine dont il s'agit & à laquelle, comme ie l'ay dit, nous ne pouvons rien contribuer. L'ame s'y voit souvent en un moment & lors qu'elle y pense le moins dans un transport dont elle ignore la cause, qui l'agite d'une telle sorte qu'elle se sent élevée au dessus d'elle-même & de toutes les choses crées, parceque Dieu l'en sepàre d'une maniere si extraordinaire, que quelques efforts qu'elle fist elle ne pourroit trouver sur la terre une seule creature qui luy tinst compagnie: & quand même elle le pourroit elle ne le voudroit pas, mais souhaitteroit plutost de mourir dans cette heureuse solitude. On luy parleroit alors inutilement: il luy seroit impossible de répondre: tant son esprit est inseparablement attaché à ce seul obiet qui l'occupe toute entiere, & tant elle est incapable de pouvoir pour peu que ce soit disposer d'elle-même. Quoy qu'il luy semble en cet estat que Dieu soit tres éloigné, il luy fait voir quelquefois quelle est sa grandeur infinie d'une maniere si admirable qu'à grande peine pourrois ie l'exprimer par mes paroles puis que cela va tellement au delà de l'imagination qu'il faut l'avoir éprouvé pour estre capable de le concevoir & le croire. Mais cette communication merveilleuse dont Dieu favorise l'ame n'est pas tant pour la consoler, que pour luy faire connoistre le suiet qu'elle a de s'affliger de ne iouïr pas continuellement du bon heur de sa presence, luy qui estant le souverain bien est l'unique source de tout le bien.

Cette même communication de l'ame avec Dieu augmente encore de telle sorte son desir d'estre toûjours unie à luy, qu'elle se trouve hors de sa preséce dans une solitude qui luy est si insurportable qu'elle luy fait dire ce que disoit David ce grand Roy & ce grand Prophete lors qu'il se trouvoit dans une solitude encore plus grande, parce que Dieu la luy rendoit plus sensible à cause qu'il estoit plus Saint: *Vigilavi & factus sum sicut passer solitarius in tecto*: Je passe la nuit en veillant; & je me trouve comme un passereau qui est tout seul sur le toit d'une maison. Ce verset me vient dans l'esprit, parce qu'il me semble que i'en éprouve la verité en moy-même, & ce m'est une consolation de voir que d'autre ont senti, comme je fais, la peine de se trouver dans une solitude si extreme que les plus grands Saints la sentent encore davantage que les autres. Il me semble que l'on peut dire que l'ame en cet estat n'est pas seulement élevée au dessus de toutes choses créées : mais qu'elle l'est au dessus d'elle-mesme.

D'autres fois je me trouvois dans un tel delaissement que je m'interrogeois moy-méme & demandois à mon ame où estoit son Dieu. Sur quoy il faut remarquer que je n'entendois point ce verset du Pseaume quand il me vint dans l'esprit, & qu'aprés qu'on me l'eut expliqué j'eus une grande consolation de voir que N. S. me l'avoit comme mis devant les yeux lors que j'y pensois le moins.

Ie me souvenois d'autres fois de ce que disoit S. Paul : Qu'il estoit crucifié au monde : non que je croye estre de la sorte, ne voyant que trop que je ne le suis pas; mais il me semble que dans l'occasion dont je viens de parler on peut dire que l'ame est comme crucifiée & suspenduë entre le ciel & la terre ; car elle n'est pas dans le ciel, ni n'en reçoit point de consolation; & elle ne tient plus à la terre, ni ne voudroit pas en recevoir du secours ; ainsi elle souffre sans pouvoir de quelque costé qu'elle se tourne trouver du soulagement. Ce qui luy vient alors du ciel est une si grande connoissance de Dieu qu'elle se perd dans la veuë de son infinie grandeur ; & cette connoissance accroit sa peine au lieu de la diminuër, parce qu'elle augmente encore son desir de le posseder. Cette peine est quelquefois si violente qu'elle luy fait perdre le sentiment; mais cela dure peu; c'est une espece d'agonie, excepté que le contentement dont cette souffrance est accompagnée est si grand que je ne sçay à quoy le comparer ; c'est un martyre delicieux dans lequel l'ame a un tel dégoust de tout ce qu'il y a dans le monde de plus agreable, qu'elle n'en sçauroit souffrir la veuë quand il s'offre à sa pensée : elle connoist bien qu'elle n'aime & ne cherche que Dieu seul; mais elle ne le considere & ne l'aime qu'en general sans examiner ny sans sçavoir ce qu'elle aime particulierement en luy, à cause que son imagination ne luy represente rien, & que durant la plus grande partie du temps que cela dure toutes ses puissances demeurent a mon avis sans action, parce qu'ainsi que dans l'union & dans le ravissement la joye les suspend, la peine fait icy le même effet.

Que je souhaiterois, mon Pere, de vous pouvoir bien faire entendre cecy afin que vous puissiez ensuite me faire mieux comprendre à moy même ce que peut estre ; car c'est l'estat où je me trouve tousjours maintenant. Lors que je me voy dégagée des occupations où je suis contrainte de m'appliquer, j'entre d'ordinaire dans des peines que l'on souffre aux approches de la mort & les apprehende, parce que je sçay qu'elles ne finiront pas ma vie : je souhaiterois neanmoins qu'elles durassent autant qu'elle ; quoy qu'elles soient si

excessives

CHAPITRE XX.

excessives que ie m'en sens accablée. Elles me reduisent en tel estat que celles de mes sœurs qui viénent à moy & qui commencent à s'accoûtumer de me voir ainsi, disent qu'elles me trouvent sans pouls; les iointures de mes os se relaschent: mes mains sont si roides que ie ne les sçaurois ioindre; & la douleur que ie sens dans les arteres & dans tout le reste du corps est si violente qu'elle continuë iusqu'au lendemain, & qu'il semble que toutes les parties de mon corps n'ayent plus de liaison les une avec les autres. Il me vient quelquefois dans l'esprit que si cela continuë de la sorte Dieu me fera la grace de finir ma vie par un tel tourment, puis qu'il me paroit assez violent pour produire cet effet si ie n'estois point indigne de recevoir une si grande faveur. Tous mes desirs ne tendent alors qu'à la mort: ie ne pense point au purgatoire: ie ne pense point à mes pechez, quoy qu'ils soient si grands qu'ils m'ayent fait meriter l'enfer: cet ardent desir de voir Dieu efface de ma memoire tout le reste, & cette extrême solitude dont i'ay parlé me paroit beaucoup plus agreable que toutes les compagnies du monde. Si i'étois capable de recevoir quelque consolation ce seroit de traiter avec des personnes qui eussent éprouvé le mesme tourment, & de voir que l'on a peine d'aiouster foy à ce qu'ils en disent.

Mais voicy encore un autre tourment. Cette peine s'augmente quelquefois de telle sorte que l'ame ne voudroit plus ainsi qu'auparavant se trouver dans une si grande solitude, ny avoir pour compagnie que quelqu'un à qui elle se pust plaindre de ce qu'elle souffre. C'est comme une personne qui ayant la corde au cou & étant preste d'estre étranglée s'efforce de respirer: & ce desir d'avoir compagnie ne procede à mon avis que de l'extremité où l'on se trouve à cause que cette peine est si grande que nulle autre ne la surpasse: elle va iusques à nous mettre en danger de perdre la vie ainsi que ie l'ay éprouvé quelquefois, parce que d'une part le corps & l'ame qui ne veulent point se separer cherchent des remedes pour conserver la vie & se soulager en se plaignant de ce qu'ils endurent; & que d'un autre costé la partie superieure de l'ame voudroit bien ne point sortir de cette peine.

Ie ne sçay, mon Pere, si ie m'explique bien; mais il me semble que cela se passe de la sorte. Considerez donc, ie vous prie, quel repos ie puis avoir en cette vie, puis que celuy que i'éprouvois dans l'oraison & la solitude à cause des consolations que Dieu m'y donnoit, se trouve maintenant presque tousiours changé au tourment dont ie viens de vous parler. Mais ce tourment est si agreable, & l'ame en connoit tellement le prix, qu'elle le prefere à toutes les consolations dont elle iouyssoit auparavant; elle se trouve plus asseurée en cet estat, à cause que c'est marcher dans un chemin de croix, & la

P

satisfaction qu'elle y reçoit me paroist estre de beaucoup plus preferable aux autres, parce que le corps n'y a point de part, il en a seulement à sa peine; & elle seule jouït du contentement que donne cette souffrance. Ie ne comprens pas comment cela se peut faire: ie sçay seulement qu'il est ainsi, & que ie ne changerois pas cette faveur qui estant surnaturelle ne peut proceder que de Dieu, contre aucune de celles dont il me reste à parler.

Il faut remarquer que ces mouvemens si impetueux ne me sont arrivez qu'aprés les graces que i'ay desja dit qu'il avoit plû à nostre Seigneur de me faire, celles dont je parleray dans la suite, & l'estat dans lequel il me tient maintenant.

Comme ie n'ay jamais receu aucune de ces faveur qui ne m'ait donné de la crainte jusques à ce que Dieu m'eust fait connoistre qu'elles venoient de luy, ie me trouvay étonnée dans le commencement de ces transports si violens: mais sa divine Majesté me rassura en me disant: *Que je n'apprehendasse point & que i'estimasse plus cette grace que toutes les autres qu'il m'avoit faites, parce que dans cette peine l'ame se purifie des taches & des pechez qu'elle seroit obligée d'expier dans le Purgatoire, de mesme que l'or se purifie dans la fournaise pour devenir plus digne d'estre enrichy des pierres precieuses que l'on y veut enchasser.* Ces paroles me confirmerent entierement dans la creance que j'avois déja que cette faveur estoit fort grande, & mon confesseur me dit que j'avois raison. Il est vray que quelque sujet que la connoissance de mes imperfections & de mes pechez me donnast de craindre, je n'avois jamais pû douter que ces mouvemens si extraordinaires ne vinssent de Dieu, & mon apprehension ne procedoit que de ce que ie me trouvois indigne d'une grace si excessive. Que beny soyez-vous à jamais, Seigneur, de m'avoir esté si bon & si liberal.

Ie suis sortie de mon sujet: car i'avois commencé à traiter des ravissemens, & ce dont ie viens de parler & qui produit les effets que i'ay dit, est plus qu'un ravissement.

Ie reviens donc à ces ravissemens moins extraordinaires. Il me sembloit souvent lors qu'ils m'arrivoient que mon corps ne pesoit plus rien: & quelquefois ie le sentois si leger que mes pieds ne me paroissoient plus toucher à terre.

Durant cette extase le corps est comme mort sans pouvoir le plus souvent agir en aucune sorte; & elle le laisse en l'estat où elle le trouve. Ainsi s'il estoit assis, il demeure assis: si les mains estoient ouvertes, elles demeurent ouvertes; & si elles estoient fermées, elles demeurent fermées. On ne perd pas d'ordinaire le sentiment, comme il m'est arrivé de le perdre entierement, mais rarement & durant fort peu de temps: il se trouble seulement; & bien qu'on ne puisse agir dans l'exterieur, on ne laisse pas d'entendre: c'est comme si l'on nous

CHAPITRE XX.

parloit de loin, si ce n'est quand on se trouve dans l'estat le plus élevé, c'est à dire lors que les puissances sont hors d'estat de pouvoir agir tant elles sont unies à Dieu: car il me semble qu'alors on ne voit, on n'entend, & on ne sent rien. Cette transformation de l'ame en Dieu qui prive les puissances de toutes leurs fonctions dure peu, & les rend incapables de rien comprendre à ce qui se passe, ainsi que ie l'ay éprouvé & l'ay dit, soit que nous ne puissions en cette vie y rien comprendre, ou que Dieu ne le veüille pas.

Que si vous me demandez, mon Pere, comment il arrive donc que ce ravissement continuë quelquefois durant plusieurs heures, ie répons que ce que i'en éprouve souvent en moy, est, que comme ie l'ay dit en traitant de l'oraison precedéte, ou en iouït par intervalles, & l'ame s'abysme souvent en Dieu, ou pour mieux dire Dieu l'abysme en luy: & lors qu'il l'a renfermée ainsi dans luy-même la volonté est la seule de ses puissances dont elle conserve l'usage. Quand au mouvement de ses deux autres puissances la memoire & l'entendement, il me paroist qu'il est semblable à celuy de l'aiguille d'un quadran au soleil, qui ne s'arreste jamais. Ce divin Soleil de justice les fait neanmoins quelquefois un peu arrester: mais comme l'impetuosité avec laquelle il a élevé l'esprit à un si haut degré d'union avec luy est si grande, encore que ces deux puissances recommencent à se mouvoir & à s'agiter, la volonté qui continuë d'estre abysmée en Dieu demeure la maistresse des effets qu'elles produisent dans le corps. Ainsi elles s'efforcent inutilement de la divertir de l'heureuse application dont elle est toute occupée, & l'operation des sens se trouve aussi alors suspenduë, parce qu'il plaist à nostre Seigneur de conserver la volonté dans le calme sans que rien puisse troubler sa tranquillité. Quand l'ame se trouve en cet estat on a d'ordinaire les yeux fermez, quoy qu'on ne voulust pas les fermer: & s'il arrive quelquefois qu'ils s'ouvrent, ils ne discernent & ne remarquent rien de ce qu'ils voyent.

Le corps est alors entieremeut incapable d'agir: & aprés mesme que ces trois puissances l'entendement, la memoire, & la volonté sont reünies, il ne le peut que foiblement. Que celuy à qui Dieu fait une si grande faveur ne s'étonne donc point de se trouver durant plusieurs heures dans cette impuissance, & de voir que quelquefois sa memoire & son entendement soient ainsi errans & vagabons. Il est vray que pour l'ordinaire ces deux puissances s'occupét à loüer Dieu, ou à tacher de comprendre ce qu'elles sentent se passer en elles; mais elles sont comme un homme qui aprés avoir long-temps dormy & long-temps songé n'est encore qu'à demy reveillé. Ie m'arreste beaucoup sur cecy, parce que ie sçay qu'il y a quelques personnes, & mesme dans cette maison, que nostre Seigneur favorise de semblables graces, que si ceux qui les conduisent n'en ont pas fait l'experience il leur semblera, principalement s'ils ne sont pas sçavans, que dans ces ravissemens ces personnes sont comme mortes. C'est une chose digne de compassion comme je le diray dans la suite, que ce que ces personnes souffrent lors que leurs confesseurs ne comprennent rien à ce qui se passe en elles. Peut-estre ne sçay-je ce que je dis: mais vous verrez, mon Pere, si je rencontre bien en quelque chose, puis que N. S. vous en a donné l'intelligence par vostre propre experience, quoy que ce ne soit pas depuis si long-temps que vous l'ayez possible autant remarqué que moy.

Ie dis donc que le corps demeure si foible à cause que l'ame le tire aprés elle, que quelques efforts que j'aye souvent faits pour tâcher à le mouvoir ie n'ay sceu en venir à bout; & les effets de ce ravissement sont si admirables qu'il arrive souvent que celuy qui avant que d'y entrer estoit malade & travaillé de grandes douleurs, en sort plein de santé & de vigueur, parce que Dieu pour recompenser le corps de ce qu'il s'est soûmis à l'ame veut qu'il participe à son bonheur. Que si le ravissement a esté grand, les puissances se trouvent durant un jour ou deux, & même durant trois jours aprés qu'il est passé, tellement abysmées en Dieu & comme enyvrées de la joye de le posseder, qu'elles semblent estre hors d'elles-mêmes.

La seule peine que l'ame ressent alors est de se trouver engagée à vivre encore dans le monde: elle est comme un oiseau qui aprés avoir jetté ses premieres plumes se trouve avoir les aisles assez fortes pour s'élever vers le ciel: elle est comme un vaillant capitaine qui ne se contente pas de déplier l'étendart de la croix de Iesus-Christ; mais qui aprés s'estre signalé par son courage & par sa fidelité pour son service le plante sur une haute tour, d'où victorieux, triomphant & n'ayant plus rien à craindre il voit sous ses pieds ceux qui sont encore engagez dans les perils où il souhaiteroit de s'exposer de nouveau pour la gloire de son divin maistre.

On voit clairement d'un état si élevé quel est le neant des choses du monde: on n'a & l'on ne veut plus avoir d'autre volonté que celle de Dieu; & on la remet entre ses mains pour en disposer absolument. Cet heureux jardinier devenu capitaine & gouverneur d'une place si importante n'a plus d'autre volonté que celle de son Seigneur & de son Roy. A grande peine voudroit-il pouvoir disposer de luy-même, qu'il ne voudroit pas seulement disposer du moindre des puits de ce jardin spirituel qu'il luy a commandé de cultiver: il laisse à ce grand Prince de départir à qui il luy plait les fruits qu'il produit: il ne veut plus rien avoir de propre, & son seul desir est de continuer à travailler pour sa gloire.

C'est ainsi que cela se passe; & ce sont là les effets que ces ravisse-

CHAPITRE XX.

mens produisent dans l'ame s'ils sont veritables. Que s'ils ne les produisoient pas, & que l'ame n'en tire pas ces avantages, non seulement ie douterois qu'ils vinssent de Dieu: mais ie craindrois fort que ce ne fussent plutost de ces transports de fureur dont S. Vincent parle.

Ie sçay par experience que dans les ravissemens dont Dieu est l'auteur, quoy qu'ils ne durent qu'une heure & moins encore, l'ame se trouve tellement eslevée, libre, & comme maistresse de tout ce qu'il y a dans le monde, qu'elle ne se connoit plus elle-même, ny ne sçait d'où luy vient un si grand bonheur: tout ce qu'elle en peut comprendre est qu'elle n'y a point de part, & qu'elle connoit clairement les extrémes avantages qu'elle tire de ces heureux ravissemens. Comme il faut l'avoir éprouvé pour estre persuadé d'une chose si merveilleuse, on a peine d'aiouter foy aux changemens que l'on remarque dans les personnes que Dieu favorise de ses graces si extraordinaires. Au lieu qu'elles étoient auparavant lâches & foibles, on les void devenir en un moment si ferventes & si courageuses, que ne se contentant pas d'estre à Dieu d'une maniere ordinaire, il n'y a rien de si difficile qu'elles ne soient prestes d'entreprendre pour son service. Ceux qui voyent un si soudain changement s'imaginent que c'est une tentation & une folie: mais ils ne s'en étonneroient pas & changeroient bientost de sentiment, s'ils sçavoient que ce n'est pas d'elles-mesmes que ces ames tirent leur force, & que c'est Dieu seul qui la leur donne apres qu'elles l'ont rendu le maistre de leur volonté.

Ie croy que lors qu'une ame est arrivée à un si haut degré de bonheur elle ne parle ny ne fait plus rien par elle-même; mais n'agit que par les mouvemens de ce souverain Monarque à qui elle se trouve si heureusement assujettie. O mon Dieu, que l'on voit clairement par là le suiet qu'avoit David & que nous avons tous avec luy, de vous demander ces aisles de colombe qu'il vous prioit de luy donner dans l'un des versets de ses pseaumes: car qu'est-ce autre chose ce que ie viens de dire sinon un vol de l'esprit pour s'élever au dessus de toutes les creatures & de soy-même ; mais un vol tranquille, un vol agreable, un vol sans bruit?

Quel empire est comparable à celuy d'un ame que Dieu a mise en estat de voir ainsi au dessous d'elle toutes les choses du monde sans être attachée à aucune par affection? quelle confusion n'a-t-elle point de les avoir autrefois étimées ? quel étonnement ne luy donne point le souvenir de l'aveuglement où elle estoit ? & qui pourroit exprimer combien grande est la compassion de ceux qu'elle voit estre encore dans la mesme erreur principalement si ce sont des personnes d'oraison & que Dieu favorise de ses graces ? Elle voudroit élever sa voix, & quelquefois elle l'éleve en effet pour leur faire connoistre leur égarement, & attire ainsi sur elle mille & mille persecutions. On l'accuſe de n'eſtre guere humble de ſe meſler ainſi d'inſtruire ceux de qui elle doit apprendre, & particulierement ſi c'eſt une femme; ainſi on la condamne, & avec raiſon, parce que l'on ne ſçait pas quelle eſt l'impetuoſité du mouvement qui la contraint d'agir de la ſorte ſans pouuoir y reſiſter, & ne pas tâcher à détromper ceux qu'elle aime afin de les délivrer de la ſervitude où elle s'eſt veuë engagée comme eux durant ſi long-temps.

Cette ame a peine alors à comprendre comment elle a pû faire cas de ce que l'on nomme le point d'honneur : elle admire que par une erreur qui n'eſt pas moins grande que generale on donne ce nom à des choſes ſi mepriſables : elle voit clairement que le veritable honneur conſiſte à n'eſtimer que ce qui merite de l'eſtre, à ne conſiderer que comme un neant, & moins encore qu'un neant tout ce qui prend fin & n'eſt pas agreable à Dieu; & elle ne peut ſans ſe mocquer d'elle-meſme, ſe ſouvenir du temps auquel elle faiſoit cas des richeſſes & en deſiroit. Ie n'ay iamais eu, graces à Dieu, ſuiet de me confeſſer du dernier de ces defauts; mais ie ne ſuis que trop coupable d'eſtre tombée dans les autres. Que ſi l'on pouvoit par le moyen de ces richeſſes periſſables acheter le bonheur qu'il plaiſt maintenant à Dieu de me donner, ie les priſerois extrémement; mais ie voy au contraire qu'un bien ſi ſouhaitable ne s'obtient qu'en renonçant à l'amour du bien.

Car qu'eſt ce que l'on acquiert par le moyen de ces richeſſes que l'on recherche avec tant de paſſion ? eſt-ce une choſe de grande valeur ? eſt-ce une choſe durable eſt ce une choſe qui merite d'eſtre ſi ardemment ſouhaitée? N'eſt-ce pas au côtraire acheter tres-cher des malheureux plaiſirs, de fauſſes ioyes, & ſouvent meſme l'enfer, pour y brûler dans un feu qui ne s'éteindra iamais ? Que de deſordres ſeroient donc bannis du monde : que d'embarras on éviteroit; & combien grande ſeroit l'amitié qui nous uniroit les unes avec les autres ſi chacun s'accordoit à ne conſiderer l'or & l'argent que comme une terre infructueuſe, & que ce miſerable intereſt de bien & d'honneur ne rempliſſoit plus comme il fait tout de confuſion & de trouble ? Ie ſuis perſuadée que ce ſeroit un remede à toutes ſortes de maux.

Ainſi quand l'ame eſt en l'eſtat dont i'ay parlé elle connoiſt la grandeur de l'aveuglement qui nous porte à mettre noſtre ſatisfaction en des plaiſir qui ne produiſent, meſme dés cette vie, que des inquietudes des peines, & des douleurs: car elle ne voit pas ſeulemēt les fautes importantes qu'elle commet; elle diſcerne juſques à ſes moindres défauts, fuſſent-ils plus imperceptibles que les toiles des araignées & que la pouſſiere, parceque rien ne ſe peut dérober à la lumiere de ce divin Soleil qui l'éclaire & l'illumine de telle ſorte, que quelque ſoin qu'elle prenne de ſe purifier elle ſe trouve toute pleine d'imperfections & de taches : de meſme qu'une eau qui ſembloit être fort claire avant que le Soleil eust paru, se voit meslée d'infinies impuretez comme d'autant d'atômes aussi tost qu'il a penetré de ses rayons le vase de cristal qui la renforme. Cette comparaison me semble juste, étant certain qu'avant que l'ame fust dans le ravissement & dans l'extase elle croyoit travailler de tout son pouvoir à ne point offenser Dieu: mais le soleil de justice ne luy fait pas plutost ouvrir les yeux qu'elle se trouve si défectueuse qu'elle voudroit les fermer, ainsi qu'un jeune aiglon qui n'auroit pas encore la veuë assez forte pour regarder fixement le soleil ; & elle en voit neanmoins assez pour connoistre qu'elle n'est qu'imperfection & que misere. Alors elle se souvient de ce verset du Pseaume : *Qui peut, Seigneur passer pour juste devant vos yeux* elle ne sçauroit regarder cet estre eternel sans se trouver éblouïe de sa lumiere, ny se considerer elle-même sans se voir toute couverte de fange. Ainsi de quel costé que cette ame se tourne elle demeure aveuglée & si épouvantée de merveilles qu'elle voit & de la grandeur infinie de Dieu, qu'elle tombe dans la défaillance. C'est alors qu'elle entre dans une veritable humilité & ne fait point de scrupule de dire du bien d'elle-même, ny de souffrir que l'on en dise, parce qu'elle sçait que c'est au seigneur du jardin d'en distribuer les fruits à qui bon luy semble comme appartenant à luy seul ; & qu'ainsi n'y ayant aucune part & ne s'en pouvant rien attribuer, si elle dit quelque chose d'elle même à son avantage, ce n'est que pour estre referée à luy & pour sa gloire. Car comment pourroit-elle l'ignorer, puis qu'elle voit manifestement que quelque resistance qu'elle y voulut faire il ne seroit pas en son pouvoir de ne point fermer les yeux à toutes les choses de la terre, & de ne les pas ouvrir a la lumiere de la verité ?

CHAPITRE XXI.

La Sainte continuë & acheve de traiter dans ce chapitre de la quatriéme maniere d'oraison qui est le ravissement, & des effets qu'elle produit dans les ames.

POur achever ce que j'avois commencé de traiter dans le chapitre precedent je dis, que lors qu'en cette quatriéme maniere d'oraison l'ame est dans le ravissement, elle n'a plus besoin de donner son consentement à ce qu'il plaist à Dieu d'ordonner d'elle, parce qu'elle l'a déja donné ; qu'elle s'est dépouïllée de sa volonté pour l'en rendre maistre, & sçait que rien ne se pouvant cacher à sa connoissance elle ne sçauroit le tromper. Ce n'est pas comme icy-bas où tout estant plein d'artifice, lors que l'on croit avoir gagné l'amitié d'une personne qui nous en donne des apparences, on trouve que ce n'eſtoit, que diſſimulation:& quel moyen de vivre parmy tant de deguiſemens & de tromperies ſi ordinaires dans le monde, principalement lors que l'intereſt s'y rencontre? Qu'heureuſe eſt une ame à qui Dieu fait connoiſtre la verité! & combien ſeroit-il plus avantageux aux Rois de poſſeder ce bonheur que de commander à tant de Provinces? Quel ordre ne regeneroit point dans leurs eſtats, & quels maux n'empeſcheroient ils pas d'arriver lors qu'ils n'apprehenderoient point de perdre pour l'amour de Dieu, s'il en eſtoit beſoin, l'honneur & la vie? & combien ſont-ils plus obligez que leurs ſujets de preferer ſa gloire à la leur propre, puis qu'ils doivent leur ſervir d'exemple. Le deſir d'augmenter la foy & de retirer les heretiques de leur erreur ne devroit-il pas leur faire hazarder mille Royaumes s'ils les avoient, pour acquerir des couronnes immortelles, puis qu'il y a tant de difference entre les Royaumes temporels & periſſables, & ce Royaume eternel auquel ils doivent aſpirer, que pour peu qu'une ame ait gouſté de cet eau cœleſte il ne luy reſte que du dégouſt pour toutes les choſes crées? Et que ſera-ce donc lors qu'elle ſe trouvera dans le ciel entierement plongée dans cette mer que l'on peut nommer un ocean de felicité & de gloire?

" Seigneur mon Dieu, quand vous m'auriez élevée dans une condi-
" tion qui me donneroit droit de publier de ſi grandes veritez, on ne
" me croiroit non plus que pluſieurs autres qui ſont plus capables que
" moy d'en faire connoiſtre l'extrême importance: mais ie me ſatis-
" ferois au moins moy-même. & il me ſemble que ie donnerois de
" bon cœur ma vie pour un tel ſujet. Ie n'oſerois neanmoins répondre
" de moy, tant ma foibleſſe & ma miſere donnent peu de lieu de ſe fier
" à mes paroles, quoy que le mouvement qui me pouſſe à deſirer de
" faire entendre cela à ceux qui gouvernent ſoit ſi violent qu'il me de-
" vore & me conſume. Tout ce que je puis faire, mon Dieu, eſt d'a-
" voir recours à vous pour vous prier de remedier à tant de maux
" Vous ſçavez, Seigneur, que ie conſentirois avec joye d'eſtre privée
" de toutes les graces que vous m'avez faites, pourveu que vous me
" miſſiez en eſtat de ne vous plus offenſer, & de pouvoir inſpirer ce
" ſentiment aux Rois & aux Princes, parce que s'ils l'avoient il leur
" ſeroit impoſſible de conſentir à tant de maux qui ſe commettent ſous
" leur autorité, & de ne pas faire de tres grands biens. Ouvrez leurs
" yeux, Seigneur: afin qu'ils connoiſſent quels ſont leurs devoirs, &
" qu'il n'y a rien qu'ils ne ſoient obligez de faire pour répondre aux
" faveurs dont ils vous ſont redevables, & qui ſont ſi grandes que vous
" ne les eſlevez pas ſeulement ſur la terre au deſſus du reſte des hom-
" mes, mais que j'ay entendu dire que lors qu'ils paſſent de ce monde
" à un autre vous en donnez des marques par des ſignes qui paroiſſent
" dans le ciel: ce qui me feroit ſouhaiter, mon Sauveur, que de meſme

CHAPITRE XXI.

me que si cela est veritable, il y auroit quelque rapport en ce qui se "
passe en leur mort, & ce qui se passa en la vostre, ils s'efforçassent "
d'imiter la sainteté de vostre vie. "

Mais ne me trouvez-vous point trop hardie, mon Pere, d'oser parler de la sorte; Si cela est, déchirez, s'il vous plaist, ce papier aussi-tost que vous l'aurez lû, & excusez la passion avec laquelle je desirerois de pouvoir contribuer quelque chose au salut de ces personnes sacrées qui sont les images de Dieu & pour qui je le prie sans cesse, puis que cette passion est si grande que si je pouvois leur parler de vive voix & que je crûsse qu'ils ajoûteroiët foy á mes paroles; je leur parlerois avec encore plus de hardiesse que je ne vous écris cecy. Je souhaiterois même souvent de donner ma vie pour pouvoir en quelque sorte leur estre utile, & je croirois beaucoup gagner en la perdant pour un tel sujet. Car quel moyen de vivre dans un aussi grand aveuglement & d'aussi grandes tenebres que sont celles qui couvrent aujourd'huy toute la face de la terre?

Lors qu'une ame est arrivée à l'estat que j'ay dit-elle n'a pas seulement des desirs; mais Dieu luy donne la force de passer jusques aux effets: elle ne rencontre aucune occasion de le servir qu'elle ne s'y porte avec une ardeur extrême, & croit neanmoins ne rien faire, parce qu'elle voit clairement qu'excepté de plaire á Dieu, tout le reste n'est qu'un neant: mais ma douleur en cela est que ces occasions de travailler pour le servir ne s'offrent point aux personnes qui luy sont aussi inutiles que je suis. Faites moy la grace, Seigneur, de pou- "
voir un jour vous payer au moins quelque obole sur d'aussi gran- "
des sommes que sont celles que je vous dois, & ordonnez de tout le "
reste comme il vous plaira, pourveu que je puisse vous rendre quel- "
que service. D'autres femmes vous ont témoigné leur amour par des "
actions heroïques, & vous ne m'employez point, parce que vous "
voyez que tout ce que je fais ne consiste qu'en des paroles & en des "
desirs: & je ne puis pas seulement me bien expliquer, á cause que "
peut-estre j'en abuserois. Iesus mon Sauveur qui estes le souverain "
bien, ne tardez pas davantage, s'il vous plaist, à fortifier mon ame, "
afin de la rendre capable de faire quelque chose pour vostre service: "
Car quel moyen de souffrir plus lõg temps de vous tant devoir sans "
vous rien payer? ne permettez pas que je me presente toûjours ainsi "
devant vous avec les mains vuides. Je desire quoy qu'il m'en couste "
de vous satisfaire, & je sçay qu'il n'y a point de bonnes œuvres que "
vous laissiez sans recompense. Je vous ay donné ma vie, mon hon- "
neur, & ma volonté: disposez donc de moy selon la vostre puis que "
je suis á vous absolument & sans reserve. Je sçay, Seigneur, que je "
ne puis rien de moy-même: mais pourveu qu'aprés m'avoir fait la "
grace de m'attirer á vous & de me donner la connoissance de la verité "

Q

,,vous ne vous éloigniez point de moy, rien ne me sera impossible: au ,,lieu que pour peu que vous m'abandonniez je me trouveray comme ,,j'estois, c'est à dire, dans le chemin de l'enfer.

Quelle douleur égale celle d'une ame qui apres avoir éprouvé un si grand bonheur que celuy qui se rencontre dans les graces que vous m'avez faites, se voit rengagée à traiter avec le monde, à paroistre encore sur le theatre de la vie humaine qui n'est que desordre & dereglement, & à employer du temps à dormir & à manger pour satisfaire aux besoins du corps? tout la lasse : tout l'ennuye, & elle ne peut s'affranchir de ces peines à cause des chaisnes qui l'y retiennent. C'est alors qu'elle ressent encore davantage le poids de la captivité qui l'attache avec le corps, & la misere de cette vie: elle connoist avec combien de raison S. Paul demandoit à Dieu de l'en délivrer: elle éleve sa voix avec luy, comme je l'ay dit ailleurs, pour le prier de la mettre en liberté; & ses paroles sont souvent accompagnées de mouvemens si violens qu'il semble qu'elle veüille sortir de la prison de son corps pour aller chercher cette heureuse liberté qu'elle ne peut trouver estant avec luy: elle se considere comme un esclave dans une terre estrangere; & ce qui l'afflige encore davantage est de ne rencontrer presque personne qui soit pressé du même desir qu'elle de sortir de cette captivité ; tous au contraire, si on en excepte un tres petit nombre, souhaitant de vivre.

Que si nous estions détachez de tout & ne mission point nostre contentement dans les choses de la terre, combien le deplaisir de ne pas joüir de la presence de Dieu diminueroit-il dans nostre esprit l'apprehension de la mort par le desir de joüir dans un autre monde de la veritable vie? Lors que je pense qu'ayant si peu de charité & estant si incertaine de mon bonheur à venir, parce que mes œuvres m'en rendent indigne, la connoissance que Dieu m'a donnée de ses veritez me fait souffrir avec tant de peine de me voir encore dans cet exil; quel a dû estre le sentiment des Saints? quel a esté celuy de S. Paul, de la Magdeleine, & des autres qui brûloient comme eux d'un si violent amour de Dieu que l'on peut dire qu'ils souffroient un continuel martyre? Il me semble que rien ne peut en cela me soulager que de traiter avec des personnes qui ayent le cœur plein de ces desirs : j'entens des desirs accompagnez d'actions, parce que quelques-uns se persuadent aisément & declarent qu'ils sont détachez de tout comme ils le devroient estre en effet, puis que leur profession & le long-temps qu'il y a que quelques-uns d'eux commencent à marcher dans le chemin de la perfection les y obligent. Mais une ame éclairée de la lumiere de Dieu connoist aisément par le peu d'avancement des uns dans la vertu, & le grand progrez qu'y font les autres, la difference qu'il y a entre de simples paroles, ou de paroles dont les actions confirment la verité.

CHAPITRE XXI. 123

J'ay fait voir quels sont les effets que produisent les ravissemens qui viennent de l'esprit de Dieu, & je dois ajouster qu'il s'y rencontre du plus & du moins: car au commencement ces effets ne sont pas si grands & on ne sçauroit s'en asseurer à cause qu'ils ne sont pas confirmez par les œuvres; mais on croist en vertu à mesure que l'on travaille à corriger jusques à ses moindres imperfections que j'ay dit se pouvoir comparer à des toiles d'araignées, ce qui demande un peu de temps: & plus l'amour & l'humilité croissent dans l'ame, plus l'odeur des vertus qui sont ses fleurs se fait sentir à ceux qui les pratiquent & aux autres. Il est vray neanmoins que Dieu opere quelquefois de telle sorte dans ces ravissemens, que l'ame peut sans un grand travail acquerir la perfection. Il faut l'avoir éprouvé pour croire de quelle maniere il y agit sans qu'elle puisse ce me semble y rien contribuer de sa part: ce qui n'empêche pas qu'avec son assistance & avec l'aide des écrits qui traitent de l'oraison, elle n'arrive aussi à un grand détachement; mais ce n'est qu'en plusieurs années & avec beaucoup de travail; au lieu qu'icy c'est en peu de temps & sans que nous y contribuions rien, parce qu'il plaist à N. Seigneur d'élever tout d'un coup de telle sorte l'ame au dessus de la terre & l'en rendre la maistresse, qu'elle la voit sous ses pieds, quoy que cette ame ne s'en soit pas renduë plus digne que j'avois fait: ce qui est le plus que l'on puisse dire, puis que l'on ne sçauroit moins y contribuer que j'y avois contribué. Que si l'on m'en demande la raison je n'en sçay point d'autre sinon, que c'est la volonté de ce souverain Monarque qui fait tout ce qui luy plaist, & qu'ainsi encore que cette ame ne soit pas disposée par elle-même à recevoir une si gráde faveur, il l'y dispose & la luy accorde. Ce n'est donc pas tousiours à cause qu'on l'a merité par le soin que l'on a pris de bien cultiver ce iardin spirituel que Dieu fait de si grandes graces, quoy qu'il soit certain qu'il ne manque iamais de recompenser tres liberalement ceux qui y travaillent avec grand soin, & qui tâchent de se détacher de l'affection de toutes les creatures: mais c'est parce qu'il veut quelquefois faire connoistre la grandeur infinie de son pouvoir en répandant avec tant d'abondance ses faveurs sur la terre de nostre cœur, qu'au lieu qu'elle estoit auparavant si ingrate, elle devienne si fertile en bonnes œuvres qu'il semble que l'on soit desormais incapable de retomber dans les offenses que l'on commettoit contre luy.

Lors qu'une ame est en cet estat elle connoist si clairement la verité & conçoit tant d'amour pour elle, qu'elle considere tout le reste comme un ieu de petits enfans, & entre dans un tel mépris de l'honneur du monde qu'elle ne peut voir que comme une chose digne de risée que des personnes graves, des personnes d'oraison & religieuses en tiennent encore quelque compte, sous pretexte que la

Q ij

prudence les oblige d'en user ainsi pour conserver l'autorité du rang dans lequel ils sont, & estre ainsi plus utiles aux autres. Cette personne sçait tres bien que si au cõtraire ils méprisoient pour l'amour de Dieu l'autorité attachée à leur rang & à leur estat, ils profiteroiét plus en un iour qu'ils ne font en dix ans avec le desir de la conserver. Ainsi l'ame se trouve dans un estat tres penible, & marche sans cesse dans un chemin plein de croix : mais elle y fait un si grand progrez que lors que ceux qui ont connoissance de sa vertu croyent qu'il ne s'y peut rien aioûter, Dieu qui prend plaisir à la combler de nouvelles graces la fait passer encore plus avant. Il est l'ame de cette ame : il en prend un soin tout particulier: il l'éclaire de ses lumieres : il veille sans cesse sur sa conduite pour l'empêcher de l'offenser: il la favorise de ses graces, & l'excite à le servir.

Lors qu'il eut plû à sa divine Maiesté de me faire une si grande faveur tous mes maux s'évanoüirent : la force qu'il me donna les dissipa; & non seulement ie ne recevois plus de preiudice de me trouver dans les occasions, & avec les personnes qui me nuisoient auparavãt, mais i'en tirois du profit : tout me servoit pour admirer encore davantage la grandeur infinie de Dieu, pour l'aimer plus que iamais, & pour mieux connoistre les obligations que ie luy avois.

Ie voyois donc bien que cette force ne venant point de moy i'en estois redevable à la seule bõté de Dieu; & depuis qu'il m'a eu favorisée de ces ravissemens elle a toûiour esté en augmentãt : il m'a tenuë par la main pour m'empêcher de retourner en arriere, & ie connois manifestemẽt que c'est luy qui agit en moy. Ainsi ie suis persuadée que pourveu qu'une personne à qui il fait de si grandes graces marche avec humilité & avec crainte: qu'elle recõnoisse qu'elle ne les tient que de sa seule bõté & n'y a presque rien contribué, elle pourra cõverser avec qui que ce soit, & en tirer plus de profit que de dõmage.

Dieu choisit ainsi certaines ames, les remplit d'une force à laquelle elles n'ont presque point de part afin de les rendre capables de servir à d'autres, & leur communique alors de grands secrets. Elles ont dans ces ravissemens, & dans ces extases de veritables revelations, des visions merveilleuses, & y reçoivent d'autres faveurs qui augmentent de plus en plus leur humilité, leur force, leur mépris de toutes les choses de la terre, & leur font encore mieux connoistre la grãdeur des recompenses que Dieu prepare dans un autre monde à ceux qui luy sont fidelles. Ie le prie de tout mon cœur que l'extreme liberalité dont il a usé envers cette miserable pecheresse serve à exciter ceux qui liront cecy de renoncer à tout pour l'amour de luy, en considerant ce que nous devons attendre de son infinie bonté dans une autre vie, puisqu'il nous paye avec tant d'usure mesme en celle-cy les services que nous luy rendons.

CHAPITRE XXII.

Qu'il ne faut pas porter nostre esprit à une contemplation trop élevée si Dieu même ne l'y porte. Erreur où la Sainte dit qu'elle avoit esté de n'oser envisager l'humanité de IESUS-CHRIST, *dans la creance que ce luy estoit un obstacle pour arriver à une oraison plus sublime.*

JE remarqueray icy une chose qui me paroist importante, & qui pourra, mon Pere, si vous l'approuvez servir d'un avis utile à quelques personnes. C'est que l'on voit dans certains livres qui traitent de l'oraison, qu'encore qu'une ame ne puisse par elle-méme arriver à l'estat dont j'ay parlé à cause que c'est une chose surnaturelle & que Dieu seul opere en elle, elle pourra y contribuer en élevant avec humilité son esprit au dessus de toutes les choses creées aprés avoir passé plusieurs années dans la vie purgative, & s'estre avancée dans l'illuminative, qui est un mot que je n'entens pas bien, si ce n'est qu'il signifie que l'ame ait fait du progrez dans la vertu. Ces livres recommandent fort ensuite de ne se rien imaginer de corporel & de contempler seulement la divinité, parce, disent-ils, que l'humanité même de IESUS-CHRIST embarasse ceux qui sont déja si avancez dans l'oraison, & les empesche d'arriver à une contemplation plus parfaite. Ils alleguent sur cela les paroles de IESUS-CHRIST à ses Apostres lors de son Ascension dans le Ciel avant la venuë du S. Esprit : mais il me semble que si les Apostres eussent crû deslors aussi fermement qu'ils le crûrent aprés la venuë du S. Esprit, que IESUS-CHRIST estoit Dieu & homme tout ensemble, la veuë de son humanité n'auroit pû servir d'obstacle à leur plus sublime contemplation, puis qu'il n'a rien dit de cela a sa sainte Mere, quoy qu'elle l'aimast plus qu'eux tous. Ce qui fait entrer ces contemplatifs dans ce sentiment, c'est qu'il leur semble que comme la contemplation est une chose toute spirituelle, la representation des corporelles ne sçauroit qu'y nuire, & que ce que l'on doit tâcher de faire est de se considerer comme environné de Dieu de toutes parts, & tout abysmé en luy. Cette derniere pensée se peut à mon avis pratiquer quelquefois utilement : mais quant à se separer d'une partie de IESUS-CHRIST en se separavant de la veuë de sa sacrée humanité, & la mettre ainsi au rang de nos miserables corps & du reste des choses creées, c'est ce que je ne sçaurois du tout souffrir : & je le prie de me faire la grace de me bien expliquer sur ce sujet. Je ne pretens pas disputer contre les auteurs de ces livres : je sçay qu'ils sont sçavans & spirituels ; qu'ils ne parlent pas sans sçavoir sur quoy ils se fondent, & que Dieu se sert de divers moyés pour attirer des ames à luy comme il luy a plut d'attirer la mienne. Sans m'engager donc à parler de tout le reste je veux seulement rapporter icy le peril où je me trouvay pour avoir voulu pratiquer sur ce sujet ce que je trouvois dans ces livres. Ie n'ay pas peine à croire que celuy qui sera arrivé à l'oraison d'union sans passer jusques aux ravissemens, aux visions, & aux autres graces extraordinaires que Dieu fait à quelques ames, estimera ne pouvoir rien faire de mieux que de suivre l'avis porté dans ces livres, ainsi que j'en estois persuadée. Mais si j'en fusse demeuré-là & n'eusse point changé de sentiment, je ne serois jamais arrivée à l'estat où il a plu à Dieu de me mettre, parce qu'à mon avis il y a en cela de la tromperie. Peut-estre me trompay-je moy-même, & l'on en pourra juger par ce que je vay dire.

N'ayant point alors de directeur ie croyois que la lecture de ces livres pourroit peu à peu m'instruire: mais ie connus dans la suite que si Dieu ne m'eust luy-même donné de l'intelligence ils ne m'auroient de guere servy, parce que ce qu'ils m'apprenoient n'estoit presque rien jusques à ce qu'il me l'eust fait comprendre par ma propre experience. Ainsi ie ne sçavois ce que ie faisois & quand ie commençay à entrer un peu dans l'oraison de quietude ie tâchois d'éloigner de ma pensée toutes les choses corporelles, & n'osois élever mon ame à Dieu, parce qu'estant tousiours si imparfaite ie croyois qu'il y auroit en cela trop de hardiesse. Ie sentois neanmoins ce me sembloit la presence de Dieu: en quoy ie ne me trompois pas, & faisois tout ce que ie pouvois pour ne me point éloigner de luy. Comme la satisfaction & l'avantage que l'on croit trouver dans cette maniere d'oraison la rendent tres-agreable, rien n'auroit esté capable de me faire arrester mes pensées à l'humanité de N. Seigneur, à cause qu'il me paroissois que ce m'auroit esté un obstacle au contentement dont ie iouyssoit.

" O Dieu de mon ame IESUS CHRIST crucifié qui estes mon souverain
" bien, je ne me souviens iamais sans douleur de cette folle imagina-
" tion que i'avois alors, parce que ie ne puis la considerer que comme
" une grande trahison que ie vous faisois, quoy que ce ne fust que par
" ignorance.

Lors que cecy m'arriva Dieu ne m'avoit point encore donné de ravissemens & de visions, & i'avois tousiours auparavant eu une grande devotion à cette humanité sacrée de N. Seigneur. Ie ne demeuray guere dans cette erreur, & n'ay iamais cessé depuis de ressentir une grande ioye d'estre en la presence de IESUS CHRIST, principalement quand ie communie, & ie voudrois tousiours alors avoir quelqu'une de ses images devant mes yeux afin de l'imprimer encore plus fortement dans mon ame. Est-il possible, ô mon Sauveur,
" qu'il me soit entré dans l'esprit durant seulemét une heure, que vous
" m'auriez esté un obstacle pour m'avancer dans la pieté: & quel bien

CHAPITRE XXII.

ay-je receu que par vous qui estes la source eternelle de tous les " biens? Ie ne veux pas croire que i'aye peché en cela: ce me seroit une " trop grande douleur. Ie suis persuadée de n'avoir failly que par igno- " rance, & qu'ainsi vous vouluftes y remedier par vostre bonté en fai- " sant que l'on me tirast de cette erreur, & en vous montrant depuis " tant de fois à moy comme ie le diray dans la suite, afin de me faire " encore mieux connoistre la grandeur de mon aveuglement, & qu'a- " près l'avoir dit, comme i'ay fait à tant de personnes ie le declarasse " encore icy. I'attribuë à cette cause ce que la plufpart de ceux qui arrivent iusques à l'oraison d'union ne passent pas plus avant, & ne iouyssent pas d'une grande liberté d'esprit.

Deux raisons me le font croire, quoy que peut-estre ie me trompe: mais ie ne diray rien don ie n'aye l'experience, m'estant tres mal trouvée de détourner ainsi ma veuë de l'humanité de IESUS-CHRIST, iusques à ce qu'il m'ait fait connoistre ma faute : car les contentemens & les consolations que ie receuois n'estoient que par intervalles à cause que ie ne me trouvois pas au sortir de l'oraison dans la compagnie de IESUS CHRIST comme i'ay fait depuis, & qu'ainsi ie n'avois pas la force qu'il me donne maintenant pour supporter les travaux & les tentations.

La premiere de ces deux raisons est, qu'il y avoit en cela un défaut d'humilité, quoy qu'il fust si caché que ie ne m'en appercevois point. Car qui est celuy qui encore qu'il ait passé toute sa vie en travaux, en penitences, en prieres, & souffert toutes les persecutions imaginables, sera comme ie l'estois, si superbe & si miserable, que de ne se trouver pas trop dignement recompensé lors que Nostre Seigneur luy permet d'estre avec S. Iean au pied de sa croix : Quel autre que moy auroit esté capable de ne se pas contenter d'une si grande faveur, ainsi que ie n'en estois pas alors contente, parce que i'estois si malheureuse que detourner à ma perte ce qui auroit dû me profiter ?

Que si nostre complexion & nostre infirmité ne nous permettent pas de considerer ce divin Sauveur dans les tourmens de sa passion accablé de travaux & de douleurs, persecuté de ceux à qui il avoit fait tant de bien, dechiré de coups, nageant dans son sang, & abandonné de ses Apostres, parce que ce nous seroit une peine insupportable : qui nous empêche de demeurer en sa compagnie depuis qu'il est ressuscité, l'ayant maintenant si prez de nous dans l'Eucharistie plein de gloire, & tel qu'il estoit lors qu'avant que de monter dans le ciel il animoit & encourageoit les siens à se rendre dignes de regner un iour eternellement avec luy ! S'il semble, ô mon Sauveur, par la faveur que vous nous faites d'estre tousiours proche de nous dans ce tres-saint & Auguste Sacrement, que vous ne puissiez durant un seul moment nous quitter; comment ay-ie peu m'éloigner de vous sous pretexte de vous mieux servir? Lors que je vous offensois je ne vous connoissois pas bien encore: mais qu'aprés vous avoir connu je me sois éloignée de vous dans la creance de prendre un meilleur chemin, c'est ce que ie ne puis maintenant cōprendre. N'estoit-ce pas au contraire m'égarer entierement: & cét égarement n'auroit il pas toûjours duré si vous ne m'eussiez remise par vostre bonté dans la bonne voye,& donné sujet de ne rien craindre en me trouvant si proche de vous, parce qu'on ne peut rien apprehender en la compagnie d'un protecteur tout-puissant, & qui est la source de tous les biens?

Il ne m'est point depuis arrivé de peines que je n'aye souffertes avec joye me voyant en la compagnie d'un amy si genereux qu'il ne manque jamais de nous assister, & d'un capitaine si vaillāt qu'il s'expose le premier au peril pour nous garentir & pour nous sauver. I'ay connu clairement que pour plaire à Dieu & obtenir de luy de grandes faveurs,il veut que nous les luy demandions & les recevions par Iesus-Christ son Fils Dieu & homme,en qui il a dit qu'il prenoit son bon plaisir. Ie l'ay éprouvé diverses fois: N. Seigneur me l'a dit luy-même; & je voy clairement que c'est le chemin que nous devons tenir, & la porte par laquelle nous devons entrer si nous desirons que sa suprême Majesté nous revele de grands secrets.

Ainsi, mon Pere, quoy que vous soyez arrivé au comble de la contemplation, ne prenez point, s'il vous plaist, un autre chemin. On ne sçauroit s'égarer en le suivant: c'est par ce divin Sauveur que nous devons pratiquer toutes les vertus: il nous en apprend les moyens : il nous en dōne l'exemple dans sa vie: il en est le parfait modele; & que pouvons-nous desirer davantage que d'avoir toûjours à nos costez un tel amy, qui ne nous abandonne jamais dans les travaux & dans les souffrances comme font les amis du monde? Heureux donc celuy qui l'aime veritablement & se tient toûjours auprés de luy: ne voyons-nous pas que le glorieux S. Paul avoit continuellement son nom dans la bouche parce qu'il l'avoit profondement gravé dans le cœur; & depuis que j'ay connu cette verité & consideré avec soin la vie de quelques Saints grands contemplatifs, i'ay remarqué qu'ils n'ont point tenu d'autre chemin. On le voit dans S. François par l'amour qu'il avoit pour les playes de ce divin Sauveur; dans S. Antoine de Padoüe par son affection pour sa sacrée & divine enfance; dans S. Bernard par le plaisir qu'il prenoit à considerer sa tres sainte humanité; dans sainte Catherine de Sienne par la devotion qu'elle y avoit, & dans plusieurs autres Saints dont vous estes, mon Pere, beaucoup mieux instruit que moy.

Ie ne doute point qu'il ne soit bon de détacher sa pensée des choses corporelles puis que tant de personnes spirituelles le disent; mais ce ne doit estre que lors que l'on est fort avacé dans l'exercice de l'o-
raison

CHAPITRE XXII.

raison : car il est évident que jusques-là il faut chercher le Createur par les creatures selon la grace que N. Seigneur fait à chacun, dont ie n'entreprens point de parler. Ce que je pretens seulement dire & que je voudrois pouvoir bien expliquer parce que l'on ne sçauroit trop le remarquer, c'est que l'on ne doit point mettre en ce rang la tres sacrée humanité de Iesus-Christ.

Lors que Dieu suspend toutes les puissances de l'ame en la sorte que nous l'avons veu dans les diverses manieres d'oraison dont j'ay traité, il est évident que quand même nous ne le voudrions pas nous perdons alors cette presence de l'humanité de Iesus Christ : mais nous aurions tort de nous plaindre d'une si heureuse perte, puis que nous acquerons par elle un bonheur encore plus grand que celuy qu'il nous paroist avoir perdu. Car l'ame s'occupe alors toute entiere à aimer celuy que son entendement avoit travaillé à luy faire connoistre : elle aime ce qu'elle ne comprenoit point auparavant, & possede un bien dont elle ne pouvoit jouyr qu'en se perdant elle même comme ie l'ay dit, pour gagner beaucoup plus qu'elle ne perd. Mais que nous employons tous nos efforts pour éloigner de nostre veuë cette tres-sainte humanité de Iesus-Christ ; c'est ce que ie repete encore ne pouvoir du tout approuver, parce qu'il me semble que c'est marcher en l'air comme l'on dit d'ordinaire, & sans appuy quoy que l'on s'imagine estre plein de Dieu.

Puis que nous sommes hommes il nous importe extrêmement durant que nous sommes en cette vie de nous representer Iesus-Christ comme homme aussi bien que comme Dieu, qui est l'autre point dont j'ay a parler. Quant au premier j'avois déja commencé à dire que l'ame ne peut sans quelque petit defaut d'humilité vouloir s'élever plus haut que Nostre Seigneur ne l'éleve en ne se contentant pas de prendre pour sujet de sa meditation une chose aussi precieuse qu'est l'humanité de Iesus Christ, & pretendre de ressembler à Magdeleine avant que d'avoir travaillé avec Marthe. Que s'il veut dés le premier jour luy accorder cette grace il n'y a point alors sujet de craindre : mais quand à nous, humilions-nous comme je croy l'avoir déja dit : car encore que ce petit defaut d'humilité paroisse n'estre presque rien, il peut nous estre un grand obstacle pour nous avancer dans la contemplation.

Il faut revenir maintenant à mon second point. Comme nous ne sommes pas des Anges, mais des hommes revestus d'un corps mortel, nous pourrios sans folie ne vouloir passer pour des Anges tandis que nous sommes encore sur la terre, & aussi enfoncez que ie l'estois dans les miseres de cette vie. Ainsi bien que quelquefois nostre ame soit si pleine de l'esprit de Dieu que s'élevant au dessus d'elle-même elle n'a point besoin pour se recueillir de considerer aucune des cho-

R

ses crées, elle en a d'ordinaire besoin pour arrester ses pensées, & particulierement dans les peines, les travaux, les persecutions, & les secheresses qui troublent sa tranquilité & son repos. Car nous representant alors que Iesus-Christ a souffert en qualité d'homme les mesmes peines, nous éprouvons combien son assistance nous est necessaire; & il nous sera facile de nous trouver ainsi proche de luy si nous nous y accoustumons. Il arrivera neanmoins peut-estre que l'on ne pourra faire ni l'un ni l'autre de ce que je viens de dire : & alors on éprouvera quel est l'avantage de ne point rechercher de consolations spirituelles, & qu'au contraire il y en a un tres-grand d'estre toûjours resolu quoy qu'il arrive d'embrasser de bon cœur la croix. Nostre divin Sauveur ne s'y est-il pas veu privé de toute consolation ? & si ses disciples l'ont abandonné dans ses travaux devons-nous les imiter ? Il s'éloigne ou s'approche de nous & éleve nostre ame au dessus d'elle méme selon qu'il juge nous estre plus utile. Tous nos efforts sont vains sans son assistance, & nous n'avons qu'à le laisser faire.

Il se plaist a voir une ame prendre avec tant d'humilité son Fils pour mediateur auprés de luy, que lors qu'il veut l'élever à un haut degré de contemplation elle s'en reconnoisse si indigne qu'elle luy dise avec saint Pierre : *Retirez-vous de moy, Seigneur; car ie suis homme pecheur.* Ie l'ay éprouvé, & ç'a esté la conduite que Dieu a tenuë sur moy. D'autres prendront un autre chemin : tout ce que je puis comprendre de celuy-cy est que cet édifice de l'oraison estant fondé sur l'humilité, plus l'ame s'abaisse, plus Dieu l'éleve. Ie ne me souviens point qu'il m'ait jamais fait aucune de ces graces signalée dont je parleray dans la suite, que quand j'estois dans une telle confusion de me voir si imparfaite & si miserable que ie ne sçavois que devenir & c'estoit alors que pour m'aider à me connoistre moy mesme il me faisoit entendre des choses que ie n'eusse jamais pû m'imaginer.

Ie suis persuadée que si dans cette oraison d'union l'ame veut s'efforcer d'y contribuer, quoy qu'il luy paroisse sur l'heure que cela luy sert, elle tombera bien-tost, & apprendra par sa chûte qu'elle avoit basty sur un mauvais fondement. I'apprehende mesme beaucoup pour elle qu'elle n'arrive jamais à la veritable pauvreté d'esprit, qui consiste á ne chercher aucune consolation non seulement dans les choses de la terre ausquelles elle doit deja avoir renoncé, mais dans l'oraison ; à ne mettre sa satisfaction qu'à souffrir pour celuy qui a passé pour l'amour de nous toute sa vie dans la souffrance, & à demeurer tranquille dans ses travaux & ses secheresses sans s'en inquieter quoy qu'elle les sente, ni s'en tourmenter ainsi que font certaines personnes qui s'imaginent que tout est perdu si leur entendement n'agit sans cesse, & si elles n'ont une devotion sensible comme

CHAPITRE XXII.

si elles pouvoient par leur travail meriter un si grand bien. Ie ne pretens pas neanmoins que l'on manque de faire tout ce que l'on peut pour se tenir en la presence de Dieu : Ie dis seulement que quand méme on n'auroit pas une seule bonne pensée il ne faut pas pour cela se desesperer. Car estant comme nous sommes des serviteurs inutiles, ne seroit-ce pas nous flater que de nous croire propres à quelque chose?Dieu veut pour nous faire connoistre nostre impuissance nous rendre semblables à de petits asnons, qui encore qu'ils ayent les yeux bandez & ne sçachent ce qu'ils font lors qu'ils tournent la rouë de la machine avec laquelle on tire de l'eau, en fournissent plus que le jardinier avec toute sa peine & tout son travail.

On doit marcher sans contrainte dans ce chemin en s'abandonnant entre les mains de Dieu. S'il veut nous élever aux principales charges de sa maison, & nous honorer de sa confiance, recevons de si grandes faveurs avec joye: sinon servons le avec plaisir dans les emplois les plus bas & les plus vils, sans estre si hardis que de nous asseoir aux premieres places ainsi que ie l'ay dit ailleurs. Il sçait mieux que nous a quoy nous sommes propres: & aprés luy avoir donné nostre volonté devós-nous pretendre qu'il nous soit permis de nous conduire selon nôtre fantaisie ! Cela nous seroit moins pardonnable que dans le premier degré d'oraison & nous nuiroit beaucoup davantage, parce que les biens dont il s'agit sont surnaturels. Vn homme qui a mauvaise voix peut-il par les efforts qu'il fait pour chanter la rendre bonne? Et s'il l'a bonne naturellement, quel besoin a-t-il de se tourmenter? Nous pouvons bien prier Dieu de nous favoriser de ses graces ; mais avec soûmission & confiance en sa bonté. Puis qu'il nous permet d'estre aux pieds de Iesus Christ tâchons de n'en point partir: demeurons-y en quelque maniere que ce soit à l'imitation de la Magdeleigne & quád nôtre ame sera plus forte il la côduira dás le desert.

C'est, mon Pere, ce que je vous conseille de faire jusques à ce que vous ayez trouvé quelqu'un qui en soit plus instruit que moy & qui en ait plus d'experience. Mais si ce sont des personnes qui ne fassent que commencer à gouster les douceurs qui se rencontrent dans l'oraison, ne les croyez pas, parce qu'elles se persuadent qu'il leur est avantageux de contribuer quelque chose pour se les procurer. O que Dieu quand il luy plaist fait sans ces petits secours voir manifestement sa puissance ! quoy que nous puissions faire & quelque resistance que nous y apportions il enleve nostre ame comme un geant enleveroit une paille. Que s'il vouloit qu'un crapaut volat, peut on croire qu'il attendroit que cet animal prist par luy-mesme l'effort pour s'élever vers le Ciel?& n'est-il pas encore plus difficile à nostre esprit de reüssir sans l'assistance de Dieu dans une chose si surnaturelle estant comme il est tout chargé de terre & arresté par mille

R ij

& mille autres obstacles? car bien qu'il soit par sa nature plus capable de voler que le crapau, le peché l'a tellement enfoncé dans la fange qu'il luy a fait perdre cet avantage.

Ie finiray cecy en disant que toutes les fois que nous pensons à IESUS-CHRIST nous devons nous representer quel est l'amour qui l'a porté à nous faire tant de graces, & combien grand est celuy que son Pere Eternel nous a témoigné en nous en donnant un tel gage qu'est celuy de nous avoir donné son propre Fils : car l'amour attire l'Amour. Ainsi quoy que nous ne fassions que commencer & soyons de grands pecheurs, nous devons nous efforcer d'avoir toûjours devant les yeux ce que ie viens de dire afin de nous exciter à aimer Dieu, puis que s'il nous fait une fois la grace de nous imprimer cela dans le cœur nous nous verrons bien tost en estat de ne trouver rien de difficile pour son service. Ie le prie de vouloir par l'amour qu'il a pour nous, & par celuy que son glorieux Fils nous a témoigné aux dépens de sa propre vie, nous remplir de cette sainte ardeur qu'il sçait nous estre si necessaire.

Ie voudrois bien, mon Pere, vous demander d'où vient qu'apres que Dieu a fait une si grande faveur à une ame que de la mettre dans une parfaite contemplation, il ne luy donne pas aussi-tost toutes les vertus comme apparemment elle auroit sujet de l'esperer, puis qu'il semble qu'une grace si extraordinaire qu'est celle de ravissemét doit la détacher de tous les sentimens de la terre, & peut la sanctifier en un moment. I'avouë que i'en ignore la raison : mais ie sçay bien qu'il y a de la difference entre la force que donnent au commencement ces ravissemens lors qu'ils ne durent qu'un clin d'œil & ne se sentent presque que par les effets, & entre la force que l'ame en reçoit lors qu'ils durent beaucoup davantage. I'ay souvent pensé que cette difference peut proceder de ce que l'ame ne s'abandonne entierement à Dieu qu'à mesure qu'il l'y pousse, ainsi qu'il opera si promtement cet effet dans la Magdeleine; qu'il agit dans les personnes conformement à la maniere dont elles le laissent disposer d'elles, & que nous devons croire que même dés cette vie il nous recompense au centuple de ce que nous faisons par le desir de luy plaire.

Cette comparaison m'est aussi venuë dans l'esprit : que ces graces si extraordinaires sont comme une excellente viande que Dieu donne à ceux qui s'avancent le plus dans son service: que celles qui n'en mangent qu'un peu ne conservent que durant un peu de temps le goust d'un mets si agreable: que ceux qui en mangent davantage s'en nourrissent : que ceux qui en mangent beaucoup en tirent de la vigueur & de la force; & que l'on peut tant manger de cette divine viande qui donne la vie, qu'elle fait par l'avantage que l'on en reçoit mépriser toutes les autres; le plaisir que l'on y trouve estant si grand que l'on ue voudroit pour rien du monde perdre par le meslange d'une autre nourriture le goust d'une viande si delicieuse à l'ame. Ne voit-ont pas que l'on ne profité pas tant en un jour qu'en plusieurs dans la compagnie d'un Saint : mais qu'en y demeurant long-temps on peut avec l'assistance de Dieu se rendre semblable à luy? Enfin tout dépend de ce souverain Maistre de nos cœurs : il favorise de ses graces qui il luy plaist, & quand il luy plaist; mais il importe extrémement à ceux qui commencent à en recevoir d'en faire l'estime qu'elle meritent, & de prendre une ferme resolution de se détacher entierement de toutes choses.

Il me paroist aussi que Dieu pour augmenter l'amour de ceux qui l'aiment, en se faisant voir à eux dans sa Majesté & dans sa gloire, & ranimer leur esperance des faveurs qu'il leur veut faire laquelle estoit comme morte, les fait jouir de cet inconcevable plaisir, & semble leur dire: ouvrez les yeux & regardez, ce que vous voyez n'est qu'une goutte de cet occean des biens infinis dont ie suis la source. Ce qui montre qu'il n'y a rien qu'il ne veuille faire pour ceux qui l'aiment: & lors qu'ils reçoivent ses graces comme ils doivent, il ne les en honnorent pas seulement, mais il se donne luy-même à eux: car il aime ceux qui l'aiment: & qui merite tant que luy d'estre infiniment aimé? quel autre amy luy est incomparable?

Dieu de mon ame, qui me donnera de paroles pour faire entendre quelles sont vos liberalitez envers ceux qui mettent toute leur confiance en vous, & ce que perdent au contraire ceux qui estant arrivez à un estat aussi heureux que celuy dont j'ay parlé demeurent encore attachez à eux-mêmes? Ne permettez pas, mon Sauveur, qu'un si grand malheur m'arrive aprés la grace que vous m'avez faite de me vouloir honnorer de vôtre presence'& comme prendre quelque repos dans un ame aussi indigne qu'est la mienne de vous recevoir.

Ie vous suplie encore, mon pere, que si vous conferez de ce que ie vous ay écrit touchant l'oraison avec des personnes spirituelles, de prendre garde qu'elles le soint veritablement, parce que si elles ne connoissent en cela qu'une seule voye & qu'elles soint demeurées à moitié chemin, elles ne pourront en bien juger. Il y en a que Dieu éleve bien-tost à un estat fort sublime, & il leur paroist alors que les autres pourront aussi facilement qu'eux y arriver sans se servir de l'entendement & de la consideration des choses corporelles. Ainsi ils font que ces amés demeurent seches & arides & d'autres se trouvant avoir un peu d'oraison de quietude s'imaginêt de pouvoir aussi-tost passer aux manieres d'oraison plus sublimes: ce qui les fait reculer au lieu d'avancer, & montre que l'on a besoin en toutes choses de discretion & d'experience. Dieu veuille s'il luy plaist nous les donner.

CHAPITRE XXIII.

La Sainte reprend le discours de la suite de sa vie, Avantage qu'elle reçoit des excellens avis d'un Gentilhomme de tres-grande vertu & de la conduite d'un Pere de la Compagnie de IESUS à qui elle fit une Confession generale.

IE reviens maintenant à cet endroit de ma vie où j'en estois demeurée, & je crains que cette interruption n'ait trop duré ; mais je l'ay cruë à propos pour mieux faire entendre la suite. C'est donc icy une nouvelle relation d'une vie toute nouvelle. On peut dire que jusques-là ie vivois de ma propre vie ; mais depuis ce que j'ay rapporté des graces que Dieu m'a faites dans l'oraison, il me paroist que c'est Dieu qui a vescu en moy, parce que je ne puis douter qu'il m'auroit autrement esté impossible de renoncer si promptement à tant de mauvaises habitudes. Qu'il soit loüé à jamais de m'avoir ainsi délivrée de moy-mesme.

Lors que je commençay comme je l'ay dit, à fuïr les occasions de luy deplaire & à m'appliquer davantage à l'oraison, il commença à me favoriser de ces graces si extraordinaires. & il me paroissoit qu'il vouloit que ie desirasse de les recevoir. Il me donnoit plus frequemment l'oraison de quietude, & souvent celle d'union qui duroit beaucoup.

Comme dans ce même temps le demon avoit trompé des femmes par des grandes illusions, ie commençay d'apprehender que cet extrême contentement dont ie jouyssois dans l'oraison n'en fust une, & je ne pouvois d'un autre costé douter qu'il ne vint de Dieu, parcequ'au sortir de la priere ie me trouvois meilleure & plus forte qu'auparavant : mais il ne m'arrivoit pas plutost quelque distractiō que ie recommençois de craindre que ce ne fust le demon qui vouloit me faire croire qu'il m'estoit avantageux de ne me point servir de l'entendement, afin de me porter par cet artifice à abandonner l'oraison mentale, & m'empescher de penser à la passion de nostre Seigneur : en quoy mon peu de lumiere me persuadoit que j'aurois plus perdu que je ne gagnois dans une oraison plus sublime. Dieu voulant alors éclairer mes tenebres afin que je ne l'offensasse plus, & me faire connoistre combien je luy estois redevable, cette crainte s'augmenta de telle sorte qu'elle m'obligea de rechercher avec soin des personnes spirituelles à qui j'en pusse parler. I'en connoissois déja quelques-uns : car j'avois sçeu qu'il estoit arrivé des Peres de la Compagnie de IESUS aux quels j'estois fort affectionnée sans en connoistre neanmoins aucun ; mais seulement sur ce que l'on m'avoit dit de leur fa-

CHAPITRE XXIII.

çon de vivre & de leur maniere d'oraison: mais ie ne me trouvois pas digne de leur parler, ni ne me sentois pas avoir la force d'executer ce qu'ils m'ordonneroient: ce qu'il augmentoit encore mon apprehension & ma peine, parce qu'il me sembloit qu'estant telle que j'estois il n'y avoit guere d'apparence de traiter avec eux.

Ces apprehensions & ces peines continuerent durant quelque temps: mais enfin aprés tant de combats qui se passerent dans mon esprit je resolus pour ne rien oublier de ce qui dépendoit de moy afin de ne point offenser Dieu, de parler à quelque personne spirituelle de la maniere de mon oraison, pour connoistre par son moyen s'il y avoit de l'erreur, à cause comme ie l'ay dit, que ma foiblesse me donnoit suiet de craindre. Mais qu'elle tromperie, mon Dieu, peut estre plus grande que de s'éloigner comme ie faisois de ce qui est le meilleur par le desir d'estre meilleure?

Ce que ie ne pouvois gagner de moy-méme de faire une chose qui m'auroit esté si utile montre combien grands sont les efforts du demon pour empescher ceux qui commencent à embrasser la vertu de communiquer avec des serviteurs de Dieu, parce qu'il sçait que rien ne leur est si avantageux. Ainsi ie ne pouvois m'y resoudre: i'attendois que ie fusse meilleure, de mesme que quand ie cessay de faire oraison; & i'en serois peut-estre toûjours demeurée là, estant si avant engagée dans des choses qui bien que mauvaises en effet me paroissoient si peu importantes, que ie n'aurois iamais compris combien elles m'estoient preiudiciables si on ne me l'eust fait connoistre & donné la main pour m'aider à me relever. Beny soyez-vous à iamais, mon Sauveur d'avoir esté le premier qui me secourustes dans ce besoin.

Quand ie vis que plus ie m'avançois dans l'oraison, & plus ma crainte augmentoit, ie creus qu'il y avoit en cela quelque grád bien, ou quelque grand mal: Car ie connoissois clairement que c'estoit une chose surnaturelle, parce que je ne pouvois ni resister a ces mouvemens, ni les avoir quand je l'aurois voulu. Ainsi ie pensay que le mieux que je pouvois faire pour n'avoir rien sur ma conscience estoit d'éviter toutes les occasions d'offenser Dieu, quád ce ne seroit qu'en des choses venielles, puis que si ce qui se passoit en moy venoit de son esprit ie profiterois beaucoup de cette conduite, & que si c'estoit une tentation du demon, luy seul y perdroit & non pas moy. Aprés avoir pris cette resolution, je priois continuellement nostre Seigneur de m'assister: & quelques jours estant passez de la sorte ie reconnus que je n'estois pas assez forte par moy-mesme pour arriver sans aide à une si grande perfection, à cause de la peine que me donnoient certaines choses qui bien qu'elles ne fussent pas fort mauvaises en elles mesmes estoient capables de ruiner tout ce que ie faisois de bien.

Lors que j'estois dans ces pensées j'appris qu'il y avoit en ce lieu là un Prestre sçavant, & dont nostre Seigneur commençoit à faire éclater la vertu & la sainteté. Ie desiray de le voir, & employay pour cela un Gentil-homme éminent en vertu qui demeuroit aussi au méme lieu. Il est marié : mais cet engagement n'empesche pas que sa vie ne soit si exemplaire, sa bonté si grande, sa charité si ardente, & son oraison si sublime, qu'on peut dire qu'il est admirable en tout & il est aimé & reveré avec raison de tout le monde, à cause des avantages que plusieurs ames ont receu par son moyen. Car les talens dont Dieu l'a favorisé son tels qu'encore que sa condition ne paroisse pas favorable pour les employer, ils ne sçauroient demeurer inutiles. Il a extrémement de l'esprit : il n'y a rien dont il ne soit capable, sa conversation est si douce & si agreable que se trouvant jointe á une vie si sainte il gagne le cœur de tous ceux avec qui il traite, & il ne s'en sert, que pour les servir, n'ayant point d'autre plaisir que d'obliger ceux à qui son assistance peut estre utile. Ie pense avoir sujet de croire que ce saint Gentilhomme fut par sa sage conduite l'une des premieres causes de mon salut ; & ie ne sçaurois trop admirer l'excez d'humilité qui luy fit desirer de me voir. Il y avoit plus de quarante ans qu'il s'occupoit à l'oraison & vivoit dans toute la perfection que son estat pouvoit porter. Sa femme qui estoit aussi une grande servante de Dieu estoit si charitable qu'elle n'avoit garde de le détourner de faire de bonnes œuvres; & elle temoignoit en tout estre si digne de luy, qu'il paroissoit que c'estoit un present qu'il avoit receu de la main de Dieu. Il y avoit alliance entre leurs parens & les miens & ils avoient une estroite liaison avec une autre Gentil-homme aussi tres-verteuex qui avoit épousé une de mes cousines, & estoit fort amy de l'Ecclesiastique dont j'ay parlé. Ce fut par son moyen que ce bon Prestre me vinst voir, & ie me trouvay dans une tres-grande confusion devant un homme si saint. Ie luy declaray l'estat de mon ame & de mon oraison, & voulus me confesser à luy, & le prendre pour mon directeur : mais il s'en excusa sur ses occupations qui estoient en effet tres-grandes. Comme il jugeoit de moy par mon oraison il me creut beaucoup plus forte que ie n'estois, & telle que j'aurois du estre. Ainsi il voulut me porter tout d'un coup à une si grande perfection que je n'offensasse Dieu en aucune sorte. Cette proposition de renoncer sans differer à de petites choses dont je ne me sentois pas avoir la force de me dégager tout-à-fait si prótement m'affligea. Il me parut que ce qu'il estimoit se pouvoir faire à l'heure même avoit besoin de plus de temps. Et enfin ie reconnus que les moyens qu'il proposoit ne m'estoient pas propres, & n'estoient bons que pour des personnes plus parfaites que je n'estois, puis qu'encore que Dieu me favorisast de tant de graces, je n'estois,

que

CHAPITRE XXIII.

que dans les commencemens de la vertu & des mortifications : & je suis persuadée que si j'eusse continué de communiquer avec luy, il n'eust jamais remedié à mes maux, parce que ma douleur de ne pas faire ce qu'il me conseilloit & de ne le pouvoir ce me sembloit, estoit si grande qu'elle m'auroit fait tout abandonner & jettée dans le desespoir. Sur quoy i'admire quelquefois comment il se peut faire que cet estat Ecclesiastique ayant une grace si particuliere pour commencer à avancer les ames dans la pieté, Dieu ne permit pas qu'il connut l'estat de la mienne & refusast de se charger de ma conduite. Mais ie voy bien maintenant que ce fut pour mon plus grand bien, & afin de me donner la connoissance de personnes aussi saintes que sont ceux de la compagnie de Iesus.

Ce saint Gentil-homme dont i'ay premierement parlé me promit alors de venir quelquefois me voir, & fit paroistre par là combien grande estoit son humilité de vouloir bien traiter avec une personne aussi imparfaite que i'estois. Il commença par m'encourager & me dire que ie ne devois pas m'imaginer de pouvoir tout faire en un jour, mais que Dieu me détacheroit peu à peu des choses ausquelles il me faloit encore renoncer, comme il le sçavoit par experience ayant passé quelques années sans pouvoir se dégager de quelques-unes quoy qu'elles parussent fort legeres. O humilité! quel bien ne produisez-vous point dans une ame où vous establissez vostre demeure, & quel avantage ne reçoit on point de s'approcher de ceux qui sont humbles? Ce Saint, car je pense pouvoir avec raison le nommer ainsi, pour me soulager dans mes peines me racontoit de luy-même certaines choses que son humilité luy persuadoit estre en luy de grandes foiblesses, comme en effet, c'en auroit esté en moy dans la profession religieuse que j'avois embrassée, mais qui dans celle où il se trouvoit ne pouvoient passer pour des fautes ny pour des imperfections.

Ce n'est pas sans sujet que je m'estens sur ces particularitez, parce que l'on ne sçauroit croire sans l'avoir éprouvé combien elles sont importantes pour commencer de profiter à une ame & luy montrer avant même qu'elle ait des aisles, de quelle maniere il faut voler. I'espere, mon Pere, de la bonté de Dieu, que vous vous servirez avantageusement de voir que tout mon bon-heur vint de l'humilité & de la charité avec laquelle ce saint Gentil-homme remedia à mes imperfections, en souffrant avec tant de patience que je ne m'en corrigeasse pas aussi-tost entierement. Il agissoit avec une extrême discretion, se contentoit de me faire avancer peu à peu, & m'instruisoit des moyens de surmonter & de vaincre les demons. Ie conçus une si grande affection pour luy que nul autre contentement ne m'estoit égal à celuy que je recevois de ses visites : mais elles estoient rares ; & je ne pouvois sans beaucoup de peine voir qu'elles le fussent plus qu'à l'or-

S

dinaire, parce que ie croyois que mes pechez en eſtoient la cauſe.

Lors que ie luy eus fait connoiſtre mes grandes imperfections qui eſtoient peut-eſtre des pechez, quoy que ie fuſſe moins imparfaite depuis que i'avois eu ſa connoiſſance, & que ie luy dis les graces que Dieu me faiſoit, afin que les ſçachant il me donnat lumiere pour en bien uſer, il me répondit que l'un ne s'accordoit pas avec l'autre, puis que de ſemblables faveurs de Dieu n'eſtoient que pour des perſonnes parfaites & mortifiées : qu'ainſi il ne pouvoit s'empécher de beaucoup craindre pour moy, à cauſe qu'il luy ſembloit qu'en certaines choſes il y entroit du malin eſprit : qu'il ne voudroit pas neanmoins l'aſſurer ; mais que i'examinaſſe ſoigneuſement tout ce que ie pouvois comprendre de ce qui ſe paſſoit dans mon oraiſon, & que ie le luy rapportaſſe. Cela me mit en grande peine à cauſe que ie ne ſçavois en nulle maniere ce que c'eſtoit que mon oraiſon ; Dieu ne m'ayant fait que depuis peu la grace de le comprendre, & de le pouvoir dire. Ainſi mon affliction fut grande, & ie répandis quantité de larmes, parce que certainement ie deſirois de plaire à Dieu & ne pouvois me perſuader que cela vint du demon : mais la grandeur de mes pechez me faiſoit craindre que Dieu ne m'aveuglat pour m'oſter la connoiſſance de ce qui ſe paſſoit dans ces faveurs qu'il me faiſoit.

Ie lûs des livres qui parlent de l'oraiſon pour voir ſi i'y pourrois remarquer ce qui ſe paſſoit dans la mienne, & ie trouvay dans l'un qui porte pour titre l'Echelle de la montagne, à l'endroit où il parle de l'union de l'ame avec Dieu, toutes les marques de ce que ie diſois ſi ſouvent que ie ne pouvois penſer à rien lors que i'eſtois dans cette maniere d'oraiſon: ie marquay ces endroits dans le livre & les donnay à ce Gentil-homme afin que luy & ce ſaint Eccleſiaſtique aprés les avoir conſiderez me diſent s'ils eſtoient d'avis que j'abandonnaſſe entierement l'oraiſon, puis qu'au lieu d'en profiter aprés m'y eſtre occupée durant prés de vingt ans, ie me trouvois toûjours dans le peril, & trompée par les illuſions du demon. Ce m'eſtoit toutefois une grande peine de penſer à la quitter quand ie me ſouvenois de l'eſtat deplorable où ie m'eſtois veuë lors que i'avois ceſſé de la faire. Ainſi de quelque coſté que ie me tournaſſe ce n'eſtoit pour moy que des ſujets de douleur ; & i'eſtois comme une perſonne, qui ſe trouvant au milieu d'une riviere preſte à ſe noyer, ne voit point de lieu où elle puiſſe aborder qui ne ſoit également dangereux. On peut iuger par là combien grande eſtoit ma peine: & i'en ay eu pluſieurs autres ſemblables comme ie le diray dans la ſuite, parce qu'encore qu'il ne paroiſſe pas importer beaucoup il ſervira peut-être à faire connoître comment on peut éprouver ſi c'eſt par l'eſprit de Dieu que l'on agit. Cette peine eſt aſſurement fort grande, & il faut uſer de prudence

CHAPITRE XXIII.

avec les personnes qui la souffrent principalement si ce sont des femmes a cause de leur foiblesse, & qu'on pourroit extrêmement leur nuire en leur disant clairement que ces consolations & ces douceurs qu'elles ressentent dans l'oraison sont des illusions du demon. Il faut donc marcher en cela avec grande retenuë leur faire éviter toutes les occasions qui pourroient les porter à offenser Dieu, & leur recommander extrêmement le secret, & le leur garder à elles mêmes. I'en parle parce que ie sçay combien ie me suis mal trouvée de ce qu'on ne me l'a pas gardé, lors que ceux à qui ie rendois compte de mon oraison s'en entretenoient avec d'autres pensant bien faire, & publioient ainsi des choses qui auroient dû demeurer secrettes. Ie veux croire que leur intention estoit bonne, & que Dieu l'a ainsi permis pour me faire souffrir. Ie n'entens pas parler en cecy de ce que ie leur disois en confession; mais ie dis seulement que comme ie leur rendois compte de mes peines afin de tirer d'eux quelque lumiere, & n'osois rien cacher à des personnes pour qui i'avois tant de confiance & tant de respect, il me semble qu'ils auroient dû me conserver le secret. I'estime donc que l'on doit agir avec grande discretion dans la conduite des femmes, en les encourageant & en attendant le temps que N. Seigneur les assiste, ainsi qu'il m'a assistée. Car estant dans la crainte où i'estois & travaillée outre cela de grands maux de cœur, ce manquement de secret m'auroit pû estre preiudiciable; & ie ne sçaurois assez m'étonner qu'il ne me l'ait pas beaucoup esté.

Aprés avoir mis ce livre entre les mains de ce Gentil-homme ie luy fis une relation si exacte de ma vie & de mes pechez, qu'encore que ie ne pusse me confesser à luy parce qu'il étoit seculier, ie ne laissay pas de luy donner une connoissance tres particuliere de ma misere. Il confera ensuite avec ce bon Ecclesiastique tous deux examinerent avec une tres-grande charité ce qui me regardoit; & pendant quelques iours que cela dura, ie faisois de mon costé beaucoup de prieres, employois beaucoup de personnes pour me recômander à Dieu, & souffrois beaucoup en attendant la réponse que l'on me rendroit. Enfin elle fut, qu'ils croyoient que ce qui se passoit en moy venoit du demon, & qu'ils me conseilloient de faire prier quelqu'un des Peres de la compagnie de IESUS qui avoient une grande experience dans les choses spirituelles, de me venir voir, de luy rendre compte dans une confession generale de toute ma vie & de mes inclinations avec le plus de clarté que ie pourrois, afin d'augmenter encore sa lumiere par celle que donne ce Sacrement, & d'executer ponctuellement ce qu'il m'ordonneroit, parce que dans le peril où i'estois i'avois besoin d'un bon guide pour me conduire. Cette réponse me donna une telle crainte & me mit dans une si grande peine que tout ce que ie pouvois faire c'estoit de répandre des larmes. Lors que i'estois dans un

S ij

tel accablement de douleur & ne sçavois que devenir, ie trouvay dans un livre que i'ay sujet de croire que Dieu me fit tomber entre les mains, ces paroles de S. Paul: *Que Dieu est fidelle, & ne permet iamais que ceux qui l'aiment soient trompez par le demon.* Cela me consola beaucoup; & ie travaillay ensuite à écrire ma confession avec toute l'exactitude & la clarté qui me fut possible, sans rien oublier autant que ie pû m'en souvenir de tout le mal & de tout le bien que i'avois fait. Aprés avoir achevé, ce me fut une tres-grande affliction de trouver d'un costé tant de pechez, & de l'autre presque rien de bon : & ce ne m'estoit pas d'ailleurs une petite peine que l'on vit dans nostre maison que ie traitasse avec des personnes aussi saintes que sont ceux de cette compagnie, parce que la connoissance que i'avois de ma foiblesse me donnoit de la defiance de moy-même, & que ie iugeois assez que cette action que ie faisois m'obligeoit à me corriger de mes defauts & à renoncer à mes divertissemens, puis qu'autrement au lieu de tirer de l'avantage de la conduite où ie m'engageois i'en deviendrois encore pire. Ainsi ie priay la Sacristaine & la Portiere de n'en parler à personne. Mais cette precaution me fut inutile, parce que lors que l'on vint m'appeller il se rencontra à la porte une Religieuse qui le publia dans tout le convent. Ce qui fait voir que le diable ne manque iamais de traverser autant qu'il peut les bons desseins de ceux qui veulent s'approcher.

Aprés que i'eus donné connoissance de toute ma vie & du fond de mon ame à ce bon Religieux qui estoit fort sage & fort éclairé, il me rassura dans mes craintes en me disant, qu'il voyoit manifestement que ce qui se passoit en moy venoit de l'esprit de Dieu, mais qu'il faloit corriger les defauts qui se rencontroient dans mon oraison, parce que ie ne l'avois pas establie sur un bon fondement ; n'ayant pas commencé par pratiquer la mortification ; en quoy il disoit si vray qu'à peine en connoissois-ie le nom. Il ajousta que ie devois bien me garder d'abandonner iamais l'oraison, mais au contraire m'efforcer de m'y appliquer de plus en plus, puis que Dieu m'y favorisoit de tant de graces, & qu'il vouloit peut-estre par mon moyen en faire aussi beaucoup à d'autres. La suite a fait voir qu'il sembloit estre animé d'un esprit de prophetie, & que le S. Esprit parlast par sa bouche pour mon salut, de même que dans ce qu'il me dit que ie ne pourrois sans me rendre tres coupable manquer de répondre aux graces que ie recevois de Dieu. Plus ces paroles me faisoient d'impression, plus me trouvois ie confondüe d'avoir esté iusques alors si imparfaite; & la maniere dont il me conduisit me fut si avantageuse que ie paroissois entierement changée. Ce qui montre combien importante est la connoissance de ce qui se passe dans les ames. Il me dit ensuite de prendre chaque iour pour suiet de mon oraison un mystere de la passion, de tâcher d'en profiter, de ne penser qu'à l'humanité de Iesus-Christ, & de resister autant que je le pourrois à ces gousts & à ces douceurs qui me donnoient tant de plaisir dans l'oraison, jusques à ce qu'il m'ordonnat autre chose. Ainsi il me laissa consolée & fortifiée, & N. S. l'assista & moy aussi pour luy faire connoistre l'état de mon ame, & de quelle maniere il me devoit conduire, Ie resolus de pratiquer exactement ce qu'il m'ordonnoit, & je l'ay executé jusques icy. Ie ne sçaurois trop remercier Dieu de la grace qu'il m'a faite d'obeïr, quoy qu'imparfaitement, à mes confesseurs ses bon serviteurs qui ont presque toûjours esté de la compagnie de Iesus, & l'on verra dans le chapitre suivant le profit que ie commençay à tirer de cette conduite.

CHAPITRE XXIV.

La Sainte ayant par le conseil de son Confesseur demandé à Dieu dans l'oraison de l'assister pour le contenter en tout, elle tombe en extase. Dieu luy parle pour la premiere fois, & luy change en un moment tellement le cœur qu'elle se détache de toutes les affections, qui bien qu'elles luy parussent innocentes luy estoient fort preiudiciables.

APRE's cette confession generale, je me trouvay si soûmise à tout ce que l'on pouvoit desirer de moy, que rien ne me paroissoit difficile; & je commençay à changer en beaucoup de choses, quoy que mon Confesseur ne m'en pressast pas, & ne témoignat pas d'en tenir grand compte. Ie m'y trouvois d'autant plus portée que l'amour de Dieu estoit la voye par laquelle il me conduisoit, & que sans user de contrainte il me faisoit connoistre que ie ne devois point esperer de recompense si je n'agissois en cela avec liberté, & ne m'en rendois digne par mon amour pour sa divine Majesté. Ie fis ainsi durant plus de deux mois tout ce que je pûs pour ne point gouster la douceur des faveurs que Dieu me faisoit: & comme il commençoit à me donner le courage de surmonter des difficultez que les personnes qui me connoissoient & particulierement les Religieuses de nostre monastere, croyoient avec sujet m'estre impossible de vaincre, elles remarquoient en moy un grand changement, quoy que l'habit que je portois, & la profession que j'avois embrassée m'obligeassent à faire encore davantage. Cette maniere d'agir opposée à l'amour propre m'obtint de Dieu une connoissance que ie n'avois point encore euë. Car au lieu qu'auparavant il me sembloit que pour recevoir de luy des faveurs dans l'oraison il faloit que ie me retirasse en quelque lieu à l'écart & que ie n'osois presque me remuer, ie vis que cela m'estoit fort inutile, puis que lorsque ie faisois de plus grands efforts pour

S iij

resister à ces douceurs Nostre Seigneur m'en donnoit en telle abondance, & me faisoit si clairement voir sa gloire que ie m'en trouvois comme toute environnée, sans que ie pusse par toute ma resistance m'empécher de l'estre. Plus ie me travaillois pour cela, & plus durant ces deux mois il redoubloit vers moy ses faveurs & me donnoit une plus claire connoissance qu'il n'avoir encore fait de ses divines perfections, afin de m'apprendre qu'il n'estoit pas en mon pouvoir de luy resister.

Ie recommençay de m'affectionner à la sacrée humanité de N. S. à établir mon oraison sur un fondement solide, & à pratiquer davantage la penitence dont ie m'étois relâchée à cause de mes grandes infirmitez. Ce saint homme qui me confessoit me dit, qu'il y avoit certaines austeritez qui ne pouvoient nuire à ma santé, & que Dieu ne m'envoyoit peut-estre tant de maladies que parce que voyant que ie ne faisois point de penitence il vouloit luy même m'en imposer. Il m'ordonna ensuite de certaines mortifications que mon naturel ne me rendoit pas fort agreables; mais ie les pratiquois toutes, parce qu'il me sembloit que Dieu me l'ordonnoit par sa bouche, & qu'il luy faisoit la grace de me conduire d'une telle maniere que ie me trouvois disposée à luy obeïr. Quelque petites que fussent les offenses que ie commettois alors envers Dieu ie les ressentois beaucoup, & pour peu que j'eusse quelque chose de superflu ie ne pouvois plus me recueillir. Ie priois extrémement Dieu de m'assister, & de ne permettre pas que traitant avec ses serviteurs ie tournasse la teste en arriere: ce qui me paroissoit un grand peché, parce qu'il seroit cause que l'on auroit moins d'estime pour eux.

En ce même-temps le Pere François qui estant Duc de Candie avoit tout abandonné pour entrer dans la Compagnie de Iesus arriva, & mon Confesseur & ce Gentil-homme dont i'ay parlé l'engagerent à me venir voir. Il estoit fort éclairé: & Dieu comme pour le recompenser dez cette vie de ce qu'il avoit tout quitté pour le servir, luy faisoit des graces toutes particulieres. Ie luy rendis compte de mon oraison, & aprés qu'il eust appris de ma bouche l'estat de mon ame il me dit que ce qui se passoit en moy venoit de l'esprit de Dieu: qu'il ne trouvoit rien à redire à ce que i'avois fait iusques alors, mais qu'il ne croyoit pas que ie dûsse resister davantage: qu'il faloit tousiours commencer mon oraison par me representer un mystere de la passion; & que si N. Seigneur élevoit mon esprit à quelque chose de plus sublime sans que i'y contribuasse rien, ie ne resistasse pas davantage & m'abandonnasse à sa conduite. Vn conseil si salutaire fit voir quelle estoit sa capacité & son experience en semblables choses, & ie demeuray fort côsolée. Ce bon Gentil-homme ne le fut pas moins des sentimens de ce grand serviteur de Dieu, qui continuoit

CHAPITRE XXIV.

toûjours de m'assister & de me donner des avis fort salutaires.

Incontinant aprés on envoya ce bon Religieux en un autre lieu; & cét esloignement me fut tres sensible, parce que ne croyant pas pouvoir trouver un autre directeur semblable à luy, ie craignois de retomber dans le même estat où j'estois auparavant que de l'avoir connu. Mon ame se trouvoit comme seule dans un desert sans consolation & au milieu de tant d'apprehensions & de craintes, que ie ne sçavois à quoy me resoudre. Vne de mes parentes obtint de mes Superieurs la permission de me mener chez elle; & ie n'y fus pas plutost que ie tâchay d'avoir un Confesseur de cette Compagnie. Nostre Seigneur permit que ie contractay amitié avec une Dame vesve de grande qualité & fort exercée dans l'oraison, qui communiquoit beaucoup avec ces Peres. Leur maison estoit proche de la sienne: j'eus beaucoup de ioye de la facilité que cette rencontre me donnoit de traiter avec eux: ce que j'entendois dire de la sainteté de leur conduite me touchant de telle sorte que ie m'appercevois sensiblement que j'en profitois.

Cette Dame me donna pour confesseur son directeur; & il commença à me conduire d'une maniere plus parfaite. Il me dit qu'il n'y avoit rien que je ne dûsse faire pour contenter Dieu entierement: mais il me le disoit avec beaucoup de douceur, parce qu'il voyoit que j'estois encore foible & d'un naturel tres tendre, particulierement en ce qui regardoit quelques amitiez dans lesquelles bien que ie n'offensasse pas Dieu, mon affection estoit excessive. Il me sembloit que ie ne pouvois les quitter sans ingratitude, & ie disois à ce bon Pere, que puis que ie ne pechois point en cela ie ne voyois pas pourquoy i'aurois dû les abandonner. Il m'ordonna de recommander la chose à Dieu durant quelques iours & de dire pour ce suiet l'hymne *Veni Creator*, afin qu'il me donnat la lumiere qui m'estoit necessaire pour connoistre ce que ie devois faire.

Aprés avoir ensuite demeuré long-temps en oraison & demandé à Dieu de m'assister pour le contenter en tout, ie commençay cette hymne & me trouvay aussi-tost dans un ravissement qui me tira presque hors de moy-même, sans que i'en pusse douter tant la chose estoit manifeste. Ce fut la premiere fois que Dieu me favorisa d'une si grande faveur, & i'entendis ces paroles: *Ie ne veux plus que vous conversiez avec les hommes; mais seulement avec les Anges.* Ces paroles me furent dites dans le plus profond de mon ame: & une chose si extraordinaire & qui m'estoit si nouuelle, me remplit d'un étrange étonnement & d'une merveilleuse crainte. Mais cette crainte estant passée, i'en ressentois une fort grande consolation.

Ces divines paroles produisirent un tel effet que ie n'ay iamais depuis sceu faire amitié ni liaison particuliere, ny trouver de la consolation qu'avec ceux que ie connoissois aimer Dieu & s'efforcer de le servir: & quoy qu'ils fussent auparavant mes amis ou mes parens, je puis dire avec verité qu'à moins que ce soient des personnes d'oraison, ce m'est une croix fort penible de converser avec eux. Nostre Seigneur me changea tellement le cœur dans ce moment, (car cela ne dura pas ce me semble davantage) & ie me sentis si encouragée de renoncer à tout pour l'amour de luy, qu'il n'a plus esté besoin de m'en renouveller le commandement: au lieu qu'auparavant, mon confesseur me voyant si attachée à ces amitiez qui bien qu'elles me parussent innocentes m'estoient tres preiudiciables, il n'osoit par prudence m'ordonner absolument de les quitter, mais attendoit que Dieu operast en moy, comme il fit, ce grand changement, pour lequel j'avois inutilement fait tant d'efforts, & je croy que si l'on m'eust pressée davantage i'aurois tout abandonné, parce que ie ne croyois pas qu'il y eust de peril: mais alors Dieu rompit mes chaines & me donna la force d'executer ce que i'avois auparavant entrepris en vain. Ie le dis à mon confesseur, ie quittay tout en la maniere qu'il me l'ordonna, & une si grande resolution si fidellement executée servit beaucoup aux personnes avec qui i'avois une communication particuliere.

Que Dieu soit beny à iamais de m'avoir donné en un moment cette force que ie n'avois pû acquerir en plusieurs années, quoy que ie me fisse pour cela une si grande violence que ma santé s'en trouvoit extrêmement alterée. Mais il n'y a pas suiet de s'estonner que i'en sois venuë à bout sans aucune peine lors qu'il a plû à celuy qui est tout-puissant & qui regne absolument sur toutes les creatures de me faire cette grace.

CHAPITRE XXV.

De la difference qu'il y a entre les paroles que Dieu dit à quelques ames & celles que nostre entendement forme luy-mesme & s'imagine venir de Dieu. Marques ausquelles on peut connoistre cette difference & les tromperies du demon. Paroles Que Dieu dit à la Sainte dans un extrême trouble où elle estoit, & qui mirent en cet instant son esprit dans un tel calme & luy donnerent tant de courage qu'elle n'apprehenda plus les demons.

IE pense devoir dire icy quelle est cette maniere de parler dont Dieu se sert envers les ames, & de quelle sorte elles l'entendent, afin que vostre Reverence le comprenne, parce qu'elle verra dans la suite que depuis le jour que Nostre Seigneur me fit cette faveur il continuë tres souvent a me l'accorder. Ce sont des paroles tres distinctes,

CHAPITRE XXV.

stintes, mais que nos oreilles corporelles sont incapables d'entendre quoy que l'ame les entende plus clairement qu'elle ne le pourroit faire par leur entremise, & que quelque resistance qu'elle y apportast elle ne sçauroit ne les point entendre. Lors que dans la maniere ordinaire d'oüir nous ne voulons pas écouter ce que l'on nous dit, nous pouvons boucher les oreilles & nous divertir à autre chose, & ainsi ne comprendre rien au sens des paroles dont le son nous frappe. Mais dans cette autre maniere dont Dieu parle à l'ame, quelque resistance que je fasse pour ne le point écouter il me contraint d'estre tres attentive à ce qu'il me dit : & ainsi quoy que nous le voulions ou ne le voulions pas il faut de necessité que nous l'entendions, parce qu'il le veut, & qu'ayant un empire absolu sur nous il nous est impossible de ne pas faire ce qu'il luy plaist. I'en puis parler par experience, l'apprehension que j'avois qu'il y eust de l'illusion m'ayant fait resister prés de deux ans; & j'éprouve que les efforts que cette même crainte me fait encore faire quelquefois pour resister, me sõt inutiles.

Ie desirerois de pouvoir faire entendre quelles sont les tromperies qu'il peut y avoir en cela, bien qu'il me semble qu'il ne s'y en rencontre point ou fort peu pour les personnes qui en ont l'experience: mais il faut que cette experience soit grande. Et ie voudrois aussi pouvoir faire voir à quoy l'on peut connoistre la difference qu'il y a entre ce qui procede du bon esprit ; ou ce qui Procede du mauvais ; ou ce qui ne vient que d'une imagination que l'entendement se forme, comme cela peut arriver; ou si c'est l'esprit qui se parle à luy mesme. I'avoüe ne le sçavoir pas bien : mais il m'a semblé encore aujourd'huy que cela peut estre. Quant à ce qui vient de l'esprit de Dieu, il m'a esté en plusieurs rencontres facile de le connoître à diverses marques, & entre autres à ce que les choses qui m'avoient esté dites deux ou trois ans auparavant ont toutes esté ponctuellement acomplies.

Il peut arriver à mon avis, que lors que l'on recommande quelque affaire à Dieu avec grande affection & application, on se persuade d'entrevoir si cette affaire reüssira ou ne reüssira pas. Mais une personne à qui Dieu a parlé de la sorte que j'ay dit n'aura pas peine à connoistre l'extrême difference qui se rencontre entre ces divines paroles, & ce qu'elle s'imagine, quelque subtilité que soit la maniere dont son entendement la trompe sans avoir dessein de la tromper. Car au lieu que quand c'est Dieu qui parle, l'ame ne fait qu'écouter ce qu'il dit l'entendement n'a garde d'écouter lors que c'est luy mesme qui parle: & comme les paroles qu'il forme quoy que bien arrangées ne procedent que de son imagination qui est obscurcie par tant de nüages, comment auroit-elle cette clarté & cette lumiere qui éclate dans celles de Dieu ? Aussi pouvons-nous, quand c'est nostre entendement qui forme ces paroles, divertir nostre imagination à

T

autre chose, de mesme qu'une qui parle peut se taire : mais il n'est pas en nostre pouvoir de le faire lors que c'est Dieu qui nous parle.

Il y a encore une autre marque la plus évidente de toutes : C'est que les paroles qui procedent de nostre entendement ne produisent aucun effet : & qu'au contraire quand c'est Dieu luy-mesme qui nous parle elles sont toûjours suivies des effets. Ainsi lors mesme qu'il ne les employe que pour nous reprendre de nos fautes elles font à l'instant une telle impression dans nostre ame qu'elles l'attendrissent, l'illuminent, la réjoüissent, la disposent à tout entreprendre pour son service, & la mettent plus promptement qu'on ne le sçauroit croire dans une tranquillité si admirable qu'il semble que Dieu veuille luy faire connoistre que son pouvoir n'a point de bornes, & que ses paroles sont des effets. Ainsi il me paroît y avoir la mesme difference qui se trouve entre parler & écouter, à cause comme ie l'ay dit, que lors que nous parlons c'est nostre entendement qui arrange nos paroles, & qu'au contraire quand on nous parle nous n'avons qu'à écouter sans aucun travail ce que l'on nous dit. Dans la premiere de ces deux sortes de paroles nous ne sçaurions assurer si ce que nous disons est conforme à la verité, parce que nous sommes alors comme des personnes à demy endormies : mais dans la seconde maniere, les paroles que Dieu nous dit s'entendent si clairement que l'on n'en perd pas une syllabe, quoy que cela arrive quelquefois dans un temps que l'entendement & l'ame sont si troublez & si distraits qu'ils ne pourroient former une seule pensée raisonnable ; & ces divines paroles font comprendre à l'ame de si grandes veritez que quelque recueillie qu'elle fust en elle-mesme elle seroit incapable de les concevoir : joint comme ie l'ay desja dit, qu'elle se trouve toute changée dés la premiere de ces paroles, particulierement s'il se rencontre qu'elle soit dans le ravissement : car ses puissances estant alors suspendües & n'agissant point, comment son imagination qui est toute stupide & toute hebetée pourroit-elle se representer & comprendre des choses ausquelles auparavant elle n'avoit jamais pensé, & dont par consequent sa memoire n'auroit pû conserver aucune image ?

Il faut remarquer que lors que nous avons des visions & entendons ces divines paroles ce n'est jamais ce me semble dans ce temps de ravissement que l'ame est unie à Dieu, parce qu'alors, comme ie pense l'avoir dit dans la seconde maniere d'arroser le jardin spirituel, l'entendement, la memoire, & la volonté demeurant sans aucune action & comme perdües, on ne sçauroit à mon avis, ny voir, ny écouter, ny entendre ; & durant ce temps qui est fort bref Dieu se rend de telle sorte maistre de l'ame, qu'il ne luy laisse si ie ne me trompe aucune liberté d'agir. Mais quand aprés que ce peu de

CHAPITRE XXV.

temps est passé l'ame continuë à demeurer dans le ravissement, c'est alors que je dis que ces puissances se trouvent en tel estat, qu'encore qu'elles ne soient pas perduës elles n'agissent presque point, & sont comme abysmées en Dieu & incapable de raisonner. Il y a tant de moyens de connoistre cette difference qu'il est difficile que l'on s'y trompe souvent : & j'ose mesme ajoûter qu'une personne qui en a quelque experience la discernera clairement, parce qu'outre plusieurs autres preuves que je pourrois en alleguer, les paroles qui ne procedent que de nostre entendement ne produisent aucun effet, & l'ame les rejette, à cause que ne les considerant que comme des réveries de l'entendement, elle n'en tient non plus de compte que de ce que diroit un frenetique. Mais au contraire nous écoutons ces paroles proferées de Dieu comme si elles sortoient de la bouche d'une personne sçavante, sainte, & de grande autorité, que nous sommes assurez estre incapable de mentir : ce qui est méme une comparaison trop basse, parce que ces paroles sont quelquefois accompagnées d'une telle majesté, que sans considerer de qui elles procedent nous ne sçaurions ne point trembler lors qu'elles nous reprennent de nos fautes, & ne nous pas sentir embrasez d'amour lors qu'elles nous témoignent de l'amour. Nostre memoire ne nous peut rien representer qui leur soit comparable, & elles experimentent en peu de mots & nous font concevoir tant de sens si admirables, que nous ne sçaurions qu'en beaucoup de temps les démesler & les mettre en ordre : ce qui montre que ces paroles surpassent de telle sorte nostre capacité qu'il nous est facile de voir qu'elles sont divines & non pas humaines.

J'estimerois inutile de m'arrester icy davantage, parce que je ne croy pas qu'une personne qui en a l'experience puisse s'y tromper & tomber dans l'illusion, si elle ne se trompe volontairement elle-mesme. Il m'est souvent arrivé qu'estant entrée dans quelque doute de ce qui m'avoit esté dit, non pas alors, cela estant impossible, mais aprés, & de penser que je pouvois m'estre abusée j'en ay veu longtemps depuis l'accomplissement. Et au lieu que ce qui procede de l'entendement est comme un premier mouvement de la pensée qui passe & s'oublie, cecy est comme une chose subsistante que Dieu imprime de telle sorte dans la memoire qu'elle ne sçauroit s'en effacer, si ce n'est aprés un fort long-temps & que ce soient seulement des paroles de tendresse & d'instruction. Car quant à celles de Prophetie je ne croy pas qu'elles se puissent oublier : & il ne m'est jamais arrivé de les avoir oubliées, quoy que j'aye fort peu de memoire.

Je repete encore, que si une personne ne prend plaisir à se tromper en se persuadant qu'elle entend ce qu'elle n'entend point & que c'est Dieu qui luy parle, elle n'aura pas peine à connoistre que c'est elle-

T ij

mesme qui se parle, & à sortir ainsi d'une tromperie où elle demeureroit durant toute sa vie. Mais j'avouë ne comprendre pas comment elle y pourroit tomber si elle avoit seulement une fois entendu Dieu parler à elle, parce que quand c'est ele-mesme qui se parle, quoy qu'elle ne voulut rien écouter de ce qu'on luy diroit, soit par le desir de demeurer tranquille dans son oraison & la crainte d'y estre troublée, ou par d'autres considerations, elle ne sçauroit ne le point connoître, à cause que son entendement a besoin de temps pour raisonner: au lieu que quand c'est Dieu qui nous parle il nous instruit en un moment, & nous fait comprendre des choses que nous ne pourrions concevoir & démesler en tout un mois, & dont quelques-unes sont si élevées que nous en demeurons épouvantez. Je suis assurée que ceux qui en auront fait l'experience demeureront d'accord que je ne dis rien en cela qui ne soit vray au pied de la lettre, & je remercie Dieu de la grace qu'il m'a faite de le pouvoir expliquer.

Je finiray en disant, que lors que c'est nous mesme qui nous parlons nous le pouvons faire toutes les fois que nous le voulons & que nous sommes en oraison, en nous imaginant que l'on nous parle Mais il n'en vas pas de mesme lors que c'est veritablement Dieu qui nous parle, ainsi que je l'ay éprouvé, puis que quelque desir que j'aye eu de l'entendre me parler, il s'est passé plusieurs jours sans que ce bon heur m'arrivat: & que d'autrefois lors que je n'y pensois point il m'a favorisée de cette grace. Que si quelqu'un pour tromper le monde disoit qu'il auroit appris de Dieu ce qu'il se seroit dit à luy-mesme, il ne luy coûteroit gueres d'y ajoûter qu'il a entendu ces paroles avec ses oreilles corporelles; & j'avoüe sincerement que je n'avois jamais creu que l'on pût entendre d'une autre maniere, jusques à ce que je l'eusse éprouvé après avoir tant souffert.

Lors que c'est une illusion du demon, non seulement les paroles que nous entendons ne produisent pas de bons effets, mais elles en produisent de mauvais. Cela ne m'est arrivé que deux ou trois fois, & Dieu m'a aussi tost fait connoistre la tromperie. Outre que l'ame demeure dans une grande secheresse, elle se trouve aussi dans une inquietude semblable à celles que j'ay souvent éprouvées en d'autres rencontres; Nôtre Seigneur ayant permis que j'aye eu des tentations, & des travaux d'esprit de diverses sortes, & qui me tourmentent encore assez souvent comme on le verra dans la suite. On ne sçait d'où vient cette inquietude dont je parle maintenant, & l'on sent seulement que l'ame y resiste, qu'elle s'en trouble & s'en afflige sans sçavoir pourquoy, parce qu'encore que le demon pour se mieux cacher dans ces illusions ne nous y dise rien que de bon, nous avons ce me semble quelque presentiment qu'il y a en cela de la tromperie, & le plaisir que ces paroles nous donnent me paroist tres-differens de celuy que l'on reçoit lors que c'est Dieu luy-mesme qui nous parle. Ainsi cet ange de tenebres ne peut par ses fausses douceurs tromper ceux qui ont goûté la veritable douceur qui se rencontre dans ces paroles de Dieu, parce qu'au lieu qu'elles font une tres-forte impression dans nostre ame & la comblent d'une joye également tranquille, permanente, & agreable, ces autres paroles dont le demon est l'auteur ne produisent que de foibles mouvemens de devotion, qui semblables à de petites fleurs que le premier vent des persecutions emporte, ne meritent pas de porter le nom de devotion, puis qu'encore que ce soient de bons commencemens & de bons sentimens, ils sont incapables de nous donner la lumiere necessaire pour discerner ce qui procede du bon ou du mauvais esprit. C'est-ce qui nous oblige de marcher toûjours avec grande retenuë, parce que ceux qui n'ont pas passé plus avant dans l'oraison pourroient facilement estre trompez par de telles visions & revelations. Pour moy je n'ay point eu de celles qui sont veritables qu'aprés que Dieu par sa seule bonté m'eut donné l'oraison d'union, si ce n'est la premiere fois que Iesus-Christ m'apparut il y a plusieurs année ainsi que je l'ay dit: & pleust à sa divine Majesté que j'eusse compris deslors comme je l'ay compris depuis, que cette vision estoit veritable: j'en aurois tiré sans doute un grand avantage: mais quant à celles dont le demon est l'auteur, elles ne laissent dans l'ame que de l'effroy & un grand dégoust.

Je tiens pour certain que Dieu ne permettra jamais que le diable trompe une personne qui sans se confier à elle-mesme est si ferme dans la foy qu'elle sent bien qu'elle souffriroit plûtost mille morts que de s'en départir en la moindre chose, parce que l'amour que Dieu luy donne pour cette foy la rend si vive, si forte, & si immuablement attaché à celle de la sainte Eglise, qu'establissant ses vertus sur elle comme sur un fondement immobile, toutes les revelations imaginables, quand mesme elle verroit les cieux ouverts, seroient incapables de l'ébranler dans le plus petit article de sa creance. Que si l'ame hesite quelquefois en cela & s'amuse à raisonner ainsi en elle-mesme: Si c'est Dieu qui me dit cecy, il pourroit estre aussi veritable que ce qu'il a dit aux Saints: cette pensée viendroit du demon qui commenceroit à la tenter par un premier mouvement, & ce seroit un tres-grand mal si elle s'y arrestoit: mais je ne sçaurois croire que l'on tombe dans ces premiers mouvemens quand on a la force que Dieu donne à ceux qu'il favorise de ses graces: & je suis mesme persuadée que tous les demons ensemble leur seroient peu redoutables lors qu'il s'agiroit de soûtenir la moindre des veritez que l'Eglise nous enseigne. Que si l'ame aprés mesme qu'elle a eu ces visions ne se sent pas avoir cette devotion & cette force, elle ne doit point s'y assurer, puis qu'encore qu'elle ne connoisse pas à l'instant le mal qu'elles feroient capable de luy caufer, non feulement il feroit grand, mais ils pourroient encore croiftre ; & je sçay par experience qu'il ne faut fe perfuader qu'une chofe vient de l'efprit de Dieu, qu'autant qu'elle fe trouve conforme à l'Ecriture fainte. A moins que cela, il me femble, s'il m'eft permis d'ufer de cette comparaifon, que je me tiendrois plus affurée que ces vifions viendroient du demon, que je ne le fuis maintenant que celles que j'ay euës viennent de Dieu ; quelque certitude que j'en aye. Car les vifions qui viennent du demon fe connoiffent à des marques vifibles, que quand tout le monde enfemble m'affureroit qu'elles viennent de Dieu, je n'y ajoûterois point de foy. Ces marques font que l'ame fe trouve auffi-toft dénuée de toute vertu, dans le degouft, dans le trouble, & incapable de rien faire de bon, parce qu'encore que le demon paroiffe luy donner de bons defirs, ils font fi foibles, fon humilité eft fi fauffe, & fon inquietude eft fi grande, qu'elle ne goûte ni douceur ni fuavité : ce que ceux qui ont éprouvé les effets tout contraires que l'efprit de Dieu produit, comprendront à mon avis facilement.

Neanmoins comme le diable peut nous dreffer plufieurs pieges, & qu'ainfi nous avons toûjours fujet de craindre, nous devons fans ceffe nous tenir fur nos gardes, & prendre pour guide un Directeur vertueux & capable à qui nous donnions une entiere connoiffance du fonds de noftre ame. Par ce moyen nous vivrons en affurance, quoy qu'avec tout cela ces craintes demefurées n'ayent pas laiffé de me faire auffi bien qu'à d'autres beaucoup de mal.

Outre mon directeur à qui feul je déclarois mes plus intimes fentimens, il y avoit quatre ou cinq grands ferviteurs de Dieu avec qui je communiquois quand il me l'ordonnoit, & j'avois avec raifon une grande confiance en eux. Comme ils avoient tous beaucoup d'affection pour moy & apprehendoient que je ne fuffe trompée par le demon, ce que je ne craignois pas auffi moins qu'eux hors de l'oraifon, mais non pas dans l'oraifon, parce qu'alors Dieu me raffuroit, ils s'affemblerent pour déliberer fur ce fujet, & enfuite de leur conference mon Confeffeur me dit qu'ils croyoient tous que ces douceurs que j'éprouvois dans l'oraifon eftoient des illufions du demon: qu'ainfi ils eftoient d'avis que je ne communiaffe pas fi fouvent, & que j'evitaffe le plus que je pourrois la folitude. J'eftois naturellemét fi peureufe que fouvent mefme durant le jour je n'ofois demeurer feule dans une chambre, & ce mal de cœur dont j'eftois travaillée y contribuoit encore. Voyant donc que tant de perfonnes fçavantes & incomparablement meilleures que moy eftoient de ce fentiment, que je ne pouvois neanmoins y entrer, j'en eus un tres-grand fcrupule, parce qu'il me fembloit que c'eftoit manquer d'humilité de ne me pas rendre à leurs avis. Ainfi je fis tous mes efforts pour les

CHAPITRE XXV.

croire, me representay pour cela tout ce que i'avois fait de mal en ma vie, & paſſay pluſieurs jours ſans communier & ſans demeurer en ſolitude, quoy que ce fuſt toute ma conſolation, parce que ie n'avois perſonne avec qui communiquer, chacun eſtant contre moy. Les uns traitoient ce que ie diſois d'imagination & de réveries que ie me mettois dans la teſte: d'autres avertiſſoient mon Confeſſeur de ne pas aioûter foy a mes paroles, & d'autres aſſuroient hardiment qu'il y avoit de l'illuſion. Luy ſeul me conſoloit: car bien qu'il ſuiviſt leurs avis pour m'éprouver ainſi que je l'ay ſceu depuis, il me diſoit qu'encore que ce fuſt le demon ie n'avois rien à apprehender de ſes artifices, puis qu'ils ne me faiſoient point tomber dans le peché: qu'il ſeroit enfin contraint de me laiſſer en repos, & que ie n'avois qu'à le demander inſtamment à Dieu. Ce bon Pere & toutes les perſonnes qu'il confeſſoit, comme auſſi pluſieurs autres, prioient beaucoup pour moy, & toutes leurs oraiſons & les miennes ne tendoient qu'à obtenir de ſa divine Majeſté qu'il luy pleuſt de me conduire par un autre chemin: ce qui dura ſans diſcontinuation durant deux ans ce me ſemble.

Pendant ce temps ie ne pouvois me conſoler lors que ie penſois que c'eſtoit le demon qui me parloit ſi ſouvent. Car encore que ie ne me retiraſſe plus dans la ſolitude pour prier, noſtre Seigneur, ne laiſſoit pas de me faire recüeillir au milieu meſmes des converſations où je me trouvois, de me dire ce qu'il luy plaiſoit, & de me contraindre de l'entendre quelque reſiſtance que i'y apportaſſe: mais n'y ayant une ſeule perſonne avec qui ie puiſſe me ſoulager de mes peines, je ne pouvois ni prier ni lire. Ainſi ie me trouvois ſouvent dans un tel accablement & ſi troublée de la crainte d'eſtre trompée par le demon que ie ne ſçavois plus que devenir.

Vn jour que i'eſtois plus tourmentée de cette peine que ie ne l'avois encore eſté je paſſay de l'Egliſe dans un Oratoire, & y demouray quatre ou cinq heures en tel eſtat que ne recevant aucune conſolation ni du coſté du ciel ni de celuy de la terre, ie me trouvois comme abyſmée dans l'apprehenſion de mille perils. O Dieu de mon ame il paroiſt bien que vous eſtes l'amy veritable: qu'eſtant tout puiſſant vous pouvez tout ce que vous voulez, & que vous ne ceſſez jamais de vouloir tout ce que nous pouvons ſouhaiter, pourveu que nous ne ceſſions point de vouloir tout ce que vous voulez. Souverain maiſtre de l'Vnivers, que toutes les creatures vous beniſſent: & qui me donnera une voix aſſez forte pour faire entendre iuſques aux extrêmitez du monde combien vous eſtes fidelle à ceux qui ont le bonheur d'eſtre aimez de vous? Tout ce qui eſt d'icy-bas peut nous manquer: mais vous, Seigneur, vous ne nous manquez jamais. Qu'eſt-ce que ce peu que vous permettez que ſouffrent ceux qui vous ai-

,, ment, & quelles délices sont comparables à celles que vous leur fai-
,, tes éprouver? O qu'heureux & plus heureux qu'on ne sçauroit dire
,, seroit celuy qui n'auroit jamais aimé que vous! Il me paroist, mon
,, Dieu, que vous ne traitez avec rigueur ceux qui vous aiment, que
,, pour leur faire mieux comprendre dans l'excez de leur souffrances
,, quel est l'excez de vostre amour. O mon Sauveur, que n'ay-je assez
,, d'esprit, assez de science, & assez d'éloquence, pour pouvoir expri-
,, mer aussi bien que je le comprens, quelles sont les merveilles de vos
,, œuvres. Tout me manque pour cela, mon Dieu, mais ma consola-
,, tion est que pourveu que vous ne m'abandonniez point, je ne vous
,, abandonneray jamais. Que tous les sçavans s'élevent donc tant qu'-
,, ils voudront contre moy: que toutes les creatures me persecutent; &
,, que tous les demons joints ensemble m'attaquent, rien ne sera capa-
,, ble de m'étonner pourveu que vous continuez de m'assister, parce
,, que j'ay éprouvé combien toutes ces peines sont avantageuses à ceux
,, qui ne mettent leur confiance qu'en vous seul.

Lors que j'estois dans l'extremité d'affliction que je viens de dire
& n'avois point encore eu de visions, ces paroles que j'entendis furent seules suffisantes pour remettre mon ame dans la tranquillité &
dans le calme: *N'ayez point de peur ma fille ; je ne vous abandonneray
jamais: n'apprehendez rien.*

Il me sembloit avant que d'avoir entendu ces divines paroles,
que l'on n'auroit peu me tirer d'une si étrange peine quelque temps
& quelques efforts que l'on y eust employez: mais ce peu de mots
calmerent en un moment de telle sorte mon esprit & me donnerent
tant de force, d'assurance, de repos, & de lumiere, que je me trouvay toute une autre personne ; & quand tout le monde ensemble
auroit voulu me faire croire que ces paroles n'estoient pas de Dieu,
j'aurois hardiment soustenu le contraire & en serois tousjours demeurée tres-persuadée.

,, Jusques à quel excez, Seigneur, va vostre bonté, & cette puis-
,, sance sans bornes qui vous rend facile ce qui paroît estre le plus im-
,, possible? Vous ne vous contentez pas de proposer des remedes pour
,, guerir les blessures que le peché fait dans nos ames; mais vous les
,, guerissez en effet: vos paroles sont des actions; & je ne puis assez ad-
,, mirer de quelle sorte vous fortifiez nostre foy & augmentez nostre
,, amour pour vous. Cela m'a fait souvenir cent fois du calme que vous
,, rendistes à la mer en tançant les vents qui avoient excité une si vio-
,, lente tempeste: & je disois en moy-mesme: Quel doit estre celuy à
,, qui toutes les puissances de mon ame obeïssent ainsi sans resistance,
,, qui dissipe en un instant par l'éclat de sa lumiere des tenebres si épais-
,, ses, qui attendrit un cœur qui paroissoit estre de marbre, & qui par
,, une agreable pluye de larmes arrose une terre si aride qu'elle sembloit

CHAPITRE XXV.

bloit devoir toûjours demeurer dans la secheresse. Qui est celuy qui " nous donne de si saints desirs & nous inspire tant de courage? Il m'est " arrivé souvent d'avoir ces pensées : que puis-je apprehender, & qui " sera capable de me faire peur? mon seul desir est de servir Dieu : ie " ne souhaite autre chose que de luy plaire, & ie mets dans l'accom- " plissement de sa volonté toute ma ioye, tout mon repos & tout mon " bon-heur. Si donc le Seigneur est tout puissant, & que les demons " sont ses esclaves, comme ie ne sçaurois en douter puis que la foy " m'en assure, quel mal ces malheureux esprits me sçauroient ils faire " estant ainsi que ie le suis servante de ce Souverain Monarque? & " quand i'aurois à combatre tout l'enfer ensemble quel suiet aurois ie " de craindre?

Ie prenois ensuite une croix & sentois que Dieu me donnoit tant de courage, que ie me trouvois si changée & apprehendois si peu ces esprits de tenebres, que ne mettant point en doute de les pouvoir vaincre sans peine par la force que me donnoit cette croix, ie disois, venez tout maintenant, ie vous attens de pied ferme, & estant comme ie le suis une humble servante du Dieu tout-puissant ie veux voir quel mal vous me pourrez faire.

Il me parut depuis que veritablement ces mal-heureux esprits me craignoient : & au contraire ie les craignois si peu & demeuray si tranquille que toutes mes apprehensions s'évanoüirent. Ainsi lors qu'ils se sont apparus à moy comme cela est arrivé quelquefois & qu'on le verra dans la suite, ie leur faisois peur, & ils ne m'en faisoient point, parce que Dieu m'a donné un tel avantage sur eux que ie ne les considere que comme des mouches. Ie les trouve lâches, timides, & sans force contre ceux qui les méprisent. Ils n'attaquent que les personnes qui les apprehendent, ou que ceux des serviteurs de Dieu qu'il leur permet de tenter pour éprouver leur vertu & augmenter leur sainteté. Ie prie sa divine Maiesté de nous faire la grace de ne craindre que ce qu'il y a un veritable suiet de craindre, & d'estre bien persuadez de cette verité, qu'un seul peché veniel peut nous faire plus de mal que tout l'enfer ensemble ne nous en peut faire. Ces mortels ennemis de nostre salut ne nous épouvantent que par la prise que nous leur donnons sur nous par nostre attachement aux biens aux honneurs, & aux plaisirs ; mais nous voyant alors conspirer nostre propre perte par l'aveuglement qui nous fait aimer ce que nous devrions avoir en horreur, ils se ioignent à nous contre nous-mêmes, se servent pour nous vaincre des armes que nous leur mettons entre les mains au lieu de nous en servir pour les combattre, & c'est de là que vient tout nostre malheur. Que si au contraire nous méprisions par nostre amour pour Dieu ces faux biens, ces vains honneurs, & ces dangereux plaisirs, & qu'un veritable de-

V

sir de le servir nous fist embrasser sa croix pour marcher dans le chemin de la verité; ces esprits de mensonge que l'on peut dire estre le mensonge même, & qui n'apprehendent rien tant que la verité s'enfuiroient bien-tost, parce qu'ils ne peuvent avoir de commerce avec ceux qui l'aiment. Mais lors qu'ils voyoient que nostre entendement est obscurcy ils travaillent adroitement à l'obscurcir encore davantage, nous aident à nous aveugler, & ne nous considerant que comme des enfans lors qu'ils nous voyent mettre toute nostre satisfaction & nostre plaisir dans des choses aussi vaines que sont celles de ce monde, ils nous traitent comme des enfans, & n'ont garde d'apprehender d'en venir souvent aux mains avec nous.

Dieu veüille que ie ne sois pas moy-même du nombre de ces enfans, & me faire au contraire la grace de connoistre ce qui merite de passer pour un veritable bien, & un veritable honneur, & un veritable plaisir. Ie ne comprens rien à ces craintes, qui nous font proferer le nom du diable au lieu du nom de Dieu qui le fait trembler : car ne sçavons-nous pas qu'il ne peut rien faire que par sa permission: & j'avoüe que j'apprehende davantage ceux qui craignent le diable que le diable même, parce que quant à luy il ne sçauroit me faire de mal; au lieu que les autres, & particulierement les Confesseurs, donnent des peines incroyables, comme je l'ay éprouvé durant quelques années, & en ay souffert de si grandes que ie ne comprens pas maintenant comment j'ay pû y resister. Que Nostre Seigneur soit beny à jamais de m'en avoir délivrée. Ainsi soit-il.

CHAPITRE XXVI.

Les ames que Dieu favorise de ces visions admirables ne peuvent ignorer l'amour qu'elles ont pour luy. Trois paroles qu'il dit à la Sainte dans un grand trouble où elle estoit rendent le calme à son esprit. Conduite qu'il tient sur elle. Il devient luy-même le livre admirable dans lequel elle s'instruisoit de toutes choses.

IE compte entre les plus grandes graces dont Dieu m'a favorisée celle de ne point craindre les demons, parce que je sçay combien il est perilleux à une ame d'apprehender autre chose que d'offenser Dieu. Puis que ce suprême Roy que nous servons est si puissant qu'il n'y a rien dans le ciel & sous le ciel qui ne luy soit assujety ; quel sujet avons nous de craindre pourvû que nous marchiés toûjours, comme ie l'ay dit, dans le chemin de la verité avec une conscience pure ? Mais il est certain que nous ne sçaurions trop craindre d'offenser en la moindre chose cette souveraine Majesté qui peut nous aneantir en un moment lors que nous sommes si mal heureux

CHAPITRE XXVI.

que de luy déplaire, & qui nous rend au contraire victorieux de tous nos ennemis quand nous luy sommes agreables. On demeurera sans doute d'accord de ce que ie dis : mais on pourra demander qui est celuy qui peut s'asseurer d'estre si parfait que de contenter Dieu en toutes choses, & n'avoir point ainsi sujet de craindre. l'avoüe que ce n'est pas moy puis que ie suis si imparfaite & si miserable : mais il ne nous traite pas à la rigueur comme font les hommes: il connoist nostre foiblesse : & les ames qui sont arrivées jusques à l'estat ou j'ay dit ne peuvent comme auparavant ignorer le veritable amour qu'elles luy portent. Elles ne comprennent pas seulement combien grand est cét amour; elles le sentent par les violens transports que leur donne le desir de voir Dieu, comme ie le diray dans la suite si je ne l'ay déja dit: tout les ennuye, tout les importune, tout les tourmente, si elles ne joüissent du bon-heur de sa presence ou ne travaillent pour son service, & sans cela le repos même leur est penible, parce qu'elles ne trouvent de repos qu'en luy.

Estant un jours accablée d'affliction & dans un merveilleux trouble par le sujet que m'en donnoit dans une affaire dont ie parleray ensuite, le murmure de toute la ville où i'estois, & mesme de nostre Ordre, Dieu me dit : *Qu'apprehendez vous? Ne sçavez-vous pas que ie suis tout-puissant ? l'accompliray ce que ie vous ay promis.* Ces paroles furent quelque-temps apres suivies de l'effet; & ie me trouvay en cet instant remplie d'une telle force que j'estois preste à m'engager pour son service dans d'autres entreprises encore plus difficiles, & à souffrir avec joye de nouveaux travaux beaucoup plus grands. Cela m'est arrivé tant de fois que ie n'en sçay pas le nombre; & lors que ie tombe dans quelques imperfections Dieu m'en reprend d'une maniere qui seroit capable de m'aneantir; mais ces reprehensions sont si salutaires qu'elles produisent toûjours leur effet, parce que ce souverain medecin des ames ne leur fait iamais connoistre leurs maux sans y apporter le remede.

D'autrefois il me representoit mes pechez passez, & particulierement lors qu'il me vouloit accorder quelque grace signalée; & l'ame dans ces rencontres voit si clairement la grandeur de ses pechez qu'il luy semble que ce iuge terrible & eternel va la iuger, & elle ne sçait que devenir. D'autres-fois Dieu m'avertissoit des dangers où ie tomberois, & d'autres personnes trois ou quatre ans aprés: ce qui n'a iamais manqué d'arriver, & ie pourray en rapporter quelques uns.

Ay-ie donc tort de dire que tant de choses nous font connoistre ce qui procede de l'esprit de Dieu qu'il me semble qu'on ne le peut ignorer? Le plus seur en cela, & ce que les femmes particulierement doivent faire à cause qu'elles ne sont point sçavantes, est de donner une connoissance entiere du fond de leur cœur à un confesseur sça-

V iij

vant & capable, & de luy obeir, puis qu'il n'en sçauroit arriver que du bien. Dieu me l'a ordonné plusieurs fois : je le pratique, & je ne pourrois sans cela avoir de repos.

J'avois un Confesseur qui me mortifioit beaucoup, m'affligeoit quelquefois, & me mettoit dans des peines qui alloient jusques à m'inquieter, & il m'a paru que c'est celuy qui m'a le plus profité. Quoy que j'eusse une grande affection pour luy j'estois quelquefois tentée de le quitter, parce qu'il me sembloit que ces peines qu'il me donnoit me détournoient de l'oraison : mais lors que j'estois preste d'en venir à l'execution N. Seigneur me le defendoit, & m'en reprenoit d'une maniere qui me touchoit plus sensiblement que ce que mon confesseur me faisoit souffrir. Ainsi j'estois tourmentée de deux costez, & cela m'estoit necessaire pour domter la rebellion de ma volonté. Nostre Seigneur me dit une fois : *Que ce n'estoit pas obeir que de n'estre pas disposée à souffrir, & que pour ne trouver rien de difficile je n'avois qu'à jetter les yeux sur ce qu'il avoit enduré.*

Vn Confesseur à qui je m'estois confessée au commencement me dit, que puis que j'estois assurée que ce qui se passoit en moy venoit de l'esprit de Dieu je n'en devois parler à personne, parce qu'il est avantageux de tenir ces faveurs cachées. Ie fus fort aise de ce conseil qu'il me donnoit, à cause que j'avois tant de honte de luy declarer les graces que je recevois de Dieu, que j'en aurois souvent moins eu de confesser de grands pechez, principalement lors qu'elles estoient grandes, parce qu'il me sembloit qu'on n'y ajoûteroit point de foy & que l'on se mocqueroit de moy: outre qu'il me paroissoit que c'estoit avoir peu de respect pour les merveilles de Dieu que de les publier, & qu'ainsi il valoit beaucoup mieux les taire. Mais je connus depuis que ce confesseur m'avoit en cela fort mal conseillée, & que tant s'en faut que je deusse rien cacher dans mes confessions, je ne pouvois sans peril n'y pas declarer tout ce qui se passoit en moy, parce qu'autrement je pourrois quelquefois me tromper.

Que s'il arrivoit que N. Seigneur me dist dans l'oraison quelque chose de contraire à ce que mon Confesseur m'ordonnoit, il ne laissoit pas de me commander de luy obeir, mais il l'inspiroit ensuite de changer de sentiment, & de m'ordonner la méme chose.

Lors que l'on defendit plusieurs livres traduits en langue vulgaire dont je lisois quelques-uns avec grand plaisir : j'en ressentis beaucoup de peine, parce que n'entendant pas le Latin je ne pouvois plus les lire, & Nostre Seigneur me dit : *Que cela ne vous fâche point: je vous donneray un bon livre.* Je ne pus comprendre alors le sens de ces paroles, parce que je n'avois point encore eu de visions : mais peu de jours après il me fut facile de l'entendre, à cause qu'elles me donnent tant de sujets de me recueillir, & de mediter sur ce qu'elles me représentent, & que Dieu m'y instruit en diverses manieres avec tant de témoignage de son amour, que i'ay peu ou presque point du tout besoin de livres. Sa suprême Maiesté a esté depuis ce temps-là le livre admirable où i'ay appris de si grandes veritez: & peut-on trop estimer le bonheur d'avoir un tel livre, qui imprime de telle sorte dans l'esprit ce que l'on y voit & ce que l'on doit faire, que l'on ne sçauroit iamais l'oublier?

Car peut-on voir N. Seigneur tout couvert de playes, accablé d'afflictions, & persecuté d'une maniere effroyable, sans desirer avec ardeur de participer à ses peines, afin de luy témoigner que nostre amour pour luy nous les rend aimables? Peut on voir quelle est la gloire qu'il prepare à ceux qui le servent, sans compter pour rien tout ce que l'on fait & que l'on souffre dans l'esperance d'obtenir un iour une telle recompense? Et peut-on penser aux tourmés des damnez sans reputer pour des delices tous ceux que l'on endure icy bas en les comparant à ces flammes eternelles, & ne pas reconnoistre en même temps combien nous sommes obligez à Dieu de nous avoir tant de fois délivrez du peril d'y estre precipitez? Mais parce qu'auec son assistance ie traiteray plus particulierement ailleurs de ce suiet, ie reprendray maintenant le discours de ma vie: & ie souhaite que Dieu m'ait fait la grace de me bien expliquer en ce que i'ay dit iusques à cette heure. Ie suis persuadée que ceux qui en ont fait l'experience n'auront pas peine à le comprendre, & trouveront que i'ay assez bien rencontré en quelque chose. Mais quant à ceux qui ne l'ont point éprouvé ie ne seray pas surprise de voir qu'ils ne considerent tout cela que comme des resveries: il suffit pour les excuser que ce soit une personne aussi imparfaite que moy qui l'ait écrit, & ie ne blâmeray point ceux qui en iugeront de la sorte. Ie demande seulement à Dieu de m'assister pour accomplir en toutes choses sa volonté.

CHAPITRE XXVII.

La Sainte reprend la suite de sa vie. Lors qu'elle demandoit & que l'on demandoit à Dieu pour elle de la conduire par un autre chemin, elle sentit & connut d'une maniere inexplicable que IESUS-CHRIST *estoit à costé d'elle quoy qu'elle ne le vist point. Comparaison dont elle se sert pour tâcher à faire comprendre quelque chose de ces visions & de leurs effets. Elle deplore l'aveuglement des personnes, mêmes Religieuses, qui sous pretexte de ne vouloir point donner de scandale en donnent beaucoup. & rapporte ensuite plusieurs particularitez de la vie & de la mort du Bienheureux Pere Pierre d'Alcantara.*

POur revenir donc à la suite de ma vie ie souffrois, comme ie l'ay dit, de grandes peines & l'on prioit beaucoup pour moy, afin

158 LA VIE DE SAINTE THERESE.
qu'il pluſt à Dieu de me conduire par un autre chemin plus aſſuré que celuy que l'on diſoit me devoir étre ſuſpect. Mais encore que de mon coſté ie le luy demandaſſe inſtamment & continuellement, ie me trouvois ſi changée en mieux que je ne pouvois deſirer qu'il me l'accordat, ſinon une ſeule fois que ie me trouvay accablée par tant de choſes que l'on me diſoit & tant de craintes que l'on me donnoit. Ainſi tout ce que ie pouvois faire étoit de m'abandonner entierement à ce ſuprême Roy des ames pour diſpoſer abſolument de ſa ſervante ſelon ſa ſainte volonté, comme ſçachant mieux que moy-même ce qui m'étoit le plus utile. I'eſtois perſuadée que le chemin par lequel ie marchois me menoit au ciel; au lieu que celuy que ie tenois auparavant me conduiſoit en enfer; & ainſi quelque violence que ie me fiſſe pour croire que le demon me trompoit, & pour deſirer d'entrer dans une autre voye, il m'eſtoit impoſſible de gagner cela ſur moy. Que ſi ie faiſois quelque bonne œuvre ie l'offrois à Dieu pour ce ſuiet; i'implorois l'aſſiſtance des Saints à qui i'avois une particuliere devotion; ie faiſois des neuvenes; ie me recommandois à S. Hilarion & à S. Michel auſquels l'eſtat où ie me trouvois me rendoit encore plus affectionnée, & avois recours à pluſieurs autres Saints afin qu'ils obtinſſent de ſa divine Maieſté de m'éclairer de ſa lumiere pour me faire connoiſtre la verité, dont i'avois d'autant plus beſoin que i'entendois preſque continuellement Dieu me parler; & ce que ie vay dire m'arriva enſuite.

Etant en oraiſon le iour du glorieux S. Pierre ie vis, ou pour mieux dire je ſentis, car ie ne voyois rien ni des yeux du corps ni de ceux de l'ame, que quelqu'un eſtoit auprés de moy & il me ſembla que c'étoit Iesus-Christ luy-même qui me parloit. Comme i'ignorois entierement qu'il puſt y avoir de ſemblables viſions ie fus d'abord effrayée, & répandis quantité de larmes. Mais une parole de ce divin Sauveur me raſſura de telle ſorte que ie demeuray comme auparavant ſans aucune crainte & fort tranquille & fort conſolée. Il me paroiſſoit qu'il marchoit à coſté de moy ſans que ie puſſe neanmoins remarquer en luy aucune forme corporelle, parce que cette viſion n'eſtoit pas imaginaire. Ie connoiſſois ſeulement fort clairement qu'il eſtoit toûjours à mon coſté droit; qu'il voyoit tout ce que ie faiſois; & pour peu que ie me recueilliſſe ou que je ne fuſſe pas extrémement divertie, je ne pouvois ignorer qu'il eſtoit avec moy.

Ie le dis auſſi-toſt à mon confeſſeur, quoy que j'euſſe aſſez de peine à m'y reſoudre. Il s'enquit de moy en quelle forme ie le voyois, & je luy répondis que ie ne le voyois pas. Il me demanda comment ie ſçavois donc que c'eſtoit Iesus-Christ; & ie luy dis que ie ne pouvois lui expliquer la maniere par laquelle ie le ſçavois, mais qu'il

CHAPITRE XXVII.

n'eſtoit pas en mon pouvoir d'ignorer qu'il eſtoit auprés de moy, parce que je le connoiſſois clairement, que ie le ſentois, que mon recueillement dans l'oraiſon de quietude eſtoit beaucoup plus grand & plus continuel, & qu'il eſtoit évident que cette divine preſence produiſoit en moy des effets beaucoup plus grands qu'à l'ordinaire, i'uſay de diverſes comparaiſons pour tâcher à me faire entendre : mais il me ſemble qu'il y en a peu qui ait du rapport à cette ſorte de viſion. Et comment des femmes ignorantes telle que je ſuis pourroient-elles trouver des termes propres pour bien expliquer une choſe ſi difficile qu'il n'y en a point de plus relevée, comme je l'ay appris depuis par un ſaint homme de grand eſprit nommé le Pere Pierre d'Alcantara dont je parleray dans la ſuite, & de quelques autres auſſi fort ſçavans, qui m'ont aſſuré comme luy qu'il n'y a rien en quoy le demon puiſſe avoir moins de part qu'à une telle viſion? Ainſi je laiſſe à ces perſonnes ſçavantes à expliquer en quelle maniere cela ſe peut faire. Que ſi ie dis, comme il eſt vray, que ie ne le voy ni des yeux du corps ni de ceux de l'ame, parce que cette ſorte de viſion n'eſt pas ſenſible, on me demandera ſans doute comment je puis donc aſſurer que je connois plus clairement que IESUS-CHRIST eſt prés de moy que ſi je le voyois de mes propres yeux. Ie répons que c'eſt comme quand une perſonne qui eſt aveugle ou dans une tres-grande obſcurité n'en peut voir une autre qui eſt auprés d'elle, quoy qu'elle ne laiſſe pas de ſçavoir aſſurément qu'elle y eſt. Mais encore que cette comparaiſon ait du rapport au ſujet dont il s'agit, j'avouë qu'il y en a peu, parce que cette perſonne aveugle ou qui eſt dans une ſi extrême obſcurité peut entendre cette autre perſonne parler, ou ſe remuer, ou la toucher ; au lieu qu'icy il n'y a rien de tout cela. Il ne s'y rencontre aucune obſcurité, & l'ame eſt aſſurée de ce qu'elle voit & ce qu'elle ſent par une connoiſſance plus claire que n'eſt la lumiere du ſoleil. Il n'y a neanmoins ni ſoleil ni clarté, mais ſeulement une certaine lumiere ſans lumiere qui illumine l'entendement pour rendre l'ame capable de joüir d'un ſi grand bien & qui eſt ſuivi de tant d'autres.

Ce n'eſt pas comme cette preſence de Dieu que l'ont ſent quelquefois, & principalement ceux qu'il favoriſe de l'oraiſon d'union & de quietude, qui lors qu'ils commencent à prier leur paroiſt par le ſentimens ſpirituels qu'ils ont d'un grand amour, d'une vive foy, & de ſaintes reſolutions accompagnées d'une grande tendreſſe, ce qui leur fait connoiſtre qu'ils ont trouvé celuy qu'ils cherchent, & qu'il écoute ce qu'ils luy diſent. Cette grace que Dieu fait à quelques ames eſt ſans doute tres ſinguliere, & ceux qui la reçoivent la doivent extrêmement eſtimer, parce que c'eſt une maniere d'oraiſon fort ſublime : mais ce n'eſt pas une viſion qui faſſe voir par les effets que Dieu eſt présent, ainsi qu'il le fait voir aux ames à qui il donne ces visions que ie viens de dire, dans lesquelles il veut qu'elles connoissent tres-clairement que Iesus Christ fils de la Vierge est présent, & au lieu que dans cette autre maniere d'oraison on ne reçoit que quelques influences de la divinité, on éprouve dans ces visions dont ie parle, qu'outre ces influences la divinité même est presente, & que la tres-sainte humanité de Iesus-Christ est avec nous pour nous enrichir de ses graces.

Mon Confesseur me demanda ensuite qui m'avoit dit que c'estoit Iesus Christ. Ie luy répondis que luy-même me l'avoit dit plusieurs fois, & qu'avant qu'il me l'eust dit ie ne pouvois en douter, tant cela estoit fortement imprimé dans mon esprit quoy que ie ne le visse pas. Que c'estoit de même que si estant aveugle ou dans une tres-grande obscurité une personne dont i'aurois seulement entendu parler sans l'avoir iamais veuë me disoit qui elle est, & que ie le crusse quoy que ie ne pusse pas l'asseurer si hardiment que si ie l'avois veuë : Qu'il y avoit même en cecy encore davantage, puis que bien que l'on ne voye point Iesus-Christ on est persuadé qu'il est present par une conoissance si claire que l'on n'en sçauroit douter, à cause que N. Seigneur imprime de telle sorte cette creance dans nostre entendement que nous en sommes plus asseurez que de ce que nous voyons de nos propres yeux, parce qu'ils peuvent nous laisser quelque sujet de douter si ce n'est point une imagination; au lieu qu'il ne reste aucun lieu de doute lors que dans cette autre maniere que je viens de dire, Dieu parle à l'ame sans luy parler, & se fait manifestement connoistre à elle.

Ce langage est si surnaturel & si celeste que l'on s'efforce en vain de l'expliquer si Dieu luy-même n'en donne l'intelligence par les effets qu'il produit. Sa divine Majesté imprime dans le fond de l'ame ce qu'elle veut qu'elle comprenne, & le luy represente dans ces visions en la maniere que j'ay dit, sans se servir pour cela ni d'images, ni de figures, ni de paroles.

On doit extrêmement remarquer que Dieu agit de la sorte pour faire connoistre aux ames de grandes veritez & de grands mysteres. C'est ce qui m'arrive souvent dans ces visions, & en quoy il me semble que le diable peut le moins avoir de part pour les raisons que je diray; & j'avouë que ie me trompe si elles ne sont bonnes.

Ces visions sont spirituelles, & ce qui s'y passe est si sublime que l'entendement, la memoire, la volonté, & les sens s'y trouvent tellement suspendus qu'il ne leur reste pas le moindre petit mouvement. Ainsi ie ne voy pas que le demon puisse en nulle maniere s'en servir pour nous tromper ; mais cela arrive rarement & ne dure guere, & l'usage des puissances & des sens ne demeure ainsi entierement suspendu

CHAPITRE XXVII.

pendu que lors que Nôtre Seigneur veut seul operer en nous sans que nous agissions en aucune sorte. C'est de même que si nostre estomac se trouvoit remply d'un aliment, que nous n'enssions point mangé, ni ne sceussions point de quelle sorte il y seroit entré, ni quel seroit cet aliment ni d'où il viendroit. Et comment aurois-je pû sçavoir de quelle maniere il y seroit entré puis que je n'en avois iamais auparavant veu ni sceu quel il estoit, ni desiré d'en estre nourrie, ni mesme appris qu'il s'en rencontre de tel?

Lors que Dieu nous parle de la sorte il rend nostre esprit attentif à écouter ce qu'il nous dit, quoy qu'il ne voulut pas l'entendre. Il semble qu'il donne des oreilles à nostre ame, & l'empesche de se pouvoir divertir à autre chose : de mesme qu'il faudroit bien par necessité qu'une personne qui auroit l'ouïe fort subtile & à qui on ne permettroit pas de boucher ses oreilles entendist malgré qu'elle en eust ce qu'on luy diroit de fort prés & à haute voix. Cette personne agiroit neanmoins en quelque sorte, puis qu'elle seroit attentive à ce qu'on luy diroit; mais icy l'ame ne fait rien: elle n'a pas seulement la peine d'écouter: elle trouve tout preparé & tout appresté, & n'a qu'à iouyr du plaisir de se voir rassasier d'une viande si delicieuse. C'est comme si sans avoir la peine d'apprendre à lire & d'étudier, ni sans sçavoir comment cela se seroit pû faire on se trouvoit tres-sçavant par une science infuse.

Cette derniere comparaison me paroist pouvoir faire comprendre quelque chose de cette connoissance surnaturelle & toute celeste. L'ame en cet estat conçoit si clairement dás un instant le mystere de la tres sainte Trinité & d'autres si élevez, qu'il n'y a point de Theologien contre qui elle n'osast disputer de ces grandes veritez, & elle en demeure si épouvantée, qu'une seule de ces faveurs suffit pour la changer entierement, & la faire renoncer à l'affection de toutes les creatures, pour n'aimer que celuy-là seul qui sans qu'elle y contribuë rien la rend capable de iouïr d'un si extrême bonheur, luy découvre de si grands secrets, & luy témoigne tant d'amour que de semblables graces ne se peuvent écrire, parce qu'elles sont si admirables qu'à moins que d'avoir une vive foy on ne pourroit concevoir qu'il fust possible que Dieu les accordast à une personne qui en est si indigne. C'est pourquoy si on ne me le commande expressément ie diray peu de chose de ces graces toutes extraordinaires que Nostre Seigneur m'a faites, & me contenteray de rapporter quelques visions qui pourront empescher ceux à qui il en donnera de semblables de s'en étonner comme si c'estoient des illusions, ainsi que cela m'est arrivé, & aussi à faire connoistre la conduite que Dieu a tenuë sur moy, qui est ce que l'on m'a ordonné d'écrire.

Pour revenir á cette maniere d'entendre il me semble que nostre

X

Seigneur veut alors donner à l'ame quelque connoissance de ce qui se passe dans le ciel. Ie n'en avois rien compris auparavant ; mais il me le fit voir par sa bonté dans vn ravissement. Ainsi Dieu & l'ame s'entendent dés icy bas sans se parler, parce qu'il plaist à ce maistre absolu de toutes choses de témoigner son amour à l'ame par vne si grande faveur, de même que deux intimes amis se parlent en se regardant seulement, comme je pense l'avoir entendu dire de l'Epoux & de l'Epouse dans les Cantiques.

" Que vostre bonté, Seigneur, est admirable de souffrir que les
" yeux de mon ame vous voyent, quoy qu'ils ayent fait vn si mauvais
" vsage de la puissance de voir que vous leur avez donnée. Faites mon
" Dieu, qu'vne telle veuë les détourne pour jamais de celle des choses
" basses, & que rien sinon vous seul ne soit plus capable de leur plaire.
" Les hommes ne cesseront-ils donc jamais d'estre ingrats ? Et qu'elle
" ingratitude peut égaler celle de ne pas reconnoistre des faveurs que
" je sçay par experience estre si grandes, que ce que j'en ay rapporté
" n'est que la moindre partie de ce que vous faites en faveur des ames
" que vous conduisés jusques à l'estat que ie viens de dire ?
" O ame qui commencez à faire oraison & qui avez vne veritable foy, quel bon-heur, hors celuy de l'eternité pouvez vous chercher en cette vie qui approche de ce que ie viens de dire : Considerez qu'elle est l'infinie bonté de Dieu de se donner de la sorte a ceux qui abandonnent tout pour l'amour de luy. Il ne fait acception de personne : il aime tout le monde : & quelque grand pecheur que l'on soit l'on ne peut avoir d'excuse de le servir, puis qu'estant aussi méchante que ie suis il n'a pas laissé de me faire tant de graces. Considerez que ce que j'ecris de cet estat si élevé ou il met vne ame n'est rien en comparaison de ce que j'en pourrois dire, parce que ie me suis contentée d'en rapporter ce qui estoit necessaire pour faire entendre qu'elle est cette maniere de vision. Mais qui pourroit exprimer ce que l'on ressent lorsque Dieu nous revelle ses secrets & nous découvre sa gloire ? Ce merveillieux contentement surpasse de telle sorte tous ceux dont l'on peut iouïr ici-bas qu'il n'y a pas sujet de s'étoner qu'il nous donne de l'horreur pour tous les plaisirs de cette vie, puis qu'ils ne sçauroient tous ensemble quand ils dureroient toûjours ne causer que du dégoust à vne ame qui a vne fois gousté ces delices toutes celestes quoy qu'elles ne soient que comme vne goutte de ce grand fleuve des plaisirs éternels qui nous sont preparez dans vn autre monde.

Si l'on pouvoit avoir de la confusion dans le Ciel, quelle autre devroit plus que moy s'y trouver confusé de voir que nous pretendions d'acquerir aux dépens de Iesvs-Christ des biens, des contentemens, & vne gloire qui ne finissent jamais ; Que si nous ne pou-

CHAPITRE XXVII.

vous avec Simon Cyrenéen luy aider à porter sa croix, ne ioindrons-nous pas au moins nos larmes à celles des filles de Ierusalem pour témoigner nostre sentiment des douleurs qu'il souffre? Croyons nous en ne pensant qu'à nous divertir avoir droit de pretendre au bon-heur qui luy a coûté tant de sang? & en ne recherchant que de vains honneurs devoir tirer de l'avantage des mépris qu'il a endurez pour nous faire regner etenellement avec luy ? Y eut-il jamais un si grand égarement ? Et peut-on s'imaginer sans folie d'arriver au Ciel par un tel chemin? Puis que Dieu ne me permet pas de faire entendre ces veritez à tout le monde comme ie desirois de le pouvoir faire sans cesse, je conjure vostre Reverence de les publier hautement : ie les ay comprises bien tard ainsi qu'on le pourra voir dans cette relation de ma vie, & ce m'est une si grande confusion d'en parler quelle ferme la bouche.

Ie ne puis neanmoins m'empécher de dire que considerant quelquefois quelle joye c'est aux Bien-heureux, dont ie prie Dieu de me faire la grace d'augmenter le nombre, de voir qu'encore qu'ils n'ayent commencé que tard à le servir ils n'ont manqué depuis à rien de tout ce qui estoit en leur pouvoir pour luy témoigner leur amour, les uns plus & les autres moins selon l'étenduë de leurs forces, je ne pouvois m'empécher de m'écrier : Que riche sera celuy qui aura renoncé à ses richesses pour imiter la pauvreté de Iesus-Christ ! De quelle gloire jouïra celuy qui au lieu de rechercher l'honneur du monde aura pris plaisir à se voir humilié? Et que celuy-là se trouvera estre veritablement sage qui aura esté bien aise de passer pour fou, en se souvenant que celuy qui est la sagesse méme & la sagesse eternelle a esté traité comme tel ! Mais helas ! que pour punition de nos pechez le nombre de ces personnes est maintenant bien petit ! Il me semble qu'il ne reste plus de ces hommes admirables que l'on consideroit comme des insensez lors que leur veritable amour pour Iesus-Christ leur faisoit faire tant d'actions heroïques.

O monde, mal-heureux monde, que vous avez d'interest pour vôtre honneur que si peu de personnes vous connoissent : & ce ne vous est pas un moindre avantage si nous nous persuadons de pouvoir mieux servir Dieu lors que l'on nous tiendra pour sages & pour discrets Voila en quoy consiste la discretion d'aujourd'huy; & l'on croiroit mal édifier le monde si chacun selon sa condition ne s'efforçoit de paroistre au meilleur estat qu'il peut, & ne se maintenoit pas dans son rang.

Il n'y a pas jusques aux Prestres, aux Religieux & aux Religieuses qui ne s'imaginent que c'est introduire une nouveauté & donner du scandale aux foibles de porter des vieux habits & où il y ait des pieces; côme aussi d'estre fort recueillis & faire oraison, tant on est main-

X ij

tenant éloignée de cette perfection & de cette ferveur qu'avoient les Saints, quoy que le dereglement qui se rencontre en ce siecle dans toute sorte de conditions dûst ce me semble donner beaucoup plus de scandale que si l'on voyoit les Religieux pratiquer ce qu'ils enseignent du mépris que l'on doit faire des choses du monde, puisque nostre Seigneur tireroit de grands avantages de ce scandale dans lequel si quelques-vn tomboint, d'autres seroient excitez par ce moyen à se repentir de leurs pechez, & pleust à sa divine Majesté qu'il restast maintenant quelques traces dans les actions des Chretiens de ce que luy & ses Apostres ont souffert.

Du bien-heureux Pere Pierre d'Alcantara.

Ie sçay que l'ont dit que le monde n'est plus capable d'une si grande perfection: que cela estoit bon au temps passé; mais que la nature est maintenant affoiblie. Le bienheureux Pere Pierre d'Alcantara que Dieu vient de retirer à luy estoit neantmoins né en ce siecle, & ne cedoit point toutefois en ferveur à ces grands serviteurs de Dieu des siecles passez. Il avoit autant de mépris qu'eux de toutes les choses de la terre; & l'on en voit aussi d'autres qui encore qu'ils n'aillent pas comme luy les pieds nuds & ne pratiquent pas de si grandes penitences, ne laissent pas de thémoigner par leurs actions quel est leur mépris pour tout ce qui est icy-bas, en se servant pour cela des moyens que Dieu leur inspire lors qu'il voit quils ne manquent pas de courage. Peut on trop admirer celuy qu'il donna à ce saint homme dont ie parle pour pouvoir fournir une carriere de quarante sept ans d'une aussi aspre penitence que l'on sçait qu'a esté la sienne? Ie veux en rapporter quelque chose, & n'en rapporteray rien qui ne soit tres-veritable. Comme nostre Seigneur luy avoit donné une grande affection pour moy affin qu'il entreprist ma defense il me fortifia par ses conseils dans vn temps ou j'en avois tant de besoin, ainsi qu'on l'a desja vû, & qu'on le verra dans la suite de sa vie. Il m'a dit & vne autre personne en qui il avoit aussi beaucoup de confience, qu'il avoit passé quarante ans sans dormir plus d'une heure & demy dans tout le iour & la nuit; & que de toutes les austeritez qu'il avoit jamais pratiquées celle de vaincre le sommeil luy avoit dans les commencemens paru la plus grande: que pour ce suiet il estoit tousjours debout ou a genoux; & que durant le peu de temps qu'il estoit assis pour dormir il appuyoit sa teste contre un mourceau de bois scellé dans le mur & que quand il auroit voulu se coucher il ne l'auroit pû, parce que sa cellule comme chacun le sçait n'avoit que quatre pieds & demy de long. Pendant tout ce temps il ne se couvrit jamais de son capuce quelque ardent que fust le Soleil, & quelque violente que fust la pluye. Il marchoit tousiours les pieds nuds, ne portoit rien sur sa chair qu'vn habit de bure fort étroit, avec un manteau de la mesme étoffe qu'il quittoit à ce qu'il m'a dit, durant les grands froids, & ouvroit la porte

& la fenestre de sa cellule, afin que le reprenant apres & fermant cette porte & cette fenestre, il donnât quelque soulagement à son corps. Il luy estoit assez ordinaire de ne manger que de trois iours en trois iours & voyant que je m'en étonnois, il me dit, que cela n'estoit pas impossible lors qu'on s'y accoustumoit: & son compagnon m'assura qu'il en passoit quelquefois huit sans prendre aucune nourriture. Cela arrivoit à mon avis dans l'oraison & dans ces grands ravissemens que son violent amour pour Dieu luy causoit, de l'un desquels j'ay esté témoin. Sa pauvreté estoit extréme, & sa mortification si grande que j'ay sçeu de luy qu'en sa jeunesse il avoit passé trois ans dans un monastere de son Ordre sans connoistre aucun des Religieux sinon à la voix, parce qu'il ne levoit jamais les yeux pour rien regarder, & qu'ainsi il ne pouvoit qu'en suivant les autres aller dans les divers endroits de la maison où il se trouvoit obligé d'aller: & la même chose luy arrivoit par les chemins. Il passa plusieurs années sans regarder aucune femme, & il me disoit que s'il les voyoit c'estoit comme s'il ne les voyoit pas. Il estoit déia fort âgé lors que ie commençay à le connoistre, & si attenué & si decharné que sa peau ressembloit plûtost à une écorce d'arbre dessechée qu'à de la chair. Sa sainteté ne le rendoit point farouche. Il parloit peu, à moins qu'on ne l'interrogeast: mais comme il avoit tres bon esprit son entretien estoit tres doux & tres-agreable. Ie m'étendrois volontiers, mon Pere, beaucoup d'avantage sur le sujet de ce grand serviteur de Dieu, si ie n'apprehendois que vous ne me demandassiez pourquoy ie me suis engagée à cette digression, & i'ay mesme eu cette crainte dans le peu que i'en ay dit. I'aioûteray donc seulement qu'il est mort comme il a vescu, en instruisant & en exhortant ses freres. Lors qu'il se vit proche de sa fin il se mit à genoux & rendit l'esprit à son Createur en recitant ce Pseaume, *Lætatus sum in his quæ dicta sunt mihi.*

Dieu a permis que depuis sa mort il m'a encore plus assistée en diverses rencontres qu'il n'avoit fait durant sa vie. Ie l'ay vû plusieurs fois tout resplandissant de gloire, & la premiere il me dit que bienheureuses estoient les austeritez qui luy avoient fait meriter une si grande recompense, & autres choses semblables. Vn an avant sa mort estant absent il m'apparut: & comme i'appris dans cette vision qu'il mourroit bien tost, ie luy en donnay avis au lieu où il estoit distant de quelques lieuës de mon monastere. Il m'apparut encore & me dit qu'il alloit se reposer. Ie n'aioûtay point de foy à cette vision que ie rapportay à diverses personnes, & nous receûmes dix iours apres la nouvelle qu'il estoit mort, ou pour mieux dire qu'il estoit mort pour devenir immortel. Ce fut ainsi qu'une vie si penitente fut couronnée d'une si grande gloire: & il me paroist que ce saint Homme m'assiste encore beaucoup plus depuis qu'il est dans le Ciel que lors

X iij

qu'il estoit sur la terre, N. Seigneur me dit un jour qu'on ne luy demanderoit rien en son nom qu'il ne l'accordast; & ie l'ay éprouvé diverses fois. Que sa divine Majesté soit eternellement loüée.

Mais à quel propos, mon Pere, vous en tant dire pour vous exhorter au mépris de tout ce qui est icy-bas, comme si vous n'en estiez pas persuadé, & ne témoigniez pas par vos actions la resolution que vous avez faite d'y renoncer? Pardonnez-le, s'il vous plaist, au sentiment que me donne la corruption du monde, qui fait que ie ne m'en puis taire. Encore que ie n'y gagne autre chose que de me lasser en écrivant, il me semble que cela me soulage, quoy que ce soit parler contre moy même. Dieu me pardonne, s'il luy plaist, cette faute: & pardonnez moy aussi, mon Pere, la peine que je vous donne comme si ie voulois vous faire porter la penitence de mes manquemens.

CHAPITRE XXVIII.

La Sainte estant en oraison Iesus-Christ luy fait voir des yeux de l'ame ses mains, & puis son visage, & dans une autre vision sa sainte humanité toute entiere. Effets que produisent ces visions, & la difference qu'il y a entre elles & les illusions du demon. Extrême peine que l'on donnoit à la Sainte sur ce que l'on croyoit qu'elle estoit trompée dans ces visions: mais son Confesseur la console.

POur revenir à mon sujet, la vision dont j'ay parlé fut presque continuelle durant quelques jours, avec un tel avantage pour moy que ie ne sortois point d'oraison, & táchois dans toutes mes actions de ne point deplaire à celuy que ie voyois clairement en estre témoin. Tant de choses que l'on me disoit pour m'empécher de croire que cette vision venoit de Dieu me faisoient neanmoins quelquefois peur: mais cette crainte ne duroit gueres parce que N. Seigneur me rassuroit.

Estant un iour en oraison il luy plust de me montrer ses divines mains: & nulles paroles ne sont capables d'exprimer quelle en estoit la beauté. Cela me donna beaucoup d'apprehension comme il m'arrive toûjours lors qu'il commence à me faire quelque grace surnaturelle. Peu de iours aprés il me laissa voir son visage, dont ie fus tellement ravie, que si ie m'en souviens bien ie perdis toute connoissance. S'estant depuis montré à moy tout entier ie ne pouvois comprendre pourquoy il ne se montroit auparavant que peu à peu: mais ie voy bien à cette heure que c'estoit par un effet de sa bonté qu'il me traitoit en cela selon ma foiblesse, parce qu'estant si misera-

CHAPITRE XXVIII.

ble ie n'aurois pû soutenir en même temps & tout à la fois l'éclat d'une si grande gloire.

Que s'il semble à vostre Reverence que l'on n'a pas besoin d'vn grand effort pour voir avec un extreme plaisir de telles mains & un tel visage, elle sçaura, s'il luy plaist, que celle des corps glorieux comme estant surnaturelle va si fort au dela de tout ce qui s'en peut dire, qu'elle estone l'esprit, & me donnoit ainsi tant de frayeur que j'en demeurois toute troublée. Mais j'estois ensuite si assurée de la verité de ce que ie voyois, & les effets qu'elle produisoit en moy estoient si grands, que cette crainte se changeoit bien-tost en vne entiere assurance.

Le jour de la feste de S. Paul estant à la messe, IESVS CHRIST se montra à moy dans toute sa sacrée humanité, & tel qu'on le peint ressuscité, & avec vne beauté & vne majesté inconcevable, ainsi que ie l'écrivis à vostre reverence après qu'elle me l'eut expressement commandé, quoy que j'eusse beaucoup de paine à m'y resoudre, parce qu'il est difficile de comprendre combien grande est celle de rapporter de semblables choses. Ie le fis toutefois le mieux que ie pûs; & ainsi il seroit inutile de le repeter icy. Ie diray donc seulement, que quand il n'y auroit point d'autre contentement dans le Ciel que de voir l'extreme beauté des corps glorieux, & particulierement celuy de nostre divin Redempteur, on ne sçauroit se l'imaginer tel qu'il est. Car si lors que sa Majesté ne se montre a nous icy-bas qu'a proportion, comme ie l'ay dit, de ce que nostre infirmité est capable de soutenir l'éclat de sa gloire; que sera-ce lorsque nostre ame estant affranchie des liens de ce corps mortel, la pourra voir, & joüir de ce bon heur dans toute sa plenitude.

Ce n'a jamais esté auec les yeux corporels que j'ay vû cette vision ni aucune autre; mais seulement avec les yeux de l'ame. Ceux qui sont plus intelligens que moy disent que l'autre vision dont j'ay cy-devant parlè est plus parfaite que celle-cy, & beaucoup plus que toutes celles qui ne se voyent qu'avec les yeux corporels, qui sont à ce qu'ils croyent les moindres de toutes & les plus susceptibles des illusions du Diable. J'avois peine neanmoins alors d'en estre persuadée, & aurois desirè au contraire de voir avec les yeux du corps ce que ie ne voyois qu'avec ceux de l'ame afin que mon confesseur ne pust pas me dire que ce n'estoit qu'une imagination.

Aprés luy avoir rendu compte de cette derniere vision ie m'examinay pour voir si ce n'estoit point vne chose que ie me fusse imaginée, & eus regret de la luy auoir dite, craignant de l'avoir trompé. Ainsi ce me fut vn nouveau suiet de repandre des larmes, & ie luy declaray ma peine. Il me demenda si ie croyois que la chose s'estoit assée de la sorte que ie luy avois dit, ou si j'avois eu dessein de le tromper; je luy répondis selon la verité que je luy avois parlé fort sincerement, & que je ne voudrois pour rien du monde dire un mensonge. Comme il connoissoit ma franchise il n'eut pas peine à me croire, & me consola : & j'avois tant de repugnance à luy parler de semblables choses, que j'avouë ne comprendre pas comment le diable eust pû me mettre dans l'esprit d'en feindre pour me tourmenter ainsi moy-mesme.

Nostre Seigneur me fit la grace de m'éclaicir bien-tost de mes doutes en me faisant voir clairement qu'il n'y avoit point du tout en cela d'imagination ; & je connus alors quelle avoit esté ma bestise de ne considerer pas, que quand je me serois efforcée durant des années entieres de me figurer une si extréme beauté, il m'auroit esté impossible, tant sa seule blancheur & son éclat surpassoient tout ce que l'on peut s'en imaginer icy-bas. C'est un éclat qui n'éblouït point : c'est une blancheur inconcevable : c'est une splendeur qui réjouït la veuë sans la lasser : c'est une clarté qui rend l'ame capable de voir cette beauté toute divine : & enfin c'est une lumiere en comparaison de laquelle celle du Soleil paroist si obscure que l'on ne daigneroit pas ouvrir les yeux pour les regarder.

Il y a la mesme difference entre ces deux lumieres qu'entre une eau vive & tres-claire qui couleroit sur du Cristal, & dont le Soleil augmenteroit encore la clarté par la reflexion de ses rayons ; & une eau trouble & bourbeuse qui n'auroit pour lict que la terre, & qui seroit couverte d'un épais nuage. Mais cette admirable lumiere n'a rien de semblable à celle du Soleil : & elle paroist si naturelle que celle de ce grand astre comparée à elle semble n'estre qu'artificielle. Cette lumiere est comme un jour sans nuit toûjours éclatant, toûjours lumineux, sans que rien soit capable de l'obscurcir. Et enfin elle est telle qu'il n'y a point d'esprit quelque penetrant qu'il soit & quelques efforts qu'il fasse qui puisse s'imaginer quelle elle est. Dieu la fait voir si promptement que s'il n'étoit besoin pour l'appercevoir que d'ouvrir seulement les yeux, on n'en auroit pas le loisir : mais il n'importe qu'ils soient ouverts ou fermez. Lorsqu'il plaist à Nostre Seigneur de faire une si grande faveur on ne sçauroit ne point voir cette lumiere quand mesme on ne le voudroit pas ; & il n'y a ni distraction, ni resistance, ni aucune autre opposition qui soient capables d'y apporter de l'obstacle. J'en puis parler, comme l'ayant éprouvé, ainsi qu'on le verra dans la suite.

Ce que je desirerois maintenant de pouvoir faire connoistre, est la maniere dont Nostre Seigneur se montre dans ces visions : mais je n'entreprens pas d'exprimer de quelle sorte il nous fait voir interieurement cette lumiere admirable, & montre à nostre esprit une image de luy-mesme si vive & si claire qu'il nous paroist estre veritablement

CHAPITRE XXVIII.

blement present. Ie laisse cela à des plus sçavans que moy: il ne luy a pas plû de m'en donner l'intelligence; & je suis si ignorante & si grossiere, que quoy que l'on m'ait dit pour m'en éclaircir, je n'ay jamais pû le concevoir. Car il est si vray, mon Pere, que je n'ay point cette vivacité d'esprit que vous croyez, que j'ay éprouvé en diverses rencontres, que pour peu que les choses soient difficiles, ie ne sçaurois les comprendre; & comme mon confesseur s'étonnoit quelquefois de mon ignorance, il ne m'a jamais expliqué en quelle maniere Dieu agit. Ie ne desirois point aussi de le sçavoir, & je ne m'en enquerois pas, quoy que depuis plusieurs années, j'aye ainsi que je l'ay dit, eu la communication de personnes sçavantes. Ie leur demandois seulement si une chose estoit peché ou non, & me contentois pour le reste d'estre assurée que Dieu fait tout, & qu'au lieu de s'étonner des merveilles de ses œuvres, nous n'avons qu'à l'en loüer. Ainsi plus elles sont difficiles à comprendre plus je les admire, & plus elles me donnent de devotion.

Ie me contenteray donc, mon Pere, de rapporter ce que j'ay veu, & me remettray à vous d'éclaircir ce qu'il y aura d'obscur, puis que vous le pourrez faire beaucoup mieux que moy. Il me paroissoit en certaines rencontres que ce que je voyois n'estoit qu'une image, mais en plusieurs autres j'estois persuadée que IESUS-CHRIST luy-mesme estoit present selon ce qu'il luy plaisoit de me doner ou plus, ou moins de lumiere: car quand cette lumiere estoit moindre, il me sembloit que ce que je voyois n'estoit qu'une image, mais une image tres-differente, des portraits faits par les plus excellés peintres comme j'en ay veu plusieurs, y ayant autant de difference entre l'un & l'autre qu'entre une personne que l'on peint; & son portrait, qui quelque ressemblant & animé qu'il soit, n'est qu'une chose morte, au lieu que cette personne est vivante. Certainement cela va ainsi; & pour ne m'étendre pas davantage sur ce sujet, je me contenteray d'ajoûter que ce n'est pas seulement une comparaison, qui comme il se rencontre dans toutes les comparaisons, ne pourroit estre juste en tout; mais une grande verité, qu'il y a autant de difference entre ces images que je voyois, & les portraits que l'on fait des hômes, qu'entre une personne vivante & sa peinture, parce que si ce que je voyois estoit une image, c'estoit une image vivante & non pas morte, c'estoit IESUS-CHRIST mesme vivant qui se faisoit voir à moy Dieu & homme tout ensemble, non comme il estoit dans le sepulchre, mais tel qu'il estoit aprés sa resurrection; & il se montre quelquefois si éclatant de majesté, que l'on ne sçauroit douter que ce ne soit luy, principalement aprés la communion, parce que la foy nous assure alors qu'il est present, & qu'il se fait voir tellement maistre de nôtre ame, qu'elle paroist comme aneantie & toute abîmée en luy,

Y

„ Ô Iesus mon Sauveur, qui seroit capable d'exprimer quelle est
„ cette Majesté qui fait connoistre à l'ame que vous n'estes pas seule-
„ ment le Monarque absolu du monde, mais que quand vous en auriez
„ crée encore mille autres, & infinis autres ils ne meriteroient pas tous
„ ensemble que vous daignassiez vous en dire le maistre, tant tout ce
„ que l'on peut s'imaginer est infiniment au dessous de vous.
„ On connoist clairement alors, ô mon Sauveur, combien méprisa-
„ ble est le pouvoir des demons en comparaison du vôtre, & que pour-
„ vû que l'on vous contente on peut fouler aux pieds tout l'enfer. On
„ connoist la raison qu'eurent ces esprits de tenebres d'estre si effrayez
„ quand vous descendistes dans les lymbes, qu'ils auroient souhaité
„ qu'il y eust un enfer infiniment plus profond que celuy auquel vous
„ les avez condamnez pour s'y precipiter afin de s'éloigner encore da-
„ vantage d'une Majesté qui leur est si redoutable ; tant est grand le
„ pouvoir de vostre sacrée humanité iointe à la divinité. On connoist
„ combien terrible sera le jugement, où vostre suprême Maiesté exer-
„ cera en sa colere sa iuste vengeance contre les méchans. Et enfin l'a-
„ me connoist de telle sorte sa misere qu'elle entre dans une si profon-
„ de humilité, qu'encore que vous luy témoigniez de l'amour, elle se
„ trouve dans une telle confusion & est touchée d'un si vif repentir de
„ ses pechez, qu'elle ne sçait que devenir.

Ainsi ie suis persuadée que quand il plaist à N. Seigneur de nous découvrir une grande partie de sa maiesté & de sa gloire, cette vision reduit l'ame en tel estat qu'elle tomberoit dans une entiere defaillance, si par une grace surnaturelle il ne la faisoit entrer dans une extase qui luy fait perdre la veuë de cette divine presence. Il est vray que l'on oublie ensuite ce que l'on a vû ; mais il demeure une impression de cette maiesté & de cette beauté, qui ne peut s'effacer de la memoire, si ce n'est que N. Seigneur veüille comme ie le diray cy-aprés, que cette ame tombe dans une telle secheresse & une telle solitude qu'il semble qu'elle s'oublie elle-même.

Il me paroist que dans cette extase l'ame conçoit un nouvel amour pour Dieu encore plus grand & plus fort que celuy qu'elle avoit dãs la vision precedente ; & comme la vision où Dieu se presentoit à nous sans image est plus élevée, celle où il se montre sous quelque figure est plus proportionnée à nostre foiblesse en ce qu'elle s'imprime davantage dans nostre memoire & dans nôtre esprit par le souvenir & l'imagination qui nous reste de sa divine presence. Mais ces deux sortes de visions viennent tousiours ensemble, & Dieu le permet ainsi, afin que l'une découvre aux yeux de nostre ame l'excellence, la beauté, & la gloire de sa tres sainte humanité, & que l'autre luy fasse connoistre que Dieu peut tout, qu'il ordonne tout, qu'il gouverne tout & que son amour n'a point de bornes.

On ne sçauroit trop estimer une telle vision, & il ne s'y rencontre à mon avis aucun peril, les effets faisant connoître qu'elle ne peut venir du demon. Il m'a paru qu'au commencement il s'efforça trois ou quatre fois de me faire voir Nostre Seigneur de la mesme sorte par une fausse representation; mais encore qu'il puisse prendre la forme d'un corps qui seroit de chair, il ne sçauroit contrefaire cette gloire qui éclate dans la vision qui vient de Dieu, quoy qu'il fasse ce qu'il peut pour effacer dans l'ame la veritable vision qu'elle avoit euë: Elle rejette cette fausse image qui la trouble, l'inquiete, & la dégoûte de telle sorte, qu'elle luy fait perdre la devotion, & l'empesche mesme de faire oraison.

Il y a donc une si extrême difference entre ces diverses visions, que je ne doute point que ceux mesme qui ne sont encore arrivez que jusques à l'oraison de quietude, la connoîtront par les effets que j'ay rapportez en traitant des paroles surnaturelles. Ils sont si évidens, qu'à moins de vouloir se tromper soy-mesme, le demon ne sçauroit tromper une ame qui marche avec humilité & simplicité; & il ne faut qu'avoir eu une veritable vision de Dieu pour découvrir aussi-tost l'illusion de nostre ennemy, parce qu'encore que d'abord il nous fasse ressentir quelque plaisir, c'est un plaisir si different de celuy que goûte l'ame dans la vision qui vient de Dieu, & si impur & peu chaste, que l'ame n'a pas peine à s'appercevoir de la tromperie, & se dégoûte de ce faux plaisir.

Le demon ne sçauroit donc, à mon avis, nuire à ceux qui ont quelque experience, puis qu'il est absolument impossible de s'imaginer rien de semblable à ce que N. Seigneur nous fait connoître dans ces visions qui viennent de luy, & que comme je l'ay dit, la seule beauté & la blancheur d'une de ses divines mains surpasse infiniment tout ce que nous sçaurions nous figurer. Et comment pourrions-nous aussi nous représenter en un moment des choses dont nous n'avons jamais entendu parler, & que nous serions incapables de concevoir, quand mesme nous y aurions appliqué durant un fort long-temps toute la force de nostre esprit? Mais encore que nous puissions nous en representer quelque chose par nostre imagination, outre que cela ne produiroit aucun de ces grands effets dont j'ay parlé, l'ame seroit comme une personne qui ayant mal à la teste, & besoin de repos, tâcheroit inutilement de s'endormir, parce que le sommeil ne viendroit point, & que si elle s'assoupissoit un peu, au lieu de s'en sentir fortifiée, sa teste seroit encore plus foible, à cause que ce ne seroit pas un veritable dormir; & qu'au contraire ces visions qui viennent de Dieu n'enrichissent pas seulement l'ame par des graces & des faveurs extraordinaires, mais augmentent la santé du corps, & luy donnent une nouvelle vigueur & une nouvelle force.

l'alleguois ces raisons & quelques autres à ceux qui me disoient si souvent que ce qui se passoit en moy venoit du demon, & que ce n'estoit que des fantaisies que ie me mettois dans l'esprit. Ie me servois aussi comme ie pouvois des comparaisons que Dieu presentoit à ma pensée: mais tout m'estoit inutile, parce qu'y ayant dans nostre monastere des personnes fort saintes & en comparaison desquelles ie n'estois qu'imperfection & que misere, lesquelles Dieu conduisoit par un autre chemin, elles aprehendoient pour moy, & mes pechez faisoient à mon avis que chacun vinst à avoir connoissance de ce qui me regardoit, quoy que ie n'en eusse parlé qu'a mon confesseur, & à ceux à qui il me l'avoit ordonné. Ie leurs dis un iour que s'ils me soûtenoient affirmativement qu'une personne à qui ie viendrois de parler & que ie connoistrois fort bien n'estoit pas cele que ie croyois, & qu'ils estoient tres assurez que ie me trompois, ie pourrois ajoûter plus de foy à leurs paroles qu'à mes propres yeux. Mais que si cette personne m'avoit laissé pour gage de son amitié des pierreries que i'aurois encore entre les mains, & qui de pauvre que i'estois auparavant me rendroient riche, il me seroit impossible de ne pas croire que i'eusse vû & parlé à cette personne, parce qu'il me seroit facile de montrer ces pierreries, qui consistent en ce que tous ceux qui me connoissoient voyoient manifestement que i'estois toute changée: que mon confesseur luy-mesme en rendoit témoignage, & qu'ainsi il estoit sans apparence que si cela venoient du demon il se servist pour me tromper & me precipiter dans l'enfer d'un moyen aussi contraire à son dessein que seroit celuy de changer mes imperfections en des vertus.

Mon confesseur, qui estoit un Pere de la Compagnie de Iesus tres homme de bien, répondoit, comme ie l'ay sçeu depuis, les mêmes choses que moy. Il estoit fort prudent, & si humble que son humilité me causa beaucoup de peine, parce qu'encore qu'il fust fort sçavant & personne de grande oraison, elle luy donnoit de la défiance de luy-méme, & que Nostre Seigneur ne le conduisoit pas par le même chemin qu'il me conduisoit. Il a beaucoup souffert à mon occasion, à cause qu'on luy donnoit souvent des avis de se défier de moy, afin de ne se laisser pas tromper par le demon en ajoûtant quelque creance à ce que ie luy disois : sur quoy on luy alleguoit divers exemples. Cela m'affligea beaucoup parceque ie craignois que chacun me fuyant, mon confesseur ne m'abandonnast, & ie ne faisois que pleurer: mais par une providence particuliere de Dieu n'y ayant rien à quoy ce bon Religieux ne voulust s'exposer pour son service il ne m'abandônast point. Il m'exhortoit à ne pas offencer Dieu, à pratiquer exactement ce qu'il m'ordonnoit, & à ne point apprehender qu'il me quittast. Ainsi il m'encouragoit & calmoit mon esprit, & il

CHAPITRE XXVIII.

m'ordonnoit sur toutes choses de ne luy rien dissimuler, ie luy obeïssois fort fidelement : & il m'asseuroit qu'en agissant de la sorte, quand même ces visions viendroient du demon elles ne pourroient nuire; mais qu'au contraire N. Seigneur tireroit du bien du mal que cét esprit mal-heureux me vouloit faire. Il travailloit en cette sorte de tout son pouvoir à me rendre meilleure ; & dans l'apprehension que i'avois d'offenser Dieu ie luy obeïssois en tout, quoy qu'imparfaitement. Il souffrit beaucoup à cause de moy durant plus de trois ans, parce que dans toutes les peines & les persecutions que Nostre Seigneur permettoit & que l'on me faisoit pour des choses dans la pluspart desquelles i'estois innocente, l'on s'en prenoit à luy, quoy qu'il n'y eust rien à redire à sa conduite : & s'il eust eu moins de vertu & que Dieu ne l'eust fortifié, il n'auroit pû y resister. Car d'un costé il avoit à répondre à ceux qui s'imaginoient que i'estois en tres-mauvais estat, & ne vouloient point ajouster foy à ce qu'il leur disoit au contraire : & d'autre part il avoit à remedier aux apprehensions dont toutes ces visions que Dieu me donnoit estoient suivies, & qui procedoient sans doute de la grandeur de mes pechez. Ce saint Homme me consoloit avec beaucoup de compassion de mes souffrances : & s'il se fust crû luy-même elles n'auroient pas esté si grandes, parce que Dieu luy faisoit connoistre la verité, & que la grace qui accompagne le Sacrement de penitence luy donnoit encore à mon avis quelque lumiere particuliere.

Des serviteurs de Dieu avec qui ie communiquois en ce même temps avoient peine, comme ie l'ay dit, à croire qu'il y eust de la seureté dans le chemin où ie marchois, & donnoient un autre sens à ce que je leur rapportois tout naïvement sans y faire reflexion. Comme i'estois fort obligée & fort affectionée à l'un d'eux, qui estoit un homme fort saint, qui desiroit avec passion mon avancement, & qui demandoit à Dieu qu'il me donnast pour cela la lumiere dont i'avois besoin, j'avois une extrême douleur de ce qu'il ne m'entendoit point. Toutes ces personnes attribuoient à peu d'humilité ce que ie disois ainsi par mégarde, & me voyant faire quelque faute comme i'en commettois sans doute beaucoup, ils me condamnoient dans tout le reste. Ils me faisoient quelquefois des questions; & la maniere franche & sincere avec laquelle ie leur répondois leur persuadoit que je voulois les instruire, & que je faisois la capable. Ils le rapportoient avec bonne intention à mon Confesseur, & il m'en reprenoit & me tançoit. Ces peines que ie recevois de divers endroits durerent assez long-temps; mais les faveurs que ie recevois de Dieu les adoucissoient.

I'ay rapporté cecy pour faire connoistre quel tourment c'est de n'avoir pas dans ces voyes toutes spirituelles un Directeur qui les connoisse par sa propre experience, estant certain que si Dieu ne m'eust

Y iij

tres-particulierement assistée, je ne sçay ce que je serois devenuë, ce que je souffrois estant capable de me faire perdre l'esprit. Je me voyois quelquefois reduite en tel estat, que tout ce que je pouvois faire estoit de lever les yeux vers le Ciel : Car que peut-il y avoir de plus penible à une femme foible, imparfaite & timide comme je suis que de voir sa conduite condamnée par des gens de bien ; & quelque grands qu'ayent esté les travaux que j'ay éprouvé dans tout le cours de ma vie, nul autre ne m'a esté plus sensible. Dieu veüille que j'en aye fait un bon usage, ainsi que je suis assurée que ceux qui me condamnoient de la sorte n'avoient dessein que de le servir en procurant mon avantage.

CHAPITRE XXIX.

La Sainte continuë à traiter de ces visions que plusieurs croyoient toûjours venir du demon, ce qui luy donnoit une merveilleuse peine. JESUS-CHRIST fait que la croix de son Rosaire luy paroist estre de quatre pierres precieuses d'une incomparable beauté. Difference qui se rencontre entre ces celestes visions. Elle voyoit souvent des Anges ; & un Seraphin luy perce le cœur avec un dard, ce qui l'embrase d'un si grand amour de Dieu, que la violence de ce feu luy faisoit jetter des cris, mais des cris mêlez d'une joye inconcevable.

JE me suis fort éloignée de mon sujet, qui est de montrer que l'on ne doit pas croire que cette vision dont j'ay parlé soit une imagination. Nous pouvons sans doute par une grande application nous representer en quelque sorte l'humanité sacrée de JESUS-CHIST, l'imprimer dans nostre memoire, & lors qu'elle commence à s'en effacer la retracer avec nostre entendement. Mais dans la vision dont il s'agit, il n'y a rien de semblable : nous ne sçaurions ne point voir cette tres-sainte humanité en la maniere qu'il plaist à N. Seigneur de nous la representer, ni en retirer nostre veuë ; & si nous voulons en considerer quelque chose en particulier, elle disparoist aussi-tost.

Nostre Seigneur m'a durant deux ans & demy presque continuellement favorisée de cette sorte de vision ; & il y en a plus de trois qu'elle ne m'est pas si ordinaire, mais il m'en accorde une autre plus élevée que je rapporteray peut-estre dans la suite. Il y a des temps où il me parle avec une douceur incroyable, & en d'autres avec rigueur. Quelque desir que j'aye eu, & quelques efforts que j'aye faits, pour remarquer la grandeur & la couleur de ses yeux, non seulement je ne l'ay pû, mais il est disparu aussi-tost ; & lors qu'il me regardoit avec des témoignages de tendresse, ce regard faisoit une telle impression dans mon ame, que je tombois aussi-tost dans le ravissement, &

CHAPITRE XXIX.

perdois la veuë de cette souveraine beauté en demeurant encore plus étroitement unie à luy.

Ainsi l'on voit clairement que nostre volonté n'a point de part en cela, & que Dieu ne luy laisse pour partage que la confusion & l'humilité. Nous n'avons qu'a recevoir ce qu'il nous donne & à luy en rendre graces; & il n'y a point de vision dans laquelle cela ne se passe de la sorte, nous n'y pouvons voir ni plus ni moins que ce qu'il plaist à N. Seigneur de nous faire voir: & il veut nous humilier & nous tenir dans la crainte en nous faisant connoistre que nos desirs sont inutiles; que comme il est le maistre tout dépend de luy, & qu'il peut retirer ses graces & nous perdre, afin que nous marchions toûjours avec frayeur & tremblement dans nostre exil sur la terre.

Ce divin Sauveur se representoit presque toûjours à moy & particulierement dans la sainte Hostie; tel qu'il estoit aprés sa resurrect. & quelquefois pour m'encourager lors que i'estois affligée, ou pour la consolation de quelques autres personnes, il me montroit ses playes, se faisoit voir sur la croix, ou la portant, ou dans le jardin, ou couronné d'épines; mais plus rarement: & il ne laissoit pas dans toutes ces diverses manieres de paroistre toûjours glorifié.

Quels maux, qu'elles hontes, & quelles persecutions ne m'a-t-on point fait pour avoir rapporté ces visions? On estoit si persuadé qu'elles venoient du demon que l'on vouloit m'exorciser; mais ie ne m'en mettois point en peine; rien ne m'en donnoit que de voir que sur les rapports que l'on faisoit à mes confesseurs, ils apprehendoient de me confesser: ie ne pouvois neanmoins estre fâchée d'avoir ces celestes visions, & n'aurois pas voulu en changer une seule contre tous les plaisirs & les biens du monde. Ie les consideois comme un tresor inestimable & une tres-grande grace que N. Seigneur me faisoit, & il daignoit souvent me rassurer dans mes craintes. Ie voyois qu'il augmentoit encore beaucoup mon amour pour sa divine Majesté: ie me plaignois à luy dans l'oraison du tourment que l'on me faisoit, & il me consoloit & me donnoit toûjours de nouvelles forces. Ie n'osois neanmoins contredire ceux qui faisoient un iugement si desavantageux de l'estat où ie me trouvois, parce que cela n'auroit servy qu'à me les rendre encore plus contraires dans la creance que ce seroit par un défaut d'humilité. Ie me contentois d'en parler à mon confesseur, & il me consoloit dans mes peines.

Comme ces visions augmentoient toûjours, un de ceux à qui ie me confessois quelquefois lors que le Pere Superieur n'en avoit pas la commodité, me dit qu'il estoit visible qu'elles procedoient du demon, & que puis que ie ne pouvois les empescher de venir il m'ordonnoit de faire le signe de la croix, & de me mocquer de cet ennemy sans rien craindre, parce que Dieu me protegeroit & l'empécheroit de revenir. Ce commandement me donna une extrême peine, à cause qu'eſtant tres-perſuadée que ces viſions venoient de Dieu, & ne pouvant deſirer de ne les point avoir, il me paroiſſoit terrible de ſuivre un tel ordre. Ie ne laiſſois pas neanmoins de l'executer, & je prios Dieu ſans ceſſe avec grande inſtance, & en répandant quantité de larmes, de m'empeſcher d'eſtre trompée. Ie m'adreſſois auſſi à S. Pierre & à S. Paul, que N. Seigneur m'avoit dit la premiere fois qu'il m'apparut au jour de leur feſte qui me garantiroient d'illuſion, & qu'ainſi j'avois pris pour mes interceſſeurs, & les voyois ſouvent à mon coſté gauche, non pas en imagination, mais clairement.

Qui pourroit repreſenter quelle eſtoit ma peine, lors que Iesus-Christ m'apparoiſſant je me trouvois contrainte d'obeïr à ce que l'on m'avoit ordonné, de le traiter avec mocquerie & avec mépris comme ſi ſçeuſt eſté le demon, puis que quand on m'euſt mis en pieces pour m'obliger à le croire, il m'auroit eſté impoſſible de me le perſuader, & qu'ainſi il ne pouvoit y avoir pour moy une plus grande penitence ?

Pour ne point faire tant de ſignes de croix, j'en avois preſque toûjours une à la main ; mais je n'eſtois pas ſi exacte à uſer de ces paroles de mocquerie, parce que je ne les proferois qu'avec douleur. Ie me ſouvenois alors des outrages que les Iuifs avoient faits à mon Sauveur, & le priois de me pardonner ceux qu'il recevoit de moy, puis que ce n'eſtoit que pour obeïr aux perſonnes qu'il avoit établies dans ſon Egliſe pour le repreſenter & tenir ſa place. Surquoy il me diſoit : *Que je ne me miſſe point en peine, que ie faiſois bien d'obeïr, & qu'il feroit connoître la verité.*

Mais lors que l'on me défendit de faire oraiſon, il me témoigna de le trouver mauvais, me commanda de dire qu'il y avoit en cela de la tyrannie ; & pour faire connoître que le demon n'avoit point de part à ces viſions, il me mit en l'eſprit des raiſons dont je rapporteray quelques-unes dans la ſuite.

Vn jour que je tenois en la main la croix de mon roſaire, il la prit, & aprés qu'il me l'eut renduë, je trouvay qu'elle eſtoit de quatre pierres precieuſes d'une beauté ſurnaturelle & ſi merveilleuſe, que les diamans les plus parfaits leur eſtant cōparez paſſeroient pour faux, & que ſur ces pierres eſtoient gravées d'une maniere admirable les cinq playes qu'il a receuës lors qu'il a ſouffert la mort pour noſtre ſalut. Il me dit que je verrois toûjours ces pierres de la meſme ſorte, ce qui ne manque jamais ; & je n'apperçois plus de bois qui eſtoit la matiere de cette croix : mais cela ne paroiſt ainſi qu'a moy ſeule.

Lors que pour obeïr à ce que l'on me commandoit j'eſtois donc contrainte de faire tous mes efforts pour reſiſter à ces viſions, Noſtre Seigneur augmétoit encore les graces & les frayeurs qu'il me faiſoit,

&

CHAPITRE XXIX.

& je ne sortois point d'oraison, bien que je tâchasse de m'en divertir. Je priois même en dormant, parce que mon amour pour sa divine Majesté croissoit toûjours. Ainsi ma peine étoit extréme : je luy en faisois mes plaintes, & quoy que je fisse pour détourner ma pensée de luy, cela m'étoit impossible. Je ne laissois pas d'obeïr le mieux que je pouvois à un ordre qui m'étoit si rude: mais je pouvois peu ou point du tout pour l'executer entierement, & N. Seigneur ne m'a jamais defendu de continuër d'obeïr ; mais il se contentoit de m'instruire comme il fait encore de ce que j'avois a dire à ceux qui me faisoient tant souffrir en pensant bien faire, & me rassuroit par des raisons si puissantes qu'elles dissipoient toutes mes craintes.

Peu de temps après il commença, comme il me l'avoit promis, à faire mieux connoître que c'étoit veritablement luy qui me paroissoit dans ses visions; mon amour pour luy étant si grand sans que j'y contribuasse rien de ma part, qu'il étoit visible, qu'il étoit surnaturel. Je me sentois mourir de desir de voir mon Dieu, & ne voyois que la mort qui me pût procurer cette vie que je souhaitois avec tant d'ardeur, qui estoit seulement de vivre en luy. En cét estat, quoy que les transports que ce violent amour me donnoit ne fussent pas si insupportables ni si precieux que ceux que j'avois auparavant éprouvez ; je ne laissois pas de me trouver reduite à une telle extremité que tout me donnoit de la peine : que j'étois comme hors de moymême, & qu'il me sembloit que veritablement on m'arrachoit l'ame. S'est-il jamais vû, mon Sauveur, d'artifice égal à celuy dont vous usiez avec vôtre servante lors que vous vous cachiez ainsi de moy, & me donniez en même temps tant de témoignages de vôtre amour par une espece de mort si delicieuse que j'aurois voulu n'en sortir jamais.

Pour pouvoir comprendre quelle est l'impetuosité de ces transports il faut les avoir éprouvez. Ils sont fort differens de ceux qui arrivent souvent dans certaines devotions qui semblent devoir suffoquer l'esprit. Car cette sorte d'oraison étant fort basse il faut tâcher avec douceur de reprimer la violence des mouvemens qu'elle cause & de rendre la tranquillité à l'ame ; de même qu'on appaise les pleurs excessifs des enfans en leur donnant à boire : il faut dans la crainte que la nature n'y ait beaucoup de part & qu'il ne s'y mesle de l'imperfection, porter l'ame par des caresses comme l'on en useroit avec des enfans, & non pas à coups de foüet à aimer Dieu & à recueillir cét amour au dedans d'elle-même sans se laisser répandre au dehors ainsi qu'un pot qui boüilliroit avec excez parce que l'on mettroit sans discretion du bois au feu; & tâcher ainsi d'éteindre la flamme par les larmes douces & non pas penibles telles que sont celles de ces mouvemens qui ne produisent que de mauvais effets. Je

Z

répandois au commencement de ces sortes de larmes qui sont si prejudiciables; & elles me causoient un si grand mal de teste & une telle lassitude d'esprit, que je demeurois quelquefois durant plus d'un jour sans pouvoir me remettre à faire oraison; ce qui montre combien il importe dans ces commencemens de se conduire avec grande discretion, pour accoustumer l'esprit à n'agir qu'avec douceur & interieurement, & à éviter avec grand soin tout ce qui n'est qu'exterieur.

Mais ces autres transports dont j'ay parlé sont tres-differens de ceux-là. Il nous paroit que ce feu de l'amour de Dieu est déja tout allumé, & que l'on nous y jette pour y brûler. L'ame ne travaille point alors à entretenir la douleur que luy cause l'absence de son Seigneur; mais elle se sent quelquefois percée d'une flêche qui luy traverse le cœur, & la reduit en tel estat qu'elle ne sçait ni ce qu'elle est, ny ce qu'elle veut. Elle comprend seulement que c'est Dieu seul qu'elle cherche, & que l'effet que cette blessure produit en elle est de se hair elle-même pour n'aimer que luy, & d'estre preste de donner sa vie avec joye pour son service.

Nulles paroles ne sont capables d'exprimer la maniere dont Dieu se sert pour faire de telles blessures, & l'extrême peine que c'est à une ame de ne sçavoir alors ce qu'elle devient; mais cette peine est si agreable qu'il n'y a point de contentement dans le monde qui en approche, & l'ame voudroit toûjours comme je l'ay dit, pouvoir sans cesse mourir d'une blessure si favorable.

Cette peine jointe à tant de bonheur & de gloire me mettoit si fort hors de moy que je ne pouvois y rien comprendre. Car qu'y a-t-il de plus incomprehensible à une ame que de se sentir blessée de la sorte, & de connoistre clairement qu'elle n'a rien contribué à allumer le feu de cét amour pour son Createur dont elle brûle, & que celuy qu'il luy porte est si grand qu'une seule étincelle qui luy paroit en estre sortie, l'a dans un instant toute embrasée? O combien de fois estant en cét estat me suis-je souvenuë de ces paroles de David : *comme la biche soûpire avec ardeur aprés les eaux des torrens : ainsi mon ame soûpire aprés vous, mon Dieu*, qui me paroissoient n'avoir esté dites que pour moy!

Lors que l'impetuosité de ces transports n'est pas si grande il semble que ce tourment diminuë un peu par les penitences dont l'ame se sert pour se soulager, & les plus grandes mortifications luy paroissent si peu penibles que quand elle seroit aussi insensible à la douleur qu'un corps mort, elle ne se trouveroit pas plus disposée qu'elle l'est à répandre jusques à la derniere goutte de son sang. Ainsi elle recherche toutes sortes de moyens de souffrir quelque chose pour Dieu; mais la playe que ce divin dard a faite en son cœur est si grande & si profonde, qu'il n'y a point de tourment corporel dont la dou-

CHAPITRE XXIX.

leur puisse diminuer le sentiment de celle quelle luy cause. N'y trouvant donc point de remede parce qu'il n'y en a point sur la terre qui soit capable de guerir une playe qui vient du ciel, la seule chose qui peut adoucir la sienne est de demander à Dieu de vouloir luy-même être son remede, & elle n'en voit point d'autre que la mort, parce qu'elle seule luy peut procurer le bon-heur de joüir éternellement de sa presence.

D'autres fois la violence de ce transport est si grande que tout le corps étant comme paralytique on ne sçauroit en nulle maniere se mouvoir, & si l'on est debout on se sent comme transporté ailleurs sans pouvoir même presque respirer: on pousse seulement quelques foibles gemissemens; mais ils sont interieurs.

Quoy que des Anges m'apparoissent souvent c'est presque toûjours sans les voir: mais il a plû quelquefois à N. S. que j'en aye vû un à mon costé gauche dans une forme corporelle. Il étoit petit, d'une merveilleuse beauté, & son visage étinceloit de tant de lumiere qu'il me paroissoit un de ceux de ce premier Ordre qui sont tout embrasez de l'amour de Dieu & que l'on nomme Seraphins: car ils ne me disoient point leur nom; mais j'ay bien vû qu'il y a entre eux dans le ciel une tres-grande difference. Cét Ange avoit en la main un dard qui étoit d'or, dont la pointe étoit fort large, & qui me paroissoit avoir à l'extremité un peu de feu: il me sembla qu'il l'enfonça diverses fois dans mon cœur, & que toutes les fois qu'il l'en retiroit il m'arrachoit les entrailles, & me laissoit toute brûlante d'un si grand amour de Dieu que la violence de ce feu me faisoit jetter des cris mais des cris meslez d'une si extrême joye que je ne pouvois desirer, d'être délivrée d'une douleur si agreable, ny trouver de repos & de contentemét qu'en Dieu seul. Cette douleur dót je parle n'est pas corporelle: mais toute spirituelle, quoy que le corps ne laisse pas d'y avoir beaucoup de part; & la douceur des entretiés qui se passent alors entre Dieu & l'ame est si merveilleuse, que ne pouvant l'exprimer je prie de la faire goûter à ceux qui croiront que ce que j'en rapporte n'est qu'une imagination & une fable.

Lors que cela m'arrivoit j'étois si interdite que j'aurois voulu ne rien voir, & ne point parler, mais m'entretenir seulemét de ma peine que je considerois cóme une gloire en cóparaison de laquelle toute celle du móde est méprisable, & lors que j'entrois dans ces gráds ravissemens leur violence étoit telle, qu'encore que d'autres personnes fussent presentes je ne pouvois y resister, & ainsi j'eus le deplaisir de voir que l'on commença d'en avoir la cónoissance. Depuis que j'ay ces ravissemés je ne sens pas tant cette peine que celle dót j'ay parlé dans un chapitre dont je ne me souviens pas, qui est fort differente & de plus grád prix, parce que celle-cy dure peu à cause

Z ij

que Dieu mettant au ſi-toſt l'ame dans l'extaſe & la joüiſſance du bon-heur de le poſſeder, elle n'a pas le temps de ſouffrir beaucoup.

CHAPITRE XXX.

La Sainte apprehende de tomber dans ces raviſſemens. Le Bien heureux Pere Pierre d'Alcantara vient où elle étoit. Elle luy donne une entiere connoiſſance du fond de ſon ame. Il l'aſſure que ces raviſſemens & ces viſions venoient de Dieu & raſſure deux des amis de la Sainte qui croyoient qu'ils venoient du demon. Elle ne laiſſe pas d'avoir de grandes peines ſpirituelles & corporelles. De la difference qui ſe rencontre entre la vraye & la fauſſe humilité. La Sainte raconte particulierement quelques-unes de ſes peines. Douleur que c'eſt à une ame qui aime Dieu d'être unie à un corps incapable de le ſervir.

Voyant que tous mes efforts étoient inutiles pour m'empécher de tomber dans ces grands raviſſemens j'apprehendois de les avoir, parce que je ne pouvois comprendre comment la peine & le plaiſir peuvent ſe rencontrer enſemble. Je ſçavois bien qu'une peine corporelle eſt compatible avec un contentement ſpirituel: mais qu'une peine ſpirituelle ſi exceſſive ſe rencontre avec un contentement ſi merveilleux, c'eſt ce qui ſurpaſſoit mon intelligence. Ainſi je tâchois toûjours d'y reſiſter, & prenois une croix pour me défendre de celuy qui en a porté une ſi peſante pour nôtre ſalut: mais je n'y gagnois autre choſe que de me tourmenter en vain. Je voyois que perſonne ne comprenoit rien à ce qui m'étoit ſi évident; & je n'oſois en parler qu'à mon confeſſeur, parce qu'on l'auroit attribué à un defaut d'humilité.

Il plût à N. S. de remedier à une grande partie de mes peines, & de les faire ceſſer depuis entierement, en permettant que le bien-heureux Pere Pierre d'Alcantara vint au lieu où j'étois alors. J'ay déja parlé de luy & dit quelque choſe de ſa penitence dont j'ay appris entre autres particularitez qu'il a porté durant vingt ans un cilice de lames de fer blanc. Il a écrit en langue vulgaire de petits traitez d'oraiſon qui ſont maintenant entre les mains de tout le monde, & fort utiles à ceux qui s'en ſervent par la grande intelligence que luy en avoit acquiſe le long-temps qu'il s'y étoit exercé. Il avoit pratiqué à toute rigueur la premiere regle de S. François & ce qui en depend.

Du bien-heureux Pere Pierre d'Alcantara.

Cette Dame veſve dont j'ay parlé qui ſervoit Dieu ſi fidelement & avoit tant d'affection pour moy, ayant appris l'arrivée de ce grand perſonnage deſira que je le viſſe, à cauſe qu'elle ſçavoit le beſoin que j'en avois par la connoiſſance qu'elle avoit de mes peines dont mes confesseurs me permettoient de luy parler. Elle n'avoit pas seulement tres-bon esprit & beaucoup de secret, mais elle recevoit de grandes graces de Dieu dans l'oraison, & même quelques-unes de celles dont il me favorisoit. Ainsi il luy faisoit connoître ce que les plus sçavans ignoroient: & ayant outre cela une grande foy elle étoit persuadée que ces visions qu'ils croyoient venir du demon venoient de Dieu: en quoy elle me consoloit beaucoup.

Cette Dame obtint donc de mon Provincial sans m'en rien dire la permission de me tenir huit jours chez elle ; & ce fût la & dans quelques Eglises que je commençay de parler à ce saint homme le Pere Pierre d'Alcantara avec lequel j'ay communiqué depuis en divers temps. Comme je n'ay jamais rien caché de plus secrets replis de mon cœur à ceux avec qui j'ay traité des affaires de ma conscience, & que dans les choses douteuses j'ay toûjours dit ce qui pouvoit faire contre moy, je rendis compte à ce grand Religieux de toute ma vie & de ma maniere d'oraison la plus clairement qu'il me fût possible. Je connus presque d'abord qu'il m'entendoit par l'experience qu'il en avoit, qui étoit ce dont j'avois besoin à cause que Dieu ne m'avoit pas encore fait la grace qu'il m'a depuis accordée de pouvoir faire comprendre aux autres celles dont il me favorise, & qu'ainsi il faloit que ce bon pere pour les connoître en eût luy-même reçeu de semblables.

Il me donna une tres-grande lumiere, & elle m'étoit tres-necessaire, parce que je ne comprenois du tout rien aux visions qui sont sans images, ny guere davantages à celles que l'on ne voit que des yeux de l'ame. Je croyois que l'on dût seulement faire cas de celles que l'on voit des yeux du corps, & je n'en avois point de celles-là, Ce saint homme m'éclaircit de tout, me dit que je n'avois rien à apprehender, mais seulement à loüer Dieu de ce que tres asseurément ces visions venoient de luy, & que je ne pouvois aprés les choses qui sont de foy rien croire plus fermement. Il se consoloit beaucoup avec moy, me témoignoit une tres-grande affection, & il m'a toûjours depuis fait part de ses pensées les plus intimes, & de ses desseins. La joye qu'il avoit de voir que N. S. m'inspiroit une si ferme resolution & tant de courage pour entreprendre les mêmes choses qu'il luy faisoit la grace d'executer; le portoit à prendre plaisir de se communiquer à moy, par ce que lors que l'on marche dans le chemin où il étoit, rien ne console davantage que de rencontrer quelqu'un que l'on ait sujet de croire qui commence d'y entrer: & c'est ce me semble l'état où j'étois alors. Dieu veuille que je sois maintenant plus avancée dans une si sainte voye. Ce saint homme eut une tres-grande compassion de moy, & me dit que cette contradiction que je recevois des gens de bien étoit l'une des plus grandes peines que l'on puisse éprouver en cette vie, & qu'il me restoit encore beaucoup à souffrir, à cause qu'ayant toûjours besoin d'assistance il n'y avoit personne dans cette ville qui m'entendit mais qu'il parleroit à mon Confesseur, & à ce Gentil-homme marié qui étoit l'un de ceux qui me tourmentoit davantage, parce que personne n'ayant plus que luy d'affection pour moy, & étant fort apprehensif & fort saint, il ne pouvoit aprés m'avoir vû si imparfaite se persuader que je fusse dans un état si élevé.

Ce grand serviteur de Dieu accomplit sa promesse; il parla à tous les deux, & leur montra par des puissantes raisons qu'ils devoient se rassurer, & me laisser en repos. Mon Confesseur n'en avoit pas grand besoin : & elles étoient au contraire si necessaires à l'égard de ce Gentil-homme, que quelques fortes qu'elles fussent, elles ne pûrent entierement le persuader: mais elles firent au moins qu'il ne m'effrayoit plus tant qu'auparavant. Nous demeurâmes d'accord ce saint Religieux & moy que je luy écrirois à l'avenir ce qui m'arriveroit, & que nous prierions beaucoup Dieu l'un pour l'autre; son humilité étant si grande que je ne pouvois voir sans confusion qu'il fit état des prieres d'une creature aussi miserable que je suis. Il me laissa fort contente & fort consolée par l'assurance qu'il me donna que ce qui se passoit en moy venoit de Dieu; que je pouvois sans crainte continuer à faire oraison, & que si j'entrois dans quelques doutes je n'avois qu'à les communiquer à mon Confesseur sans m'en inquieter davantage.

Je ne pouvois neanmoins avec tout cela me rassurer entierement, parce que Nôtre Seigneur me conduisant par la voye de la crainte, quoy que ce que l'on me disoit pour me l'oster me consolat & moderat mes apprehensions, il ne laissoit pas de m'en rester, principalement lorsque N. Seigneur me faisoit sentir les tourmens interieurs dont je vay parler : mais c'estoit toûjours beaucoup de recevoir cet adoucissement dans mes peines.

Je ne pouvois me lasser de rendre graces à Dieu & à mon glorieux Pere S. Ioseph, à qui j'attribuois la venuë de ce grand Religieux qui estoit Commissaire general de la Province qui porte son nom: & je me recommandois aussi extrêmement à la sainte Vierge.

Il m'arriveroit quelquefois, comme il m'arrive encore, mais plus rarement, d'avoir tout ensemble de si grands travaux spirituels & de si violentes douleurs corporelles, que je ne sçavois que devenir. D'autres fois quoy que ces douleurs corporelles fussent excessives, mon esprit ne souffrant point je les supportois avec grande joye: mais quand j'estois en méme-temps travaillée de tous les deux quelle peine n'endurois-je point.

J'oubliois alors toutes les graces que Dieu m'avoit faites: il ne m'en restoit qu'un souvenir confus comme d'un songe qui m'avoit donné de la peine; & mon esprit se trouvoit si hebeté que j'entrois en mille doutes & mille defiances d'avoir vû ce que j'avois vû. Il me sembloit que cela estoit impossible: que ce n'estoit peut-estre qu'une imagination: qu'il me devoit suffire d'estre trompée sans tromper encore des gens de bien; & je me trouvois si mauvaise qu'il me sembloit que l'on devoit attribuer à mes pechez tous les maux & toutes les heresies qui troublent aujourd'huy le monde: Je connois maintenant que c'estoit une fausse humilité dont le demon se servoit pour tâcher à me jetter dans le desespoir; & ainsi il ne me tente plus tant de ce costé là.

Les marques pour connoistre cette fausse humilité sont évidentes. Elle commence par l'inquietude & le trouble: l'obscurcissement & la peine de l'esprit, la secheresse & l'indisposition à faire oraison & quelque bonne œuvre viennent ensuite, & enfin l'ame se trouve comme suffoquée, & le corps comme lié de telle sorte qu'ils sont incapables d'agir.

La veritable humilité fait au contraire qu'encore que nous connoissions nostre misere, que nous la sentions, que nous en gemissions, & que nous en soyons tres-vivement penetrez, non seulement nous ne tombons point dans le trouble, l'inquietude, la secheresse & l'obscurcissement de l'esprit; mais nous nous trouvons dans le repos, la tranquillité, la consolation, & la lumiere, parce qu'encore que l'on sente de la peine, c'est une peine qui console par la connoissance que l'on a qu'elle vient de Dieu, que c'est une grace qu'il nous fait de nous la donner, & qu'elle nous est avantageuse. L'ame a regret d'un costé d'avoir offensé Dieu: mais elle admire de l'autre sa misericorde, entre dans la confusion de ses pechez, & le remercie de l'avoir si long-temps soufferte.

Dans cette autre humilité dont le diable est l'auteur, on n'a point, comme je l'ay dit, de lumiere pour faire aucun bien. Il semble que Dieu l'éteigne entierement: on se le represente la foudre & l'épée dans les mains qui veut tout mettre à feu & à sang on n'envisage que la rigueur de sa justice, & encore que le demon ne puisse effacer entierement de l'esprit la creance de sa misericorde, ce peu qui en reste au lieu de donner de la consolation ne fait qu'augmenter le tourment que l'on endure, & augmentant la connoissance des obligations que l'on a à Dieu.

Comme selon ce que je puis en comprendre cét artifice est l'un des plus subtils du demon, & des plus penibles à l'ame, j'ay crû, mon Pere, vous en devoir parler, afin que si l'ennemy vous tente en cette maniere & que l'entendement vous demeure libre, il vous soit plus facile de le connoître: & je ne croy pas que la science y puisse servir puis qu'encore que j'en sois si dépourveuë je n'ay pas laissé aprés avoir eu cette fausse humilité de comprendre que ce n'est qu'une resverie: mais je comprens encore mieux que Dieu l'a permis, & qu'il a donné pouvoir au demon de me tenter comme il le luy donna de tenter Job quoy que me connoissant si foible & si mauvaise ce n'a pas été par de si rudes & de si terribles épreuves.

Cela m'arriva une fois la veille de la feste du saint Sacrement pour laquelle j'ay beaucoup de devotion, quoy que non pas si grande que je le devrois, & ne me dura qu'un jour. D'autre fois il m'a duré huit jours, quinze jours, trois semaines, & même davantage, & particulierement dans les dernieres semaines de caréme qui est le temps ou je m'appliquois avec plus de ferveur à l'oraison. Le demon remplissoit mon esprit de choses si frivoles que je m'en serois mocquée en un autre temps. Il paroît étre alors maitre de l'ame pour l'occuper ainsi qu'il luy plait de mille folies, sans qu'elle puisse penser à rien de bon. Il ne luy represente que des choses impertinentes, ridicules, inutiles à tout, & qui ne servent qu'à l'embarrasser & comme à l'étouffer de telle sorte qu'elle ne se reconnoît plus elle-même. Ainsi il me sembloit que les demons se joüoient de moy comme on se joüeroit d'une pelotte, & qu'il m'étoit impossible de m'échapper de leurs mains. Qui pourroit exprimer ce que l'on souffre en cét état; L'ame cherche du secours; & Dieu ne permet pas qu'elle en trouve: il ne luy reste que la lumiere du franc-arbitre, mais si obscurcie qu'elle est comme une personne qui auroit les yeux bandez. On peut la comparer alors à celuy qui marchant durant une nuit tres-odscure dans un chemin où il y auroit des endroits fort dangereux prendroit garde de n'y pas tomber, parce qu'il y auroit passé & les auroit veus durant le jour. Car elle semble se conduire de la même sorte, parce que l'ame est accoûtumée à se garder d'offencer Dieu; joint qu'il l'assiste invisiblement en ce besoin.

Dans cét état d'une fausse humilité, quoy que la foy aussi bien que les autres vertus ne soit pas éteinte, puis qu'elle croit toûjours en effet ce que croit l'Eglise, elle est si engourdie & si endormie qu'elle semble ne comprendre ces saintes veritez & ne connoître Dieu que comme l'on comprend & l'on connoît les choses qui ne nous sont dites & que nous ne voyons que fort loin; & l'amour qu'a l'ame est si tiede qu'elle écoute seulement ce qu'on luy dit de Dieu côme une chose dont elle ne doute point, parce que c'est la creance

de

CHAPITRE XXX.

de l'Eglise : mais sans se souvenir d'avoir éprouvé en diverses occasions qu'elle est veritable.

Lors que l'on se trouve ainsi on cherche en vain du soulagement dans la lecture ou dans la retraite, sans en connoistre la cause; le tourment que l'on souffre estant si grand que ie ne puis le comparer qu'a ceux de l'enfer. Car selon ce que nostre Seigneur me le fist comprendre dans une vision, l'ame est comme dans un feu dont elle ne sçait quelle est l'origine, ni qui l'a allumé, ni comment en sortir : ni comment l'éteindre : & si elle y cherche du remede dans la lecture elle ne se trouve pas capable de lire. Ainsi il m'arriua une fois que voulant lire la vie d'un Saint pour voir si ie pourrois trouver de la consolation dans ce qu'il avoit souffert, i'en leus quatre ou cinq fois de suite quatre ou cinq lignes sans pouvoir iamais y rien comprendre, quoy qu'elles fussent écrites en langue vulgaire: ce qui me fit ietter le liure: & la mesme chose m'est arrivée diverses fois : mais ie ne me souviens maintenant que de celle-là.

Que si l'on pense alors adoucir sa peine en conversant avec quelqu'un, on ne fait au contraire que l'augmenter, parce que le demon nous rend si coleres & de si mauvaise humeur qu'il n'y a personne qui ne nous devienne insuportable : & c'est beaucoup si Dieu nous fait la grace de nous retenir pour nous empescher de rien dire ni de rien faire qui l'offense ou qui preiudicie à nostre prochain : & allant ensuite me confesser il m'est arrivé diverses fois, qu'encore que mes confesseurs fussent des personnes fort saintes & le soient encore, ils me traitoient avec une si extrême dureté, que lors que je les en faisois souvenir ils en estoient eux-mesme étonnez, & me disoient que quelque resolution qu'ils eussent prise auparavant d'en user d'un autre maniere il leur avoit esté impossible de s'empescher de me traiter de le sorte. D'autres fois la compassion de me voir tant souffrir dans le corps & dans l'ame, & le scrupule qu'ils avoient de m'avoir parlé si rudement les faisoit resoudre à me consoler: mais il n'estoit pas en leur pouvoir. Ils ne me disoient rien neanmoins qui offensast Dieu; & c'estoit seulement des paroles les plus fascheuses pour un penitent qui puissent sortir de la bouche d'un confesseur. Ie veux croire que leur dessein estoit de me fortifier : & quoy que i'en fusse quelquefois bien aise & le souffrisse avec patience, ce m'estoit en d'autres temps un fort grand tourment. Il me sembloit quelquefois que je les trompois; & ie leur disois tres-serieusement qu'ils s'en devoient défier. Ce n'estoit pas que ie ne visse bien que ie n'aurois voulu pour rien du monde leur dire un mensonge de propos deliberé; mais tout me donnoit de la crainte. L'un d'eux connoissant la tentation qu'il y avoit en cela me dit de ne m'en mettre point en peine, puis qu'encore que ie le voulusse tromper il se tiendroit si bien sur ses gardes qu'il s'empescheroit de l'estre.

A a

Cette réponse me consola beaucoup; & le plus souvent aussi-tost après avoir communié, ou quelquefois en m'approchant du saint Sacrement ie me trouvois dans un tel calme de corps & d'esprit que ie ne pouvois assez m'en étonner. Il sembloit que dans le mesme moment que ce divin Soleil venoit à paroistre il dissipoit toutes les tenebres de mon ame & me faisoit voir clairement que ce n'estoient que des fantômes & des chimeres.

D'autres fois une vision, ou comme ie l'ay dit ailleurs une seule parole de nostre Seigneur telle que celle-cy; *Ne t'afflige point; n'aye point de crainte*, me mettoit dans une aussi grande tranquillité que si ie n'eusse rien souffert. Ie luy en témoignois ma ioye, & me plaignois à luy de ce qu'il avoit permis que i'endurasse tant de peines; mais en verité elles estoient bien recompensées par l'abondance des graces dont il me favorisoit ensuite presque toûjours. Il me semble que l'on peut alors comparer l'ame à l'or qui sort du creuset beaucoup plus pur qu'il n'estoit quand on l'y a mis, puis qu'elle est sans doute plus capable de connoistre la grandeur du Dieu tout puissant qui habite en elle, & que les travaux qui luy sembloient insupportables luy paroissent si legers qu'elle seroit preste s'il le vouloit d'en souffrir avec ioye de beaucoup plus grands, pourveu que ce fust sans l'offenser, sçachant l'avantage qu'elle en recevroit; mais helas c'est ce que ie ne fais que fort imparfaitement.

D'autres fois i'éprouvois des peines differentes de celle que ie viens de dire. Ie me trouvois dans l'impossibilité de penser ni de desirer rien faire de bon; & mon ame aussi bien que mon corps demeuroit sans action, & comme entierement inutile à tout; mais ie n'avois pas ces autres tentations & ces inquietudes dont i'ay parlé: c'estoit seulement un dégoust de toutes choses dont ie ne sçavois point la cause.

Ie tâchois de m'occuper à de bonnes œuvres exterieures; mais comme par force & d'une maniere languissante: ce qui me fait voir le peu que nous pouvons lors que la grace se cache de nous; & cela ne me donnoit pas grande peine, parce que i'estois bien aise d'entrer par ce moyen dans la connoissance de mon neant.

D'autres fois quoy que ie sois en solitude ie me trouve dans l'impuissance de former aucune pensée de Dieu ni de quelque bône œuvre qui arreste mon esprit, ni de faire oraison; mais ie sens & connois cette impuissance; ie voy que tout le mal vient de l'entendement sans que la volonté y participe, puis qu'il n'y a point de bonne œuvre qu'elle ne soit disposée à embrasser, & que l'extravagance de cet entendement qui court comme un furieux deçà & delà est si grande, que quelques efforts que ie fisse il me seroit impossible de l'arrester durant seulement l'espace d'un *Credo*. Quelquefois ie ne

CHAPITRE XXX.

fais que m'en moquer;& voyant par là quelle est ma misere j'observe ce qu'il fait, & admire que graces á Dieu il ne se porte point à des choses qui soient mauvaises, mais seulemét à d'indifferentes: je connois alors combien extraordinaire est la grace que Dieu me fait de tenir ce fol enchaisné pendant qu'il me met dans une parfaite contemplation, & considere ce que diroient ceux qui me croyent bonne s'ils me voyoient dans un tel égarement de mes pensées. Ma compassion de voir mon ame en si mauvaise compagnie & mon desir qu'elle en sorte, me fait dire à Dieu de tout mon cœur. Quand sera-ce, Seigneur, que toutes mes puissances seront unies dans la joye de ne s'occuper qu'à publier vos loüanges? Ne permettez pas s'il vous plaist qu'elles soient plus long-temps divisées comme si chacune ne pensoit qu'à tirer de son costé sans se mettre en peine des autres. C'est ce qui me fait si souvent souffrir & je connois bien quelquefois que mon peu de santé y contribuë.

Celà me fait souvenir du mal que nous a causé le peché de nos premiers parens: je luy attribuë ce que je suis incapable de joüir d'un si grand bien & ne doute point que la multitude de mes offenses n'y contribuë aussi beaucoup.

Comme ie ne lisois plus les livres qui traitent de l'oraison, parce que je croyois les entendre tous par la connoissance que Dieu m'en donnoit & ainsi n'en avoir plus besoin, je lisois seulement les vies des Saints qui me profitoient ce me sembloit en me faisant voir combien j'estois éloignée de la perfection avec laquelle ils servoient Dieu: & j'entray ensuite dans un grand scrupule de cette pensée que j'avois d'estre arrivée à un tel degré d'oraison, m'imaginant que c'estoit avoir bien peu d'humilité. Ie ne pouvois neanmoins changer d'opinion quelques efforts que ie fisse, & i'en ressentis beaucoup de peine iusques à ce que des personnes sçavantes, & particulierement le Pere Pierre d'Alcantara me dirent que ie m'en devrois mettre l'esprit en repos.

Ie voy bien qu'encore que Dieu me fasse autant de grace qu'à plusieurs bonnes ames ie n'ay pas commencé à le servir, & que ie suis imparfaite en tout, si ce n'est dans les desirs qu'il m'en donne, & dans l'amour pour luy dont il luy plaist de me favoriser : car il me semble que ie l'aime; mais ie ne sçaurois voir sans douleur que mes imperfections & mes œuvres s'accordent si peu avec cet amour.

D'autres fois ie me trouve dans une telle stupidité qu'il me semble que ie ne fais ni bien ni mal; que ie suy seulement les autres; que ie ne pense ni au paradis ni à l'enfer, ni à la vie ni à la mort ; que ie n'ay ni plaisir ni peine;& enfin que ie ne suis touchée de rien. L'ame paroist alors seblable à un petit asnon qui se nourrit de ce qu'on luy donne à manger sans presque le sentir, & elle doit sans doute estre souſtenuë par de grandes graces de Dieu, afin de pouvoir ſans ſe troubler demeurer dans un eſtat ſi penible. mais elle ne comprend rien à la maniere dont cela ſe paſſe en elle.

Il me vient en ce moment dans l'eſprit, que c'eſt comme naviger avec un vent doux & favorable qui fait faire beaucoup de chemin en peu de temps ſans que l'on s'en apperçoive, au lieu que dans ces autres manieres dont i'ay parlé l'ame connoiſt auſſi toſt par de grãds effets combien elle avance; tant ſes deſirs ſont enflammez & la portent à vouloir toûjours aller plus avant. Ces violentes impetuoſitez de l'amour de Dieu reſſemblent auſſi à mon avis à ces ſources que i'ay vû boüillonner ſans ceſſe, & nulle comparaiſon ne me paroiſt plus naturelle, parce qu'une ame qui eſt arrivée à un tel degré eſt dans un continuel mouvement d'amour, qui fait que de meſme que ces ſources pouſſent toûjours leurs eaux au dehors, elle ne peut ſe contenir en elle meſme; mais veut répandre & communiquer aux autres l'amour dont Dieu la remplit, afin de les rendre participans de ſon bonheur, & qu'ils luy aident à publier ſes loüanges.

Combien de fois me ſuis-je ſouvenuë ſur ce ſujet de cette eau vive dont noſtre Seigneur parla auprés d'un puits à la Samaritaine. I'ay toûjours eu tant d'affection pour cet endroit de l'Evangile, que dés mon enfance, quoy que je n'en compriſſe pas le ſens comme je le comprens à cette heure, i'en avois toûjours une image avec ces mots: *Seigneur, donnez-moy de cette eau*, & luy renouvellois ſouvent la meſme priere.

On peut auſſi comparer cet amour de Dieu à un grand feu dans lequel il faut continuellement jetter du bois pour l'entretenir: car l'ame voudroit à quelque prix que ce fuſt jetter ſans ceſſe du bois dans ce feu pour l'empeſcher de s'éteindre; & i'avoüe que quand je ne pourrois y jetter que de la paille cela ne laiſſeroit pas de me ſatisfaire: ce qui me donne quelquefois ſujet de me mocquer de moy-meſme, & quelquefois de m'affliger. Je me ſens pouſſée à vouloir ſervir Dieu en quelque choſe, & ne pouvant faire davantage je m'occupe à orner de feüilles & de fleurs quelques images, ou à balayer la maiſon, ou à parer un oratoire, & je ne puis voir enſuite ſans confuſion que tout cela eſt ſi peu conſiderable. Que ſi je fais quelque penitence elle me paroiſt ſi indigne d'eſtre conſiderée, qu'à moins que noſtre Seigneur regarde ſeulement ma volonté je voy que ce n'eſt rien & me mocque de moy-meſme.

Il paroiſt par ce que je viens de dire, quelle douleur c'eſt aux ames à qui Dieu fait la grace de brûler du feu de ſon amour de ſe trouver unies à un corps incapable de rien faire pour ſon ſervice: car quelle peine ne leur eſt-ce point de mourir d'apprehenſiõ que ce feu ne s'éteigne, & de ſe trouver en meſme temps dans l'impuiſſance d'y jetter du bois pour l'entretenir? Ce tourment, quoy que delicieux, est si grand, qu'il me paroist qu'il consume l'ame, qu'il la reduit en cendres, & que l'ardeur de ce feu au lieu de s'amortir s'augmente encore par l'eau de ses larmes.

Ceux qui sont arrivez à cet estat & à qui Dieu a donné ou des forces corporelles pour faire penitence, ou de la science, ou le talent de bien prescher, de bien conduire, & d'attirer les ames à luy, ne connoissent pas la valeur du bien qu'ils possedent s'ils ne comprennent quelle doit estre leur peine de recevoir continuellement des faveurs de luy sans pouvoir rien faire pour s'en rendre dignes. Qu'il soit beny à jamais, & que les Anges chantent des cantiques a sa gloire. Ainsi soit-il.

Ie ne sçay, mon Pere, si i'ay bien fait de rapporter tant de particularitez: mais comme vous m'avez mandé une seconde fois de ne point craindre de m'étendre trop, & de ne rien oublier; j'écris avec verité & le plus clairement que je puis ce dont il me souvient: & il ne se peut faire que je n'en oublie beaucoup, parce qu'il faudroit comme je l'ay dit y employer plus de temps que ie n'en ay, & que cela seroit peut-estre assez inutile.

CHAPITRE XXXI.

Tentations par lesquelles les demons attaquent la Sainte. Pouvoir de l'eau benite pour les chasser. Dieu se sert de la Sainte pour la conversion d'un Ecclesiastique. La Sainte n'apprehendoit point les demons & n'avoit jamais plus de courage que lors qu'on la persecutoit. Extrême apprehension qu'elle avoit que l'on ne sçûst les faveurs qu'elle recevoit de Dieu: & ce qu'il luy dit sur cela. Elle desiroit que chacun connust ses pechez; mais elle vit depuis que c'estoit une fausse humilité. Injustice des gens du monde envers ceux qui servent Dieu. Qu'il faut bien se garder de perdre courage lors que l'on en voit d'autres plus avancez que nous dans la pieté. On doit toûjours se tenir sur ses gardes pour ne point reculer dans le détachement de toutes choses, & particulierement en ce qui concerne le faux honneur auquel les personnes religieuses sont obligées de renoncer entierement. Avantages qui se rencontrent dans la pratique de l'humilité, mesme en de petites choses.

APRE's avoir parlé de quelques unes des tentations interieures & secretes du demon, ie veux maintenant en rapporter qui estoient presque publiques, & que l'on ne pouvoit ignorer qui ne vinssent de luy.

Estant un iour dans un oratoire il m'apparut à mon costé gauche dans une forme épouvantable: & parce qu'il me parla ie remarquay particulierement que sa bouche estoit horrible. Il en sortoit une grande flâme sans mélange d'aucune ombre,& il me dit d'une maniere à faire trembler, que ie m'estois échapée de ses mains ; mais qu'il sçauroit bien me reprendre. Mon effroy fut extrême;ie fis le signe de la croix comme ie pûs, & il disparut ; mais il revint aussi tost, & ie ne sçavois que faire ; enfin ie jettay de l'eau benite sur la place où il estoit ; & il n'y est iamais retourné depuis.

Vne autre fois il me tourmenta durant cinq heures par des peines & des douleurs tant interieures qu'exterieures si terribles, que ie ne croyois pas pouvoir plus long-temps y resister. Les personnes avec qui i'estois en furent épouvantées & ne sçavoient où elles en estoient non plus que moy. I'ay accoustumé dans ces rencontres de demander à Dieu du fond de mon cœur, que s'il luy plaist que cela continuë, il me donne la force de le supporter ; ou que si sa volonté est que je demeure en cet estat, il m'y laisse jusques à la fin du monde.

Lors qu'une fois entre autres ie taschois en cette maniere de trouver du soulagement dans de si rudes atteintes, il plust à nostre Seigneur de me faire connoistre que ce que ie souffrois venoit du demon. I'apperceus auprés de moy un petit negre d'une figure horrible, qui grinçoit les dents de rage de perdre au lieu de gagner au tourment qu'il me donnoit. Ie me mis à rire & n'eus point de peur, parce que quelques-unes des Sœurs estoient presentes, & elles ne sçavoient que faire ni côment me soulager dans une si grande souffrance. Elle estoit telle que je ne pouvois m'empescher de me donner de grands coups de la teste, des bras, & de tout le reste du corps, sans que le trouble interieur que ie ressentois & qui m'estoit encore beaucoup plus penible, me laissast un seul moment de repos;& ie n'osois demander de l'eau benite de peur d'effrayer ces bonnes filles, & de leur faire connoistre d'où cela venoit.

I'ay éprouvé diverses fois qu'il n'y a rien qui chasse plustost les demons que l'eau benite,& les empesche davantage de revenir. Le signe de la croix les met aussi en fuite; mais ils retournent aussi tost. Ainsi il doit y avoir une grande vertu dans cette eau, & i'en reçois tant de soulagement qu'elle me donne une consolation sensible & si grande, que ie ne sçaurois assez bien expliquer de quelle sorte le plaisir que i'en ressens se répand dans toute mon ame, & la fortifie. Cecy n'est point une imagination ; je l'ay tres souvent éprouvé ; & aprés y avoir fait beaucoup de reflexion;il me semble que c'est comme si dans une excessive chaleur & une extrême soif on beuvoit un grand verre d'eau froide qui rafraischist tout le corps. Ie connois par là avec grand plaisir qu'il n'y a rien de ce que l'Eglise ordonne qui ne soit digne d'admiration, puis que de simples paroles impri-

CHAPITRE XXXI.

ment une telle vertu dans l'eau, qu'il se rencontre une si merveilleuse difference entre celle qui est benite & celle qui ne l'est pas.

Comme le tourment que i'endurois dans l'occasion dont ie parle ne cessoit point, je dis à mes sœurs que si ie ne craignois qu'elles se mocquassent de moy je les prierois de m'apporter de l'eau benite. Elles en allerent querir aussi tost, & en ietterent sur moy sans que ie m'en trouvasse soulagée; mais en ayant jetté moy-mesme à l'endroit où cet esprit infernal m'apparoissoit, il s'enfuit à l'instant, & ie me trouvay sans aucune douleur; mais aussi lasse & aussi abbatuë que si l'on m'eust donné plusieurs coups de baston.

Ie tiray de l'avantage de cette rencontre; car considerant combien grand doit estre le mal-heur d'une ame dont le demon est le maistre, puis que lors mesme qu'il n'a point de pouvoir ny sur nôtre corps ni sur nostre ame il nous fait tant souffrir lors que Dieu luy permet de nous tenter, ie conceus un nouveau desir de m'empescher de tomber dans une si redoutable servitude.

Il y a peu de temps qu'une semblable chose m'arriva, mais elle dura beaucoup moins. l'estois seule: je pris de l'eau benite; & aprés qu'elle eut chassé le demon, deux Religieuses qui n'auroient voulu pour rien du monde dire un mensonge estant entrées, elles sentirent une tres-grande puanteur, telle que seroit celle du soufre. Pour moy ie ne la sentis point; quoy qu'elles assurent qu'elle dura assez long temps pour me donner le loisir de m'en appercevoir.

Vne autre fois estant dans le cœur ie me sentis touché d'un si violent desir de me recueillir que ie sortis pour éviter que l'on ne s'en apperçûst. Les Religieuses les plus proches du lieu d'où ie me retiray y entendirent donner de grands coups; & i'entendois de mon costé comme des personnes qui conferoient ensemble auprés de moy, sans que ie pûsse rien comprendre à ce qu'elles disoient, tant i'estois occupée de mon oraison. Ainsi ie n'en eus aucune crainte.

La mesme chose arrivoit presque tousiours lors que Dieu me faisoit la grace de profiter à quelque ame par mes avis. I'en rapporteray icy un exemple dont il y a plusieurs témoins, du nombre desquels est celuy qui me confesse aujourd'huy; il l'a veu dans une lettre dont il ne connoissoit point l'écriture; mais connoissoit seulement la personne qui l'avoit écrite.

Vn Prestre qui estoit depuis deux ans & demy dans un peché mortel des plus horribles dont i'aye jamais entendu parler, & qui ne laissoit pas durant ce temps de dire la messe, vint me declarer sa misere, & me dit qu'encore qu'il se confessast de ses autres pechez il ne se confessoit point de celuy là, tant il avoit horreur de s'accuser d'un crime si abominable; mais qu'il desiroit extrémement de se convertir à Dieu, & n'en avoit pas la force. Ie fus touchée d'une si extréme compassion de le voir dans un estat si déplorable que je luy promis de demander & de faire demander à Dieu par des personnes meilleures que moy, qu'il luy plûst d'avoir pitié de luy, & luy donnay une lettre pour la porter à une personne à qui il me dit qu'il pouvoit la rendre. Dieu écouta tant de prieres. Cet Ecclesiastique me manda qu'il s'estoit confessé de ce peché; & qu'il y avoit desja quelques jours qu'il n'y tomboit plus; mais que le tourment que le demon luy faisoit souffrir estoit si horrible qu'il luy sembloit estre en enfer, & qu'il me prioit de continuer de le recommander à Dieu. Ie le fis avec une tres-grande affection & mes Sœurs aussi à ma priere, sans qu'elles sçeussent ni que d'autres pussent juger quel estoit cet Ecclesiastique. Dans la creance que j'eus que la charité m'obligeoit à davantage que de prier pour luy, je demanday à Dieu de vouloir faire cesser ses tentations & ses peines, & de permettre que les demons me les fissent endurer au lieu de luy, pourveu que je ne l'offensasse point. Ie souffris ensuite durant un mois de tres-grands tourmens, & ce fut pendant ce temps que m'arriverent les deux choses que i'ay rapportées. I'en donnay avis à cet Ecclesiastique, & il me fit sçavoir que par la misericorde de Dieu il n'estoit plus tourmenté par ces esprits de tenebres : il se fortifia de plus en plus dans ses bonnes resolutions, fut entierement delivré de ce peché, & ne pouvoit se lasser d'en remercier Dieu & de me témoigner sa reconnoissance, comme s'il eust tiré en cela quelque secours de moy, quoy que tout ce que je pouvois y avoir contribué estoit que la creance qu'il avoit que Dieu me faisoit beaucoup de graces luy avoit esté utile. Il disoit que lors qu'il se voyoit pressé de la tentation il lisoit mes lettres, qu'elle le quittoit aussi-tost, & qu'il n'avoit pû voir sans un grand étonnement que ce que j'avois enduré à son sujet avoit fait cesser ses souffrances. Ie n'en estois pas moins étonnée que luy, & aurois de bon cœur continuë à souffrir durant plusieurs années pour le délivrer d'une si étrange peine. Dieu soit loüé à jamais de ce que les prieres de ceux qui le servent fidellemēt comme ie croy que font mes Sœurs en cette maison, ont tant de force; & je ne puis attribuer qu'à ce que je les leur avois demandées en faveur de cet Ecclesiastique, & à mes pechez, ce que Dieu permettoit que les demons s'irritassent si fort contre moy.

En ce mesme temps il me sembla une nuit que ces malheureux esprit estoient prests à m'étouffer; & après que l'on eut jetté sur eux beaucoup d'eau benite i'en vis une grande multitude s'enfuir comme si on les eust precipitez du haut de quelques rochers. Quoy que ce me fust, mon Pere, une consolation de vous dire combien souvent ils m'ont tourmentée de la sorte sās me faire peur, parce que je suis asseurée qu'ils n'ont autre pouvoir de nuire que celuy que

Dieu

CHAPITRE XXXI.

Dieu leur donne, ie n'ose le faire de crainte de vous ennuyer.

Les veritables serviteurs de Dieu doivent profiter de ce que ie viens de dire pour mépriser ces vaines terreurs que les demons tachent de leur donner, puis que c'est le moyen de rendre tous leurs efforts inutiles, & de mettre l'ame dans une force qui la rend superieure à eux & comme leur maistresse. Ie pourrois m'étendre sur les avantages qu'elle en retire toûjours; mais ie me contenteray de rapporter ce qui m'arriva le jour de la feste des morts.

Aprés avoir recité un nocturne dans l'oratoire lors que ie disois quelques oraisons fort devotes qui sont à la fin de nostre breviare, le diable se mit sur le livre pour m'empescher d'achever, je fis le signe de la croix;& il s'enfuit, mais il revint, & je le chassay encore de la mesme sorte: ce qui continua ce me semble trois fois, & jusques à ce que i'eusse jetté de l'eau beniste. Ie vis en mesme temps en esprit sortir quelques ames du purgatoire à qui il restoit peu à souffrir pour l'expiation de leur pechez, il me vint dans la pensée que cet ennemy des hommes avoit peut-estre dessein d'empescher qu'elles ne receussent ce soulagement. Ie l'ay vû rarement sous quelque figure; mais souvent sans en avoir aucune, comme il arrive dans les visions intellectuelles dont i'ay parlé, où l'on connoist clairement qu'une chose est, encore qu'on ne l'apperçoive sous aucune forme : & ie veux aussi rapporter une autre chose qui me donna un grand effroy.

Le jour de la tres-sainte Trinité estant au chœur dans un certain monastere & dans un ravissement, je vis une tres-grande contestation entre des Anges & des demons sans pouvoir comprendre ce que cela signifioit; mais on le connut bien tost aprés par celle qui arriva entre des personnes d'oraison & d'autres qui n'en faisoient point; ce qui dura fort long-temps & apporta un grand trouble dans la maison où cette dispute se passa.

Vne autre fois je me vis environnée d'une grande multitude de ces malins esprits;& en mesme temps d'une grande lumiere qui les empeschoit de venir jusques à moy: ce qui me fit connoistre que Dieu me protegeoit pour les empescher de me nuire, & i'ay connu par des choses qui se sont passées dans moy-mesme que cette vision étoit veritable. Ainsi voyant que pourveu que nous n'offensions pas Dieu les demons n'ont aucun pouvoir sur nous, ie ne sçaurois presque les apprehender ; & ils ne doivent estre redoutables qu'a ceux qui se rendent lâchement à eux.

Il me sembloit quelquefois dans les tentations que i'ay rapportées que ces malheureux esprits réveilloient en moy le souvenir de toutes mes vanitez & mes foiblesses passées. Ie me recommandois aussi-tost à Dieu,& mon plus grand tourment en cela estoit de m'imaginer que ces pensées ne me revenoient ainsi que parce que i'estois encore

Bb

remplie de l'esprit du demon, puis qu'ayant receu tant de graces de Dieu je ne devois pas seulement avoir ces premiers mouvemens en des choses qui luy estoient desagreables ; mais mon Confesseur me rasſuroit.

D'autrefois je souffrois une grande peine, & la souffre encore de me voir estimer par des personnes tres considerables, & de leur entendre dire beaucoup de bien de moy.

Ie me represente alors quelle a esté la vie de Iesus-Christ & celle des Saints, & entre dans une telle confusion de voir que je ne marche pas comme eux dans le chemin du mépris & des souffrances, que je n'ose presque lever les yeux vers le ciel, & voudrois me pouvoir cacher à tout le monde. Mais je ne me trouve pas dans la mesme disposition lors que l'on me persecute : car encore que mon corps le sente & le supporte avec peine, mon ame s'éleve si fort au dessus de ces persecutions que ie ne sçay comment accorder ces deux choses. Il est si vray neanmoins que cela se passe de la sorte, qu'il me paroist alors que mon ame est comme sur le trône, & voit toutes choses sous ses pieds. Ie me suis quelquefois trouvée en cet estat durant plusieurs jours, & l'attribuois à vertu & à humilité : mais un sçavant Religieux de l'Ordre de saint Dominique m'a fait connoistre que c'estoit une tentation.

L'apprehension de penser que ces faveurs que je recevois de Dieu pouvoient venir à la connoissance de tout le monde me mettoit dás une peine si excessive que j'aurois de tout mon cœur consenty plus volontiers que l'on m'eust enterrée toute vive ; & lors que les ravissemens dont j'ay parlé commencerent à estre si violens qu'il estoit hors de mon pouvoir d'empescher que l'on ne s'en apperceust, j'en estois si honteuse que j'aurois voulu me pouvoir cacher dans quelque lieu où jamais personne ne m'auroit veuë.

Estant un iour penetrée de cette affliction, Nostre Seigneur me demanda *ce que ie craignois, puis que tout ce qui en pouvoit arriver estoit, ou que l'on murmurast contre moy, ou que l'on me loüast ;* me faisant ainsi connoistre que ceux qui y aioûteroient foy me loüeroient, & que ceux qui n'y en aioûteroient point me condamneroient iniustement qu'ainsi ie ne devois pas m'affliger, puis que de quelque costé que la chose tournat elle me seroit avantageuse. Ces divines paroles rendirent le calme à mon esprit, & me consolent encore toutes les fois que i'y pense.

La tentation dont i'estois tourmentée passa iusques à un tel excez que ie voulus sortir du monastere où i'estois & porter ma dot dans un autre dont l'observance estoit beaucoup plus étroite, & où j'avois appris que l'on pratiquoit de tres-grandes austeritez. Ce monastere estoit de nostre Ordre & fort éloigné, qui estoit ce que ie

CHAPITRE XXXI.

cherchois afin de n'y estre connuë de personne : mais mon confesseur ne voulut pas me le permettre. Ces craintes me troubloient beaucoup, & je connus depuis qu'une humilité qui est si contraire a la liberté de l'esprit n'est veritable. Dieu me l'apprit, & que je devois croire fermement que n'y ayant point de bien qui ne vienne de luy, j'avois tort de me plaindre qu'on loüat celuy qu'il luy plaisoit de mettre en moy, puis que non seulement je n'estois point fâchée, mais ie me reioüissois de voir loüer les autres des graces qu'il leur faisoit.

Ie tombay ensuite dans une autre extremité, qui fut de faire des prieres particulieres à Dieu pour luy demāder de donner la connoissance de mes pechez aux personnes qui auroient bonne opinion de moy, afin de leur faire voir combien i'estois indigne des faveurs que ie recevois de luy. Mon Cōfesseur me défendit de continuer sans que ie pûsse neanmoins gagner cela sur mon esprit, & il n'y a pas encore long-temps que quand ie voyois une personne qui jugeoit avantageusement de moy, ie faisois adroitement tout ce que ie pouvois pour luy faire remarquer mes fautes, & me sentois par ce moyen fort soulagée de ma peine. On m'a donné depuis un grand scrupule d'en avoir usé de la sorte: & je voy bien à cette heure que cela ne procedoit pas d'humilité, mais d'une veritable tentation. Plusieurs personnes me venoient voir, & je les trompois toutes tant elles s'en alloient persuadées qu'il y avoit quelque bien en moy. Ie n'avois pas neanmoins ce dessein: & ie croy que Dieu l'a permis pour quelque raison qui m'est cachée. Ie n'ay jamais parlé, méme à mes Confesseurs, de semblables choses à moins que de le croire necessaire, & i'en aurois fait un grand scrupule.

Ie connois bien maintenant que ces craintes, ces peines, & cette prétenduë humilité sont des imperfections qui montrent que l'on n'est pas assez mortifié, puis qu'une ame qui s'abandonne entierement à Dieu n'est non plus touchée du bien que du mal que l'on dit d'elle à cause que Dieu luy fait connoistre qu'elle est incapable par elle-mesme de rien faire de bon; qu'elle s'abandonne entierement à sa conduite lors qu'il luy plait de rendre visibles les faveurs qu'il luy fait, & qu'elle se prepare à la persecution sçachant qu'elle est inevitable au temps où nous sommes à ceux qui sont favorisez de semblables graces, tant il y a de personnes qui ont les yeux ouverts sur leurs actions: au lieu que l'on ne prend point garde à celles des autres. Ce n'est pas qu'en effet il n'y ait toûjours beaucoup de suiet de craindre: mais cette crainte que i'avois au lieu d'estre bōne & proceder d'une veritable humilité n'estoit qu'un defaut de courage, puis qu'une ame que Dieu permet estre ainsi exposée à la veuë du monde doit se preparer à estre martyre du monde, & n'attendre de

B b ij

luy que la mort, si elle ne se resout de mourir à l'affection de tout ce qu'il estime & qu'il aime.

Certes je ne voy rien de bon dans ce miserable monde sinon qu'il ne peut souffrir les moindres imperfections dans les gens de bien; & qu'ainsi à force de murmurer contre eux il les rend meilleurs. C'est ce qui me fait croire qu'une personne qui n'est pas parfaite à besoin de plus de courage pour marcher dans le chemin de la perfectiõ que pour souffrir le martyre, parce qu'il faut beaucoup de temps pour devenir parfait, si Dieu par une faveur toute particuliere ne nous accordé cette grace. Les gens du monde ne voyent pas plûtost une personne entrer dans ce chemin qu'ils veulent qu'elle soit sans aucun defaut; ils apperçoivent de mille lieuës loin les moindres fautes qu'elle commet, & considerent mesme en elle comme une faute ce qui est peut-estre une vertu, parce que jugeant des autres par eux-mêmes ils auroient commis cette faute s'ils avoient esté en sa place. Ils voudroient que dés qu'une personne s'est resoluë de servir Dieu, elle ne mangeat, ni ne dormit, ny n'osast presque respirer. L'estime qu'ils ont de sa vertu leur fait oublier qu'elle a un corps comme les autres, & que quelque parfait que l'on soit on ne peut vivre sur la terre sans estre sujet à ses miseres, quoy que la partie superieure de l'ame s'éleve au dessus & les foule aux pieds. N'ay-je donc pas raison de dire que ces personnes ont besoin d'un grand courage, puis qu'elles ne commencent pas plûtost à marcher que l'on voudroit qu'elles volassent, & que bien qu'elles ne soient pas encore victorieuses de leurs passions, on s'imagine qu'elles doivent, dans les occasions mesme les plus capables de les ébranler, demeurer aussi fermes que les Saints l'ont été après avoir été confirmez en grace?

Il y a icy un grand sujet de loüer Dieu, & en mesme temps de s'affliger de ce que plusieurs ames tournent en arriere manque de cœur pour soûtenir de telles épreuves. C'est ce que je croy qui me seroit arrivé, si Dieu par son infinie misericorde ne m'eust soûtenuë: & la suite de cette relation vous fera voir, mon Pere, que jusques à ce qu'il luy ait plû de me conduire où je suis, je n'ay fait que tomber & me relever. Je voudrois pouvoir bien faire entendre de quelle sorte cela s'est passé, parce que je suis persuadée que plusieurs se trompent en voulant voler avant que Dieu leur donne des aisles.

Je pense m'estre desja servie de cette comparaison: mais elle est si propre à mon sujet que j'ay crû en devoir user encore, ne pouvant attribuer à une autre cause la peine que je voy souffrir à tant de personnes. Comme elles commencent par de grands desirs de servir Dieu, une grande ferveur, & une grande resolution de marcher dans la voye étroite, & que quelques-unes ont même quant à l'exterieur renoncé à tout pour ce sujet, lors qu'elles en voyent d'autres plus avancées qu'elles, & élevées par les graces dont Dieu les favorise à un degré de vertu auquel elles ne peuvent atteindre, & qu'elles lisent dans les livres d'oraison & de contemplation des moyens d'y arriver qu'elles ne se trouvent pas encore capables de pratiquer, elles s'affligent & perdent courage.

Ces moyens sont, de se soucier si peu de l'estime qu'on fait de nous, que l'on soit plus aisé que l'on en dise du mal que du bien ; de ne tenir conte de l'honneur ; de se détacher de ses parens, & de fuir au lieu de desirer leur conversation, si ce ne sont des personnes d'oraison, & plusieurs autres choses semblables que Dieu seul à mon avis nous peut donner, parce qu'estant si contraires à nos inclinations elles me paroissent surnaturelles. Mais ces ames au lieu de s'affliger & perdre ainsi courage doivent au contraire tout attendre de l'extrême bonté de Dieu, & se promettre qu'il accordera à leurs prieres de changer leurs desirs en des actions, pourveu qu'elles fassent de leur costé tout ce qui dépend d'elles, sans jamais desesperer de sortir victorieuses de ce combat.

Comme j'ay une tres-grande experience de cela j'en diray quelque chose, mon Pere, que vous jugerez peut estre pouvoir estre utile. C'est qu'encore qu'apparemment on ait acquis cette vertu on ne doit point se persuader de l'avoir si elle n'a esté éprouvée par son contraire. Nous devons toûjours dans cette vie estre sur nos gardes, parce que nous retombons bien-tost si la grace ne nous est entierement donnée pour nous faire connoistre le neant des choses du monde, & que l'on y est tousiours exposé à mille perils. Il me paroissoit il y a peu d'années que non seulement i'estois détachée de mes parens, mais qu'ils m'estoient à charge : & il estoit vray que i'avois peine à souffrir leur conversation. Ainsi une occasion importante m'ayant obligée d'aller chez ma sœur, quoy que je l'eusse tant aimée auparavant & qu'elle fust meilleure que moy, ie demeurois seule le plus que ie pouvois, parce que la difference de nos conditions, elle étant mariée & moy religieuse, ne pouvoit nous fournir une matiere agreable d'entretien. Ie sentis neanmoins que ses peines me touchoient davantage que n'auroient fait celles d'une autre personne qui ne m'auroit pas esté si proche, & connus par là que je n'estois pas si détachée que ie le croyois ; mais que i'avois encore besoin de fuir les occasions afin d'augmenter cette vertu d'un veritable détachement dont N. Seigneur avoit commencé de me favoriser, & i'ay tousiours depuis par son assistance tasché de le pratiquer.

Lors que Dieu commence à nous donner quelque vertu nous devons tellement veiller sur nous-mesmes que nous ne nous mettions point en danger de la perdre, comme par exemple en ce qui regarde l'honneur : car croyez-moy, mon Pere, plusieurs se persuadent

Du mépris de l'honneur.

d'en estre entierement détachez qui ne le sont pas. Il faut principalement en cela se tenir toussiours sur ses gardes sans iamais se relascher; & pour peu que l'on s'y sente encore attaché on ne doit point esperer d'avácer dans le chemin de la vertu. C'est une chaisne si forte que Dieu seul est capable de la rompre : & il n'y a point d'efforts ioints à la priere que nous ne devions faire de nostre costé pour surmonter cet obstacle à nostre avancement, puis qu'il est si grand que ie ne sçaurois assez m'étonner du mal qu'il cause;& l'on m'en doit croire. Ie connois des personnes dont les actions sont si saintes qu'on ne les peut considerer sans admiration:d'où vient donc mon Dieu, qu'el-
" les tiennent encore à la terre ; & s'estant entierement consacrées à
" vostre service, qui les empesche d'arriver au comble de la perfection!
" C'est qu'elles sont encore un peu attachées à ce malheureux honneur sans qu'elles s'en apperçoivent, parce que le demon leur persuade qu'elles sont obligées de le conserver. Mais quoy que ie ne doive estre consideree que comme une fourmy,ie les coniure de croire sur ma parole que si elles ne se corrigent de ce defaut il sera comme une chenille, qui encore qu'elle n'en dommage pas tout l'arbre, puis que ces personnes ne laisseront pas de conserver d'autres vertus elle le rongera de telle sorte que non seulement elle luy fera perdre sa beauté, mais l'empeschera de profiter & les autres plantes qui en sont proches,parce que le fruit que produit son bon exéple ne sera pas sain ni de durée. I'aioûteray que pour petit que soit cet attachemét à l'honneur c'est comme un faux ton dans un ieu d'orgues qui en déconcerte toute l'harmonie,&qui nuisát toũiours beaucoup à l'ame en quelque estat qu'elle soit est une peste pour celles qui s'appliquét à l'oraison.

Nous disons que nous voulons nous unir à Dieu & suivre les conseils de IESUS CHRIST, & nous prétendons en mesme-temps de voir conserver nostre honneur & nostre réputation sans qu'ils souffrent la moindre tache,quoy qu'il n'y ait point d'injures & d'outrages que IESUS CHRIST n'ait endurez. Peut-on se rencontrer en marchant par deux chemins si differens, & pouvons-nous esperer que ce divin Sauveur veüille habiter dans nostre ame si nous ne nous faisõs violence pour renoncer à ce faux honneur comme il y a renoncé luy mésme,& nous relascher en plusieurs autres choses de ce qui nous paroit nous estre dû ? Mais me dira quelqu'un : ie ne rencontre point d'occasions d'offrir en cela quelque chose à Dieu. Ie répons que si vous estes dans une ferme resolution de luy tout sacrifier il ne permettra pas que manque d'occasions vous perdiez l'avantage de faire une chose qui luy est si agreable. Il faut seulement sans s'arrester à de simples paroles mettre la main à l'œuvre. Surquoy ie veux rapporter icy quelques une de ces petites choses que ie faisois au commencement,& qui sont comme ie l'ay dit les pailles que ie mettois dans le

CHAPITRE XXXI.

feu n'estant pas capable de davantage : mais Dieu est si bon qu'il reçoit tout : & nous ne devons jamais cesser de le benir.

Entre mes autres imperfections j'avois celle de sçavoir peu les rubriques du breviaire, & les autres choses qui se recitent dans le chœur, estant en cela aussi negligente que j'estois affectionnée à de vaines occupations : d'autres novices auroient pû m'en instruire : & ma vanité ne me permettoit pas de le leur demander de peur de leur faire connoistre mon ignorance, quoy que le bon exêple que je leur devois me vinst dans l'esprit. Mais quand Dieu m'eut un peu ouvert les yeux je changeay bien de conduite : car sur le moindre doute que j'avois, je m'adressois aux plus petites des écolieres pour m'en éclaircir : & Dieu permit qu'au lieu de m'attirer par là du mépris, on m'en estima davantage.

Je sçavois mal le chant, & en estois bien faschée, non de crainte d'y faire des fautes en la presence de Dieu, ce qui auroit esté une vertu ; mais à cause des personnes qui m'écoutoient, & ce sentiment de vanité me troubloit de telle sorte qu'il me faisoit manquer encore davantage. Enfin je me resolus de dire que je ne le sçavois pas lors que je ne le sçavois qu'imparfaitement ; & cela ne me donnoit pas d'abord peu de peine : mais je le faisois aprés avec joye : & quand je commençay a ne me plus soucier que l'on connust mes defauts, & à renoncer à ce malheureux point d'honneur que je me figurois en cela & que chacun met où il luy plaist, je chantay beaucoup mieux qu'auparavant.

✤ ✤

Toutes ce choses que l'on peut dire n'estre rien comme il paroist bien que je ne suis rien moy-mesme, puis qu'elles me donnoient de la peine, ne laissent pas peu à peu de produire de bons effets, parce qu'estant faites en la veuë de Dieu, il leur donne du prix & nous assiste pour en entreprendre de plus grandes.

Quant à ce qui regarde l'humilité, voyant que j'estois la seule de toutes les sœurs qui ne s'avançoit point dans cette vertu, perce que j'ay toûjours esté tres imparfaite, je plois secrettement leurs manteaux lors qu'elles estoient sorties du chœur, & me reprensentois de servir en cela des Anges qui venoient de chanter les loüanges de Dieu. Ces bonnes filles le découvrirent je ne sçay comment, & j'en eus une grand honte, desirant qu'on l'innorast, non par une veritable humilité ; mais de peur qu'elles ne se mocquassent de moy, comme estant une chose peu considerable.

Quelle confusion ne dois je point avoir, mon Sauveur de ce qu'estant si imparfaite je rapporte ces petites marques de mon affection pour vous qui ne sont que comme des grains de sable mélez de terre

„ & enveloppez de mille défauts, à cause que l'eau de vostre grace ne
„ les avoit pas encore arrosez & purifiez. Mais, mon Createur, aprés
„ avoir receu tant de faveurs, & estant aussi mauvaise que ie suis, ose-
„ rois-je dire avoir fait quelque chose pour vostre service qui fust tant
„ soit peu considerable ? Ie ne sçay, mon Dieu, comment ie puis resi-
„ ster à la douleur que cette pensée me donne, ni comment ceux qui
„ liront cecy pourront ne m'avoir pas en horreur en voyant qu'aprés
„ avoir si mal reconnu de si grands bien faits i'ay rapporté ces petits
„ services que je vous ay rendus comme s'ils venoient de moy, & que
„ ce ne fust pas vous-mesme qui en fussiez la cause & la source. I'en
„ meurs de honte, mon Sauveur; mais n'ayant rien de meilleur à dire
„ i'ay crû ne les devoir pas taire, afin que ceux qui sont si heureux que
„ de faire de grandes actions de vertu se fortifient dans l'esperãce d'en
„ estre recompensez, en considerant que les miennes quelque indignes
„ qu'elles soient ne vous ayant pas esté desagreables, ils ont sujet de
„ se promettre beaucoup des leurs. Vostre divine Maiesté veuille s'il
„ luy plaist me faire la grace de ne demeurer pas toûjours dans ces
„ commencemens; mais de m'avancer dans son service. Ainsi soit-il.
„

CHAPITRE XXXII.

Dieu fait voir à la Sainte la place que ses pechez luy avoient fait meriter d'avoir dans l'enfer. Reflexions sur ce suiet. La Sainte estant dans le desir de faire penitence on luy propose de fonder un monastere pour y vivre comme les Religieuses déchaussées. Elle entre dans ce dessein. Dieu luy commande d'y travailler & de donner à ce monastere le nom de saint Ioseph. Elle commence de s'y employer. Persecution qui s'élevent contre elle, & assistance qu'elle reçoit de quelques personnes.

LONG-temps aprés que nostre Seigneur m'eut fait la pluspart des graces dont i'ay parlé & d'autres encore fort grandes, estant un iour en oraison il me sembla que ie me trouvay en un moment dans l'enfer sans sçavoir en quelle maniere i'y avois esté portée. Ie compris seulement que Dieu vouloit que ie visse le lieu que les demons m'avoient preparé & que mes pechez meritoient. Cela dura tres-peu; mais quand ie viurois encore plusieurs années ie ne croy pas qu'il me fust possible d'en perdre le souvenir.

L'entrée m'en parut estre comme l'une de ces petites ruës longues & étraites qui sont fermées par un bout, & telle que seroit celle d'un four fort bas, fort serré, & fort obscur. Le terrain me sembloit estre comme de la bouë, tres-sale, d'une odeur insupportable, & pleine d'un tres-grand nombre de reptiles venimeux. Au bout de cette petite ruë estoit un creux fait dans la muraille en forme de niche,

CHAPITRE XXXII.

niche, où ie me vis logée tres à l'étroit:& bien que tout ce que ie viens de dire fust encore beaucoup plus affreux que ie ne le represente, il pouvoit passer pour agreable en comparaison de ce que ie souffris lors que ie fus dans cette espece de niche.

Ce tourment estoit si terrible que tout ce qu'on en peut dire ne sçauroit en representer la moindre partie. Ie sentis mon ame brusler dans un si horrible feu qu'à grande peine pourrois-ie décrire tel qu'il estoit, puis que ie ne sçaurois méme le concevoir. J'ay éprouvé les douleurs les plus insupportables au rapport des medecins, que l'on puisse endurer en cette vie, tant par ce retirement de nerfs qu'en plusieurs autres manieres pour d'autres maux que les demons m'ont causez: mais toutes ces douleurs ne sont rien en comparaison de ce que ie souffris alors, ioint à l'horreur que i'avois de voir que ces peines estoient eternelles: & cela mesme est encore peu si on le compare à l'agonie où se trouve l'ame. Il luy semble qu'on l'étouffe, qu'on l'étrangle, & son affliction & son desespoir vont iusques à un tel excés que i'entreprendrois en vain de les rapporter. C'est peu de dire qu'il luy paroist qu'on la déchire sans cesse, parce que ce seroit ainsi une violence étrangere qui luy voudroit oster la vie; au lieu que c'est elle mesme qui se l'arrache & se met en pieces. Quant à ce feu interieur & ce desespoir qui sont comme le comble de tant d'horribles tourmens i'avouë pouvoir encore moins le representer. Ie ne sçavois qui me les faisoit endurer; mais ie me sentois brusler & comme hacher en mille pieces; & ils me sembloient estre les plus terribles de toutes les peines.

Dans un lieu si épouvantable il ne reste pas la moindre esperance de recevoir quelque consolation, & il n'y a pas seulement assez de place pour s'asseoir ou se coucher. J'y estois comme dans un trou fait dans la muraille, & ces horribles murailles contre l'ordre de la nature serrent & pressent ce qu'elles enferment. Tout étouffe en ce lieu-là: ce ne sont qu'épaisses tenebres sans aucun mélange de lumiere, & je ne comprens pas comment il se peut faire qu'encore qu'il n'y ait point de clarté on y voit tout ce qui peut estre le plus penible à la veuë.

Nostre Seigneur ne voulut pas me donner alors une plus grande connoissance de l'enfer: & il m'a fait voir depuis en d'autres visions des chastimens encore plus épouvantables de certains pechez; mais comme ie n'en souffrois point la peine, elles ne me penetrerent pas d'une telle crainte que celle que j'eus dans la vision dont ie viens de parler en laquelle Nostre Seigneur voulut me faire éprouver en esprit ces tourmens aussi réellement & aussi veritablement que si mon corps les eust soufferts. Ie ne pouvois rien comprendre à la maniere dont cela se passoit; mais je comprenois bien que c'estoit une

Cc

grandes grace que Dieu me faisoit de vouloir que ie visse ainsi de quel abysme son infinie misericorde m'avoit tirée ; car tout ce que i'ay jamais leu, ou entendu dire, ou me suis imaginée, quoy que non pas si souuent qu'auroient pû faire d'autres parce que Dieu ne me conduisoit pas par le chemin de la crainte, des differentes peines des damnez & de la cruauté avec laquelle ils sont tourmentez par les demons, n'est pas moins different de la verité qu'une copie l'est de son original : & brûler en ce monde n'est rien en comparaison de brûler en l'autre.

Quoy qu'il y ait environ six ans que ce que ie viens de rapporter se passa, i'en suis encore si épouvantée en l'écrivant qu'il me semble que mon sang se glace de peür dans mes veines. Ainsi quelques maux & quelques douleurs que i'éprouve ie ne puis me souvenir de ce que ie souffris alors que tout ce que l'on peut endurer icy bas ne me paroisse méprisable. Il me semble que nous nous plaignons sans suiet, & ie considere comme l'une des plus grandes graces que Dieu m'ait faites, une chose aussi terrible que celle que i'ay rapportée quand ie considere combien elle m'a esté utile, tant pour m'empescher d'apprehender les afflictions de cette vie, que pour m'obliger à m'efforcer à les souffrir avec patience, & à rendre graces à Dieu de ce que i'ay suiet de croire qu'il me veut délivrer de ces terribles & épouvantables peines dont la durée sera eternelle.

Depuis cette vision il n'y a point de si grands maux qui ne me paroissent faciles à supporter en comparaison d'un seul moment de ce que je souffrois alors; & ie ne puis assez m'étonner de ce qu'ayant auparavant leu tant de livres qui parlent des peines de l'enfer ie n'en estois point effrayée, ne me les imaginant pas telles qu'elles sont, & comment ie pouvois trouver du plaisir & du repos en des choses qui me conduisoient dans un si horrible précipice. Soyez-vous à iamais beny, mon Dieu, d'avoir fait voir que vous m'aimez beaucoup plus que ie ne m'aime moy-mesme, en me délivrant tant de fois de cette affreuse prison dans laquelle ie rentrois contre vostre volonté.

Cette mesme vision m'a causé l'incroyable peine que ie souffre de voir tant de Lutheriens que le baptesme avoit rendus membres de l'Eglise se perdre malheureusement, & ma passion pour leur salut est si violente, que ie croy certainement que si i'avois plusieurs vies ie les dönerois toutes de tres-bon cœur pour délivrer une seule de ces ames de tant d'horribles tourmés. Que si nous ne pouvons voir souffrir une personne que nous aimons sans estre touchez de compassiõ, & ne pas ressentir vivement sa douleur lors qu'elle est grande, de quelle affliction ne devons nous point estre penetrez en voyant une ame se precipiter pour iamais dans les plus effroyables de toutes les peines, puis qu'il n'y a point de proportion entre celles qui finissent

CHAPITRE XXXII.

avec la vie, & celles qu'endureront à jamais ceux que le diable entraîne chaque jour avec luy dans cet épouvantable gouffre.

Je ne sçaurois donc trop desirer, puis que cela importe du tout, qu'il n'y ait rien que nous ne fassions pour nous efforcer de plaire à Dieu, ni trop luy demander de nous assister de sa grace: & j'avouë ne pouvoir considerer sans frayeur; qu'encore que toute méchante que je suis j'eusse quelque soin de le servir pour ne point tomber dâs certaines fautes que l'on compte pour rien dans le monde; que Dieu me fist la grace de souffrir avec patience de fort grandes maladies; que je ne fusse sujette ce me semble ny au murmure, ni à la médisance, ni à la haine, ni à l'envie, ni aux autres pechez en sorte que j'y offensasse grievement Dieu, & que j'eusse presque toûjours sa crainte devant les yeux: il m'a neanmoins fait voir le lieu que les demons m'avoient preparé pour la punition de mes pechez, & fait connoistre que quelque terribles que fussent ces tourmens je meritois d'en souffrir encore de plus grands. Ay-je donc tort de dire que l'on ne peut sans une extrême peril se tenir en assurance, & qu'une personne qui tombe à toute heure dans le peché mortel ne peut éviter de se perdre si elle ne se resout pour l'amour de Dieu à fuir les occasions qui l'engagent à l'offenser, afin d'attirer par ce moyen sa misericorde, & le porter à l'assister comme il m'a assistée? Je le prie de tout mon cœur de continuer à me soûtenir de sa main toute-puissante pour m'empescher de retomber & de recevoir la terrible punition dont il m'a fait voir que j'estois digne. Je vous conjure, mon Sauveur, de m'en delivrer par vostre bonté infinie. Ainsi soit-il.

Ensuite de cette vision & après qu'il eut plû a Dieu de me reveler d'autres secrets touchant la gloire preparée aux justes, & les peines que souffriront les méchans, je fus touchée du desir de faire penitence de mes pechez afin de pouvoir esperer de joüir d'une si grande felicité, & pour ce sujet de fuir entierement le monde. Mon esprit ne laissoit pas d'estre dans l'agitation; mais une agitation si tranquille & si agreable qu'elle ne me causoit nulle inquietude. Il estoit évident qu'elle procedoit de Dieu, & qu'il donnoit à mon ame comme une chaleur nouvelle pour la rendre capable de digerer des viandes plus solides que celle dont elle s'estoit nourrie jusques alors. Me trouvant dans cette disposition je pensois à ce que je pourrois faire pour servir Dieu, & il me sembla que je devois commencer par satisfaire aux devoir de ma vocation en accomplissant ma regle le plus parfaitement que je pourrois.

Quoy que le monastere où j'estois fust bien reglé, & que plusieurs des Religieuses servissent Dieu fort fidelement, il estoit si pauvre qu'il arrivoit souvent qu'elles en sortoient pour aller passer quelque temps chez leurs parens, où elles vivoient avec une grande honneste-

C c ij

té & religieusement. On n'y observoit plus la premiere rigueur de la regle: c'estoit seulement une regle mitigée en vertu d'une bulle du Pape ainsi que dans tout le reste de l'Ordre: & ie m'y trouvois fort à mon aise à cause que la maison est belle & spacieuse: mais ces frequentes sorties me donnoient de la peine, parce que quelques personnes qui étoient bien aises de m'avoir en leur compagnie & à qui nos Superieurs ne pouvoient rien refuser, les importunoient si souvent de me permettre de sortir, que l'obeïssance m'obligeoit à demeurer peu dans mon monastere: & ie croy que le demon y contribuoit, afin d'empescher nos Sœurs de profiter de la part que ie leur faisois des instructions que me donnoient ceux avec qui ie communiquois.

Les choses étant en cet état une personne de dehors me dit, & à quelques unes de nos Sœurs, que si nous estions dans la disposition de vivre comme les Religieuses déchaussées, on pourroit fonder un monastere. Cette proposition se trouvant conforme à mon desir i'en conferay avec cette Dame veuue dont i'ay parlé qui estoit tant de mes amies & dans les mesmes sentimens que moy. Elle commença aussi-tost à travailler aux moyens de fonder ce monastere, en luy donnant du revenu, & ie voy bien maintenant qu'il n'y avoit guere d'apparence d'y reüssir; mais le desir que nous en avions, nous la faisoit paroistre possible. D'un autre costé ie me trouvois tres-bien dans la maison où i'estois, & avois une cellule qui me plaisoit fort; ce qui me faisant balancer ie resolus avec cette Dame que nous recommenderions beaucoup l'affaire à Dieu.

Vn iour après avoir communié Dieu me commanda expressément de m'employer de tout mon pouvoir à l'établissement de ce monastere; m'assura qu'il reüssiroit, & qu'il y seroit beaucoup servy; me dit qu'il vouloit qu'on luy donnat le nom de saint Ioseph: Que ce Saint veilleroit pour nostre garde à l'une des portes, la sainte Vierge à une autre, & que IESUS-CHRIST ne nous abandonneroit point: Que cette maison seroit comme une étoile resplendissante, & qu'encore que les religions fussent relaschées ie ne devois pas croire qu'il n'y fust point servy; car que seroit-ce que le monde s'il n'y avoit point de Religieux? Que ie rapportasse cela à mon Confesseur, & luy disse de sa part de ne s'y point opposer, & de ne m'en point détourner.

Cette vision me fit une telle impression, & Dieu m'y parla d'une maniere si puissante, que ie ne pûs douter qu'elle ne procedat de luy. Elle ne laissa pas neanmoins de me donner une extrême peine parce que i'envisageay une partie de tant de travaux & de contradictions que ie rencontrerois dans l'execution d'une entreprise qui recevroit sans doute de grandes difficultez. Ie me trouvois d'ailleurs comme ie l'ay dit tres-contente & en grand repos dans la maison où i'estois, & encore que i'eusse commencé à traiter de cette affaire, ce n'avoit été ni avec une resolutiõ déterminée ni avec certitude qu'el-

CHAPITRE XXXII.

le reüssiroit. Ainsi ie balançois sur ce que j'avois à faire ; mais nostre Seigneur me commanda tant de fois la mesme chose, & me representa tant de raisons & si évidentes pour l'entreprendre ; que ne pouvant douter que ce ne fust sa volonté je n'osay differer davantage d'en parler à mon Confesseur: & je luy donnay même par écrit une relation de ce qui s'estoit passé. Il n'osa pas me conseiller d'abandonner ce dessein, mais voyant peu d'apparence, à ne juger des choses qu'humainement, qu'il pût reüssir, à cause que cette Dame, mon amie, qui devoit principalement y travailler avoit tres-peu de moyen d'y contribuer, il me dit de le proposer à mon Superieur & de faire ce qu'il m'ordonneroit. Ie luy obeïs, & parce que je ne traitois point avec ce Superieur de ces visions, ce fut cette Dame & non pas moy qui luy en fit la proposition. Il l'approuva, luy promit toute sorte d'assistance, & l'assura qu'il consentiroit à l'établissement du monastere. On parla du revenu necessaire pour sa subsistance, & diverses raisõs firẽt resoudre qu'il n'y auroit jamais plus de treize religieuses. Avant que d'envenir là nous avions écrit au bien-heureux Pere Pierre d'Alcantara pour l'informer de l'estat des choses; & il nous avoit conseillé de poursuivre cette entreprise, & donné ses avis sur ce sujet.

Le bruit de nostre dessein ne commença pas plûtost à se répandre que je n'aurois jamais fait si je voulois rapporter toutes les particularitez de la persecution qui s'eleva contre nous. Nous estions le sujet de la risée de tout le monde; on me faisoit passer pour une extravagante qui ne pouvoit durer dans un monastere où elle estoit si à son aise, & l'on ne traitoit pas moins indignement ma compagne. Elle avoit peine à le supporter, je ne sçavois que faire non plus qu'elle, parce qu'il me sembloit qu'ils avoient quelque raison. J'eus recours à Dieu pour le prier de m'assister; il me consola, me fortifia, & me dit : *Que ie devois connoistre par-là ce que les Saints ont souffert pour fonder les religions : Que les traverses que i'avois rencontrées, iusques alors n'estoient rien en comparaison de celles ausquelles ie devois me preparer; mais que ie ne m'en misse point en peine & fisse entendre à ma compagne certaines choses qu'il m'ordonna de luy dire.* Ces paroles furent suivies des effets, & je ne pûs voir sans étonnement avec quelle promtitude nous nous trouvasmes consolées de tout le passé, & dans la resolution de resister avec courage à toutes les oppositions qui se rencontreroient dans l'execution de nostre entreprise. Quoy qu'il n'y eust presque personne dans la ville, sans en excepter mesme ceux qui passoient pour des gens d'oraison, qui non seulement ne nous fust contraire, mais qui ne considerat nostre dessein comme une extravagance & une folie.

Les bruits & le trouble que cette affaire causa dans nostre monastere furent si grands que nostre Provincial ne croyant pas que l'on dût s'opposer à tout le monde, changea d'avis & ne voulut plus consentir à cette nouvelle fondation. Il me dit que le revenu que l'on proposoit de donner ne suffisoit pas, & que l'opposition que l'on faisoit à cet établissement étoit trop grande pour la pouvoir surmonter. Il me paroissoit qu'il avoit raison : ainsi lors que nous croyons être venuës à bout des plus grandes difficultez nous eusmes le déplaisir de voir que mesme ce bon Pere nous estoit contraire. I'en fus en mon particulier fort touchée, parce que son approbation m'auroit mise à couvert de tout ce que l'on pourroit dire contre moy. Et quant à ma compagne on ne vouloit plus luy donner l'absolution si elle n'abandonnoit ce dessein, comme y étant obligée en conscience pour empescher le scandale.

    Avant que nostre Provincial eust ainsi changé d'avis, n'y ayant personne dans la ville qui nous voulust donner conseil, à cause que l'on estoit persuadé que cette affaire n'estoit qu'une resverie que nous nous estions mise dans la teste, cette Dame en avoit informé un saint Religieux de l'Ordre de saint Dominique qui passoit pour l'un des plus sçavans de sa compagnie, luy avoit dit quel estoit le revenu qu'elle donnoit de son patrimoine pour fonder cette maison, & l'avoit prié de nous assister. Mais en luy rendant compte des particularitez de nostre dessein elle ne luy avoit point parlé de la revelation que i'avois euë, & luy avoit seulement exposé les raisons qui n'avoient rien de surnaturel, parce que ie desirois qu'il ne nous conseillât que conformément à cela. Ce bon Pere demanda huit iours pour y penser, & voulut sçavoir si nous estions resoluës de suivre ses avis. Ie répondis qu'ouy ; mais encore que je parlasse de la sorte & qu'il me semblat que je disois vray, ie demeurois toûjours dans une ferme assurance que l'affaire reüssiroit. La foy de ma compagne estoit encore plus grande que la mienne ; rien de tout ce qu'on luy auroit pû dire n'étant capable de luy faire abandonner ce dessein : au lieu qu'encore que je crusse, comme je l'ay dit, qu'il ne pouvoit manquer de reüssir, & que je fusse persuadée que la revelation que j'avois euë venoit de Dieu, je n'y ajoûtois foy qu'autant qu'elle se trouveroit conforme à la sainte Ecriture & aux loix de l'Eglise que nous sommes obligez de suivre : & ainsi si ce sçavant Religieux eut dit que nous ne pouvions sans offenser Dieu continuer dans ce dessein, ie pense que je m'en serois departie à l'heure mesme, & aurois cherché d'autres voyes pour le faire reüssir. Ce grand serviteur de Dieu m'a dit depuis ; qu'ayant appris que tout le monde s'étoit élevé sur cela contre nous, & un gentilhomme luy ayant donné avis de bien prendre garde de ne nous point assister, il estoit entré dans ce sentiment general que nostre projet étoit ridicule, & avoit resolu de faire tout ce qu'il pourroit pour nous porter à y renon-

CHAPITRE XXXII.

cer; mais que lors qu'il estoit prest à nous répondre, ayant examiné l'affaire avec grand soin, considéré nostre intention, & la regularité que nous voulions établir dans ce nouveau monastere, il estoit demeuré persuadé que ce dessein estoit fort agreable à Dieu. Ainsi il nous répondit que nous ne devions point perdre de temps pour travailler à l'executer, nous instruisit de la maniere dont nous devions nous y conduire, & ajoûta qu'encore que le revenu que l'on y affectoit ne suffist pas, il se faloit confier en Dieu sans laisser pour cela de passer outre, & qu'il s'offroit de répondre aux difficultez de ceux qui s'opposeroient à nostre dessein: ce qu'il a executé sans jamais manquer depuis à nous assister.

Cette réponse nous consola beaucoup, comme aussi de voir que des personnes tres-vertueuses, qui auparavant nous estoient contraires commençoient fort à s'adoucir, & que quelques-unes mesmes nous assistoient, entre lesquels estoit ce saint gentilhomme dont j'ay parlé, parce que s'avançant toûjours de plus en plus dans une haute perfection, quoy qu'il prévist les grandes difficultez qui se rencontreroient dans ce nouvel établissement, ce qu'il le voyoit entieremét fondé sur l'oraison luy faisoit croire que Dieu nous en avoit inspiré la pensée. Je ne doute point que nostre Seigneur ne l'ait porté à nous aider, de mesme que cet ecclesiastique dont j'ay parlé aussi au commencement: car il n'y a rien qu'il n'ait fait pour nous assister, & c'estoit un homme si saint qu'il estoit le sujet de l'admiration de toute la ville, où il paroissoit visiblement que Dieu l'avoit établi pour le salut de plusieurs.

Les choses estant en ces termes, & nous trouvant secouruës par beaucoup de prieres, nous achetasmes une maison. Elle estoit commode; mais fort petite aussi bien que nostre revenu & je ne m'en mettois point en peine, a cause que nostre Seigneur m'ayant dit de m'établir comme je pourrois & que je verrois ensuite ce qu'il feroit je ne pouvois douter qu'il ne pourvût à nos besoins par d'autres voyes.

CHAPITRE XXXIII.

L'affaire de la fondation du monastere qui passoit pour faite est rompuë. Persecutions se renouvellent. Dieu confirme la Sainte dans son dessein & son courage se redouble. Elle achete une maison & la trouvant trop petite veut en avoir une autre: mais Dieu luy commande d'y entrer. Sainte Claire luy apparoist & luy promet de l'assister. La tres-sainte Vierge luy apparoist aussi avec saint Ioseph, la revest d'une robe blanche, & luy donne une chaisne d'or avec une croix enrichie de pierreries.

AInsi l'affaire estant preste à se conclure & le contract se devant passer le lendemain, nostre Provincial changea d'avis. Je croy que ce fut par un mouvement de Dieu comme les suites l'ont fait voir, & que son infinie bonté touchée de tant de prieres que l'on faisoit pour ce sujet voulut rendre cet établissement plus parfait en le faisant reüssir d'une autre maniere. Nostre superieur ne voulant donc plus l'approuver, mon Confesseur me commanda de ne penser pas davantage à cette affaire: & Dieu sçait avec quelle peine ie l'avois conduite iusques à ce point.

On dit alors plus que jamais que s'estoit une resuerie de femme: les murmures s'augmenterent contre moy, quoy que ie n'eusse rien fait que par l'ordre de mon Provincial, & tout le monastere me vouloit mal d'avoir entrepris d'en établir un où l'observance fust plus étroite. Les Sœurs disoient que c'estoit un affront que ie leur faisois, que rien ne m'empeschoit d'y servir Dieu comme faisoient tant d'autres meilleures que moy; qu'il paroissoit bié que ie n'avois point d'affection pour la maison, & que i'aurois mieux fait d'y procurer du revenu que de le vouloir porter ailleurs. Quelques-unes aioûtoient qu'il me faloit mettre en prison, & le nombre de celles qui m'excusoient en quelque sorte estoit tres-petit. Ie demeurois d'accord qu'elles avoient raison en plusieurs choses, & leur rendois quelquefois compte de ma conduite: mais ie n'osois leur dire le principal qui estoit que ie n'avois rien fait que pour obeïr au commandement de Dieu; & ainsi ie demeurois le plus souvent dans le silence.

D'autresfois Dieu me faisoit la grace de ne sentir non plus de peine d'abandonner cette affaire que si ie ne l'eusse point euë à cœur, & n'eusse pas tant travaillé pour la faire reüssir: mais on ne le pouvoit croire, ni même mon Confesseur & les personnes d'oraison avec qui ie communiquois, tant ils estoient persuadez du contraire. Et comme ma conscience ne me reprochoit point d'avoir rien oublié de tout ce qui pouvoit dépendre de moy pour obeïr à ce que Dieu m'avoit commandé, & que ie ne pensois pas estre obligée à davantage, ie demeurois tranquille & contente dans la maison où i'estois, quoy que croyant toûjours fermement que ce dessein s'executeroit, encore que ie ne visse, ni quand, ni par quel moyen cela pourroit estre.

Mais ie fus vivement touchée de ce que mon confesseur m'écrivit d'une maniere qui donnoit sujet de penser qu'il estoit persuadé que i'avois agy contre son ordre; & ie pense que nostre Seigneur le permit pour aioûter à tant d'autres peines que ie souffrois celle de me voir affligée par celuy de qui i'attendois le plus de consolation. Cette lettre portoit que ie pouvois maintenant connoistre par ce qui estoit arrivé que tous ces beaux desseins que ie faisois n'estoient qu'une resuerie, & que ie devois changer de conduite sans en plus parler, puis que ie voyois le scandale que cela avoit causé, & d'autres choses semblables, toutes fort fascheuses.

Cela

CHAPITRE XXXIII.

Cela me fut plus sensible que n'avoit esté tout le reste ensemble. Ie m'examinois pour voir si i'avois esté si mal-heureuse que de donner par ma faute sujet à quelqu'un d'offenser Dieu, & me representois que si ce que ie prenois pour des visions n'estoient que des illusions du demon, mon oraison ne pouvoit donc passer que pour une chimere, & que i'estois miserablement trompée & perduë. Ainsi ie me trouvay dans une affliction incroyable & toute troublée. Mais comme nôtre Seigneur n'a jamais manqué de me consoler & de m'encourager dans mes peines, dont ie pourrois rapporter diverses preuves si cela n'estoit inutile, il me dit ; *De ne me point tourmenter de la sorte, puis que bien loin de l'avoir offensé en cette occasion : ie luy avois rendu un grand service. Et que i'obeïsse à ce que mon confesseur m'ordonnoit en cessant de parler de cette affaire iusques à ce que le temps fust venu de recommencer à la poursuivre.* Cés paroles mirent mon esprit dans un tel calme, & me donnerent tant de ioye, que ie ne comptay plus pour rien toute la persecution que l'on me faisoit.

Nostre Seigneur me fit connoistre en cette occasion l'extrême avantage qu'il y a de souffrir pour son service : car mon amour pour luy s'augmenta de telle sorte, & i'éprouvay en tant d'autres choses le profit que i'en tirois, que i'en estois épouvantée : & c'est ce que fait que ie ne puis m'empescher de desirer d'endurer toûjours. Lors que ie me trouvois dans cette ioye on s'imaginoit qu'au contraire i'estois dans une grande confusion & fort honteuse d'avoir si mal reüssi dans mon dessein, ce qui auroit esté veritable si Dieu ne m'eust assistée & favorisée par des graces si extraordinaires. Ce fut en ce temps que commencerent ces grands transports de l'amour de Dieu & ces grands ravissemens dont i'ay parlé : mais ie n'en disois rien à personne.

Ce saint Religieux Dominiquain ne croyoit pas cependant moins fermement que moy que l'affaire reüssiroit : & parce que ie n'en voulois point entendre parler de peur de desobeïr à mon confesseur, il se contentoit d'agir avec cette Dame mon amie que Dieu m'avoit associée dans ce dessein, d'en écrire à Rome, & de travailler aux moyens d'en venir à l'execution. Le diable commença aussi tost à faire sçavoir que i'avois eu sur cela quelque revelation, & l'on me vint dire avec grand effroy que les temps estoient fascheux, & que ie devois craindre que l'on me mist à l'inquisition. Ie ne pûs m'empescher de rire de cet avis, à cause que ie ne sçaurois iamais avoir suiet de rien apprehender en ce qui regarde la foy, puis que si i'avois mille vies ie serois toûjours preste de les exposer pour la moindre des veritez de l'Ecriture sainte & des ceremonies de l'Eglise. Ainsi ie leur répondis qu'ils ne s'en missent point en peine ; que ie serois bien malheureuse si i'avois suiet de craindre l'inquisitió, & que si ie sentois quelque chose en moy qui me la dûst faire apprehender, ie me presenterois moy-même devant son tribunal avec côfiance que si l'on m'accusoit faussement Dieu me justifieroit & m'en feroit tirer de l'avantage.

I'ouvris ensuite entierement mon cœur à ce bon Pere Dominiquain qui avoit tant d'affection pour moy, & qui estoit si sçavant que je pouvois sans crainte m'assurer sur ce qu'il me diroit. Ie luy rendis compte avec le plus de clarté que ie pûs de ma maniere d'oraison, de toutes les visions que i'avois euës, & des graces si extraordinaires que Dieu me faisoit, & le priay de me dire aprés avoir bien examiné toutes ces choses s'il trouvoit qu'il y eust rien de contraire a l'Ecriture sainte. Il m'assura que non, & i'ay suiet de croire que cette connoissance que ie luy donnay de ce qui se passoit en moy luy fut utile: car bien qu'il fust déia fort vertueux il s'applique depuis beaucoup davantage à l'oraison, & se retira pour ce suiet en un manastere de son Ordre basty dans un lieu fort solitaire. Il y passa plus de deux ans, & n'en sortit que lors que l'obeïssance l'y obligea par le besoin que son Ordre avoit ailleurs d'un homme de si grand merite. Il sentit beaucoup de ce qu'on l'arrachoit de sa solitude, & i'en fus aussi fort touchée à cause qu'il m'estoit fort necessaire: mais ie n'aurois eu garde de m'y opposer quand ie l'aurois pû, parce que Dieu me fit connoistre l'avantage qu'il en tireroit en me disant: *Que ie me consolasse, puis qu'il marchoit sous la conduite d'un bon guide.* En effet il se perfectionna encore de telle sorte dans cet éloignement qu'il me dit à son retour, qu'il ne voudroit pour rien du monde l'avoir évité, & ie n'en tiray pas moins d'avantage de mon costé, parce qu'au lieu que ce saint Religieux ne me rassuroit & ne me consoloit auparavant que par ses lettres, il me rassuroit & me consoloit alors par l'experience que Dieu luy donnoit des choses surnaturelles; & il le ramena iustement dans le temps que nous avions besoin de luy pour la fondation de ce monastere que sa divine Maiesté vouloit qui se fist.

Ie demeuray durant cinq ou six mois dans ce silence sans parler ni entendre parler à personne de cette affaire, ni que Dieu m'en fist rien connoistre davantage. Ie n'en comprenois point la cause ; mais ie ne laissois pas d'estre tousiours tres persuadée que ce dessein s'accompliroit. Au bout de ce temps le Recteur de la maison de la compagnie de Iesus s'en estant allé, nostre Seigneur permit que celuy qui fut établi en sa place estoit un homme de fort bon esprit, fort spirituel, sçavant, & courageux: ce qui me vint tres-à propos, parce que mon confesseur n'estant pas superieur, & n'y ayant point de compagnie où les superieurs soient si absolus que dans celle-là, quoy qu'il connust mes dispositions, & qu'il eust un grand desir de mon avancement, il n'osoit en plusieurs rencontres suivre sa lumiere pour le

CHAPITRE XXXIII.

procurer, & ce ne m'estoit pas une petite peine de le voir gesné de la sorte: mais ie ne laissois pas de luy obeïr ponctuellement.

Estant un iour fort touchée de ce qu'il me sembloit que ce bon Pere mon confesseur n'aioûtoit pas foy à mes paroles, nostre Seigneur me dit *de ne me point affliger, & que cette peine finiroit bien-tost.* Ie crûs que la fin de ma vie s'approchoit, & me trouvay si consolée que ie ne pouvois y penser sans en ressentir de la ioye: mais la suite me fit voir que c'estoit de l'arrivée du Pere recteur que nostre Seigneur entendoit parler: car il ne fut pas plustost venu que cette peine cessa, sans que ie l'aye iamais eüe depuis, parce que cet excellent Religieux se trouva si éloigné de vouloir tenir le Pere ministre mon confesseur dans une telle contrainte, qu'il luy dit, que n'y ayant rien à craindre il devoit me consoler, & au lieu de me conduire d'une maniere si dure laisser agir l'esprit de Dieu dans ces transports si violens qu'il sembloit quelquefois que mon ame pouvoit à peine respirer.

Ce Pere recteur me vint voir: mon confesseur m'ordonna de luy ouvrir entierement mon cœur, & i'avois une incroyable répugnance à parler des ces choses surnaturelles: mais en entrant dans le confessionnal ie sentis dans moy ie ne sçay quoy que ie ne me souviens point d'avoir iamais eu auparavant ni depuis pour nulle autre personne. Ie ne sçaurois representer ni faire comprendre par aucune comparaison de quelle sorte cela se passoit: tout ce que i'en puis dire est, que ce fut une joye spirituelle & une certaine connoissance que j'eus que cette personne m'entendroit, & que mon esprit avoit du rapport avec le sien, sans que i'en sçûsse neanmoins la raison, ni que je luy eusse iamais parlé, ni que l'on m'eust parlé fort avantageusement de luy, ni que je le connusse en aucune sorte. Il a bien paru depuis que ie ne me trompois pas; sa communication m'ayant esté tres utile, parce que sa conduite est si propre aux ames desia avancées dans le service de Dieu, qu'au lieu de les faire seulement marcher pas à pas, il les fait courir; sa divine Maiesté luy ayant accordé entre autres dons un talent tres-particulier pour les porter à un veritable détachement & à la mortification. Ie n'eus pas plustost commencé de traiter avec luy que ie compris sa maniere d'agir, & connus que c'estoit une ame pure, sainte, & qui avoit receu le don du discernement des esprits. Il me consola beaucoup, & peu de temps aprés que i'eus communiqué avec luy Dieu recommença à me presser de reprendre la poursuite de la fondation du monastere, & d'en dire les raisons à ce bon Pere & à mon confesseur avec tant de force qu'encore qu'il y en eust quelques-unes qui donnassent suiet de craindre, ils ne me détournassent point de ce dessein. Cela n'estoit pas si necessaire pour le pere Recteur, parce que considerant attentivement tout ce qui s'estoit passé il ne pouvoit douter que ce dessein ne vinst de Dieu.

Enfin aprés avoir bien déliberé ils n'oserent ni l'un ni l'autre me divertir de poursuivre mon entreprise, & mon confesseur me permit de m'y employer de tout mon pouvoir: mais ce pouvoir estoit si petit, & j'estois si peu secondée qu'il auroit falut estre bien aveugle pour ne pas voir les peines que j'y rencontrerois. Nous resolûmes de tenir la chose extrêmement secrete, & je fis ensuite qu'vne de mes sœurs qui ne demeuroit pas dans la ville acheta & fit accommoder la maison avec l'argent qu'il plut à Dieu de nous faire trouver par des moyens qui seroient trop longs à rapporter. Mais quelle peine ne me donnoit point le desir que i'avois d'un costé de ne rien faire de contraire à l'obeïssance, & la connoissance que i'avois de l'autre de ne pouvoir en parler à mes superieurs sans mettre l'affaire en plus mauvais estat qu'elle n'avoit encore esté, & mesme la ruiner entierement?

Ainsi j'eus des peines incroyables à trouver cet argent, à traiter du prix de la maison, & à la faire accommoder, parce que personne ne me soulageoit dans la pluspart de ces embarras quoy que ma compagne fist tout ce qu'elle pouvoit, mais ce qu'elle pouvoit estoit comme rien. Elle prestoit seulement son nom & son entremise: tout le faix de l'affaire tomboit sur moy, & je ne comprens pas comment il me fut possible d'en sortir. Ie me trouvois quelquefois si accablée ,, que ie disois à Dieu: Seigneur, pourquoy me commandez-vous des ,, choses qui paroissent impossibles! Que si n'estant qu'une femme, au ,, moins j'estois libre: mais je suis liée en tant de manieres, & sans ar- ,, gent, ni sans sçavoir où en prendre ni pour les bulles, ni pour tout le ,, reste. Que puis-je donc faire mon Sauveur?

Vn jour estant dans une telle necessité que je n'avois plus le moyen de rien donner aux ouvriers & ne sçavois plus que faire, saint Ioseph mon veritable Patron & protecteur m'apparut, & me dit de ne point craindre de faire marché avec eux, & que i'aurois dequoy les payer. Ainsi i'arrestay le marché encore que ie n'eusse pas un sou pour y satisfaire & nostre Seigneur y pourveut d'une maniere qui étonna ceux qui le sçûrent.

La maison me paroissoit trop petite, comme en effet elle l'estoit tellement que je ne voyois pas que l'on pust y trouver la place d'une Eglise. I'aurois bien voulu en acheter une autre aussi fort petite qui la joignoit; mais l'argent me manquoit. Lors qu'après avoir communié j'estois dans cette peine Dieu me dit: *Ne vous ay-je pas desia dit d'entrer comme vous pourrez?* & il ajousta par une maniere d'exclamation: *O délicatesse des creatures! combien de fois ay-ie couché à découvert manque de sçavoir où me retirer?* Ie demeuray épouvantée, connus ma faute, m'en allay à la maison, y marquay la place d'un Eglise quoy que tres-petite, & sans plus penser à acheter une autre maison je fis

CHAPITRE XXXIII.

travailler grossierement à celle-là, me contentant que l'on y pust vivre & qu'elle ne fust pas mal-saine; ce qui est une chose à quoy l'on doit tousiours prendre garde.

Le jour de sainte Claire lors que i'allois communier elle m'apparut toute éclatante de beauté me dit de prendre courage pour achever ce que i'avois commencé, & qu'elle m'assisteroit. Ie conçus une grande devotion pour elle; & ses promesses ont esté suivies des effets: car un monastere de son ordre qui est proche du nostre nous aide à vivre, & ce qui est encore beaucoup plus important, elle a peu à peu tant contribué à l'accomplissement de mon desir, que l'on pratique dans cette maison la pauvreté que l'on observe dans les siennes. Nous ne vivons que d'aumônes, & ie n'ay pas eu peu de peine à faire confirmer cela de telle sorte par l'autorité du Pape, que l'on ne puisse jamais y apporter de changement & nous donner du revenu. Nous devons mesme peut estre aux prieres de cette grande Sainte la grace que Dieu nous fait de pourvoir suffisamment à nos besoins sans que nous demandions rien à personne. Qu'il soit beny à iamais.

Estant en ce mesme temps en priere le jour de l'Assomption de la sainte Vierge dans un monastere de saint Dominique où i'avois fait autrefois une confession generale; ie me representay tous mes pechez, & entray aussi tost dans un si grand ravissement que ie me trouvay presque hors de moy mesme: ie m'assis, & ne pûs ce me semble entendre la messe, ni voir lever la sainte Hostie: ce qui me donna depuis du scrupule. Lors que i'estois en cet estat il me sembla que l'on me revestoit d'une robe tres-blanche & tres éclatante, sans que ie sçusse d'abord qui me la mettoit. Mais je vis après la sainte Vierge à mon costé droit, & S. Ioseph à mon costé gauche, & l'on me fit entendre que i'estois purifiée de mes pechez.

Après m'estre veuë avec tant de ioye & de gloire revestuë de cette robe, il me sembla que la tres-Ste. Vierge me prit par la main: me dit qu'elle estoit tres satisfaite de la devotion que i'avois pour S. Ioseph; que ie ne doutasse point de l'établissement de mon monastere: que Dieu elle, & S. Ioseph y seroit tres-bien servy & sans interruptiō; mais que l'obeissance me feroit souffrir quelque peine; que ie ne craignisse rien neanmoins puis qu'elle & saint Ioseph nous protegeroient, & que son Fils avoit promis de ne nous point abandonner. Que pour marque de la verité de ses promesses elle m'en donnoit ce gage, & il me sembla qu'en achevant ces paroles elle me mit au cou une chaisne d'or à laquelle une croix de tres-grande valeur estoit attachée. Cet or & ces pierreries surpassoient infiniment en beauté tout ce que l'on voit icy bas & que l'on sçauroit s'imaginer; & la blancheur de la robe estoit si merveilleuse que celle qui paroist dans le monde l'estre le plus, luy estant comparée ne passeroit que pour de la suye,

Ie ne pûs distinguer particulierement les traits du visage de la sainte Vierge, & vis seulemēt en general qu'il estoit d'une incroyable beauté. Elle estoit aussi vestuë de blanc, dont l'éclat quelque extraordinaire qu'il fust réjoüissoit la veuë au lieu d'éblouïr. Ie ne vis pas si clairement saint Ioseph, & connus seulement qu'il y estoit en la maniere que i'ay dit ailleurs que l'on connoist les choses dans les visions qui ne nous les representent pas visibles. Il me parut dans cette tres sainte Mere de Dieu une fort grande ieunesse: & n'ayant de ma vie ressenti une telle ioye que pendant le peu de temps que ie demeuray avec elle i'aurois voulu ne m'en separer iamais. Il me sembla que ie la vis & saint Ioseph avec elle remonter au ciel accompagnez d'une grande multitude d'Anges, & me trouvay par leur absence dans une extrême solitude; mais si consolée, si attendrie, si détachée de tout, & si recueillie en oraison que ie demeuray durant quelques momés comme hors de moy sans pouvoir parler ni me mouvoir. Ie brûlois de desir de m'aneantir pour me consacrer entierement à Dieu, & cette vision produisit de tels effets dans mon ame que ie ne pûs douter qu'elle ne vinst de luy quelques efforts que ie fisse pour ne m'en tenir pas assurée.

Ie receus beaucoup de consolation de ce que cette Reine des Anges me dit touchant l'obeïssance, parce que ce m'estoit une grande peine de ne la pouvoir rendre à mon Ordre dans cette nouvelle fondation, à cause que Dieu me l'avoit défendu, m'en avoit fait entendre les raisons, & m'avoit ordonné d'envoyer à Rome par une certaine voye avec assurance que nous en recevrions une réponse favorable: ce qui réüssit en la maniere qu'il luy avoit plû de me le dire.

Il estoit aussi besoin comme on le verra par les suites de la permission de l'Evesque, & ie ne le connoissois point ni ne sçavois dans quelle disposition il estoit: mais Dieu luy inspira tant de bonté & d'affection pour cette maison, qu'elle en a senty les effets dans le besoin qu'elle a eu de son assistance & de sa protection pour la mettre en l'estat où elle est malgré tant de traverses qu'elle à éprouvées. Qu'il soit beny à iamais d'avoir si heureusement conduit toutes choses. Ainsi soit-il.

CHAPITRE XXXIV.

Vne Dame de grande qualité estant demeurée veuve obtint du Pere Provincial que la Sainte l'iroit trouver pour la consoler dans son extrême affliction. Reflexions de la Sainte pour faire voir combien les Grands sont à plaindre. Dieu se sert d'elle pour porter un Religieux à une éminente vertu, & la rassure dans son doute si elle estoit en grace. Excellens avis pour les Directeurs. Dieu par le moyen de la Sainte prépare une de ses sœurs à bien mourir.

I'Avois un extrême soin de tenir l'affaire secrete ; mais il fut impossible d'empescher que quelques personnes n'en eussent connoissance: les unes croyoient, & les autres non: & i'apprehendois extrêmement que nostre Provincial ne la sceust, parce que s'il m'eust défendu d'y penser davantage i'aurois tout abandonné. Voicy de quelle sorte nostre Seigneur y pourveut. A vingt lieuës du lieu où i'estois une Dame de grande qualité perdit son mary, & son extrême affliction la reduisit en tel estat que l'on craignoit pour sa vie. On luy parla de cette miserable pecheresse, & Dieu permit qu'on luy dist du bien de moy pour en tirer le bien que l'on verra dans la suite. Sçachant que la closture du monastere où i'estois n'estoit pas si étroite que l'on n'en sortist quelquefois, elle eut un tél desir de me voir & de me faire pour cela venir chez elle, dans l'esperāce d'en recevoir quelque consolation, qu'elle en écrivit à nôtre Provincial qui estoit extrêmement de ses amis & étoit alors fort éloigné d'elle. Il m'envoya aussi-tost une obedience pour l'aller trouver avec une Religieuse de mes compagnes. Ie receus cet ordre la vieille de Noël, & connoissant ma misere i'eus tant de peine de voir que l'on eust si bonne opinion de moy que cela passa iusques à m'inquieter. Ie me recommanday beaucoup à Dieu, & tombay dans un grand ravissement qui continua presque durant toutes les matines. Dieu me dit alors : *De partir sans écouter les raisons que l'on me representeroit pour m'en détourner ; qu'encore que i'eusse à souffrir dans ce voyage, ces souffrances tourneroient à sa gloire, & qu'il estoit besoin pour l'affaire du monastere que ie fusse absente iusques à la reception du bref, parce que le demon se preparoit à faire ioüer de grands ressorts lors que le Provincial seroit venu ; mais que ie ne craignisse rien; qu'il m'assisteroit.* Ie demeuray fort encouragée & fort consolée, & rendis compte de tout au pere Recteur. Il me dit que ie ne devois pas manquer d'aller : & d'autres me disoient au contraire que ie m'en gardasse bien; que c'estoit une invention du demon pour me nuire, & que ce que i'avois à faire estoit d'écrire au Pere Provincial.

Dans cette contrarieté d'avis ie suivis celuy du pere Recteur qui estoit conforme à ce que Dieu m'avoit fait entendre dans l'oraison, & partis sans crainte: mais avec une tres-grande confusion de ce que l'on estoit si trompé dans la bonne opinion que l'on avoit de moy, & ie priois extrêmement Dieu de m'assister. Ce qu'il y avoit au lieu où i'allois une maison de Religieux de la compagnie de Iesus me consoloit fort, parce qu'il me sembloit qu'en continuant de me soûmettre à leur conduite ie pourrois estre en quelque assurance.

Dieu me fit la grace que cette Dame receut tant de consolation de me voir, qu'elle commença aussi-tost à se porter beaucoup mieux. On en fut surpris à cause que son affliction l'avoit reduite en un estat deplorable: & Dieu accorda sans doute ce changement aux prieres que faisoiét pour moy plusieurs personnes de pieté que ie cónoissois.

Cette Dame vivoit dans une telle crainte de Dieu, & avoit tant d'excellentes qualitez que sa vertu suppleoit á mes defauts. Elle conçût une grande affection pour moy, & sa bonté m'en donnoit beaucoup pour elle: mais la maniere trop avantageuse dont elle me traitoit m'estoit une croix si pesante & m'obligeoit à veiller de telle sorte sur moy-mesme, que ie me tenois tousiours sur mes gardes. Dieu de son costé prenoit soin de moy: il me fit de tres grandes graces, & me mit dans une liberté d'esprit qui me donnoit un tel mépris de toutes choses, que plus elles paroissoient élevées, moins elles me sembloient dignes d'estime. Ainsi quoy que ces Dames avec qui je conversois fussent de si grande condition que i'aurois pû tenir à honneur de les servir, ie vivois avec elles comme si elles eussent esté mes égales, & ie ne dissimulois point à celle chez qui i'estois cóbien ie m'estimois heureuse d'estre dans ce sentiment. Mais lors que ie considerois que bien qu'elle fust fort vertueuse elle ne laissoit pas d'estre sujette aussi bien que moy à ses passions & à ses foiblesses, ie tenois encore moins de compte de cette grandeur qui engage à des peines & des soins d'autant plus grands que plus elle est élevée, afin de ne rien faire que de conforme à sa condition, & tient ainsi ces personnes dans une contrainte qui va iusques à ne leur permettre pas de manger aux heures qu'ils voudroient, ni ce qu'ils voudroient, parce qu'il faut que leur inclinations cedent à ce que demande leur qualité.

I'avoüe que cela me donna une grande aversion de ces hautes fortunes dont le monde est idolâtre: & quels desordres n'y a-t-il point dans ces maisons? Cette Dame estoit de l'une des principales de tout le royaume, & si humble & si sincere que tres peu sans doute luy ressemblent. Ie ne pouvois neanmoins & ne puis encore voir sans compassion en combien de rencontres elle agit contre son humeur pour soustenir la dignité de son rang. Quant à ses officiers & ses domestiques, quoy qu'ils ne soient pas méchans quelle confiance y peut-on prendre?

CHAPITRE XXXIV.

prendre ? elle ne sçauroit parler à l'un plus qu'aux autres, & luy témoigner de l'affection, sans attirer contre luy l'envie & la haine de tous les autres;& cette contrainte est l'une des choses qui fait autant voir avec combien peu de raison le monde donne le nom de seigneur & de maistre à ces personnes qui sont esclaves en tant de manieres.

Dieu permit que durant le temps que je fus en cette maison ces domestiques dont je parle s'affectionnerent plus qu'auparavant à la servir : mais cela n'empescha pas que je n'eusse assez à souffrir, à cause de la jalousie qu'eurent quelques-uns de l'affection que cette Dame me témoignoit. Ils s'imaginoient peut-estre que je pretendois en tirer de l'avantage ; & Dieu vouloit que j'eusse ces peines & ces dégousts, pour m'empescher de me laisser éblouïr par le bon traitement que l'on me faisoit, afin que mon ame au lieu d'en recevoir du prejudice en profitast comme elle fit par sa grace.

Il arriva alors en ce lieu-là un Religieux de grande consideration que j'avois connu plusieurs années auparavant ; & comme j'entendois la Messe dans un Monastere de son ordre, qui estoit proche de la maison de cette Dame, l'ardeur avec laquelle je souhaitois qu'il fust un grand serviteur de Dieu me fit naistre le desir de sçavoir l'état de son ame. Ainsi estant déja recueillie dans l'oraison, je me levay pour l'aller trouver ; mais considerant ensuite dequoy je me mêlois, je me rassis, & cela m'arriva par trois fois. Enfin mon bon Ange fust le plus fort : je fis appeller ce bon Pere, & il vint me parler dans le confessionnal. Comme il y avoit plusieurs années que nous ne nous estions veus, nous nous demandâmes l'un à l'autre des nouvelles de nos dispositions interieures, & je luy dis que j'avois souffert de grandes peines. Il me pria avec instance de les luy declarer: je luy répondis qu'elles estoient telles,& d'une telle nature,que je ne les luy pouvois dire. Il me repartit que puis que ce Pere Dominiquain dont j'ay parlé les sçavoit, il estoit tant son amy, qu'il s'assuroit qu'il ne les luy cacheroit pas, & qu'ainsi il ne m'en parleroit pas davantage.

Il ne fust pas neanmoins en sc pouvoir de s'empescher de m'en presser encore, ni au mien de le luy refuser. Ainsi au lieu que je ne pouvois auparavant parler de semblables choses sans me faire une grande violence, & en avoir beaucoup de confusion, non seulement cela ne me fit alors aucune peine, mais me consola. Je luy ouvris donc entierement mon cœur sous le sceau de la confession;& quoy que je l'eusse toûjours regardé comme un homme de fort grand esprit, il me parut encore plus habile que je ne l'avois crû, & je ne me pouvois lasser de considerer les services qu'il seroit capable de rendre à l'Eglise, si se donnant entierement à Dieu il ne pensoit plus qu'à bien employer les grands talens qu'il avoit receus de luy. Car il y a déja quelques années qu'aussi-tôt que je conçois de l'estime pour une personne, je souhaite avec tant d'ardeur de la voir se détacher de tout pour ne s'attacher qu'à Dieu, que je suis quelquefois comme hors de moy-même, parce qu'encore que je desire de tout mon cœur que chacun le serve, ma passion pour ces personnes qui me reviennent est si grande, que je ne sçaurois m'empescher de presser, & si cela se peut dire, d'importuner Dieu en leur faveur. C'est ce qui m'arriva à l'égard de ce Religieux. Il me pria de le fort recommander à nostre Seigneur, & cela n'estoit pas necessaire, puis que je n'avois autre chose dans l'esprit. Je m'en allay dans un lieu retiré où j'avois accoûtumé de faire oraison. Là estant fort recueillie, je commençay à prier Dieu en des termes qui auroient pû me faire passer pour une stupide, & il m'arrive souvent quand je suis en cet estat de ne sçavoir ce que je dis, parce que c'est alors l'amour qui parle, & que l'ame se possede si peu, qu'elle est incapable de considerer la difference qu'il y a entre Dieu & elle, à cause que l'affection qu'elle sçait qu'il luy porte fait qu'elle s'oublie elle mesme, qu'elle s'imagine d'estre transformée en luy, & qu'elle luy dit sans discernement tout ce qui luy vient en la pensée. Ainsi il me souvient qu'après avoir demandé à Dieu avec beaucoup de larmes de vouloir rendre ce Religieux entierement attaché à son service, parce que quelque bon que je le crûsse je le souhaitois encore meilleur, je luy dis tout naïvement : Vous ne sçauriez, Seigneur, me refuser cette grace, puis qu'il est digne d'estre du nombre de vos amis.

O infinie bonté de mon Dieu, de souffrir qu'une aussi miserable creature que je suis luy parle avec tant de hardiesse ! Il paroist bien qu'il ne prend pas garde aux paroles, mais qu'il considere seulement les desirs & l'intention d'où elles procedent.

Il me souvient aussi que durant mes prieres de la mesme nuit, je me trouvay tout d'un coup saisie d'une grande tristesse par le doute de sçavoir si j'estois en grace : non que j'eusse la curiosité de l'apprendre ; mais parce que je desirois de mourir pour sortir d'une vie dans laquelle j'ignorois si j'estois morte ou vivante, la mort me paroissant plus douce que d'avoir sujet de craindre d'estre tombée par mes pechez dans la disgrace de Dieu. Lors que j'estois si pressée de cette peine, que toute fondante en larmes je luy demandois de me vouloir preserver d'un tel malheur, j'entendis une voix qui me dit : *Que je devois me consoler, & m'assurer d'estre en grace, puis qu'un si grand amour de Dieu, des faveurs aussi extraordinaires que celles qu'il me faisoit, & des sentimens tels que je les avois, ne s'accordoient pas avec le peché mortel.* Ces paroles me firent esperer avec beaucoup de confiance que Dieu m'accorderoit ma demande, & la mesme voix m'ordonna ensuite de dire certaines choses à cette personne. Cela me mit en grande peine, ainsi que j'en ay toûjours, à me charger de semblables

CHAPITRE XXXIV.

commiſſions, principalement ne ſçachant de quelle ſorte ce Religieux recevroit ce diſcours, & s'il ne ſe mocqueroit point de moy. Enfin ne pouvant reſiſter à ce commandement il me ſemble que ie promis à Dieu que ie l'executerois : mais i'en avois tant de confuſion, qu'au lieu de m'acquitter de vive voix de ce que i'avois à dire, je l'écrivis & donnay le papier à ce Religieux. Les effets firent connoiſtre que cet ordre venoit de Dieu : car ce bon Pere reſolut, quoy que non pas à l'inſtant, de s'employer ſerieuſement à l'oraiſon : & comme Dieu vouloit l'attirer tout-à-fait à luy il ſe ſervoit de moy pour luy dire certaines veritez, qui ſans que ie ſçûſſe à quelle fin elles tendoient eſtoient ſi proportionnées à ſes beſoins & à ce qui eſtoit caché dans les plus ſecrets replis de ſon ame, qu'il en eſtoit épouvanté. Dieu le dipoſoit ſans doute à croire que ces avis venoiët de luy ; & quelque miſerable que ie ſois je le priois avec inſtance de l'attirer entieremët, & en luy dõnant de l'horreur pour tous les biens & les contentemens de cette vie. Que ſa ſouveraine Majeſté ſoit éternellement loüée de luy avoir ſi promptemët accordé cette grace, que ie n'en parle jamais qu'avec tant d'étonnement, qu'à moins que de l'avoir vû il me ſeroit impoſſible de croire qu'il euſt fait en ſi peu de temps un ſi grand progrez: car il eſt tellement occupé de Dieu qu'il paroiſt mort à toutes les choſes de la terre. Ie prie cette ſuprême bonté qui l'a déja tant favoriſé de vouloir continuer à le tenir de ſa main toute puiſſante, puis que s'il s'avance ainſi de plus en plus, comme la grande connoiſſance qu'il a de luy-meſme donne ſuiet de l'eſperer, il ſe ſignalera entre ſes ſerviteurs, & ſe rendra tres-capable de ſervir les ames par l'experience qu'il a ſi promptement acquiſe des choſes ſpirituelles : ce qui eſt un don de Dieu qu'il accorde à qui il luy plaiſt, & quant il luy plaiſt, ſans avoir égard aux temps ni aux ſervices; quoy qu'ils puiſſent beaucoup y contribuer, arrivant aſſez ſouvent qu'il avance plus un ame en un an dans la contemplation que d'autres en vingt années. Luy ſeul en ſçait la raiſon ; & c'eſt une erreur de croire que le temps nous puiſſe faire comprendre ce qu'il eſt impoſſible de connoiſtre que par l'experience. Ainſi il ne faut point s'étonner ſi pluſieurs ſe trompent lors qu'ils s'imaginent que l'on puiſſe ſans eſtre remply de l'eſprit de Dieu iuger des choſes qui ne ſe font que par ſon eſprit. Ie ne dis pas neanmoins que ceux qui ne ſont pas ſi heureux que d'avoir cet eſprit ne puiſſent conduire ceux qui l'ont, pourveu qu'ils ſoient ſçavans, & que reglant par le jugement & par la raiſon les choſes tant exterieures qu'interieures qui ſont dans le cours ordinaire de la nature, ils ſe conforment à l'Ecriture ſainte dans ce qui regarde les ſurnaturelles. Mais quant au reſte ils ne doivent nullement pretendre de iuger de ce qu'ils n'entendent pas, ni de geſner les ames qui ſont conduites par ce ſuprê-

Ee ii

me directeur dont la science aussi bien que la puissance est infinie.

Ils doivent au lieu de s'en étonner & de considerer cela comme impossible, se souvenir que tout est possible à Dieu, agir par la foy, & prendre sujet de s'humilier de ce qu'il pourra arriver qu'il donnera en cela plus de lumiere à quelque vieille bonne femme que non pas à eux avec toute leur science. C'est le moyen de profiter beaucoup davantage aux ames qu'ils conduisoient & à eux-mesmes que s'ils faisoient les contemplatifs ne l'estant pas. Ie le repete encore : Si ces directeurs n'ont de l'experience & assez d'humilité pour reconnoître qu'ils n'entendent pas ce qu'ils n'entendent point, & qui ne laisse pas pour cela d'estre possible, ils n'avanceront jamais & feront encore moins avancer ceux qu'ils conduisent. Mais pourveu qu'ils soient humbles ils ne doivent point craindre que Dieu permette qu'ils se trompent, & trompent les autres.

Outre la grace que ce bon Religieux dont ie parle a reçeu de Dieu de connoistre plusieurs choses par experience, il y a encore joint tout ce qui se peut acquerir par l'étude, & s'informer de ce qu'il ne sçait pas de ceux qui en ont la pratique. Dieu luy a aussi donné beaucoup de foy: & ainsi il a fait un grand progrés & a profité à quelque ames du nombre desquelles est la mienne. Il semble que Dieu voyant les travaux qui m'étoient preparez & ayant resolu de retirer à luy quelques uns de ceux qui me conduisoient, il a voulu m'en donner d'autres pour m'assister, & ie m'en suis bien trouvée. Il a tellement changé celuy de qui ie parle qu'il n'est plus reconnoissable : car au lieu qu'auparavant il estoit fort infirme, il luy a donné la santé pour le rendre capable de faire penitence, & tant de courage pour entreprendre toutes sortes de bonnes œuvres qu'il paroist manifestement que c'est une vocation extraordinaire. Que sa souveraine Majesté en soit loüée à jamais. Il semble que ce bon-heur luy est venu des graces qu'il a reçeus dans l'oraison: car il n'est point superficiel; mais on en voit des effets en ce qu'il connoist quel est l'avantage de souffrir des persecutions. I'espere de la bonté de nostre Seigneur qu'il fera par luy beaucoup de bien, non seulement à quelques-uns de son ordre, mais à tout l'ordre : on commence déja à s'en appercevoir. I'ay eu sur cela de grandes visions, & Dieu m'a revelé des choses admirables de luy, du Pere Recteur de la compagnie de Iesus, & de deux autres Religieux de l'Ordre de saint Dominique, particulierement d'un, dont il m'a dit des choses importantes que l'on a depuis vû arriver. On a vû aussi la mesme chose touchant ce Religieux dont ie parle maintenant, & ie vay en rapporter un exemple.

Estant un jour avec luy au parloir, ie me sentis embrasée d'un tel amour de Dieu par la connoissance qu'il me donna de celuy dont le cœur de ce bon Religieux brûloit pour luy, que i'estois comme hors

CHAPITRE XXXIV.

de moy-mesme en considerant le pouvoir infiny par lequel cette suprême Maiesté avoit si promptemét élevé un ame à une si haute perfection, & l'humilité auec laquelle cet excellent Religieux écoutoit certaines choses que ie luy disois de l'oraison. Mais en mesme temps ie fus tres-confuse de voir que i'estois si peu humble que d'oser traiter d'un suiet si élevé auec de telles personnes. Ie veux croire que Dieu le pardonnera à mon desir de voir celle dont ie parle s'avancer de plus en plus. Sa conversation m'estoit si utile qu'il me sembloit qu'elle excitoit dans mon cœur une nouvelle ardeur de servir Dieu comme si ie n'eusse fait que commencer. O IESUS mon Sauveur, " quel bien ne sont point capables de faire les ames qui brûlent com- " me ce bon Religieux du feu de vostre divin amour ? Quelle estime " n'en doit-on point avoir, & combien ceux qui sont touchez de ce " mesme amour doivent-ils vous prier de prolonger la vie de ces per- " sonnes si parfaites afin d'en tirer de l'assistance, & s'animer par leur " exemple à s'efforcer de marcher dans la mesme voye ? "

Comme c'est une grande consolation à un malade de voir qu'un autre travaillé du mesme mal connoist par sa propre experience ce qu'il endure: ainsi les ames blessées du trait du divin amour s'entr'excitent à souffrir & à meriter, & se fortifient dans le desir d'exposer & de perdre pour son service mille vies s'il estoit possible. Ces ames ressemblent à des soldats qui ne respirent que la guerre quelques travaux & quelques perils qui s'y rencontrent, parce qu'ils ne peuvent que par ce moyen s'enrichir & faire fortune. Que nous sommes obligez à Dieu lors qu'il luy plaist de nous faire connoistre quel avantage c'est de souffrir pour luy ! Mais on ne peut le bien comprendre qu'aprés avoir tout quitté ; car tandis que l'on demeure attaché à quelque chose, c'est une marque qu'on l'estime : & l'on ne sçauroit l'estimer sans avoir de la peine à la quitter : ce qui est une imperfection qui ruine tout. Celuy-là se doit tenir pour perdu qui suit celuy qui court à la perte: & quelle plus grande perte, quel plus grand aveuglement, & quel plus grand mal-heur peut-il y avoir que d'estimer beaucoup ce qui n'est rien ?

Pour revenir à mon suiet, iamais ioye ne fust plus grande que la mienne de voir que Dieu vouloit me faire connoistre de combien de tresors il avoit enrichy cette ame, & quelle estoit la grace qu'il m'avoit faite de se servir en cela de moy quoy que i'en fusse si indigne. Ie me tenois plus obligée des faveurs que ce bon Religieux recevoit de luy que s'il me les eust faites à moy-même, & ie ne pouvois me lasser de le remercier d'avoir accomply mes souhaits, & exaucé les prieres que ie luy faisois avec tant d'ardeur de vouloir dôner à son Eglise des personnes si capables de luy rendre de grands services. Cette ioye passa iusques à un tel excez, que n'ayant pas la force de

E e iij

la supporter ie sortis comme hors de moy-mesme & me perdis pour me retrouver heureusement. Ie ne fus pas en estat de faire aucunes reflexions, ni d'entendre ces divines paroles que i'avois suiet de croire proceder du saint Esprit: ie tombay dans un si grand ravissement qu'il me fit perdre presque entierement la connoissance: mais il dura peu. JESUS CHRIST m'apparut tout éclatant de maiesté, & me dit: *Qu'il voyoit avec plaisir ce qui se passoit en moy*, & me fit clairement connoistre qu'il se trouvoit toûiours present à de semblables entretiens que ceux que i'avois avec moy-mesme, & que c'estoit luy rendre un grand service que de mettre ainsi son contentement à parler de luy.

Vne autrefois estant fort éloignée de ce bon Religieux ie vis les Anges le porter vers le Ciel avec une grande gloire: cela me fit iuger qu'il s'avançoit de plus en plus dans la vertu: & il estoit vray. Ce grand progrés venoit de ce qu'une personne qui luy estoit extrêmement obligée & à qui il avoit mesme sauvé l'honneur, ayant porté de luy un faux témoignage qui n'alloit à rien moins qu'à luy faire perdre sa reputation, il souffrit cette calomnie non seulement avec patience; mais avec ioye, supporta de la mesme sorte d'autres persecutions, & fit plusieurs choses utiles au service de Dieu. Ie pourrois les rapporter si ie ne croyois que ce peu suffit. Or comme vostre Reverence ne les ignore pas, ie vous laisse à iuger, mon Pere, s'il est à propos pour la gloire de Dieu que ie les écrive.

Tout ce que i'ay dit & que ie diray dans la suite m'avoir esté predit touchant cette maison & d'autres suiets a esté accomply. Nostre Seigneur me disoit les uns trois ans auparavant, & d'autres plûtost ou plus tard. Ie les rapportois tous à mon confesseur, & à cette veuve mon amie à qui l'on m'avoit permis d'en parler. I'ay sçeu depuis qu'elle les disoit à d'autres personnes qui sont encore vivantes, & qui en peuvent rendre témoignage. Dieu me gardera, s'il luy plaist, de iamais rien avancer que de veritable iusques dans les moindres choses; & à plus forte raison dans celles qui sont si importantes.

Vn de mes beaux freres estant mort subitement i'en fus tres-affligée, parce qu'il ne s'estoit point confessé: & il me fut dit dans l'oraison que ma sœur devoit mourir d'une mort semblable i'allasse la trouver pour la disposer à ce terrible passage. Ie le dis à mon confesseur & il ne me le voulut pas permettre: mais le mesme commandement m'ayant esté fait une seconde fois, il ne s'y opposa plus. I'allay donc la trouver: & sans luy rien dire du suiet de mon voyage ie luy donnay toutes les lumieres que ie pus, & la disposay à se confesser souvent & à veiller avec grand soin sur elle-mesme. Elle estoit fort vertueuse: & aprés avoir durant quatre ou cinq mois vescu de la sorte elle mourut sans que personne s'en apperceust, & sans avoir pû se confesser; mais il n'y avoit que huit jours qu'elle l'avoit fait, ce qui me donna une grande consolation, & elle demeura peu dans le Purgatoire. Car il n'y avoit pas ce me semble plus de huit jours qu'elle estoit morte, lors que venant de communier nostre Seigneur m'apparut, & voulut que je visse son ame qu'il tiroit à luy dans le Ciel pour la rendre participante de sa gloire. Ce qu'il m'avoit dit tant d'années auparavant sur son sujet, ne partant jamais de mon esprit ni de celuy de ma compagne à qui je l'avois dit, elle n'eut pas plûtost appris la nouvelle de cette mort de ma sœur, qu'elle me vint trouver toute épouventée d'en voir la prédiction si ponctuellement accomplie. Que Dieu soit loué à jamais de daigner prendre tant de soin d'empescher la perte des ames.

CHAPITRE XXXV.

Une Religieuse d'une tres-grande pieté qui avoit un semblable dessein que la Sainte pour fonder un Monastere vient la trouver. Elles conferent ensemble, & la Sainte entre ensuite dans la pensée de n'avoir point de revenu. Le Saint Pere Pierre d'Alcantara la fortifie dans cette resolution. La Sainte retourne tres-à propos dans le Monastere de l'Incarnation, & elle parle par occasion de la vertu des Religieuses qu'elle reçeut depuis dans celuy qu'elle fonda.

LORS que j'estois encore dans la maison de cette Dame où je demeuray plus de six mois, Dieu permit qu'une Religieuse de nostre Ordre qui étoit du nombre de celles à qui leur vertu fait donner le nom de beates, entendit parler de moy. Nous étions éloignées l'une de l'autre de plus de soixante & dix lieuës, & Dieu luy ayant inspiré en la même année, & au même mois, qu'à moy d'établir aussi un Monastere de nostre Ordre; & la tres-sainte Vierge qui luy estoit apparuë le luy ayant ordonné, elle vendit tout ce qu'elle avoit, s'en alla pieds nuds à Rome pour en obtenir les expeditions, & voulut bien à son retour se détourner de quelques lieuës pour me venir voir. C'estoit une personne de grande penitence, de grande oraison, & à qui N. Seigneur faisoit des graces qui luy donnoient de si grands avantages sur moy, que j'avois honte de paroître devant elle. Elle me montra les expeditions qu'elle avoit obtenuës, & durât quinze jours que nous fusmes ensemble, nous traitâmes de la maniere dont nous devions nous conduire pour la fondation de nos Monasteres. Je ne sçavois point encore qu'avant le relâchement de nostre regle, elle ne nous permettoit pas d'avoir rien en propre; & mon intention estoit d'établir une maison avec du revenu, afin d'éviter le soin de procurer le necessaire, ne considerant pas ceux que ce revenu apporte. Ce n'est pas que je n'eusse lû & relû nos constitutions, mais je n'y avois point remarqué ce que Dieu avoit fait connoître sur cela à cette bienheureuse femme, quoy qu'elle ne sçût pas lire. Elle ne m'en eut pas plûtôt parlé que j'entray dans son sentiment, & ma seule crainte estoit que l'on ne me permist pas de fonder cette maison sans revenu ; que l'on traitast cela de folie, & qu'ainsi on empeschast l'execution d'un dessein qui pouvoit estre utile à tant d'ames. Car pour mon particulier ce m'auroit esté une grande joye de pratiquer le conseil de Jesus-Christ qui m'avoit donné un grand amour pour la pauvreté.

Je mettois donc si peu en doute que ce ne fust le meilleur de n'avoir point de revenu, que j'aurois mesme desiré qu'il m'eust esté permis de demander l'aumône pour l'amour de Dieu, & de n'avoir ni maison ni chose quelconque; mais j'apprehendois que Dieu ne mettant pas mes compagnes dans une semblable disposition, elles eussent de la peine à l'approuver, & que ce ne leur fust un sujet de distraction, parce que j'en avois remarqué beaucoup dans quelques Monasteres pauvres : mais je ne considerois pas que ce n'est pas la pauvreté qui cause la distraction, puis que cette distraction ne rend pas les maisons plus riches, & que Dieu ne manque jamais de pourvoir aux besoins de ceux qui le servent. Ainsi il paroist que ma foy estoit chancelante, & qu'au contraire celle de cette servante de Dieu estoit tres-ferme.

Je fis de grandes consultations sur ce sujet, sans que ni mon confesseur ni les personnes sçavantes & habiles avec qui j'en communiquois entrassent dans mon sentiment. Ils m'alleguoient tant de raisons, au contraire que je ne sçavois que leur dire, & ne pouvois toutefois me resoudre d'avoir du revenu, parce que je n'ignorois pas qu'il y a plus de perfection à n'en avoir point, & ce que porte nostre regle. Je me trouvois neanmoins quelquefois persuadée de leurs raisons ; mais retournant à l'oraison, & considerant Jesus-Christ attaché nud à la Croix, je ne pouvois souffrir d'estre riche, & je luy demandois avec larmes de faire reüssir les choses de telle sorte, que je fusse pauvre avec luy : Car je trouvois tant d'inconveniens d'avoir du bien, & tant de sujets de distraction & d'inquietude, que je disputois continuellement sur cela avec des personnes habiles.

J'en écrivis à ce Religieux Dominiquain qui nous assistoit. Il me manda qu'il avoit beaucoup étudié cette matiere, & m'envoya deux feüilles de papier pleines de raisons de Theologie pour me détourner de ce dessein. Je luy répondis que je ne pretendois point de chercher dans la Theologie des raisons pour me dispenser de vivre selon ma vocation, & d'accomplir le plus parfaitement que je pourrois le vœu de pauvreté que j'avois fait pour suivre les conseils de Jesus-Christ. Qu'ainsi je le priois de me pardonner, si en cela je ne suivois pas ses lumieres.

CHAPITRE XXXV.

On peut juger par ce que je viens de dire quelle ioye ce m'estoit de rencontrer quelqu'un qui entroit dans mon sentiment. Cette Dame avec qui i'estois m'y fortifioit: mais d'autres aprés avoir aussi approuvé mon dessein me disoient que l'ayant bien consideré depuis ils y trouvoient tant d'inconveniens qu'ils n'en estoient plus d'avis : à quoy ie répondois que puis qu'ils en changeoient si facilement je me tenois au premier.

Le saint Pere Pierre d'Alcantara vint alors à ma priere me voir chez cette Dame & comme l'amour de la pauvreté qu'il avoit si religieusement pratiquée durant tant d'années luy en faisoit connoistre le prix il n'approuva pas seulement mon dessein, mais m'ordonna de travailler de tout mon pouvoir à le faire reüssir. Ainsi sçachant que nul autre n'estoit si capable que luy de me conseiller & de m'assister dans une chose dont il estoit instruit par une si longue experience, ie me resolus de m'en tenir là sans plus consulter personne.

Recommandant beaucoup un iour cette affaire à Nostre Seigneur il me dit : *De ne pas manquer d'embrasser la pauvreté : Que c'estoit la volonté de son Pere & la sienne, & qu'il m'assisteroit.* Ces paroles me furent dites dans un si grand ravissement & produisirent en moy de tels effets, que ie ne pûs douter qu'elles ne vinssent de luy.

Vne autre fois il me dit : *Que le revenu causoit la confusion,* & aiouta d'autres choses semblables en faveur de la pauvreté, m'assurant que ceux qui le serviroient ne manqueroient point du necessaire : & c'est aussi ce que ie n'ay iamais apprehendé.

Dieu changea ensuite le cœur du pere Presenté, ce Religieux Dominiquain que ie viens de dire qui m'avoit écrit de ne me point engager à faire une fondation sans revenu. Cette lettre me trouva dans la consolation que i'avois déja de voir que Dieu me fortifioit dans mon dessein ; & la resolution de vivre d'aumônes pour l'amour de luy me paroissoit une plus grande richesse que de posseder tous les tresors de la terre.

En ce mesme temps nostre Provincial revoqua l'obedience qu'il m'avoit donnée pour aller trouver cette Dame, & laissa neanmoins à mon choix de partir aussi-tost, ou de demeurer encore quelque temps avec elle. On devoit alors faire l'élection d'une Superieure de nostre monastere, & l'on donna avis que plusieurs des sœurs avoient jetté les yeux sur moy. La seule pensée de ce dessein m'affligea de telle sorte, qu'encore qu'il n'y eust point de martyre que ie ne fusse preste de souffrir avec ioye pour l'amour de Dieu, ie ne pouvois me resoudre de m'exposer à celuy-là, parce qu'outre la peine de conduire ce grand nombre de Religieuses qu'il y avoit dans cette maison, & tant d'autres difficultez iointes à mon aversion pour les charges qui me les avoit toûjours fait refuser, i'y trouvois beaucoup de peril pour

Ff

ma conscience. Ainsi ie remerciay Dieu de ce que ie me rencontrois absente dans le temps de cette élection, & écriuis à mes amies pour les prier de ne me point donner leur voix.

Lors que i'estois ainsi dans la ioye de me trouver éloignée quand une telle action se passeroit, nostre Seigneur me dit : *De ne manquer pas de partir : Que puis que ie desirois des croix i'y en trouverois une bien pesante ; mais que ie prisse courage ; qu'il m'assisteroit, & que ie ne tardasse pas davantage.* Ce commandement me mit dans une grande tristesse & ie ne faisois que pleurer; parce que ie croyois que cette croix qui m'estoit preparée estoit la charge de Prieure, & que ie ne pouvois, comme ie l'ay dit me persuader qu'elle fust utile à mon salut, n'ayant pas les qualitez necessaires pour m'en bien acquitter. I'en parlay à mon Confesseur, & il m'ordonna de partir promptement, disant qu'il estoit évident que ie ne pouvois mieux faire: que neanmoins à cause de l'extrême chaleur il suffiroit que ie me rendisse à mon monastere lors de l'élection, & qu'ainsi ie pourrois differer encore quelques iours de peur de demeurer malade en chemin. Mais Dieu qui en avoit ordonné autrement ne me permit pas de tarder davantage. Ie me trouvay si inquietée que ie ne pouvois plus m'appliquer à l'oraison. Il me sembloit que ie desobeïssois à Dieu en ne faisant pas ce qu'il m'avoit commandé; que ie fuyois le travail pour demeurer toûjours à mon aise en un lieu où l'on me traitoit trop bien, & que toutes ces protestations que ie faisois à Dieu d'estre toûjours preste à donner ma vie pour son service n'estoient que des paroles sans effet, puis que ie refusois de faire ce qui luy estoit le plus agreable & que i'estois obligée d'executer quand il m'en devroit coûter la vie. Dieu m'ayant donc privée de toutes les consolations que ie ressentois auparavant dans l'oraison, ie tombay dans une telle tristesse & un tel serrement de cœur, que ne pouvant plus souffrir un si grand tourment, & mon confesseur qui me voyoit en cet estat, & que Dieu avoit touché comme moy, m'ayant permis de m'en aller, ie suppliay cette Dame de l'avoir agreable. La douleur qu'elle en eut luy fut si sensible que ce me fut encore un autre tourment; & il est vray qu'elle n'avoit obtenu de nostre Provincial qu'avec beaucoup de peine & de tres-grandes instances la permission de m'avoir auprés d'elle.

La voyant si extrêmement touchée i'apprehendois qu'elle ne pust se resoudre à m'accorder ma priere; mais comme elle craignoit beaucoup Dieu, lors que ie luy eus dit entre autres choses qu'il y alloit de son service, & luy eus donné quelque esperance de la revenir voir, elle se rendit enfin, quoy qu'avec beaucoup de peine. Pour moy ie n'en avois point, parce que la ioye de faire une chose agreable à Dieu estoit plus forte que mon déplaisir de quitter cette Dame si affligée de mon éloignement, & d'autres personnes à qui ie devois

CHAPITRE XXXV.

beaucoup, particulierement mon confesseur qui estoit un Religieux de la Compagnie de Iesus dont je me trouvois fort bien; & plus je me voyois perdre de consolations pour l'amour de Dieu, plus mon contentement augmentoit, & je ne pouvois comprendre comment il estoit possible que je ressentisse ainsi en mesme temps deux mouvemens aussi contraires que sont la joye & la douleur, & que l'une fust le sujet de l'autre. On ne passa jamais d'un plus grand repos à de plus grandes peines; car au lieu que j'estois chez cette Dame dans toute la tranquillité, & avec toutes les consolatiōs que je pouvois desirer, & que riē ne m'empeschoit d'employer plusieurs heures à l'oraison, je voyois que je m'allois jetter comme dans un feu, puis que Dieu m'avoit prédit que je trouverois de grandes croix, quoy que je ne me les fusse jamais imaginées si pesantes. Ie partis neanmoins contente, & brûlois d'impatience d'entrer dans ce combat où Dieu m'engageoit, parce qu'il soûtenoit ma foiblesse & relevoit mon courage.

Ne pouvant, comme je l'ay dit, comprendre comment cela se pouvoit faire, cette comparaison me vint en l'esprit. Si j'avois un diamant de grand prix, & que j'aimasse extrêmement, & qu'une personne qui me seroit plus chere que moy-mesme en eust envie, le plaisir que j'aurois de le luy donner surpasseroit celuy de le posseder. Ainsi quoy que la separation des personnes qui témoignoient tant de douleur de mon éloignement me fust très-sensible, & que je sois de mon naturel si reconnoissante, que cela m'auroit fort affligée en un autre temps, je n'aurois pû alors quand je l'aurois voulu en avoir aucune peine : & il estoit si important pour l'affaire de cette sainte maison que j'avois dessein d'établir, que je ne differasse pas d'un seul jour à partir, que je ne voy pas comment elle auroit pû se conclure si j'eusse tant soit peu tardé.

O grandeur incomprehensible de mon Dieu ! Ie ne puis considerer sans étonnement l'assistance qu'il luy plût de me donner pour fonder ce petit Monastere, que je ne sçaurois douter qui ne luy soit une demeure agreable, puis que luy-mesme me dit une fois dans l'oraison: *Qui luy estoit un paradis de délices*, & qu'il paroist qu'il y a rassemblé des ames choisies. Elles sont si vertueuses, que je ne puis sans confusion me voir en leur compagnie; & dans le dessein que j'avois de vivre dans une tres-étroite clôture, & une tres-grande pauvreté, & d'employer beaucoup de temps à l'oraison, je n'aurois osé esperer de rencontrer des personnes si parfaites. Elles sont si contentes, qu'elles s'estiment indignes d'estre dans cette petite maison, & particulierement quelques-unes que nostre Seigneur a tirées du milieu des plaisirs & de la vanité du siecle où elles pouvoiēt vivre heureuses à en juger selon ses maximes. Et cet admirable maistre pour les recompenser de s'estre consacrées à son service a augmenté de telle

F f ij

forte la satisfaction dont elles jouïssoient auparavāt, qu'elles voyent clairemēt qu'il les a payées au centuple de ce qu'elles ont abandonné pour l'amour de luy. Quant à celles qui estoient déja dans les exercices de la pieté, il les a changées de bien en mieux. Il augmente le courage aux jeunes, & leur fait connoître qu'à ne considerer même que la vie presente leur bonheur est beaucoup plus grand que si elles n'avoient point renoncé au monde; & pour le regard de celles qui sont déja âgées & infirmes, il leur donne des forces pour pouvoir supporter comme les autres les austeritez de la religion.

„ Seigneur, mon Dieu, qu'il paroist bien que vous estes tout-puis-
„ sant, & qu'il ne faut point raisonner sur les choses que vous voulez,
„ puis que vous les rendez possibles quelque impossibles qu'elles pa-
„ roissoient à en juger selon la nature. Il suffit pour les rendre faciles
„ de vous aimer veritablement, & de tout abandonner pour l'amour de
„ vous. C'est en cela que l'on peut dire que vous feignez qu'il y ait de
„ la peine à accomplir vostre loy; car en verité je n'y en voy point, &
„ ne comprens pas comment on s'imagine que le chemin qui conduit
„ vers vous est étroit. Je trouve au contraire que c'est un chemin royal,
„ & dans lequel ceux qui y marchent courageusement n'ont rien à
„ craindre. Comme les occasions de vous offenser en sont éloignées,
„ on n'y rencontre point de pierres ni d'autres empêchemens qui nous
„ arrêtent. Mais je ne sçaurois considerer que comme un sentier étroit
„ & dangereux, cet autre chemin qui est de tous côtez environné de
„ precipices, dans lesquels on ne peut éviter de tomber & de se briser
„ en mille pieces, pour peu que l'on manque de prendre garde où l'on
„ met le pied. Celuy qui se donne à vous sans reserve, ô mon Sauveur,
„ marche en assurance dans ce chemin royal: S'il fait quelque faux pas,
„ vous luy rendez la main; & une chute, ni mesme plusieurs ne sont
„ pas capables de le perdre s'il vous aime veritablement, & non pas
„ le monde, & s'il conserve toujours l'humilité.

Ainsi j'avoüe ne pouvoir comprendre ce qu'apprehendent ceux qui marchent dans le chemin de la perfection; & je prie Dieu de tout mon cœur, de leur faire connoître combien cette voye est asseurée, & quels sont au contraire les perils qui se rencontrent dans celle du monde. Pourveu que nous tournions incessamment les yeux vers ce Soleil de justice, nous n'aurons point sujet de craindre que la nuit & les tenebres nous surprennent: Il ne nous abandonnera jamais, & nous ne courons aucune fortune. Les gens du monde n'apprehendent point de s'engager dās le chemin des voluptez, & des honneurs à qui ils donnent le nom de contentemens & de plaisirs, quoy qu'ils soient plus redoutables que les lions ni que les autres animaux les plus farouches; & le diable nous dōne de l'aversion pour des travaux qui en comparaison de ces cruelles bestes, qui en flatant nostre corps déchirent nostre ame, ne peuvent passer que pour des soûris. J'avouë que cela me touche de telle sorte, que je voudrois pouvoir verser des ruisseaux de larmes, & pousser des cris jusques aux extrêmitez de la terre, afin de faire connoître à tout le monde la grandeur de cet aveuglement, & l'obliger d'ouvrir les yeux pour profiter de mon exemple, en voyant quelles ont esté en cela ma foiblesse & ma misere. Dieu veüille par sa bonté éclairer les autres, & ne permettre pas, s'il luy plaist, que je retourne dans un aveuglement si déplorable.

CHAPITRE XXXVI.

La Sainte à son retour de chez cette Dame trouve toutes choses disposées pour l'établissement de son nouveau Monastere dans Avila. Elle y entre, & donne l'habit à quelques Religieuses. Violente tentation, par laquelle le demon s'efforce de troubler sa joye. Murmures contre ce nouvel établissement. La Superieure du Monastere de l'Incarnation mande la Sainte: elle y va, & se justifie. La ville d'Avila intente un procés contre la Sainte sur ce sujet, & s'en desiste peu à peu. JESUS-CHIST apparoist à la Sainte, & elle crût voir qu'il luy mettoit sur la teste une couronne d'or. La sainte Vierge luy apparoist aussi avec un manteau blanc, dont il luy sembla qu'elle la couvroit & ses Religieuses. Maniere de vivre de ce nouveau Monastere.

AYANT donc pris congé de cette Dame, je me mis en chemin, & tres-preparée à souffrir tout ce qu'il plairoit à Dieu que j'enduraffe. Le soir mesme que j'arrivay arriverent aussi les dépesches de Rome, & le bref pour l'établissement de nostre Monastere. J'en fus épouvantée; & ceux qui apprirent de quelle sorte Dieu m'avoit pressée de venir, ne le furent pas moins de voir combien cela estoit necessaire dans une telle conionêture : Car je trouvay là l'Evêque, le Saint Pere Pierre d'Alcantara, & ce Gentilhomme si grand serviteur de Dieu qui l'avoit logé chez luy, sa maison estât la retraite des personnes de pieté. Ces deux derniers s'employerent auprés de l'Evesque pour obtenir la permission d'établir ce Monastere; & ce Prelat avoit tant d'affection pour ceux qu'il voyoit resolus de servir Dieu qu'il l'accorda, quoy que ce ne fust pas une petite faveur, parce qu'il n'y avoit point de revenu. Ce fut principalement ce saint Religieux qui l'y disposa, & qui porta aussi plusieurs autres à nous assister : Que si, comme je l'ay dit, je ne fusse arrivée dans une telle conjoncture, je ne voy pas comment il eust esté possible que l'affaire se fust achevée: car ce saint Religieux ne demeura pas là plus de huit jours, durant lesquels il fut fort malade, & Dieu le retira à luy aussi-tost aprés. Il semble que sa divine Majesté ait voulu prolonger ses jours jusques à l'accomplissement de nostre dessein, puisqu'il y avoit déja, s'il m'en souvient bien, plus de deux ans qu'il n'avoit plus du tout de santé.

Tout ce que je viens de dire se passa avec grand secret, & il auroit autrement esté impossible de rien faire, tant la ville y estoit opposée, comme la suite le fit voir.

Nostre Seigneur permit qu'un de mes beau-freres tomba alors si malade, sa femme estant absente, que l'on me permit de sortir pour l'aller assister; ainsi on ne sçeut rien de l'affaire, & quelques personnes qui s'en doutoient ne la croyoient pas. C'est une chose admirable, que cette maladie ne dura qu'autant qu'il en fut besoin pour nostre dessein, & qu'il recouvra sa santé dans le moment, qu'il importoit que je le pusse quitter, & que la maison fust libre, cette guerison ayant esté si prompte, que luy-mesme ne pouvoit assez s'en étonner.

Ie n'eus pas peu de peine tant dans l'assistance que je luy rendis, qu'à gagner l'esprit des uns & des autres pour les faire consentir à l'établissement de cette maison, & à presser les ouvriers de la mettre en état d'avoir quelque apparence d'un Monastere. Ma compagne estoit absente, & nous l'avions jugé à propos pour mieux couvrir nostre dessein. Diverses raisons nous obligeoient à nous hâter, dont l'une estoit, que j'avois sujet d'apprehender à toute heure que l'on me commandast de retourner dans mon ancien Monastere. Ainsi je pensois en moy-mesme, si ce n'estoit point là cette croix dont nostre Seigneur m'avoit parlé; mais me l'ayant representée si pesante, elle ne me paroissoit pas l'estre assez pour croire que cela fust.

Tout ayant donc esté conduit si heureusement, le Monastere de nostre glorieux Pere S. Ioseph fut achevé le iour de S. Barthelemy de l'année 1562. On y mit le S. Sacrement avec les ceremonies accoûtumées, & quelques unes prirent l'habit que deux Religieuses de nostre ancien Monastere qui se trouverent par hazard en estre alors sorties pour quelques besoins, m'aiderent à leur donner.

Comme la maison où ce petit Monastere venoit d'estre établi avoit esté achetée sous le nom de mon beau-frere, afin de tenir l'affaire secrete, il y demeuroit auparavant, & j'y avois demeuré aussi, mais avec la permission de mes Superieurs; en quoy ne voulant manquer pour peu que ce fust à l'obeïssance, je ne faisois rien que par l'avis de sçavans Theologiens, qui m'assuroient que la conduite que je tenois estoit pour diverses raisons si avantageuse à tout mon ordre, que je pouvois en conscience garder en cela le secret sans en parler à mes superieurs. & si ces Theologiens m'eussent dit qu'il y eust en cela la moindre imperfection, i'aurois abandonné non seulement ce Monastere, mais mille Monasteres. Car encore que ie desirasse cet establissemét pour estre beaucoup plus retirée, afin de mieux accomplir tous

CHAPITRE XXXVI.

les devoirs de ma profession, & pour vivre dans une closture plus étroite, ie le desirois de telle sorte, que si i'eusse crû que nostre Seigneur eust eu plus agreable que i'abandonnasse ce dessein, ie m'y serois portée avec la mesme facilité & sans m'en inquieter davantage, comme ie l'avois déja fait une autre fois. Mais nulles paroles ne peuvent exprimer quelle fut ma ioye de voir cette petite maison honorée de la presence du tres-saint Sacrement, & la grace que recevoient quatres orphelines grandes servâtes de Dieu d'y estre reçûës sans aucune dot. C'est ce que i'avois dés le commencement souhaité avec ardeur pour établir sur ce fondement l'édifice spirituel d'une grande perfection accompagnée de beaucoup d'oraison, & pour executer ainsi une entreprise que Dieu m'avoit fait connoistre regarder son service, & estre avantageuse à celles qui portoient l'habit de sa glorieuse Mere. Ce m'étoit aussi une grande consolation d'avoir executé ce que nostre Seigneur m'avoit si particulierement recommandé, & fondé dans cette ville une Eglise à mon glorieux pere S. Ioseph qui n'y en avoit point auparavant: non que ie me persuadasse d'y avoir rien contribuë, estant incapable de le croire, parce que ie sçay tres-certainement que s'est toûjours Dieu qui fait tout, & que ie n'agis jamais qu'avec tant d'imperfection: qu'il y a plûtost suiet de blâmer que de loüer ma conduite. Mais ie ne pouvois ne sentir pas une grande ioye de ce qu'encore que ie sois si imparfaite sa divine Maiesté avoit bien voulu se servir de moy pour travailler à une si bonne œuvre; & cette ioye estoit si grande que ie me trouvay dans l'oraison comme hors de moy-mesme.

Trois ou quatre heures aprés ce que ie viens de rapporter le diable me livra un grand combat en la maniere que ie vay dire. Il commença par me mettre devât les yeux le suiet que i'avois de craindre d'avoir manqué à l'obeïssance, en établissant cette maison sans en avoir reçeu l'ordre de mon Provincial que ie ne pouvois douter qui ne fust mécontent de ce que ie l'avois soûmise à l'Ordinaire sans luy en avoir rien dit: en quoy neanmoins ie ne croyois pas avoir tant failly, parce qu'ayant refusé d'approuver cet établissement ie me persuadois qu'il n'en seroit pas fâché. Il me representa ensuite si i'estois assurée que les Religieuses que i'avois reçeuës pourroient supporter une si estroite closture: Si le necessaire ne leur manqueroit point: S'il n'y avoit pas eu de la folie à former un tel dessein sans que rien m'y obligeât, puis que ie n'avois qu'à demeurer dans mon monastere: Si ie prétendois m'enfermer dans une maison si petite & si mal saine: Si ie pourrois soûtenir de si grandes penitences aprés avoir esté dans un monastere si spacieux, si agreable, où i'avois toûsiours esté si contente, & où i'avois tant d'amies: Que l'humeur de celles que i'avois reçeuës dans cette nouvelle maison n'auroit peut-estre point de rapport avec la mienne: Que m'estant engagée à des choses si penibles la difficulté de les accomplir pourroit me ietter dans le desespoir: Que s'estoit peut-estre le demon qui m'avoit poussée à entreprendre ce qui surpassoit mes forces, afin de me faire perdre la paix & le repos dont ie iouïssois auparavant, & me rendre incapable de faire oraison dans un aussi grand trouble que seroit le mien: ce qui causeroit enfin la perte de mon salut.

Tout cela ioint ensemble remplit mon esprit d'affliction & de tenebres: & les ordres que i'avois receus de Dieu, les prieres presque continuelles qu'on luy avoit adressées pour ce suiet, & les consultations que i'avois faites s'effacerent tellement de ma memoire qu'il ne m'en restoit pas la moindre idée. Ie me souvenois seulement des pensées que i'avois euës par moy-mesme: toutes les vertus, & mesme la foy estoient tellement obscurcies & comme suspenduës en moy qu'il ne me restoit aucune force pour me défendre contre tant d'attaques de ce dangereux ennemy, & ie n'osois en parler à personne, parce que ie n'avois point encore de confesseur arresté. Me trouvant reduite en cet estat i'eus recours au tres-saint Sacrement; mais sans le pouvoir prier; une personne qui est à l'agonie n'estant pas dans une plus grande extremité qu'estoit la mienne.

Qu'y a-t-il, mon Dieu de comparable à la misere de cette vie? Nul plaisir n'y est assuré; mais tout y est suiet au changement. Ie me trouvois un peu auparavant si contente que ie n'aurois pas voulu changer mon bon-heur contre toutes les felicitez de la terre; & ce qui faisoit en ce temps-là le suiet de ma ioye me causoit alors un tel tourment que ie ne sçavois que devenir. Que si nous faisions attention à ce qui se passe dans la vie, nous connoistrions par nostre propre experiéce le peu de raison qu'il y a de se réiouïr ou de s'affliger. Ie n'ay iamais sans doute plus souffert que ie fis dans cette rencontre; & il sembloit que ce me fust un presage de tant de travaux qui me restoient encore à endurer, dont nul toutefois n'eust égalé celuy-là s'il eust continué davantage. Mais nostre Seigneur qui n'a iamais manqué de m'assister dans mes peines vint au secours de sa servante; un rayon de sa divine lumiere dissipa les tenebres de mon ame, & me fit connoistre que c'estoit un effet de l'artifice du demon qui vouloit m'épouventer par tant de vaines terreurs; ainsi me souvenant de la ferme resolution que i'avois faite de servir Dieu, & de mon desir de souffrir pour luy, ie consideray que ce n'estoit pas le moyen de les accomplir que de chercher du repos: Que les travaux endurez pour son amour estoient la matiere du merite, & tenoient lieu de Purgatoire? Que puis que ie les desirois ie devois donc croire qu'ils m'étoient avantageux, & ne devois point les apprehender? Que plus le combat estoit grand, plus grande seroit la victoire, & plus ie devois

témoigner

CHAPITRE XXXVI.

témoigner de courage pour le service de celuy à qui j'estois redevable de tant de bien-faits.

Ensuite de ces considerations, & après m'estre fait une grande violence, je promis en presence du tres saint Sacrement de faire tout ce qui seroit en mon pouvoir sans blesser ma conscience pour obtenir la permission de venir dans cette nouvelle maison, & y faire vœu de clôture. A peine avois-je achevé de proferer ces paroles que le demon s'enfuit, & me laissa dans un repos & un contentement qui ont toûjours depuis continué. Tout ce qui se pratique en cette maison de retraite, de penitence, & choses semblables, me paroist si doux, que je ne sçaurois m'imaginer de contentement dans le monde qui soit plus grand que le mien. Je ne sçay s'il est la cause de ce que j'ay plus de santé que je n'en avois auparavant, ou si c'est nostre Seigneur qui me la donne, pour me faire recevoir la consolation de pouvoir, quoy qu'avec peine, supporter les mesmes austeritez que les autres, & toutes les personnes qui sçavent quelles estoient mes infirmitez & mes maladies, ne le sçauroient voir sans estonnement. Beny soit celuy qui est la source de tous les biens, & par la puissance duquel on peut tout.

Je vis donc clairement que le demon avoit esté l'auteur de ce combat que je venois de soustenir, & dont il me restoit une grande lassitude : je me mocquay de ses vains efforts, & crûs que nostre Seigneur luy avoit permis de me tenter de la sorte, ne m'estant de ma vie venu en l'esprit depuis plus de vingt-huit ans qu'il y a que je suis religieuse d'avoir le moindre regret de l'estre : & il a sans doute voulu par là me faire connoître le prix de la grace qu'il m'a faite d'embrasser cette sainte profession, & de me délivrer de tant de tourmens que l'on éprouve dans le monde ; comme aussi, afin que si quelqu'une de mes sœurs tomboit dans une tentation semblable à celle que j'ay éprouvée je ne m'en estonnasse point, mais eusse compassion d'elle, & me trouvasse capable de la consoler. Lors que ce que je viens de rapporter fut passé, je tâchay de me reposer un peu après midy, parce que je n'avois point dormi toute la nuit, & que j'en avois passé d'autres, & des journées entieres dans des travaux qui m'avoient fort fatiguée.

La nouvelle de ce qui estoit arrivé excita une rumeur incroyable dans la Ville & dans mon ancien Monastere. La Prieure me manda de l'aller trouver à l'heure mesme, & je partis aussi-tost, laissant ainsi dans une grande peine ces filles à qui je venois de donner l'habit. Je n'en eus point à juger que de grandes persecutions m'estoient preparées ; mais l'ouvrage que Dieu m'avoit commandé d'entreprendre estant executé, je ne m'en inquietois pas beaucoup. Je fis oraison pour demander à Dieu son assistance, & priay mon pere S. Ioseph de me ramener à la maison d'où l'obeïssance me contraignoit de sortir. Je luy offris ce que j'avois à endurer, & me tenois heureuse de le souffrir pour son service. Ainsi je partis contente dans la creance que l'on me mettroit en prison, & regardois cette punition comme un sujet de joye pour moy, par le plaisir que ce me seroit de ne parler à personne, & de me délasser un peu dans la solitude dont j'avois grand besoin, après la fatigue que ce m'avoit esté de tant converser avec le monde.

Lors que je fus arrivée je rendis compte à la Prieure, & elle s'adoucit un peu : on remit tout l'affaire au jugement du Provincial. Il vint, & je me presentay devant luy avec la joye de penser que je souffrirois quelque chose pour l'amour de Dieu, sans neanmoins l'avoir offensé en cette occasion ni mon ordre. Je desirois au contraire avec tant d'ardeur de procurer de tout mon pouvoir sa perfection & ses avantages, que j'aurois donné de bon cœur ma vie pour ce sujet. Je me representay le jugement prononcé contre JESUS-CHRIST, & trouvay que celuy que l'on vouloit faire de moy estoit moins que rien en comparaison de celuy-là. Je m'accusay comme si j'eusse esté fort coupable, & je paroissois l'estre à ceux qui ne sçavoient pas comment les choses s'estoient passées. Le Provincial me fit une grande reprimande, & non pas telle toutefois que la faute sembloit le meriter, veu les rapports qu'on luy avoit faits. Mais comme j'estois resoluë à tout souffrir, je ne voulus point me justifier. Je luy demanday pardon, penitence, & de n'estre point fâché contre moy.

Je voyois bien qu'en certaines choses on me condamnoit injustement, comme en ce que l'on disoit, que je n'avois formé ce dessein que pour m'élever au dessus des autres, pour faire parler de moy, & autres choses semblables. Mais je ne pouvois douter qu'en d'autres, ils ne dissent la verité lors qu'ils m'accusoient de n'estre pas si bonne que les autres, & me demandoient sur quoy je me fondois, pour croire que m'estant si mal acquittée des observances qui se gardoient en cette maison, je pusse accomplir ailleurs avec beaucoup plus de rigueur tous les devoirs de la religion ; à quoy ils ajoûtoient que j'avois scandalisé toute la ville, & ne pensois qu'à introduire des nouveautez. Ces reproches ne me faisoient aucune peine, & je témoignois neanmoins d'en avoir, afin de ne donner pas sujet de croire que je méprisois ce qu'on me disoit.

Enfin le Pere Provincial me commanda de dire mes raisons en presence de toute la communauté ; & je le fis de telle sorte, & avec une si grande tranquillité d'esprit, parce que nostre Seigneur m'asistoit, que ce Pere, non plus que les Religieuses, ne trouverent point sujet de me condamner. Je luy parlay ensuite encore plus clairement en particulier, & il demeura si satisfait de moy, qu'il me promit que si le trouble que cette affaire avoit excité dans la ville, & qui estoit

CHAPITRE XXXVI.

si grand comme on le verra dans la suite, venoit à cesser, il me permettroit de retourner dans cette nouvelle maison.

Deux ou trois iours aprés le Maire, les Echevins & quelques-uns du Chapitre s'assemblerent & resolurent de ne point souffrir ce nouvel établissement; parce, disoient-ils, qu'il estoit évident qu'il ne pouvoit estre que preiudiciable, & qu'ainsi il faloit ôter le saint Sacrement de cette maison.

On fit ensuite une autre assemblée composée de deux députez des plus capables de chacun de tous les ordres: les uns me condamnoiét, les autres ne disoient mot, & la conclusion fut qu'il faloit remettre la maison en son premier estat. Il n'y eut qu'un Presenté de l'ordre de S. Dominique qui ne trouvant rien à redire à l'établissement du monastere, mais seulement à la pauvreté qu'on y vouloit garder; il remontra que l'affaire meritoit bien d'estre consideréé à loisir; qu'il n'y avoit rien qui pressast si fort; qu'elle regardoit l'Evesque, & choses semblables: ce qui nous fut tres avantageux, parce que leur furie étoit si grande qu'ils auroient sans cela executé à l'heure mesme leur resolution, mais la veritable cause qui les retint fut que Dieu vouloit que cet établissement se fist, & que rien ne peut resister à sa volonté. Ie veux croire qu'ils ne l'offensoient point en cela parce qu'ils estoient sans doute poussez d'un bon zele & croyoient avoir de bônes raisons. Ils me firent beaucoup souffrir & toutes les persónes qui favorisoient mon dessein, dont quelques unes furent extrêmement persecutées.

L'émotion du peuple estoit si grande que l'on ne s'entretenoit d'autre chose: tous me condamnoient & parloient contre moy à nostre Provincial, & à nos meres, Ie m'en réjoüissois au lieu de m'en attrister; mais i'apprehendois beaucoup que l'on ne renversast ce que i'avois fait, & ne pouvois sans douleur voir decrediter & souffrir les personnes qui m'assistoient dans mon dessein. Que si i'avois eu davantage de foy ie ne m'en serois point émuë; mais il suffit de manquer à une vertu pour rendre toutes les autres languissantes & comme endormies. Ie me trouvay donc fort abattuë durant les deux iours que ces assemblées se tinrent: & lors que i'estois dans cette tristesse nôtre Seigneur me dit: *Ne sçavez-vous pas que ie suis tout puissant ? Que craignez vous ?* & il m'assura que l'on ne toucheroit point à la maison. Ainsi ie demeuray tres consolée.

La ville porta ses plaintes au conseil du Roy; & il ordonna que l'on en informeroit. Voilà ensuite un grand procez commencé, & elle envoya des gens à la Cour pour le poursuivre. Nostre monastere devoit aussi y en envoyer; mais nous n'avions point d'argent & ie ne sçavois que faire. Dieu ne nous abandonna pas: car nostre Provincial ne me commanda point de me desister de mon entreprise; parce qu'il est si porté au bien qu'encore qu'il ne nous assistast

Gg ij

pas il ne vouloit point nous traverser, & differa seulement de me permettre de retourner dans la nouvelle maison iusques à ce qu'il eust veu quelle seroit l'issuë de l'affaire.

Cependant ces servantes de Dieu qui estoient demeurées seules dans ce petit monastere faisoient plus par leur oraisons que moy par toutes les peines que ie prenois quelque grandes qu'elles fussent. Il sembloit quelquefois que tout fust perdu & particulierement le jour qui preceda l'arrivée du Provincial, la Prieure m'ayant défendu de me plus mesler de rien; ce qui estoit tout ruiner. I'eus alors recours à Dieu, & luy dis: Seigneur, cette maison n'est pas à moy : on ne l'a faite que pour vous, & personne ne la défend; protegez-là s'il vous plaist. A peine eus-je achevé ces paroles que ie me trouvay dans une aussi grande tranquillité que si i'eusse veu tout le monde ensemble s'employer en ma faveur, & ne douray plus du succez de cette affaire.

Vn Prestre tres-vertueux alla solliciter pour nous à la cour avec une tres-grande affection. D'un autre costé ce saint Gentil homme que i'ay toûjours consideré & considere encore comme mon pere s'y employa avec une bonté incroyable, & souffrit pour ce sujet de grandes persecutions: car Dieu donnoit tant de zele à tous ceux qui nous assistoient qu'ils n'auroient pû faire davantage quand il auroit esté question de leur honneur & de leur vie parce qu'ils estoient persuadez qu'il s'agissoit de son service. Il parut clairement aussi qu'il animoit dans cette affaire cet excellent Ecclesiastique dont i'ay parlé & qui a esté l'un de ceux qui nous a toûjours le plus secouru. L'Evesque l'envoya pour assister de sa part à une grande assemblée qui se tint sur cette affaire : & luy seul se trouva opposé à tous les autres. Aprés de grandes contestations, enfin il les adoucit par quelques propositions qui ne les empescherent pas de poursuivre bien-tost avec autant de chaleur que jamais la ruine de ce nouvel établissement; mais qui servirent au moins à gagner du temps. C'estoit ce serviteur de Dieu qui avoit mis le tres-saint Sacrement dans cette maison, & donné l'habit à ces filles, ce qui luy attira de grandes persecutions, & nous eusmes tant à souffrir durant prés de six mois que ce trouble dura, que ie me rendrois ennuyeuse si j'entreprenois d'en rapporter toutes les particularitez.

Ie ne pouvois assez m'étonner que le demon fist joüer tant de machines, & comment on pouvoit s'imaginer que douze pauvres filles & une Prieure; car il ne pouvoit y en avoir davantage, fussent capables d'apporter un si grand préjudice à la ville puis qu'outre leur petit nombre, leur vie estoit si austere que s'il y eust eu quelque chose à craindre ce n'auroit esté que pour elles-mesmes. Ceux qui s'opposoient à leur établissement y trouvoient neanmoins tant d'inconveniens que ie veux croire qu'ils n'agissoient pas contre leur conscience.

CHAPITRE XXXVI.

Enfin ils demeurerent d'accord de souffrir cette fondation pourveu que nous euſſions du revenu. l'eſtois ſi laſſe de la peine que cette affaire donnoit à ceux qui m'y aſſiſtoient, que cette conſideration plûtoſt que le deſir de me ſoulager de celle que i'en avois me perſuadoit qu'il n'y avoit pas grand mal d'avoir du revenu afin d'appaiſer un ſi grand trouble, & d'y renoncer aprés qu'il ſeroit ceſſé: & i'eſtois ſi imparfaite que de penſer meſme que Dieu le vouloit ainſi, puis qu'autrement noſtre deſſein ne pouvoit s'executer: tellement que i'eſtois preſte d'en demeurer d'accord.

Lors que les choſes eſtoient en ces termes & ſe devoient terminer le lendemain noſtre Seigneur me dit la nuit dans l'oraiſon: *Que ie me gardaſſe bien de paſſer outre. Que ſi nous acceptions une fois du revenu on ne nous permettroit pas d'y renoncer*, & autres choſes ſemblables.

La meſme nuit le ſaint Pere Pierre d'Alcantara m'aparut auſſi, & me confirma ce qu'il m'avoit écrit avant ſa mort; qu'ayant appris les oppoſitions que l'on faiſoit à noſtre établiſſement il s'en réjoüiſſoit; parce que ces efforts du diable pour l'empeſcher eſtoient une marque que Dieu y ſeroit fidellement ſervy, & que ie ne devois en nulle ſorte accepter du revenu: ce qu'il me repetoit deux ou trois fois dans la meſme lettre, & m'aſſuroit que ſi je ſuivois ce conſeil tout reüſſiroit en la maniere que ie le pouvois deſirer. Comme il m'eſtoit déia apparu deux autres fois depuis ſa mort & touſiours dans un eſtat de gloire, non ſeulement cette viſion ne m'effraya point; mais ie reſſentis une grande ioye. Il me ſouvient que la premiere fois en me parlant de l'extrême bon-heur dont il ioüiſſoit, il me dit entre autres choſes que bien heureuſe eſtoit la penitence dont il recevoit une telle recompenſe. Ie ne repeteray point ce que ie croy avoir déia écrit ailleurs de cecy; & me contenteray d'aiouſter qu'il me parla cette troiſiéme fois d'une maniere ſevere & diſparut aprés m'avoir dit ſeulement: Gardez vous bien d'accepter du revenu, & quelle difficulté pouvez vous faire de ſuivre ce conſeil? Ie demeuray fort étonnée, & aprés l'avoir raconté le lendemain à ce ſaint Gentil-homme qui s'employoit pour nous plus que nul autre ie luy dis qu'il ne faloit donc en aucune maniere conſentir d'avoir du revenu; mais pluſtoſt continuer à pourſuivre le procés. Il en eut une grande ioye, parce qu'il eſtoit en cela encore plus ferme & plus reſolu que moy, & il m'a avoüé depuis qu'il n'avoit pû qu'avec une extrême repugnance conſentir au traité qui avoit eſté fait.

L'affaire eſtant en cet eſtat une perſonne de vertu & pouſſée d'un bon zele propoſa de la mettre en arbitrage; & de prendre pour arbitres des hommes ſçavans: & quelques uns de ceux qui m'aſſiſtoient approuvoient cet avis. Ie puis dire avec verité que de tous les artifices dont le demon s'eſt ſervy pour traverſer mon deſſein, nul autre ne m'a donné plus d'inquietude & plus de peine: mais nôtre Seigneur m'aida, & ie n'aurois iamais fait fi ie voulois rapporter particulierement ce qui se passa dans les deux années que cette affaire dura depuis son commencement iusques à sa consommation, dont les six premiers mois & les six derniers furent les plus penibles de tous.

 L'émotion de la ville estant un peu rallentie, le pere Presenté Dominiquain, quoy qu'absent, ne laissoit pas de nous assister ; & il arriva depuis si à propos qu'il semble que Dieu ne l'amena que pour ce sujet : car il m'a confessé qu'il n'estoit venu que par hazard & sans en connoistre le besoin. Il fit en sorte que contre toute esperance le Pere Provincial me permit d'aller avec quelques autres dans le nouveau monastere pour aider à faire l'office & instruire celles qui y estoient. Qu'elle consolation ne me fut ce point ? Et lors qu'avant que d'entrer ie priois Dieu à l'Eglise & estois presque dans un ravissement, nôtre Seigneur Iesus-Christ m'apparut ? & il me sembla que m'ayant reçeu avec de grandes marques d'affection il me mit une couronne sur la teste, & témoigna me sçavoir gré de ce que i'avois fait en l'honneur de sa sainte Meré.

 Vne autre fois lors qu'aprés complies nous estions toutes en oraison dans le chœur, cette Reine des Anges m'apparut toute éclatante de gloire, & avec un manteau blanc dont il me sembla qu'elle nous couvroit toutes. Ie connus par là quel seroit le bon-heur de celles qui serviroient Dieu dans cette maison : & quand nous commençames à reciter l'office tout haut la devotion du peuple commença aussi. Nous reçûmes ensuite davantage de Religieuses : & nostre Seigneur changea tellement les cœurs de ceux qui nous avoient persecutez qu'il nous faisoient mesme l'aumône. Ils approuverent ce qu'ils avoient condamné, se desisterent peu à peu de la poursuite qu'ils avoient intentée contre nous, reconnurent qu'il faloit que l'établissement de ce monastere fust une œuvre de Dieu puis que tant de contradictions n'avoient pû empescher qu'il ne s'avançast, & personne ne croit maintenant qu'il falut abandonner ce dessein. Sa divine Maiesté les porte mesme à nous faire de si grandes charitez qu'encore que nous ne demandions point, il ne nous manque rien du necessaire : & comme nous sommes en petit nombre & taschons à le servir, ie ne doute point qu'il ne continuë à nous assister sans que nous soyons à charge à personne. Ainsi i'avoüe que ce m'est une grande consolation de me trouver en la compagnie de tant de bonnes ames & si détachées de tout interest. Elles n'ont point d'autre soin que de s'efforcer de plaire à leur saint Epoux : elles trouvent leurs délices dans la solitude ; & leur amour pour le silence est si grand qu'elles ne parlent qu'avec peine mesme à leurs plus proches parens, si elles ne croyent que cela leur puisse servir pour les exciter à aimer Dieu

CHAPITRE XXXVI.

Il n'y a donc pas sujet de s'estonner qu'ils ne viennent point pour y parler d'autre chose, puis qu'ils ne pourroient entendre nostre langage, ni nous le leur, ni nous donner de la satisfaction, & en recevoir, s'ils choisissoient un autre sujet de leurs entretiens.

Nous observons la regle de Nostre-Dame du Mont-Carmel, sans aucune mitigation, telle que le Religieux Huges Cardinal de sainte Sabine l'a ordonnée, & qu'elle a esté confirmée en l'an mil deux cens quarante-huit par le Pape Innocent IV. en la cinquiéme année de son Pontificat.

Il me semble que les travaux que nous avons soufferts pour en venir là ne pouvoient estre mieux employez ; & quoy que cette observation à la rigueur de la premiere regle paroisse fort austere, à cause que nous ne mangeons jamais de viande sans necessité, que nous jeusnons huit mois de l'année, & que nous pratiquons tant d'autres choses qu'elle nous ordonne, les Sœurs comptent tout cela pour si peu, qu'elles y ajoustent d'autres austeritez qui nous ont parû necessaires pour observer nostre regle avec plus de perfection, & j'espere de l'assistance de nostre Seigneur que cela continuëra, puis qu'il luy a plû de me le promettre.

L'autre maison que j'ay dit que cette bien-heureuse femme tâchoit d'establir, l'a aussi esté dans Alcala avec l'assistance de Dieu, aprés de grandes contradictions & de grands travaux. L'on y vit dans l'entiere observance de la premiere regle, & je prie Dieu que l'une & l'autre de nos deux maisons ne pensent qu'à publier les loüanges, & à procurer la gloire de sa divine Majesté, & de la tres-sainte Vierge dont nous avons l'honneur de porter l'habit.

Ie crains, mon Pere, de vous avoir ennuyé par une si longue relation de ce qui s'est passé touchant ce Monastere. Elle est neanmoins fort breve, en côparaison des travaux que l'on a soufferts, & des merveilles que Dieu a faites pour l'establir. Plusieurs personnes qui en ont esté témoins peuvent l'asseurer avec serment ; & je vous conjure au nom de Dieu de supprimer ce que vous trouuerez icy de superflu, & de conserver seulement ce qui regarde cette maison pour la mettre aprés ma mort entre les mains des Religieuses qui me survivront, afin de les encourager de plus en plus à servir Dieu, & à ne se contenter pas de maintenir ce qui est commencé, mais d'y ajouster encore, en considerant ce qu'il a plû à nostre Seigneur de faire par l'entremise d'une creature aussi miserable que je suis.

Dieu ayant montré si clairement par les faveurs qu'il a faites à cette maison combien son establissement luy a esté agreable, quel mal ne feroient point, & quels châtimens ne meriteroient pas celles qui commenceroient à se relâcher de la perfection qu'il a voulu y établir, & qui est accôpagnée de tant de douceur & de paix, que les austeritez qui s'y pratiquent feront toûjours fupportables aux ames qui ne defirent, comme elles y font obligées, que de joüir dans la folitude de la prefence de leur divin Epoux, principalement n'eftant que treize, qui eft un nombre que je fçay par experience & par l'avis de plufieurs perfonnes fort capables, eftre tres-propre pour côferver l'efprit de la regle & vivre d'aumônes : en quoy quand on ne feroit pas obligé d'ajoufter foy à celle qui a procuré avec tant de travail, & l'affiftâce de tant de prieres, ce qu'elle a cru le plus parfait & le plus utile, on en devroit eftre perfuadé par la douceur, & le contentement dont nous joüiffons toutes, & ce que noftre fanté eft beaucoup meilleure qu'elle n'eftoit auparavant. Ainfi fi cette vie paroift trop auftere à quelques-unes, elles ne le doivent attribuer qu'à elles-mefmes, & non pas à la rigueur d'une regle, que des perfonnes délicates & mal faines obfervent avec tant de fatisfaction; mais elles peuvent s'en aller en d'autres Monafteres, & s'y fauver en vivant conformément à leur inftitut.

CHAPITRE XXXVII.

Differentes fortes de vifions & de raviffemens, & effets qu'ils produifent. Dieu nous permet de luy parler avec plus de liberté que ne font les Grands du monde. Que les perfonnes religieufes dévroient au moins eftre exemptes de s'inftruire de ces complimens & de ces civilitez dont on ufe dans le fiecle.

J'Ay peine à parler des graces que Dieu m'a faites, outre celles que j'ay déia rapportées, parce qu'elles font fi extraordinaires, que l'on croira difficilement qu'il en ait favorifé une creature auffi imparfaite que ie fuis. Mais pour obeir, mon Pere, au commandement qui m'en a efté fait, i'en diray quelque chofe, afin de donner à fa divine Maiefté la gloire qui luy eft deuë; & ie la prie que cela profite à quelque ame, en confiderant que puis qu'elle m'a tant favorifée, il n'y a rien que ne doivent attendre de fa bonté ceux qui le fervent veritablement; & qu'ainfi chacun s'anime à contenter ce fouverain Maiftre de l'Vnivers dont on peut efperer de fi grandes recompenfes, mefme dés cette vie.

La premiere chofe qu'on doit remarquer, eft qu'il y a des vifions & des raviffemens dans lefquels le plaifir, la confolation & la gloire dont on ioüit furpaffe de telle forte ce que l'on éprouve en d'autres, que ie ne puis voir fans eftonnement qu'il fe rencontre, mefme dés icy bas, une fi grande difference entre des chofes d'une mefme nature : car cette difference eft telle, qu'encore que l'on fe trouve dans les uns comblé de tant de bon-heur, que l'on ne fouhaite & que l'on croye ne pouvoir rien fouhaiter davantage; depuis que noftre Seigneur

gneur m'a fait connoistre celle qui se trouve entre les Saints dans le Ciel ie n'ay plus de peine à comprendre qu'il s'en rencontre aussi une telle sur la terre qu'il n'y a aucune proportion. Ie desirerois donc que l'on ne mist point de bornes au service qu'on luy rend, & i'employerois de bon cœur pour ce sujet toutes mes forces, ma santé, & ma vie afin de ne pas perdre la moindre petite partie de cet inestimable bon-heur. C'est pourquoy si l'on me proposoit, ou de souffrir jusques à la fin du monde tous les travaux imaginables pour arriver ensuite à un degré de gloire tant soit peu plus élevé, ou d'en posseder sans aucun travail un qui fust un peu moindre, ie choisirois de tout mon cœur le premier qui me donneroit le moyen de comprendre encore mieux l'infinie grandeur de Dieu : parce que plus on la connoist, & plus on l'aime & on le loüe. Mais cela n'empesche pas qu'ayant merité par mes pechez d'estre precipitée dans l'enfer ie ne m'estime trop heureuse de tenir la derniere place dans le ciel; que ie ne reconnoisse que Dieu me feroit en cela une tres-grande misericorde, & que ie le prie de me l'accorder sans avoir égard à l'excez de mes offenses. Ie dis donc seulement, que si nostre Seigneur m'offroit des occasions de souffrir de tres-grands travaux pour son service ie les embrasserois avec ioye pour ne point perdre par ma faute le bon-heur qu'ils pourroient me faire acquerir, & dont ie suis si miserable que de m'estre renduë indigne par mes pechez.

Ie dois aussi remarquer que Dieu ne me favorise d'aucune vision ou revelation qu'elle n'opere de grands effets dans mon ame, & quelques-uns du tout extraordinaires. L'ineffable beauté de IESUS-CHRIST m'a fait une telle impression qu'elle m'est toûjours presente; & il n'y a pas sujet de s'en étonner, puis que suffisant pour cela de l'avoir veu une seule fois, que ne doit point operer dans mon ame le bon-heur d'avoir tant de diverses fois esté honorée d'une si extrême faveur ? I'en tiray un merveilleux avantage, parce que cela remedia à un tres-grand défaut que i'avois & qui m'estoit tres nuisible. C'est qu'aussi-tost que ie connoissois qu'une personne que i'estimois & que i'aimois avoit de l'affection pour moy, ie m'y attachois de telle sorte que ie pensois presque à toute heure à elle, me representois avec plaisir les bonnes qualitez que i'y remarquois, & avois une grande joye de luy parler, sans avoir en tout cela aucun dessein d'offenser Dieu. Mais depuis que i'eus le bon-heur de voir cette suprême beauté de IESUS-CHRIST, tout ce qui est icy bas me paroist si méprisable en comparaison de ses perfections infinies que nul autre obiet ne me touche : & si une seule de ses paroles peut donner du dégoust des plus grands de tous les plaisirs d'icy bas, quel doit estre le mien d'avoir entendu tant de paroles sorties de sa divine bouche ? Ainsi ie ne croy pas possible, à moins que Dieu pour

H h

punition de mes pechez effaçast ce souvenir de mon esprit, que rien soit capable de m'occuper de telle sorte que je ne me trouve aussi-tost dans la liberté de ne penser qu'à luy seul. La mesme chose m'est arrivée avec quelques-uns de mes confesseurs, parce que regardant ceux qui prennent soin de mon ame comme tenant à mon égard la place de Dieu je m'affectionne extrêmement à eux : ce qui fait que dans la creance que j'ay de ne rien hazarder en leur parlant avec une entiere ouverture de cœur, je ne fais point difficulté de leur rendre compte des graces dont nostre Seigneur me favorise : mais comme ils sont éminens en vertu, la crainte qu'ils ont que je ne m'attache trop à eux, quoy que d'une affection sainte, les porte à me traiter assez durement. Cela n'est arrivé que depuis que je leur suis extrêmement soûmise : car auparavant mon affection pour eux n'estoit pas si grande, je me riois en moy mesme de voir combien ils estoient trompez, & ne leur disois pas toûjours le peu d'attache que j'avois aux creatures, je me contentois de les rassurer, & ce ne fût que dans la suite des communications que j'avois avec eux qu'il perdirent cette crainte.

A mesure que nostre Seigneur se montroit à moy mon amour pour luy & ma confiance en sa bonté augmentoit toûjours : & dans les frequens entretiens dont il m'honoroit je connoissois qu'estant homme & Dieu tout ensemble il ne s'étonnoit pas de mes foiblesses ; parce qu'il sçait à combien de chûtes le peché de nos premiers parens qu'il est venu reparer, rend nostre miserable nature sujette. Je voyois que je pouvois traiter comme avec mon amy avec ce Souverain des souverains, puis qu'il ne ressemble pas à ceux de la terre qui établissent leur grandeur sur une vaine authorité. On ne leur parle qu'à certaines heures : il n'y a que de personnes qualifiées qui les approchent : & si des gens de petite condition se trouvent obligez d'implorer leur assistance, que de peine leur faut-il prendre, & de combien de faveur ont ils besoin pour en avoir audience ? Que si c'est au Roy mesme qu'ils ont affaire, quel moyen de l'aborder ? Il faut qu'ils ayent recours aux favoris : & ces favoris sont-ils assez desinteressez pour ne penser qu'à appuyer la justice ? Ceux qui ne craignent & ne doivent point craindre de dire la verité ne sont pas propres pour la cour : il faut dissimuler le mal, & à peine ose-t-on seulement penser à y trouver à redire de peur d'estre disgracié.

„ O glorieux Monarque & le Roy de Rois, vostre Empire n'est pas
„ étably sur des fondemens fragiles : sa durée est eternelle, & l'on n'a
„ pas besoin d'intercesseur auprés de vous. Il suffit de vous voir pour
„ connoistre que vous seul meritez de porter le nom de Seigneur : &
„ vous éclatez d'une telle majesté que vous n'avez point besoin de suite
„ & de gardes pour vous faire reverer ainsi que les Princes en ont
„ besoin pour les faire distinguer des autres hommes ; parce que la na-

CHAPITRE XXXVIII.

ture ne leur ayant donné aucunes qualitez différentes des autres qui marquent leur autorité, il faut qu'ils les tirent d'ailleurs. Mais qui pourroit, mon Dieu & mon Createur, representer l'éclat de la gloire qui vous environne ? Elle est telle qu'il est impossible de ne pas voir que la source de cette suprême puissance qui vous fait regner sur tout l'univers est dans vous mesme ; & quoy que l'excés de cette gloire m'épouvente, j'avouë que vostre humilité & vostre amour qui permettent à une creature aussi miserable que je suis de vous parler, m'estonnent encore davantage. Mais aprés estre revenuë de cette frayeur que donne d'abord une si grande majesté, ma crainte de vous offenser s'augmente : & ce n'est pas par l'apprehension du chastiment ; car on ne le considere point en comparaison de celle de tomber dans vostre disgrace.

Voila les avantages, outre tant d'autres, que l'on tire de ces visions, & les effets font connoistre qu'elles viennent de Dieu lors qu'il luy plaist d'éclairer l'ame ; mais souvent, comme je l'ay dit, il la laisse dans l'obscurcissement & les tenebres, & ainsi on ne doit pas trouver étrange qu'une creature aussi imparfaite que moy soit dans la crainte.

Il n'y a pas encore long-temps qu'il m'est arrivé de demeurer durant huit jours avec si peu de lumiere de ce que je dois à Dieu, & un tel oubly des graces que j'en ay receuës, que j'estois comme stupide & toute hebetée. Je n'avois neanmoins aucune mauvaise pensée : mais je me trouvois si incapable d'en avoir de bonnes que je me moquois de moy-mesme, non sans quelque plaisir de voir combien grande est la misere de la creature si Dieu ne l'assiste sans cesse. L'ame connoist toutefois qu'il ne l'abandonne pas : car ce n'est pas comme dans ces grands travaux dont j'ay parlé & que je souffre quelquefois : mais c'est qu'encore qu'elle mette du bois dans le feu de son amour, qu'elle l'attise, qu'elle le souffle, & qu'elle fasse ce qu'elle peut pour le faire brûler, elle ne sçauroit en venir à bout, & il semble que cela ne serve qu'à l'étouffer davantage. Elle s'estime alors trop heureuse de voir par la fumée qui en sort qu'il n'est pas entierement éteint, & qu'elle peut esperer que Dieu le rallumera. Le mieux qu'elle puisse faire en cet estat est de s'abandonner à sa conduite, de reconnoistre qu'elle ne peut rien par elle-mesme, & de s'appliquer, comme je l'ay dit ailleurs, à de bonnes œuvres, puis que Dieu ne la prive peut-estre de la douceur de l'oraison que pour luy donner le temps de les pratiquer, & luy apprendre par sa propre experience quelle est sa foiblesse.

Ce n'a esté qu'aujourd'huy que nostre Seigneur m'a consolée, & que j'ay pris la hardiesse de luy faire cette plainte : Ne suffit-il pas, mon Dieu, que vous me laissiez dans cette miserable vie ? Ne suffit-

„ il pas que je souffre pour vostre amour d'y demeurer au milieu de
„ tant d'embarras tels que sont ceux de manger, de dormir, & de m'em-
„ ployer à des occupatiós temporelles qui m'empeschent de joüir plei-
„ nement de vous, & qui me sont si penibles ? Faut-il encore que vous
„ vous cachiez aux yeux de mon ame durant ces momens que vous
„ vous montrez à moy? Comment cela peut-il s'accorder avec vostre
„ bonté, & l'amour que vous me portez? Et si je pouvois me cacher de
„ vous comme vous vous cachez de moy le souffririez-vous, mon Sau-
„ veur? Non certes, puis que je vous suis toûjours presente & que vous
„ me voyez toûjours. Ie vous conjure, Seigneur, de ne pas traiter avec
„ une si grande rigueur une personne qui vous aime tant.

Voila quelles sont mes plaintes aprés avoir consideré comme je l'ay dit ailleurs, que la peine que j'aurois dû souffrir dans l'enfer quelque rude qu'elle fust, eust esté encore trop douce en comparaison de mes offenses ; & quelquefois mon amour pour Dieu me fait extravaguer de telle sorte que je ne sçay ce que je dis. Il est neanmoins si bon qu'il l'endure, & je ne sçaurois trop luy en rendre graces. Oseriôs-nous parler avec cette hardiesse aux Rois de la terre? Ie ne m'estonne pas qu'on les craigne, & que l'on revere cette puissance qui les éleve si fort au dessus du reste des hommes : mais les choses en sont venuës à tels termes, qu'à peine la plus longue vie suffiroit pour apprendre toutes les deferences, toutes les soûmissions, & tous les respects que l'usage a introduit qu'on leur rende, & trouver avec cela quelque temps pour servir Dieu. I'avoüe pouvoir y faire attention sans estonnement, & que je ne sçavois pour cette raison comment traiter avec les Grands. Pour peu que l'on rende à d'autres sans y penser plus d'honneur qu'ils ne croyent qu'on leur en doit, ils s'en offensent tellement, qu'il faut s'en justifier, & leur en faire satisfaction; & encore Dieu veüille qu'ils s'en contentent. Ainsi une personne qui veut servir Dieu ne sçait que faire, & est gesnée de toutes parts : car on luy dit d'un costé que pour se delivrer des perils qui l'environnent, elle doit continuellement élever ses pensées vers Dieu; & on veut de l'autre qu'elle ne manque à aucun de ces devoirs de civilité qui se pratiquent dans le monde, afin de ne point mécontenter ceux qui font un point d'honneur de ces bagatelles. Cela estoit cause que je me trouvois sans cesse obligée à faire des satisfactions, parce que quelque soin que j'y apportasse je ne pouvois m'empescher de tomber dans ces fautes qui passent pour si considerables dans le monde. Il me semble que l'on devroit au moins dans les religions n'avoir point à se justifier de semblables choses : mais on n'en demeure pas d'accord : & l'on dit au contraire que les Monasteres doivent estre des maisons de civilité. Ie confesse ne pouvoir comprendre de telles maximes ; & si quelque Saint a dit que la religion

CHAPITRE XXXVII.

doit estre une cour, je croy qu'il faut qu'il ait entendu pour former des courtisans pour le ciel, & non pas des courtisans pour la terre: car comment ceux qui sont obligez de ne penser continuellement qu'à plaire à Dieu, & à renoncer à tous les contentemens du monde, peuvent-ils s'occuper avec tant de soin à contenter les gens du môde en des choses si sujettes à changer? Encore si pour entendre parler une seule fois on pouvoit les apprendre, patience: mais il faudroit faire une étude toute particuliere, pour sçavoir quelle distance on doit laisser aprés le nom de ceux à qui on écrit : & si au lieu que l'on ne donnoit au paravant que le titre de magnifique, il faut donner celuy d'illustre. Ie ne sçay à la fin où l'on en viendra; car bien que je n'aye pas encore cinquante ans, j'ay veu changer cela tant de fois, que je ne sçay plus où j'en suis.

Que feront donc ceux qui ne viennent que de naître, & à qui Dieu donnera une longue vie ? En verité j'ay compassion des personnes de pieté, qui ayant à demeurer long-temps au monde pour servir Dieu se trouvent obligées de porter une si pesante croix, & elles se délivreroient d'une grande peine si elles se resoluoient d'un commun accord à vouloir bien passer pour ignorantes dans une science si frivole, & d'estre bien aises que le monde les tinst pour telles. Mais à quelles niaiseries, & quelles bagatelles me suis-je laissée emporter? Ie suis tombée insensiblement en parlant des grandeurs de Dieu dans le discours des bassesses dont le monde est plein, & dans lesquelles je ne dois jamais rentrer aprés que N. Seigneur par un effet de sa misericorde m'en a retirée. Il les faut laisser à ceux qui se donnent tant de peine pour des choses si méprisables, & Dieu veüille qu'ils n'en soient pas punis dans cette autre vie où il n'y aura plus de changement.

CHAPITRE XXXVIII.

Secrets que Dieu découvre à la Sainte dans ses visions & ses revelations, & effets qu'elles produisent. Graces accordées de Dieu aux prieres de la Sainte.

ESTANT une nuit dans une oratoire & assez recueillie, mais si malade, que je croyois ne pouvoir faire oraison, je me contentay de prendre mon chapelet pour prier vocalement. Il parut bien alors que nos pensées sont fort inutiles quád Dieu veut operer quelque chose en nous; car je tombay dans un si grand ravissement, que je me trouvay comme hors de moy-mesme. Il me sembla que j'estois dans le ciel, & que les premieres personnes que j'y rencontray furent mon pere & ma mere. I'y vis aussi des choses merveilleuses dans le peu de temps que dura cette faveur, qui ne fut pas à mon avis plus d'un *Ave Maria*. Lors que je fus revenuë à moy j'apprehenday que ce ne fust une illusion, quoy qu'il ne me parust pas que c'en fust une & je ne sçavois que faire tant j'avois de honte d'en parler à mon confesseur non pas ce me semble par humilité, mais de peur qu'il ne se mocquast de moy, & ne me demandast si j'estois saint Paul ou saint Ierosme, pour sçavoir ce qui se passe dans le ciel: car les visions qu'ont eu ces grands Saints augmentoient encore ma crainte, parce que je me trouvois indigne de recevoir de telles faveurs, & je ne faisois que pleurer. Enfin malgré ma repugnance la crainte d'estre trompée me fit aller trouver mon confesseur à qui je n'osois rien cacher. Il fut touché de me voir si affligée, me consola beaucoup, & me mit l'esprit en repos.

Il m'est arrivé depuis & il m'arrive encore quelquefois que nostre Seigneur me montre de grands secrets sans que je puisse en voir d'avantage que ce qu'il luy plaist de m'en découvrir. Le moindre suffit pour ravir l'ame en admiration & luy donner du mépris de toutes les choses de la terre, & je voudrois pouvoir rapporter quelque partie de ce qu'il luy a plû de me faire voir. Mais cela est impossible, parce qu'il y a tant de difference entre ces celestes lumieres qui sont comme des rayons de la lumiere eternelle, & les lumieres d'icy bas, que celle du soleil leur estant comparée ne peut passer que pour des tenebres. Nostre imagination quelque vive & penetrante qu'elle soit est incapable de s'en figurer l'éclat, ni de se representer aucune des choses que nostre Seigneur me faisoit alors connoistre avec un tel excés de plaisir que tous mes sens en estoient ravis. Et ainsi je suis contrainte de demeurer sur cela dans le silence.

Je passay une fois plus d'une heure en cet estat, nostre Seigneur me montrant toûjours sans s'éloigner de moy des choses merveilleuses & inconcevables, & il me dit: *Considerez, ma fille, ce que perdent ceux qui ne se conforment pas à mes volontez, & ne manquez pas de le leur* » *dire*. Helas! mon Dieu, que servira que je parle à ces aveugles s'il ne » vous plaist d'ouvrir leurs yeux pour leur faire voir la lumiere? Vous » l'avez donnée à quelques uns qui ont employé utilement pour l'a-» vantage des autres cette connoissance de vos grandeurs. Mais pour-» ra-t-on croire que vous en ayez favorisé une personne aussi méchan-» te & aussi miserable que je suis? Que soyez-vous beny à jamais & que » je ne cesse point de vous rendre graces de la misericorde que je ne » puis ignorer que vous m'avez faite, parce que je sens le changement » qu'elle a operé dans mon ame. Ie voudrois depuis ce têps-là ne vous » perdre jamais de veuë, & j'ay peine à souffrir la vie, à cause qu'il m'est resté un si grand mépris de tout ce qu'il y a sur la terre que j'ay honte de voir que des choses si basses soient capables de nous occuper.

Lors que j'estois avec cette Dame dont j'ay parlé il arriva que me

CHAPITRE XXXVIII.

trouvant travaillée de ce grand mal de cœur auquel j'estois si sujette & qui est maintenant fort tolerable, son affection pour moy fit qu'elle m'apporta quantité de pierreries, & entre autres un diamant de fort grand prix, croyant que cela me réjoüiroit. Alors me representant les richesses infinies que Dieu nous reserve dans le Ciel, je ne pûs m'empescher de rire en moy-mesme & de voir avec compassion que les hommes fissent cas de semblables choses, dont il me seroit impossible d'avoir la moindre estime, à moins que Dieu n'eût effacé de ma memoire le souvenir de celles qui sont veritablement dignes d'estre admirées.

Mais pour connoistre quel est le bon-heur de cet entier détachement qui fait que l'ame sans avoir besoin de faire aucun effort s'éleve au dessus de toutes les choses créés, il faut l'éprouver & le posseder. En cela c'est Dieu qui fait tout ; c'est luy qui nous découvre ces veritez ; c'est luy qui les imprime dans nostre esprit ; & c'est luy qui nous fait connoistre qu'il nous seroit impossible par nous mesmes d'arriver si promptement à un estat si sublime.

Je perdis aussi la crainte de la mort que j'avois auparavant tant apprehendée : & il me semble que ceux qui servent Dieu n'ont pour s'y resoudre sans peine qu'à considerer qu'elle les délivre en un moment de la prison de ce corps pour les faire joüir avec leur Sauveur d'un repos eternel & inconcevable. Ces ravissemens dans lesquels Dieu fait voir à l'ame tant de choses merveilleuses me paroissent avoir un grand rapport avec sa separation d'avec le corps quand elle est en grace, parce que dans l'un & dans l'autre elle voit en un instant ce qui luy estoit auparavant incomprehensible : & quand les douleurs de la mort ne seroient pas beaucoup plus faciles à souffrir à ceux qui ont renoncé à tous les plaisirs de la vie que non pas aux autres, leur amour pour Dieu ne doit-il pas les leur rendre méprisables ?

Ces ravissemens servirent aussi beaucoup à me faire connoistre les beautez & les richesses de nostre veritable patrie, & que nous devons ne nous considerer sur la terre que comme des voyageurs ; rien ne pouvant nous faire souffrir avec plus de patience les travaux d'un long voyage que d'estre assurez de joüir d'un profond repos dans le lieu où nous allons. Ces mesmes ravissemens qui sont des graces surnaturelles font aussi par la connoissance qu'elles nous donnent des choses divines que nous y attachons nostre cœur avec plaisir, & que l'on peut dire en certaine maniere que dés cette vie nostre conversation est dans le Ciel : car ceux à qui Dieu a fait la faveur de montrer quelque chose de ce qui se passe dans ce séjour eternel de felicité & de gloire ne sçauroient regarder seulement le Ciel sans se recüillir pour n'envisager que cet objet ; & il m'arrive quelquefois de m'imaginer d'estre avec les saints habitans de cette heureuse patrie que ie considere seuls comme veritablement vivans, tous ceux qui sont encore engagez dans les liens de cette miserable vie ne me paroissant que des morts dont ie ne puis tirer nulle compagnie ; & lors que ces ravissemens sont grands, tout ce monde & tout ce que ie voy des yeux du corps ne me paroist estre qu'une illusion & un songe. Mais au contraire ce que ie voy des yeux de l'ame est le but où tendent tous mes souhaits, & ie ne puis penser qu'avec une sensible douleur que i'en suis encore si éloignée.

Enfin outre les avantages que reçoivent de ces visions & de ces ravissemens ceux que Dieu en favorise; ils leur aident aussi à soûtenir vne croix aussi pesante qu'est celle de ne trouver que du dégoût dans toutes les choses d'icy bas, puis que s'il ne les leur faisoit quelquefois oublier par ce moyen, quoy qu'ils ne s'en souviennent ensuite que trop, ie ne sçay comment la vie pourroit estre supportable. Qu'il soit beny & loüé à iamais : & ie le coniure par le sang que son Fils a répandu pour moy de ne pas permettre qu'aprés m'avoir fait la grace de me donner quelque connoissance de ces biens infinis ie tombe comme Lucifer, & les perde par ma faute. Ne le souffrez pas s'il vous plaist, mon Dieu, ie vous en coniure encore par vous-mesme. Car ie tremble quelquefois ie l'avoüe : mais vostre misericorde me rassure lors que ie considere qu'aprés m'avoir tirée d'un abysme de mal-heur en me pardonnant tant de pechez, il n'y a point d'apparence que vous m'abandonniez pour me laisser courir à ma perte ; & ie vous prie, mon pere, de ioindre pour ce suiet vos prieres aux miennes.

Bien que les faveurs que i'ay dit avoir reçeus de Dieu soient si grandes ; celles dont ie vay parler me paroissent les surpasser encore par diverses raisons, & particulierement à cause de la force qu'elles m'ont donnée, quoy qu'à les considerer chacune en particulier elles soient toutes d'un tel prix qu'il ne les faut point comparer ensemble.

Aprés avoir entendu la Messe une veille de Pentecoste m'estant retirée dans un lieu fort écarté où i'allois prier souvent, ie me mis à lire un traité fait par un Chartreux sur le mystere de cette feste. Il traite des marques ausquelles ceux qui commencent à marcher dans le chemin de la vertu, qui s'y avancent & qui y font un grand progrez peuvent connoistre si le saint Esprit est avec eux : & ayant attentivement consideré ces trois estats, il me sembla que par la misericorde de Dieu il estoit avec moy ? Ie luy rendis de grandes actions de graces, & me souvenant d'avoir leu autrefois les mesme choses dans ce livre, ie vis que i'estois en ce temps là bien éloignée de l'estat où ie me trouvois alors. Ainsi ie connus l'extreme obligation que i'avois à Dieu, & me representay le chastiment que mes pechez m'a-

voient

CHAPITRE XXXVIII.   249

voient fait meriter de recevoir dans l'enfer : je remerciay Dieu de tout mon cœur d'avoir operé en moy un tel changement.

Comme j'estois dans ces pensées, je tombay dans un si grand ravissement que mon ame n'estant pas capable de supporter dans un corps mortel l'excés d'une telle faueur, elle sembloit en vouloir sortir : car ce ravissement estoit si different des autres que je ne sçavois du tout ni ce que je faisois, ni ce que je voulois; & toutes les forces me manquant & ne pouvât me soustenir, quoy que je fusse assise, je m'appuyay contre la muraille: alors je vis au dessus de ma teste une colombe plus grande qu'à l'ordinaire & fort dissemblable de celles d'icy bas: car ses ailes au lieu de plumes n'estoient formées que de petites écailles toutes éclatantes de lumiere. j'entendis le bruit qu'elles faisoient; & aprés qu'elle eut volé à l'entour de moy durant l'espace d'un *Ave Maria*, mon ame qui se trouvoit comme perduë dans l'étonnemét que luy donnoit une vision si admirable, perdit de veuë cette colombe.

Vne faveur si merveilleuse me persuada que je me devois mettre l'esprit en repos, & ce ravissement accompagné de tant de gloire continuant encore, la tranquillité & la joye succederent à mes apprehensions & à mes craintes. Mais je demeuray si interdite durant la plus grande partie des festes que j'estois comme hors de moy-mesme : je ne voyois & n'entendois presque rien, & j'ay reconnu depuis ce jour-là que Dieu m'a élevée à un beaucoup plus haut degré d'amour pour luy, & a de beaucoup accrû les vertus qu'il m'avoit données. Qu'il soit beny eternellement. Ainsi soit-il.

Vne autre fois je vis sur la teste d'un Pere de l'ordre de saint Dominique la mesme colombe: mais il me sembla que l'éclat des rayons de ses ailes s'estendoit beaucoup plus loin:& il me fut dit que c'estoit parce que ce Religieux devoit attirer un grand nombre d'ames au service de Dieu.

Vne autre fois je vis la sainte Vierge qui couvroit d'un manteau blanc le Pere Presenté Religieux de ce mesme ordre dont j'ay déja parlé. Elle me dit que c'estoit pour le recompenser de l'assistance que nous avions receuë de luy dans l'establissement de cette maison, une marque du soin qu'elle prendroit de conserver son ame pure. Je ne puis douter qu'elle ne l'ait fait : car estant mort peu d'années aprés il passa tout ce temps dans une grande penitence, une grande sainteté, & finit sa vie avec une grande joye de sortir de cet exil. Vn Religieux qui se trouva à sa mort m'a asseuré qu'il avoit dit un peu avant que de rendre l'esprit qu'il alloit tenir compagnie à saint Thomas. Il m'a depuis apparu diverses fois plein de gloire, & m'a dit des choses fort particulieres. C'estoit un homme si appliqué à l'oraison qu'encore que dâs l'extremité de sa maladie il tâchast de s'en divertir à cause de sa foiblesse, il ne le pouvoit, tant ses ravissemens estoient frequens, &

I i

il m'écrivit un peu auparavant pour me demander de quel remede il pourroit se servir dans ces rencontres, parce qu'il luy arrivoit en achevant de dire la Messe de demeurer long-temps en cet estat sans pouvoir s'en empescher. Mais enfin nostre Seigneur le recompensa des services qu'il luy avoit rendus avec tant de fidelité.

Quant au Recteur de la Compagnie de Iesus dont j'ay souvent fait mention, j'ay veu quelque chose des graces extraordinaires que nostre Seigneur luy faisoit, dont pour ne m'estendre pas davantage je ne parleray point icy.

Estant une fois extrêmement touchée d'une grande persecution qu'on luy faisoit, je vis en entendant sa messe lors qu'il leva la sainte hostie Iesus-Christ m'y paroistre crucifié & me dire entre autres choses pour le luy rapporter quelques paroles de consolation, afin de le preparer à souffrir ce qui devoit encore arriver. Cela le consola & l'encouragea beaucoup, & les effets en confirmerent la verité.

J'ay veu des choses admirables des Religieux d'un certain ordre qui me paroissoient, sans parler du reste, porter en leurs mains dans le ciel des estendarts blancs: & comme j'ay une grande communication avec ceux de cet ordre & que je reconnois que leur vie est conforme à ce que nostre Seigneur m'a dit d'eux, j'ay une grande veneration pour cette sainte compagnie.

Estant une nuit en oraison nostre Seigneur me representa toutes les fautes de ma vie passée. Ma frayeur fut tres-grande, parce qu'encore qu'il ne me parlast pas avec severité cette veuë me fit une si forte impression que je ne sçavois que devenir: mais une seule de ces paroles nous profite plus que des journées entieres que nous employerions à pleurer nostre misere, parce qu'elles portent avec elles un certain caractere de verité qui nous convainc de telle sorte que nous ne sçavons que répondre. Ce divin Sauveur me representa alors toutes mes vanitez passées, & me dit: *Que ie ne pouvois assez reconnoistre l'obligation que ie luy avois d'avoir bien voulu recevoir une volonté dont j'avois fait un mauvais usage.* Il me dit une autre fois: *De me souvenir du temps qu'il sembloit que ie fisse gloire de ne luy pas rendre l'honneur qu'on luy doit*: & une autre fois il me commanda: *De me remettre devant les yeux les graces qu'il m'avoit faites lors mesme que ie l'offensois davantage.* Il exposoit aussi à ma veuë avec une telle évidence tous mes defauts que je ne sçavois où me mettre: & comme le nombre en est si grand cela arrive souvent. Ainsi voulant me consoler dans l'oraison des fautes dont mon confesseur me reprenoit, je m'y trouvois encore plus severement traitée qu'il ne me traitoit.

Ce souvenir de mes pechez que Dieu rappelloit à ma memoire me faisoit répandre quantité de larmes dans la creance que ie n'avois point encore commencé à le servir. Mais au milieu de ma douleur il

CHAPITRE XXXVIII.

me vint en la pensée qu'il vouloit peut-estre me preparer par là à recevoir quelque grande grace, parce qu'il en use d'ordinaire de la sorte pour me faire connoistre plus clairement combien je suis indigne qu'il m'en accorde. Vn peu après je tombay dans un tel ravissement qu'il me sembloit que si mon ame n'avoit pas entierement abandonné mon corps, au moins ne vivoit-elle plus en luy : & je vis alors la tres-sainte humanité de Iesus-Christ dans un excés de majesté & de gloire où je ne l'avois point encore veuë. Car je l'apperceus clairement & d'une maniere admirable dans le sein de son Pere eternel, sans pouvoir neanmoins dire de quelle sorte il y est. Il me parut seulement que perdant toute connoissance de moy-mesme ie me trouvois devant cette suprême divinité. Ie demeuray si épouventée qu'il se passa quelques jours sans que je revinsse à moy. Il me sembloit que je continuois d'estre sans cesse en la presence de ce Fils unique de Dieu ; mais non pas comme la premiere fois : car je connoissois bien que c'estoit seulement par l'impression qui en estoit demeurée si forte dans mon esprit, qu'encore que cela se fust passé tres-promptement la veuë m'en estoit toûjours presente, & ne me donnoit pas seulement beaucoup de consolation, mais m'estoit aussi tres utile.

I'ay eu trois autres fois une semblable vision : & c'est à mon avis la plus sublime de toutes celles dont nostre Seigneur m'a favorisée, tant on en tire de grands avantages. Elle purifie tellement l'ame, qu'elle amortit presque toute la cupidité : c'est comme un grand feu qui consume tous les vains desirs que l'on peut avoir en cette vie : & ainsi quoy que je n'en eusse plus alors pour les choses vaines, je connus beaucoup plus clairement que je n'avois pas encore fait le mépris que l'on doit avoir de toutes les grandeurs & les richesses d'icy-bas, pour n'aspirer qu'à la connoissance de l'eternelle verité Cela m'imprima un respect pour Dieu si extraordinaire, que tout ce que j'en puis dire est qu'il est fort different de celuy que nous pouvons avoir pour nous-mesmes, & que je ne pûs voir sans un étrange estonnement que l'on ait la hardiesse d'offenser une si puissante & si redoutable majesté.

I'ay desja dit en parlant des effets de ces visions que l'on retire de plus grands avantages des unes que des autres, & j'ay éprouvé que celles-cy en produisent de merveilleux : car lors que j'allois communier me souvenant d'avoir veu cette suprême majesté toute éclatante de gloire, & considerant qu'elle estoit toute entiere dans la sainte hostie où nostre Seigneur m'a souvent fait la faveur de le voir, les cheveux me dressoient à la teste & je me treuvois toute aneantie. O mon Sauveur & mon Dieu, si vous ne voiliez point vostre grandeur dans cet adorable Sacrement, qui oseroit si souvent s'en approcher pour recevoir dans une ame impure celuy qui est la pureté

„ mefme ? Que les Anges & toutes les creatures vous loüent à iamais,
„ Seigneur, de ce que vous voulez bien vous accômoder ainfi à noſtre
„ foibleſſe pour nous faire de fi extrêmes faveurs, puis que fi vous vous
„ montriez à nous dans toute l'eſtenduë de voſtre infini pouvoir, nôtre
„ eſtonnement ne nous pourroit permettre d'approcher de vous.

Il peut nous arriver en cela ce qui arriva à un laboureur, qui ayant
trouvé un treſor qui le rendit beaucoup plus riche qu'il n'avoit oſé
l'eſperer ni meſme le ſouhaiter, conceut tant de triſteſſe & de chagrin
que luy donna le ſoin de le garder & de ne ſçavoir à quoy l'employer,
qu'il en mourut. Que s'il n'euſt trouvé que peu à peu tantoſt une
partie de ce treſor & tantoſt une autre il ſe ſeroit eſtimé heureux &
„ il ne luy en auroit pas couſté la vie. Mais vous, Seigneur, qui eſtes
„ le treſor & la richeſſe des pauvres vous ſçavez admirablement leur
„ faire ſentir les effets de voſtre liberalité, en ne leur découvrant que
„ peu à peu le prix de ces graces ſans prix dont il vous plaiſt de les enrichir. Mon eſtonnement eſt fi grand de voir un Dieu tout puiſſant &
infini ſe cacher par un effet de ſon admirable ſageſſe dans une choſe
auſſi petite qu'eſt la ſainte hoſtie, que ie n'aurois iamais la hardieſſe
de m'en approcher s'il ne me la donnoit; & tout ce que ie puis faire
eſt de m'empeſcher de publier à haute voix de fi grandes merveilles.

Quels ſentimens doivent eſtre ceux d'une miſerable creature comme moy coupable de tant de pechez & qui a paſſé ſa vie avec fi peu
de crainte de Dieu, de ſe trouver en la preſence de ſa ſouveraine maieſté lors que par une faveur fi particuliere il ſe rend viſible à mon
ame? Comment oſay-ie avec une bouche qui a proferé tant de paroles qui l'ont offenſé toucher ſon corps glorieux qui eſt la pureté
& la bonté meſme; & l'amour & la tendreſſe qu'il me témoigne ne
doit il pas rendre ma douleur de l'avoir fi mal ſervy plus grande
que l'apprehenſion du chaſtiment que meritent mes pechez?

Que diray-ie davantage ſur le ſuiet de ces deux viſions dont ie
viens de parler? Oſeray-ie, ô mon Sauveur, qui eſtes toute ma gloire,
aſſurer comme i'en ſuis preſque tentée, que ie vous ay témoigné en
quelque maniere ma fidelité & mon reſpect pour voſtre ſouveraine
grandeur par les ſentimens fi douloureux qu'elles me cauſerent?
Mais helas! que dis-ie? l'ècris cecy ſans ſçavoir ce que ie fais parce
que ie ne puis rappeller le ſouvenir de ces viſions ſans me trouver
toute troublée & comme hors de moy-meſme. l'aurois neanmoins
raiſon de parler de la ſorte puis que i'aurois, mon Dieu, fait en cela
quelque choſe pour vous, fi ces ſentimens venoient de moy; au lieu
que ne pouvant avoir ſeulement une bonne penſée fi vous ne me la
donnez ie ne puis m'en rien attribuer. Vous eſtes l'offenſé, Seigneur,
& ie ſuis le coupable.

Vne fois lors que i'allois communier ie vis des yeux de l'ame plus

CHAPITRE XXXVIII.

clairement que ie ne l'aurois pû voir des yeux du corps deux demons d'une figure horrible qui enfermoient avec leurs cornes la gorge du Prestre, & vis en mesme temps dans ses mains IESUS-CHRIST tout éclatant de la gloire dont i'ay parlé: ce qui me fit connoistre que ce miserable estoit en peché mortel. Quel spectacle, ô mon Sauveur, " de voir vostre souveraine beauté au milieu de ces épouventables fi- " gures, & vostre divine presence remplir ces demons d'un tel effroy " qu'ils ne cherchoient qu'à s'enfuir si vous leur eussiez permis. Ie de- " meuray si troublée que ie ne sçay comment i'eus la force de commu- nier, parce qu'il me sembloit que si cette vision venoit de Dieu il n'auroit pas permis que i'eusse connu le peché de ce Prestre. Mais no- stre Seigneur me dit : *De prier pour luy, & qu'il avoit permis que ie l'eusse veu pour m'apprendre quelle est la force des paroles de la consecration qui le rendent present dans ce grand Sacrement quelque méchant que soit le Prestre qui les profere, & nous obligent d'admirer l'extrême bonté qui le porte à se mettre ainsi pour l'amour de nous entre les mains de son ennemy.*

Cette vision me fit comprendre l'obligation qu'ont les Prestres d'estre plus vertueux que ceux qui ne sont pas honorez de ce sacré caractere ; quel horrible peché c'est que de recevoir indignement cet adorable Sacrement ; que les demons regnent dans les ames qui sont en peché mortel ; & m'augmenta encore la connoissance de ce que ie dois à Dieu. Qu'il soit beny à iamais.

Il arriva une autre fois une chose qui m'épouventa d'une étrange sorte. Il mourut sans confession au lieu où i'estois une personne qui avoit durant plusieurs années fort mal vescu ; mais qui ayant depuis deux ans toûjours esté malade estoit changée en quelque sorte ; & ainsi ie ne croyois pas qu'elle dûst estre damnée. Mais lors-qu'on l'enseveilissoit ie vis une grande multitude de demons qui prirent ce corps, qui s'en iouöient, & qui le tiroient deça delà avec de grands crocs. Lors qu'on le portoit en terre avec les ceremonies accoustu- mées ie consideróis en moy-mesme qu'elle est la bonté de Dieu, de n'avoir pas voulu deshonorer devant le monde cette personne, quoy qu'elle fust son ennemie ; & ce que i'avois veu me rendit toute inter- dite. Ie ne vis aucun demon durant l'office : mais quand on mit le corps dās la fosse i'en apperceus une si grāde multitude qui y étoient pour le recevoir, & la frayeur que i'en eus fut telle que ie ne pûs la dissimuler sans me faire beaucoup de violence. Ie consideróis en moy mesme de quelle maniere ces malheureux esprits traiteroient l'ame dont ils traitoient ainsi le corps ; & plust à Dieu que ceux qui sont en mauvais estat pussent voir cōme ie l'ay veu une chose si épou- ventable, puis-qu'elle pourroit à mon avis servir à les convertir.

Ie connus alors de plus en plus l'obligation que i'ay à Dieu de m'a- voir delivrée des peines que i'avois si iustement meritées. Ma frayeur

Li iij

continua jusques à ce que j'en eusse parlé à mon confesseur. Ie songeois en moy mesme si ce n'estoit point une illusion du diable pour deshonorer cette personne, quoy qu'elle ne passast pas pour estre trop bonne, & quand ce n'auroit point esté une illusion ie ne sçaurois m'en souvenir sans en estre encore épouvantée.

Puis que ie me suis engagée à parler de quelques visions touchant les morts ie rapporteray certaines choses que Dieu a voulu me faire voir de quelques ames; mais j'en diray peu, tant pour abreger, qu'à cause que cela n'estant pas necessaire il ne pourroit estre fort utile.

Ayant appris la mort d'un pere Provincial qui l'avoit esté de cette province & l'estoit alors d'un autre, à qui j'avois de l'obligation, i'en fus troublée, parce qu'encore qu'il fust vertueux i'apprehendois pour son salut, à cause qu'il avoit durant vingt ans exercé cette charge, & que ie crains toûjours beaucoup pour ceux qui ont à répondre de la conduite des ames. Ie courus à l'oratoire & priay nostre Seigneur que si i'avois en toute ma vie fait quelque bien, de le luy vouloir appliquer, & de suppléer au reste par le merite de sa passion afin de tirer son ame du purgatoire.

Lors que ie demandois cela à Dieu avec grande affection, il me sembla que ie voyois à mon costé droit sortir cette ame du fond de la terre & monter au ciel avec une grande ioye; & quoy que ce Pere fust fort âgé, il me parut sous la figure d'un homme qui n'avoit pas encore trente ans, & avec un visage resplendissant de lumiere. Cette vision passa fort viste; mais elle me consola de telle sorte, parce que ie ne pouvois douter de la verité de ce que i'avois veu, que ie n'ay iamais sceu depuis estre affligée de sa mort comme l'estoient plusieurs autres personnes dont il estoit beaucoup aimé. Il n'y avoit pas alors plus de quinze iours qu'il estoit mort, & ie ne laissois pas de demander des prieres pour luy & d'en offrir aussi à Dieu; mais non pas avec la mesme chaleur que si ie n'eusse point veu ce que i'avois veu, parce que lors qu'il a plu à Dieu me faire connoistre de semblables choses, il me paroist que de prier pour des ames qui sont dans la gloire c'est comme vouloir donner l'aumosne à un riche. Celuy-cy finit ses iours en un lieu fort éloigné d'icy; & i'appris depuis que sa mort a esté accompagnée de tant de larmes, d'une si profonde humilité, & d'une telle connoissance de ses obligations vers Dieu, qu'elle édifia extrêmement tous ceux qui y assisterent.

Vne Religieuse de cette maison grande servante de Dieu estant morte il n'y avoit pas encore deux iours; & l'une de nos Sœurs à qui i'aidois à dire pour elle l'office des morts dans le chœur estant à la moitié d'une leçon, ie vis l'ame de cette bonne Religieuse sortir comme celle dont ie viens de parler du fond de la terre, & s'en aller dans le ciel. Cette vision ne se passa pas dans mon imagination com-

CHAPITRE XXXVIII.

me la precedente; mais comme d'autres que j'ay rapportées & qui sont également assurées.

Vne autre Religieuse de cette mesme maison âgée de dix-huit ou vingt ans tres-vertueuse, tres-exacte dans ses devoirs, & qui estoit continuellement malade estant aussi morte, je crûs qu'ayant mené une vie si sainte elle ne passeroit point par le purgatoire. Mais quatre heures aprés sa mort assistant à l'office avant qu'on la portast en terre, ie vis son ame comme les autres dont j'ay parlé sortir de la terre & aller au ciel.

Estant dans un College de la Compagnie de Jesus, & souffrant de grands travaux de corps & d'esprit comme j'en souffre encore quelquefois, je me trouvois reduite à ne pouvoir ce me sembloit avoir seulement la moindre bonne pensée. Vn Frere de cette maison mourut la mesme nuit, & je priois pour luy comme je pouvois; mais lors que j'entendois une Messe que l'on disoit aussi pour le repos de son ame je me trouvay dans un fort grand recueillement, & vis nostre Seigneur le conduire dans le ciel avec beaucoup de gloire.

Vn tres-vertueux Religieux de nostre ordre estant malade & me trouvant fort recueillie durant la Messe je le vis rendre l'esprit & monter dans le ciel sans entrer dans le purgatoire; & j'ay appris depuis qu'il estoit mort à la mesme heure que j'avois eu cette vision. Sur quoy m'estonnant de ce qu'il n'avoit point passé par le purgatoire il me fut dit, que c'estoit parce qu'ayant exactement observé sa regle il avoit joüi de la grace accordée à l'ordre par des bulles particulieres touchant les peines du purgatoire. Ie ne sçay pourquoy cela me fut dit, si ce n'est pour me faire connoistre que pour tirer de l'avantage d'avoir embrassé une sainte profession il ne suffit pas de porter l'habit de religieux; mais qu'il faut que la vertu y réponde.

Ie pourrois rapporter plusieurs visions semblables dont Dieu m'a favorisée: mais en voila assez, & je me contenteray d'ajouster que je n'ay veu nulle de ces ames avoir esté exemtes de passer par le purgatoire sinon celles de ces deux Religieux dont je viens de parler, & du saint pere Pierre d'Alcantara. Nostre Seigneur m'a fait aussi la faveur de voir les degrez de gloire que quelques unes de ces ames possedent dans le ciel, & dont la difference est fort grande.

CHAPITRE XXXIX.

La Sainte continuë à parler des graces accordées de Dieu à ses prieres. Qu'il ne faut pas mesurer son avancement spirituel par le temps qu'il y a que l'on s'occupe à l'oraison; mais par les effets. Qu'on doit adorer avec humilité la grace que Dieu fait à d'autres de s'avancer plus que nous. Le bref de Rome arrive pour fonder le Monastere sans revenu. Admirables visions qu'eut la Sainte.

UNE personne à qui j'avois beaucoup d'obligation ayant presque entierement perdu la veuë j'en fus si affligée que je priay Dieu avec ardeur de la luy rendre, & j'apprehendois extrêmement que mes pechez ne me rendissent indigne d'estre exaucée. Alors nostre Seigneur m'apparut comme il avoit fait autrefois, me montra la playe de sa main gauche, & en tira avec sa main droite un clou dont elle estoit percée & la chair qui y tenoit. Il est facile de juger combien grande estoit cette douleur, & de quelle sorte j'en estois touchée. Il me dit: Que puis qu'il avoit bien voulu la souffrir pour l'amour de moy, je ne devois point douter qu'il ne m'accordast ce que je luy demanderois, estant assuré que je luy demanderois rien qui ne fust pour sa gloire, & qu'ayant plus fait pour moy que je n'avois desiré de luy dans les temps mesme que je ne le servois pas encore, je pouvois m'assurer qu'il n'y auroit rien qu'il ne m'accordast maintenant qu'il sçavoit que je l'aimois. A peine huit jours estoient passez que cette personne recouvra entierement la veuë, & mon confesseur eut connoissance de tout ce que je viens de rapporter. Il se peut faire que cette guerison n'a pas esté un effet de mes prieres & ne leur doit point estre attribuée; mais cette vision ne laissa pas de me faire croire avec tant de certitude que c'estoit une grace que nostre Seigneur m'avoit faite, que je l'en remerciay de tout mon cœur.

Vne autre personne estant tres-malade d'un mal que je ne specifie point icy, parce que je n'y connoissois rien, & qui luy causa durant deux mois des douleurs si insupportables qu'elle se dechiroit elle-mesme, le pere Recteur dont j'ay parlé, & qui me confessoit alors en eut tant de compassion qu'il me commanda de l'aller voir, & je le pouvois à cause qu'il estoit mon parent. J'y fus donc, & demeuray si touchée de le voir en cet estat que je demanday instamment à Dieu de luy vouloir rendre la santé. En quoy je ne pus douter qu'il ne m'eust exaucée; puis que dés le lendemain il ne sentit plus aucune douleur.

Vne personne de qui j'avois receu de tres-bons offices s'estant resoluë de faire une chose fort contraire au service de Dieu & qui luy

CHAPITRE XXXIX.

luy auroit esté tres-préjudiciable à elle-mesme, j'en fus d'autant plus affligée que ie n'y voyois point de remede. J'eus recours à Dieu, Je priay avec grande instance d'y en vouloir apporter, & me retiray dans un Hermitage de ce monastere fort reculé des autres, où il y avoit une image de Jesus-Christ attaché à la colomne. Là luy demandant avec ardeur de m'accorder cette grace j'entendis une voix fort douce, mais qui n'estoit pas distincte & qui dura peu. Ie fus d'abord fort effrayée, & me trouvay aussi-tost après dans un tel repos & une telle joye, que je ne pouvois assez admirer qu'une voix que j'estois assurée d'avoir oüie de mes oreilles corporelles; mais sans en pouvoir entendre une seule parole, eust esté capable de produire en moy un si grand effet. Ie connus par là que ma priere estoit exaucée, & ainsi je fus delivrée de la peine que donnoit cette affaire. Elle fut rompuë sur le point qu'elle passoit pour faite, & j'en rendis compte à mes confesseurs; car alors j'en avois deux, tous deux fort sçavans & grands serviteurs de Dieu.

Vne personne qui estoit resoluë à servir Dieu fidellement, & qui durant quelque temps quelle s'estoit appliquée à l'oraison avoit receu de grandes graces, la quitta par de certaines occasions dont elle ne travailloit point à se dégager, quoy qu'elles fussent fort perilleuses. I'en fus tres-affligée parce que je l'aimois beaucoup & luy avois de particulieres obligations. Ie demanday à Dieu durant plus d'un mois de vouloir remettre cette ame dans le chemin où je l'avois veuë: & estant un jour en oraison je vis un diable auprés de moy qui déchiroit avec grand dépit des papiers qu'il avoit entre les mains. Ie jugeay par là que Dieu m'avoit accordé ma demande, & en eus une extrême joye. L'effet fit voir que je ne me trompois pas: car j'appris ensuite que cet homme aprés s'estre confessé avec beaucoup de côtrition s'estoit converty veritablement à Dieu, & j'espere de son infinie bonté qu'il luy fera la grace de s'avancer toûjours de plus en plus dans son service. Qu'il soit beny à jamais. Ainsi soit-il.

Les graces que Dieu m'a faites de delivrer à ma priere des ames des pechez où elles estoient engagées, d'en faire avancer d'autres dans le chemin de la perfection, d'en tirer du Purgatoire, & les autres faveurs signalées que j'ay receus de luy sont en si grand nombre que je n'aurois jamais fait & ennuierois ceux qui liront cecy si je les rapportois toutes. Elles ont esté encore plus grandes à l'égard du salut des ames que dans la guerison des corps, & c'est une chose si connuë que plusieurs personnes peuvent en rendre témoignage. Cela n'arrivoit jamais sãs que j'en eusse beaucoup de scrupule, parce qu'encore qu'il soit certain que la seule bonté de Dieu en estoit la principale cause, je ne pouvois m'empescher de croire qu'il accordoit ces faveurs à mes prieres. Mais maintenant tant de personnes en-

K k

sont persuadées comme moy, que cela ne me donne plus de peine. & dans la confusion que j'ay de voir que sa divine majesté me rend de plus en plus sa redevable, je la louë, mon desir de la servir s'augmente, & mon amour se redouble. Mais ce qui m'estonne le plus est, que lors que je veux demander à Dieu des choses qui ne me seroient pas avantageuses, il m'est impossible quelque violence que je me fasse, de le prier que tres-foiblement & tres-lâchement : Et qu'au contraire celles qui luy sont agreables, & que ie luy puis demander avec instance sans craindre de l'importuner, se presentent à moy comme d'elles-mesmes sans qu'il soit besoin que je travaille pour m'en souvenir. La difference qui se rencontre entre ces deux manieres de demander est si grande que je ne sçay comment l'exprimer. Car quand je demande les vnes, quoy qu'elles me touchent beaucoup & que j'y employe tous mes efforts, & ce n'est point avec ferveur; mais comme une personne qui ayant la langue liée ne peut parler encore qu'elle le desire, ou qui parle de telle sorte qu'elle connoist bien qu'on ne l'entend pas, au lieu que dans les autres on parle si nettement, que l'on n'a point de peine à juger que l'on est entendu de celuy à qui l'on parle. L'une de ces manieres se peut comparer à l'oraison vocale; & l'autre à cette contemplation si élevée dans laquelle Dieu fait connoistre qu'il nous entend, & qu'il prend plaisir à nous accorder ce que nous luy demandons. Qu'il soit beny eternellement, luy qui me donne tant, & à qui je donne si peu. Car
» que vous donne, Seigneur, une personne qui ne renonce pas à tout
» pour l'amour de vous ? & ne suis-je pas infiniment éloignée de l'a-
» voir fait ? Quand je n'aurois point d'autre raison de haïr la vie, celle-
» là seule suffiroit, puis que ie m'acquite si mal de ce que ie vous dois.
» Ie ne voy en moy qu'imperfection : je n'y voy que lâcheté pour vo-
» stre service; & ie voudrois quelquefois avoir perdu le sentiment afin
» de ne point connoistre jusques à quel excés va ma misere. Vous seul
» estes capable, Seigneur, d'y apporter le remede, & ie vous conjure
» de ne me pas refuser cette grace.

Lors que i'estois chez cette Dame dont j'ay parlé j'avois besoin de me tenir continuellement sur mes gardes pour remarquer la vanité qui se rencontre dans toutes les choses de cette vie, parce que l'estime que l'on témoignoit avoir pour moy & les loüanges que l'on me donnoit m'estoient de grands sujets de complaisance si je me fusse seulement regardée moy-mesme. Mais je considerois celuy dont la veuë qui ne peut estre trompée penetre la verité de toutes choses, & ie le priois de me soustenir de sa main toute-puissante. Cela me fait souvenir des peines que ceux à qui Dieu fait connoistre la verité souffrent à traiter des choses d'icy bas dans lesquelles elle est si cachée. Luy mesme me l'a dit ainsi, que la pluspart de ce que je

CHAPITRE XXXIX.

cris & que j'ay appris de ce divin maistre. Surquoy il faut remarquer que toutes les fois que je dis, l'entendis cela, ou, Nostre Seigneur me dit cecy, je ferois un tres-grand scrupule d'y ajouster ou d'en retrancher une seule syllabe. Mais lors que je ne me souviens pas precisément de ce qu'il m'a dit je parle comme de moy mesme, parce qu'il peut y avoir quelque chose du mien ; quoy que dans la verité il n'y a rien de bon que je doive appeller mien, puis que j'en suis redevable à la seule bonté de Dieu sans l'avoir pû meriter. J'appelle donc mien ce qui ne m'a pas esté revelé.

Helas! il n'arrive que trop souvent dans les choses spirituelles aussi bien que dans les temporelles que nous en jugeons selon nostre peu de lumiere & tout au contraire de la verité, & qu'ainsi nous mesurons nostre avancement spirituel par le temps qu'il y a que nous nous occupons à l'oraison, comme si nous voulions renfermer dans certaines bornes le pouvoir & la liberalité de celuy qui peut répandre ses faveurs en la maniere qu'il luy plaist, & faire faire en six mois à une ame plus de progrez dans la vertu qu'à une autre en plusieurs années. J'en ay vû des preuves en tant de personnes que je ne comprens pas comment on peut en douter. Ceux qui ont reçeu de Dieu le don du discernement des esprits & une humilité veritable n'ont pas peine à le connoistre, parce qu'ils jugent de cet avancement des ames par les effets, par leur resolution de servir Dieu, & par leur amour pour luy, qui peuvent comme je l'ay dit leur faire faire plus de chemin en six mois qu'à d'autres en vingt années, cela dépendant de sa pure volonté & des bonnes dispositions qu'il leur donne. Ainsi je voy venir dans ce monastere de jeunes filles de qualité, qui estant appellée de Dieu n'ont pas plûtost esté éclairées de sa lumiere & touchées de son amour, que sans differer davantage elles ont tout abandonné pour s'enfermer pour tousiours dans une maison sans revenu que l'on peut considerer comme une estroite prison: qu'elles ont meprisé leur vie pour l'amour de cet Epoux eternel dont elles sçavent qu'elles sont aimées : qu'elles ont renoncé à leur propre volonté ; & qu'enfin elles luy ont sacrifié toutes choses. Quelle confusion n'ay-je point, mon Dieu, quand je pense à l'extrême avantage qu'elles ont sur moy de s'estre plus avancées en trois mois, & quelqu'une mesme en trois jours, que je n'ay fait depuis plusieurs années que j'ay commencé de m'exercer à l'oraison, quoy qu'encore que vous les ayez si liberalement recompensées de leur fidelité pour vous, vous m'ayez fait plus de graces qu'à elles ? Et comment pourroient-elles donc avoir regret d'avoir tout abandonné pour ne penser qu'à vous servir & à vous plaire ?

Je desirerois que nous nous missions devant les yeux le nombre des années qui se sont passées depuis le jour de nostre profession ; & le temps qu'il y a que quelques-unes de nous s'exercent à l'oraison; non pour inquieter celles qui y ont fait en peu de temps un grand progrez en les obligeant de retourner en arriere pour n'avancer pas plus que nous, ni pretendre que ces ames que les faveurs qu'elles reçoivent de Dieu font voler comme des aigles, n'aillent pas plus viste qu'un petit oyseau qui auroit les pieds liez. Mais je voudrois qu'en adorant avec humilité la maniere dont Dieu les conduit nous les vissions aller à tire d'aisle, où leur amour les emporte sans craindre que celuy qui leur fait tant de graces les laisse tomber dans le precipice. La confiance que leur donnent les veritez que la foy leur fait connoistre les soûtient : & comment n'ayant pas cette mesme confiance pretendrions-nous de les pouvoir suivre & de comparer nostre foiblesse à leur force? On ne peut sans se tromper se flater de cette pensée. Il faudroit pour juger d'un estat aussi élevé qu'est celuy où il a plû à Dieu de les mettre avoir un aussi grand zele pour son service, & un aussi grand amour qu'est celuy dont elles brûlent pour luy. Nous devons nous humilier au lieu de les condamner, & considerer que tant s'en faut que leur avantage nous porte du préjudice, c'est au contraire une occasion que Dieu nous presente pour reconnoistre nos défauts, en considerant combien des ames à qui il fait tant de graces sont plus que nous attachées à luy, & plus détachées de l'affection de toutes les choses du monde.

Comme il n'y a qu'un violent amour de Dieu qui soit capable de nous faire tout abandonner pour nous consacrer entierement à son service, & que l'oraison dont je viens de parler produit cet effet, j'en prefererois une de cette sorte quoy qu'elle durast fort peu à celles de plusieurs années qui ne nous portent à faire pour luy que des actions si peu considerables, que quand mesme elles seroient en grand nombre on ne pourroit les comparer qu'à des pailles qu'un petit oyseau emporte, & que l'on doit aussi avoir honte de considerer & de leur donner comme font quelques uns le nom de mortifications. Helas! je suis de ce nombre puis que j'oublie à tout momens les faveurs que j'ay reçeus de Dieu. Je sçay neanmoins que sa bonté est si grande qu'il compte pour beaucoup le bien que sa grace me fait faire : mais je voudrois que la connoissance de mon neant m'empeschast d'en porter un semblable jugement, & me fist mesme ignorer que i'y aye part: Pardonnez-moy s'il vous plaist, Seigneur, &
„ ne m'imputez pas à peché que ie me console un peu par là de la dou-
„ leur de ne vous pas servir en des occasions importantes, dans lesquel-
„ les il ne faut point de meilleure preuve de mon incapacité que de
„ voir que de si petites tiennent lieu de quelque chose dans mon esprit.
„ Qu'heureuses sont les personnes qui vous rendent des services con-
„ siderables! Si pour leur ressembler il suffisoit de le desirer avec ar-

CHAPITRE XXXIX.

deur & de leur porter envie, je marchois sur leur pas : mais je suis inutile à tout. Ayez compassion de moy, mon Sauveur ; & puis que vous m'aimez tant, rendez moy propre à des actions qui puissent vous estre agreables.

En ce mesme temps le bref de Rome pour établir nostre monastere sans revenu estant arrivé, on l'acheva : & lors que dans la joye que j'en eus je pensois aux travaux que j'avois soufferts pour ce sujet & remerciois Dieu de la grace qu'il m'avoit faite de daigner en cela se servir de moy, je me remis devant les yeux tout ce qui s'estoit passé dans cette affaire ; & trouvay que ce que je paroissois y avoir fait de bien estoit meslé de beaucoup d'imperfection par mon peu de courage & mon peu de foy : car jusques à cette heure que je la voy entierement terminée, quoy que nostre Seigneur m'eust dit que cela seroit, & qu'ainsi je n'en pûsse douter, je ne l'avois jamais crû avec une certitude pleine & entiere, & je ne sçay comment allier ces deux contraires de tenir une chose impossible, & de s'assurer en mesme temps qu'elle reüssira. Mais considerant que tout ce qu'il y avoit eu en cela de bon venoit de Dieu, & que tout ce qu'il y avoit eu de mal venoit de moy, je n'y pensay pas davantage & je seray bien aise de ne m'en souvenir jamais, afin que tant de fautes que j'ay commises ne me soient pas comme autant de pierres d'achopement qui m'en fassent commettre de nouvelles. Beny soit celuy qui tire quand il luy plaist du bien de tout.

Ie reviens à ce que je disois, qu'il est dangereux de compter les années qu'il y a que l'on s'occupe à l'oraison ; parce qu'encore que l'on soit humble il y a toûjours sujet de craindre que l'on ne se flate de la creance d'avoir merité quelque chose. Ce n'est pas que je veüille dire que l'on n'ait rien merité, & que l'on n'en soit bien recompensé : mais quiconque pour spirituel qu'il soit s'imaginera que plusieurs années d'oraison luy ont fait meriter les faveurs dont j'ay parlé je tiens pour certain qu'il n'arrivera point au comble de la perfection. Ne luy suffit-il pas de s'estre rendu digne que Dieu le tienne par la main pour l'empescher de tomber dans les pechez qu'il commettoit avant qu'il se fust appliqué à l'oraison, sans vouloir comme l'on dit, luy faire un procez pour le payer de ce qu'il pretend luy estre dû ? Il se peut faire que cela n'est pas incompatible avec une grande humilité : mais j'avouë ne le comprendre pas, & ne pouvoir au contraire le considerer que comme une grande hardiesse ; parce qu'encore que j'aye peu d'humilité je n'ay jamais osé en venir là : mais c'est peut estre à cause que je n'ay rendu à Dieu aucun service, & que si je luy en avois rendu j'aurois possible creu plus que nulle autre en devoir estre payée.

Ie ne dis pas aussi qu'une ame ne s'avance & que Dieu ne luy accorde des faveurs si son oraison a esté humble : je dis seulement qu'el-

Kk iij

le ne doit point se souvenir du nombre des années qu'il y a qu'elle s'y exerce, puis que tout ce que nous pouvons faire pour Dieu est plûtost digne d'horreur que d'estime en comparaison de la moindre des gouttes du sang qu'il a répandu pour nous sur la croix, & que plus nous le servons, plus nous luy sommes redevables. Quelle folie peut égaler celle d'entrer en compte avec luy, puis que sa liberalité est si grande que pour une obole que nous luy payons, il nous donne mille ducats? Laissons-là ie vous prie ce calcul qu'il n'appartient qu'à luy de faire: les comparaisons sont odieuses mesme dans les choses d'icy bas; & à combien plus forte raison dans celles dont luy seul peut estre juge? Ne l'a-t-il pas assez fait connoistre par cette parabole de l'Evangile qui nous apprend qu'il traite de la mesme sorte ceux qui sont venus à la derniere heure que ceux qui ont travaillé dés le matin & porté le poids de la plus grande chaleur du jour?

I'ay écrit ces trois feüillets en tant de jours differens & de diverses reprises à cause de mon peu de loisir, que j'ay perdu la suite de ce que j'avois commencé à dire de cette vision. Il me sembla qu'estant seule dans une vaste campagne je me trouvay environnée d'une grande multitude de gens armez de lances, d'épées, de poignards, & quelques-uns d'estocs fort larges, sans que je pûsse ni m'enfuir pour éviter la mort qu'ils se preparoient à me donner, ni esperer aucun secours: qu'alors ne sçachent que devenir je levay les yeux vers le Ciel & vis IESUS-CHRIST élevé bien haut dans l'air au dessus de moy qui me tendoit la main & me rassuroit de telle sorte, que je ne pouvois plus rien apprehender. Encore que cette vision paroisse d'abord assez inutile elle me fut tres-avantageuse, en ce qu'elle me fit connoistre ce qui me devoit arriver. Car m'estant ensuite presque veuë en cet estat, ce me fut une image de ce qui se passe dans le monde où tout semble estre armé contre nostre ame, puis que sans parler de ceux qui ne sont pas fidelles à Dieu, ni des honneurs, des biens, des plaisirs, & autres choses semblables qui sont comme autant de pieges où l'on ne peut éviter de tomber si l'on ne se tient extrêmement sur ses gardes nous avons sujet de craindre du costé de nos parens & de nos amis, & ce qui est encore beaucoup plus étrange, des personnes mesme de pieté comme je l'ay éprouvé, m'estant trouvée par eux en tel estat quoy qu'ils ne crûssent pas mal faire, que je ne sçavois comment m'en défendre, ni que devenir.

Que si je rapportois en particulier tout ce que i'enduray, quelle horreur, mon Dieu, cela ne devroit-il point donner du monde, puis que tous les travaux que j'ay déja dit avoir soufferts n'estoient point comparable à cette derniere persecution? Elle me reduisit en tel estat que je n'y trouvois point d'autre remede que d'appeller Dieu à mon secours en me souvenant de la vision dont je viens de parler

CHAPITRE XXXIX.

qui m'avoit fait connoistre que me devant défier de tout ce qui est dans le monde ie ne pouvois en esperer que de luy, qui est seul immuable & toûjours le mesme. Il me fit bien voir que j'avois raison, car il suscitoit de temps en temps quelqu'un qui en la maniere qu'il me l'avoit montré dans cette vision venoit comme de sa part me donner la main pour m'aider, me soustenir, & me fortifier dans la resolution de ne m'appuyer sur aucune creature, & de ne penser qu'à employer pour le servir ce peu de vertu qu'il luy a plû de me donner. Qu'il soit beny eternellement.

Estant un jour si troublée & dans une telle inquietude, qu'au lieu de me trouver dans mon détachement ordinaire ie ne pouvois me recueillir, il me vint durant ce combat qui se passoit en moy mesme mille pensées extravagantes : & dans cet obscurcissement de mon esprit j'apprehendois que les faveurs que j'avois receuës de Dieu ne fussent des illusions. Lors que j'estois en cette peine nostre Seigneur me dit : De ne me point affliger; que ie devois connoistre par là combien grand seroit mon malheur s'il s'éloignoit de moy, & que nous ne pouvons estre en assurance tant que nous vivons dans un corps mortel. Ces paroles me firent voir qu'heureux sont les combats qui font meriter de si grandes recompenses : que ce divin Sauveur a compassion de nous dans tant de perils où nous nous trouvons exposez durant cette vie, & qu'il ne manque jamais de m'assister; mais qu'il veut que ie fasse de mon costé tout ce qui peut dépendre de moy.

Nostre Seigneur me parla dans cet entretien avec une si extrême bonté, tant de douceur, & tant de tendresse que je n'entreprens pas de le rapporter. Il me dit aussi quelquefois ces propres mots; Vous estes à moy & ie suis à vous; & je luy dis presque toûjours avec verité ce me semble; C'est de vous seul, mon Dieu, & non pas de moy que ie me soucie. Mais lorsque je me represente quel est mon neant, des faveurs aussi extraordinaires que celles dot ie viens de parler me donnent tant de confusion, que comme je l'ay déja remarqué & le dis quelquefois à mon confesseur, il me paroist que l'on a besoin en les recevant de plus de force que pour souffrir les plus grands travaux. Si j'ay fait quelque chose de bon, je l'oublie alors; il ne se presente à moy que le souvenir de mes pechez: mon esprit n'agit plus; & il me semble seulement que tout ce qui se passe en cela est surnaturel.

Il me prenoit quelquefois un si violent desir de communier, que nulles paroles ne sont capables de l'exprimer. Ainsi un jour qu'il tomboit une pluye si extraordinaire que l'eau avoit comme assiegé la maison n'ayant pas laissé de sortir, je me trouvay tellement hors de moy mesme, que quand on m'auroit porté le poignard à la gorge l'apprehension de la mort n'auroit pû m'empescher de passer outre. Ie ne fus pas plustost dans l'Eglise que j'entray dans un grand ravissement. Il me sembla que je vis les cieux ouverts, non seulement comme autrefois par une petite ouverture, mais par une fort grande & qu'en mesme temps j'apperçûs le trône dont i'ay parlé à vostre Reverence, & au dessus de ce trône encore un autre, où par une connoissance que je ne puis expliquer je cōpris que Dieu estoit, quoy que ie ne le visse point. Ce trône estoit soustenu par des animaux, & ie m'imaginay que c'estoient les Evangelistes; mais je ne pûs voir ni comment il estoit fait, ni qui estoit assis dessus. I'apperçûs seulement une grande multitude d'Anges qui me parurent incomparablement plus beaux que ceux que j'avois auparavant vûs dans le Ciel; & je crus que c'estoient des Cherubins & des Seraphins, parce que leur gloire, comme je l'ay dit, est fort differente de celle des autres, & qu'ils paroissoient tout enflammez. Je me sentis moy-mesme remplie d'une telle gloire qu'on ne sçauroit ni la representer ni se la figurer à moin que de l'avoir éprouvée, & je connus bien, quoy que sans rien voir, que tout ce que l'on sçauroit souhaiter se rencontroit là. Il me fut dit je ne sçay par qui, que tout ce que i'en pouvois comprendre estoit que ie ne pouvois en rien comprendre, & que tout le reste luy estant comparé estoit moins que rien: & il est vray que ie n'y pû voir depuis qu'avec étonnement, & confusion que l'on soit capable de s'arrester & encore moins de s'affectionner à quelque chose de crée, le monde ne me paroissant qu'une fourmilliere. I'entendis la messe, ie communiay, & ie ne sçaurois dire comment ie fus durant tout ce temps. Il me sembla si court que ie fus surprise de voir quand l'horloge sōna qu'il avoit duré deux heures. Ie n'ay sçeu depuis trop admirer que me trouvant si proche de ce feu qui ne peut proceder que d'un veritable amour de Dieu, il m'est impossible quelques efforts que ie fasse d'en tirer une seule étincelle si luy-mesme ne me fait cette grace; & ce feu merveilleux consume de telle sorte le vieil homme avec toutes ses imperfections & ses miseres, qu'il semble comme ie l'ay lû du phenix, qu'il renaist des cendres un nouvel homme, tant l'ame change de desirs & acquiert une telle force que ne paroissant plus la mesme elle commence à marcher dans le chemin du Ciel avec une pureté toute nouvelle. Ie prie sa divine Maiesté que cela se trouve veritable en moy, & que ie profite de ces paroles qu'elle me dit, *Vous avez vû la difference qui se trouve entre les choses du Ciel & celles de la terre: Ne l'oubliez iamais, & efforcez-vous de plus en plus d'estre meilleure.*

Estant une fois dans le mesme doute dont i'ay parlé si ces visions venoient de Dieu, nostre Seigneur m'aparut & me dit d'un ton de voix fort severe: *Enfans des hommes, iusques à quand aurez vous le cœur endurcy?* Il aiousta: *Que si après m'estre bien examinée ie trouvois que ie m'estois entierement donnée à luy, ie ne devois point apprehender qu'il m'abandonnast.* Cette exclamatiō par laquelle il avoit commencé

à

CHAPITRE XL.

à me parler m'ayant extrêmement touchée, il me dit avec beaucoup de douceur & de bonté : *De ne me point affliger : Qu'il sçavoit qu'il n'y avoit rien que ie ne fusse disposée à faire pour son service, & qu'il m'accorderoit tout ce que ie luy demanderois : Que ie n'avois qu'à considerer que mon amour pour luy augmentoit toûjours pour connoître que cela ne pouvoit venir du demon ; Que ie ne devois pas croire qu'il donnast tant de puissance sur ses serviteurs à ces esprits de tenebres, ni que ie tinsse d'eux la lumiere dont mon esprit estoit éclairé & la tranquillité dont ie iouïssois ; mais que tant de personnes si considerables m'ayant asseurée que ces faveurs venoient de Dieu i'estois obligée de les croire.*

Recitant un iour le symbole de saint Athanase qui commence par ces mots : *Quicumque vult salvus esse* ; Nostre Seigneur me fit comprendre en quelle maniere un seul Dieu est en trois personnes, & me le fit voir si clairement que ie n'en fus pas moins estonné que consolée. Cela me servit beaucoup pour mieux connoître sa grandeur & ses merveilles, & lors que ie pense à ce mystere ou que i'en entens parler, il me semble que ie conçois bien la maniere dont cela se fait, & i'en ay une grande ioye.

Vn iour de l'Assomption de la tres-sainte Vierge Dieu me fit la faveur dans un ravissement de me representer sa glorieuse entrée dans le ciel, avec quelle ioye & quelle solemnité elle y avoit esté receuë, & la place qu'elle y tient : mais de pouvoir exprimer cela en particulier c'est ce qui m'est impossible. Tout ce que i'en puis dire est que la veuë d'une telle gloire en répandit une dans mon ame qui opera de grands effets, & augmenta avec mon desir de souffrir de grands travaux ma passion pour le service de cette Reine des Anges que l'on ne peut trop reverer.

Estant dans l'Eglise d'un College de la Compagnie de IESUS ie vis deux fois un fort riche dais paroistre sur la teste des Religieux lors qu'ils communioient, & ne les voyois point sur celles des autres.

CHAPITRE XLI.

Suite des admirables visions & revelations dont Dieu favorise la Sainte, & sentimens qu'elle avoit dans ces occasions.

VN iour faisant oraison ie me trouvay dans un tel plaisir & une telle ioye, que me reconnoissant indigne d'une si grande faveur, ie me representay le lieu que Dieu m'avoit fait voir autrefois que i'avois merité par mes pechez d'avoir dans l'enfer, & qui ne s'est iamais depuis effacé de ma memoire. Cette pensée me fit une impression incroyable, & i'entray ensuite dans un plus grand ravissement que ie ne le puis esprimer. Il me sembla que i'estois comme abysmée dans cette suprême Maiesté que i'avois veuë autrefois, & qu'elle me fit connoistre une verité qui enferme toutes les autres. Ie ne sçaurois dire comment cela se fit; car ie ne vis personne. I'entendis seulement que l'on me parloit & que c'estoit la verité mesme qui me disoit : *La faveur que je vous fais maintenant est l'une des plus grandes dont vous m'estes redevable, parce que tous les malheurs qui arrivent dans le monde viennent de ce que l'on n'y connoist que confusément les veritez de l'Ecriture, que iusques au moindre iota ne manqueront pas de s'accomplir.* Et sur ce qu'il me sembla que i'avois toûjours cru cela & que l'on ne peut estre fidelle sans le croire, il me fut encore dit : *Hé ma fille qu'il y en a peu qui m'aiment veritablement; & s'ils m'aiment autant qu'ils doivent ie ne leur cacherois pas mes secrets. Mais sçavez-vous ce que c'est que m'aimer veritablement ? c'est de croire que tout ce qui ne m'est pas agreable n'est que mensonge. Que si vous ne le comprenez pas à cette heure, vous le connoistrez clairement un iour par l'avantage que vous recevrez d'en estre bien persuadée.*

Les effets m'ont confirmé la verité de ces paroles : & ie ne sçaurois trop en rendre graces à Dieu. Car depuis ce temps tout ce qui n'a point de rapport à son service me paroist si évidemment n'estre que vanité & que mensonge, que ie ne puis exprimer iusques à quel point il me semble digne de mépris, & quelle est ma compassion de ceux qui ignorent cette verité. I'en ay tiré d'autres avantages dont il y en a que ie diray, & d'autres que ie ne sçaurois dire. Nostre Seigneur me dit aussi une certaine parole tres favorable, & ie ne sçay non plus comment cela se passa, car ie ne vis rien : mais elle fit d'une maniere inexplicable un tel effet dans mon ame & me donna tant de force, que ie me trouvay dans une ferme resolution de n'épargner aucun travail pour accomplir de tout mon pouvoir iusques aux moindres choses de ce que l'Ecriture sainte nous ordonne, & il me semble qu'il n'y a rien au monde que ie ne sois preste de faire pour n'y pas manquer.

Vne veritable connoissance de cette divine verité qui me fut representée sans sçavoir de quelle maniere, fit une si forte impression dans mon ame, qu'elle me donna un nouveau respect pour Dieu par une si claire veuë de sa maiesté & de son pouvoir, qu'elle ne se peut exprimer & que l'on comprend seulement que c'est une chose merveilleuse. Ie demeuray dans un grand desir de ne plus parler que de ces veritez si élevées au dessus de ce qui passe dans le monde pour des veritez : ie commençay à souffrir avec peine de continuer à vivre icy-bas, quoy que ie m'estimasse heureuse de gouster avec humilité & un sentiment plein de tendresse la douceur des faveurs que Dieu me faisoit ; & quelque extraordinaires qu'elles fussent ie ne pouvois estre touchée de la moindre crainte qu'il y entrast de l'illusion. Ie ne

CHAPITRE XL.

vis rien: mais je compris le grand bien que c'est de ne faire cas que de ce qui nous peut approcher de Dieu, & ce que c'est de marcher en verité en presence de la verité que Dieu me fit connoistre estre luy-mesme.

J'ay appris tout ce que j'ay rapporté jusques icy tantost par des paroles que j'ay distinctement entenduës, & d'autres fois d'une maniere inexplicable, qui sans que l'on me parlast me faisoit comprendre les choses plus clairement que si on me les eust dites de vive voix: & j'ay connu de beaucoup plus grandes veritez touchant cette verité que je n'aurois pû en estre instruite par plusieurs personnes tres sçavantes, puis qu'elles n'auroient sceu me les imprimer de telle sorte dans l'esprit, ny me faire connoistre si évidemment quelle est la vanité du monde. J'appris par ces divines instructions que cette verité dont je parle est la verité mesme: quelle est sans commencement & sans fin: que toutes les autres veritez en procedent comme de leur source, toutes les autres grandeurs comme de leur origine, & tous les autres amours comme de leur souverain principe. Sur quoy tout ce que j'en dis icy n'est qu'absurdité en comparaison de la clarté & de la lumiere avec laquelle Dieu me le fit voir. On peut juger par là quelle est la puissance de cette suprême Majesté qui opere de si grands effets dans les ames, & les enrichit presque en un moment par une telle effusion de ses graces.

O grandeur infinie, ô suprême Majesté, ô Dieu tout-puissant, à quoy pensez vous? A quoy pensez-vous mon Sauveur lors que vous me comblez de tant de faveurs? Avez vous oublié que j'ay esté un déluge de vanité & un abysme de mensonge: & cela purement par ma faute, puis que vous m'aviez donné par mon naturel tant d'aversion pour le mensonge? Comment donc, Seigneur, avez vous pû accorder tant de graces à une personne qui s'en estoit renduë si indigne?

Recitant un jour l'office dans le chœur avec les autres Religieuses je me trouvay dans un grand recueillement, & il me sembla que mon ame estoit toute entiere comme un clair miroir, & que Iesus-Christ nostre Seigneur n'estoit pas seulement au milieu d'elle comme dans son centre tel que j'ay coustume de le voir, mais aussi en chacune de ses parties; & que toutes ces mesmes parties estoient aussi comme imprimées en luy par une cõmunication pleine d'amour & de tendresse que je ne sçaurois exprimer. Ce que j'en puis dire est que cette vision me fut tres-avantageuse, & me l'est encore toutes les fois que je m'en souviens, principalement aprés la communion. On m'y fit entendre que commettre un peché mortel est couvrir ce miroir d'un obscur nuage qui empesche de voir nostre Seigneur, quoy qu'il soit toûjours present & le conservateur de nostre

L l ij

estre; & que tomber dans l'heresie n'est pas seulement obscurcir ce miroir par un nuage, s'est le casser & le mettre en pieces. Mais il y a tant de difference entre avoir veu cela & le rapporter, que l'on ne doit pas s'estonner que ie l'explique si mal. I'en ay tiré un grand profit, quoy que je ne puisse me souvenir sans douleur que mes offenses m'ont tant de fois empeschée de voir mon Sauveur par ces nuages dont ils ont obscurcy mon ame.

Cette vision peut apprendre à des personnes de recueillement l'avantage qu'il y a de considerer nostre Seigneur dans la plus interieure partie de nostre ame, en leur faisant voir qu'on en peut tirer beaucoup plus d'utilité que de le considerer hors de nous-mesmes. Ie l'ay deja dit ailleurs, & on le peut remarquer en des livres d'oraison qui traitent de la maniere de chercher Dieu, & particulierement en ce qu'en a écrit le glorieux S. Augustin, qui rapporte en quelque lieu que cherchant Dieu il ne pouvoit si bien le trouver que dans luy-mesme. Cette verité est si évidente, que c'est se tourmenter en vain & lasser inutilement nostre esprit que d'aller chercher dans le ciel ou ailleurs ce que nous pouvons trouver dans nous mesmes.

Ie veux donner icy un avis à ceux qui peuvent en avoir besoin. C'est qu'il arrive dans les grands ravissemens qu'ensuite de cette union avec Dieu qui dure peu & dans laquelle toutes les puissances sont suspendues & comme absorbées, l'ame demeure dans un tel recueillement, mesme en l'exterieur, qu'elle a peine de retourner à ses fonctions ordinaires; & la memoire & l'entendement sont si égarez qu'ils sont presque en frenesie; ce qui arrive principalement dans les commencemens. I'ay quelquefois consideré en moy mesme si cela ne procede point de ce que la foiblesse de nostre nature ne pouvant soustenir de si grands efforts d'esprit, nostre imagination en est troublée, ainsi que je sçay que cela est arrivé à plusieurs personnes. I'estimerois à propos dans ces occasions de se faire violence pour cesser durant quelque temps de faire oraison, avec dessein de la reprendre aprés, parce qu'autrement la santé pourroit en estre alterée, & que i'ay éprouvé combien il importe de la ménager en n'allant pas au delà de nos forces.

Mais on a besoin en cela d'experience & de conduite, à cause que lors qu'on est arrivé à cet estat il se rencontre diverses choses que l'on est obligé de communiquer à un directeur. Que si aprés en avoir cherché un bon avec grand soin on n'en trouve point, N. Seigneur ne manquera pas de suppléer à ce defaut, puis que quelque imparfaite que je sois il n'a pas laissé de m'assister en de semblables occasions. Il est vray que je suis persuadée qu'il se trouvera peu de directeurs qui connoissent par leur propre experience des choses si élevées, qui m'inquietent & n'affligent plustost les ames que de leur donner des

CHAPITRE XL.

remedes pour les soulager: mais Dieu leur tiendra sans doute compte de ce surcroist de leurs peines. Ainsi le meilleur à mon avis est de les leur communiquer. Quoy que je pense l'avoir déja dit ailleurs je n'ay point craint à tout hazard de le repeter, parce que cela est fort important, principalement pour des femmes dont le nombre est plus grand que des hommes à qui Dieu fait de semblables faveurs. Ie le sçay par experience: & le saint Pere Pierre d'Alcantara m'a confirmé par des raisons tres-fortes qu'il seroit inutile de rapporter, qu'elles avancent plus qu'eux dans ce chemin.

Estant une fois en oraison Dieu me fit comprendre comme en un instant & par une veuë tres claire, quoy que sans appercevoir aucune forme ni figure, de quelle sorte il est en toutes choses, & toutes choses en luy. Ie ne sçaurois bien exprimer cela; mais il est demeuré gravé dans mon ame, & c'est l'une des plus grandes graces qu'il m'ait faites & qui me donne le plus de confusion quand je me souviens de mes pechez. Ie croy que si nostre Seigneur m'eust fait voir cela plûtost, & l'eust fait voir aussi à d'autres pecheurs, ni eux ni moy n'aurions pas eu la hardiesse de l'offenser. Il me semble comme je l'ay dit, que je ne vis rien, & je ne voudrois pas neanmoins l'assurer, parce qu'il y a de l'apparence que je vis quelque chose, puis que j'ay pû en dire ce que j'en ay dit. Mais si l'on voit alors quelque chose, c'est d'une maniere si subtile que l'entendement ne le peut comprendre: ou bien c'est qu'il est difficile d'exprimer de quelle sorte se passent ces visions qui ne sont pas imaginaires, parce que n'arrivant que dans un ravissement dans lequel les puissances sont suspenduës, elles ne peuvent hors de là representer les choses telles que Dieu a fait la grace à l'ame de les connoistre.

Ie dis donc que la Divinité est comme un diamant d'une beauté incomparable & beaucoup plus grand que n'est le monde, ou comme un miroir tel que j'ay representé que l'ame me paroissoit dans une autre vision, excepté que la matiere en est plus precieuse & plus transparente que l'on ne se peut imaginer, & que toutes mes actions se voyent clairement dans ce miroir, parce que surpassant en grandeur comme ie l'ay dit, tout ce qui est dans le monde, nul obiet ne luy sçauroit estre caché.

Ie ne pûs sans un grand estonnement voir en cet instant tant de choses representées dans ce diamant admirable, & ne sçaurois me souvenir sans une extrême douleur des horribles taches que mes pechez imprimoient dans cette glace si pure & si claire. La confusiõ que j'en eus me mit en tel état que ie ne sçavois que devenir, & ie ne comprens pas comment ie la pouvois supporter. O combien ie souhaiterois de pouvoir faire connoistre cela à ceux qui commettent des pechez infames, sans craindre de manquer de respect à cette eternelle Majesté à qui ils ne peuvent les cacher, puis qu'estant presente par tout c'est devant ses yeux qu'ils les commettent.

Ie connus dans cette vision, que par la mesme raison du profond respect que l'on doit à Dieu, puis que l'on ne peut rien faire qu'il ne voye, un seul peché mortel merite l'enfer; & que rien ne fait paroistre davantage sa misericorde qu'encore qu'il sçache que nous n'ignorons pas ces veritez il ne laisse pas de nous souffrir. I'ay quelquefois consideré que si cette vision me remplit alors d'un si grand estonnement; que sera ce dans ce dernier jour auquel Dieu se montrant à nous dans toute sa majesté & toute sa gloire, nous verrons d'une seule vûë toutes les offenses que nous aurons commises contre luy? Helas! iusques à quel point, Seigneur, a donc esté mon aveuglement? & faut-il s'estonner que ie tremble souvent quand i'écris cecy? Vôtre Reverence, mon Pere, doit bien plustost trouver estrange qu'ayant veu des choses si extraordinaires & faisant reflexion sur moy-mesme, ie puisse estre encore en vie. Que celuy qui a eu la bonté de me souffrir si long-temps soit beny dans tous les siecles.

Vn iour faisant oraison avec beaucoup de recueillement, de douceur, & de quietude, il me sembla que i'estois environnée d'Anges & fort proche de Dieu. Ie les priay pour les besoins de l'Eglise, & il me fut dit qu'un certain Ordre luy rendroit dans les derniers temps de grands services, & défendroit la foy avec beaucoup de force & de courage.

Vne autre fois estant en priere proche du tres-saint Sacrement, un Saint dont l'ordre s'estoit un peu relâché m'apparut avec un grand livre en sa maison, me dit d'y lire certaines paroles écrites en fort grosse lettre, & i'y lus ces mots: Cet Ordre fleurira un iour & aura beaucoup de Martyrs.

Vne autre fois estant au chœur à matines six ou sept Religieux qui me parurent estre du mesme ordre se presenterent à moy ayant l'épée à la main; ce qui signifioit à mon avis qu'ils défendroient la foy, parce qu'un autre iour il me sembla dans un grand ravissement que i'estois dans une campagne où se donnoit un sanglant combat, & que ceux de cet ordre avec un visage éclatát & qui paroissoit tout en feu, combattoient si vaillamment qu'ils portoient plusieurs des ennemis par terre, en tuoient un grand nombre, & que ces ennemis estoient des heretiques. Ce glorieux Saint m'est apparu diverses fois, m'a dit plusieurs choses importantes; m'a témoigné me sçavoir gré des prieres que ie fais pour son ordre; & m'a promis de me recommander à nostre Seigneur. Ie ne nomme point cet ordre de peur d'offenser les autres. Dieu le fera connoistre s'il veut qu'on le sçache: mais ie dis hardiment qu'il n'y a point d'ordre ni de Religieux de chaque ordre qui ne doivent par leurs actions & par leurs prieres tâcher d'obtenir

CHAPITRE XL.

de Dieu la grace de le servir dans un aussi grand besoin qu'est meintenant celuy de l'Eglise : & bienheureux ceux qui donneront leur vie pour un tel suiet.

Vne personne m'ayant priée de demander à Dieu s'il auroit agreable qu'il acceptast un Evesché, nostre Seigneur me dit au sortir de la communion : *Que lors que cet Ecclesiastique connoistroit tres evidemment que le seul veritable & solide bien est de ne rien posseder, il pourroit en ce cas l'accepter* : me faisant voir ainsi que ceux qui entrent dans les grandes charges de l'Eglise doivent estre tres-éloignez de les desirer, ou au moins de les rechercher.

Nostre Seigneur continuë de faire souvent à cette pecheresse de semblables faveurs qu'il ne me paroist point necessaire de rapporter, puis que ce que j'en ay dit suffit pour faire connoistre ce qu'il luy a plû d'operer en moy. Qu'il soit beny à jamais d'avoir pris tant de soin de mon ame.

Vne fois pour me consoler il me dit avec de grands témoignages d'affection : *Que ie ne m'affligeasse point : Que nous ne pouvons dans cette vie estre toûjours en mesme estat ; & qu'ainsi au lieu de m'étonner de voir que le découragement succede à la ferveur, le trouble à la quietude, & la tentation au repos, ie devois esperer en luy & ne rien craindre.*

Pensant un jour en moy mesme s'il n'y avoit point de l'attache dans le plaisir & la consolation que je recevois de communiquer avec les personnes à qui ie rendois compte de ce qui se passoit en moy, & de les aimer & ceux que je voyois servir Dieu fidellement, nostre Seigneur me dit : *Que si un malade en peril de mort connoissait qu'un medecin luy pûst rendre la santé, ce ne seroit pas en luy une vertu de ne le point aimer & de ne luy pas témoigner sa reconnoissance : Que ie considerasse ce que i'aurois fait si ie n'avois êté assistée par de semblables personnes ; Que la conversation des bons au lieu de me nuire ne pouvoit que me profiter, & qu'ainsi ie ne craignisse point de traiter avec eux ; mais que ie prisse garde à regler de telle sorte mes paroles & mes discours, qu'il n'y entrast rien que de saint & d'utile.* Cet éclaircissement qu'il plût à nostre Seigneur de me donner me consola beaucoup, parce que l'apprehension d'une attache qui auroit pû luy estre desagreable me causoit quelquefois tant de peine que j'aurois voulu ne communiquer plus avec personne. C'est ainsi que nostre Seigneur m'assistoit en toutes rencontres, & jusques à me dire de quelle sorte je me devois conduire envers les foibles & quelques autres personnes. Il n'a jamais manqué de prendre soin de moy ; mais il y a des temps que je ne puis sans douleur me voir si inutile pour son service, & contrainte de prendre plus de soin que je ne voudrois de ce miserable corps.

Vn jour que j'estois en oraison l'heure d'aller dormir estant venuë, je me trouvay travaillée de grandes douleurs, & le temps de mon vomissement ordinaire s'approchoit. Me voyant dans une telle foiblesse de corps, & mon esprit d'un autre costé voulant s'occuper de Dieu, je sentis dans ce combat une telle affliction que je me mis à pleurer. Cela m'est arrivé diverses fois, & me donne tant de tourmens qu'il me semble que je me hay alors moy-même, quoy qu'il me paroisse quand cela est passé que je ne me hay pas trop, ni ne manque guere à prendre soin de ce qui m'est necessaire: & Dieu veüille mesme que je n'aille pas au delà de mes besoins. Estant donc dans la peine que je viens de dire nostre Seigneur m'apparut & me consola beaucoup en me disant: *Que je souffrisse pour l'amour de luy ces infirmitez attachées à la fragilité humaine, parce que la conservation de ma vie estoit encore necessaire pour son service.* Cela fit en moy un si grand effet que depuis m'estre ensuite resoluë de m'employer de tout mon pouvoir à servir Dieu, je ne me suis plus trouvée en de semblables peines: car encore qu'il me laisse un peu souffrir il me console après de telle sorte que je ne merite pas beaucoup lors que je desire d'endurer pour l'amour de luy, qui est tout ce que je croy devoir desormais faire en ce monde, & dont je le prie le plus ardemment, en luy disant quelquefois de tout mon cœur: Seigneur, ou mourir, ou souffrir. C'est la seule chose que je vous demande. Et je n'entens point sonner l'horloge que je n'en aye de la joye, parce qu'il me semble que cette heure de ma vie qui est passée m'approche un peu de ce temps heureux auquel j'espere que Dieu me fera la grace de le voir sans pouvoir plus estre separée de luy.

 D'autres fois je ne me sens avoir ni envie de mourir, ni desir de vivre, mais je me trouve dans une certaine tiedeur & un obscurcissement si general à l'égard de toutes choses, que cela me fait beaucoup souffrir. J'ay aussi une grande peine de ce que nostre Seigneur a voulu que les faveurs qu'il me fait fussent sçûës de tout le monde, comme il m'avoit dit il y a quelques années qu'elles le seroient. Et vostre Reverence sçait combien je l'apprehendois, à cause que chacun en juge selon sa fantaisie. Mais ma consolation est qu'il n'y a point eu du tout de ma faute: car je n'en ay parlé qu'à mes confesseurs, ou à ceux à qui eux-mesmes l'avoient dit, l'on ne peut estre plus retenuë que je l'ay esté en cela, non tant par humilité que par la repugnance que j'y avois, & qui estoit telle que j'avois peine à me resoudre d'en parler mesme à mes confesseurs. Maintenant, graces à Dieu, quoy que quelques-uns murmurent contre moy par un bon zele, que d'autres apprehendent de me parler, d'autres de me confesser, & que d'autres disent mille choses de moy: neanmoins voyant tres clairement que nostre Seigneur veut se servir de ce moyen pour l'avantage de plusieurs ames, & me representant ce qu'il a souffert pour chacune d'elles je me mets fort peu en peine de tout ce que l'on peut

dire

dire & penser sur ce sujet. Lors qu'il luy plût de me renfermer dans ce petit coin de terre si estroit & si resserré, j'avois crû qu'y estant comme morte, on ne se souviendroit plus de moy: mais j'ay esté contrainte contre mon desir de parler à quelques personnes. Toutefois comme elles ne me voyent point, & que j'y suis si retirée avec une si petite & si sainte compagnie, j'espere que nostre Seigneur me fera la grace d'y trouver un port asseuré, & que considerant ainsi que d'un lieu élevé ce qui se passe dans le monde, je ne seray point touchée de l'opinion qu'on aura de moy. Mais je le seray toûjours extrêmement du moindre petit avantage que je pourray procurer à une ame, c'est le but où tendent tous mes desirs depuis que je suis dans cette maison. Cette disposition où je me trouve me fait comme songer en veillant; tout ce que je voy ne me paroissant qu'un songe, & ne me donnant ni plaisir ni peine. Que si j'en ay dans quelques rencontres cela passe si promptement que j'en suis toute estonnée; & il ne m'en reste autre impression que comme d'une chose que j'aurois seulement songée: ce qui est si vray que si je voulois aprés me réjoüir du plaisir que j'aurois eu, ou m'attrister de la peine que j'aurois ressentie, il ne seroit pas en mon pouvoir, non plus qu'une personne sage ne pourroit se réjoüir ou s'affliger d'un songe qu'elle avoit eu, parce qu'il a plû à Dieu de réveiller mon ame de ce songe qu'elle n'avoit fait qu'à cause qu'elle n'estoit pas morte à toutes les choses d'icy bas; & je le prie de tout mon cœur de ne pas permettre qu'elle retombe dans un pareil assoupissement.

Voila, mon Pere, l'estat où je suis, & je vous prie de demander à Dieu pour moy, ou qu'il me retire à luy, ou qu'il me fasse la grace de le servir. Je souhaite que ce que j'ay écrit vous soit utile en quelque chose. Je ne l'ay pas fait sans peine à cause de mon peu de loisir: mais j'estimeray cette peine heureuse & me tiendray bien recompensée si j'ay rencontré à dire quelque chose qui donne sujet de loüer Dieu, quand mesme vous jetteriez cet écrit dans le feu aussi-tost aprés l'avoir lû. Je serois neanmoins bien aise que vous l'eussiez montré auparavant aux trois personnes que vous sçavez, parce qu'estant ou ayant esté mes confesseurs s'ils n'en sont pas satisfaits il leur fera perdre la bonne opinion qu'ils ont de moy; & que s'ils en son contens ils sont trop éclairez pour ne pas connoistre que tout ce qu'il y a de bon vient de Dieu, & trop charitables pour ne luy pas rendre graces de ce qu'il luy a plû se servir de moy pour le dire. Je prie sa divine Majesté de vous conduire toûjours par la main, & de vous rendre un si grand Saint que vous puissiez soustenir par vostre vertu, & éclairer par vostre lumiere cette miserable creature qui a osé entreprendre d'écrire des choses si élevées. Que si je ne me suis trompée en beaucoup, au moins n'ay-je eu autre dessein que de dire la verité, d'obeïr à ce qui m'a esté commandé, & de tascher de porter ceux qui le liront à loüer Dieu. Ie luy demande cette grace depuis plusieurs années; & comme les œuvres me manquent, c'est ce qui m'a fait prendre la hardiesse de rapporter le mieux que i'ay pû les particularitez d'une vie aussi imparfaite qu'a esté la mienne. Ie n'y ay employé qu'autant de temps & d'application qu'il en a esté besoin pour l'écrire avec une entiere sincerité. Dieu qui peut faire tout ce qu'il luy plaist veüille me donner par son assistance une si ferme resolution d'accomplir sa volonté en toutes choses, qu'aprés avoir par tant d'effets de son amour & en tant de diverses manieres retiré mon ame du peril d'estre precipitée dans l'enfer, il ne permette pas qu'elle se perde. Ainsi soit-il.

Le saint-Esprit soit toûjours avec vous. Amen.

IE croy, mon Pere, ne devoir point faire difficulté de témoigner à vostre Reverence la peine que i'ay eüe à écrire cette relation de ma vie, afin de vous engager à me recommander à Dieu avec encore plus d'affection quand vous sçaurez combien i'ay souffert en me remettant ainsi devant les yeux toutes mes miseres, quoy que ie puisse dire avec verité que i'ay esté plus touchée du souvenir des faveurs que i'ay receuës de Dieu, que des offenses que i'ay commises contre luy. I'ay obey à ce que vous m'avez commandé en m'estendant assez sur les divers sujets que i'ay traitez; & vous me tiendrez s'il vous plaist la parole que vous m'avez donnée d'en retrancher tout ce que vous y trouverez à redire. Ie n'avois pas achevé de relire cette relation lors que vostre Reverence l'a envoyé querir; ainsi il se pourra faire qu'il y aura des choses mal expliquées, & d'autres repetées, parce que i'ay eu si peu de temps pour employer à ce travail que ie n'avois pas le loisir de revoir ce que i'écrivois. Ie vous supplie de le corriger, & de le faire transcrire si vous les voulez envoyer au Pere Maistre Avila, à cause qu'il pourroit reconnoistre mon écriture. Comme lors que i'ay cõmencé cette relation dans laquelle ie me suis acquitée de tout ce qui peut dépendre de moy, i'ay eu intention qu'il la vist; ie souhaite qu'on la luy montre, parce que ce me sera une grande consolation s'il en est content. Vous en userez neanmoins mon Pere comme il vous plaira; & i'espere que vous me sçaurez quelque gré de ce que ie vous confie ainsi sans reserve les plus intimes sentimens de mon ame. Ie recommanderay la vostre à nostre Seigneur durant tout le reste de ma vie; & ie desire de tout mon cœur que vous ne perdiez pas un moment pour vous avancer de plus en plus dans son service, & vous rendre encore plus capable de m'assister. Cette relation vous fera voir combien il importe de se donner tout entier comme vous avez commencé de faire, à ce divin Redempteur qui s'est

ADDITION.

donné tout entier pour nous. Qu'il soit beny à jamais. I'espere, mon Pere, de sa misericorde que nous nous trouverons ensemble dans cette heureuse eternité où toutes les ombres estant dissipées, & tous les voiles levez, nous connoistrons clairement combien grandes sont les graces qu'il nous a faites, & ne cesserons jamais de le loüer. Ainsi soit il.

Ce Livre fust achevé par la Sainte au mois de Iuin 1562. sans distinction de Chapitres: Mais l'ayant depuis transcrit, elle le divisa par Chapitres, & y aiousta diverses choses arrivées depuis, dont l'une est la fondation du Monastere de S. Ioseph.

Le Pere Maistre Loüis de Leon.
Au Lecteur.

M'estant tombé entre les mains avec l'original de ce Livre quelques memoires de la Sainte, dans lesquels, soit pour s'en souvenir, ou pour en rendre compte à ses confesseurs, elle a écrit des choses que Dieu luy a dites, & des faveurs qu'il luy a faites dont elle n'avoit point parlé dans sa vie, ie les ay trouvées si pleines d'edification, que i'ay crû les y devoir aiouster sans y rien changer. Les voicy donc mot à mot.

Nostre Seigneur me dit un jour: Pensez-vous ma fille que le merite soit dans la ioüissance du bon-heur que donnent mes graces & mes faveurs? nullement: mais il consiste à agir, à souffrir, & à aimer. Ne sçavez-vous pas que S. Paul ayant tant souffert, il n'a gousté qu'une seule fois la douceur de ces ioyes ineffables qui ne se rencontrent que dans le Ciel? N'avez-vous pas remarqué qu'ayant passé ma vie dans des souffrances continuelles, mon bon-heur n'a paru que sur la montagne de Thabor? & ne considerez-vous point de combien de peines & de travaux a esté traversée la ioye que ma Mere a eüe de me tenir entre ses bras? Simeon ne les luy eut pas plustost predites que mon Pere luy fit clairement connoistre ce que i'avois à endurer; & ces grands Saints qui estant conduits par luy dans les deserts & les solitudes ont passé leur vie en des austeritez & des penitences continuelles, & qui ont soustenu tant de combats contre le demon & contre eux-mesmes, n'ont-ils pas esté quelquefois durant un long-temps sans recevoir aucune consolation spirituelle? Croyez-moy ma fille que ceux que mon Pere aime le plus sont ceux qu'il fait souffrir davantage quand il voit que leur amour est égal à leur souffrance. Et en quoy puis-ie mieux témoigner que ie vous aime qu'en vous desirant ce que i'ay desiré pour moy-mesme? Considerez mes playes, & voyez si vos douleurs peuvent iamais approcher de celles que i'ay endurées pour l'amour de vous. C'est là le chemin de la verité: & lors que vous l'aurez bien connu vous m'aiderez à pleurer la perte de ceux qui n'ont pour but de tous leurs desirs, de tous leurs soins, &

de toutes leurs pensées, que de suivre une voye toute contraire.

Quand ie commençay ce iour-là à faire oraison i'avois un si furieux mal de teste, qu'il me paroissoit presque impossible de m'y occuper. Alors nostre Seigneur me dit : *Vous connoistrez par là l'avantage qu'il y a de souffrir, puis qu'en l'estat où vous estes ne me pouvant rien dire, ie veux bien pour vous consoler vous faire la faveur de vous parler.* Ie demeuray prés d'une heure & demie tres-recueillie, & ce fut durant une partie de ce temps que nostre Seigneur me dit ce que ie viens de rapporter. Ie n'eus donc point de distraction ; mais sans sçavoir où i'estois, ie me trouvois dans un contentement indicible : ie vis avec estonnement que mon mal de teste se passa, & ie demeuray dans un grand desir de souffrir. Nostre Seigneur me dit aussi de graver dans ma memoire ces paroles qu'il avoit dites à ses Apostres: *Qu'il n'estoit pas iuste que les serviteurs fussent mieux traitez que leurs maistres.*

Vn iour d'un dimanche des Rameaux aprés avoir communié ie me trouvay dans une si grande suspension d'esprit que ie ne pouvois avaler la sainte hostie; & lorsque ie fus un peu revenuë à moy il me sembla que i'avois la bouche toute pleine de sang, que ce sang couloit sur mon visage & sur mon corps avec la chaleur qu'il devoit avoir quand N. Seigneur le répandit au milieu de ses douleurs, & que dans la ioye que ie ressentois il me dit : *Ma fille, ie veux que mon sang vous profite, & ne craignez point que ma misericorde vous manque. I'ay souffert en le répandant d'extrémes douleurs : vous en recevez avec ioye maintenant le fruit, & voyez de quelle sorte ie vous recompense du plaisir que vous m'avez fait auiourd'huy.* Ce qui le faisoit parler de la sorte estoit, qu'il y a plus de trente ans que ie n'ay iamais manqué quand ie l'ay pû de communier ce iour là, & de tascher à me preparer à le loger dans mon ame aprés l'y avoir receu, parce que ie ne pouvois souffrir que les Iuifs aprés luy avoir fait une entrée si magnifique l'eussent laissé aller si loin chercher à manger, & qu'ainsi ie desirois de l'avoir pour hoste, quoy que dans une demeure que ie connois maintenant estre si indigne de luy. Telles estoient ces grossieres considerations qui me venoient dans l'esprit ; & il parut neanmoins que nostre Seigneur les eut agreables, puis que cette vision est l'une de celles que ie tiens la plus asseurée, & qu'elle m'a servy pour me mieux preparer à la sainte communion.

Ayant leu dans un certain livre qu'il y a de l'imperfection à garder des images curieuses, & croyant dés auparavant que la pauvreté obligeoit à n'en avoir que du papier, cela m'avoit confirmé dans cette opinion, & i'en voulois oster une qui estoit dans ma cellule. Mais nostre Seigneur me dit lors que ie ne pensois point à cela ; *Que cette mortification n'estoit pas bonne, parce que l'amour de Dieu estant preferable à la pauvreté, ie ne devois point me priver, ni mes Religieuses* ce qui pouvoit nous y exciter : Que ce livre que i'avois leu n'entendoit parler par ces mots des choses curieuses que des ornemens dont on enrichit des images, & non pas des images : Que ç'avoit esté un artifice du demon d'inspirer aux Lutheriens pour leur perte de retrancher tous les moyens qui peuvent porter à la pieté : Et ma fille, ajousta-t-il, ceux qui me sont devotement fidelles doivent maintenant plus que iamais s'efforcer de faire le contraire de ce qu'ils font.

Considerant la difference que i'éprouve entre vivre separée des affaires & des occupations temporelles, ou de m'y trouver engagée; l'un conservant mon ame beaucoup plus tranquille & plus pure, & l'autre me faisant commettre plusieurs fautes, i'entendis une voix qui me dit : *Il faut de necessité, ma fille, que cela soit ainsi. C'est pourquoy efforcez-vous en toutes choses d'avoir une droite intention, de vous détacher de tout, & de ietter continuellement les yeux sur moy afin de rendre vos actions conformes aux miennes.*

Pensant une autre fois d'où pouvoit venir que ie n'avois plus de ravissemens en public, i'entendis encore une voix qui me dit ; *Cela n'est plus necessaire : la bonne opinion que ie voulois que l'on eust de vous est assez establie, & il faut maintenant avoir égard à la foiblesse de ceux qui iugent mal des choses les plus parfaites.*

Me trouvant un iour touchée de crainte dans l'incertitude de sçavoir si i'estois en grace, nostre Seigneur me dit : *Ma fille, la lumiere est bien differente des tenebres: ie suis fidelle en mes promesses, & personne ne se perd sans le connoistre. C'est se tromper que de s'assurer sur des douceurs spirituelles. La veritable asseurance consiste dans le témoignage que rend à chacun sa propre conscience. Nul ne peut non plus par luy mesme demeurer dans la lumiere qu'empescher la nuit de venir, parce que cela depend de ma grace. Ainsi le meilleur moyen de demeurer dans la lumiere est de connoistre que l'on n'y sçauroit rien contribuer, mais qu'elle procede de moy seul, & qu'encore que l'on y soit, la nuit vient aussi-tost que ie me retire & l'on se trouve dans les tenebres. Ce qui montre que la veritable humilité d'une ame consiste à connoistre qu'elle ne peut rien, & que ie puis tout. Ecrivez ces avis que ie vous donne comme vous écrivez ceux que vous recevez des hommes afin de ne les point oublier.*

En la premiere année que ie fus Prieure du monastere de l'Incarnation, lors que la veille de saint Sebastien on commençoit à chanter le *Salve Regina*, ie vis la tres-sainte Vierge accompagnée d'une grande multitude d'Anges descendre & se mettre sur le siege destiné pour la Prieure au dessus duquel il y avoit un image de cette glorieuse Mere de Dieu. Il me sembla que ie ne vis plus alors l'image, mais seulement elle-mesme qui me parut avoir quelque ressemblance avec l'image que la Comtesse m'avoit donnée : & cela se passa si promtement que ie n'en sçaurois parler avec certitude, parce que i'entray

Mm iij

aussi-tost en suspension. Il me sembla que je voyois plus haut & sur les bras des sieges plusieurs Anges, quoy que ce ne fust pas sous une forme corporelle, à cause que cette vision estoit intellectuelle. Cela dura pendant tout le *Salve*, & la sainte Vierge me dit : *Vous avez bien fait de mettre icy mon image ; ie seray presente aux loüanges que vous donnerez à mon Fils, ie les luy offriray.*

Mon confesseur s'estant un soir retiré fort promptement à cause que des occupations plus pressées l'appelloient ailleurs, cela m'attrista un peu ; & comme il me semble que je ne suis attachée à aucune creature, l'apprehension de perdre cette liberté d'esprit me donna quelque scrupule. Le lendemain au matin nostre Seigneur répondant à ma pensée me dit : *Que ie ne devois pas m'estonner si de mesme que les hommes desirent de trouver avec qui s'entretenir des plaisirs & des ioyes sensibles qu'ils goustent, l'ame desire de rencontrer quelqu'un qui entende son langage, à qui elle puisse communiquer ses contentemens & ses peines, & s'attriste de n'en point trouver.* Nostre Seigneur estant demeuré quelque temps avec moy, il me souvint que j'avois dit à mon Confesseur que ces visions passoient bien viste : & alors ce divin Sauveur me dit : *Qu'il y avoit de la difference entre ces visions & celles qui ne sont que representatives, & qu'il n'y a point de regle certaine dans ces faveurs, parce qu'il importe qu'elles ne soient pas toutes semblables.*

Vn jour aprés avoir communié il me parut tres-clairement que nostre Seigneur se mit auprés de moy pour me consoler, & qu'il me dit entre autres choses avec beaucoup de tendresse : *Me voilà, ma fille c'est moy-mesme* ; qu'ensuite il me prit les mains, les porta sur son costé, & ajousta : *Considerez mes playes ; cette vie passe mais ie ne vous abandonneray point.* * Ie compris par certaines paroles qu'il me dit aussi, que depuis qu'il est monté dans le ciel il n'est descendu sur la terre pour se communiquer aux hommes que dans le tres-saint Sacrement. Il me dit aussi : *Qu'aprés estre ressuscité il s'estoit montré à sa Sainte Mere, & avoit demeuré assez long-temps avec elle pour la consoler dans l'extréme affliction où elle estoit ; sa douleur estant si grande qu'elle avoit eu besoin de temps pour reprendre ses esprits, afin d'estre capable de gouster une telle ioye.*

La Sainte ne dit pas icy comme quelques uns l'ont mal entendu que l'humanité de Iesus-Christ soit alors descenduë du Ciel pour parler à elle, ce qu'il n'avoit point fait depuis l'Ascension : *Mais comme elle venoit de communier, Iesus Christ qui estoit present dans les especes sacramentales luy dit ce qu'elle rapporte en ce lieu. Ce qu'elle dit aussi que Iesus-Christ n'est point descendu en terre depuis son Ascension dans le Ciel, n'empesche pas qu'il ne se soit montré à plusieurs de ses serviteurs, qu'il n'ait parlé à eux, non en descendant sur la terre ; mais en élevant leurs ames à luy pour le voir & pour l'entendre, comme les Actes des Apostres nous apprennent qu'il est arrivé à S. Estienne & à S. Paul.*

Vn matin estant en oraison j'eus un grand ravissement, & il me sembla que nostre Seigneur m'enlevant en esprit m'approcha de son Pere, & luy dit : *Voicy celle que vous m'avez donnée ; ie vous la rends* ; & ie vis qu'il me receut. Ce ne fust point une imagination ; mais une chose tres-réelle & si spirituelle, qu'elle ne se peut exprimer. Il me dit certaines paroles dont je ne me souviens point. Ie sçay seulement

ADDITION.

qu'elles estoient d'affection & de tendresse, & que Dieu me tint durant quelque temps auprés de luy.

Le second iour de caresme aprés avoir communié dans le monastere de saint Ioseph de Malagon nostre Seigneur se presenta à moy ainsi qu'il a accoustumé dans les visions qui se passent en mon esprit; & en le considerant ie vis qu'au lieu d'une couronne d'épines il en avoit une resplandissante, & qui brilloit d'autant de rayons que les pointes de ces cruelles épines dont cette autre couronne estoit formée luy avoient autrefois fait de playes. Comme i'ay une devotion particuliere pour ce mystere cela me consola beaucoup. Mais me representant en mesme temps ce que tant de blesseures luy avoient fait souffrir ie sentis mon cœur percé de douleur. Sur quoy il me dit: *Que ce n'estoit pas ces blesseures qui me devoient affliger; mais celles qu'on luy faisoit presentement.* le luy demanday ce que ie pouvois faire pour y apporter quelque remede, n'y ayant rien à quoy ie ne fusse resoluë, & il me répondit: *Qu'il n'estoit pas temps de se reposer; mais de se haster de travailler à fonder des monasteres: Qu'il se plaisoit avec ces ames qui luy estoient consacrées; que i'en receusse autant qu'il s'en presenteroit parce qu'il y en avoit plusieurs qui ne manquoient à le servir qu'à cause qu'ils n'estoient pas en lieu propre pour cela: Que ceux que i'establirois dans de petites villes devoient estre semblables à celuy où i'estois alors, & que l'on y pouvoit autant meriter que dans les grands, pourveu que l'on y portast le mesme zele: Que ie fisse en sorte que toutes ses maisons n'eussent qu'un mesme Superieur: Que ie prisse bien garde à empescher que le soin du temporel ne troublast la paix interieure des ames: Qu'il nous assisteroit afin que le necessaire ne nous peut manquer: Que l'on eust un soin particulier des malades, puis que la Prieure qui n'en a pas de les soulager en tout ce qu'il luy est possible ressemble aux amis de Iob qui le mettoient en danger de perdre la patience s'il ne l'eust soustenu dans une si grande épreuve de sa vertu; & que i'écrivisse de quelle sorte se seroient passées les fondations de ces monasteres.* Sur quoy pensant en moy-mesme que ie n'avois rien remarqué d'extraordinaire dans celle de Medine qui meritast d'estre écrit, il me demanda: ce que ie desirois davantage que de sçavoir qu'elle avoit esté miraculeuse, & il estoit vray que luy seul l'avoit fait reüssir contre toute sorte d'apparence. Ainsi ie me resolus à écrire ces fondations.

Le Mardy d'aprés l'Ascension estant en oraison aprés avoir communié ie me trouvay si distraite, que mon esprit passoit continuellement d'une chose à une autre sans pouvoir s'arrester à aucune; & dans la peine que i'en avois ie me plaignois à nostre Seigneur de la misere de nostre nature; mais ie sentis alors mon esprit s'échauffer: il me sembla voir clairement que la tres-sainte Trinité estoit presente; & cela dans une vision intellectuelle qui me fit connoistre par

LA VIE DE SAINTE THERESE.

une manière de representation qui estoit comme une figure de la verité, qu'elle n'auroit pas esté capable de voir à découvert & sans cette espece de voile, de quelle sorte un seul Dieu est en trois personnes. Il me parut ensuite que ces trois personnes se representoient distinctement à moy dans le fond de mon ame ; qu'elles me parloient & qu'elles me dirent : *Qu'à commencer dés ce iour chacune d'elles me feroit une faveur particuliere : Que ma charité s'augmenteroit ; que je m'en sentirois toute embrasée ; & que je souffrirois avec plaisir.* Ie compris aussi le sens de ces paroles de nostre Seigneur, que les trois personnes divines sont dans l'ame qui est en grace. En le remerciant d'une si grande faveur, & dont j'estois si indigne, je luy demanday avec beaucoup de sentiment comment il se pouvoit faire que dans le mesme temps qu'il m'accordoit des graces si particulieres, il sembloit m'abandonner en permettant que je fusse si mauvaise : ce que je disois parce que le jour precedent m'estant representé le grand nombre de mes pechez j'en avois esté toute troublée. Ie vis clairement les extrêmes obligations que j'avois à Dieu d'avoir employé tant de divers moyens pour m'attirer dés mon enfance à son service sans que j'en eusse profité. Ie connus quel est l'excez de son amour de nous pardonner tant de pechez lors que nous voulons nous convertir à luy & comme par diverses raisons il m'en a plus pardonné qu'à nulle autre. Ces trois divines Personnes que je compris n'estre qu'un seul Dieu demeurerent si imprimées dans mon ame, que si cela continuoit il me seroit impossible de n'estre pas toûjours recueillie.

Estant un peu auparavant dans le monastere de S. Ioseph d'Avila & allant communier, je vis avant que d'avoir receu la sainte Hostie qui estoit encore dans le ciboire, une colombe qui battoit des aîles avec bruit ; & j'en fus si troublée que je pûs à peine recevoir la sainte Hostie.

En année 1571. j'entendis dans ce mesme monastere une voix qui me dit : *Vn temps viendra qu'il se fera plusieurs miracles dans cette Eglise ; & on la nommera l'Eglise sainte.*

Pensant un jour en-moy-mesme si c'estoit avec raison que quelques uns me blasmoient de sortir de mon convent pour fonder des monasteres, & disoient que je ferois mieux de m'occuper à l'oraison, j'entendis une voix qui me dit : *La perfection ne consiste pas en cette vie à joüir du bon-heur de ma presence ; mais à faire ma volonté.*

Ce qu'on m'avoit rapporté autrefois de S. Paul touchant l'esprit de retraite dans lequel les femmes doivent estre, & que l'on m'avoit redit encore depuis peu, me faisant croire que Dieu vouloit que je le pratiquasse, il me dit : *Dites-leur qu'ils ne s'arrestent pas à un seul passage de l'Ecriture ; mais qu'ils considerent les autres, & voyent s'ils peuvent me lier les mains.*

ADDITION.

Vn jour aprés l'octave de la Visitation de la Ste Vierge que j'estois dás un hermitage du Môt-Carmel recómādāt à Dieu un de mes freres, je luy dis, Seigneur, pourquoy permettez-vous que mon frere soit en un lieu où il court fortune de se perdre? Il me semble que si un de vos freres se trouvoit dans un semblable peril il n'y auroit rien que je ne fisse pour tâcher à l'en tirer; & alors il me dit: *Ma fille, ma fille, ce sont les Religieuses de l'Incarnation qui sont mes sœurs. A quoy vous arrestez-vous? prenez courage, & ne pensez qu'à accomplir ma volonté: cela n'est pas si difficile qu'il vous semble; & ce que vous vous imaginez devoir causer la perte des autres maisons tournera à leur auantage & a celuy des vostres. Mon pouuoir est grand, n'y resistez point.*

Considerant un jour la grande penitence que faisoit une Religieuse, & que j'aurois pû en faire davantage que je n'en faisois si j'eusse suivy le desir que Dieu m'en donnoit quelquefois sans m'arrester à ce que mes confesseurs m'ordonnoient, je pensay en moy mesme si peut estre il ne vaudroit point mieux ne leur pas obeïr en cela Nostre Seigneur me dit: *Non ma fille, vous ne sçauriez vous égarer dans le chemin que vous tenez: marchez y en assurance. Quelques grandes que soient les penitences que vous voyez faire à cette personne, j'estime davantage vostre obeïssance.*

Estant un jour en oraison Dieu me fit voir par une vision intellectuelle que l'ame qui est en grace se trouve en la compagnie de la tres sainte Trinité, qui l'éleve au dessus de tout ce qui est sur la terre; & l'on me fit comprendre ces paroles du Cantique: *Dilectus meus descendit in hortum suum.* Ie vis aussi qu'au contraire l'ame engagée dans le peché est comme une personne qui estant liée, & ayant les yeux bandez, & les oreilles bouchées, ne peut ni marcher, ni voir, ni entendre; mais se trouve toute environnée de tenebres & dans une grande obscurité; ce qui me donna une telle compassion des ames qui sont en cet estat, qu'il n'y a rien que je ne souffrisse avec joye pour en délivrer une seule. Ie ne sçaurois bien representer cette vision; mais je suis persuadée qu'il seroit impossible à ceux qui la verroient telle que ie la vis, de se resoudre à perdre un si grand bon-heur pour tomber dans un si grand malheur.

En la seconde année que ie fus Prieure du monastere de l'Incarnation le Pere Iean de la Croix me communiant un jour de l'octave de saint Martin il partagea la sainte Hostie pour en donner une moitié à une de mes sœurs. Ie crus que ce n'estoit pas qu'il en manquast; mais qu'il le faisoit pour me mortifier à cause que ie luy avois dit que i'estois bien ❧❧❧ recevoir de grandes Hosties, quoy que ie sceusse que cela ❧❧❧ pas, puis que IESUS-CHRIST est tout entier dans la moindre particule; & alors Nostre Seigneur pour me faire connoistre qu'en effet cela n'importe pas, me dit : *Ne craignez point, ma fille, que qui que ce soit puisse vous separer de moy.* Il se montra ensuite à moy comme il avoit fait autrefois par une vision representative mais tres-interieure, & me dit en me montrant sa main droite: *La marque du clou qui perça cette main vous en sera une, qu'à commencer dés ce moment ie vous prens pour mon Epouse. Vous n'aviez pas esté digne iusques icy de recevoir une si grande faveur ; mais desormais vous ne me regarderez plus seulement comme vostre Createur, vostre Roy, & vostre Dieu: vous me considererez aussi comme vostre veritable Epoux. Mon honneur sera le vostre, & le vostre sera le mien.*

Ces paroles firent une telle impression dans mon ame, qu'elle estoit comme hors d'elle-mesme & comme toute égarée ; & dans ce transport je priay Nostre Seigneur, ou de relever ma bassesse pour me rendre capable de recevoir une si excessive faveur, ou de ne me la pas accorder, parce que n'y ayant point de proportion entre l'infirmité de la nature & l'eminence d'une telle grace, je ne pouvois la supporter s'il ne m'en donnoit la force. Ie passay le reste du jour de la sorte, & j'ay receu depuis de grands avantages de cette vision : mais avec beaucoup de confusion & avec douleur de voir que je travaille si peu pour les meriter.

Lors que j'estois dans le monastere de Tolede on me conseilla de n'en permettre la sepulture qu'à des personnes de qualité; & alors N. Seigneur me dit : *Ce seroit bien vous abuser, ma fille, de vous arrester aux loix du monde, au lieu de considerer que j'ay esté pauvre & méprisé. Croyez-vous donc que ceux qui y passent pour grands se trouveront grands devant mes yeux, & que la noblesse soit plus estimable que la vertu?*

Environ le 14. jour de Février de l'an 1571. Nostre Seigneur me dit: *Vous desirez les trauaux, & en mesme temps les apprehendez. Mais ie disposse les choses selon que la partie superieure de vostre ame le souhaite, & non pas selon l'infirmité & la foiblesse de l'inferieure. Efforcez vous donc de vous rendre digne de mon assistance qui veut vous rendre victorieuse de vous-mesme. Vous ne mourrez point que vous ne voyez l'ordre de ma sainte Mere faire un grand progrez.*

Lors qu'en l'année 1579. j'estois dans le Monastere de S Ioseph d'Avila la veille de la Pentecoste & dans l'hermitage de Nazareth, me souvenant d'une tres-grande grace que Dieu m'avoit faite à pareil jour il y avoit environ vingt ans, j'entray dans une telle ferveur d'esprit que mes puissances demeurerent suspenduës; & dans ce grand recueillement N. Seigneur me dit: *De commander de sa part aux Peres Carmes Déchaussez d'obseruer quatre choses d'où dependoit l'accroissement ou la décadence de leur Ordre. La premiere, que les Superieurs s'accordassent dans leurs sentimens. La seconde, qu'ayant plusieurs maisons il n'y eust que peu de Religieux en chacune. La troisième, d'avoir peu de communication auec les Seculiers, & ce peu pour le bien de leurs ames. Et la quatrième, d'enseigner plus par actions que par paroles.* Comme il n'y a rien de plus vray je l'ay signé de ma main. Therese de Iesus.

PREMIERE RELATION.

VOicy quelle est ma maniere d'oraison dans le temps que j'écris cecy. Il m'arrive rarement de pouvoir discourir avec l'entendement, parce qu'aussi-tost que je commence à me recueillir j'entre dans la quietude ou le ravissement, & qu'ainsi je ne puis faire aucun usage de mes sens. I'entens seulement que l'on me parle; mais sans rien comprendre à ce que l'on me dit.

Il m'arrive souvent qu'encore que je ne pense point alors à Dieu, mais à d'autres choses, & qu'il me semble que quelque desir que j'en eusse je ne pourrois faire oraison tant je suis dans une grande secheresse & travaillée de douleurs corporelles, je me trouve tout d'un coup dans un tel recueillement & elevation d'esprit que je suis comme hors de moy-mesme, & j'en reçois en un moment les avantages que je diray, sans que j'aye eu neanmoins aucune vision ni rien entendu, & sans sçavoir où je suis. Il me paroist seulement que mon ame est comme perduë, & qu'elle profite plus en un moment qu'elle ne pourroit avec tous ses efforts faire en une année.

D'autres fois je me sens dans un tel transport & un si grand desir de mourir pour Dieu que je ne sçay que devenir. Il me semble que je vay rendre l'esprit: ie iette des cris: i'ay recours à Dieu & le prie avec grande ardeur de ne me pas abandonner. En d'autre temps ie ne puis demeurer assises tant mes inquietudes sont grandes; & cette peine que je sens sans y rien contribuër est d'une telle nature que ie ne voudrois jamais la voir cesser. Elle procede du degoust de la vie que le desir de voir Dieu me cause, & de ce que mon mal est sans remede; parce qu'il n'y en auroit point d'autres que la mort, & qu'il ne m'est pas permis de me la donner. Ainsi il me paroist que les autres trouvant de la consolation dans leurs maux il n'y a que les miens qui durent toûjours: & la douleur que j'en souffre est si grande qu'il me seroit impossible de la supporter si N. Seigneur ne la soulageoit de temps en temps par ces ravissemens qui font cesser mes inquietudes, rendent le calme à mon ame, luy donnent quelquefois la joye de voir une partie de ce qu'elle desire, & en d'autres temps celle de connoistre des veritez merveilleuses qui luy paroissoient incomprehensibles.

Ie me sens d'autres fois pressée par de si violens & si ardens desirs de servir Dieu, & dans un si extrême deplaisir de luy estre inutile, que je ne puis assez dire combien cela me fait souffrir. Il me paroist alors qu'il n'y a ni peines ni travaux, ni martyre que je n'endurasse avec

N n ij

joye : ce qui m'arrive en un moment quoy que je n'y pense point, & avec une telle impetuosité qu'il me renverse l'esprit sans que j'en puisse comprendre la cause. Ie voudrois jetter des cris pour faire entendre à tout le monde combien il importe de ne se pas contenter de recevoir de petites graces, & quelles sont celles que nous pouvons esperer de la bonté de Dieu si nous nous y disposons. Ces desirs si violens & cette douleur de ne pouvoir ce que je voudrois m'agitent d'une maniere incroyable. Il me semble que si j'estois libre je ferois des choses extraordinaires pour le service de Dieu, & je me trouve comme liée d'une telle sorte que je luy suis entierement inutile. Ainsi ma peine est si grande qu'elle ne se peut exprimer : mais enfin Dieu la fait cesser, & le recueillement, la consolation, & la joye prennent sa place.

Il m'est arrivé d'autres fois dans ces mêmes si ardens desirs de servir Dieu de vouloir faire des penitences qui m'auroient sans doute beaucoup soulagée & donné une grande joye : mais on m'en a empêchée à cause de mes infirmitez corporelles, & je croy que si on me les eust permises elles auroient pû, quoy que mediocres, estre excessives.

Ie sens quelquefois une si grande peine d'avoir à converser avec quelqu'un qu'elle me fait répandre des larmes. Tout mon plaisir est d'estre seule, & lors même que je ne prie ni ne lis point je ne laisse pas de trouver de la consolation dans la solitude. L'entretien de mes parens m'est particulierement ennuyeux, & je n'y suis qu'avec contrainte, excepté ceux avec qui je puis traiter de l'oraison & d'autres discours de pieté : car je suis bien aise de les voir ; mais non pas toûjours, y ayant des temps où leur compagnie me seroit à charge parce que je voudrois estre seule. Mais cela arrive rarement, principalement à l'égard de ceux à qui je parle des choses de ma conscience : car il me consolent toûjours. Ce m'est aussi une grande peine de me trouver dans la necessité de manger & de dormir, & d'y estre encore plus obligée que les autres à cause de mes infirmitez. Mais le faisant dans la veuë de Dieu & à dessein de le servir, je luy offre cette peine.

Comme je ne me lasserois jamais d'estre seule, le temps me paroist passer trop viste & n'en avoir pas assez pour prier. J'ay aussi tant d'affection pour la lecture que je suis dans un continuel desir de m'y occuper. Ie lis peu neanmoins, parce que je n'ay pas plustost pris un livre que je me trouve recueillie, & qu'ainsi ma lecture se change en oraison. Cela même dure trop peu à mon gré à cause de mes grandes occupations, qui encore qu'elles soient bonnes ne me donnent pas le même contentement que je recevrois dans la lecture & dans l'oraison. Ainsi je ne puis ce me semble voir sans quelque déplaisir que c'est en vain que je desire toûjours d'avoir plus de temps que je n'en ay.

Dieu m'a donné ces desirs & plus de vertu que je n'en avois depuis

PREMIERE RELATION.

qu'il m'a favorisée de l'oraison de quietude & de ces ravissemens dont j'ay parlé, & je me trouve si changée en mieux que ie ne puis considerer sans horreur l'estat où i'estois auparavant.

Ces ravissemens & ces visions ont produit en moy les avantages dont ie parleray; & je me contente maintenant de dire que si i'ay quelque chose de bon ils en sont la cause.

J'ay fait une telle resolution de ne point offenser Dieu, même veniellement, que i'aimerois mieux mourir mille fois que d'y contrevenir de propos deliberé.

Cette resolution est telle que pour faire une chose que je croirois agreable à Dieu & tourner à sa gloire & que mon directeur approuveroit, il n'y a point de biens que ie ne méprisasse, ni point de travaux que ie ne voulusse souffrir pour l'executer. Et si ie n'estois dans ce sentiment ie n'aurois pas ce me semble la hardiesse de rien demander à Dieu, ni même de faire oraison, Mais ie ne laisse pas d'estre fort imparfaite & de commettre beaucoup de fautes.

Dans l'obeïssance que ie rens, quoy qu'imparfaitement, à mon Confesseur, il me semble que ie suis incapable de vouloir manquer à faire ce qu'il m'ordonne, & ie me croirois en mauvais estat si i'estois dans une autre disposition.

J'aime la pauvreté, quoy que non pas tant que ie devrois: & il me semble que quand ie serois tres-riche ie ne desirerois de me conserver aucun revenu ni garder de l'argent pour mon usage particulier; mais me contenterois du necessaire. Je sens bien neanmoins que ie ne possede qu'imparfaitement cette vertu; parce qu'encore que ie ne souhaite rien pour moy, ie ne serois point fachée d'avoir du bien pour le donner.

Ie n'ay presque point eu de vision qui ne m'ait servy: & ie me mets à mes Confesseurs de juger si quelques-unes ont esté des illusions.

Les eaux, les campagnes, les fleurs, les excellentes odeurs, la musique, & tant d'autres objets qui passent dans le monde pour si agreables, me paroissent l'estre si peu en comparaison de ceux qui se presentent à mon esprit dans les visions que i'ay d'ordinaire, que ie voudrois n'avoir point de yeux pour les voir ni d'oreilles pour les entendre. Ainsi ils me touchent si peu que ie ne les ay pas plustost apperçûs qu'ils s'effacent de mon imagination tant ils me paroissent méprisables.

Lors que ie ne puis me dispenser de traiter avec quelques personnes du monde, quoy que ce ne soit que de choses de pieté & d'oraison, si cela dure long-temps sans necessité i'en ay tant de peine, qu'il faut que ie me fasse violence.

Ces conversations & ces entretiens des choses du siecle qui m'estoient autrefois si agreables me donnent maintenant tant de dégoust que ie ne sçaurois les souffrir.

Ces desirs que i'ay d'aimer, de servir, & de voir Dieu ne sont plus accompagnez comme autrefois dans le temps que ie croyois estre si devote, de meditations & de quantité de larmes; mais de mouvemens d'amour de Dieu si vifs & si violens, que s'il ne les temperoit par ces ravissemens qui mettent mon ame dans la tranquillité, & dans le calme, ie croy qu'elle cesseroit bien tost d'animer mon corps.

Ie ne sçaurois voir des personnes marcher à grands pas dans la piece, détachées de tout, & qui ne trouvent rien de difficile pour servir Dieu, que ie ne desire de communiquer avec elles; parce qu'il me semble que leur exemple me fortifie.

Ie ne puis sans quelque douleur en voir d'autres qui sont timides, & qui ne vont que comme à tâtons dans ce qu'elles pourroient raisonnablement entreprendre de faire pour Dieu. I'implore en leur faveur son secours & celuy de ces grands Saints dont les admirables actions donnent de l'estonnement, non que ie me croye capable de faire rien de bon; mais parce que ie ne doute point que Dieu n'assiste ceux qui s'engagent dans de grands desseins pour luy plaire, & ne les abandonne iamais lors qu'ils mettent leur confiance en luy seul. Ie souhaite de rencontrer des personnes qui confirment dans cette opinion, & de me reposer ainsi sur son eternelle providence du soin de la nourriture & du vestement.

Les paroles suivantes estoient aioutées de la main de la Sainte.

Ce que ie dis que nous devons laisser à Dieu le soin de nos besoins temporels ne doit pas s'entendre de telle sorte que ie pretende par là me pouvoir dispenser de les procurer. Mais il signifie seulement que ce doit estre sans inquietude, & ie me trouve si bien de n'en point avoir que ie tâche autant que ie puis de m'oublier moy-mesme. Il me semble qu'il y a environ un an que Dieu m'a donné ce sentiment.

Pour ce qui est de la vaine gloire, Dieu me fait la grace d'estre tres-persuadée que ie n'ay aucun suiet d'en avoir; parce que ie connois clairement que ie ne contribuë rien à tant de faveurs que ie reçois de sa bonté. Il me fait voir au contraire que ma misere est si grande que ce que ie pourrois penser en toute ma vie ne seroit pas capable de me faire comprendre la moindre de tant de grandes veritez dont il m'instruit en un moment.

Il me sembloit autrefois que ie devois avoir honte de parler ainsi des choses qui me regardent: mais depuis quelques iours ie n'en ay point; parce que ie ne me trouve pas meilleure qu'auparavant que i'eusse receu tant de graces, & au contraire encore pire puis que ie n'en profite pas. Ie trouve que bien que je reçoive continuellement des faveurs de Dieu, les autres sont plus vertueuses que moy & s'avancent davantage dans son service : ce qui me fait croire qu'il leur donnera tout d'un coup les graces qu'il m'a faites à diverses fois, & ~~neanmoins que me voyant si foible & si mauvaise~~, il ne m'ait conduite par ce chemin. Ie le prie de tout mon cœur que ce ne soit point dans cette vie qu'il me recompense. *amen*

Lors qu'estant en oraison ie me trouve dans la liberté de mediter je ne pourrois quoy qu'il me vinst dans la pensée demander à N. Seigneur de me donner du repos, & desirer qu'il m'accordast cette priere, parce que ie voy qu'il n'en a jamais eu quand il estoit sur la terre, mais a passé sa vie en des travaux continuels. Ainsi ie le prie de ne me les point épargner, & de me faire la grace de les pouvoir supporter. *amen marie madeleine*

Toutes les choses de cette nature & qui sont les plus parfaites s'offrent à moy dans l'oraison, & font impression sur mon esprit. Ie ne sçaurois sans estonnement voir de si grandes veritez; & elles me paroissent si claires que je trouve que tout ce qui est dans le monde leur estant comparé n'est que folie. Ainsi j'aurois besoin de me contraindre pour y penser comme je faisois autrefois, tant il me semble que c'est une resverie de compter pour quelque chose les maux & les travaux de cette vie, & de ne moderer pas mesme par cette consideration la douleur de la mort de nos plus proches parens, de nos plus chers amis, & des autres choses qui nous sont les plus sensibles. N'ay-je donc pas raison de dire que considerant que j'estois, & quels estoient alors mes sentimens, je dois veiller avec soin sur ma conduite ? *amen*

Quoy que je remarque en quelques personnes des choses qui paroissent visiblement estre des pechez, je ne puis me resoudre à croire qu'elles ayent offensé Dieu, parce que je suis persuadée que chacun desire comme moy de le servir. Il m'a fait cette grace dont ie ne sçaurois trop le remercier, de ne me jamais arrester à penser aux defauts d'autruy; & quand ils se presentent à ma memoire, au lieu de m'y arrester je considere ce qu'il y a de bon en ces personnes. Ainsi rien ne me donne peine que les pechez publics & les heresies; mais j'en suis souvent fort affligée, & il me semble presque toutes les fois que j'y pense que cette peine est la seule que l'on doit sentir. Ce m'en est neanmoins une de voir des personnes d'oraison tourner en arriere; mais non pas si grande, parce que je tâche d'en détourner mon esprit. *amen et toujours marie madeleine*

Ie ne suis plus si curieuse que je l'estois, quoy que je ne sois pas toujours en cela entierement mortifiée; mais seulement quelquefois.

Ce que je viens de rapporter, & une attention presque continuelle à Dieu est pour l'ordinaire, selon ce que i'en puis iuger, l'estat de mon ame. Ainsi quand ie ne m'occupe d'autre chose ie me sens comme réveiller sans sçavoir par qui, pour reprendre cette attention: mais non pas toûjours, & seulement assez souvent lors que ce dont il s'agit est important.

Ie me trouve quelquefois durant trois ou quatre iours non seulement sans ferveur & sans aucune vision ; mais elles sont si effacées de ma memoire, que quand ie le voudrois ie ne pourrois me souvenir d'aucun bien que i'aye fait. Tout me paroist un songe; mes maux corporels m'accablent ; mon entendement se trouble ; ie n'ay nulle pensée de Dieu, & ie ne sçay du tout où i'en suis. Si ie prens un livre ie ne comprens rien à ce que ie lis; ie me voy pleine d'imperfections, sans amour pour la vertu, & cette grande ardeur de souffrir disparoist de telle sorte, qu'il me semble que ie serois incapable de resister à la moindre tentation ; que ie ne me trouve propre à rien ; que ie ne pourrois voir sans peine que l'on me commandast quelque chose d'extraordinaire, & que ie trompe tous ceux qui ont bonne opinion de moy. Ie voudrois alors pouvoir me cacher en lieu où personne ne me vist, & ce n'est pas par vertu, mais par lâcheté que ie cherche la solitude. Ie me sens disposée à contester contre ceux qui me voudroient contredire, & mon seul soulagement au milieu de tant de peines est la grace que Dieu me fait de ne l'offenser pas plus qu'à l'ordinaire, & qu'au lieu de luy demander de me délivrer de ce tourment ie suis preste de souffrir iusques à la fin de ma vie si telle est sa volonté. Ie m'y soûmets de tout mon cœur, ie le prie seulement de m'assister afin que ie ne l'offense point, & considere comme une tresgrande grace de n'estre pas toûjours dans l'estat que ie viens de dire.

Ie ne sçaurois voir sans estonnement qu'estant dans une si grande peine une seule des paroles que Nostre Seigneur a accoustumé de me faire entendre, une vision, un recueillement qui ne dure pas plus qu'un *Ave Maria*, ou une approche de la sainte Table pour communier, rend une entiere tranquillité à mon ame & à mon corps, & éclaire de telle sorte mon entendement, qu'il recouvre toute sa force & rentre dans ses dispositions ordinaires. Ie l'ay éprouvé diverses fois, & toûjours quand ie communie. Il y a plus de six mois que je me sens notablement soulagée de mes infirmitez corporelles, particulierement dans les ravissemens Ie me suis veüe quelquefois durant plus de trois heures, & d'autres fois durant tout le iour dans un tel amendement que cela n'est pas croyable, sans que l'on puisse dire que c'est une imagination, parce que ie l'ay particulierement remarqué. Ainsi lors que ie suis dans ce grand recueillement ie n'apprehende rien pour ma santé, & ie ne remarquois point cet amendement

extraor-

extraordinaire dans la maniere d'oraison que ie faisois auparavant.

Tout ce que ie viens de rapporter me fait croire que ces paroles, ces visions, & ces revelations procedent de Dieu, parce qu'estant en chemin de me perdre elles m'ont mis en peu de temps dans l'estat où ie me trouve auiourd'huy, & donné des vertus qui m'estonnent ne sçachant comment ie les ay acquises. Ie ne me connois plus moy-mesme, & sçay que ce changement ne s'est pas fait par mon travail, mais que ie le tiens d'ailleurs. En quoy ie suis tres-asseurée que ie ne me trompe point, & que Dieu ne s'est pas seulement servy de ce moyen pour m'attirer à luy ; mais pour me tirer de l'enfer : & ceux de mes confesseurs à qui i'ay fait des confessions generales ne l'ignorent pas.

Quand ie rencontre des personnes qui sçavent quelques particularitez de ce qui me regarde ie voudrois leur pouvoir raconter toute ma vie, parce que la seule chose que ie desire est que l'on donne à Dieu les loüanges qui luy sont deuës. Comme il connoist le fond de mon cœur, il sçait que ie parle sincerement, & que sans me souvenir ni des biens, ni des honneurs, ni de la vie, tous mes desirs se renferment à souhaiter ce qui regarde sa gloire. Ie ne puis croire que le diable m'ait procuré tant d'avantages pour m'attirer à luy & me perdre ensuite. Il est trop habile pour avoir recours à des moyens si contraires à son dessein ; & ie ne sçaurois non plus me persuader qu'encore que mes pechez meritassent que ie fusse trompée, Dieu ait reietté les instantes prieres qu'on luy a faites durant deux ans pour luy demander de me faire connoistre si i'estois dans un bon chemin, afin que si ie m'égarois il luy plust de me conduire par une autre voye. Quelle apparence que si ce qui se passoit en moy ne venoit point de luy, il eust permis que mon égarement augmentast toûjours ? Ces raisons & l'exemple de tant de Saints m'encouragent lors que ma méchanceté me fait craindre d'estre dans l'illusion. Mais dans l'oraison & dans le temps où mon ame se trouve tranquille & que ie ne pense qu'à Dieu, quand tous les plus sçavans & les plus saints hommes du monde employeroient tous leurs efforts pour me faire croire que le demon y avoit part, il seroit hors de leur pouvoir de me le persuader quelque déference que i'eusse pour eux. Ie l'ay éprouvé ; car quoy que l'on m'ait pû dire, & que mon estime de la vertu & de la sincerité de ceux qui me parloient iointe à la connoissance que i'avois de ma misere, me fissent entrer dans la creance qu'il se pouvoit bien faire que i'estois trompée, une seule de ces paroles surnaturelles, ou de ces visions, ou le moindre recueillement, effaçoit de mon esprit tout ce qu'ils m'avoient dit, & ie me trouvois plus confirmée que iamais dans l'opinion que cela venoit de Dieu.

Ce n'est pas que ie ne croye qu'il peust s'y mêler quelque chose du demon comme ie l'ay veu arriver ; mais ses illusions produisent

O o

des effets si differens de ceux qui procedent des graces que l'on reçoit de Dieu, que je ne sçaurois m'imaginer qu'une personne qui en a quelque experience s'y puisse tromper.

Encore que je sceusse certainement que ces choses viennent de Dieu je ne voudrois pour rien du monde m'engager à quoy que ce soit, que mon directeur n'approuvast & ne jugeast estre de son service: & j'y ay esté confirmée par ●●●●●●● qui m'ont tousjours recommandé l'obeïssance que je dois à ceux qui prennent le soin de ma conduite. Ie m'y trouve souvent si severement reprise de mes fautes que j'en suis penetrée jusques dans le cœur: & d'autres fois j'y reçois des avis importans & tres utiles touchât les affaires que j'ay à traiter.

Ie me suis beaucoup estenduë sur ce sujet, mais quand je pense aux avantages que je tire de l'oraison il me semble que je n'en dis pas assez; & cela n'empesche pas que je ne me trouve ensuite fort imparfaite & fort mauvaise. Peut-estre que je me trompe manque de sçavoir discerner le bien du mal, & que je n'en juge que par la difference si visible qui se rencontre dans les divers temps de ma vie.

On peut voir dans ce que je viens de rapporter, mes veritables sentimens, & les dispositions qu'il a plû à Dieu de me donner, quoy que si imparfaite & si méchante. Ie soumets le tout, mon Pere, à vostre jugement. Vous connoissez tous les plis & les replis de mon ame.

Cette Relation n'est pas écrite de la main de la Sainte; mais elle dit comme on le verra ensuite, qu'elle est telle qu'elle l'a écrite; & la Relation suivante est toute écrite de sa main.

SECONDE RELATION.

IL y a ce me semble plus d'un an que j'écrivis ce que l'on peut voir cy-dessus; & depuis ce temps Dieu m'a fait la grace d'avancer au lieu de reculer dans son service. Qu'il en soit loüé à jamais. Non seulement il n'a point discontinué à me favoriser de visions & de revelations, mais il m'en donne de beaucoup plus élevées. Il m'a enseigné une maniere d'oraison qui m'est encore plus utile, qui me met dans un plus grand détachement de toutes les choses de la terre, & qui me donne plus de courage & plus de liberté d'esprit. Mes ravissemens augmentent, & sont quelquefois si extraordinaires, qu'il m'est impossible de les cacher: tout ce que je puis est de tâcher à faire croire que ce sont ces grands maux de cœur ausquels je suis sujette qui me font tomber en foiblesse, & je m'efforce avec grand soin d'y resister lors qu'ils me prennent, mais quelquefois je ne le puis.

Quant à la pauvreté, il me paroist que Dieu me fait en cela beaucoup de grace, parce que non seulement je ne voudrois pas avoir le necessaire s'il ne venoit d'aumône; mais je desirerois de tout mon cœur d'estre dans un lieu où l'on ne vécut que de charitez.

Il me semble que j'ay beaucoup plus de compassion des pauvres que ie n'en avois ; & j'ay un si grand desir de les assister, que si je suivois mon inclination je me dépoüillerois pour les revêtir. Leur saleté ne me cause aucun dégoust, quoy que je m'approche d'eux & que je les touche. En quoy je voy que Dieu me fait une grace particuliere, parce qu'encore qu'auparavant je leur fisse l'aumône pour l'amour de luy je n'avois pas par mon naturel cette grande compassion d'eux, & qu'ainsi ie ne puis douter qu'il ne me l'ait donnée.

Ie me sens aussi moins imparfaite au regard des murmures qui s'élevent contre moy ; car bien qu'ils soient en grand nombre il me semble que ie n'en suis non plus touchée que si j'estois insensible. Il me paroit presque tousiours que l'on a raison de me blasmer, & ie croy n'avoir rien en cela à offrir à Dieu, à cause que ie connois par experience que i'en profite. Ainsi depuis le temps que i'ay commencé à faire oraison ie ne veux point de mal à ces personnes : ie sens seulement d'abord que leur iniustice me choque un peu ; mais sans me donner ni alteration ni inquietude ; & quand ie voy que l'on me plaint ie ne sçaurois m'empescher d'en rire en moy-mesme, parce que toutes les iniustices que l'on nous fait en ce monde me paroissent si méprisables qu'elles ne meritent pas que l'on y pense ; ie les considere comme un songe qui s'évanoüit aussi tost que l'on s'éveille.

Ie me sens par la misericorde de Dieu dans un plus ardent desir de le servir, dans un plus grand amour de la solitude, & dans un plus entier détachement, à cause que les visions dont i'ay parlé m'ont fait connoistre le neant de toutes les choses d'icy-bas. Ainsi ie compte pour peu de me separer de mes proches & de mes amis afin de me rendre plus agreable à Dieu lors que son service m'y oblige, parce que m'estant à charge quand ils m'empeschent de luy rendre ce que ie luy dois ie les quitte avec plaisir, & trouve ainsi du repos en toutes choses.

J'ay receu des avis dans l'oraison que l'experience m'a fait voir estre tres-utiles, & i'ay tiré un grand profit de ces faveurs de Dieu. Mais j'ay commis en cela mesme de grands manquemens, parce que i'ay esté trop sensible à la consolation que i'en recevois, quoy que souvent le peu de penitence que ie fais & l'honneur que l'on me rend me donnent beaucoup de peine.

Il y avoit en cet endroit une ligne marquée comme elle est icy.

Il y a environ neuf mois que j'ay écrit ce que dessus, & depuis ce temps Dieu m'ayant fait la grace de ne point tourner la teste en arriere ensuite de tant de faveurs que i'ay receuës de sa bonté, il me semble que ie me trouve dans une liberté d'esprit encore beaucoup plus grande. J'avois cru iusques icy avoir besoin de l'assistance des creatures & m'y confiois; mais ie voy bien maintenant qu'on ne les doit confiderer que comme de petits fcions de romarin fec, qui lors que l'on veut s'y appuyer plient & fe rompent fous le poids du moindre murmure & de la moindre contradiction. Ainfi je connois par experience que le feul moyen de ne point tomber eft de n'avoir autre foûtien que la croix, & de fe confier en celuy qui a bien voulu pour noftre falut y eftre attraché. C'eft en elle que je trouve une amie très-veritable, & c'eft par luy que me voy élevée à un tel pouvoir & un tel empire, que pourvû qu'il ne m'abandonne point ie me croy capable de refifter à toutes les puiffances de la terre.

Quoy qu'avant que de connoiftre clairement cette verité je priffe grand plaifir de voir que l'on euft de l'affection pour moy : non feulement je ne m'en foucie plus ; mais il me femble que j'en fouffre quelque peine, excepté pour les perfonnes à qui ie parle de ce qui regarde ma confcience, ou que je croy pouvoir me fervir. Car ie fuis bien aife d'eftre aimée des uns afin qu'ils me fouffrent, & des autres afin qu'ils fe laiffent plus aifement perfuader de ce que ie leur dis du neant & de la vanité du monde.

Dieu m'a tellement fortifiée dans les contradictions, les perfecutions & les travaux que j'ay eus à foûtenir depuis quelques mois, que plus ils eftoient grands plus mon courage s'augmentoit, fans que je me fois laffée de fouffrir. Non feulement je n'ay point hay les perfonnes qui difoient du mal de moy ; mais il me femble que ie les aimois plus qu'auparavant, fans que ie fçache de quelle forte noftre Seigneur me faifoit cette grace.

Eftant de mon naturel très-violente dans mes defirs, ils font maintenant fi moderez & ie me trouve fi tranquille, que ie ne me fens point touchée de déplaifir lors qu'ils ne s'accompliffent pas ; & excepté en ce qui regarde l'oraifon ie fuis fi peu fenfible à l'ennuy & à la joye, que ie parois toute ftupide, & demeure durant quelques jours en cet état.

Il me prend quelquefois de fi violens defirs de faire penitence que lors que j'en fais quelqu'une j'y trouve prefque toûjours du plaifir & des délices : mais mes grandes infirmitez corporelles font caufe que ie n'en fais gueres.

La neceffité de manger me donne fouvent une très grande peine. Maintenant elle eft exceffive, principalement quand ie fuis en oraifon : car alors elle eft telle qu'elle me fait répandre quantité de larmes & témoigner ma douleur par mes plaintes fans fçavoir prefque ce que je dis, & ie ne me fouviens point que cela me foit arrivé dans les plus grands travaux que j'aye foufferts, pouvant dire qu'en ces occafions j'ay un cœur d'homme & non pas de femme.

Ie fouhaite plus ardemment que jamais que Dieu ait des ferviteurs qui le fervent avec un entier détachement de toutes les chofes d'icy-

SECONDE RELATION.

bas qui ne sont que vanité, & que ces personnes soient sçavantes, parce que ie voye l'extréme besoin qu'en a l'Eglise, & i'en suis si vivement penetrée qu'il me semble que c'est se mocquer de s'affliger d'autre chose. Ie recommande continuellement cette affaire à Dieu dans la creance que i'ay qu'un de ces hommes parfaits, & veritablement touchez de son amour fera plus qu'un grand nombre d'autres qui n'agiroient que foiblement & avec tiedeur.

Il me paroist que ie suis plus ferme que iamais en ce qui regarde la foy : & il me semble que ie ne craindrois point de disputer contre tous les Luteriens pour leur faire connoistre leur erreur. Ie ne sçaurois sans en être extrêmemét affligée peser à la perte de tant d'ames.

Dieu me fait connoistre clairement qu'il luy a plû se servir de moy pour l'avancement de plusieurs ames, & qu'il fait par sa bonté que mon amour pour luy s'augmente de jour en jour.

Il me semble que quand ie voudrois m'efforcer d'avoir de la vanité ie ne le pourrois, ni ne voy pas comment ie pourrois non plus m'imaginer que l'on me dût attribuer aucune des vertus que i'ay, après m'estre vûë durant tant d'années sans en avoir une seule, & ne faisant maintenant que recevoir des faveurs de Dieu sans que ie luy rende aucun service; au lieu que ie voy toutes les autres s'avancer de plus en plus. Cet aveu sincere que i'en fais ne doit pas passer pour humilité, mais pour une verité qui me fait trembler quelquefois par l'apprehension d'estre trompée. Ce qui me rassure est l'avantage que ie tire de ces revelations & de ces ravissemens dans lesquels ie suis assurée que ie ne contribuë rien, & que ie n'y ay non plus de part que si ie n'estois qu'une souche. Cela me met l'esprit en repos ; ie me iette entre les bras de Dieu, & me confie en la certitude que i'ay, que ie ne desire rien tant que de mourir pour luy, & qu'il n'y a point de contentement & de repos que ie ne luy veüille sacrifier de tout mon cœur pour luy témoigner mon amour.

Il y a des iours que ce que dit S. Paul me vient souvent dans l'esprit, quoy que ie ne sois pas sans doute dans une disposition approchante de la sienne. C'est ce me semble que ie ne vis point, que ie ne parle point, & que ie n'ay point de volonté ; mais qu'il y a au dedans de moy un esprit qui m'anime, me conduit, & me fortifie. Ainsi me trouvant comme hors de moy-mesme, la vie me devient enneyeuse. Dans un estat si penible le plus grand sacrifice que ie puisse faire à Dieu est de vouloir bien vivre pour l'amour de luy : mais ie souhaiterois que ce fut avec de grands travaux & de grandes persecutions, puis qu'estant inutile à tout ie ne suis propre qu'à souffrir, & qu'il n'y a rien que ie ne voulusse endurer pour meriter quelque chose en accomplissant sa volonté.

Il ne m'a rien esté dit dans l'oraison que ie n'aye vû s'accomplir, mais quelquefois plusieurs années après.

LA VIE DE SAINTE THERESE.

Ce que je connois de grandeurs de Dieu & de son adorable conduite éclate de tant de merveilles, que je n'y pense presque jamais sans tomber dans la défaillance, & me trouver dans un grand recueillement.

Je m'estonne quelquefois du soin qu'il plaist à Dieu de prendre pour m'empescher de l'offenser sans que j'y contribuë presque rien, n'estant par moy-mesme qu'une source inépuisable de pechez & un abysme de miseres. Je voudrois que tout le monde le sçeust, afin que l'on connust encore mieux quel est le pouvoir infiny de Dieu. Qu'il soit loüé & glorifié à jamais. Ainsi soit-il.

La Sainte écrivit au bas de cette Relation ce qui s'ensuit, après avoir mis en teste le nom de IESUS comme elle faisoit toûjours.

IHS

La Relation cy-dessus qui n'est pas écrite de ma main est celle que je donnay à mon Confesseur qui l'a transcrite sans y rien ajouster ni diminuer. C'est un homme fort spirituel & grand theologien. Je ne luy cachois rien de tout ce qui se passoit en moy. Il le communiquoit à d'autres personnes fort sçavantes, & particulierement au Pere Mancio. Ils n'y ont rien trouvé qui ne soit conforme à l'Ecriture Sainte; & cela m'a mis l'esprit en grand repos, quoy que je n'ignore pas que tant qu'il plaira à Dieu de me conduire par ce chemin je dois me défier de moy-mesme. C'est aussi ce que je fais toûjours; & je vous prie, mon Pere, de vous souvenir que tout ce que je vous ay dit a esté sous le secret de la confession.

Icy finissent les paroles de la Sainte. Elle fit cette Relation estant encore dans le Monastere de l'Incarnation, & avant que d'en estre sortie pour aller fonder ceux de la nouvelle reforme. Mais quant à la premiere Relation elle l'avoit faite dés le temps qu'elle avoit commencé de se donner entierement à Dieu, & qu'il la favorisoit de tant de graces surnaturelles.

Elle n'écrivit la seconde Relation qu'un an aprés la premiere, ainsi qu'elle le dit en la commençant; & l'on y peut voir avec estonnement à quelle haute perfection elle arriva en si peu de temps. Que si elle a commencé d'une maniere si admirable, qu'elle a surpassé d'abord plusieurs personnes fort parfaites : jusques à quel point de perfection doit-on croire qu'elle est arrivée, augmentant de jour en jour en vertu durant vingt deux ou vingt-trois ans qu'elle a encore vécu depuis, recevant continuellement de nouvelles graces de Dieu, faisant tant de penitences, supportant tant de travaux, fondant tant de Monasteres, gagnant tant d'ames à Dieu, passant une partie des jours & des nuits dans une oraison si élevée, se mortifiant sans cesse, & amassant ainsi un tresor incomparable de bonnes œuvres?

FONDATIONS FAITES
PAR
SAINTE THERESE
DE
PLVSIEVRS MONASTERES
DE
CARMELITES
ET DE
CARMES DECHAVSSEZ.

FONDATIONS FAITES
PAR
SAINTE THERESE
DE
PLVSIEVRS MONASTERES
DE
CARMELITES
ET DE
CARMES DECHAVSSEZ.

Avant-propos de la Sainte.

E n'ay pas seulement leû en divers traitez ; mais j'ay éprouvé combien il importe de pratiquer l'obeïssance. C'est par elle que l'on s'avance dans le service de Dieu, que l'on acquiert l'humilité, & que l'on se guerit de l'apprehension que nous devons toûjours avoir en cette vie de nous égarer dans le chemin du Ciel ; car ceux qui ont un veritable dessein de plaire à Dieu entrent par ce moyen dans la tranquillité & le repos, à cause qu'estant soûmis s'ils sont Seculiers, à leurs Confesseurs, & s'ils sont Religieux, à leurs Superieurs, le demon n'ose s'efforcer de jetter dans leur esprit le trouble & l'inquietude aprés avoir éprouvé qu'il y perdroit plus qu'il n'y gagneroit. Cette même vertu de l'obeïssance reprime aussi les mouve-

Pp

mens impetueux qui nous portent naturellement à preferer nostre plaisir à nostre devoir, & à faire nostre volonté, en nous remettant devant les yeux la resolution que nous avons prise de la soûmettre absolument à celle de Dieu en la personne de celuy que nous avons choisi pour tenir sa place.

Nostre Seigneur m'ayant par sa bonté fait connoistre le prix de cette grande vertu, i'ay tâché toute imparfaite que je suis, de la pratiquer malgré la repugnance que i'y ay souvent trouvée dans certaines occasions qui m'ont fait voir quelle est en cela ma foiblesse, & je le prie de tout mon cœur de me donner la force qui m'est necessaire pour ne point tomber en de semblables défauts.

Estant dans le monastere de S. Ioseph d'Avilla en 1562. qui est l'année qu'il fut fondé, le Pere François Garcia de Tolede Dominiquain m'ordonna d'écrire de quelle sorte cét establissement s'estoit fait, & plusieurs autres choses que l'on pourra lire dans cette relation si elle voit jamais le jour.

Onze ans aprés estant en l'année 1573. dans le monastere de la Salamanque, le Pere Ripalde Recteur de la compagnie de Iesus mon confesseur ayant vû ce Traité de la premiere fondation, crût qu'il seroit du service de Dieu d'écrire de même les sept autres, comme aussi le commencement de quelques monasteres des Peres Carmes Déchaussez, & me commanda d'y travailler. Mes grandes occupations, tant à écrire des lettres qu'à satisfaire à d'autres choses dont je ne pouvois pas me dispenser parce qu'elles m'estoient ordonnées par mes Superieurs, jointes à mon peu de santé, me faisant juger cela impossible, je me trouvay dans une grande peine, & me recommanday beaucoup à Dieu. Alors il me dit: *Ma fille, l'obeïssance donne des forces.* Ie souhaite que selon ces divines paroles il m'ait fait la grace de bien rapporter pour sa gloire les faveurs qu'il a faites à cét ordre dans ces fondations. Au moins peut on s'assurer de n'y rien trouver qui ne soit tres-veritable, puis que nulle consideration n'estant capable de me porter à mentir dans les choses même peu importantes, j'en ferois grande conscience dans un sujet qui regarde le service de Dieu, & ne croirois pas seulement perdre le temps, mais l'offenser au lieu de le loüer, ce qui seroit un espece de trahison que je luy ferois, & tromper ceux qui le liroient. Ie prie sa divine Majesté de m'empécher par son assistance de tomber dans un tel mal-heur.

Ie parleray de chaque fondation en particulier, & le plus brevement que je pourray, parce que mon stile est si long, que quelque soin que je prenne de ne me pas trop étendre j'ay sujet de craindre d'ennuyer les autres & moy-même: mais cét écrit devant demeurer aprés ma mort entre les mains de mes Filles, je sçay qu'elles m'aimēt assez pour en excuser les défauts. Cōme je n'ay en cela autre dessein

AVANT-PROPOS.

que la gloire de Dieu & le profit de celles qui le liront, il ne permettra pas, s'il luy plaist, qu'elles m'attribuent rien de ce qu'elles y trouveront de bon. Ie les prie de demander à Nostre Seigneur de me pardonner le mauvais usage que i'ay fait de tant de graces dont il m'a favorisée, & dont elles doivent beaucoup plustost m'aider à le remercier, que me sçavoir gré de ce que i'écris.

Mon peu de memoire, mon peu d'esprit, & mon peu de loisir pourront me faire oublier plusieurs choses importantes, & en rapporter d'autres qu'il seroit plus à propos de supprimer. Et pour obeyr à ce que l'on m'a ordonné ie diray quand l'occasion s'en offrira quelque chose de l'oraison, & de la tromperie dans laquelle ceux qui s'y exercent peuvent tomber, afin qu'ils y prennent garde. Ie me soumets en tout, mes cheres Sœurs & mes Filles, à la creance de la Sainte Eglise Romaine, & desire avant que ce papier tombe entre vos mains qu'il soit veu par des personnes sçavantes & spirituelles.

Ie commence cet ouvrage le 25. iour d'Aoust de l'année 1573. que l'on celebre la feste de S. Louys Roy de France: & ie le commence en invoquant le nom de N. Seigneur Jesus-CHRIST, & en implorant l'assistance de la Ste Vierge sa mere dont i'ay l'honneur, quoy qu'indigne de porter l'habit, & le secours de mon glorieux Pere S. Ioseph qui ne m'a jamais manqué & dans une des maisons duquel ie suis; ce monastere de Carmelites Déchaussées portant son nom. Ie demande à chacun de ceux qui liront cecy de dire pour moy un *Ave Maria*, afin d'aider mon ame à sortir du Purgatoire, & à jouïr de la presence de nostre divin Redempteur qui vit & regne avec son Pere & le S. Esprit dans tous les siecles des siecles.

FONDATION DV MONASTERE
de Carmelites de Medine du Champ.

CHAPITRE I.

Perfection dans laquelle vivoient les Religieuses Carmelites du Monastere de S. Ioseph d'Avila. Combien ardent estoit le desir que Dieu donnoit à la Sainte pour le salut des ames.

LA fondation du Monastere de Saint Ioseph d'Avila ayant esté achevée ie passay cinq années dans cette maison; & ie pense pouvoir dire qu'elles ont esté les plus tranquilles de ma vie, n'ayant point gousté auparavant ni depuis tant de douceur & tant de repos. Durant ce temps quelques Demoiselles encore fort ieunes que le monde sembloit avoir engagées dans ses filets tant elles paroissoient vaines & curieuses, vinrent s'y rendre Religieuses. Dieu les arracha par un espece de violence du milieu des vanitez du siecle pour les faire entrer dans cette sainte maison consacrée à son service, & les rendit si parfaites, que ie ne pouvois voir sans confusion l'avantage qu'elles avoient sur moy. Lors que le nombre de treize que nous avions resolu de ne point passer fut remply, ie sentis une extrême ioye de me trouver en la compagnie de ces ames dont la pureté & la sainteté estoient si grandes, que leur unique soin consistoit à servir & à loüer Nostre Seigneur. Son adorable providence nous envoyoit sans le demander ce qui nous estoit necessaire; & quand il nous manquoit quelque chose, ce qui arrivoit rarement, c'estoit alors que ces servantes de Dieu estoient les plus satisfaites & les plus contentes. Ie ne pouvois me lasser de luy rendre graces du plaisir qu'il prenoit à les combler de tant de vertus, & particulierement de ce que méprisant tout le reste elles ne pensoient qu'à le servir.

Quoy que ie fusse Superieure ie ne me souviens point de m'estre iamais occupée du soin de ces biens temporels, parce que je croyois fermement que rien ne manqueroit à celles qui n'avoient autre desir que de plaire à Dieu. Que s'il arrivoit quelquefois que ce que l'on nous donnoit ne suffit pas pour nostre nourriture, j'ordonnois qu'on le distribuast à celles qui pouvoient le moins s'en passer; mais, chacune disant qu'elle n'estoit pas de ce nombre, on n'y touchoit point iusques à ce que Dieu nous eust envoyé dequoy en donner assez à toutes.

Quant à l'obeïssance qui est celle des vertus que i'affectionne davantage, quoy que ie l'aye mal pratiquée iusque à ce que ces saintes filles me l'ayent si bien enseignée par leur exemple que si j'estois meilleure que ie ne suis ie ne pourrois l'ignorer, il me seroit facile d'en rapporter plusieurs choses que i'ay remarquées en elles. En voicy quelques-unes dont ie me souviens. On nous servit un iour au refectoir des portions de concombre: celle qui me fut donnée estoit petite, & se trouva pourrie au dedans: i'appellay une de celles de toutes les sœurs qui avoit le plus d'esprit, & luy dis pour éprouver son obeïssance, qu'elle allast planter ce concombre dans un petit jardin que nous avions: elle me demanda si elle le planteroit debout ou tout plat: ie luy dis de le mettre tout plat; & elle le fit sans qu'il luy vinst seulement en la pensée qu'estant de la sorte il secheroit aussi-tost: elle crût au contraire que cela seroit fort bien, parce que son desir de plaire à Dieu luy faisoit renoncer à sa raison pour pratiquer l'obeïssance.

Ie commanday une autrefois à l'une des Sœurs six ou sept choses contraires, & elle se mit en devoir de les faire toutes sans repliquer, parce que sa foy & son amour pour l'obeïssance luy faisoit croire que cela n'estoit pas impossible.

Nous avions un puits dont l'eau paroissoit mauvaise à ceux qui s'y connoissent, & il sembloit impossible de luy donner quelque cours, à cause qu'il estoit fort profond. Ie fis neanmoins venir des ouvriers pour y travailler, & ils se mocquerent de moy disant que c'estoit dépenser de l'argent inutilement. Ie proposay la chose aux Sœurs: l'une d'elles fut d'avis de l'entreprendre, & une autre aiousta: Dieu ne manquera pas sans doute de susciter quelques personnes qui nous apporteront de l'eau, pour ne nous laisser pas mourir de soif: mais, puis qu'estant tout-puissant il ne luy sera pas plus difficile de nous en donner dans cette maison sans qu'il soit besoin d'en avoir d'ailleurs; je ne doute point qu'il ne le fasse. Vne foy si vive me toucha de telle sorte, que contre l'avis des fonteniers ie fis travailler à cet ouvrage; & Dieu y donnant sa benediction on tira de ce puits un filet d'eau fort bonne à boire, & qui nous suffit.

Ie ne rapporte point cecy comme un miracle dont il y auroit tant de semblables exemples; mais seulement pour faire voir quelle est la foy de ces saintes filles; mon dessein n'estant pas de les loüer ni celles des autres monasteres de ce que par l'assistance de Dieu elles marchent si fidellement dans ses saintes voyes; & ie n'aurois iamais fait si ie voulois écrire particulierement tout ce que i'en sçay. Cela ne seroit pas neanmoins peut-estre inutile, parce qu'il arrive souvent que de tels exemples portent d'autres personnes à les imiter. Mais si Dieu veut qu'il soit sceu, nos Superieurs pourront ordonner aux Prieures des monasteres d'écrire les choses plus remarquables qui seront venuës à leur connoissance.

Ainsi ie me trouvois avec des ames toutes angeliques; car dois-ie craindre de leur donner ce nom, puis que ne m'ayant iamais rien caché de ce qui se passe en elles; mais découvert iusques aux choses les plus interieures, ie sçay combien grandes sont les faveurs qu'elles reçoivent de Dieu; combien ardens sont les desirs qu'il leur donne de le servir, & iusques à quel point va leur détachement de toutes les choses de la terre. Elles trouvoient tant de consolation dans la retraite qu'elles ne se lassoient iamais d'estre seules; elles n'apprehendoient rien tant que les visites, mesme de leurs propres freres; & celles-là s'estimoient les plus heureuses qui avoient le plus de loisir de demeurer dans un hermitage. Les voyant si vertueuses, & le courage que Dieu leur donnoit de vouloir souffrir pour luy aller au delà de ce que l'on pouvoit attendre de leur sexe, il me venoit souvent en l'esprit que c'estoit pour quelque grand dessein qu'il les favorisoit de tant de graces. Ie ne prévoyois rien neanmoins de ce qui arriva dans la suite, parce que ie ne pouvois m'imaginer que ce fust une chose possible. Ie sentois seulemét que plus i'allois en avant, & plus mon desir croissoit de contribuer quelque chose au bien des ames. Il me sembloit que

FONDATION

j'estois comme une personne qui ayant en garde un grand tresor, desireroit d'en faire part à tout le monde ; mais à qui on lioit les mains pour l'empescher de le distribuer & d'en faire des largesses : car mon ame estoit comme liée de la sorte, & les faveurs que Dieu me faisoit alors & qui estoient fort grandes demeurant renfermées en moy, me paroissoient mal employées. Tout ce que ie pouvois en cet estat & que ie faisois avec affection estoit d'offrir a Dieu mes foibles prieres, & d'exhorter mes sœurs à faire la mesme chose, à souhaiter avec ardeur le bien des ames & l'augmentation de la foy, & à ne rien oublier de ce qui dépendoit d'elles pour édifier les personnes avec qui elles se trouvoient obligées de traiter.

Environ quatre ans après, le Pere Alphonse Maldonat Religieux de l'ordre de S. François me vint voir. C'estoit un grand serviteur de Dieu, & qui avoit la mesme ardeur que moy pour le bien des ames; mais avec cette difference qu'il le témoignoit par des effets, au lieu que ie n'avois que des desirs. Il estoit depuis peu revenu des Indes, & après nous avoir raconté combien de millions d'ames se perdent dans ce nouveau monde manque d'estre éclairées de la lumiere de l'Evangile, il nous fit une excellente exhortation pour nous animer à la penitence, & se retira ensuite. Ie fus touchée d'une si vive douleur de la perte de tant d'ames, qu'estant comme hors de moy-mesme ie m'en allay dans un hermitage, où meslant mes soupirs avec mes larmes ie demanday, instamment à N. Seigneur, que puis que les demons entraînoient tant d'ames dans l'enfer, & que ie me trouvois reduite à n'avoir que des prieres pour les assister, il luy pleust de les exaucer afin d'en sauver au moins quelqu'une. I'avoüe qu'en l'estat où i'estois ie portois beaucoup d'envie à ceux qui avoient le bon-heur de pouvoir par leur amour pour Dieu secourir ces ames, quand ils auroient mesme pour ce suiet souffert mille morts, s'il estoit possible; & Dieu m'a donné une si violente inclination pour ce grand œuvre de charité que ie ne sçaurois lire les vies des Saints qui ont fait de grandes conversions sans en estre plus attendrie & envier davantage leur bonheur que celuy de tous les martyrs, parce qu'il me semble que de tous les services que nous pouvons rendre à Dieu il n'y en a point qu'il estime tant que de luy acquerir des ames par l'ardeur des prieres qu'il nous inspire de luy adresser pour obtenir leur conversion.

Lors que i'estois pressée de cette peine estant une nuit en oraison Nostre Seigneur m'apparut en la maniere qu'il a accoustumé, & me témoignant beaucoup de tendresse, me dit comme pour me consoler : Ayez un peu de patience, ma fille, & vous verrez de grandes choses. Ces paroles firent une telle impression dans mon cœur, qu'elles m'estoient toujours presentes ; mais quelques efforts que ie fisse pour m'imaginer ce qu'elles signifioient, il me fut impossible d'y rien comprendre. Ie demeuray neanmoins fort consolée & avec une grande certitude que les effets en feroient connoistre la verité; & six mois après il arriva ce que je vay dire.

CHAPITRE II.

Le General de l'ordre des Carmes vient en Espagne. Il approuve l'establissement du Monastere de S. Ioseph d'Avila fondé par la Sainte & luy donne pouvoir d'en fonder d'autres. Il luy permet ensuite de fonder aussi deux Monasteres de Carmes Déchaussez.

LEs Generaux de nostre Ordre demeurant toûjours à Rome, & nul n'estant auparavant venu en Espagne je n'aurois jamais crû d'y en voir quelqu'un: mais comme tout est possible à Dieu il voulut que ce qui n'estoit point encore arrivé arrivast alors. Cela me fist peine, parce que la maison de S. Ioseph d'Avila n'estant point sujette à l'ordre pour les raisons que j'en ay touchées dans la fondation de ce monastere j'apprehendois deux choses. L'une que nostre General ne sçachant pas de quelle sorte tout s'estoit passé il fust avec sujet mécontent de moy; & l'autre qu'il me commandast de retourner dans le monastere de l'Incarnation dont la regle est mitigée, ce qui m'auroit donné une grande affliction pour diverses causes que je pourrois rapporter; mais je me contenteray de dire, qu'outre qu'on ne garde pas dans cette maison la premiere rigueur de la regle, il y a cent cinquante Religieuses: ce qui montre assez que l'on n'y peut estre avec le mesme repos & la mesme tranquillité que dans une maison où il n'y en a que treize. Dieu par sa bonté en ordonna mieux que je n'aurois osé l'esperer: car ce General estant fort sage, fort vertueux, & fort sçavant, il trouva qu'il ne s'estoit rien fait en cela que de loüable, & n'en témoigna aucun mécontentement. Il se nommoit le Pere Iean Baptiste Rubeo de Ravenne, & estoit avec sujet tres-estimé dans tout l'Ordre.

Lors qu'il vint à Avila je fis en sorte qu'il alla au monastere de S. Ioseph, & que l'Evesque donna ordre de l'y recevoir comme on l'auroit receu luy mesme. Ie luy dit avec une entiere sincerité tout ce qui s'estoit passé, & je suis naturellement si portée à en user de la sorte, que quoy qui en puisse arriver je ne sçaurois agir autrement envers mes Superieurs & mes Confesseurs, parce que les considerant comme tenant à mon égard la place de Dieu je n'aurois pas autrement l'esprit en repos. Ainsi je luy rendis compte de toutes mes dispositions, & presque de toute ma vie, quoy que si pleine d'imperfection & de defauts. Il me consola beaucoup: il m'assura qu'il ne m'obligeroit point à sortir de cette maison: il me témoigna de voir avec plaisir dans la conduite que l'on y tenoit une image bien qu'imparfaite, du commencement de nostre ordre, par l'exacte observation de nostre premiere regle qui ne se pratiquoit plus en aucun monastere; & dans la passion qu'il avoit pour l'augmentation d'un si grand bien, il me donna des patentes telles que je les pouvois desirer pour fonder d'autres monasteres, avec des defenses expresses au Provincial de s'y opposer. Ie ne les luy demanday point, mais il comprit par ma maniere d'oraison combien j'aurois souhaité de pouvoir servir à l'avancement des ames.

Quelque grand que fust ce desir ie ne recherchois point les moyens de l'executer, parce que je ne pouvois considerer que comme une resverie qu'une femme aussi incapable que j'estois pûst y reüssir: mais quand on est touché de semblables sentimens on ne sçauroit les rejetter; & Dieu qui voit qu'ils ne procedent que de la passion de le servir & de la confiance que l'on a en son secours, rend possible par sa grace ce qui à n'en juger qu'humainement paroist impossible. Ainsi voyant avec quelle affection nostre Reverendissime Pere General se portoit à la fondation de ces Monasteres, ie les considerois comme desja establis, & me souvenant alors de ce que Nostre Seigneur m'avoit dit, ie commençay d'entendre aucunement le sens des paroles ausquelles je n'avois auparavant pû rien comprendre.

Le retour à Rome de ce bon Pere me fut fort sensible, parce qu'outre l'extrême affection que ie luy portois, ie croyois perdre en luy un tres-puissant protecteur, ne se pouvant rien aiouster à la bonté qu'il avoit pour moy, & aux témoignages que i'en recevois en toutes rencontres. Lors que ses grandes occupations luy donnoient un peu de relâche il me venoit voir pour m'entretenir de discours de pieté; & Dieu luy faisoit de si grandes graces que ie ne pouvois l'entendre parler sans en recevoir beaucoup de consolation.

Comme Monseigneur Dom Alvarez de Mendoce mon Evesque est tres-favorable à tous ceux qu'il voit se porter à servir Dieu avec le plus de perfection, il desira de luy avant son départ la permission de fonder dans son Evesché quelques Monasteres des Carmes Déchaussez qui vécussent dans l'observance de la premiere regle; & d'autres personnes luy demanderent la mesme chose. Ce vertueux General estoit tres disposé à l'accorder; mais la contradiction qu'il rencontra dans l'ordre l'empescha pour lors de le faire, de peur de troubler la paix de la Province.

Quelques iours après considerant le besoin qu'il y avoit en fondant des monasteres de filles qu'il y eust aussi des Religieux qui gardassent la mesme regle & voyant qu'il y en avoit si peu dans cette Province qui en fussent capables, qu'il pourroit bien tost n'y en rester pas un seul, ie priay beaucoup pour cette affaire, & écrivis à nostre

General

General le mieux que je pus pour luy representer que ce seroit rendre un si grand service à Dieu, que les difficultez qui s'y rencontroient ne doivent pas empescher une si bonne œuvre, & que ce seroit aussi une chose tres-agreable à la sainte Vierge pour laquelle il avoit une particuliere devotion. Je ne doute point que ce ne fut cette Mere de Dieu qui fit reüssir l'affaire; car ce bon Pere n'eut pas plustost receu ma lettre à Valence, que touché du desir de procurer la plus grande perfection de l'Ordre, il m'envoya un pouvoir de fonder deux monasteres de Carmes déchaussez; & pour éviter les oppositions qui s'y pourroient faire, il en remit l'execution au Provincial qui estoit alors en charge & à celuy qui en estoit sorty. La difficulté d'obtenir leur consentement ne paroissoit pas petite; mais voyant que le principal estoit desja fait, j'esperay que nostre Seigneur feroit le reste; & cela arriva de la sorte par le moyen de Monseigneur l'Evesque qui prit cette affaire tellement à cœur qu'il obtint de ces deux Religieux d'y donner leur consentement.

Cette permission me causa beaucoup de joye, & en mesme temps augmenta ma peine, parce que je ne voyois point dans la province de Religieux capable d'executer un si bon dessein, n'y d'ecclesiastique seculier qui s'y voulut engager: ainsi je priois continuellement nôtre Seigneur que s'il vouloit que l'affaire reüssit il suscitast quelqu'un pour y travailler. D'ailleurs je n'avois point de maison ny dequoy en acheter: tellement que tout se trouvoit reduit à une pauvre Carmelite déchaussée chargée de patentes & pleine de bons desirs, mais sans moyen de les executer & sans aucune assistance que de Dieu seul. Neanmoins le courage ne me manquoit pas: j'esperois toujours que nostre Seigneur acheveroit ce qu'il avoit commencé; tout me paroissoit possible, & ainsi je mis la main à l'œuvre.

O grandeur incomprehensible de mon Dieu! Que vous montrez bien, Seigneur, que vostre puissance n'a point de bornes lors que vous donnez tant de hardiesse à une creature, ou pour mieux dire à une fourmy, telle que je suis. Qu'il paroist bien qu'il ne tient pas à vous que ceux qui vous aiment n'executent de grandes choses, mais seulement à nostre lâcheté & à nostre peu de courage. Comme nous n'entreprenons rien qui ne soit mêlé de mille craintes & de consideratiõs humaines, il semble, Seigneur, que nous vous lions les mains pour vous empêcher d'operer les merveilles que vous estes disposé de faire en nostre faveur: car qui prend tant de plaisir que vous à recompenser avec une liberalité digne de vostre grandeur les services que l'on vous rend lors que vous trouvez sur qui répandre vos graces & vos faveurs? Que je m'estimerois heureuse si je vous en avois rendu quelqu'un, & si les extrêmes obligations que je vous ay ne me rendoient pas encore plus coupable par le mauvais usage que j'en ay fait.

CHAPITRE III.

La Sainte se rend à Medine du Champ pour y fonder un Monastere de Carmelites. Difficultez qu'elle y rencontre, & assistance qu'elle reçoit de quelques personnes de pieté. Elle communique à deux Religieux son dessein d'establir des Monasteres de Carmes déchaussez, & ils luy promettent d'y entrer.

ME trouvant dans la peine que j'ay dit, il me vint en l'esprit d'employer les Peres de la Compagnie de Iesus qui sont fort aimez à Medine, & avec qui, comme l'on a vû dans la premiere fondation, j'ay traité durant plusieurs années des affaires de ma conscience, dont ie me suis fort bien trouvée, & les ay toûiours depuis extrémement affectionnez. Il se rencontra que le Pere Baltazar Alvarez maintenant Provincial & qui durant plusieurs années a esté mon confesseur comme ie l'ay rapporté sans l'avoir nommé, estoit alors Recteur. Ie luy écrivis & luy manday ce que nostre Pere General m'avoit ordonné. Il me répondit & les autres Peres de cette maison qu'ils m'asisteroient autant qu'ils le pourroient; & en effet ils travaillerent beaucoup pour obtenir le consentement de la ville & de l'Evesque; & cette negociation dura quelque temps à cause de la difficulté qui se trouve toûiours à l'établissement des monasteres qui n'ont point de revenu.

Vn Prestre nommé Iulien d'Avila qui estoit chapelain du monastere où i'estois m'aida beaucoup; car c'estoit un veritable serviteur de Dieu, tres-détaché de toutes les choses de la terre, homme de grande oraison, & à qui nostre Seigneur donnoit les mesmes sentimens qu'à moy. I'avois donc comme ie l'ay dit la permission de fonder des monasteres; mais point de maison ny d'argent pour en acheter; & l'on peut iuger quel credit pouvoit avoir une personne qui ne possedoit rien dans le monde. Dieu y pourveut; car les choses estant en ces termes une demoiselle tres-vertueuse qui n'avoit pû estre reçûë dans le monastere de saint Ioseph à cause que le nombre des Religieuses estoit remply, ayant appris que l'on vouloit en fonder un autre vint me prier de luy dôner place. Elle n'avoit pas assez de bien pour acheter une maison, mais seulement pour en loüer une & pour faire les frais de nostre voyage. Ainsi nous partismes d'Avila sans autre asistance, avec quatre Religieuses du monastere de S. Ioseph, & deux de celuy de l'Incarnation où ie demeurois auparavant, & accompagnées de Iulien d'Avila nostre chapelain de qui ie viens de parler.

A nostre arrivée à Medine s'eleva un grand murmure. Les uns disoient que i'estois folle; & les autres attendoient de voir à quoy

La suite fait voir que cela doit estre ainsi, quoy que l'Espagnol ne le dise pas.

cette folie se termineroit. L'Evesque, a ce qu'il m'a dit depuis, la trouvoit fort grande, & ne voulut pas neanmoins me la témoigner de peur de me faire de la peine, à cause qu'il m'affectionnoit beaucoup. Mes amis au contraire ne me le dissimuloient pas; mais cela ne me touchoit guere, parce que ce qui leur paroissoit si difficile me sembloit si facile que ie ne pouvois douter qu'il me réussît.

I'avois en partant d'Avila écrit au Pere Antoine de Heredia Prieur d'un monastere de nostre ordre qui est dans Avila nommé sainte Anne, pour le prier de m'acheter une maison. Il se rencontra qu'une Dame qui avoit beaucoup d'affection pour luy en avoit une en fort belle assiete, mais presque entierement ruinée. Il en traita avec elle sans autre assurance que sa parole dont elle eut la bonté de se contenter, & sans cela le marché n'auroit pû se faire, parce que nous n'avions point de caution que nous pussions luy donner : ce qui montre que nostre Seigneur disposoit ainsi les choses. Ne pouvant donc loger dans cette maison nous fusmes obligées d'en loüer un autre pendant qu'on la repareroit, à quoy il n'y avoit pas peu à faire.

Nous ne pûmes la premiere iournée arriver que de nuit à Aréval à cause du mauvais chemin, & que nous estions extrêmement lasses. Vn Prestre de nos amis nous y avoit preparé un logement chez des femmes devotes, & il me dit en secret que nous n'avions point de maison, parce que les Augustins auprés du monastere desquels on croyoit nous en loüer une s'opposoient à nostre establissement, & qu'ainsi il faudroit avoir un procez. Ie connus alors, mon Dieu, combien la resistance des hommes est vaine lorsque vous nous soustenez; car au lieu de m'estonner de cette nouvelle elle m'encouragea encore davantage : ie consideray ce trouble que le demon suscitoit comme une marque de la fidelité avec laquelle on vous serviroit dans cette maison, & ie priay cet Ecclesiastique de n'en point parler de peur d'estonner mes compagnes, & particulierement celles qui estoient du monastere de l'Incarnation : car quant aux autres il n'y avoit point de travaux qui ne leur parussent doux en les supportant avec moy.

L'une de ces deux premieres estoit Superieure de ce monastere de l'Incarnation d'où elle avoit eu grande peine à se resoudre de sortir : elle estoit aussi bien que sa compagne de bonne famille, & n'avoit pas moins qu'elle fait ce voyage à regret, chacun croyant qu'il y avoit de la folie à l'entreprendre ; en quoy l'on n'avoit que trop de raison : car lorsque Dieu veut que ie travaille à ces fondations il ne me vient dans l'esprit aucune difficulté qui puisse s'y opposer, & elles se presentent en foule à moy qu'aprés que i'ay commencé d'en venir à l'execution, comme on le verra dans la suite.

Estant arrivée à ce logis i'appris qu'il y avoit en ce lieu un Religieux de saint Dominique de tres-grande pieté, à qui ie m'estois confeſſée lors que j'eſtois au monaſtere de ſaint Ioſeph d'Avila; & parce que j'ay beaucoup parlé de ſa vertu dans ce que j'ay écrit de cette fondation, je me contenteray de dire icy qu'il ſe nommoit le Pere Dominique Bagnez. Comme il n'eſtoit pas moins prudent que ſçavant je ſuivois volontiers ſes avis, & il ne croyoit pas comme les autres qu'il y euſt tant de difficulté à faire reüſſir mon deſſein, d'autant que plus on connoiſt Dieu, & moins on en trouve dans ce que l'on entreprend pour ſon ſervice; outre qu'il n'ignorioit pas quelques-unes des graces que N. Seigneur me faiſoit, & ſe ſouvenoit de ce qu'il avoit veu arriver dans la fondation de S. Ioſeph. Ainſi il me conſola beaucoup, & je luy dis en ſecret l'avis que l'on m'avoit donné. Il crût que cela pourroit bien-toſt s'accômoder; mais le moindre retardement m'eſtoit penible à cauſe des Religieuſes qui m'accompagnoient, & le bruit de cet obſtacle qui ſe rencontroit dans noſtre deſſein s'eſtant répandu dans la maiſon nous paſſaſmes mal cette nuit.

Le lendemain dés le matin le Pere Antoine religieux de noſtre ordre & Prieur du monaſtere de Medine me vint trouver & me dit, que la maiſon que nous avions reſolu d'acheter ſuffiroit pour nous loger, & qu'il y avoit un portal dont on pourroit faire une chapelle en l'accommodant avec quelques tapiſſeries. Nous approuvaſmes ſon avis; & il me parut d'autant meilleur qu'eſtant hors de nos monaſteres je n'apprehendois rien davantage que les retardemens, outre qu'il s'eſtoit déja élevé quelque murmure comme au commencement de la fondation de noſtre premiere maiſon, ce qui me faiſoit deſirer de prendre poſſeſſion avant que l'affaire fuſt plus divulguée. Le Pere Dominique Bagnez fus du meſme avis; & enſuite de cette reſolution nous partimes la veille de l'Aſſomption de la ſainte Vierge. Nous arrivaſmes à minuit à Medine du champ; & pour ne point faire du bruit nous deſcendiſmes au monaſtere de ſainte Anne d'où nous allaſmes à pied à ce logis dont j'ay parlé. Dieu qui prend ſoin de ceux qui deſirent de le ſervir permit que nous ne rencontraſmes perſonne en chemin, quoy que ceux qui avoient ſoin de renfermer les taureaux que l'on devoit courir le lendemain fuſſent alors par les ruës pour les aſſembler; & nous eſtions ſi attentives à l'execution de noſtre deſſein que nous ne penſions à autre choſe. Eſtant entrée dans la cour de la maiſon, les murailles ne m'en parurent pas ſi ruinées que je connus le lendemain quand il fut jour qu'elles l'eſtoient; & il ſembloit que noſtre Seigneur euſt aveuglé ce bon Pere pour ne pas voir qu'il n'y avoit point de lieu propre à mettre le tres-ſaint Sacrement.

Il ſe trouva auprés du portail quantité de terre à oſter, les murs eſtoient entr'ouverts & point enduits; la nuit eſtoit desja fort avancée, & nous n'avions que trois tapis, qui ne ſuffiſoient pas à beaucoup prés pour couvrir ce portail. Ainsi je ne voyois point d'apparence d'y dresser un autel, & je ne sçavois que faire : mais nostre Seigneur nous secourut dans ce besoin. Cette Dame dont j'ay parlé avoit eu la bonté de commander à son maistre d'hostel de nous assister de tout ce qui nous seroit necessaire; & il nous offrit quantité de tapisseries & un lit de damas bleu. Nous en rendismes graces à Dieu mes compagnes & moy; & dans la difficulté d'avoir des cloux pour les attacher à cause qu'il n'estoit pas heure d'en aller chercher, nous en arrachasmes des murailles, & enfin on trouva du remede à tout, quoy qu'avec beaucoup de peine. Les hommes tendirent le lit & les tapisseries : nous balayasmes la place; & l'on fit tant de diligence que dés la pointe du jour l'autel estoit déja dressé. On sonna ensuite une cloche que l'on avoit attachée à un corridor : on commença la Messe, & cela suffisoit pour prendre possession. Mais on fit encore davantage; car on mit le tres-saint Sacrement, & nous nous plaçasmes vis à vis l'autel derriere une porte à travers les fentes de laquelle nous voyions celebrer la messe, n'ayant pû trouver un lieu plus commode. Comme le nombre des Eglises ne sçauroient augmenter sans que j'en ressente beaucoup de joye, ce m'en fust une fort grande de voir ce nouveau monastere consacré à Dieu, mais elle ne dura guere; car la Messe estant achevée j'apperceus d'une fenestre qui regardoit sur la cour, qu'une partie des murs estoit par terre, & qu'il faloit plusieurs jours pour les relever.

Quelle douleur ne me fut-ce point de voir cette suprême Majesté ainsi exposée dans la ruë, & dans un temps tel que celuy de l'heresie des Luteriens? Pour surcroist d'affliction toutes les difficultez qu'il y avoit sujet de craindre de la part de ceux qui avoient murmuré de nostre dessein me vinrent aussi-tost en l'esprit, & je trouvois qu'ils avoient raison de s'y opposer. Ainsi au lieu qu'auparavant tout me sembloit facile dans une entreprise qui regardoit le service de Dieu, il me paroissoit alors impossible d'achever de l'executer; & je tombay dans une tentation si violente, que sans considerer que son pouvoir est infiny, & sans me souvenir de tant de graces qu'il m'avoit faites, je n'avois devant mes yeux que ma foiblesse & mon impuissance, & ne voyois plus aucun lieu de bien esperer. Que si j'eusse esté seule je l'aurois souffert plus patiemment; mais je ne pouvois me consoler de penser que mes compagnes aprés estre sorties avec tant de repugnance de leur monastere se trouveroient contraintes d'y retourner avec une mortification si sensible. Je m'imaginois que ce commencement ayant si mal reüssi je n'avois plus lieu de me promettre que Dieu feroit que le reste de ce qui m'avoit esté dit s'accompliroit; & pour comble de déplaisir j'entray dans une tres-grande apprehension que le demon ne m'eust trompée,

& que ce que i'avois entendu dans l'oraison ne fust une illusion.

Seigneur en quel estat se trouve reduite une ame que vous voulez laisser dans la peine? Il me semble quand ie me souviens de celle que i'eus alors & des autres que i'ay éprouvées ensuite de ces fondations, que les souffrances corporelles ne sont rien en comparaison, quoy que i'en aye eu de tres-grandes, voulant épargner mes compagnes ie leur dissimulay ma douleur, & passay ainsi le reste du iour iusques au soir que le Pere Recteur de la Compagnie de Iesus suivy d'un autre Pere me vint voir, me consola & me redonna du courage. Ie ne luy dis pas toutes mes peines, mais seulement celle que i'avois de nous voir sur le pavé. Ie donnay ordre de chercher à quelque prix que ce fust une maison à loüer en attendant que l'on eust reparé la nostre, & me consolay en voyant le monde aborder chez nous sans qu'on nous blasmast de rien. Ce fust pour nous une grande misericorde de Dieu, puis que tout bien consideré on auroit pû avec iustice nous ôter le tres-saint Sacrement. I'admire maintenant ma simplicité & le peu de reflexion que l'on y fit; car ie croy que si on l'eust osté tout auroit esté ruiné.

Quelque diligence que l'on fist on ne pût dans toute la ville trouver de maison à loüer, & ainsi ie passois les iours & les nuits dans une grande tristesse, parce qu'encore que i'eusse donné ordre qu'il y eust des gens qui veillassent auprés du saint Sacrement, i'apprehendois si fort qu'ils ne s'endormissent que ie me relevois la nuit pour y prendre garde au clair de la lune à travers une fenestre. Pendant ce temps le monde continuoit plus qu'auparavant de venir, & non seulement ne se scandalisoit point de voir nostre Seigneur ainsi exposé dans une ruë, mais il estoit touché de devotion de ce que son extrême amour pour nous le portoit à s'humilier de telle sorte qu'il vouloit bien une seconde fois se trouver presque en mesme estat qu'il avoit esté dans la creche de Bethleem, & qu'il sembloit qu'il n'en voulust pas sortir.

Huit iours s'estant ainsi écoulez, un marchand qui avoit une fort belle maison voyant la peine où nous estions nous offrit tout l'appartement d'en haut pour en disposer comme nous voudrions. Il y avoit une grande sale bien dorée dont nous fismes une Eglise, & une Dame tres-vertueuse nommée Helene de Quiroga qui logeoit auprés de la maison que nous avions achetée, me promit de m'assister pour faire promtement une chapelle où l'on pûst mettre le tres-S. Sacrement, & d'accommoder le logis en sorte que nous pussions y estre en clôture. D'autres personnes nous donnoient dequoy vivre: mais nul ne nous fist tant de bien qu'elle.

Nous nous trouvâmes assez en repos chez ce charitable marchand, car nous y estions en cloture & commençasmes d'y reciter l'Office aux heures ordonnées par l'Eglise. Cependant ce bon Prieur travailloit avec un extrême soin à raccommoder nostre maison ; mais avec toute la peine qu'il y prit elle ne pût que deux mois après estre en estat de nous recevoir ; & nous y passasmes deux années estant assez raisonnablement logées ; mais depuis par l'assistance de nostre Seigneur elle a esté renduë plus habitable & plus commode.

Quoy que ce que ie viens de dire me donnast beaucoup de consolation, ie ne laissois pas d'estre en peine touchant les monasteres de Religieux de nostre ordre dont je desirois avec ardeur la reforme, & n'avois personne pour m'aider dans ce dessein. Ainsi ne sçachant que faire je me resolus de confier ce secret à ce Pere Prieur du monastere de sainte Anne pour voir ce qu'il me conseilleroit. Il m'en témoigna beaucoup de joye, & me promit d'estre le premier qui embrasseroit cette reforme. Ie crûs qu'il se mocquoit, parce qu'encore qu'il eust toujours esté un bon Religieux, recueilly, studieux, & amy de la retraite, il me sembloit qu'estant d'une complexion délicate & peu accoustumé aux austeritez, il n'estoit pas propre pour jetter les fondemens d'une maniere de vie si rude. Ie luy dis tout franchement ma pensée ; & il me rassura en me répondant qu'il y avoit desja long-temps que nostre Seigneur l'appelloit à une vie plus laborieuse ; qu'il avoit resolu de se faire chartreux, & qu'on luy avoit promis de le recevoir. Cette réponse me donna de la joye ; mais ne m'assura pas entierement ; je le priay de differer l'execution de son dessein, & de s'exercer cependant dans les austeritez ausquelles il vouloit s'engager. Il le fit, & il se passa ainsi une année. Il eut durant ce temps tant à souffrir, & mesme par de faux témoignages, qu'il parut que Dieu vouloit l'éprouver. Il endura ces persecutions avec beaucoup de vertu, & s'avança de telle sorte que j'eus grand sujet d'en remercier Dieu, & de croire qu'il le disposoit pour une si sainte entreprise.

Peu de temps aprés il arriva un jeune Religieux de nostre ordre nommé le Pere Iean de la Croix qui estudioit à Salamanque, & son compagnon me dit des particularitez si édifiantes de sa maniere de vivre que j'eus aussi beaucoup de sujet d'en loüer Dieu. Ie luy parlay ; & appris qu'il vouloit comme le Pere Prieur de sainte Anne se faire Chartreux. Ie luy communiquay alors mon dessein, & le priay instamment de differer jusques à ce que Dieu nous eust donné un monastere, luy representant que puis qu'il vouloit embrasser une regle si étroite, il luy rendroit un plus grand service de la garder dans son ordre que dans un autre. Il me le promit, pourvû que le retardement ne fust pas grand. Me trouvant ainsi assurée de deux Religieux pour commencer cette reforme il me sembloit que tout estoit déja fait. Mais comme je n'estois pas entierement contente du Prieur, & que je n'avois point encore de maison pour ce nouvel establissement, je resolus d'attendre quelque temps.

Cependant l'estime & l'affection du peuple de Medine pour nos Religieuses augmentoient toûjours; & certes avec raison, puis qu'elles ne pensoient qu'à s'avancer de plus en plus dans le service de Dieu, en observant la mesme regle & les mesmes constitutions que celles de saint Ioseph d'Avila. Nostre Seigneur commença ensuite d'inspirer à quelques autres de prendre l'habit; & les graces qu'il leur faisoit estoient si grandes que ie ne les pouvois voir sans estonnement. Qu'il soit beny à jamais de ce qu'il paroist bien que pour nous aimer il ne demande autre chose de nous que d'en estre aimé.

CHAPITRE IV.

La Sainte parle dans ce chapitre des graces si particulieres que Dieu faisoit alors aux monasteres de son ordre, & les exhorte à l'exacte observation de leur regle.

COMME je ne sçay combien de temps il me reste encore à vivre, ni quel loisir je pourray avoir, & que j'en ay un peu maintenant, je croy à propos avant que de passer outre de donner icy quelques avis aux Prieures touchant l'avancement des ames soûmises à leur conduite, sans m'arrester à ce qui sembleroit les satisfaire davantage.

l'écrivis la fondation du monastere de S. Ioseph d'Avila aussi-tost après qu'elle fust achevée; & celle qui se sont faites depuis & que l'on me commande d'écrire sont au nombre de sept, dont celle d'Albe de Tormés est la derniere. Il s'en seroit fait davantage si nos Superieurs ne m'avoient comme lié les mains en m'occupant à d'autres choses, ainsi qu'on le verra par la suite. Ce que j'ay remarqué dans ces fondations touchant le spirituel m'a fait connoistre la necessité de ces avis; & je prie Dieu qu'ils soient tels qu'ils puissent remedier aux besoins qui m'obligent de les donner.

Puis que les choses dont j'ay parlé ne sont pas des illusions & des tromperies du diable, il ne faut point s'en épouvanter; mais comme je l'ay dit en de petits avis que j'ay donnez pour mes sœurs, on doit croire que marchant avec pureté de conscience & pratiquant l'obeyssance, Dieu ne permettra jamais que le demon nous puisse tenter en telle sorte qu'il cause la perte de nostre salut; mais qu'au contraire il se trouvera trompé. La connoissance que j'en ay me persuade qu'il ne nous fait pas tant de mal que nous nous en faisons nous-mesmes par nos mauvaises inclinations, & particulierement s'il y entre de la mélancolie; car les femmes sont naturellement foibles, & l'amour propre qui regne en elles se glisse aisément dans leurs actions. Ainsi j'ay j'ay connu plusieurs personnes tant hommes que femmes & des Religieuses de nos maisons se tromper sans y penser, & il se peut faire que le demon s'y mêloit & y contribuoit, mais parmi ce grand nombre je n'ay point veu que Dieu en ait abandonné aucune; & il veut peut-estre les exercer par ces épreuves afin de les rendre plus fortes, & leur apprendre à se tenir toûjours sur leur garde.

L'estat deplorable où nos pechez ont maintenant reduit ce qui regarde l'oraison & la perfection m'oblige à parler de la sorte. Car si encore que l'on ne voye point de peril à s'engager dans le chemin qui conduit au ciel on apprehende si fort d'y entrer : que seroit-ce si ie disois qu'il y a du peril ? Mais n'y en a-t-il pas par tout, & ne devons-nous pas toûjours marcher auec crainte, implorer l'assistance de Dieu, & le prier de ne nous point abandonner ? Que si, comme ie pense l'avoir dit ailleurs, quelque chose peut nous assurer, c'est de nous tenir proches de luy, en le prenant pour l'objet de nos pensées, & en nous efforçant de nous avancer de plus en plus.

Quoy, mon Sauveur, nous voyons que vous nous delivrez des perils où nous nous precipitons nous-mêmes contre vostre volonté; & nous croirions que vous ne nous delivrerez pas de ceux qui se rencontrent dans les choses où nous n'avons autre dessein que de vous servir & de vous plaire; Cela ne me sçauroit entrer dans l'esprit, quoy qu'il puisse arriver par un effet des secrets jugemens de Dieu qu'il permettroit certaines choses qui donneroient sujet de le penser; mais jamais une bonne cause ne produit du mal.

Que ce que je viens de dire, mes Filles, serve donc non pas à nous estonner; mais à nous faire marcher avec courage & humilité dans le chemin si aspre si difficile de cette vie pour plaire à nostre divin Epoux, pour le trouver pluftost, & pour arriver enfin avec son assistance dans cette ville sainte, cette Ierusalem celeste, où tout ce que nous aurons souffert icy bas nous paroistra n'estre rien en comparaison du bon-heur dont nous joüirons durant toute une eternité.

La tres-sainte Vierge commença à faire connoistre son pouvoir dans ce petit nombre de filles assemblées en son nom. Quoy que foibles par elles-mêmes elles estoient fortes dans leurs desirs & leur détachement des choses creées; ce qui joint à la pureté de la cõscience est ce qui unit l'ame à son Createur. Ie n'avois point besoin d'ajoûter ces derniers mots, parce que si ce détachement est veritable je ne voy pas comment on peut offenser Dieu, puis qu'il est sans apparence qu'il abandonne celles dont tous les discours & toutes les actions n'ont pour objet que luy seul. C'est l'estat où par sa misericorde je voy que sont maintenant nos monasteres. Que si celles qui viendront après nous & qui liront cecy ne se trouvent pas dans ces dispositions, elles ne devront pas l'attribuer au temps, sçachant cõme elles le sçavent que Dieu est toûjours prest à répandre ses faveurs sur ceux qui le servent fidellement: mais elles devront s'examiner pour voir s'il ne tient pas à elles, & se corriger de leurs defauts.

J'entens quelquefois des personnes religieuses dire que Dieu faisoit des graces extraordinaires aux saints Fondateurs de leurs ordres parce que leurs vertus en devoient être comme les fondemens, & cela est veritable: mais ces personnes ne devroient-elles pas considerer que l'exemple qu'elles sont obligées de donner aussi par leur vertu doit de mesme servir de fondement à celles qui viendront après elles? Que si nous qui sommes encore en vie ne tombions point dans le relâchement, & que celles qui nous succederont se maintinssent aussi dans l'estroite observance de la regle, cet édifice spirituel ne subsisteroit-il pas? Mais quel avantage puis-je tirer de ce que ces Saints qui m'ont precedée l'ont estably & soustenu avec tant de travaux & de courage, si par ma faute & par mon peu de vertu je le laisse tomber en ruine? N'est-il pas visible que ceux qui entrent en religion au lieu de porter leurs pensées à un souvenir aussi éloigné que celuy des fondateurs des ordres ils les arrestent sur les Superieurs & les autres Religieux qui leur sont presens? En verité c'est une chose plaisante de rejetter la cause de nos imperfections sur ce que nous ne nous sommes pas rencontrez dans ces temps passez, au lieu de considerer la difference qu'il y a entre nos defauts & les vertus de ceux à qui Dieu a fait de si grandes graces.

„ O mon Sauveur, que ces excuses sont vaines & déraisonnables, &
„ n'est-il pas évident que c'est se tromper soy-mesme? J'ay honte mon
„ Dieu, d'estre si mauvaise & si inutile pour vostre service: mais je voy
„ bien que je ne dois attribuer qu'à mes imperfections & à mes pechez
„ ce que vous ne m'avez pas favorisée des mêmes graces que vous avez
„ faites à celles qui estoient avant moy. Je ne puis voir sans douleur que
„ ma vie est differente de la leur, ni en parler sans verser des larmes. Je
„ reconnois qu'au lieu de profiter de leurs travaux je les ay rendus
„ inutiles par le mauvais usage que j'en ay fait, sans m'en pouvoir pré-
„ dre qu'à moy-même, & non pas à vous, de qui personne ne sçauroit
„ avoir suiet de se plaindre. Chacun doit seulement lorsque son ordre
„ se relasche en quelque chose s'efforcer par sa vertu d'estre comme
„ une pierre dont la solidité aide à soustenir ce saint édifice, & ne point
„ douter que vous ne l'assistiez dans une resolution si loüable.

Pour revenir à mon suiet dont je me suis beaucoup éloignée, je me trouve obligée de dire que les graces que N. Seigneur fait à ces nouveaux monasteres sont si grandes qu'il n'y en a point où toutes les Religieuses ne meditent. Quelques-unes arrivent mesme à la contemplation parfaite, & d'autres passant plus avant vont jusques à avoir des ravissemens. Nostre Seigneur fait à d'autres des faveurs encore plus grandes en leur donnant des revelations & des visions qui paroissent manifestement venir de luy; & il n'y a presentement un seul de ces monasteres où il n'y ait une ou deux Religieuses qui reçoivent des graces extraordinaires. Ie sçay que la sainteté ne consiste pas en cela, & ie ne le rapporte pas aussi pour les en loüer; mais seulement pour faire voir que ce n'est pas sans raison que je veux donner les avis que l'on verra dans la suite.

CHAPITRE V.

A quel point de perfection l'obeyssance & la charité peuvent élever les ames : Que ces deux vertus sont preferables aux plus grandes consolations interieures, aux ravissemens, aux visions, & au don de prophetie, puis que c'est le moyen de rendre par une admirable union nostre volonté conforme à la volonté de Dieu; & qu'ainsi il faut quitter la retraite & la solitude lors que les occasions de pratiquer ces vertus y obligent. Exemples que la Sainte en rapporte.

IE ne pretens pas que l'on doive considerer ce que je vay dire comme une regle infaillible, & l'on ne pourroit sans folie avoir cette pensée en des choses si difficiles. Comme dans la vie spirituelle il y a plusieurs chemins, il se pourra faire que je diray quelque chose d'utile touchant l'une de ces differentes voyes; & si quelques-uns n'y comprennent rien, ce sera à cause qu'ils marchent par une autre. Mais quand même ce que je diray ne serviroit à personne, Nostre Seigneur aura, s'il luy plaist, ma bonne volonté agreable, puis qu'il sçait que je n'avanceray rien que je n'aye éprouvé en moy-même, ou remarqué en d'autres.

Ie commenceray à parler selon mon peu de capacité de ce en quoy consiste la perfection de l'oraison, parce que j'ay veu des personnes qui s'imaginent qu'elle dépend de l'entendement. Ainsi lors qu'en faisant de grands efforts il leur vient beaucoup de pensées de Dieu, elles se croyent aussi-tost fort spirituelles, & si on les divertit de leur oraison, quoy que pour les occuper à des choses utiles, elles s'affligent & pensent estre perduës. Les hommes sçavans ne tombent pas dans cette erreur, quoy que j'en aye rencontré un qui n'en estoit pas exemt; mais nous autres femmes avons besoin de recevoir des instructions sur tout. Ie ne dis pas que ce ne soit une grace de Dieu de penser toûjours à luy & de mediter sur les merveilles de ses œuvres, ni qu'il ne soit bon de tâcher de l'acquerir : ie dis seulement que tous les esprits n'y sont pas propres, & qu'au contraire il n'y a personne qui ne soit capable de l'aimer. I'ay écrit ailleurs une partie des causes de l'égarement de nostre imagination, estant impossible de les rap-

R r ij

porter toutes; c'est pourquoy ie n'en parleray point icy: ie me contenteray de dire que la pensée n'estant pas l'ame, la volonté seroit bien mal-heureuse si elle estoit conduite par elle; & qu'ainsi l'avancement de l'ame ne consiste pas à beaucoup penser, mais à beaucoup aimer. Que si l'on me demande ce qu'il faut faire pour acquerir cet amour, ie répons que c'est de se resoudre d'agir & de souffrir pour Dieu lors que les occasions s'en offrent.

Ce n'est pas que la pensée de ce que nous devons à Dieu, de ce qu'il est, & de ce que nous sommes, ne soit d'un grand merite, ne serve à prendre la resolution que ie viens de dire, & ne soit fort utile dans les commencemens, pourvû que cela n'empêche pas que l'on ne satisfasse à l'obeïssance & à la charité envers le prochain, qui nous obligent à quitter le plaisir si doux de s'entretenir seul à seul avec Dieu & de recevoir des faveurs de luy. Car se priver de ce contentement pour de tels sujets c'est demeurer avec luy, c'est agir pour luy, puis qu'au regard de la charité il a dit de sa propre bouche. *Ie tiendray comme fait à moy-mesme ce que vous ferez pour l'un de ces petits qui sont à moy*: & que pour ce qui est de l'obeïssance, il ne veut pas que nous marchions par un autre chemin que celuy par lequel il a marché quand il a esté obeïssant jusques à la mort. Que si cela est tres veritable, d'où procede donc la peine que l'on ressent lors que pour satisfaire à l'obeïssance ou à la charité on se voit privé du plaisir de passer une grande partie du jour dans la retraite & dans l'oubly de soy-même pour ne s'occuper que de Dieu seul? Elle procede à mon avis de deux causes, dont la principale est l'amour propre, qui est si subtil qu'il nous empêche de nous appercevoir que nous preferons nostre contentement à celuy de Dieu : car il est facile de iuger que lors qu'une ame commence à gouster combien le Seigneur est doux, elle n'a point de si grand contentement que de ioüir de ses faveurs sans en estre distraite par des occupations corporelles. Mais peut-on avoir de la charité, aimer Dieu veritablement, & connoistre ce qu'il desire de nous, & demeurer en repos dans le temps que l'on se voit utile à une ame, soit pour augmenter son amour pour luy, ou la consoler ou la tirer de quelque peril? Combien dangereux seroit ce repos dans lequel on ne considereroit que soy même? Et lors que nous ne pouvons point servir le prochain par des actions, ne devons-nous pas au moins par la compassion de voir tant d'ames qui se perdent demander continuellement à Dieu par nos prieres d'avoir pitié d'elles, & nous tenir heureuses de renoncer à nostre satisfaction particuliere pour faire une chose qui luy est si agreable?

De l'obeïssance.

On peut dire le même de l'obeïssance ; car seroit il supportable que Dieu nous commandant precisement par nos Superieurs & nos

DE MEDINE DV CHAMP. CHAP. V. 317

Superieures une action importante pour son service, nous ne voulussions pas interrompre nostre meditation parce que nous prendrions plus de plaisir à considerer sa grandeur & les merveilles de ses œuvres, qu'à faire ce qu'ils nous ordonneroient? Ce seroit en verité un plaisant moyen de s'avancer dans son amour que de vouloir ainsi luy lier les mains en pretendant qu'il ne peut nous conduire que par le chemin qui nous plaist & nous contente davantage.

Ce que j'ay éprouvé en moy-même, & remarqué en quelques personnes m'a fait connoistre cette verité, lors que dans la peine que je souffrois de n'avoir presque pas le loisir de mediter j'avois compassion de les voir aussi dans une occupation continuelle pour satisfaire à l'obeïssance. Ie pensois & leur disois même quelquefois que ie ne voyois pas comment elles pouvoient devenir fort spirituelles parmy de tels embarras, comme en effet elles ne l'estoient pas alors beaucoup. O mon Seigneur & mon Dieu, que vos voyes sont differentes de nos pensées! Vous ne desirez autre chose d'une ame resoluë à vous aimer & à vous suivre sinon son obeïssance; & elle n'a pour vous plaire qu'à s'informer de ce qui importe le plus à vostre service, & desirer de l'executer: il luy suffit de n'avoir point d'autre volonté que la vostre sans s'enquerir s'il y a divers chemins pour aller à vous, & vouloir choisir celuy qui revient le plus à son humeur: elle doit s'abandonner à vous pour la conduire en la maniere que vous sçavez luy être la plus avantageuse: & bié que le Superieur ne pense pas à la mettre dans la voye qui pourroit la rendre plus spirituelle, mais seulement à l'employer à ce qu'il croit le plus utile pour la communauté, vous disposez, mon Dieu, les choses en sorte, que sans que l'on comprenne comment cela s'est pû faire, ces ames se trouvent si avancées dans la vie spirituelle par le merite de leur obeyssance, qu'on ne sçauroit le voir sans estonnement.

I'ay parlé depuis peu de iours à une personne la plus affectionnée à l'obeyssance que i'aye veuë en toute ma vie, & sa conversation est capable d'inspirer l'amour de cette vertu. Elle a passé prés de quinze ans dans des occupations continuelles de divers offices sans avoir pù durant tout ce temps avoir une seule iournée à elle quelque desir qu'elle en eust, & tout ce qu'elle pouvoit faire estoit de dérober quelque moment pour prier & conserver sa conscience tousiours pure. Dieu l'en a bien recompensée: car sans qu'elle sçache comment cela s'est pû faire elle se trouve dans cette liberté d'esprit si desirable & si precieuse qui se rencontre dans les plus parfaits: Ainsi ayant tout acquis en ne voulant rien, elle joüit du plus grand bon-heur que l'on puisse souhaitter en cette vie. Ces ames n'apprehendent rien, parce qu'elles ne desirét rien de tout ce qui est dans le mõde; elles ne fuyét point les travaux ni ne recherchent point les contentemens, & rien

Rr iij

ne peut troubler leur paix, parce que c'est Dieu qui en est l'auteur, & qu'on ne sçauroit les separer de luy; ce qui est la seule chose qu'elles sont capables de craindre; tout le reste ne pouvant ni les réjoüir ni les affliger, parce qu'elles le considerent comme n'estant point.

Qu'heureuse est donc l'obeïssance, & qu'heureuses sont les distractions qu'elle cause, puis que l'on peut arriver par elles à une si grande perfection! La personne dont je viens de parler n'est pas la seule en qui je l'ay remarqué: j'en ay aussi connu d'autres à qui aprés plusieurs années que je ne les avois veuës, ayant demadé à quoy elles s'étoient occupées durant tout ce temps, & sçeu que c'estoit en des actions d'obeyssance & de charité, je les trouvois si spirituelles que j'en estois estonnée. Apprenez donc, mes Filles, qu'il vous doit estre indifferent en quelles œuvres l'obeyssance vous oblige de vous employer; & que si par exemple c'est à la cuisine, Nostre Seigneur ne vous y assistera pas moins qu'ailleurs, tant interieurement qu'exterieurement.

Il me souvient qu'un Religieux me raconta qu'estant resolu d'obeyr ponctuellement à tout ce que son Superieur luy ordonneroit, arriva qu'aprés avoir travaillé avec excés, estant déja tard & n'en pouvant plus il s'assit pour se reposer un peu; mais que son Superieur l'ayant rencontré il luy ordonna de prendre une besche & d'aller travailler au jardin: qu'il obeyt malgré la repugnance de la nature, & que traversant un petit passage que j'ay veu plusieurs années depuis en un voyage que je fis pour aller fonder un monastere en ce lieu là, Nostre Seigneur luy apparut chargé de sa croix & reduit en tel etat, qu'il n'eust pas peine à connoistre que ce travail qu'on luy avoit commandé & qu'il croyoit excessif, n'estoit rien en comparaison d'une si grande souffrance. Je croy que comme le diable voit que rien n'est si capable que l'obeyssance de nous faire bien tost arriver au comble de la perfection, il n'y a point d'efforts qu'il ne fasse sous divers pretextes pour nous degouster de cette vertu, & nous faire trouver de la difficulté à la pratiquer. Si l'on remarque bien cecy l'experience fera connoistre que rien n'est plus veritable: car n'est-il pas évident que la haute perfection ne consiste pas en des consolations interieures, en de grands ravissemens, en des visions, & au don de prophetie, mais à rendre nostre volonté si conforme & si soûmise à celle de Dieu, que nous embrassions de tout nostre cœur ce qu'il veut, & ne mettions point de difference entre ce qui est amer & ce qui est doux lors qu'il nous est presenté de sa main. J'avouë que c'est une chose tres-difficile de faire non seulement des choses si contraires à nostre naturel, mais de les faire avec plaisir; & c'est aussi en cela que paroist la force de cet amour parfait qui est seul capable de nous faire oublier ce qui nous contente pour ne penser qu'à côtenter celuy qu'il fait regner dans nostre cœur; car il est certain que quelque grands que soient les travaux ils nous paroissent doux lors que nous considerons qu'ils sont agreables à Dieu; & c'est de cette maniere qu'aiment ceux qui sont arrivez jusques à ce point de perfection de souffrir avec joye les persecutions, les injustices & les atteintes que l'on donne à leur honneur.

Cela est si constant qu'il seroit inutile de m'y arrêter davantage, & ce que je pretens est de faire voir que l'obeissance est le meilleur de tous les moyens pour arriver à cet heureux estat : en voicy la preuve. Comme nous ne sommes point maistres de nostre volonté pour l'employer toute entiere & sans reserve à accomplir celle de Dieu jusques à ce que nous l'ayons soûmise à la raison, nul chemin n'est si court & si seur pour y arriver que celuy de l'obeyssance; & non seulement nous n'y arriverons jamais par nos lumieres particulieres, mais nous ne le pourrions tenter sans peril, à cause que nostre amour propre ne nous proposant que ce qui le flate, nous rejettons souvent ce qui est le plus conforme à la raison par la repugnance qu'il y trouve.

Il y auroit tant de choses à dire sur ce sujet que je n'aurois jamais fait si j'entreprenois de parler à fond de ce combat qui se passe en nous, & de ce que le demon, le monde, & nostre sensualité nous representent pour offusquer de telle sorte nostre raison qu'elle nous devienne inutile. Ainsi au lieu d'entrer plus avant dans ce discours il vaut mieux venir aux remedes que l'on peut apporter à un si grand mal. Je n'y en voy point de meilleur que de faire comme ceux qui aprés avoir long-temps plaidé & employé inutilement beaucoup d'argent & beaucoup de peine pour voir la fin de leur procez, s'en remettent à des arbitres. Nous devons de mesme choisir un Superieur ou un confesseur à qui nous rapportions sincerement cette contestation qui se passe en nous sans nous en inquieter davantage suivant ces paroles de Nostre Seigneur: *Qui vous écoute, m'écoute.* Comme c'est le rendre maistre du libre arbitre qu'il nous a donné, cette soûmission luy est si agreable, que lors qu'aprés avoir soustenu mille combats avant que de nous rendre à ce que l'on nous commande, parce qu'il nous paroissoit injuste, nous avons enfin pour plaire à Dieu assujetti nostre volonté sous la loy de l'obeyssance, il nous donne un si grand pouvoir sur nous-mêmes que nous en devenons les maistres. Alors il purifie tellement nostre volonté en la rendant conforme à la sienne, que nous pouvons l'employer pour son service d'une maniere parfaite, aprés avoir travaillé avec tant de peine pour mettre du bois sur l'autel en renonçant à tout ce qui pouvoit déplaire à N. Seigneur le prier de faire descendre le feu du ciel pour consumer le sacrifice que nous luy avons fait de nous-mesmes.

Puis qu'on ne peut donner que ce que l'on a, & que cette soûmission de nostre volonté à celle de Dieu est un tresor qui ne se trouve que dans l'obeyſſance, il faut comme on foüille dans les mines pour en tirer l'or, & que plus on foüille plus on en trouve, s'exercer toûjours davantage à cette vertu, afin que plus nous nous aſſujettiſſons aux hommes en les rendant maiſtres de noſtre volonté, nous en devenions nous-mêmes les maiſtres, pour la pouvoir conformer à celle de Dieu. Iugez donc, mes Sœurs, ſi vous ne ferez pas bien recompenſées de la peine d'eſtre privées de la douceur que vous trouviez dans la ſolitude. Ie vous aſſure que cela ne vous empêchera pas d'arriver à cette veritable union dont jay parlé qui conſiſte à n'avoir point d'autre volonté que celle de Dieu. C'eſt-là l'union que je ſouhaite pour moy-meſme, & que je vous ſouhaite à toutes pluſtoſt que ces tranſports d'eſprit ſi délicieux auſquels on donne le nom d'union, & qui le ſont en effet lors qu'ils ſont ſuivis de l'obeyſſance dont j'ay parlé. Mais ſi cela n'eſt pas, ces ames ne ſe trouveront à mon avis unies qu'à leur amour propre, & non pas à la volonté de Dieu. Ie le prie de tout mon cœur de me faire la grace de rendre en cela mes actions conformes à ma connoiſſance.

La ſeconde cauſe du dégouſt dont j'ay parlé vient à mon avis de ce que ſe rencontrant dans la ſolitude moins d'occaſions d'offenſer Dieu, quoy qu'il y en ait toûjours quelques-unes puis que les démons y ſont & nous-mêmes, l'ame s'y trouve plus pure, & qu'ainſi dans ſa crainte d'offenſer Dieu ce luy eſt une tres grande conſolation d'y rencontrer moins d'obſtacles; & cette raiſon me paroiſt encore plus forte pour nous faire deſirer d'eſtre ſeparées du commun des creatures, que celle du plaiſir de recevoir de Dieu des conſolations & des faveurs.

C'eſt dans ces occaſions où nous avons beſoin de nous tenir toûjours ſur nos gardes, que nous pouvons beaucoup mieux faire paroiſtre ſi noſtre amour pour Dieu eſt veritable que dans les recoins d'une ſolitude, & que ſelon mon ſens nous faiſons un plus grand progrez dans la vertu, quoy que nous commettions plus de fautes & faiſions meſme de petites chûtes. Mais il faut remarquer que ie ſuppoſe toûjours que ce n'eſt que lors que l'obeyſſance ou la charité nous y engage; car à moins que cela ie demeure d'accord que la ſolitude vaut mieux; que nous devons continuellement la deſirer lors même que nous ſommes dans l'action, & qu'ainſi les ames qui aiment veritablement Dieu ne ceſſent jamais de la ſouhaiter. Quant à ce que j'ay dit qu'il y a plus à profiter dans l'action, c'eſt parce qu'elle nous fait connoiſtre à nous-meſmes & voir juſques où va noſtre vertu, puis que quelque ſainte qu'une perſonne qui eſt toûjours dans la ſolitude ait ſujet de ſe croire, elle ne ſçait ni ne peut

ſçavoir

sçavoir si elle a de la patience & de l'humilité : de mesme que pour sçavoir si un homme est fort vaillant il faut l'avoir veu dans les occasions Saint Pierre témoignoit ne rien craindre ; & le contraire parut lors qu'il falut venir à l'épreuve : mais il se releva de sa chûte, & ne mettant plus sa confiance qu'en Dieu on vit avec quel courage & quelle generosité il endura le martyre.

Helas, Seigneur, qu'il nous importe de connoistre nostre misere! sans cela nous nous trouvons par tout en peril; & ainsi il nous est avantageux que l'on nous commande des choses qui nous fassent voir nostre foiblesse. J'estime pour cette raison que Dieu nous favorise plus en un seul jour qu'il nous humilie & nous donne la connoissance de nous mesmes, quoy qu'elles nous couste de grandes peines & de grands travaux, qu'en plusieurs journées d'oraison. Qui doute qu'un amy veritable n'aime en tout temps & en tous lieux son amy? & qu'elle apparence que l'on ne pûst faire oraison que dans le secret de la solitude? J'avouë que les personnes qui sont dans l'action n'ont pas grand loisir pour prier : mais, mon Sauveur, qu'elle force n'a point auprés de vous un soûpir qui procede du fond du cœur par la peine de voir qu'outre le déplaisir de demeurer en cet exil on ne nous donne pas le temps de joüir dans la retraite de vos celestes consolations? Il paroist, Seigneur, par ce que je viens de dire que nous nous sommes renduës pour l'amour de vous esclaves de l'obeïssance, puis qu'elle nous fait en quelque sorte renoncer au plaisir d'estre avec vous : & il n'y a pas sujet de s'en étonner lors que nous considerons que par une faveur que nul ressentiment ne peut égaler, elle vous a fait aussi en quelque maniere sortir du sein de vostre Pere Eternel pour vous rendre esclave des hommes.

Mais il faut bien prendre garde à n'oublier jamais dans l'action, quoy que faite par obeïssance & par charité, d'élever souvent son esprit à Dieu. Croyez-moy, mes Filles, l'ame ne tire point davantage des longues oraisons lors que l'obeïssance & la charité l'appellent ailleurs : & au contraire les bonnes œuvres la rendent en peu de temps beaucoup plus capable d'estre embrasée de l'amour de Dieu que plusieurs heures de meditation. C'est de luy seul que nous devons attendre tout nostre bon-heur. Qu'il soit beny aux siecles des siecles. Ainsi soit-il.

CHAPITRE VI.

Avis admirable de la Sainte pour distinguer les faux ravissemens d'avec les veritables, & empescher que l'on ne se laisse aller à ces défaillances qui ne procedent que d'une foiblesse de la nature, ou d'imagination ou de mélancolie. Exemples que rapporte la Sainte sur ce sujet, & entre autres de deux Religieuses qui croyoient ne pouvoir sans mourir manquer de communier tous les iours.

Des faux raviſſemens qui ne sont en effet que des défaillances.

I'AY fait ce que i'ay pû pour connoistre d'où procedent ces grands transports dans l'oraison que i'ay remarquez en certaines personnes que nostre Seigneur favorise de ses graces lors qu'elles font ce qu'elles peuvent pour se disposer à les recevoir; mais ie ne veux pas traiter maintenant de ces suspensions & de ces ravissemens. I'en ay assez parlé ailleurs, & il seroit inutile d'en dire icy, parce que s'ils sont veritables nous ne sçaurions ne les point avoir quelques efforts que nous fassions pour y resister. Mais il faut remarquer que cette force qui vient d'enhaut & qui fait que nous ne sommes plus maistres de nous-mesmes, dure peu, & qu'il arrive souvent qu'ayant commencé par l'oraison de quietude qui est comme un sommeil spirituel, l'ame entre dans un transport qui fait que si elle ignore comment elle s'y doit conduire, elle perd avec peu de merite beaucoup de temps, & épuise ses forces par sa faute.

Ie voudrois pouvoir bien m'expliquer; mais cela est si difficile, que ie doute d'y reüssir. Ie tiens pour certain que les ames qui se trouvent engagées dans cette erreur m'entendront si elles me veulent croire. I'en connois qui demeuroient durant sept & huit heures en l'état que ie viens de dire, & le prenoient pour un ravissement. Quelque bonne que fust l'occupation à quoy on les employoit, elles se laissoient aussi-tost aller dans une sorte de recueillement qui les tiroit comme hors d'elles-mesmes, leur paroissant qu'il ne faloit pas resister à nostre Seigneur. Ainsi elles auroient peu à peu pû perdre l'esprit ou la vie si on n'y eust remedié. Ce que ie puis dire sur ce sujet est, qu'estant naturellement si portez à aimer ce qui nous contente, Dieu ne favorise pas plustost une ame de ces douceurs spirituelles, que la crainte d'en estre privée fait qu'elle voudroit ne s'occuper d'autre chose, parce qu'il est vray qu'il n'y a rien dans le monde qui en approche; & cela arrive principalement aux personnes foibles, dont l'esprit, ou pour mieux dire l'imagination s'attache si fortement à un objet qu'elles ne voudroient iamais s'en divertir, ainsi que l'on en voit d'autres faire la mesme chose en des sujets qui ne regardent point la pieté. Et s'il y entre de la mélancolie, elle leur fera prendre pour des veritez des illusions agreables.

DE MEDINE DV CHAMP. CHAP. VI.

Ie diray dans la suite quelque chose de cette humeur mélancolique; mais quand une personne n'y seroit point sujette, ce que ie viens de remarquer, ne laisseroit pas de luy arriver, principalement à celles dont l'esprit s'est affoibly par des penitences excessives lors que leur amour pour Dieu commençant à leur donner un plaisir sensible elles s'y abandonnent en la maniere que ie l'ay dit. Comme l'on peut resister à cette sorte d'oraison, i'aimerois donc mieux qu'elles ne s'y laissassent point aller iusques à en estre par maniere de dire tout enyvrées. Car ainsi que lors qu'une personne de foible complexion tombe en défaillance elle ne peut ni parler ni se mouvoir, ceux dont l'esprit est naturellement foible succombent sous l'effort des mouvemens d'une devotion mal reglée, s'ils ne taschent de les moderer.

On pourra me demander si cette maniere d'oraison n'est pas une mesme chose que le ravissement, puis qu'il semble n'y avoir point de difference. Ie répons qu'il y en a une tres grande, parce que le ravissement ou l'union de toutes les puissances dure peu, illumine l'ame, & produit en elle plusieurs autres grands effets sans que l'entendement agisse en aucune sorte, Dieu seul operant dans la volonté: au lieu qu'icy c'est tout le contraire, parce qu'encore que le corps soit comme lié, la volonté & la memoire ne le sont pas, mais agissent inconsiderement & semblent voltiger deçà & delà sans s'arrester à aucun objet.

I'avoüe ne trouver rien de bon dans la peine que donne cette debilité corporelle, si ce n'est qu'elle vinst d'un bon principe; car pourquoy y consumer tant de temps? & ne peut-on pas meriter davantage en l'employant à ce que l'obeissance oblige de faire, sans s'en rendre incapable en se laissant emporter à cette sorte de recueillement qui nous tuë? C'est pourquoy je conseillerois aux Prieures de travailler de tout leur pouvoir à retrancher ces longues défaillances qui ne servent à mon avis qu'à rendre les puissances incapables de satisfaire à l'obeyssance, & privent ainsi l'ame de l'avantage qu'elle tireroit de travailler avec soin à contenter nostre Seigneur. Que si l'on remarque que cela procede de la debilité de la nature, il faut retrancher à ces personnes les jeûnes & les penitences qui ne sont point d'obligation. Leur foiblesse pourroit mesme estre telle que l'on devroit les leur retrancher toutes pour les employer en des offices qui les divertissent de cette occupation d'esprit qui leur est si préiudiciable.

Mais quand mesme ces personnes ne tomberoient point en défaillance, si elles occupent trop fortement leur imagination en des suiets d'oraison fort sublimes; il faut se conduire envers elles de la mesme sorte, parce qu'il arrive souvent qu'elles ne se possedent plus elles-mesmes, principalement si elles ont receu de Dieu quelque faveur extraordinaire, ou qu'elles ayent eu quelque vision qui leur ait tellement remply l'esprit, qu'encore qu'elle n'ait duré que peu elles se l'imaginent toûjours presente. Quand on se voit en cet estat durant quelques jours il faut tâcher de détourner son esprit de cet objet pour s'occuper de quelqu'autre : en quoy l'on ne sçauroit faillir, pourvû que ce soit toûjours en des choses qui regardent le service de Dieu, & cela luy est si agreable, qu'il ne prend pas moins de plaisir à voir que l'on arreste en certain temps sa pensée sur les merveilles de ses creatures, & sur le pouvoir de celuy de qui elles tiennent l'estre, que de les arrester sur luy-mesme.

Que déplorable est le malheur où nous sommes tombez par le peché, puis que même dans les choses qui sont bonnes nous nous trouvons obligez de marcher avec tant de retenuë pour ne point hazarder nostre salut ! C'est une verité qu'il importe extrêmement de considerer, principalement pour ceux dont l'esprit est foible. Ainsi lors que nostre imagination se sent si frapée de la consideration d'un même mystere, soit de la passion, ou de la gloire du ciel, ou de quelque autre qu'elle ne sçauroit durant plusieurs jours penser à autre chose, elle doit tascher de s'en divertir. Que si elle ne le fait pas, elle connoistra avec le temps le mal qu'il luy en arrivera, & qu'il procede comme je l'ay dit, ou d'une grande débilité corporelle, ou de ce que l'imagination est blessée : ce qui seroit encore beaucoup plus à craindre, à cause qu'on seroit alors semblable à un fou qui se plaisant dans sa folie en est si occupé, qu'il ne peut penser à autre chose ni considerer les raisons qui l'obligent de s'en détourner, parce qu'ayant perdu la raison il n'est plus maistre de luy-mesme. Que si cette personne est mélancolique, le mal peut aller plus avant, & je voy d'autant moins d'apparence de la laisser en cet estat, qu'outre ce que j'ay déja dit, Dieu estant infini une ame peut en diverses manieres s'employer à son service. Et ne seroit-ce pas la tenir captive & comme enchaînée que de ne luy permettre de penser qu'à une seule de ses grandeurs ou à un seul de ses mysteres, puis qu'ils sont en si grand nombre que plus on les considere, & plus on trouve qu'il en reste encore à considerer ?

Ce n'est pas qu'en parlant ainsi je pretende que l'on puisse en une heure ni en un jour mediter profondement sur plusieurs de ces mysteres, puis que se seroit le moyen de n'en comprendre bien aucun, tant ils sont sublimes & élevez : ainsi il ne faut pas se méprendre en donnant à mes paroles un sens contraire à ma pensée. Cecy est si important que je serois fort fâchée que celles qui ne l'entendront pas à la premiere fois quelque peine que j'aye prise à m'expliquer, ne voulussent pas se dôner celle de les relire, principalement les Prieures & les maistresses des novices qui doivent instruire les Sœurs en ce qui est de l'oraison. Que si elles le negligent dans les commencemens, elles connoistront par le long-temps dont elle auront besoin pour reparer de semblables defauts, le soin qu'elles doivent prendre d'y remedier dés leur naissance. Si j'écrivois tous les maux que j'ay veu arriver manque de tenir cette conduite on ne s'eſtonneroit pas que j'insiste tant sur ce point. Ie me contenteray d'en rapporter un exemple qui pourra faire juger du reſte. Il y a dans l'un de ces monaſteres une Religieuſe du chœur, & une converſe toutes deux perſonnes de tres-grande oraiſon, fort mortifiées, fort humbles, fort vertueuſes, ſi favoriſées de noſtre Seigneur qu'il leur donne la connoiſſance de ſes grandeurs, & ſi détachées de tout & ſi remplies de ſon amour, qu'encore qu'il ne ſe peut rien ajouſter au ſoin que nous prenions de les obſerver, nous ne remarquions rien en elles en quoy elles manquaſſent de répondre aux graces qu'elles recevoient de Dieu : ce que je rapporte particulierement afin que celles qui n'ont pas tant de vertu comprennent mieux le ſujet qu'elles ont de craindre. Ces deux Religieuſes entrerent dans un ſi ardent deſir de joüir de la preſence de noſtre Seigneur, que ne pouvant trouver de ſoulagement que dans la communion elles n'oublioient rien pour obtenir des Confeſſeurs la permiſſion d'approcher ſouvent de la ſainte Table. Ces diſpoſitions augmentant toûjours elles croyoient ne pouvoir vivre ſi elles demeuroient un jour ſans communier. Cela alla juſques à un tel excez, que les Confeſſeurs, dont l'un eſtoit fort ſpirituel, jugeoient qu'il n'y avoit point d'autre remede pour adoucir une peine ſi exceſſive. Cette peine paſſa encore plus avant : car l'une d'elles ſe trouvoit ſi extrêmement preſſée de ce deſir de communier, que pour ne pas mettre ſa vie en danger il falloit la communier de grand matin; & il ne pouvoit y avoir de fiction, puis que ni l'une ni l'autre de ces deux filles n'auroit pas voulu pour tous les biens du monde dire un menſonge. Ie n'eſtois pas alors dans cette maiſon; mais la Prieure m'en écrivit & me manda qu'elle ne ſçavoit de quelle ſorte ſe conduire voyant que des hommes ſi capables croyoient ne pouvoir agir d'une autre maniere. Dieu permit que je compris auſſi-toſt le mal qui en pouvoit arriver, & voulus neanmoins n'en rien témoigner que lors que je ſerois ſur les lieux, tant parce que je craignois de me tromper, qu'à cauſe qu'il y auroit eu de l'imprudence de blaſmer cette conduite juſques à ce que je puſſe dire les raiſons qui m'empeſchoient de l'approuver.

Lors que je fus arrivée dans ce monaſtere celuy de ces deux confeſſeurs qui n'eſtoit pas moins humble qu'habile, entra auſſi-toſt dans mon ſentiment : & l'autre au contraire qui n'eſtoit pas à beaucoup près ſi ſpirituel ni ſi capable, ne voulut jamais s'y rendre. Mais je ne m'en mis guere en peine, parce que je n'eſtois pas obligée de déferer à ſes avis. Ie parlay enſuite à ces filles, & leur dis des raiſons qui me paroiſſoient aſſez fortes pour leur perſuader que la creance qu'elles avoient de ne pouvoir vivre si elles ne communioient tous les jours n'estoit qu'une imagination. Mais voyant qu'il estoit impossible de leur faire changer de sentiment je leur dis, qu'encore que je ne fusse pas pressée d'un moindre desir qu'elles de recevoir si souvent nostre Seigneur, je ne communierois neanmoins que quand toutes les Sœurs communieroient, afin qu'elles s'en abstinssent aussi : & que si cela ne se pouvoit faire sans mourir, nous mourrions toutes trois ensemble ; n'y trouvant pas tant de peril qu'à souffrir qu'un tel usage s'introduisist dans des maisons, où tant de filles qui n'aimoient pas moins Dieu qu'elles l'aimoient, voudroient faire la mesme chose.

Cette coustume que ces deux Religieuses avoient prise de communier tous les jours, & dans laquelle le diable s'estoit sans doute mêlé, avoit déja fait tant de mal, qu'il sembloit que l'on ne pouvoit les empescher sans les faire mourir : mais je demeuray inflexible, parce que plus je voyois qu'elles ne se soûmettoient point à l'obeïssance à cause qu'elles croyoient ne le pouvoir faire, plus je connoissois évidemment que c'estoit une tentation. Elles passerent cette premiere journée avec beaucoup de peine : elles en eurent un peu moins le lendemain ; & enfin elle diminua de telle sorte, qu'encore que je communiasse, parce que l'on me l'avoit commandé, sans quoy ma compassion pour leur foiblesse m'en auroit encore empeschée, elles n'en furent point troublées. Quelque temps aprés elles & toutes les autres connurent que c'avoit esté une tentation, & combien il estoit important d'y remedier de bonne heure ; car il arriva certaines choses dans cette maison, dont je pourray parler en un autre lieu, qui les mirent mal avec leurs Superieurs, sans qu'il y eust de leur faute ; & s'il y en avoit eu je n'aurois eu garde d'approuver leur conduite, ni de la souffrir.

Quels autres exemples ne pourrois-je point alleguer sur ce sujet ? Je me contenteray d'en rapporter encore un de ce qui se passa dans un monastere, non pas de nostre ordre, mais de Bernardines. Il y avoit une Religieuse fort vertueuse qui jeûnoit & se donnoit la discipline avec tant d'excez, qu'elle tomba dans une telle foiblesse que toutes les fois qu'elle communioit ou entroit dans une ferveur encore plus grande qu'à l'ordinaire, elle s'évanoüissoit & demeuroit durant huit ou neuf heures en cet estat. Toutes les autres & elle-mesme croyoient que c'estoit un ravissement ; & cela arrivoit si souvent, qu'il auroit pû causer un fort grand mal si l'on n'y eust remedié. Le bruit se répandit aussi-tost que s'estoient des ravissemens ; & je ne pouvois voir sans peine que l'on eust cette creance, parce que Dieu m'avoit fait connoistre que ce n'en estoit pas, & que j'en apprehendois les suites. Son Confesseur qui estoit fort de mes amis me raconta ce qui se passoit, & ie luy dis que ie croyois que cela ne procedoit que de foiblesse; que ie n'y voyois aucune marque de veritables ravissemens, & qu'ainsi au lieu de la laisser en cet estat i'estimois à propos de retrancher ses ieûnes & ses disciplines, & de penser à la divertir. Il l'approuva; & comme cette Religieuse estoit fort obeissante elle n'eut point de peine à se soûmettre. Ses forces revinrent peu à peu, & elle ne se souvint plus de ces ravissemens qu'elle s'estoit imaginée d'avoir. Que s'ils eussent esté veritables Dieu seul auroit pû les faire cesser, tous les efforts des hommes estant inutiles pour resister à l'impetuosité avec laquelle ils emportent le corps, & le laissent dans une aussi grande lassitude qu'ils produisent de grands effets dans l'ame: au lieu que ces ravissemens imaginaires passent sans qu'il en reste aucune de ces marques.

On peut connoistre par ce que ie viens de dire que tout ce qui lie l'ame de telle sorte qu'il luy oste l'usage de la raisõ doit estre suspect, & que l'on ne sçauroit iamais arriver par ce moyen à la liberté de l'esprit, dont l'un des effets est de trouver Dieu en toutes choses, & de pouvoir en prendre un suiet d'élever sa pensée & son coeur vers luy. Le reste est un assuiettissement de l'esprit, qui outre le mal qu'il fait au corps est un obstacle à l'ame pour s'avancer. C'est comme si l'on rencontroit dans son chemin un marais, ou un bourbier qui empesche d'aller plus avant; au lieu que l'on a besoin pour faire un grand progrez dans la pieté, non seulement de marcher, mais de voler.

Si l'on me demande ce qu'il faut faire lors que ces personnes disent & croyent en effet ne pouvoir resister à ces mouvemens qui les occupent tellement de Dieu, que toutes leurs puissances sont suspenduës: Ie répons qu'il n'y a pas suiet de craindre, pourvû que cela ne dure pas plus de huit iours, parce qu'une personne d'un naturel foible a besoin d'un peu de temps pour revenir de son estonnement; mais s'il continuë davantage il faut y remedier. Ce qu'il y a de bon en cela est qu'il n'y a point de peché, & qu'on ne laisse pas de meriter. Les inconveniens dont i'ay parlé s'y rencontrent neanmoins & beaucoup d'autres, particulierement en ce qui regarde la communion, où c'en seroit un fort grand si l'ardent desir qu'auroit une personne de recevoir son Createur, & la solitude où elle se croiroit estre estant privée de ce bon-heur, l'empeschoit d'obeir à son Confesseur ou à sa Prieure, lors qu'ils iugeroient à propos qu'elle s'en abstint. Ainsi il faut dans ces rencontres comme en d'autres mortifier ces personnes, & leur faire comprendre qu'il leur est beaucoup plus avantageux de renoncer à leur volonté que de rechercher leur consolation.

I'ay éprouvé que l'amour propre peut aussi avoir grande part à ce que ie viens de dire: car il m'est souvent arrivé aprés avoir receu la sainte hostie & l'ayant presque encore toute entiere dans ma bouche, que voyant communier les autres i'aurois defiré de n'avoir pas communié afin de la pouvoir recevoir,& ie ne m'appercevois point alors de mon erreur. Mais i'ay reconnu depuis que cela ne provenoit pas tant de l'amour de Dieu que de ce que ie recherchois ma satisfaction, à cause qu'il arrive d'ordinaire qu'en approchant de la sainte Table on sent un plaisir plein de tendresse qui nous attire : car si ie n'eusse esté touchée de ce desir que pour recevoir mon Sauveur, ne l'avois-ie pas receu dans mon ame? Si ce n'eust esté que pour obeïr au commandement que l'on m'avoit fait de communier, n'avois-ie pas déia communié ? Et si ce n'eust esté que pour recevoir les graces & les faveurs que le tres-saint Sacrement nous communique, ne les avois-ie pas déia receuës? Ainsi ie vis clairement que ie ne recherchois qu'un plaisir sensible.

J'ay connu dans un lieu où nous avons un monastere une femme qui passoit pour une grande servante de Dieu, & qui auroit dû l'estre puis qu'elle communioit tous les jours : mais comme elle choisissoit pour ce suiet tantost une Eglise, tantost une autre, & n'avoit point de Confesseur arresté, j'aurois mieux aimé la voir obeïr à un directeur que de communier si souvent. Elle demeuroit dans sa maison en particulier, où ie pense qu'elle ne s'occupoit que de ce qui luy estoit le plus agreable: & parce qu'elle estoit bonne ie veux croire que tout ce qu'elle faisoit estoit bon. Ie le luy disois quelquefois ; elle n'en tenoit pas grand compte,& ie ne l'en pouvois blasmer à cause qu'elle estoit meilleure que moy en tout le reste, quoy qu'il me parust qu'elle avoit tort en cela. Le Saint Pere Pierre d'Alcantara arriva alors, & ie ne demeuray pas satisfaite de la relation qu'elle luy fit; ce qui venoit sans doute de ce que nous sommes si miserables, que nous ne sommes contens que de ceux qui marchent par un mesme chemin que nous : car ie croy qu'elle avoit plus servy Dieu, & fait plus de penitence en un an que moy en plusieurs années. Elle tomba malade de la maladie dont elle mourut, & n'eust point de repos iusques à ce que l'on dit la Messe chez elle, & qu'on la communia tous les jours. Comme cette maladie dura long-temps, un Prestre de grande pieté qui luy disoit souvent la Messe eut peine de la voir ainsi communier tous les jours chez elle; & ce fut peut estre une tentation du diable, parce que cela se rencontra au dernier iour de sa vie. Ce bon Ecclesiastique ne consacra donc point d'hostie pour elle ; & lors que la Messe estant achevée elle vit qu'il ne la communioit pas, elle se mit en telle colere contre luy qu'il en fut fort scandalisé, & me le vint dire. I'en fus aussi extrémement touchée & comme je croy qu'elle mourut incontinent après, je doute qu'elle se soit reconciliée avec ce bon Prestre. Ie connus par là combien il est dangereux de faire en quoy que ce soit nostre volonté,& particulierement dans les

choses

choses importantes; car ceux qui ont l'honneur de recevoir si souvent Nostre Seigneur doivent s'en reconnoistre si indignes, que ce ne soit point par eux-mêmes qu'ils l'entreprennẽt, mais par l'avis de leur directeur afin que l'obeïssance supplée à ce qui leur manque pour estre en estat de s'approcher de cette suprême Majesté. Ce que je viens de raconter estoit à cette devote femme une occasion de s'humilier qui luy auroit peut estre fait meriter davantage que ces communions si frequentes, en luy faisant voir que ce Prestre n'avoit point de tort, & que Dieu qui connoissoit sa misere & son indignité l'avoit ordonné de la sorte. C'est comme en usoit une personne que ses confesseurs par prudence privoient quelquefois de la communion, parce qu'ils voyoient qu'elle s'y presentoit fort souvent : car encore qu'elle en fust tres-sensiblement touchée, l'honneur de Dieu luy estoit plus cher que sa propre satisfaction; & elle luy rendoit graces de ce qu'il avoit fait connoistre à son confesseur que la maison de son ame n'estoit pas une demeure digne d'un si grand Seigneur. Ainsi elle obeïssoit tranquillement & humblement, quoy que la tendresse de son amour pour son Sauveur luy fist souffrir beaucoup de peine, & rien n'auroit esté capable de la porter à desobeyr à son confesseur.

Quand nostre amour pour Dieu n'empesche pas nos passions de nous porter à l'offenser, & que nous rendant incapables d'écouter la raison elles troublent la tranquillité de nostre ame; il est évident ce me semble que nous nous recherchons nous-mesmes, & que le diable ne manque pas de se servir de ces occasions pour nous nuire autant qu'il le peut. C'est pourquoy je ne sçaurois penser sans frayeur à ce qui arriva à cette femme. Car bien que je ne veüille pas croire que cela ait causé sa perte, la misericorde de Dieu estant si grande, je ne sçaurois m'empescher de trembler lors que je pense qu'il arriva dans un temps si dangereux.

J'ay rapporté cet exemple pour faire connoistre aux Superieurs, & aux Sœurs le sujet qu'elles ont de craindre, & de se bien examiner sur les dispositions où elles doivent estre pour recevoir ce grand Sacrement. Car si leur intention n'est que de plaire à Dieu, ne sçavent-elles pas que l'obeyssance luy est plus agreable que le sacrifice ? Et si elles meritent davantage en ne communiant point qu'en communiant, quel sujet ont-elles de se troubler ? Ce n'est pas que je trouve estrange que n'estant pas toutes arrivées à une si grande perfection que de ne rien vouloir que ce que Dieu veut, elles sentent quelque peine dans ces rencontres : mais je dis que cette peine doit estre accompagnée d'humilité. Que si elles estoient entierement dégagées de tout interest & de tout amour propre, elles se réjoüiroient mesme au lieu de s'attrister de rencontrer cette occasion de plaire à Dieu dans une chose qui leur est si sensible : elles s'humilieroient &

Tt

seroient assez contentes de communier spirituellement. Mais parce que ce grand desir de recevoir N. Seigneur est, principalement dans les commencemens, une grace qu'il nous fait, je ne sçaurois, comme je l'ay dit, m'estonner que l'on sente la peine d'en estre privée. Je desire seulement que l'on ne s'en trouble point, & que l'on tire de là des sujets de s'humilier. Car si on s'en inquiete, si on s'en altere, & si on s'en émeut contre la Prieure ou le Confesseur, qui peut douter que ce ne soit une tentation manifeste? Que si contre l'ordre du confesseur quelqu'une avoit la hardiesse de communier, je ne voudrois nullement participer au merite qu'elle pretendroit tirer de sa communion, puis que nous ne devons pas en de semblables rencontres estre juges de nous mêmes; cela n'appartenant qu'à ceux qui ont le pouvoir de lier & de délier. Je prie Dieu de tout mon cœur de nous donner la lumiere qui nous est necessaire & de nous assister de son secours, afin que nous n'abusions point de ses faveurs en des occasions si importantes.

CHAPITRE VII.

Des effets de la mélancolie, & des moyens dont on peut user pour remedier à un si grand mal & si dangereux dans les monasteres.

De la maniere dont il faut traiter les mélancoliques.

MEs Sœurs, du monastere de S. Ioseph de Salamanque où j'écris cecy m'ont priée avec instance de leur dire quelque chose de la maniere dont elles se doivent conduire envers celles qui sont d'un naturel mélancolique. Car encore que nous évitions avec grand soin d'en recevoir de cette sorte, cette humeur est si subtile, si cachée, & si difficile à découvrir, que nous ne nous en appercevons que lors que nous ne pouvons plus renvoyer celles qui y sont sujettes. Il me semble que j'en ay dit quelque chose dans un petit traité. Mais quand il se rencontreroit que je le reperterois icy je n'y devrois pas avoir regret, ni même à le redire cent fois s'il plaisoit à Dieu qu'il fust utile.

Les inventions que cette humeur mélancolique trouve pour porter les personnes à faire leur volonté sont en si grand nombre, qu'il faut les observer avec un extreme soin de peur qu'elles ne nuisent aux autres.

On doit remarquer que ces personnes mélancoliques ne donnent pas toutes de la peine. Celles qui sont naturellement humbles, de douce humeur, & qui ont bon esprit renferment en elles-mesmes ce qu'elles souffrent, sans nuire aux autres. Et il se trouve aussi du plus & du moins dans celles qui n'ont pas ces conditions. Je ne doute point que le diable ne fasse tous ses efforts pour les gagner, afin d'en gagner d'autres par leur moyen : & si elles ne se tiennent sur leurs gardes il pourra y reüssir, parce que l'effet de la mélancolie estant d'obscurcir & de troubler la raison, à quoy ne peut-elle point porter nos passions? & quelle difference y a-t-il entre perdre la raison & tomber dans la folie? Quant aux personnes dont je parle elles ne vont pas jusques là; & il vaudroit mieux qu'elles y allassent, n'y ayant rien plus fâcheux que de se voir obligé de traiter comme des creatures raisonnables celles qui ne le sont pas. Il est vray que ceux qui ont entierement perdu l'esprit sont dignes d'une grande compassion; mais au moins ne nuisent-ils point aux autres, & le meilleur moyen pour en venir à bout est de les tenir dans la crainte.

Quand les autres remedes ne suffisent pas il faut aussi user de celuy-là envers les personnes qui ne font que commencer d'estre frapées de ce mal, puis qu'encore qu'il ne soit pas si grand il tire son origine de la mesme source. Et les Superieurs doivent se servir des penitences ordonnées par nos constitutions, & traiter ces personnes de telle sorte qu'elles perdent toute esperance qu'on leur permette de faire leur volonté en quoy que ce soit, parce que si elles croyoient pouvoir quelquefois obtenir cette liberté par les cris & les témoignages de desespoir que le demon leur inspire pour les perdre, leur mal seroit sans remede, & une seule d'elles seroit capable de troubler tout un monastere. Comme une personne reduite dans un estat si déplorable ne trouve point en elle-mesme dequoy se defendre des artifices du demon, la Superieure doit veiller sur elle avec un extrême soin, non seulement pour ce qui regarde l'exterieur, mais aussi l'interieur, à cause que plus la raison est foible & obscurcie dans une ame, plus la conduite de la Superieure doit estre pleine de force & de lumiere, afin d'empescher que le demon ne se serve de cette dangereuse mélancolie pour se rendre maistre de cette ame, comme il y auroit grand sujet de le craindre, parce qu'il y a certains temps dans lesquels cette humeur domine de telle sorte qu'elle estouffe entierement la raison: & alors à quelque extravagance qu'une personne se porte elle ne peche point non plus que les fous.

Mais quant à celles dont la raison n'est qu'affoiblie & qui ont de bons intervalles, il se faut bien garder de leur rien souffrir dans les temps où leur mélancolie paroist davantage, de peur que lors qu'elles seroient plus raisonnables elles ne prissent la liberté de se conduire à leur fantaisie; ce qui est un si grand artifice du diable que si l'on n'y fait beaucoup d'attention ces personnes ne pensent qu'à faire leur volonté, à dire tout ce qui leur vient à la bouche, à remarquer les fautes des autres, à cacher les leurs, & à se satisfaire en toutes choses. Ainsi comme elles ne peuvent par elles-mêmes se retenir à cause que leurs passions ne sont point mortifiées, mais vont où leur impetuosité les porte; que seroit-ce si on ne leur resistoit point?

Tt ij

FONDATION

Ce que j'ay veu plusieurs personnes travaillées de ce mal me fait encore redire que ie n'y sçay point d'autre remede que de ne negliger aucun moyen pour le domter. Si les paroles ne suffisent, il faut employer les chastimens: & si les petits chastimens sont inutiles, en venir aux grands, & au lieu de les tenir un mois en prison les y tenir quatre, puis qu'on ne sçauroit leur faire une plus grande charité que d'user envers elles de cette rigueur. Cet avis est si important que je ne sçaurois trop le repeter. Car bien que quelquefois ces personnes ne soient pas maistresses d'elles-mêmes, neanmoins parce qu'elles n'ont pas toûjours de telle sorte perdu la raison qu'elles ne puissent pecher, elles sont en grand peril, rien ne pouvant les en preserver lors qu'elle se trouve étouffée par la folie. Ainsi c'est une grande misericorde que Dieu fait à celles qui tombent par sa permission dans cette dangereuse maladie, de se soûmettre à ceux qui les gouvernent, puis que c'est le seul moyen de les garantir du peril où elles sont. Que si quelqu'une d'elles vient à lire cecy, je la conjure au nom de Dieu de considerer qu'il luy importe peut-estre de son salut de profiter de cet avis.

Ie connois des personnes tellement persecutées de cette malheureuse humeur mélancolique, que peu s'en faut qu'elles ne perdent l'esprit; mais qui ont tant d'humilité & tant de crainte de Dieu, qu'encore que la peine qu'elles souffrent leur fasse répandre des ruisseaux de larmes, elles la supportent avec patience & obeyssent aussi exactement qu'aucune des autres; ce qui est un si grand martyre qu'il les élevera sans doute à un plus haut degré de gloire; & l'on peut croire ce me semble que faisant leur purgatoire en ce monde elles ne le feront point en l'autre. Que si quelques-unes ne veulent pas se soûmettre de leur bon gré, il faut que les Superieurs les y contraignent, sans se laisser toucher d'une compassion indiscrete qui pourroit estre cause de troubler tout le monastere. Car outre le prejudice qu'en recevroit cette personne, nous sommes naturellement si miserables que les autres la croyant bonne, parce qu'elles ignoreroient ce qui se passeroit en elle, elles se persuaderoient d'estre mélancoliques afin qu'on les supportast aussi, & le demon feroit qu'en effet elles le deviendroient, & causeroient un tel ravage dans toute la communauté qu'il seroit difficile d'y remedier lors qu'on viendroit à le connoistre. Cela est si important qu'il ne faut en nulle maniere le souffrir, & l'on ne sçauroit y veiller avec trop de soin. Que si la mélancolique resiste à ce qui luy sera ordonné, la Superieure ne luy pardonnera rien, & sans avoir aucun égard à son infirmité elle usera de la mesme rigueur si elle dit quelque mauvaise parole à ses sœurs, & ainsi en tout le reste.

Il pourra sembler à quelques-uns qu'il y a de l'injustice de traiter aussi rudement une personne malade que si elle estoit saine. Mais si cela estoit veritable il y en auroit donc à lier les fous, & à les foüetter, & il faudroit leur permettre de battre & d'assommer tout le monde. On me doit croire en cecy, puis que j'en ay fait l'épreuve, & qu'aprés avoir employé à mon avis toutes sortes de remedes je n'y en ay point trouvé d'autres.

Que si la Superieure par une dangereuse compassion n'use d'abord de cette rigueur envers ces personnes mélancoliques, elles deviennent bien-tost insupportables, & auront déia beaucoup nuy aux autres lors qu'elle voudra y remedier. Mais si comme ie l'ay dit, il y a de la charité & non pas de la cruauté a lier & à chastier les fous pour empescher les effets de leur fureur, n'y en a-t-il pas encore davantage á prevenir le mal que ces personnes causeroient aux ames si l'on n'usoit envers elles de severité ? Ie suis tres-persuadée qu'à l'égard de quelques-unes on en doit plustost attribuer la faute à ce qu'elles sont d'un naturel libre, indocile, & peu humble, que non pas à la mélancolie, parce que i'ay remarqué qu'elles ont le pouvoir de se retirer en la presence de ceux qu'elles craignent. Et pourquoy ne le feroient-elles donc pas par la crainte de déplaire à Dieu ? En verité i'apprehende fort que le demon pour gagner plusieurs ames ne se serve du pretexte de cette humeur. Car je voy qu'on l'allegue plus que l'on ne faisoit, & que l'on nomme mélancolie ce qui n'est en effet que le desir de faire sa propre volonté. Ainsi je croy que l'on ne doit plus souffrir ni dans nos monasteres, ni dans tous les autres que l'on y nomme seulement ce nom de mélancolie, qui entraine avec luy une certaine liberté si contraire a la soûmission & à l'obeyssance que demande la vie religieuse. Il faut donner à cette fascheuse humeur le nom de maladie, & d'une maladie tres dangereuse, puis qu'elle l'est en effet, & la traiter comme telle. Il est à propos aussi, & mesme necessaire de purger de temps en temps ces personnes dans l'infirmerie; & que lors qu'elles en sortiront pour retourner à la communauté elles ne soient pas moins humbles & obeyssantes que les autres, sans pouvoir pour s'en exempter alleguer leurs indispositions. I'en ay dit les raisons, & je pourrois en ajouster encore d'autres. Mais la Superieure ne doit pas laisser d'avoir pour elles la compassion d'une veritable mere, & d'employer toutes sortes de moyens pour les guerir de cette infirmité.

Il semble que cecy soit contraire à ce que j'avois dit qu'il les faut traiter avec rigueur. Il ne l'est pas neanmoins, puis que cette rigueur consiste á leur faire connoistre qu'elles ne doivent point pretendre qu'on leur permette de se dispenser de l'obeyssance pour faire leur volonté, rien n'estant si dangereux que de leur donner sujet de le croire. Mais la prudence oblige la Superieure à ne leur pas commander des choses ausquelles elle jugera qu'elles auroient de la repugnance & ne pourroient gagner sur elles de se contraindre à les faire. Elle doit au contraire user de douceur pour les porter s'il est possible à obeyr par amour. C'est sans doute la meilleure de toutes les voyes, & elle reüssit d'ordinaire, en faisant connoître à ces personnes tant par paroles que par actions que l'on a pour elles beaucoup d'affection & de tendresse. Il faut aussi remarquer que le plus utile de tous les remedes est de fort occuper ces personnes dans les offices de la maison, afin qu'elles n'ayent pas le loisir de s'entretenir de ces imaginations qui sont la cause de leur mal, & qu'encore qu'elles ne s'acquitent pas trop bien de ces emplois on souffre les fautes qu'elles y feront, pour n'estre pas obligé d'en souffrir de plus grandes si l'esprit leur tournoit tout à fait. Je ne sçay point de meilleur remede pour cette maladie, & de prendre garde aussi qu'elles n'employent pas trop de temps à l'oraison, ni même aux prieres ordinaires. Car cela leur seroit tres-prejudiciable, parce que la pluspart ayant l'esprit fort foible elles ne s'entretiendroient que d'imaginations creuses & extravagantes.

Il ne faut point leur laisser manger du poisson que tres rarement, & ne les pas tant faire jeûner que les autres. Que si l'on s'estonne de me voir donner tant d'avis sur ce sujet, & que je ne parle point des autres, quoy qu'il se rencontre un si grand nombre de maux en cette miserable vie, principalement dans un sexe aussi fragile qu'est le nostre, je le fais pour deux raisons. La premiere parce que les personnes frapées de cette maladie de la mélancolie si contraire à la perfection & plus dangereuse que celle où il y va de la vie, ne voulant pas en demeurer d'accord lors qu'on les oblige de garder le lit bien qu'elles n'ayent point de fiévre, il faut au defaut du medecin que l'on n'oseroit appeller, que la Superieure y supplée. La seconde raison est, que les autres maladies finissent ou par la santé, ou par la mort ; mais il est tres-rare que l'on guerisse ou que l'on meure de celle-cy, si ce n'est que l'on perde entierement l'esprit, ce qui est une espece de mort, puis que l'on meurt par ce moyen à toutes les choses du monde. Ne peut on pas dire que ces ames éprouvent aussi une autre espece de mort par les peines que leurs causent leurs imaginations & leurs scrupules à qui ils donnent le nom de tentations, & dont elles peuvent tirer beaucoup de merite si elles les supportent avec patience? Que si elles pouvoient connoîstre que cela ne procede que de cette humeur mélacolique, & qu'ainsi elles ne s'en missent pas trop en peine, elles se trouveroient bien tost fort soûlagées. J'avoüe qu'elles me font beaucoup de compassion & chacune de nous considerant que la mesme chose luy peut arriver n'en doit pas seulement avoir pitié, mais les supporter dans leur infirmité sans neanmoins le leur témoigner. Dieu veüille que j'aye bien rencontré dans ces avis que j'ay donné pour remedier à une si estrange maladie.

CHAPITRE VIII.

Ce Chapitre n'est qu'une suite du Chapitre precedent, & la Sainte y parle des visions qui peuvent aussi n'estre qu'un effet de mélancolie.

JE sçay que le seul nom de visions & de revelations épouvente certaines personnes; & j'avoüe ne comprendre pas d'où leur vient cette frayeur, ni pourquoy elles trouvent tant de peril à estre conduites de Dieu par ce chemin. Ie ne veux point traiter maintenant des marques par lesquelles j'ay appris de personnes fort sçavantes que l'on peut connoistre si ces visions & ces revelations sont bonnes ou mauvaises. Ie me contenteray de dire ce que je croy que doivent faire ceux qui les auront, parce qu'il y a peu de confesseurs qui rassûrent ces ames dans leurs craintes; & ils s'estonnent moins qu'on leur dise que le demon a suggeré mille pensées de blaspheme & de choses extravagantes & deshonnestes, que lors qu'on leur dit qu'un Ange s'est presenté à nous, ou nous a parlé, ou que IESUS-CHRIST Nostre Seigneur nous a apparu crucifié.

Ie ne diray rien aussi des marques qui nous font voir que ces revelations viennent de Dieu, parce qu'on le connoist assez par les bons effets qu'elles produisent dans l'ame. Ie parleray seulement de ces representations dont le diable se sert pour nous tromper en prenant la figure de IESUS-CHRIST, ou des Saints: & je suis tres-persuadée que Nostre Seigneur ne permettra pas qu'il puisse tromper personne par ce moyen si on ne se laisse surprendre; mais qu'au contraire cet ennemy de nostre salut se trouvera luy-même trompé. Ainsi au lieu de nous épouventer nous devons mépriser ses artifices, mettre nostre confiance en Dieu, & le loüer toûjours de plus en plus.

I'ay veu une personne à qui ses confesseurs donnerent d'estranges peines en une semblable rencontre; & on connut dans la suite par les grands effets & les bonnes œuvres que ces visions produisirent en elle qu'elles venoient veritablement de Dieu. Neanmoins ces confesseurs luy ordonnoient de s'en mocquer, & de faire le signe de la croix. Mais depuis communiquant avec le Pere Dominique Yvagnées qui estoit un homme fort sçavant, il luy dit qu'il ne faloit jamais en user ainsi, parce que l'on doit respecter l'image de IESUS-CHRIST en quelque lieu qu'on la voye, fust-ce même un artifice du demon, à cause que contre son intention il nous fait du bien au lieu de nous nuire quand il nous represente si au naturel un crucifix ou quelque autre objet de nostre pieté qu'il demeure imprimé dans nostre cœur. Cette raison me toucha fort, parce qu'il est vray que lors que nous voyons un excellent portrait, quoy que peint par un méchant homme, nous ne laissons pas de le beaucoup estimer; ce qui se rencontre de défectueux dans le peintre ne diminuant rien de l'excellence de son ouvrage. Ainsi le bien ou le mal n'est pas dans la vision, mais dans celuy qui la voyant en fait ou n'en fait pas son profit. Car s'il en use comme il doit elle ne luy sçauroit nuire encore qu'elle vienne du demon, ni au contraire luy servir quoy qu'elle vienne de Dieu, si au lieu de s'en humilier il s'en glorifie, parce que bien loin de faire comme l'abeille qui convertit en miel ce qu'elle tire des fleurs, il imite l'araignée qui le convertit en venin.

Pour m'expliquer davantage j'ajouste, que lors que N. Seigneur par un effet de sa bonté se montre à un ame pour se faire mieux connoistre à elle & augmenter l'amour qu'elle luy porte, ou qu'il luy découvre quelqu'un de ses secrets, ou qu'il luy fait quelque autre faveur; si au lieu d'estre confuse de recevoir une si grande grace & de s'en juger indigne, elle s'imagine d'estre une sainte, & que c'est la recompense des services qu'elle luy rend; il est évident qu'elle convertit en poison comme l'araignée l'avantage qu'elle en devoit recevoir. Mais quand au contraire c'est le demon qui est l'auteur de ces visions pour faire tomber l'ame dans l'orgueil : si dans la pensée qu'elle a qu'elles viennent de Dieu elle s'humilie, si elle reconnoist qu'elle n'a point merité cette faveur, si elle s'efforce de le servir avec encore plus d'affection, si elle s'estime trop heureuse de ramasser les miettes qui tombent de la table de celles à qui Dieu fait de semblables graces, si elle fait penitence, si elle redouble ses prieres, si elle veille sur elle-même de peur d'offenser un Dieu a qui elle est si obligée, & si elle pratique plus parfaitement l'obeyssance; je puis assurer hardiment que non seulement cet artifice du demon ne luy nuira point; mais qu'il demeurera confus. Que si dans ces apparitiõs il luy dit quelque chose de ce qui se passe en elle, ou luy découvre l'avenir, elle doit le rapporter à un confesseur prudent & sçavant, & se conduire par ses avis. Elle peut aussi en parler à sa Superieure, afin qu'elle luy donne pour confesseur un homme qui ait les qualitez que je viens de dire. Mais si aprés en avoir usé de la sorte elle n'obeyt pas à ce que luy dira son confesseur, il est évident que ces visions viennent du demon, ou d'une profonde mélancolie, puis qu'encore que le confesseur se trompast, elle se tromperoit beaucoup davantage en manquant d'executer ce qu'il luy ordonne, quand ce seroit mesme un Ange du ciel qui luy eust parlé. Car nostre Seigneur ou luy donnera lumiere, ou disposera les choses de telle sorte qu'elle ne pourra faillir en luy obeyssant; au lieu qu'elle ne sçauroit manquer à luy obeyr sans s'engager dans un grand peril, ou au moins en de grands inconveniens.

On

On doit remarquer que la nature humaine est si foible, particulierement dans les femmes, & plus qu'en toute autre chose dans l'exercice de l'oraison, qu'il ne faut pas prendre pour des visions tout ce qui se presente à nostre imagination; mais croire que lors que c'en sont veritablement il est facile de le connoistre; & pour peu que ces personnes soient mélancoliques elles doivent encore beaucoup plus y prendre garde. Car j'ay vû des effets de ces imaginations qui m'ont épouventée & fait admirer que ces personnes puissent si fortement se persuader d'avoir veu ce qu'elles n'ont point veu. Vn Prestre me dit un jour comme le croyant veritable, qu'une femme qu'il confessoit l'avoit assuré que la sainte Vierge la visitoit fort souvent, s'asseoit sur son lit, luy parloit durant plus d'une heure, luy predisoit l'avenir, & l'instruisoit de plusieurs autres choses; & comme parmy tant de réveries quelqu'une se trouvoit conforme à la verité, elle ajoustoit foy à tout le reste. Ie connus aussi-tost ce que c'estoit; mais je n'osay le luy dire, parce que nous vivons dans un siecle où la prudence oblige à beaucoup considerer ce que l'on peut penser de nous, afin que nos avis soient bien receus. Ainsi je me contentay de luy répondre que je croyois qu'il devoit attendre à porter jugement de ces visions jusques à ce qu'il eust vû par d'autres effets si ces propheties se trouveroient veritables, & qu'il se fust informé de la vie de cette personne. Il approuva mon avis, & connut enfin que ce n'estoit qu'une réverie. Ie pourrois rapporter divers exemples semblables qui feroient voir que je n'ay pas tort de dire qu'il ne faut pas facilement aiouster foy à ces pretenduës visions; mais les bien examiner avant que d'en parler à son confesseur, afin de ne le pas tromper, quoy que sans dessein, parce que quelque sçavant qu'il soit il ne comprendra rien à de telles choses s'il n'en a de l'experience. Il n'y a pas long-temps qu'un homme imposa par de semblables chimeres à des gens fort doctes & fort spirituels. Mais en ayant parlé à une personne qui recevoit veritablement des graces de Dieu, elle connut aussi-tost que ce n'estoit que folie & illusion. Il se passa neanmoins quelque temps avant que l'on en fust persuadé: & enfin nostre Seigneur rendit la chose si manifeste que l'on ne pût plus en douter.

Il est fort important pour les raisons que je viens de dire, & d'autres que j'y pourrois ajouster, que chaque Religieuse rende un compte exact de son oraison à la Superieure, & que cette Superieure considere avec grand soin le naturel & la vertu de cette sœur pour en informer le confesseur, afin qu'il puisse mieux en juger; & que si le confesseur ordinaire n'est pas intelligent en cela, elle en choisisse un autre qui le soit. Il importe aussi plus qu'on ne le sçauroit dire de ne point parler de semblables choses à des personnes de dehors, quoy que l'on soit assuré que ce sont de veritables faveurs de Dieu

& toutes miraculeuses ; & de n'en dire rien aussi au confesseur s'il n'estoit pas assez prudent pour les taire. Mais il faut que la Superieure les sçache toûjours & les écoute avec grande application & dans la disposition de loüer beaucoup plus celles des Sœurs qui surpassent les autres en humilité, en mortification, & en obeïssance que non pas celles que Dieu conduit par ce chemin d'une oraison surnaturelle, quoy qu'elles ayent aussi toutes ces vertus. Car si ces dernieres n'agissent que par l'esprit de Dieu, au lieu de s'en attrister elles s'humilieront & se réjoüiront d'estre méprisées ; & les autres pour se consoler de ne pouvoir arriver à ces faveurs extraordinaires que Dieu ne donne qu'à ceux qu'il luy plaist, redoubleront leurs efforts pour s'avancer de plus en plus dans les vertus d'humilité, de mortification, & d'obeïssance que nous pouvons, encore qu'elles viennent aussi de luy contribuer à acquerir, & qui sont d'une utilité merveilleuse dans les monasteres. Ce Dieu tout-puissant de qui seul dépend nostre bonheur, veüille s'il luy plaist nous les accorder : & il ne nous les refusera pas sans doute, pourvû que nous les luy demandions par de bonnes œuvres, de ferventes prieres, & une ferme confiance en sa bonté & en sa misericorde.

FONDATION DV MONASTERE des Carmelites de Malagon.

CHAPITRE IX.

De quelle sorte cette fondation se fit sans y rencontrer aucune difficulté.

JE me suis beaucoup éloignée de mon sujet : mais il se pourra faire que les avis que je viens de donner seront plus utiles que le recit de nos fondations.

Estant donc dans le monastere de Medine du Champ ce m'estoit une grande consolation de voir que les Sœurs marchoient sur les pas de celles de saint Ioseph d'Avila par leur amour pour l'observance, leur charité, & leurs dispositions interieures. Comme aussi de considerer le soin que nostre Seigneur prenoit de cette maison consacrée à son service, tant pour ce qui regardoit nostre Eglise que nostre subsistance. Il y entra alors quelques filles qu'il paroissoit bien qu'il avoit choisies pour affermir cet édifice spirituel. Car ces commencemens importent de tout, parce que celles qui viennent ensuite n'ont qu'à marcher dans le chemin qu'elles trouvent déja marqué.

Il y avoit à Tolede une sœur du Duc de Medina Celi auprés de

DE MALAGON, CHAP. IX.

laquelle j'avois demeuré quelque temps par l'ordre de mes Superieurs ainsi que je l'ay rapporté fort particulierement en parlant de la fondation de S Ioseph d'Avila. Lors que cette Dame sçeut que j'avois pouvoir de fonder des monasteres, elle me pressa extrêmement d'en establir un dans une petite ville qui luy appartenoit nommée Malagon. Mais ie ne pouvois m'y resoudre, à cause que le lieu estoit si peu considerable, que pour y pouvoir vivre on seroit contraint d'avoir du revenu; à quoy j'avois une grande repugnance.

I'en communiquay avec des personnes sçavantes, & avec mon Confesseur, & ils me dirent; que puis que le Concile permet d'avoir du revenu; je ferois mal pour suivre mon sentiment, de refuser d'establir un monastere où Dieu pouvoit estre beaucoup servi. Cette raison jointe aux pressantes & continuelles instances de cette Dame me contraignirent de me rendre à son desir, & elle donna un revenu suffisant pour l'entretenement de ce monastere; ce que ie croyois necessaire, parce que je suis persuadée qu'une maison religieuse doit estre ou dans une entiere pauvreté, ou avoir moyen de subsister, afin que les Religieuses n'ayent point besoin de rien demander à personne, & ainsi j'ay toûjours fait ce que j'ay pû pour empescher que dans ces maisons aucune Religieuse n'eust rien en particulier, & pour y faire garder aussi exactement nos constitutions que dans celles où l'on ne peut rien posseder.

Aprés que l'on fut convenu de tout ce qui regardoit cette nouvelle fondation j'envoyay querir des Religieuses pour l'établir. Nous allâmes avec cette Dame à Malagon & y demeurâmes plus de huit jours dans une chambre du chasteau, à cause que la maison qui nous estoit destinée n'estoit pas encore en estat de nous recevoir.

Le Dimanche des Rameaux de l'année 1568. nous accompagnasmes la procession à l'Eglise avec nos voiles baissez & nos manteaux blancs; & ensuite de la predication on apporta le tres-saint Sacrement dans nostre monastere; ce qui donna de la devotion à tout le peuple.

Quelques iours aprés venant de communier, & estant en oraison nostre Seigneur me dit : *Qu'il seroit bien servy dans ce monastere.* Il me semble que ie n'y demeuray pas plus de deux mois, parce que ie me trouvay pressée interieurement d'aller fonder celuy de Vailladolid pour les raisons que ie vay dire.

V u

FONDATION DV MONASTERE
de Carmelites de Vailladolid.

CHAPITRE X.

Fondation de ce Monastere de Vailladolid faite par la Sainte.

QVATRE ou cinq mois avant la fondation du monastere de Malagon un Gentilhomme fort qualifié me dit, que si je voulois en fonder un à Vailladolid il me donneroit une maison où il y avoit un grand jardin fort beau avec une vigne ; & il me fit cette offre d'une maniere si obligeante, qu'il vouloit dés l'heure même m'en mettre en possession. Ainsi quoy que je ne fusse pas trop portée à fonder en ce lieu-là, parce que cette maison estoit éloignée d'un quart de lieuë de Vailladolid, je crus ne devoir pas refuser un present qu'il faisoit de si bon cœur, ni le priver du merite d'une si bonne œuvre, & je pensay qu'aprés nous estre mises en possession nous pourrions trouver quelque moyen de nous establir dans Vailladolid.

A deux mois de-là ce Gentilhomme tomba assez loin du lieu où j'estois dans une maladie subite. Il perdit la parole, & ainsi ne peut se confesser ; mais il témoigna par plusieurs signes qu'il demandoit pardon à Dieu, & ne vécut ensuite que peu de jours. Nostre Seigneur me dit : *Qu'il luy avoit fait misericorde en consideration du service qu'il avoit rendu à sa Mere par le don de cette maison, & qu'il sortiroit du Purgatoire lors qu'on y diroit la premiere Messe.* Ie fus si touchée de la peine que souffroit cette ame, que quelque desir que j'eusse de faire la fondation de Tolede je quittay tout pour ne perdre pas un moment à travailler de tout mon pouvoir à celle de Vailladolid.

Ie ne pûs executer ce dessein aussi promptement que je le souhaitois, parce que je fus contrainte de m'arrester durant quelques jours au monastere de S. Ioseph d'Avila de la conduite duquel j'estois chargée, & ensuite à S. Ioseph de Medine du Champ qui se rencontra sur mon chemin. Y estant un iour en oraison nostre Seigneur me dit : *Hastez-vous, car cette ame souffre beaucoup.* Ainsi quoy que je manquasse de plusieurs choses ie me mis aussi tost en chemin, & arrivay à Vailladolid le iour de saint Laurent. Ie fus touchée d'un sensible déplaisir lors que ie vis la maison, parce qu'encore que le jardin en fust tres-beau & tres-agreable, ce lieu estoit mal sain, à cause qu'il estoit assis le long de la riviere, & qu'il estoit impossible de rendre la maison logeable pour des Religieuses sans une grande dépense.

Bien que ie fusse fort lasse il me falut aller entendre la Messe dans un monastere de nostre ordre qui est à l'entrée de la ville, & j'en trouvay le chemin si long que cela redoubla ma peine. Ie n'en témoignay rien à mes compagnes de peur de les décourager. Car quoy que foible, ce que Dieu m'avoit dit me soustenoit; & ma confiance en luy me faisoit esperer qu'il y apporteroit du remede. I'envoyay secretement querir des ouvriers & leur fis faire quelques cloisons pour nous loger. Vn des deux Religieux qui vouloient embrasser la reforme, & Iulien d'Avila ce bon Prêtre dont j'ay parlé estoient avec nous. Le premier s'informoit de nostre maniere de vivre : & l'autre travailloit à obtenir la permission de l'Ordinaire pour nostre establissement, que l'on ne mettoit point en doute avant que nous fussions arrivées. On ne pût l'avoir si-tost; on nous accorda seulement de faire dire la Messe dans le lieu dont nous avions fait une chapelle : & je l'y fis dire.

Cela ne me mit pas neanmoins l'esprit en repos touchant cette ame pour qui je la faisois celebrer, parce qu'encore qu'il m'eust esté dit qu'elle seroit délivrée à la premiere Messe, je croyois que ces paroles s'entendoient de la Messe qui se diroit lors que l'on mettroit le saint Sacrement dans nostre chapelle. Mais quand le Prestre tenant entre ses mains la sainte Hostie vint à moy pour me communier, j'apperceus à costé de luy la figure de ce Gentilhomme, qui les mains jointes & avec un visage gay & resplandissant me remercioit de ce que j'avois fait pour le tirer du Purgatoire; & je le vis ensuite monter dans le Ciel. I'avouë que la premiere fois que l'on me dit qu'il estoit en voye de salut j'eus de la peine à le croire, à cause qu'il estoit entre autres choses si attaché au monde, qu'il me sembloit que la vie qu'il avoit menée donnoit sujet d'apprehender pour luy une seconde mort. Mais il avoit asseuré mes compagnes que cette pensée de la mort luy estoit toûjours presente. On voit par un tel exemple combien nostre Seigneur considere les services que l'on rend à sa sainte Mere, quelle est sa misericorde. Qu'il soit beny & loüé à jamais de recompenser ainsi par une vie & une gloire eternelle nos bonnes œuvres, qui estant si peu considerables par elles-mesmes n'ont autre prix que celuy qu'il luy plaist de leur donner.

Le 15. d'Aoust de l'année 1568. jour de l'Assomption de la sainte Vierge nous prismes possession de ce monastere, & n'y demeurasmes pas long-temps, parce que nous y tombasmes presque toutes malades. Il y avoit en ce lieu une Dame nommée Madame Marie de Mendoce femme du Commandeur Cobos, & mere du Marquis de Camarasa, tres-vertueuse & tres-charitable ainsi que ses grandes aumosnes le faisoient assez paroistre. Comme elle estoit sœur de l'Evesque d'Avila je l'avois connuë dans le monastere que nous y avions, & receu de grandes preuves de sa bonté pour moy & pour tout nostre Ordre. Elle la témoigna bien encore alors. Car voyans qu'il paroiſſoit impoſſible que nous demeuraſſions en ce lieu là, tant à cauſe qu'il eſtoit ſi mal ſain, que parce qu'il eſtoit trop éloigné de la ville pour y recevoir des aumoſnes, elle me dit de quitter cette maiſon, & qu'elle nous en acheteroit une autre beaucoup plus commode. Elle l'a executé avec tant de liberté qu'elle ne nous a iuſques icy laiſſé manquer dequoy que ce ſoit, & elle continuëra ſans doute toûiours à nous aſſiſter de la meſme ſorte.

Le iour de S. Blaiſe nous allaſmes en proceſſion dans cette maiſon accompagnées de tout le peuple qui témoigne toûiours d'y avoir une tres-grande devotion à cauſe des graces dont Dieu la favoriſe. Car noſtre Seigneur y a attiré des ames ſi parfaites, que l'on pourra avec le temps écrire combien grande eſt leur ſainteté, afin qu'on luy donne les loüanges qui luy ſont deuës de ſe ſervir de moyens ſi foibles pour faire de ſi grandes choſes, & répandre ſes benedictions ſur ſes creatures.

CHAPITRE XI.

La Sainte ne parle dans ce Chapitre que de la vie & de la mort admirable d'une excellente Religieuſe de ce Monaſtere de Vailladolid nommée Beatrix Ognez.

D'une Religieuſe nommée Beatrix Ognez.

UNE Demoiſelle nommée Beatrix Ognez prit l'habit dans ce Monaſtere. Sa vertu eſtoit ſi extraordinaire que l'on ne pouvoit voir ſans eſtonnement les graces dont Dieu la combloit. La Prieure & toutes les Sœurs aſſurent que l'on n'a iamais pû remarquer en elle la moindre imperfection. Son humeur eſtoit toûiours égale. Vne ioye modeſte faiſoit voir ſur ſon viſage le calme & la tranquillité de ſon ame. Son amour pour le ſilence eſtoit ſans affectation, & ne faiſoit peine à perſonne. On n'entédoit iamais ſortir de ſa bouche une ſeule parole où l'on puſt trouver à redire, ni qui témoignaſt qu'elle eût bonne opinion d'elle-meſme. Elle ne s'excuſoit point quand la Prieure pour l'éprouver & la mortifier ſelon que nous avons accouſtumé d'en uſer, la blâmoit de quelque choſe qu'elle n'avoit pas faite. Elle ne ſe plaignoit dequoy que ce fuſt, ni d'aucune des ſœurs. Dans quelques offices qu'on l'occupaſt elle ne faiſoit ni ne diſoit pas la moindre choſe qui puſt déplaire à perſonne, ou donner lieu à la reprendre de quelque faute, ni meſme dans le chapitre, quoy que les zelatrices ſoient tres-exactes à remarquer iuſques aux moindres. Son interieur & ſon exterieur eſtoient également ſi reglez, que rien n'eſtoit capable de la troubler ; & tant de vertus iointes enſemble venoient de ce que la penſée de l'eternité & la fin pour laquelle Dieu nous a créez luy eſtoient toûiours preſentes. Elle avoit ſans ceſſe les loüanges de Dieu dans la bouche la reconnoissance de ses faveurs dans le cœur, & son ame élevée vers luy par une oraison continuelle.

Quant à ce qui regarde l'obeïssance, non seulement elle n'y manqua jamais, mais elle executoit tout ce qu'on luy commandoit avec joye, avec promptitude, & parfaitement. Sa charité pour le prochain estoit si grande, qu'elle disoit qu'il n'y avoit rien qu'elle ne fust preste d'endurer pour empescher la perte d'une ame, & la mettre en estat de joüir de la presence de IESUS-CHRIST son frere. C'est ainsi que dans ses travaux elle nommoit nostre Seigneur; & ces travaux estoient tres grands comme on le verra dans la suite, parce que ses maladies estoient terribles. Mais elle en supportoit les excessives douleurs avec la mesme joye que donnent aux autres les plaisirs & les delices, & Dieu seul estoit capable de la mettre dans une disposition si admirable.

Cette sainte Religieuse ayant appris qu'on alloit brûler deux hommes pour d'horribles crimes, & qu'ils estoient mal disposez à la mort, elle en fut si vivement touchée, qu'elle pria instamment nostre Seigneur d'avoir compassion de leurs ames, & de luy faire éprouver tous les tourmens qu'ils avoient meritez, & qu'elle pourroit supporter. Cette mesme nuit elle tomba malade d'une fiévre qui luy dura jusques à la mort avec de continuelles souffrances; & ces deux hommes finirent leur vie chrestiennement; ce qui fit connoistre que Dieu l'avoit exaucée. Car outre la fiévre, un apostume dans les entrailles luy causoit des douleurs si violentes, qu'il ne faloit pas pour les souffrir moins de patience que celle que Dieu luy donnoit. Comme cet apostume estoit interieur, on employoit inutilement des remedes pour le guerir. Dieu permit qu'il perça, & qu'elle en fust un peu soulagée; mais entendant un jour un sermon sur le sujet de la croix de N. Seigneur, l'extrême desir qu'elle avoit de souffrir s'augmenta de telle sorte, qu'après avoir versé des ruisseaux de larmes elle se jetta sur son lit; & quand on luy demanda ce qu'elle avoit elle répondit, que le plus grand plaisir qu'on luy pouvoit faire estoit de prier nostre Seigneur de luy envoyer beaucoup de croix.

Sa consolation estoit de rendre compte à la mere Prieure de tout ce qui se passoit dans son ame. Durant toute sa maladie elle ne fit pas la moindre peine à personne, & elle obeïssoit si ponctuellement à ce que l'infirmiere luy disoit, qu'elle n'auroit pas voulu boire seulement une goutte d'eau sans sa permission. C'est une chose assez ordinaire de voir des personnes d'oraison desirer des travaux quand ils n'en ont point; mais il y en a peu qui s'en réjoüissent lors qu'ils les souffrent.

La maladie de cette excellente Religieuse croissant toûjours elle ne pût durer long-temps. Vne autre apostume à la gorge accompagné de douleurs excessives la mit en estat de ne pouvoir plus rien avaler.

FONDATION

La Prieure la voulant consoler en presence de quelques-unes des Sœurs, & l'exhorter à prendre courage dans une si grande souffrance, elle luy répondit que ces douleurs ne luy donnoient point de peine, & qu'elle ne voudroit pas changer l'estat où elle estoit contre la santé la plus parfaite.

Ce divin Sauveur pour l'amour duquel elle supportoit avec joye tant de douleurs luy estoit si present, qu'il n'y avoit rien qu'elle ne s'efforçast de faire pour les cacher : & ce n'estoit que lors que leur violence se redoubloit, qu'on l'entendoit tant soit peu se plaindre. Elle estoit persuadée qu'il n'y avoit pas dans tout le monde une personne plus imparfaite qu'elle, & son humilité se remarquoit jusques dans ses moindres actions. Son plus grand plaisir estoit de parler des vertus des autres. Ses mortifications estoient extrêmes ; & elle évitoit avec tant d'adresse tout ce qui luy pouvoit donner de la recreation, qu'il falloit y prendre garde de bien prés pour s'en appercevoir. Elle paroissoit ne vivre plus sur la terre ni parmy les creatures, tant toutes les choses d'icy-bas luy estoient indifferentes. Il n'y avoit point d'accidens qu'elle ne supportast avec une si grande paix, que l'on ne voyoit jamais son esprit changer d'assiete : surquoy une sœur luy dit un jour, qu'elle ressembloit à ces personnes qui se picquent tellement d'honneur, qu'elles se laisseroient plustost mourir de faim que de découvrir aux étrangers leur necessité. Car ces bonnes filles ne pouvoient croire qu'elle ne sentist certaines choses ausquelles elle paroissoit estre insensible.

La fin qu'elle se proposoit dans tous les offices où on l'employoit estoit si pure, qu'elle ne perdoit rien du merite qu'elle pouvoit tirer de ce travail. Elle disoit aux Sœurs sur ce sujet : Il n'y a point de si petite action qui ne soit d'un tres-grand prix lors qu'elle se fait dans la veuë & pour l'amour de Dieu, & que nous ne devons pas mesme tourner les yeux que pour luy plaire. Comme elle ne se mesloit jamais de rien si on ne le luy commandoit, elle ne voyoit point les fautes des autres, mais seulement les siennes ; & ce luy estoit une si grande peine d'entendre dire du bien d'elles, que pour n'en donner pas une semblable à ses Sœurs elle ne les loüoit point en leur presence.

Elle ne prenoit aucun divertissement, soit en allant au jardin ou autres choses semblables, à cause qu'elle n'en trouvoit point dans les creatures. Elle disoit ne comprendre pas comment elle auroit pû desirer d'estre soulagée des douleurs que Dieu permettoit qu'elle souffrit. Ainsi elle ne demandoit rien & se contentoit de recevoir ce qu'on luy donnoit. Elle ajoustoit que ne cherchant des consolations qu'en Dieu, elle consideroit les autres comme des croix. Ie puis parler de cecy avec certitude, parce que m'estant informée

mée tres-particulierement de toutes les sœurs de cette maison de ce qui regardoit cette sainte fille, il n'y en a eu une seule qui ne m'aie dit n'avoir jamais rien remarqué en elle qui ne témoignât une grande perfection.

Le terme prescrit de Dieu à la vie mortelle de sa servante estant arrivé, ses douleurs augmenterent encore. Elle se trouva attaquée de tant de maux joints ensemble que les sœurs l'alloient voir de temps en temps pour loüer Dieu de la joye avec laquelle il luy faisoit la grace de les souffrir. Nostre Chapelain qui étoit aussi nostre cōfesseur & un homme de grande vertu souhaittoit extrêmemēt de se trouver à sa mort, parce que la connoissance que la confession luy avoit donnée de ses plus intimes sentimens la luy faisoit cōsiderer comme une sainte. Son desir fut accomply ; car aprés qu'elle eut reçû l'extrême-Onction & qu'on vit qu'elle s'affoiblissoit on le fit venir, afin s'il en estoit besoin qu'il la reconciliast & l'assistat jusques au dernier moment. Vn peu avant neuf heures & un quart d'heure avant qu'elle rendist l'esprit, toutes les sœurs estant auprés d'elle avec ce bon Prestre, ses douleurs cesserent entierement. Elle se trouva dans une tres-grande paix. Son visage parust gay & tout éclatant de lumiere. Elle leva les yeux comme pour regarder quelque chose qui luy dōnoit un extrême contentement, & elle sourit deux fois. La joye que ce confesseur & toutes ces Religieuses en ressentirent fut si grande qu'ils consideroient cette bienheureuse fille comme étant déja dans le ciel. Elle expira en cét estat pour aller prendre place avec les Anges : car sa foy jointe à la maniere dont elle a passé sa vie ne nous donne-t-elle pas sujet de croire que Dieu l'a retirée à luy pour la recompenser dans un repos eternel de l'ardent desir qu'elle avoit de souffrir pour luy témoigner son amour lors qu'elle estoit sur la terre.

Ce bon Prestre a dit à plusieurs personnes que lors qu'il mit le corps dans la sepulture il en sentit sortir une odeur tres excellente. La Sacristaine a asseuré qu'elle n'avoit pas trouvé la moindre diminution aux cierges qui furent allumez à ses funerailles, & il n'y a rien en cela que la bonté de Dieu ne rende croyable. L'ayant dit depuis à un Religieux, de la compagnie de Jesus qui avoit esté son confesseur durant plusieurs années, il me répondit qu'il ne s'en estonnoit point, parce qu'il sçavoit que Dieu luy faisoit des graces tres particulieres. Je le prie, mes Filles, de tout mon cœur de nous accorder celle de profiter d'un si grand exemple, & de plusieurs autres semblables qu'il nous propose dans ces maisons consacrées à son service. J'en rapporteray peut-estre quelque chose, afin d'exciter à les imiter celles qui sont tiedes, & nous porter toutes à loüer Dieu de ce qu'il luy plaist de faire ainsi éclater sa grandeur & son pouvoir dans un sexe si fragile.

X x

FONDATION DV PREMIER MONASTERE des Carmes Déchauſſez.

CHAPITRE XII.
Du commencement de cette fondation.

AVANT que de faire la fondation de Vailladolid dont je viens de parler, le Pere Antoine de IEsus Prieur des Carmes de ſainte Anne de Medine, le Pere Iean de la Croix & moy avions reſolu, comme je l'ay dit, que s'il ſe faiſoit un monaſtere de Carmes Déchauſſez où l'on obſervaſt la premiere regle, ils ſeroient les premiers qui y entreroient. Mais ne voyant point de moyen d'avoir une maiſon, tout ce que je pouvois faire eſtoit de recommander cette affaire à Dieu. I'eſtois ſatisfaite de ces deux Religieux. Car quant au Pere Antoine de Iesus il avoit ſouffert avec grande patience les peines & les trauaux dont il avoit eſté exercé depuis un an. Et pour le regard du Pere Iean de la Croix, il n'avoit pas beſoin d'une nouvelle épreuve; parce qu'encore qu'il n'euſt fait profeſſion que de l'obſervance mitigée, il avoit toûjours vêcu fort ſaintement & dans une grande regularité.

Dieu qui m'avoit déja accordé le principal en me donnant ces deux Religieux pour commencer ce nouvel eſtabliſſement, pourvût au reſte. Vn Gentil-homme d'Avila nommé Dom Raphaël à qui je n'avois jamais parlé, ayant appris que je voulois fonder un monaſtere de Carmes Déchauſſez vint m'offrir une maiſon qu'il avoit dans un hameau d'environ vingt feux, où demeuroit un receveur du bien qu'il avoit aux environ. Quoy que je jugeaſſe aſſez quelle pouvoit eſtre cette maiſon, je ne laiſſay pas d'en loüer Dieu & de remercier ce Gentilhomme. Il me dit enſuite que ſe rencontrant qu'elle eſtoit ſur le chemin de Medine du Champ, & devant paſſer par là, lors que j'irois à la fondation de Vailladolid, je la pourrois voir. Ie le luy promis, & l'executay.

Ie partis d'Avila de grand matin au mois de Iuin avec une Religieuſe & le Pere Iulien d'Avila Chapelain de ſaint Ioſeph dont j'ay parlé qui m'accompagnoit dans tous ces voyages. Nous nous égarâmes en chemin; parce que le lieu où nous allions eſtoit ſi peu connu que perſonne ne pouvoit nous l'enſeigner, & nous en eſtions encore fort éloignées lors que nous croyons en eſtre proches. Le Soleil eſtoit d'ailleurs ſi ardent qu'il me ſouviendra toute ma vie de la peine que nous eûmes ce jour-là. Enfin nous arrivâmes un peu avant la nuit, & trouvafmes la maifon fi fale à caufe de la quantité de gens qui faifoient l'aouft, que nous ne pufmes nous refoudre d'y coucher. Il y avoit un porche affez raifonnable, une chambre retranchée avec fon galletas, & une petite cuifine. Voila en quoy confiftoit ce bel édifice. Aprés l'avoir confideré, ie crus que l'on pouvoit faire de ce porche une chapelle, un chœur de ce galletas, & un dortoir de la chambre. Mais encore que ma compagne fuft beaucoup meilleure que moy, & une perfonne de grande penitence, elle ne pouvoit comprendre que ie vouluffe faire là un monaftere. Elle me dit : En verité, ma Mere, quelque habile que vous foyez vous ne fçauriez en venir à bout. N'y penfez plus ie vous prie. Quant au Pere Iulien, bien qu'il fuft de mefme fentiment il ne me contredit pas lors que ie luy eus dit mes raifons. Nous allafmes à l'Eglife, & y paffafmes la nuit, quoy que fi fatiguées, que nous avions beaucoup plus de befoin de dormir que de veiller.

Auffi-toft que nous fufmes arrivées à Medine i'informay le Pere Antoine de l'eftat des chofes, luy demanday s'il pourroit fe refoudre de paffer quelque temps en ce lieu-là, & luy dis que Dieu leveroit bien-toft tous les obftacles. Ce qui me faifoit parler fi hardiment c'eft que ce que Noftre Seigneur á fait depuis m'eftoit dés-lors fi prefent que ie n'en doutois non plus qu'à cette heure que ie le voy de mes yeux. Et il a fait mefme beaucoup davantage, puis que dans le temps que i'écris cecy il y a déia par fa bonté dix monafteres de Carmes Déchauffez. I'aiouftay qu'il ne devoit pas fe perfuader que le Provincial qui fortoit de charge, & celuy qui y entroit du confentement defquels nous avions befoin, nous l'accordaffent pour quelque bonne maifon. Mais qu'ils ne nous refuferoient pas la permiffion de nous établir dans ce hameau. Ioint qu'il ne dépendoit pas de nous de trouuer un lieu qui nous fuft plus propre. Comme Dieu avoit donné à ce bon Pere plus de courage qu'à moy il me répondit, qu'il eftoit preft non feulement d'y aller ; mais s'il en eftoit befoin d'y demeurer dans un toit à pourceaux. Le Pere Iean de la Croix fut du mefme fentimét. Ainfi il ne nous reftoit que d'avoir la permiffion des Peres Provinciaux dont i'ay parlé, ce qui eftoit une condition que le Pere General m'avoit impofée. Et comme i'efperois de l'obtenir avec l'affiftance de noftre Seigneur, ie priay le Pere Antoine de faire ce qu'il pourroit pour recouvrer quelques aumofnes afin de reparer la maifon.

Ie m'en allay enfuite avec le Pere Iean de la Croix à la fondation de Vailladolid ; & comme nous y demeurafmes quelques temps fans clofture pendant qu'on travailloit à mettre ce monaftere en état, i'eus le loifir d'informer ce Pere de toute noftre maniere de vivre, tant pour ce qui regarde la mortification & la charité fraternelle, que nos recreations, qui font reglées de telle forte & avec une telle dif-

X x iij

cretion qu'elles servent à nous faire remarquer les manquemens les unes des autres, & à trouver quelque soulagement dans les austeritez ausquelles la regle nous oblige. Ce Pere estoit si vertueux que ie pouvois beaucoup plus apprendre de luy que luy de moy. Mais ce n'estoit pas à quoy ie pensois alors, & mon dessein estoit seulement de l'instruire de tout ce qui se passoit parmy nous.

Dieu permit que le Pere Alphonse Gonzalez alors nostre Provincial, & de qui ie devois obtenir cette permission, se trouva là. J'alleguay tant de raisons à ce vieillard qui estoit un fort bon homme, & luy representay si fortement le compte qu'il auroit à rendre s'il s'opposoit à une si bonne œuvre, que Dieu qui vouloit qu'elle réussist le preparant en mesme temps à s'y rendre favorable, ie le trouvay assez bien disposé. Madame Marie de Mendose qui nous a toûjours tant aimées & tant assistées, & l'Evesque d'Avila son frere acheverent de le déterminer, comme aussi le Pere Ange de Salazar auparavant Provincial qui estoit celuy que i'apprehendois le plus. Car il se rencontra par bonheur qu'il eust besoin de la faveur de cette Dame, & ie ne doute point que cette consideration ne servit beaucoup à le faire resoudre. Mais quand cela n'auroit pas esté ie ne doute point que Dieu ne luy eust touché le cœur comme il fit au Pere General lors qu'il n'y avoit aucun sujet de l'esperer.

Combien de choses ay-je veuës dans ces fondatiõs qui paroissoient impossibles, & que nostre Seigneur par sa toute puissance a rendües faciles; & quelle confusion ne dois-ie point avoir de n'en estre pas devenuë meilleure? I'avouë qu'en écrivant cecy i'en demeuray épouvétée, & ie souhaite que Dieu fasse connoistre à tout le monde que la part que les creatures ont euë à ces fondations est si petite, qu'elle ne merite pas d'estre consideree. C'est luy seul qui a tout fait, & par de si foibles commencemens qu'il n'y avoit que son infiny pouvoir qui fust capable de mettre les choses au point où elles sont aujourd'huy. Qu'il soit beny & loué dans tous les siecles.

CHAPITRE XIII.

Suite de la fondation de ce Monastere, & de la maniere de vie si austere & si pauvre de ces bons Peres.

LOrs que ie me vis assurée de ces deux Religieux il me sembla que tout estoit fait, & nous resolusmes que le Pere Iean de la Croix iroit dans cette maison pour travailler le mieux qu'il pourroit à la rendre logeable. Car ie ne voulois point perdre de temps à commencer cette fondation, tant ie craignois d'y rencontrer de l'obstacle, comme cela arriva. Le pere Antoine de son costé avoit déja preparé quelque chose de ce qui estoit necessaire, & nous l'aidions en ce que nous pouvions; mais ce que nous pouvions estoit peu. Il vint me trouver à Vailladolid, & me dit avec grande ioye ce qu'il avoit fait, que l'on pouvoit dire n'estre presque rien, puis qu'il ne consistoit qu'en cinq horloges, & ie ne laissay pas d'en estre bien aise. Il aiousta qu'il avoit desiré d'en avoir beaucoup afin que les heures fussent bien reglées, & ie croy qu'il n'avoit pas seulement pourveu à avoir dequoy se coucher. Encore que le pere Iean de la Croix & luy n'oubliassent rien de ce qui dependoit d'eux, le manque d'argent fit que la maison ne pût estre mise si tost en estat. Lors qu'elle y fut le pere Antoine se démit de sa charge de prieur du monastere de sainte Anne, fit avec grande ferveur profession de la premiere regle, sans vouloir l'éprouver auparavant comme ie le luy conseillois, & s'en alla avec une extrême contentement dans cette petite maison, où le pere Iean de la Croix estoit déia. Il m'a dit depuis qu'en y arrivant il avoit senty une tres-grande ioye dans la pensée qu'il avoit enfin entierement renoncé au monde pour finir ses iours dans la solitude.

Le pere Iean de la Croix & luy, non seulement ne furent point touchez de la pauvreté de cette maison, mais elle leur parut tres-agreable, & ils s'y trouvoient parfaitement bien. Seigneur mon Dieu, que les superbes bastimens & les plaisirs exterieurs sont peu capables de donner des consolations interieures! Ie vous coniure, mes Sœurs, & vous mes Peres, par l'amour que vous portez à sa suprême Majesté de demeurer tousiours dans un grand détachement à l'égard de ces maisons magnifiques & somptueuses; & d'avoir sans cesse devant les yeux ces saints Fondateurs de nostre Ordre qui sont nos Peres, que nous sçavons estre arrivez par la pauvreté & l'humilité à la joüissance eternelle de la presence de Dieu. Contre les beaux bastimens.

I'ay éprouvé que quand le corps a moins ses commoditez l'ame ressent plus de joye. Quel avantage pouvons nous tirer de ces grands logemens, n'ayant l'usage que d'une cellule? & que nous importe qu'elle soit belle & spacieuse, puis que nous ne devons pas nous occuper à en regarder les murailles? Considerons combien peu de temps il nous reste à demeurer dans ces maisons materielles. Il les faut quitter avec la vie, qui quelque longue qu'elle soit passera si viste. Tout ce qui paroist de plus rude ne doit-il pas nous sembler doux lors que nous pensons que moins nos sens auront eu de contentement icy-bas, plus nos ames en recevront dans cette heureuse eternité dont les divers degrez de gloire seront proportionnez à l'amour qui nous aura fait imiter les actions de nostre divin Epoux! Puis que nous disons que ces commencemens ne tendent qu'à rétablir la pureté de la regle de la tres sainte Vierge nostre Patrone, témoignons-luy nostre respect & aux saints Peres nos fondateurs, en nous conformânt à la vie qu'ils ont menée sur la terre. Et si nostre foiblesse nous rend incapables de marcher en toutes choses sur leurs pas, faisons au moins ce qui n'interesse pas tellement nostre santé qu'il y aille de nostre vie. Il ne s'agit que d'un peu de travail, & d'un travail agreable comme il l'estoit à ces grands Saints. La resolution n'en est pas plustost prise que la difficulté que l'on y trouvoit s'évanouït, & la peine n'est que dans le commencement.

Le premier ou second Dimanche de l'Avent de l'année 1568. car je ne me souviens pas précisément du temps, on dit la premiere Messe dans le porche de cette petite maison, qui ne me paroissoit guere differente de la creche de Bethleem; & le Caréme suivant passant un matin par là pour aller à la fondation de Tolede, je trouvay le Pere Antoine de Jesus qui balayoit deuant la porte de la Chapelle avec un visage guay, comme il l'a toûjours, & luy dis: Qu'est-ce que cela, mon Pere, & qu'est devenu le point d'honneur? Ie ne sçaurois, me répondit-il en me témoignant sa joye, penser sans horreur au temps que i'en estois touché. Quand ie fus entrée dans la chapelle i'admiray l'esprit de pieté que nostre Seigneur avoit répandu sur cette nouvelle maison, & ie n'étois pas seule dans ce sentiment; deux marchands de Medine de mes amis qui estoient venus avec moy n'ayant pû voir sans répandre quantité de larmes que tout y estoit plein de croix & de testes de morts.

Ie me souviendray toute ma vie d'une petite croix de bois qui étoit proche du benistier sur laquelle estoit collée une image en papier de IESUS-CHRIST qui donnoit plus de devotion que si elle eust esté fort curieusement travaillée. Le galletas qui estoit au milieu du logis servoit de chœur, & l'on pouvoit y faire l'office; mais il faloit se baisser bien bas pour y entrer & pour entendre la Messe. Il y avoit aux deux costez de la chapelle deux petits hermitages où on ne pouvoit demeurer qu'assis ou couché. Il y faisoit si froid qu'il avoit falu y mettre quantité de foin. Le plancher en estoit si bas qu'on y touchoit presque de la teste, & deux petites fenestres regardoient sur l'autel. Ces bons Peres n'avoient pour chevet que des pierres au dessus desquelles estoient de croix & des testes de morts. Depuis matines iusques a Prime ils demeuroient en oraison, Dieu leur faisant la grace de s'y beaucoup occuper, & lors qu'ils alloient dire Prime leurs habits estoient souvent tout couverts de neige sans qu'ils s'en apperçeussent. Ils recitoient l'office avec un Pere de l'observance mitigée qui s'étoit retiré auprés d'eux, mais sans changer d'habit, à cause qu'il estoit fort infirme, & avec un ieune frere qui n'avoit pas encore pris les ordres, & qui demeuroit aussi avec eux.

Ils alloient prêcher dans les lieux circonvoisins qui manquoient d'instruction, & c'estoit une des raisons qui m'avoient fait desirer l'établissemét de cette maison, parce que j'avois sçû qu'il n'y avoit point de monastere proche d'où ce pauvre peuple pûst recevoir de l'assistace; ce qui me touchoit tres-sensiblement. Ils acquirent en peu de temps une grande reputation, & je ne le pûs apprendre sans en ressentir beaucoup de joye. Ils alloient jusques à deux lieuës de là faire ces predications marchant les pieds nuds sur la neige & sur la glace; (car ce ne fut que depuis qu'on les obligea d'avoir des sandales) & aprés avoir passé presque tout le jour à prêcher & à confesser ils s'en retournoient sans avoir mangé, & sans que ce travail quelque extraordinaire qu'il fust, leur parust considerable.

On leur apportoit des lieux d'alentour dequoy vivre plus qu'ils n'en avoient besoin; & des Gentilshommes qui venoient à confessé à eux leur offroient des maisons plus commodes & mieux assises. L'un d'eux nommé Dom Loüis Seigneur des Cinq villes avoit fait bastir une chapelle pour y mettre une image de la sainte Vierge digne de veneration. Son pere l'avoit envoyée de Flandres à sa mere ou à son ayeule, je ne me souviens pas bien laquelle, & il la revetoit tellement que l'ayant gardée durant plusieurs années il se la fit apporter à l'heure de la mort. C'est un tableau si excellent, que je n'ay jamais rien veu de plus beau, & je ne suis pas seule de ce sentiment. Le Pere Antoine de Iesus ayant esté en ce lieu à la priere de ce Gentilhomme, & ayant veu le tableau, il luy donna tant de devotion, qu'il accepta l'offre d'y transferer le monastere. Ce lieu se nomme Mancera. Il crut y pouvoir demeurer, quoy qu'il n'y eust point de puits ni d'apparence d'y en faire. Ce Gentilhomme leur fit bastir une petite maison propre pour la vie que menoient ces Religieux, & leur donna des ornemens fort honnestes.

Ie ne veux pas passer sous silence la maniere dont nostre Seigneur les pourveut d'eau, & que l'on considera comme un miracle. Vn jour aprés souper le Pere Antoine qui estoit Prieur, estant dans le cloistre avec ses Religieux & parlant du besoin qu'ils avoient d'eau, il se leva, marqua une croix avec son baston dans un endroit de ce cloistre, l'y planta, & dit: Foüillez icy. On luy obeit, & aprés que l'on eut un peu creusé il en sortit une si grande quantité d'eau excellente à boire, que l'on a peine à la tarir lors que l'on veut curer le puits que l'on y a fait. Ayant ensuite enfermé un jardin ils ont fait tout ce qu'ils ont pû pour y trouver de l'eau, & employé même pour cela une machine, mais inutilement, quoy qu'ils y ayent assez dépensé.

Aprés avoir remarqué dans cette premiere maison si peu habitable la devotion qui y paroissoit par tout, je fus extrêmement édifiée de leur maniere de vivre, de leur mortification, de leur oraison, &

du bon exemple qu'ils donnoient. Vn Gentilhomme & sa femme que je connoissois tous deux estans venus me trouver ne se pouvoiét lasser de me parler de leur sainteté, & de l'avantage que ce pays en recevoit. Ainsi ne doutant point que ce ne fust le commencemét d'un grand bien pour le service de Dieu & pour nostre ordre, j'en rendois sans cesse graces à Nostre Seigneur. Plaise à sa divine Majesté que cela aille toûjours croissant comme il a fait jusques à cette heure. Ces marchands dont j'ay parlé disoient qu'ils n'auroient voulu pour rien du monde n'avoir point veu ce qu'ils avoient veu; & l'on peut juger par là quel est le pouvoir de la vertu, puis qu'ils estimoient plus cette pauvreté que leurs richesses.

Lors que j'eus communiqué avec ces Peres de certaines choses, ma foiblesse & mes imperfections me firent les beaucoup prier de moderer la rigueur de leur penitence, parce qu'ayant demandé à Dieu avec tant d'ardeur & de prieres de me vouloir donner des personnes capables d'entreprendre ce grand ouvrage, & le voyant si bien commencé, je craignois que le diable pour empescher qu'il ne s'achevast, ne les portast à des austeritez excessives qui ruineroient entierement leur santé; au lieu que si j'avois eu plus de foy j'aurois dû considerer, que puis que c'estoit une œuvre de Dieu il la soustiendroit & la pousseroit encore plus avant. Mais comme ces bons Peres avoient les vertus qui me manquent, ils considererent peu ce que je leur dis. Je pris congé d'eux & partis extrêmement consolée. Neanmoins quelques actions de graces que je rendisse à Dieu d'une faveur si singuliere, ce n'estoit pas autant que je l'aurois dû & qu'elle le meritoit, puis que je voyois bien qu'elle estoit plus grande que celle qu'il me faisoit de fonder des monasteres de Religieuses. Je le prie de tout mon cœur de me faire la grace de m'acquitter de quelques-unes de tant d'obligations dont ie luy suis redevable. Ainsi soit-il.

FONDATION DV MONASTERE
des Carmelites de Tolede.

CHAPITRE XIV.

La Sainte commence de travailler à la fondation de ce Monastere; & de quelle sorte elle obtint du Gouverneur de Tolede la permission de s'y establir.

IL y avoit à Tolede un fort honneste Marchand nommé Martin Ramirez qui n'avoit jamais esté marié. C'estoit un tres-homme de bien, & qui menoit une vie tres-exemplaire. Il estoit tres veritable

DE TOLEDE, CHAP. XIV.

table, tres-fidelle dans son commerce, & ne pensoit à augmenter son bien que pour en faire des œuvres agreables à Dieu. Estant tombé malade de la maladie dont il mourut, le pere Paul Hermandez de la compagnie de IESUS, à qui je m'estois confessée lors que j'estois à Tolede pour y resoudre la fondation de Malagon, desirant extrêmement que l'on en fist aussi une dans cette grande ville, luy representa le service qu'il rendroit en cela à Dieu, & que l'on pourroit faire dans ce monastere les mesmes devotions, & celebrer les mesmes festes en l'honneur desquelles il avoit resolu de faire des chapelles & d'establir des chapelains dans une paroisse. Le malade estoit si abatu & si prés de sa fin, qu'il ne luy restoit pas assez de temps pour executer cette proposition. Mais il en chargea Alphonse Alvarez Ramirez son frere qui estoit un homme fort raisonnable, fort sincere, fort sage, fort cringnant Dieu, & fort aumosnier, dont je puis rendre témoignage comme l'ayant vû & traité diverses fois avec luy.

J'estois encore occupée à la fondation de Vailladolid lors que Martin Ramirez mourut; & le pere Hermandez & Alphonse Alvarez Ramirez m'ayant donné avis de ce qui s'estoit passé, me manderent que si je voulois accepter cette fondation il n'y avoit point de temps à perdre. Ainsi je partis aussi-tost aprés que la maison de Vailladolid eust esté accommodée. J'arrivay à Tolede la veille de l'Annonciation, & descendis chez Madame Louyse où j'avois logé en allant à Malagon. Comme elle m'aime beaucoup elle me receut avec grande joye & mes deux compagnes qui estoient du monastere de S. Ioseph d'Avila personnes de grande pieté. Elle nous donna ensuite une chambre où nous n'estions pas moins retirées que dans un monastere. Ie commençay à traiter de l'affaire avec Alphonse Alvarez & son gendre nommé Iacques Hortis, qui estoit un homme de bien & qui avoit estudié en theologie, mais beaucoup plus arresté à ses sentimens que son beau pere. Nous ne pûmes si-tost convenir des conditions, parce qu'ils m'en demandoient que je ne croyois pas raisonnable d'accorder. Dans le mesme temps que nous agitions cette affaire on cherchoit par tout une maison à loüer pour y pouvoir prendre possession. Mais quelque diligence que l'on y aportast il fust impossible d'en trouver qui nous fust propre. Ie ne pouvois aussi obtenir du gouverneur la permission necessaire pour nostre establissement que c'estoit à luy de donner à cause que le siege Archi-episcopal vaquoit alors, quoy que cette Dame chez qui je logeois l'en sollicitast extrêmement, & avec elle un Gentilhomme Chanoine de cette Eglise nommé Dom Pierre Manriquez fils du Seneschal de Castille, qui est un homme de si grande pieté, que bien qu'il soit mal sain il ne laissa pas quelques années aprés cette fondation d'étrer dans la compagnie de Iesus où il est encore & tres-consideré

Y y

pour son merite & pour sa vertu. Ie ne pouvois neanmoins obtenir cette permission, parce que lors que le Gouverneur commençoit à se rendre plus favorable ceux du Conseil se trouvoient contraires ; & que d'un autre costé il n'y avoit pas moyen de côclure avec Alphonse Alvarez à cause de son gendre pour qui il avoit une grande déference. Enfin nous rompîmes tout, & ie me trouvois fort empeschée, à cause que n'estant venë que pour cette seule affaire il nous auroit esté desavantageux de ne la pas terminer. Mais ma plus grande peine estoit de n'avoir pas la permission, ne doutant point que pourveu que nous prissions possession N. Seigneur pourvoyeroit au reste comme il avoit fait en d'autres rencontres. Deux mois s'estant passez de la sorte, & les choses estant toûjours en plus mauvais termes, ie me resolus de parler au Gouverneur & le fis supplier de me faire la faveur de venir dans une Eglise proche de sa maison où ie l'attendois. Il y vint & ie luy dis: Qu'il estoit étrange que des filles vinssent à Tolede pour y passer leur vie dans une étroite clôture, dans de tres-grandes austeritez, & d'une maniere toute parfaite ; & que ceux qui au contraire passoient la leur dans les plaisirs & les délices voulussent s'opposer à un dessein si loüable & si agreable à Dieu. I'ajoustay à cela d'autres raisons, & le touchay de telle sorte par la hardiesse avec laquelle nostre Seigneur me fit luy parler, qu'il m'accorda la permission à l'heure mesme. Ainsi ie m'en retournay bien contente & croyois déja tout fait, quoy que l'on pûst dire qu'il n'y avoit encore rien de fait puis que tout mon fond consistoit en trois ou quatre ducats. I'en achetay deux tableaux pour mettre sur l'autel, deux paillasses, & une couverture : Quant à une maison on n'en parloit plus depuis que j'avois rompu avec Alphonse Alvarez. Mais un marchand de la ville nommé Alphonse d'Avila fort de mes amis, qui n'est point marié & ne s'occupe qu'à assister les prisonniers & à d'autres bonnes œuvres, m'avoit dit de ne m'en mettre point en peine ; qu'il m'en trouveroit une, & le malheur voulut qu'il tomba malade.

Le Pere Martin de la Croix Religieux de l'Ordre de saint François personne de grande sainteté estoit un peu auparavant venu à Tolede, & y avoit demeuré quelques jours. Vn jeune homme assez pauvre qu'il confessoit nommé Andrade vint suivant l'ordre qu'il luy en avoit donné en partant, me trouver dans une Eglise où j'entendois la Messe pour s'offrir à me rendre tout le service qui seroit en son pouvoir, qui ne s'étendoit qu'à nous assister de sa personne. Ie le remerciay ; & mes compagnes & moy trouvâmes assez plaisant que ce saint personnage nous eut envoyé un tel secours, parce que ce jeune homme ne paroissoit pas trop propre pour traiter avec des Carmelites déchaussées.

Lors que ie me vis avec cette permissiõ, mais sans aucune assistance, ne sçachant à quoy me resoudre, je me souvins de ce ieune homme & le dis à mes compagnes. Elles ne pûrent s'empescher d'en rire, & me répondirent de me bien garder de me servir de luy : que cela ne seroit bon qu'a decouvrir l'affaire. Neanmoins comme il m'avoit esté envoyé par un grand serviteur de Dieu & que ie ne pouvois croire qu'il n'y eust quelque chose d'extraordinaire, i'estois si persuadée qu'il nous pourroit estre utile, que sans m'arrester à ce qu'elles me disoient ie l'envoyay querir. Aprés luy avoir extrêmement recommandé le secret ie luy dis l'estat de l'affaire, & le priay de nous chercher une maison à loüer dont ie donnerois un répondant : & ce répondant estoit Alphonse d'Avila que i'ay dit estre tombé malade. Ce ieune homme me promit de faire avec grande ioye ce que ie desirois, & dés le lendemain au matin il me vint dire dans l'Eglise des Iesuites où i'entendois la Messe, qu'il avoit trouvé une maison fort proche de nous; qu'il m'en apportoit les clefs; & que nous n'avions qu'à l'aller voir. Nous y fusmes, & la trouvasmes si commode que nous y demeurasmes prés d'un an. Peut-on trop en cette rencontre admirer la conduite de Dieu? Des personnes riches s'estoient mises en peine durant deux ou trois mois de nous chercher une maison, & n'en avoient pû trouver dans tout Tolede. Et ce ieune homme qui n'avoit pour tout bien que sa bonne volonté nous en trouva une aussi-tost. I'en dis de mesme quand ie considere que ce monastere se pouvant établir tres-facilement par le moyen d'Alphonse Alvarez, Dieu permit que nous ne pûmes tomber d'accord avec luy, afin que cette fondation se fist dans la pauvreté & avec travail.

Comme nous estions satisfaites de la maison ie me resoluois de ne point differer à nous en mettre en possession, de peur qu'il ne s'y rencontrât quelque obstacle, lors qu'Andrade vint me dire qu'on nous la rendoit libre dés le jour même, & que nous n'avions qu'à y faire porter nos meubles. Ie luy répondis que cela seroit bien-tost fait, puis qu'ils ne consistoient qu'en une couverture & deux paillasses. Ces paroles auroient dû l'étonner, & mes compagnes ne pouvoient approuver que ie luy eusse parlé de la sorte, à cause que nous voyât si pauvres il pourroit cesser de nous assister. Mais ie n'avois pas fait cette reflexion, & ma simplicité ne produisit point cet effet en lui, parce que Dieu qui lui donnoit la volonté de nous servir n'avoit garde de manquer de la lui cõtinuer iusques à ce que son œuvre fut accõplie. Ainsi il ne travailla pas avec moins d'affection qu'au reste à faire venir des ouvriers & accõmoder la maison. Nous empruntâmes des ornemens & les autres choses necessaires pour celebrer la sainte Messe & à l'entrée de la nuit estant accompagnées d'un officier, nous fumes en prendre possession au son d'une de ces clochettes dont on se sert à l'élevation de la sainte hostie, à cause que nous n'avions point de cloche.

Nous employasmes le reste de la nuit à tout accommoder. Mais nous ne trouvions point de lieu propre pour une chapelle, sinon dans une sale où l'on entroit par une petite moison proche de la grande & qui en dépendoit. Elle nous avoit aussi esté loüée : & elle estoit encore occupée par quelques femmes.

Au point du jour nous ouvrismes la porte qui n'estoit que dans une cloison & répondoit sur une petite cour, sans en oser rien dire à ces femmes de peur qu'elles ne découvrissent l'affaire. Elles sortirent du lit fort effrayées, & nous n'eusme pas peu de peine à les appaiser. Mais l'heure de dire la Messe estant venuë & leur ayant fait entendre ce qui nous avoit obligées d'en user ainsi, elles s'adoucirent, & cela ne passa pas plus avant.

Ie connus depuis la faute que la passion d'achever cet œuvre de Dieu nous avoit fait faire de ne pas prevoir les inconveniens. Car la personne à qui le logis appartenoit ayant sçû que nous y avions fait une chapelle nous donna beaucoup d'affaires, dans la creance que si nous étions contentes de l'état où nous avions mis cette maison nous ne voudrions pas l'acheter ce qu'elle valoit. Dieu permit neanmoins qu'elle s'appaisa. D'un autre costé ceux du Conseil ayant appris que j'avois étably le monastere dont ils m'avoient refusé la permission, en furent fort irritez, & le Gouverneur estoit absent. Ils allerent trouver un des Seigneurs Ecclesiastiques pour se plaindre de ce qu'une fille avoit eu la hardiesse d'entreprendre de faire cette fondation côtre leur volonté. Mais il se rencontra que je luy avois dit en confiance ce qui s'estoit passé. Il ne fit pas semblant de le sçavoir, & les adoucit le mieux qu'il put en leur disant que j'avois déja fait de semblables établissemens, que ce n'avoit pas esté sans doute sans que j'en eusse le pouvoir.

Quelques jours aprés ces Messieurs nous firent signifier des défenses de continuer à faire dire la Messe dans nostre monastere jusques à ce que nous eussions representé les expeditiõs en vertu desquelles nous l'avions entrepris. Ie répondis avec grande douceur que je leur obeïrois quoy que je n'y fusse pas obligée, & je priay aussi ôt Dom Pierre Manriquez ce gentilhomme dont i'ay parlé de leur aller montrer nos patentes. Il y fut & les appaisa en leur representant que c'estoit une chose déja faite : sans quoy ils nous auroient donné de la peine.

l'amour de la pauvreté Nous passâmes quelque temps n'ayant pour tous meubles que nostre couverture & nos deux paillasses : & il y eut tel jour que nous n'avions pas seulement autant de bois qu'il en faudroit pour faire rotir une sardine. Mais Dieu inspira à une personne de jetter un fagot dans nostre chapelle, ce qui nous vint bien à propos. Comme le froid estoit tres-grand nous le sentions fort durant la nuit, & nous y remedions le mieux que nous pouvions avec cette couverture & nos manteaux de gros drap qui nous rendoient souvent ainsi de grands services. On aura sans doute peine à comprendre que cette Dame qui m'aimoit tant nous laissast dans une si grande pauvreté. Ie n'en sçay point d'autre raison sinon que Dieu le permettoit pour nous faire pratiquer cette vertu. Il est vray aussi que je ne luy demandois rien, parce que je suis naturellement tres-eloignée de vouloir estre à charge à personne, & qu'il se pouvoit faire aussi qu'elle n'y pensoit point. Car ie luy suis obligée de choses beaucoup plus importantes que celles dont nous avions alors besoin.

Cette pauvreté dans laquelle nous nous trouvions nous remplissoit de tant de consolation & de joye, que je ne sçaurois m'en souvenir sans admirer les tresors cachez que Dieu renferme dans les vertus. Mais ce contentement nous dura peu, parce qu'Alphonse Alvarez & d'autres nous donnerent bien-tost après au delà de nos besoins. Ie n'en sentis pas moins de peine que feroit un avare à qui l'on raviroit quelque chose de grand prix: & celle de mes compagnes n'estoit pas moindre. Ainsi leur demandant ce qu'elles avoient d'estre si tristes, elles me répondirent: Comment ne le serions-nous pas, ma Mere, puis qu'il nous semble que nous ne sommes plus pauvres. Depuis ce jour mon amour pour la pauvreté s'augmenta encore de telle sorte, & je me suis trouvée si élevée au dessus du desir de toutes les choses temporelles, qu'elles me paroissoient indignes d'estre considerées quand je pense que l'avantage d'en estre privé met l'ame dans une telle tranquillité qu'elle n'a besoin de quoy que ce soit.

※

Lors que je traitois de la fondation avec Alphonse Alvarez plusieurs trouvoient à redire qu'il n'estoit pas d'assez grande condition, quoy qu'il fust de bonne famille d'une aussi grande ville qu'est Tolede, & qu'il ne manquast pas de bien. Mais cela ne me faisoit point d'impression, parce que graces à Dieu j'ay toûjours plus estimé la vertu que la noblesse. On en avoit neanmoins tant rompu la teste au Gouverneur qu'il ne m'accorda la permission qu'à la charge de me conduire dans cette occasion comme i'avois fait dans les autres.

On recommença donc d'agiter l'affaire, & cela m'embarrassoit fort. Toutefois comme l'établissement estoit deja fait, je proposay de donner la grande chapelle: & que quand au reste du monastere on le laissat en l'estat où il estoit. Vne personne de grande qualité desiroit d'avoir cette chapelle: mais y ayant divers avis sur ce suiet je ne sçavois à quoy me resoudre. N. Seigneur m'ouvrit les yeux en me disant: *Croyez vous donc que la noblesse & ces qualitez relevées que l'on estime tant dans le monde seront fort considerées au iour du dernier iugement?* Il me reprit ensuite severement d'avoir écouté des discours qui doivent estre méprisez par ceux qui ont renoncé au siecle.

Ie demeuray toute confuse, & resolus d'achever le traité en abandonnant cette chapelle. Ie n'y ay point eu de regret : car l'on a veu que sans cela il nous auroit esté impossible d'acheter la maison où nous sommes maintenant qui est l'une des plus belles de Tolede. Elle a coûté douze mille ducats : & la quantité des Messes qui s'y disent nous donne & au peuple une grande consolation. Que si je me fusse arrestée a ces vains raisonnemens nous n'aurions pû nous établir si commodement, & aurions fait tort à celuy qui nous a fait de si bon cœur une si grande charité.

CHAPITRE XV.

La Sainte parle dans ce chapitre des excellentes vertus des Religieuses de ce nouveau monastere fondé dans Tolede.

I'AY cru devoir rapporter icy certaines choses faites pour le service de Dieu par quelques Religieuses de ce monastere, afin que celles qui viendront aprés nous s'efforcent de les imiter.

Vne d'elles nommée Anne de la mere de Dieu vint y prendre l'habit avant que la maison fût achetée. Elle estoit alors âgée de quarante ans, & avoit employé toute sa vie en des bonnes œuvres. Quoy qu'il ne luy manquast rien de toutes les commoditez qu'elle pouvoit desirer, parce qu'elle estoit seule & avoit du bien, elle resolut d'y renoncer pour embrasser la pauvreté & la soûmission de l'esprit qui se rencontrent dans la vie religieuse. Elle me vint voir, & encore qu'elle eust peu de santé je la trouvay si bien disposée & remarquay tant de pureté dans cette ame, que je crus ne pouvoir choisir un meilleur sujet pour commencer cette fondation ; & ainsi je la reçus. Dieu luy donna plus de santé dans les austeritez & l'assujettissement ausquels l'obeïssance oblige qu'elle n'en avoit dans l'aise & la liberté dont elle joüissoit auparavant. Ie ne le pus voir sans en estre fort touchée; & ce qui m'oblige de parler d'elle est qu'avant que de faire profession elle donna en aumosne à cette maison tout son bien qui estoit tres-considerable. Cela me fit tant de peine que ne me pouvant resoudre à l'accepter, je luy representay que peut-estre elle s'en repentiroit, parce que s'il arrivoit que ne pouvant la recevoir à profession nous la renvoyassions sans luy rendre ce qu'elle nous auroit donné, ce luy seroit une chose bien rude. l'insistay extrêmemét sur ce point pour deux raisons. L'une afin que ce ne luy fût pas un sujet de tentation ; & l'autre pour l'éprouver. Elle me repondit que quand ce que je luy disois arriveroit elle perdroit de bon cœur tout son bien pour l'amour de Dieu: & je ne pus luy faire changer de sentiment. Elle a vescu tres-contente & avec beaucoup plus de santé qu'elle n'en avoit auparavant.

La mortification & l'obeïssance qui se pratiquoient dans cette maison estoient merveilleuses. Et pendant le temps que j'y demeuray je remarquay que la Superieure devoit bien prendre garde à ce qu'elle disoit. Car encore que ce fust sans dessein, ces excellentes religieuses l'executoient aussi tost. Regardant un jour une petite mare qui estoit dans le jardin je dis en jettant les yeux sur une Religieuse qui estoit proche de moy: Que feroit une telle si je luy disois de se jetter dans cette mare? A peine avois-je achevé ces paroles qu'elle estoit déja dans l'eau, & elle fust si trempée qu'il luy falut changer d'habit.

Vne autre fois, & j'estois presente, lors que les Sœurs alloient à confesse, une d'elles qui attendoit qu'une autre eust achevé de se confesser s'approcha de la Superieure pour luy parler. Sur quoy cette superieure luy demanda si c'étoit là une bonne maniere de se recueillir, & ajousta qu'elle feroit mieux de mettre la teste dans un puits qui estoit proche pour penser à ses pechez. La Religieuse prit ces paroles pour un commandement de se jetter dans le puits, & courut si promtement pour l'executer, que si on ne l'en eust empeschée elle s'y seroit jettée, croyant en cela rendre un grand service à Dieu. J'ay veu dans ces bonnes Religieuses tant de semblables exemples de mortification qu'il a falu que des personnes doctes les ayent instruites des regles que l'on doit observer en ce qui regarde l'obeïssance, parce qu'elles la portoient jusques à un tel excez que si leur intentiõ ne les eût renduës excusables, elles auroient plutost demerité que merité en la pratiquant en cette maniere. Mais ce n'est pas seulement dans ce monastere dont ie me suis par occasion trouvée obligée de parler, que l'on agit de la sorte: On voit aussi dans toutes les autres tant de choses extraordinaires que ie voudrois n'y avoir point de part pour pouvoir en rapporter quelques-unes, afin de rendre à N. Seigneur les loüanges qui luy sont deuës des graces qu'il luy plaist de faire à ses servãtes.

Lors que j'estois encore dans cette maison une Religieuse tomba malade d'une maladie dont elle ne releva point. Aprés qu'elle eut receu le saint Viatique & l'extreme Onction, elle se trouva dans un si grand repos & mesme dans une telle ioye, que nous pouvions luy parler comme si elle eust esté en pleine santé, & la prier quand elle feroit dans le ciel de nous recommander à Dieu & aux Saints pour qui nous avions une devotion particuliere. Vn peu avant qu'elle expirast j'allay prier pour elle devant le tres-saint Sacrement & demander à Dieu de l'assister à la mort. Comme j'en revenois ie vis en entrant dans sa chambre IESUS-CHRIST nostre Seigneur sur le milieu du chevet de son lit avec les bras un peu estendus comme pour la soustenir, & il me dit: *Que ie m'assurasse qu'il assisteroit de la mesme sorte toutes les Religieuses qui mourroient dans ce monastere; & qu'ainsi elles ne devoient* point appréhender en cette derniere heure les tentations du demon. Ces paroles me consolerent extrêmement : je m'approchay de la malade, & elle me dit : O ma Mere, que je verray de grandes choses : Elle mourut aussi-tost aprés dans une disposition toute angelique.

J'ay remarqué en d'autres qui sont aussi mortes, qu'elles estoient dans le mesme repos & la mesme tranquillité qu'elles auroient esté dans le ravissement ou dans l'oraison de quietude, sans faire paroître en nulle maniere estre tentées ; ce qui me fait esperer que Dieu m'accordera une semblable grace par les merites de son Fils & de la glorieuse Vierge dont j'ay l'honneur de porter l'habit. C'est pourquoy, mes Filles, efforçons-nous de vivre comme de veritables Carmelites. Cette vie est courte, & si nous sçavions quelles sont les peines que plusieurs souffrent à l'heure de la mort & les artifices dont le diable se sert pour les tenter, nous ne pourrions trop estimer la grace que Dieu nous fait de nous assister dans ces momens si redoutables.

Je rapporteray sur ce sujet un autre exemple d'un de mes alliez. C'estoit un grand joüeur, & il avoit quelque teinture des lettres. Le diable se servit de ce moyen pour le tenter, en luy faisant croire que le repentir estoit inutile à l'heure de la mort. Il estoit si persuadé de cette fausse opinion, qu'encore qu'il témoignast un fort grand regret de ses pechez on ne pouvoit le faire resoudre à se confesser, parce, disoit-il, qu'estant damné, cela seroit inutile. Vn sçavant Religieux Dominiquain qui estoit son Confesseur combattoit son erreur par plusieurs raisons tres-fortes, mais en vain, tant le demon luy inspiroit de subtilitez pour y répondre. Quelques jours se passerent de la sorte durant lesquels ce Religieux & d'autres prierent sans doute beaucoup pour ce pauvre homme, puis que Dieu luy fit misericorde. Son mal qui estoit un mal de costé le pressant extrêmement ce confesseur employa pour le convaincre des raisons encore plus fortes que les premieres; mais elles auroient pû servir si Dieu ne l'eust regardé d'un œil de compassion, & ne luy eust touché le cœur. Alors ce bon prestre s'approchant pour luy parler, le malade se leva sur son lit comme s'il eust esté en pleine santé, & luy dit : puis que vous croyez que la confession me peut servir je suis resolu de me confesser. Il envoya ensuite querir un notaire, & prit pour témoins ceux qui se trouverent presens, qu'il s'engageoit par un serment solemnel à ne joüer jamais & à changer de vie si Dieu vouloit la luy prolonger. Il se confessa ensuite tres-bien, & receut les Sacremens avec tant de devotion qu'il y a sujet de croire qu'il est sauvé.

Dieu veüille, mes Sœurs, nous faire la grace d'observer si parfaitement nostre regle, que nous vivions comme de veritables filles de la sainte Vierge, afin de nous rendre dignes de l'effet des promesses qu'il luy a plû de nous faire. Ainsi soit-il.

FONDATION

FONDATIONS DES MONASTERES
des Carmes Déchauffez, & des Carmelites de Paſtrane.

CHAPITRE XVI.

La Sainte fonde ces deux Monaſteres à la priere du Prince Ruy Gomez de Sylva & de la Princeſſe d'Eboly ſa femme, qui eſtant veuve ſe rend Religieuſe dans celuy des Carmelites. Elle ſe retire enſuite d'avec elles, & elles quittent cette maiſon pour s'aller eſtablir à Segovie.

Nous demeurâmes, comme ie l'ay dit, prés d'un an à Tolede; & lors que ce Monaſtere euſt eſté entierement eſtably j'employay quinze jours à faire accómoder l'Egliſe, à mettre des grilles, & à d'autres choſes neceſſaires qui n'eſtoient pas en petit nombre. Tout fut achevé la veille de la Pentecoſte, & j'eſtois ſi laſſe d'avoir paſſé ce temps parmy des ouvriers, qu'eſtant au refectoir le jour de cette grande feſte je me trouvay ſi conſolée d'eſtre delivrée de ces ennuyeuſes occupations, & de pouvoir paſſer quelques heures dans l'oraiſon avec Noſtre Seigneur, que je ne pouvois preſque manger. Mais cette joye ne dura gueres. On me vint dire qu'un officier de la Princeſſe d'Eboly femme du Prince Ruy Gomez de Sylva me demandoit. Ie l'allay trouver, & appris que le ſujet de ſon voyage eſtoit la fondation d'un Monaſtere à Paſtrane, dont cette Princeſſe & moy avions autrefois traité enſemble ; mais que je ne croyois pas devoir s'executer ſi promptement. Cela me donna de la peine, parce que le Monaſtere de Tolede ne venant que d'eſtre eſtabli, & avec tant de contradictions, je voyois de grands inconveniens à l'abandonner. Ainſi je reſolus de ne point aller, & m'en excuſay. Sur quoy cet officier me répondit que ſa maiſtreſſe s'étant déja renduë à Paſtrane pour ce ſujet, ce ſeroit luy faire un affront. Cette conſideration ne me perſuada pas, ie luy en repreſentay les raiſons, & luy dis qu'aprés qu'il auroit diné j'écrirois à la Princeſſe. Ma réponſe ne pût luy plaire ; mais il eſtoit ſi ſage qu'il fuſt touché de mes raiſons.

Comme les Religieuſes qui ne faiſoient que d'eſtre receuës en ce nouveau Monaſtere n'auroient ſans doute pû comprendre qu'on l'abandonna ſi promptement, j'allay dans une ſi fâcheuſe rencontre me proſterner devant le ſaint Sacrement, pour prier Noſtre Seigneur de me faire la grace d'écrire de telle ſorte à la Princeſſe que ie ne la mécontentaſſe pas ; & il importoit de l'éviter, parce que dans ce commencement d'établiſſement des Monaſteres de Carmes Déchauſſez on avoit beſoin de la faveur du Prince Ruy Gomez qui eſtoit en tres-grand credit auprés du Roy. Ie ne sçaurois dire si cette derniere pensée me vint alors dans l'esprit; mais je sçay bien que je ne voulois pas desobliger la Princesse. Estant en cet estat il me fut dit dans l'oraison de la part de Dieu : *Que ie ne fisse point de difficulté d'aller : Qu'il s'agissoit de plus que de cette fondation, & que ie portasse avec moy la regle & les constitutions.* Quelque raison que j'eusse de ne point aller, ce que je venois d'entendre m'obligea de suivre la conduite que j'avois accoustumé de tenir en de semblables occasions, qui estoit de ne rien faire que par l'avis de mon confesseur. Ainsi je le fis prier de venir, & sans luy dire ce que j'avois entendu afin de m'assurer davantage sur l'avis qu'il me donneroit en ne le prevenant pas, je priay Dieu selon ma coustume de l'éclairer, & de l'inspirer pour me donner un conseil conforme à sa sainte volonté.

 Mon confesseur aprés avoir tout examiné fut d'avis que j'allasse : & ie partis de Tolede la seconde feste de la Pentecoste. Et passant par Madrid qui se rencontroit sur nostre chemin nous logeasmes mes compagnes & moy dans un Monastere de Religieuses de saint François, où Madame Leonor Mascaregnas qui avoit esté Gouvernante du Roy, & qui est une grande servante de Dieu, s'est retirée. Elle m'y avoit déja receuë avec beaucoup de bonté lors que d'autres occasions m'avoient obligée de passer par là.

Le Pere Marie de S. Benoist.

 Cette Dame me dit qu'elle se réjoüissoit de ce que j'estois venuë dans une telle conjoncture, parce qu'il y avoit un bon hermite qui desiroit extrêmement de me connoistre, & qu'il luy sembloit que la vie que luy & ses compagnes menoient avoit une grande conformité avec la nostre. Comme il n'y avoit encore que deux Religieux qui eussent embrassé nostre reforme, cette proposition me parut fort avantageuse; & je la suppliay de me faire parler à cet hermite. Il logeoit dans une chambre qu'elle luy avoit donnée, & avoit avec luy un jeune frere nommé Iean de la misere, tres-vertueux & fort simple en ce qui regardoit les choses du monde. Dans les conferences que nous eusmes ensemble ce Pere me dit, qu'il avoit dessein d'aller à Rome. Mais avant que de passer outre je veux rapporter ce que je sçay de luy. Il se nommoit Marian de saint Benoist, & estoit Italien de nation, Docteur, & tres-habile. Il avoit esté Intendant de la Reine de Pologne, n'avoit point voulu se marier, & avoit quitté une Commanderie de S. Iean pour suivre l'inspiration que Dieu luy donnoit de ne penser qu'à son salut. On l'accusa d'avoir esté complice d'un meurtre dont il estoit tres-innocent, & il demeura deux ans en prison sans vouloir prendre d'Avocat pour le defendre, remettant entre les mains de Dieu & des Iuges la justice de sa cause. De faux témoins comme ceux qui accuserent Suzanne, soustenoient qu'il les avoit engagez à faire cet assassinat. Mais leur ayant esté demandé separément en quel lieu, & comment il leur avoit parlé l'un dit qu'il eſtoit a lors ſur ſon lit : l'autre qu'il eſtoit aſſis ſur une feneſtre ; & enfin ils confeſſerent que leur depoſition eſtoit fauſſe, & le déchargerent entierement. Il me dit qu'il lui avoit beaucoup couſté pour empêcher qu'ils ne fuſſent severement punis, & que pouvant perdre ſon perſecuteur il avoit fait tout ce qu'il avoit pû pour le ſauver.

Comme il eſtoit extrêmement vertueux, ſincere, & chaſte ; Dieu lui ouvrit l'eſprit pour connoiſtre le neant du monde, & lui inſpira le deſir de la retraite. Il jetta enſuite les yeux ſur tous les ordres pour voir dans lequel il s'engageroit; & il n'en trouvoit point où il ne remarquaſt quelque choſe qui n'avoit aucun rapport à la diſpoſition où Dieu le mettoit. Lorſqu'il eſtoit dans ces penſées il apprit que quelques hermites vivoient en communauté dans le deſert de Tardon prés de Seville ſous la conduite d'un ſaint homme nommé le Pere Matthieu, que leurs cellules eſtoient ſeparées : qu'ils ne diſoient point l'office enſemble, mais ſeulement une oraiſon aprés avoir entendu la meſſe, & que ſans avoir de revenu ni recevoir d'aumônes ils vivoiët du travail de leurs mains dans une grande pauvreté, & mangeoient ſeparément : ce qui me parut un portrait de nos ſaints Peres. Ce bon homme embraſſa cette maniere de vie, & la pratiqua durant huit ans. Mais le ſaint Concile de Trente tenu en ce même temps ayant obligé les hermites d'entrer dans les ordres de Religieux, il vouloit aller à Rome pour obtenir la permiſſion de continuër ſa maniere de vivre. Quand il m'eut raconté ce que ie viens de rapporter ie lui montray noſtre ancienne regle & lui dis, qu'il pouvoit ſans ſe donner tant de peine ne rien changer en ce qu'il avoit pratiqué juſques alors puis que c'eſtoit la même choſe, & particulierement pour ce qui regardoit le travail des mains qui eſtoit ce qu'il affectionnoit davantage, parce diſoit-il, que l'amour du bien eſt ce qui perd tout le monde & fait mepriſer les Religieux. Comme j'eſtois en cela de ſon ſentiment nous entrâmes en diſcours ſur tout le reſte; & lui ayant repreſenté qu'il pouvoit ſans changer d'habit rendre un grand ſervice à Dieu, il me dit qu'il y penſeroit la nuit. Ie ne doutay point qu'il ne fuſt preſque perſuadé de mes raiſons, & compris que c'eſtoit ce que Dieu m'avoit fait entendre dans l'oraiſon ; que i'allois pour une affaire plus importante que celle de l'eſtabliſſement d'un monaſtere de Religieuſes. Ainſi ie reſſentis une extrême ioye dans la creance que ſi ce bon Pere s'engageoit dans noſtre ordre il pourroit y ſervir Dieu tres-utilement. Noſtre Seigneur le toucha de telle ſorte durant cette nuit qu'il me vint dire le lendemain qu'il eſtoit entierement reſolu, & qu'il ne pouvoit aſſez s'eſtonner de ce changement ſi prompt arrivé en lui, & encore par l'entremiſe d'une femme ; ce qu'il me redit quelquesfois comme ſi i'en avois esté la cause ; au lieu que c'est Dieu seul qui remuë & change les cœurs. Peut-on trop admirer sa conduite ? Ce saint Religieux avoit passé plusieurs années sans sçavoir à quoy se determiner pour embrasser un estat certain & arresté; celuy où il se trouvoit ne l'estant pas puis que luy & ses compagnons ne faisoient point de vœux, ni ne s'engageoient à rien qui les obligeast pour toûjours ; mais vivoiét seulement dans la retraite. Et tout d'un coup Dieu luy fit connoistre le service qu'il luy pouvoit rendre en cet autre estat pour continuër & confirmer ce qui estoit déja commencé. Car il a esté tres-utile à nostre ordre, & a souffert pour ce sujet de grands travaux. Il en souffrira sans doute encore jusques à ce que tout soit bien affermy selon qu'on en peut juger par les contradictions qui se rencontrent au rétablissement de nostre premiere regle; & son esprit, son habileté, & sa bonne vie luy donnent beaucoup de credit aupres de plusieurs personnes qui nous favorisent & qui nous protegent. Il me dit ensuite, que le Prince Ruy Gomez qu'il avoit vû à Pastrane où je m'en allois luy avoit donné en ce lieu-là une place pour y bastir un hermitage : que son dessein estoit de le mettre de nostre ordre, & qu'il en prendroit l'habit. Je luy en témoignay une grande joye, & en remerciay Nostre Seigneur, parce que des deux monasteres d'hommes que nostre Reverendissime Pere General m'avoit permis d'establir il n'y en avoit encore qu'un qui le fust.

J'envoyay vers le Pere Provincial qui estoit sorti de charge, & vers celui qui y estoit entré pour obtenir leur consentement sans lequel je ne pouvois rien faire, & j'écrivis à Dom Alvarez de Mendoce Evesque d'Avila qui nous affectionnoit beaucoup pour le supplier de les disposer à nous l'accorder. Dieu permit qu'il n'en firent point de difficulté, parce qu'ils crûrent que ce nouvel establissement dans un lieu si solitaire ne leur apporteroit point de prejudice; & le Pere Marian me donna parole de prendre l'habit aussi tost que ce consentement seroit arrivé. Ainsi je continuay mon voyage avec joye, & fus parfaitement bien receu à Pastrane de la Princesse & du Prince Ruy Gomez. Ils nous donnerent un logement separé, & nous y demeurâmes plus long-temps que nous ne pensions, à cause que la maison que la Princesse nous destinoit s'estant trouvée trop petite, elle l'avoit fait accroistre de beaucoup, sans neanmoins rien abattre des gros murs.

Nous y passâmes trois mois, & y souffrîmes assez, parce que la Princesse desiroit de moy des choses contraires à nos constitutions que je ne pouvois lui accorder, & que j'aimois mieux m'en retourner sans rien conclure. Mais le Prince son Mary qui estoit tres-sage

DE PASTRANE. CHAP. XVI.

entra dans mes raisons & la rendit capable de les entendre. Ie me relâchay seulement en certains articles, à cause que je desirois beaucoup plus d'établir un monastere de Religieux qu'une maison de Religieuses, parce que i'en connoissois l'importance ; en quoi la suite fit voir que ie n'avois pas tort.

Le consentement des Peres Provinciaux estant arrivé le Pere Marian & son compagnon vinrent aussi tost, & le Prince & la Princesse trouverent bon que l'hermitage qu'ils avoient donné fust changé en un monastere de Carmes Deschaussez. I'envoyai querir à Mancera le Pere Antoine de Iesus pour commencer cette fondation, je travaillay à leurs robes, à leurs manteaux, & à tout ce qui pouvoit dependre de moy pour mettre les choses en estat qu'ils pussent bien-tost prendre l'habit. Et comme ie n'avois avec moy que deux Religieuses i'en fis venir quelques autres du monastere de Medine du Champ. Il s'y rencontra un Pere Carme nommé Baltazar de Iesus qui estoit un fort bon Predicateur ; & lorsqu'il apprit le dessein de l'establissement de ce monastere de Carmes Déchaussez il vint avec ces Religieuses dans la resolution d'embrasser cet institut, comme il fit ; & i'en loüai beaucoup Dieu quand il me le dit. Il donna l'habit de freres convers au Pere Marian & à son compagnon, m'ayant esté impossible de faire resoudre le premier à estre du chœur quelques instances que ie lui en fisse, parce que son humilité estoit si grande qu'il ne vouloit occuper que le dernier lieu. Mais un commandement de nostre Pere General l'obligea depuis à se faire Prestre.

Aprés que les deux monasteres, l'un d'hommes, & l'autre de filles furent fondez, & que le Pere Antoine de Iesus fut arrivé, on commença à recevoir dans le premier des novices, dont les vertus de quelques-uns ont esté si éminentes, que si Dieu veut qu'elles soient connuës il suscitera des personnes qui les écriront beaucoup mieux que je ne le pourrois faire, avoüant sincerement que cela passe ma capacité. Quant au monastere des filles il fut establi avec une grande satisfaction du Prince & de la Princesse sa femme ; & il ne se pouvoit rien ajouster aux témoignages qu'elle leur donna de son affection jusques à la mort de ce Prince. Mais le demon, ou peut-estre Dieu pour des raisons qui nous sont cachées, fit changer les choses de face. Elle fut si vivement touchée de sa perte, que sans attendre que le temps moderast sa douleur, elle se rendit Religieuse par une resolution precipitée. Alors la closture, & les austeritez ausquelles elle n'estoit point accoustumée se ioignant à son affliction, & les ordonnances du saint Concile de Trente ne permettant pas à la Superieure de lui accorder les adoucissemens qu'elle desiroit, elle se degousta d'elle de telle sorte, & ensuite de toutes les autres Religieuses ; que mesme apres avoir quitté l'habit & s'estre retirée dans sa maison elle ne pouvoit les souffrir. Ces pauvres filles de leur costé ne pouvant plus vivre en repos, il n'y eut rien que ie ne fisse auprés de nos Superieurs pour obtenir la permission d'abandonner ce monastere, & d'en establir un autre à Segovie. Elles s'y en allerent, comme on le verra dans la suite, & renoncerent non seulement à tout ce que la Princesse leur avoit donné; mais emmenerent avec elles les Religieuses qu'elle avoit desiré qu'elles receussent sans dot. Elles n'emporterent que les lits & quelques petits meubles qu'elles avoient apportez, & laisserent les habitans de ce lieu dans un sensible deplaisir de leur retraite. Mais pour moy j'avois la plus grande joye du monde de les voir délivrées de cette peine, parce que ie sçavois tres-certainement qu'elles n'avoient donné aucun sujet à cette Princesse d'estre mécontente d'elles. Elles la servoient même aprés qu'elle eut pris l'habit, comme elles faisoient auparavant: & outre les causes de ce changement que i'ay déja rapportées, on dit qu'une des femmes qu'elle avoit menées avec elle donna lieu de ce desordre. Enfin N. Seigneur le permit à cause qu'il voyoit sans doute qu'il n'estoit pas à propos de fonder un monastere en ce lieu-là, & ses jugemens sont grands & impenetrables. Ie ne l'aurois aussi iamais entrepris de moy-même, & je n'avois rien fait dans cette affaire que par l'avis de personnes saintes & sçavantes.

FONDATION DV MONASTERE
des Carmelites de Salamanque.

CHAPITRE XVII.

Avis important que la Sainte donne aux Superieures touchant la conduite qu'elles doivent tenir envers les Religieuses, & particulierement en ce qui regarde l'obeissance & la mortification.

ENsuite de ces deux fondations ie m'en retournay à Tolede où ie demeuray quelques mois pour acheter la maison dont i'ay parlé, & y mettre toutes choses en bon estat.

Durant ce temps ie receus une lettre du Recteur de la compagnie de Iesus de Salamanque. Il me mandoit qu'il croyoit fort à propos de fonder un monastere dans cette ville, & m'en alleguoit plusieurs raisons. I'en avois déja eu la pensée, & n'en avois esté retenuë que parce que ie le voulois fonder pauvrement, & que ce lieu-là est pauvre. Mais considerant qu'encore qu'Avila ne le soit pas moins nous n'y manquons toutefois de rien; que Dieu assiste tou-

DE SALAMANQVE, CHAP. XVII.

iours ceux qui le servent; que nous sommes en tres-petit nombre, & que le travail de nos mains nous aide à vivre, ie me resolus d'embrasser cette proposition. Ainsi ie partis pour aller à Avila demander la permission de l'Evêque qui y estoit alors, & n'eus point de peine à l'obtenir, à cause que le Pere Recteur l'avoit informé de nostre maniere de vivre, & luy avoit fait comprendre qu'il y alloit du service de Dieu. Ainsi ie regardois ce Monastere comme déia establi, tant la chose me paroissoit facile; & ie pensay à loüer une maison. Vne Dame que ie connoissois nous en fit avoir une, quoy que cela fust assez difficile, parce que le terme n'estoit pas échu, & que des écoliers y logeoient. Ils promirent d'en sortir quand les personnes pour qui c'estoit seroient arrivées; & ils ne sçavoient qui elles estoient tant i'avois eu soin de tenir l'affaire secrette iusques à ce que nous eussions pris possession, sçachant par experience les efforts que fait le demon pour empescher que de semblables desseins ne réussissent. Mais Dieu qui vouloit que la fondation se fist ne luy permit pas alors de la traverser. Elle receut neanmoins depuis de si grandes oppositions, qu'elles ne sont pas encore entierement cessées dans le temps que j'écris cecy, quoy qu'il y ait déia quelques années que ce monastere est establi. Ces traverses me font croire que Dieu y sera bien servi, puis que le demon a tant de peine à le souffrir.

Aprés avoir donc obtenu la permission & esté assurée d'une maison, ie partis sans autre confiance qu'en la seule bonté de Dieu. Car ie ne connoissois personne en ce lieu-là qui pust m'assister en tant de choses necessaires pour mettre ce logis en estat; & pour tenir la chose plus secrette ie ne menay qu'une Religieuse, ce qui m'estoit arrivé à Medine du Champ, me faisant iuger à propos d'en user de la sorte iusques à ce que nous eussions pris possession, afin que si ie rencontrois de semblables obstacles, i'en souffrisse seule le deplaisir avec cette personne dont ie ne pouvois me dispenser de me faire accompagner. Nous arrivâmes la veille de la fête de tous les Saints, aprés avoir passé la moitié de la nuit avec un grand froid, & m'être trouvée fort malade au lieu où nous avions couché.

Ie ne rapporte point en parlant de ces fondations les grandes incommoditez que ie souffris par les chemins, soit du soleil, du froid, de la neige qui duroit quelquefois tout le iour, de ce que nous nous égarions, de la fiévre, & autres maux dont i'étois fort travaillée, parce que graces à Dieu ie n'ay iamais guere de santé, & que ie ne pouvois douter qu'il ne me donnat de la force. Il se rencontroit mesme quelquefois dans ces fondations qu'ayant de si grandes douleurs, qu'elles arrachoient des plaintes de ma bouche, & que ie ne croyois pas pouvoir demeurer dans ma cellule sans m'appuyer, lors que ie me plaignois à Nostre Seigneur de ce qu'il me commandoit des choses qu'il sçavoit n'estre pas en mon pouvoir d'executer, il me fortifioit & m'encourageoit de telle sorte, que j'oubliois toutes mes peines, bien que ie ne laissasse pas de souffrir encore. Ainsi ie ne me souviens point que la crainte du travail m'ait jamais empeschée d'entreprendre aucune fondation, quoy que i'apprehendasse extrêmement les voyages, principalement quand ils estoient longs; mais ie n'estois pas plutost partie que ie les comptois pour peu en considerant celuy pour le service duquel ie m'y engageois, les loüanges qu'on luy donneroit dans ces nouvelles maisons qui luy seroient consacrées, & le bon-heur d'y avoir le tres saint Sacrement. Car i'avoüe que ce m'est une grande ioye de voir augmenter le nombre des Eglises, & quand ie pense à la quantité que les heretiques ruïnent, il me semble qu'il n'y a rien que l'on ne doive faire pour procurer un si grand bien, & recevoir une aussi grande consolation qu'est celle d'avoir en plusieurs lieux sur nos autels Iesus Christ vray Dieu & vray homme tel qu'il est dans le tres-saint Sacrement, quoy que la pluspart du monde n'y fasse point de reflexion.

Ie ne puis assez dire quel estoit mon contentement de voir quand nous estions au chœur des ames si pures donner avec tant de ferveur des loüanges à Dieu, & témoigner leur vertu en tant d'autres manieres, comme en ce qui regarde l'obeïssance, l'amour de la clôture & de la solitude, & l'ardeur avec laquelle elles embrassent les mortifications. Surquoy i'ay remarqué que plus elles sont grandes, plus elles les acceptent avec tant de ioye; que leurs Superieures se lasseroient plutost de les leur proposer, qu'elles de les pratiquer; leurs desirs en cela n'ayant point de bornes.

Des mortifications indiscretes.
Quoy que ie me sois éloignée de ce qui regarde la fondation dont i'ay commencé de parler i'aiousteray icy, mes Filles, de crainte de l'oublier, des choses qui me viennent en l'esprit touchant la mortification qui pourront servir aux Superieures. Comme leurs vertus & leurs talens sont differens, elles veulent d'ordinaire conduire les Religieuses qui leur sont soûmises par le chemin qu'elles mêmes tiennent. Celles qui sont fort mortifiées trouvent facile tout ce qu'elles commandent pour assuiettir la volonté, à cause qu'il leur semble qu'elles le feroient sans peine, quoy que si on le leur ordônoit elles y feroient, peut-estre bien empêchées. C'est pourquoy il faut extrêmement prendre garde à ne rien commander aux autres de ce qui leur paroist rude. Car la discretion est tres-importante dans le gouvernement des ames, & non seulement necessaire en de semblables rencontres, mais i'ose dire beaucoup plus qu'en d'autres, parce qu'il n'y a point de plus grand compte que celuy que nous rendrons des personnes dont nous avons la conduite, tant pour ce qui regarde l'exterieur que l'interieur. D'autres Superieures qui ont l'esprit fort eslevé

vou-

voudroient que l'on priast sans cesse. Sur quoy, comme j'ay dit, que Dieu conduit les ames par des chemins differens, ces Superieures doivent considerer qu'il ne les a pas establies en autorité pour choisir celuy qui leur plaist le plus; mais pour suivre celuy qui leur est prescrit par la regle & par nos constitutions, quoy qu'elles voulussent en tenir un autre. Ie rencontray dans l'un de nos Monasteres une de ces Superieures si affectionnée à la penitence, qu'elle conduisoit toutes les Sœurs par cette voye, & obligeoit quelquefois la Cõmunauté à se donner la discipline durant l'espace des sept Pseaumes de la Penitence & de quelques oraisons, & de faire d'autres choses semblables. De mesme lors que la Prieure a une devotion extraordinaire pour l'oraison, au lieu de se contenter que les Sœurs la fassent à l'heure ordonnée, elle veut qu'elles s'y occupent aprés Matines, quoy qu'elle feroit beaucoup mieux de les envoyer dormir. Ie le repete encore; si une Superieure est affectionnée à la mortification elle tourmente ces pauvres filles; & ces innocentes brebis de la sainte Vierge obeïssent sans dire mot, ce qui ne me donne pas moins de confusion que de devotion, & me cause aussi quelquefois une tentation assez grande de voir que ces bonnes filles sont si occupées de Dieu, qu'elles ne s'apperçoivent pas de la faute de leur Superieure qui me fait craindre pour leur santé. Ie voudrois qu'on se contentast qu'elles accomplissent leur regle, en quoy il y a assez à travailler; & que le reste se fist avec douceur, particulierement en ce qui regarde la mortification. Cela est si important, que je conjure au nom de Dieu les Superieures d'y prendre garde. Il n'y a rien en quoy la discretion & la connoissance des talens de chacune des Sœurs soient plus necessaires; & si l'on ne se conduit dans ces occasions avec une grande prudence; au lieu de leur profiter & de les faire avancer dans le service de Dieu, on leur nuira beaucoup, & on les jettera dans le trouble & l'inquietude.

Il faut considerer que ces mortifications ne sont pas d'obligation ni necessaires pour élever l'ame à une haute perfection, qui est un ouvrage qui ne s'accomplit que peu à peu en aidant & en conduisant les personnes selon la capacité & l'esprit que Dieu leur donne. Et c'est se tromper de s'imaginer que l'on n'a pas pour cela besoin d'esprit, puis qu'il y en a qui demeurent long-temps avant que de pouvoir connoistre ce que c'est que perfection, & quel est l'esprit de nostre regle. Mais celles-là se trouveront peut-estre les plus saintes, parce qu'elles ne sçauront pas quand il est permis de s'excuser, & autres petites choses semblables, à quoy elles se porteroient facilement si elles l'entendoient; au lieu que n'y comprenant rien il leur paroist qu'il y a de la vertu à ne le pas faire.

Ie connois une de ces ames qui est à mon avis l'une de toutes celles de nos monasteres qui a le plus d'esprit, & à qui Dieu fait de plus grandes graces, tant en ce qui regarde la penitence que l'humilité, & qui neanmoins n'a pû entrer dans certaines choses de nos constitutions; comme par exemple d'accuser ses sœurs dans le chapitre des fautes qu'elle a remarquées en elles. Il luy semble que c'est manquer de charité; & elle demande comment il luy seroit possible de dire du mal de ses sœurs. Ie pourrois rapporter d'autres exemples semblables de quelques unes de celles qui servent Dieu le plus parfaitement, & qui sont dans le reste les plus éclairées.

Vne Superieure ne doit pas aussi se persuader de pouvoir bien-tost acquerir la connoissance des ames; cela n'appartient qu'à Dieu qui seul penetre le fond des cœurs. Il faut qu'elle se contente de le suivre en travaillant de tout son pouvoir à conduire chacune d'elles dans le chemin où il luy plaist de la mettre, supposé toutefois qu'elle ne manque point à l'obeïssance ni aux autres points essentiels de la regle & des constitutions. Celle des onze mille Vierges qui se cacha ne laissa pas d'estre Sainte & martyre, & souffrit peut-estre plus que les autres quand elle se presenta ensuite pour estre martyrisée.

Pour revenir à la mortification. Lors qu'une Superieure pour mortifier une religieuse luy commande une chose qui bien que petite en elle-mesme luy est fort penible; si elle voit qu'en l'executant elle demeure si inquietée & si tentée qu'il luy seroit plus avantageux qu'on ne la luy eust point ordonnée, la prudence oblige cette Superieure à ne tenir pas envers elle une conduite si rude, mais à dissimuler & se contenter de la faire avancer peu à peu jusques à ce que nostre Seigneur agisse luy-mesme en elle, afin que ce qu'elle feroit dans le dessein de servir cette ame qui ne laisseroit pas sans ces actiōs de mortification d'estre une fort bonne religieuse, ne luy soit pas un sujet de trouble & d'abattement d'esprit; ce qui seroit une chose terrible; mais que cette Sœur s'accoustume insensiblement à faire comme les autres ainsi que je l'ay veu arriver. Et quand mesme elle ne le feroit point, elle ne laisseroit pas de se sauver. Ie connois une de ces personnes qui a toûjours esté tres-vertueuse & qui depuis plusieurs années sert fidellement nostre Seigneur en diverses manieres; qui a neanmoins quelques imperfections, & souvent des sentimens qu'elle ne peut surmonter, quoy qu'elle les connoisse & me témoigne la peine qu'ils luy font souffrir. Ie croy que Dieu permet qu'elle tombe dans ces fautes qui ne sont pas des pechez; afin de l'humilier & luy faire voir qu'elle n'est pas toute parfaite. Quelques-unes embrassent si volontiers les mortifications, que plus elles sont grandes plus elles s'en réjoüissent, parce que la grace que N. Seigneur leur fait d'assujettir leur volonté leur donne cette force. D'autres au contraire ne sçauroient supporter de legeres mortifications; & leur en ordonner seroit comme mettre sur les épaules d'un enfant deux sacs de bled, que non seulement il ne pourroit porter; mais dont le poids l'accableroit. Pardonnez moy, je vous prie mes cheres Sœurs les superieures, si ce que j'ay remarqué en diverses personnes m'a portée à m'étendre beaucoup sur ce sujet.

J'ay aussi un autre avis tres important à vous donner. C'est qu'encore que ce ne soit que pour éprouver l'obeïssance, vous n'ordonniez rien qui puisse estre un peché, non pas mesme veniel; car i'en sçay qui auroient esté mortels si on les eût accomplis, non pas peut-estre à l'égard de celles qui n'auroiét fait qu'obeïr, parce que leur simplicité les auroit excusées; mais a l'égard de la superieure qui sçait qu'elle ne leur commāde rien qu'elles n'exécutent; ce qu'elles ont leu ou entendu rapporter des actions extraordinaires des saints Peres du desert leur persuadant que tout ce qu'on leur commāde est juste, & que bien qu'il ne fust pas elles ne sçauroient faillir en l'accomplissant.

De l'obeïssance

Quant aux religieuses soûmises à l'obeïssance, si on leur cōmandoit une chose qui de soy-mesme fust un peché mortel, elles ne la doivent pas faire, si ce n'est de ne point entendre la messe, ou d'observer quelques jeûnes de l'Eglise, ou choses semblables dont la superieure auroit des raisons legitimes de les dispenser, telle que seroit celles d'une maladie. Mais quant à des commandemens extravagans, comme de se jetter dans une mare ou dans un puits, ou autres dont je rapporteray aussi des exemples, elles ne le pourroient faire sans offenser Dieu; parce qu'on ne doit pas se persuader qu'il fera des miracles pour nous preserver cōme il en faisoit pour ces grands Saints; Et je luy rens graces de ce qu'il y a assez d'autres choses où l'on peut sans s'engager en de tels perils, pratiquer la parfaite obeïssance.

Vne Religieuse à Malagon ayant demandé la permission de se donner la discipline, la superieure à qui d'autres l'avoient je croy aussi demandée, luy dit; Laissez moy, & cette sœur l'en pressant encore elle ajoûta; Allez vous promener. Elle obeït avec grande simplicité: & se promena durant quelques heures. Vne sœur luy demanda d'où venoit qu'elle se promenoit tant. C'est, dit-elle, que la mere me l'a commandé. Cependant on dit matines: & la Superieure s'étant enquise pourquoy cette sœur n'y avoit point assisté, on luy dit ce qui en avoit esté cause. Cet exemple fait voir avec combien de circonspection les superieures doivent agir envers celles qu'elles connoissent estre si obeyssantes.

Vne autre Sœur ayant montré un grand ver à la Prieure & luy ayāt demandé s'il n'estoit pas bien joly, elle luy répondit en riant: Oüy: mangez-le. Cette sœur alla aussi-tost à la cuisine & le fit frire. Là cuisinière lui ayant demandé ce qu'elle en vouloit faire. C'est, lui répondit-elle, pour le manger comme la mere prieure me l'a commandé; & elle l'auroit fait si on ne l'en eût empeschée, quoy que cela luy eust pû causer beaucoup de mal, & que cette superieure n'eût pas pensé à lui ordonner rien de semblable.

Ie ne sçaurois voir sans m'en réjoüir que ces bonnes filles excedent ainsi dans l'obeïssance, parce que i'ay une devotion si particuliere pour cette vertu qu'il n'y a rien que je n'aye toûjours fait pour tâcher de les y porter. Mais mes soins auroient esté fort inutiles si Dieu par sa grande misericorde ne leur avoit fait la grace de la leur inspirer; & je le prie de tout mon cœur de les y affermir de plus en plus.

CHAPITRE XVIII.

Difficulté que la Sainte rencontre dans la fondation de ce monastere de Salamanque, qui n'estoit pas encore bien affermie lors qu'elle écrivoit cecy.

I'AY fait une grande digression, parce que ie ne sçaurois me souvenir de quelque chose dont N. Seigneur m'a donné l'experience sans la proposer pour en tirer le profit que l'on en peut faire. Prenez toûjours conseil, mes Filles, de personnes capables & sçavantes, puis que c'est d'elles que vous pouvez apprendre a marcher dans le chemin de la perfection avec discretion & verité. Cet avis est fort important aux Superieures pour se bien acquiter de leur charge, parce qu'elles pourroient en pensant bien faire commettre de grandes fautes si elles n'avoient pour confesseurs des hommes habiles; & elles ne doivent pas prendre moins de soin d'en procurer de tels à leurs religieuses.

Pour reprendre donc ma narration: Nous arrivasmes à Salamanque sur le midy la veille de tous les Saints en l'année 1570. Ie m'enquis aussi-tost de l'estat des choses d'un tres-homme de bien que j'avois prié de dôner ordre que nous trouvassions la maison libre. Il se nommoit Nicolas Guttierez. C'estoit une personne de grande vertu, & à qui Dieu par une grace extraordinaire avoit fait trouver la paix & la joye au milieu mesme des plus grands maux. Car de fort riche il estoit devenu fort pauvre, & se trouvoit plus content dans sa pauvreté qu'il ne l'avoit esté dans ses richesses. Ce bon homme avoit beaucoup travaillé pour nous & avec grande pieté dans cette nouvelle fondation; & il me dit qu'il n'avoit encore pû faire sortir de la maison ces écoliers. Ie luy répondis qu'il nous importoit extremement d'y entrer avant que l'on sçûst nostre arrivée, parce

DE SALAMANQVE. CHAP. XVIII.

que i'apprehendois toûjours d'y rencontrer quelque obstacle. Il s'adressa ensuite au proprietaire, & pressa tant qu'elle se trouva à l'entrée de la nuit en estat de nous recevoir. Ce fut la premiere dont je pris possession sans que l'on y eust mis le tres-saint Sacrement; & je ne fus pas peu consolée d'apprendre que cela n'estoit pas necessaire, à cause que ces écoliers qui ne sont pas des gens fort propres, l'avoient laissée en si mauvais ordre qu'il falut travailler durant toute la nuit à la nettoyer.

Le lendemain au matin on y dit la premiere messe. Et comme la nuit de cette grande feste nous n'estions encore que ma compagne & moy, j'envoiay querir des Religieuses à Medine du Champ. Mais je ne sçaurois, mes Filles sans avoir envie de rire me souvenir de la peur qu'eut cette bonne sœur nommée Marie du saint Sacrement, qui estoit plus âgée que moy & une excellente religieuse. Cette maison estoit grande & vaste, & il y avoit tant de coins & de reçoins qu'elle ne pouvoit s'ofter de l'esprit que quelqu'un de ces écoliers ne s'y fust caché. Nous nous enfermasmes dans une chambre où il y avoit de la paille, qui estoit la premiere chose dont ie faisois provision quand i'allois fonder un monastere afin d'avoir dequoy nous coucher: mais nous eusmes aprés deux couvertures que des religieuses de saint Elizabeth nous presterent, & nous firent aussi l'aumône avec beaucoup de charité durant tout le temps que nous demeurasmes dans ce logis qui estoit proche de leur maison au lieu qu'on nous avoit fait apprehender qu'elles ne fussét pas bien aises de nostre établissement. Lors que nous nous fusmes ainsi enfermées, ma compagne parut n'estre plus si inquietée touchant ces écoliers, quoy qu'elle ne laissast pas de regarder continuellement de tous costez, ce qui témoignoit encore sa crainte; & le demon l'augmentoit sans doute en luy representant des perils imaginaires pour me troubler, comme il étoit facile à cause de ce mal de cœur auquel je suis si sujete. Ie luy demanday ce qu'elle regardoit tant; & elle me dit: Ie pensois, ma Mere, si je venois à mourir ce que vous feriez estant icy toute seule. Ces paroles me fraperent l'esprit. Il me sembla que si cela fust arrivé je me serois trouvée en grande peine: & la reflexion que i'y fis me donna mesme de l'apprehension, parce que i'en ay toûjours des corps morts, quoy que ie ne sois pas seule aux lieux où ils sont. Le son des cloches, car c'estoit la veille des morts, augmenta encore ma crainte; & le demon ne manque pas à se servir de ces occasions pour nous troubler par de semblables chimeres lors qu'il voit que nous ne le craignons point. Aprés y avoir un peu pensé je répondis à cette bonne religieuse: Ma Sœur, quand ce que vous dites arrivera je verray ce que i'auray à faire, mais pour cette heure laissez-moy dormir. Et comme nous avions fort mal passé les nuits precedentes le sommeil nous fit oublier nos craintes, & les Religieuses qui arriverent le lendemain nous en délivrerent entierement.

Ce logis nous servit de Monastere durant trois ou quatre ans, & jusques à ce que l'on me commanda de retourner à celuy de l'Incarnation d'Avila. Ie n'en serois point sortie par mon propre mouvement avant que cette nouvelle maison fust en bon estat. Ie n'en ay jamais usé d'une autre sorte; & comme je n'ay point de plus grand plaisir que de voir ces bonnes filles en repos, Dieu me fait la grace d'estre toûjours, mesme dans les moindres choses, la premiere au travail & à tout ce qui peut procurer leur soulagement. Ainsi je sentis beaucoup les peines qu'elles souffrirent pendant mon absence, non manque de nourriture; j'y avois pourveu sçachant que ce lieu n'étoit pas propre pour recevoir des aumônes; mais parce que la maisõ estoit fort humide & fort froide à cause de sa grandeur, sans que l'on eust le moyen d'y remedier; & sur tout à cause que l'on n'y avoit point encore mis le saint Sacrement, ce qui est tres-penible à des personnes qui vivent dans une estroite closture. Quant à elles, elles ne sentoient point ces incommoditez, & les supportoient avec tant de ioye, qu'il y avoit suiet d'en loüer Dieu. Quelques unes m'ont dit qu'il leur sembloit que l'on ne pouvoit sans imperfection desirer une autre maison, & qu'il ne leur manquoit pour estre entierement contentes que d'avoir le tres saint Sacrement.

Nostre Superieur voyant leur vertu fut touché de compassion de leurs peines, & me commanda de les aller trouver. Elles avoient déia traité d'une maison avec un Gentilhomme à qui elle appartenoit par droit d'aînesse. Il nous pria d'y entrer, quoy qu'il n'eust pas encore obtenu du Roy la permission de la vendre, & il falut plus de mille ducats pour la mettre en bon estat. Ie fis en sorte que le Pere Iulien d'Avila qui estoit venu avec moy dans toutes les fondations, m'accompagna. Nous visitasmes la maison pour voir ce qu'il y avoit à faire; & l'experience que i'avois de semblables choses m'y rendoit assez intelligente. Nous étions alors au mois d'Aoust; & quelque diligence que l'on fist nous n'y pûmes entrer qu'à la S. Michel, qui est le temps qu'on loüe les maisons, & il y maquoit encore beaucoup de choses, parce que celuy qui avoit loüé la maison que nous tenions auparavant nous pressa d'en sortir. L'Eglise n'estoit pas achevée d'enduire, & ce Gentilhomme qui nous avoit vendu la maison estoit absent. Plusieurs personnes qui nous affectionnoient fort nous blasmoient d'y aller si-tost. Mais dans les necessitez pressantes les conseils sont inutiles s'ils ne sont accompagnez de remedes.

Nous y entrasmes donc la veille de saint Michel un peu avant le iour; & on avoit déia publié que l'on y mettroit le lendemain le tres-saint Sacrement, & que l'on y prescheroit. Le soir que nous y allasmes, il tomba une pluye si furieuse, que nous n'eûmes pas peu de peine d'y porter ce qui estoit necessaire. Comme la chapelle estoit neuve & n'estoit pas encore entierement couverte, il y pleuvoit en divers endroits; & je vous avouë, mes Filles, que je me trouvay ce jour-là fort imparfaite, parce que la chose estant divulguée je ne sçavois à quoy me resoudre. Ie m'adressay dans ma douleur à nostre Seigneur, & luy dis presque en me plaignant : Mon " Dieu, ne me commandez point s'il vous plaît de semblables choses, " ou remediez à nos besoins. Mais le bon Nicolas Gutrieres sans s'en " émouvoir me disoit avec sa douceur & son égalité d'esprit ordinaire que Dieu pourvoiroit à tout; & cela arriva ainsi. Car le jour de saint Michel à l'heure que le monde devoit venir à la ceremonie le soleil commença de se montrer. Ie ne le pûs voir sans estre touchée de devotion, & je connus combien la confiance que ce bon homme avoit en nostre Seigneur estoit preferable à mon inquietude.

Vn tres-grand nombre de peuple vint à nostre Eglise. Il y eut musiqué: on y posa le saint Sacrement avec beaucoup de solemnité; & comme cette maison estoit dans un bon quartier on commença à la connoître & à l'aimer. Madame Marie Pimentel Comtesse de Monteréi, & Madame Mariane femme du principal Magistrat de la ville me témoignoient particulierement une singuliere affection. Mais pour moderer nostre joye d'avoir le tres-saint Sacrement, le Gentilhomme qui nous avoit vendu la maison arriva le lendemain en si mauvaise humeur, que je ne sçavois comment traiter avec luy. Il ne vouloit entendre aucune raison, & je luy representois inutilement que nous avions satisfait à tout ce que nous avions promis. Quelques personnes luy parlerent, & il s'adoucit un peu; mais cet adoucissement ne dura guere. Ainsi je me resoluois à luy abandonner sa maison, & cela mesme ne le contentoit pas. Il vouloit de l'argent comptant, parce que sa femme à qui la maison appartenoit ne s'étoit portée à la vendre que pour marier deux de ses filles, & le prix en avoit esté consigné entre les mains de celuy que son mary avoit voulu. Quoy que depuis cet embarras plus de trois ans se soient écoulez, cette affaire n'est pas encore terminée, & je doute que le monastere subsiste en ce lieu-là. Ce que ie sçay assurément est, que dans aucun autre de tous ceux de cette nouvelle reforme les religieuses n'ont tant souffert. Mais par la misericorde de Dieu elles supportent ces travaux avec grande ioye. Ie prie sa divine Maiesté de les faire avancer de plus en plus dans son service. Il importe peu qu'une maison soit commode ou incommode; & l'on doit se réioüir de se trouver en estat d'estre chassées de celles où l'on est, en se souvenant que nostre Seigneur n'en a point eu lors qu'il estoit dans le monde. Il nous est arrivé en d'autres rencontres dans ces fondations de n'avoir point de maison à nous ; & je puis dire avec verité n'avoir veu une seule de nos sœurs en témoigner de la peine. Ie prie nostre divin Sauveur de nous establir par son infinie bonté & sa grande misericorde dans une maison eternelle.

FONDATION DV MONASTERE
des Carmelites d'Albe de Tormez.

CHAPITRE XIX.

De quelle maniere ce Monastere fut fondé par le moyen d'une Dame de tres-grande vertu nommée Therese de Lays, dont la Sainte rapporte presque toute la vie.

IL n'y avoit pas encore deux mois que j'avois le jour de la feste de tous les Saints pris possession de la maison de Salamanque, lors que je fus pressée de la part de l'Intendant du Duc d'Albe & de la femme de cet Intendant de fonder un Monastere dans Albe. Ie n'en avois pas grande envie, parce que la ville est si petite, qu'on ne le pouvoit sans avoir du revenu, & que j'aurois desiré que nulle de nos maisons n'en eust. Mais le Pere Dominique Bagnez mon confesseur dont j'ay parlé au commencement de ces fondations, & qui se rencontra alors à Salamanque, m'en reprit, & me dit, que puis que le Concile permettoit d'avoir du revenu je ne devois pas pour ce sujet refuser de fonder un Monastere; & que rien n'empesche des religieuses d'estre parfaites encore qu'elles ayent du bien.

Avant que de passer dans le recit de l'establissement de ce Monastere d'Albe de Tormez nommé de l'Annonciation de la sainte Vierge, je veux parler de Therese de Lays sa fondatrice, & dire de quelle sorte cela se passa. Son pere & sa mere tiroient leur origine d'une tres-ancienne noblesse ; mais parce qu'ils n'estoient pas riches ils demeuroient dans le village de Tordille distant de deux lieuës d'Albe. Et je ne sçaurois voir sans compassion que la vanité du monde est si grande, que plutost que de s'abaisser en la moindre chose de ce qu'il nomme l'honneur, on aime mieux se retirer ainsi en des lieux où l'on est privé des instructions qui peuvent contribuer au salut. Ce Gentilhomme & sa femme avoient déja quatre filles quand Therese nâquit, & ils ne pûrent sans peine en voir augmenter le nombre. Sur quoy ne peut on pas dire que dans l'ignorance où sont les hômes de ce qui leur est avantageux ils ne comprennent point qu'il leur peut estre fort utile d'avoir des filles, & fort préjudiciable d'avoir des fils? Au lieu de se soûmettre aux ordres de leur Createur, ils s'affligent de ce qui devroit les réjoüir. Leur foy est si endormie, qu'ils oublient que rien n'arrive sans sa permission. Et ils sont si aveugles, qu'ils ne voyent pas leurs inquietudes & leurs chagrins leur sont inutiles, & que la seule veritable sagesse est de s'abandonner à sa conduite. Helas! " mon Dieu, que cette erreur se connoîtra clairement dans ce grand " jour où toutes les veritez seront découvertes. On verra tant de pe- " res precipitez dans l'Enfer pour les pechez de leurs fils, & tant de " meres joüir de la gloire du Ciel par les bonnes œuvres de leurs filles. "

Mais il faut revenir à mon sujet. Aprés que cet enfant eut reçu le saint Baptême on la negligea de telle sorte, que le troisiéme jour de sa naissance on l'oublia depuis le matin jusques au soir. Vne femme qui auroit dû en prendre soin arrivant alors & le sçachant, elle courut avec quelques personnes qui étoient venuës visiter la mere, & qui furent témoins de ce que je vay dire, pour voir si l'enfant êtoit morte. Cette femme fondant en larmes, la prit entre ses bras & luy dit : Quoy! ma fille, n'êtes-vous donc pas Chrêtienne? comme pour signifier qu'on ne l'avoit pas traitée comme telle. Surquoy l'enfant levant la tête répondit : Ie la suis; & ce fut la seule parole qu'elle prononça jusques au temps que les enfans ont accoûtumé de parler. Tous les assistans demeurerent épouventez, & la mere commença de concevoir tant d'affection pour elle, qu'elle disoit souvent qu'elle desiroit de vivre jusques à ce qu'elle pût voir ce que Dieu feroit de cet enfant. Elle l'éleva fort honnêtement avec ses sœurs, & les instruisit toutes avec grand soin de ce qui pouvoit les porter à la vertu.

Lors que la jeune Therese fut en âge d'être mariée, elle y témoignoit de la repugnance. Mais ayant sçu que François Velasquez la recherchoit, quoy qu'elle ne l'eust jamais vû, elle consentit de l'épouser, & nostre Seigneur le permit sans doute, afin qu'ils accomplissent ensemble un aussi bon œuvre que celuy de fonder une maison religieuse. Il n'étoit pas seulement fort riche; il étoit aussi fort vertueux, & il l'aima tant qu'il ne la contredit jamais en rien : En quoy il avoit grande raison, puis qu'il ne luy manquoit aucune des qualitez que l'on peut desirer en une tres-habile & tres honnête femme. Elle prenoit un extrême soin de sa famille, & n'avoit pas moins de sagesse que de bonté. En voicy une preuve. Son mary l'ayant menée à Albe qui étoit le lieu de sa naissance, & les fourriers du Duc ayant marqué son logis pour un jeune Gentilhomme, elle ne pût souffrir d'y demeurer davantage, à cause qu'étant fort belle, & luy fort bien fait, elle avoit remarqué qu'il avoit de l'inclination pour elle. Ainsi sans en rien témoigner à son mary, elle le pria d'aller demeurer ailleurs. Il la mena à Salamanque où ils vivoient fort contens & fort à leur aise, pource qu'outre qu'il avoit beaucoup de bien sa charge le rendoit considerable. Leur seule peine étoit de n'avoir point d'enfans,

BBb

& il n'y avoit point de devotions que cette vertueuse femme ne fiſt pour en demander à Dieu, afin qu'aprés ſa mort ils continuaſſent à le loüer, ſans que jamais à ce qu'elle m'a dit, elle y ait eſté pouſſée par nulle autre cauſe ; & c'eſt une perſonne ſi Chrêtienne, qui a un ſi grand deſir de plaire à Dieu, & qui fait ſans ceſſe tant de bonnes œuvres, que je ne ſçaurois douter de la verité de ſes paroles.

Aprés avoir paſſé pluſieurs années dans ce deſir d'avoir des enfans, s'être fort recommandée à ſaint André que l'on invoque particulierement pour ce ſujet, & fait pluſieurs autres devotions, une nuit étant couchée elle entendit une voix qui luy dit : Ne deſirez point des enfans, ils cauſeroient voſtre perte. Ces paroles l'étonnerent, & ne pûrent neanmoins la faire renoncer à ſon deſir, parce qu'il luy ſembloit que la fin en êtoit ſi bonne, qu'il n'y avoit point d'apparence que ce luy fuſt un ſujet de condamnation. Ainſi elle continuoit toûjours à demander à Dieu des enfans, & à prendre ſaint André pour interceſſeur. Vn jour ſans qu'elle puiſſe dire ſi elle êtoit endormie ou éveillée, mais ſçachant ſeulement par les effets que la viſion qu'elle eut venoit de Dieu, il luy ſembla qu'elle êtoit dans une maiſon où il y avoit dans la court un puits au deſſous d'une gallerie, & un pré couvert de fleurs blanches d'une beauté merveilleuſe : Que ſaint André luy apparut auprés de ce puits avec un viſage ſi venerable & plein d'une ſi grande majeſté, qu'elle ne pouvoit ſe laſſer de le regarder, & qu'il luy dit : Voila bien d'autres enfans que ceux que vous deſirez. Cette viſion qui ne dura qu'un moment luy donna tant de conſolation & de joye, qu'elle auroit ſouhaité qu'elle euſt toûjours continué. Alors elle ne pût douter que ce ne fuſt ſaint André qui luy êtoit apparu, & que la volonté de Dieu êtoit qu'elle fondaſt un Monaſtere ; mais ce qui montre clairement que cette viſion n'êtoit pas moins intellectuelle que repreſentative, & qu'elle ne pouvoit proceder d'aucune imagination fantaſtique ni d'une illuſion du diable; c'eſt que cette Dame demeura ſi perſuadée que Dieu demandoit cela d'elle, qu'elle n'a jamais depuis deſiré d'avoir des enfans, ni ne l'a prié de luy en donner. Elle a ſeulement penſé aux moyens d'executer ſa volonté. A quoy l'on peut ajouter que le demon n'auroit eu garde de lui inſpirer un deſir auſſi ſaint que celui de fonder un Monaſtere où Dieu eſt ſervi fidellement, quand même il auroit ſçû ſon deſſein ; ce qui ne pouvoit être, puis qu'il ne connoît point l'avenir, & que cette fondation n'a êté faite que ſix ans aprés.

Lors que cette Dame fuſt revenuë de ſon étonnement, & eut racon-té à ſon mari ce qui s'êtoit paſſé, elle lui dit, que puis que Dieu ne leur vouloit pas donner des enfans, elle croyoit qu'ils ne pouvoient mieux faire que de fonder un Monaſtere de Religieuſes. Comme il êtoit extrêmement bon & l'aimoit parfaitement, il approuva ſa proposition, & ils commencerent d'agiter en quel lieu ils le fonderoient. Elle defiroit que ce fuſt en celuy où elle eſtoit née : mais il luy fit voir qu'il s'y rencontroit des obſtacles qui les obligeoient d'en choiſir quelque autre.

Dans le temps qu'il eſtoit occupé de cette penſée la Ducheſſe d'Albe luy ordonna de retourner à Albe pour exercer une charge dans ſa maiſon : & il ne puſt la refuſer, quoy qu'elle fuſt de moindre revenu que celle qu'il avoit à Salamanque. Sa femme en fut fort faſchée bien qu'on l'aſſuraſt que l'on ne logeroit plus perſonne chez elle, à cauſe comme je l'ay dit qu'elle avoit de l'averſion pour ce lieu-là, & ſe trouvoit mieux à Salamanque. Son mary acheta une maiſon & l'envoya querir pour y aller. Elle partit bien qu'à regret, & ſa peine augmenta lors qu'elle vit la maiſon, parce qu'encore qu'elle fuſt en belle aſſiete & ſpacieuſe elle n'eſtoit pas commode. Ainſi elle y paſſa mal la premiere nuit. Mais le lendemain au matin eſtant entrée dans la cour, elle ne fut pas moins conſolée que ſurpriſe d'y voir le puits & tout le reſte, excepté le pré & les fleurs, qu'elle ſe ſouvenoit tres-bien que ſaint André luy avoit montré, & elle reſolut auſſi-toſt d'y baſtir un monaſtere. Son mary & elle acheterent auſſi des maiſons proches autant qu'il en faloit pour executer leur deſſein. La ſeule peine qui reſtoit à cette ſainte femme eſtoit de quel ordre elle choiſiroit ces religieuſes à cauſe qu'elle deſiroit qu'elles fuſſent en petit nombre & dans une étroite cloſture. Elle conſulta ſur ce ſujet deux religieux de differens ordres gens de bien & ſçavans. Ils luy dirent qu'il voudroit mieux faire quelques autres bonnes œuvres, parce que la pluſpart des Religieuſes étoient mécontentes dans leur profeſſion. Ils y ajoûtoient encore d'autres raiſons que le demon qui n'oublioit rien pour traverſer un ſi bon deſſein leur faiſoit paroîſtre fort conſiderables; & elles la toucherent tellement qu'elle reſolut d'abandonner cette entrepriſe. Elle le dit à ſon mary; & il crut cõme elle que puiſque des perſonnes de pieté & éclairées eſtoient de ce ſentiment ils ne pouvoient manquer de le ſuivre. Ainſi ils propoſerẽt de marier un neveu qu'elle avoit, qui eſtoit jeune, vertueux & qu'elle aimoit beaucoup avec une niece de ſon mary; de leur dõner la plus grande partie de leur bien, & d'employer le reſte en des charitez : & aprés y avoir bien penſé ils s'y reſolurent. Mais Dieu en avoit ordonné d'une autre ſorte : car quinze jours n'eſtoient pas encore paſſez que ce neveu fut frapé d'une maledie ſi violente qu'elle l'emporta bien-toſt. Cette Dame ne fut pas moins troublée que touchée de cette mort, parce qu'elle en attribuoit la cauſe à ce qu'elle s'eſtoit laiſſé perſuader de ne point executer le cõmandement de Dieu. Ce qui arriva au Prophete Ionas pour luy avoir deſobey ſe repreſenta à elle, & luy fit conſiderer comme un chaſtiment

BBb ij

de sa faute la perte de ce neveu qui luy estoit si cher. Deslors ni elle ni son mary ne mirent plus en doute de fonder un monastere, quoy qu'on pust leur dire pour les en détourner. Mais ils ne sçavoient comment en venir à l'execution, à cause que d'un costé Dieu mettoit dans l'esprit de cette vertueuse femme une idée confuse de ce qu'elle a fait depuis : & que de l'autre ceux à qui elle en parloit & particulierement son confesseur qui estoit un religieux de S. François sçavant & fort consideré dans son ordre, croyant qu'elle ne pourroit rencontrer ce qu'elle desiroit, se moc-quoient de son dessein.

Les choses estant en ces termes ce religieux apprit des nouvelles de nos fondations. Il s'informa de tout le particulier, & dit ensuite à cette Dame qu'il avoit trouvé ce qu'elle cherchoit ; qu'elle pouvoit sans crainte fonder ce monastere, & pour ce sujet traiter avec moy. Elle vint me voir, & nous eusmes assez de peine à convenir des conditions, parce que i'ay toûjours observé dans les monasteres fondez avec du revenu qu'il fust suffisant pour l'entretenement des religieuses, sans estre obligées de rien demander à leurs parens ou à d'autres, ni pour le vivre, ni pour le vestement, ni pour les besoins des malades, & les autres choses necessaires, à cause de l'experience que i'ay des inconveniens qui en arrivent. Mais pour le regard des maisons qui n'ont point de bien, je les fonde sans aucune crainte par la ferme confiance que i'ay que Dieu ne les abandonnera pas ; au lieu que ne pouvant avoir cette confiance pour les monasteres rentez avec peu de revenu j'aime mieux ne les point fonder. Enfin nous demeurasmes d'accord de tout. Son mary & elle donnerent un revenu suffisant outre leur maison que je comptois pour beaucoup, & allerent demeurer dans une autre qui estoit en assez mauvais estat. Ainsi la fondation fut achevée à l'honneur & à la gloire de Dieu le jour de la conversion de saint Paul en l'année 1571. & nous eusmes le tres-saint Sacrement. Sa divine Majesté me paroist estre fort bien servie dans cette maison, & je la prie de tout mon cœur que ce bon-heur aille toûjours en augmentant.

I'auois commencé à rapporter certaines particularitez de quelques unes des sœurs de ces monasteres, parce que i'ay sujet de croire qu'elles ne seront plus en vie lors que l'on vera cecy, & qu'il pourra exciter celles qui leur succederont à continuer d'édifier l'œuvre de Dieu sur de si bons fondemens. Mais j'ay pensé depuis que d'autres pourront l'écrire, & plus exactement que moy à cause qu'ils ne seront point retenus par la crainte que i'ay toûjours que l'on ne s'imagine que i'y ay part. Et cette raison me fait omettre beaucoup de choses qui estant surnaturelles ne sçauroient ne point passer pour miraculeuses dans l'esprit de ceux qui les ont vûës ou apprises. Je n'en ay dont point parlé, ny de ce que l'on a connu évidemment avoir esté obtenu de Dieu par les prieres de ces bonnes filles. Ie puis m'estre trompée en quelque chose de ce qui regarde le temps de ces fondations, quoy que ie fasse tout ce que je puis pour m'en souvenir; mais cela importe de peu : on pourra le corriger, & la difference ne sera pas grande.

FONDATION DV MONASTERE
des Carmelites de saint Ioseph de Segovie.

CHAPITRE XX.
La Sainte rapporte en ce chapitre ce qui se passa dans cette fondation.

I'AY desja dit qu'aprés avoir fondé les monasteres de Salamanque & d'Albe, & avant que nous eussions dans le premier une maison qui fust à nous le Pere Pierre Fernandez commissaire apostolique me commanda de retourner pour trois ans en celuy de l'Incarnation d'Avila. Et j'ay aussi rapporté que voyant le besoin qu'on avoit de moy à Salamanque il m'ordonna d'y aller, pour faire en sorte que les religeuses pussent y avoir en propre une maison. Lors que j'estois un jour en oraison nostre Seigneur me dit *d'aller faire une fondation à Segovie*. Cela me parut impossible parce que ie ne le pouvois sans un ordre exprés de ce Pere de qui ie viens de parler, & qu'il m'avoit témoigné ne vouloir pas que je fisse davantage de fondations : outre que les trois ans que i'avois à demeurer dans le monastere de l'Incarnation n'estoient pas encore finis. Surquoy nôtre Seigneur me dit : *Que ie le fisse sçavoir à ce Pere, & qu'il n'y trouveroit point de difficulté.* Ie luy écrivis ensuite qu'il sçavoit que nostre Reverendissime General m'avoit commandé de ne refuser aucune des fondations que l'on me proposeroit. Que l'Evesque & la ville de Segovie me convioient d'y en faire une : Que s'il me le commandoit ie m'y en irois; & que ne luy faisant cette proposition que pour la décharge de ma conscience j'executerois avec joye ce qu'il luy plairoit de m'ordonner. Ie croy que c'estoient presque les mesmes paroles de ma lettre. I'y ajoustois seulement qu'il y alloit du service de Dieu. Il parut bien que ie disois vray, & qu'il vouloit que l'affaire s'achevast; puis que ce Pere me manda aussi-tost d'aller travailler à cette fondation : & comme je me souvenois de ce qu'il m'avoit dit auparavant ie n'en fus pas peu étonnée.

Avant que de partir de Salamanque ie donnay ordre qu'on nous loüast une maison à Segovie, parce que les fondations de Tolede &

BBb iiij

de Villadolid m'avoient fait voir qu'il vaut mieux n'en acheter une qu'aprés avoir pris possession. Et cela pour plusieurs raisons, dont alors la principale estoit que je n'avois point d'argent. Mais la fondation estant achevée nostre Seigneur y pourveut; & au lieu de celle que nous avions-loüée nous en achetasmes une mieux assise & plus commode.

Il y avoit dans Segovie une Dame qui m'estoit venu voir à Avila nommée Anne de Ximene veuve d'un aisné d'une maison, grande servante de Dieu, & qui avoit tousiours eu vocation pour la religion. Ainsi lors que le monastere s'établissoit elle y entra pour estre religieuse; & avec elle sa fille qui estoit fort sage. Comme ce luy avoit esté un double déplaisir d'estre mariée & d'avoir ensuite perdu son mary, elle eut une double joye de se voir dans une maison consacrée à Dieu; & elle & sa fille avoient toûjours vêcu dans sa crainte & fort retirées. Cette vertueuse femme nous pourveut d'une maison & des choses necessaires tant pour l'Eglise que pour tout le reste, en sorte que je n'eus pas grande peine de ce costé-là. Mais afin qu'il n'y eust point de fondation qui ne m'en fist beaucoup souffrir, outre que mon ame, quand ie me mis en chemin, estoit dans une grande secheresse & mon esprit dans un grand obscurcissement, j'avois une fievre assez violente, un grand dégoust, & plusieurs autres maux corporels qui me durerent trois mois sans relasche, & durant les six mois que je demeuray en ce lieu-là je n'y eus pas un moment de santé.

Le tres-saint Sacrement fut mis dans nostre maison le jour de saint Ioseph: & quoy que j'eusse le consentement de l'Evesque & la permission de la ville, je ne voulus y entrer que la veille, & secretement. Quoy qu'il y eust déja long-temps que j'avois obtenu cette permission, comme j'estois alors dans le monastere de l'Incarnation où je dependois d'un autre superieur que de nostre Reverend Pere General, je n'avois pû faire cette fondation. I'avois aussi la permission de l'Evesque. Mais il ne l'avoit accordée que verbalement à un Gentil-homme nommé André de Ximene qui l'obtint pour nous & qui ne crut pas necessaire non plus que moy de l'avoir par écrit: en quoy nous fismes une grande faute. Car quand le Proviseur apprit que le monastere estoit étably il vint en colere défendre d'y dire la Messe, & vouloit méme faire mettre en prison le Religieux qui l'avoit celebrée qui estoit un Carme déchaussé lequel estoit venu avec le Pere Iulien d'Avila & un autre serviteur de Dieu nommé Antoine Gaytan qui m'avoient accompagnée.

Ce dernier estoit un Gentil-homme d'Albe qui quelques années auparavant se trouvoit fort engagé dans les vanitez du siecle. Mais Dieu l'avoit tellement touché qu'il n'avoit plus pour elles que du mépris, & ne penfoit qu'à s'employer pour fon fervice. Ie me croi obligée de le rapporter, parce qu'il nous a extrêmement affiftées dans les fondations dont je parlerai; & je n'aurois jamais fait fi je voulois m'étendre particulierement fur fes vertus. Celle qui revient le plus à mon fujet eft une fi grande mortification, que nul des ferviteurs qui venoient avec nous ne travailloit tant que lui. C'étoit un homme de grande oraifon, & que Dieu favorifoit de tant de graces, qu'il faifoit avec joye ce qui auroit donné de la peine à d'autres. Ainfi il paroiffoit qu'il avoit une vocation particuliere pour un emploi fi charitable, & l'on peut dire la même chofe du Pere Iulien d'Avila, qui dés le commencement nous a extrêmement affiftées, ce qui montre que nôtre Seigneur vouloit que les chofes réüffiffent, puis qu'il me donnoit de tels fecours. Comme ce faint homme Antoine Gaytan ne perdoit point d'occafion de bien faire, tout fon entretien par le chemin êtoit de parler de Dieu à ceux qui nous accompagnoient, & de les inftruire.

Il eft jufte, mes Filles, que celles qui liront la relation de ces fondations fçachent combien nous fommes obligées à ces deux perfonnes, qui par un pur mouvement de charité ont tant contribué à vous procurer le bien dont vous jouïffez, afin que les recommandant à Dieu ils tirent quelque fruit de vos oraifons. Et avec quelle joye ne vous acquiteriez-vous point de ce devoir, fi vous fçaviez comme moi tout ce que les fatigues & les travaux de ces voyages leur ont fait fouffrir?

Le Provifeur en fe retirant laiffa un Huiffier à la porte de nôtre Eglife, dont je ne fçaurois rendre d'autre raifon, finon que c'étoit pour épouventer le monde. Ie ne m'en mis pas beaucoup en peine, parce que toutes mes apprehenfions êtoient ceffées depuis que nous avions pris poffeffion. Ie luy fis fçavoir par des parens d'une de mes compagnes qui êtoit des plus qualifiées de la ville, que j'avois permiffion de l'Evêque; & il m'a avoüé depuis qu'il ne l'ignoroit pas. Son mécontentement venoit de ce que l'on avoit agi fans fa participation, en quoy je croy que nous n'avions pas trop mal fait. Enfin il fe relâcha à nous laiffer le Monaftere, mais il nous ôta le tres-faint Sacrement, & il falut le fouffrir. Nous demeurâmes en cet état durant quelques mois jufques à ce que nous eûmes acheté une maifon, & avec cette maifon des procés comme nous en avions déja un pour une autre avec des Religieux de S. François. Ce dernier ne nous obligea pas feulement à plaider contre des Religieux de la Mercy, mais auffi contre le Chapitre, à caufe d'une cenfive qu'il pretendoit.

O IESUS-CHRIST mon Sauveur, quel déplaifir ne nous êtoit-ce point de nous trouver engagées dans tant de conteftations? Quand l'une fembloit terminée il en renaiffoit une autre, & il ne fuffifoit pas pour avoir la paix de donner ce que l'on nous demandoit. Cela paroîtra peut être peu considerable ; & j'avouë neanmoins qu'il ne laissoit pas de me donner beaucoup de peine. Vn Prieur Chanoine de cette Eglise & neveu de l'Evêque, & Licentié Herrera qui étoit un homme de grande pieté, nous assisterent de tout leur pouvoir ; & enfin nous sortîmes pour de l'argent de cette premiere affaire. Mais il nous restoit encore ce procés avec les Religieux de la Mercy, & il ne finit qu'aprés que nous fûmes passées secretement dans la nouvelle maison un jour ou deux avant la S. Michel : Car alors ils resolurent de s'accorder pour une somme dont nous convinsmes. Ma plus grande difficulté dans ces embarras étoit qu'il ne restoit plus que sept ou huit jours des trois années de l'exercice de ma charge de Prieure du Monastere de l'Incarnation, & qu'ainsi il faloit de necessité que je m'y rendisse.

Nôtre Seigneur permit que tout s'accommoda avant ce temps, sans qu'il nous restât plus aucun differend avec personne; & deux ou trois jours aprés je m'en allay au Monastere de l'Incarnation. Qu'il soit beny à jamais de m'avoir fait tant de grace, & que toutes les creatures ne cessent point de luy donner les loüanges qui luy sont deuës.

FONDATION DV MONASTERE des Carmelites de Veas.

CHAPITRE XXI.

La Sainte traite dans ce Chapitre de la fondation de ce Monastere, & des admirables vertus de Catherine de Sandoval qui s'y rendit Religieuse avec sa sœur, & y porta tout son bien.

APRE's avoir donc comme je l'ay dit reçu l'ordre de sortir du Monastere de l'Incarnation pour aller à Salamanque, lors que j'y fus arrivée on me rendit des lettres d'une Dame de Veas, du Curé de la Ville, de quelques autres personnes qui me prioient d'y aller fonder un Monastere, & m'assuroient que je ne trouverois point de difficulté à l'établir, parce qu'ils avoient dèja une maison.

Ie m'enquis de celuy qui m'apporta ces lettres des particularitez du lieu. Il n'y eut point de bien qu'il ne m'en dist, & il avoit raison; car le pays est tres-agreable, & l'air excellent. Mais considerant qu'il étoit fort éloigné, & que l'on ne pourroit s'y établir sans l'ordre du Commissaire Apostolique, qui s'il n'étoit ennemy de ces nouvelles fondations, leur étoit au moins peu favorable, je crus qu'il n'y avoit point d'apparence d'accepter ces offres, & voulois sans luy en
parler

parler m'excuser de les recevoir. Comme il étoit alors à Salamanque, & que nôtre Reverendissime Pere General m'avoit commandé de ne refuser aucune fondation, il me sembla aprés y avoir beaucoup pensé que je ne pouvois me dispenser de sçavoir son sentiment. Ie luy envoyay les lettres, & il me manda qu'il étoit si édifié de la devotion de ces personnes, qu'il ne jugeoit pas a propos de leur donner le déplaisir d'un refus : Qu'ainsi je leur pouvois écrire, que lors qu'ils auroient obtenu la permission de l'Ordre pour cette fondation je satisferois à leur desir ; mais il me fit dire en même temps, qu'il étoit assuré que les Commandeurs ne l'accorderoient pas aprés l'avoir refusée à d'autres personnes qui les en avoient sollicitez durant plusieurs années. Ie ne puis me souvenir de cette réponse sans admirer de quelle sorte Dieu fait reüssir les choses contre l'intention des hommes quand il veut qu'elles se fassent, & se sert même de ceux qui y sont les plus opposez, comme il arriva à ce Commissaire. Car il ne pût refuser son consentement lors que la permission qu'il avoit crû que l'on n'accorderoit point, fut obtenuë.

Voicy de quelle maniere se passa la fondation de ce Monastere de saint Ioseph de Veas faite le jour de S. Mathias en l'année 1574. Vn Gentilhomme de ce lieu-là, de fort bonne maison, & riche, nommé Sancho Rodriguez de Sandoval, eut entr'autres enfans de Madame Catherine Godinez sa femme deux filles qui en furent les fõdatrices: L'une s'appeloit Catherine comme sa mere, & l'autre Marie. L'aînée n'avoit que quatorze ans lors que Dieu luy inspira de se consacrer à son service, & elle étoit auparavant si éloignée de renoncer à la vanité du monde, & avoit si bonne opinion d'elle-même, que tous les partis que son pere luy proposoit luy paroissoient indignes d'elle. *Catherine de Sandoval.*

Vn jour qu'elle étoit dans une chambre proche de celle de son pere qui n'étoit pas encore levé, & pensoit à un mariage que l'on croyoit luy étre fort avantageux, elle disoit en elle-même que son pere étoit bien facile à contenter, puis qu'un droit d'aînesse luy paroissoit une chose si considerable. Mais ayant par hazard jetté les yeux sur un Crucifix, elle n'eut pas plûtôt lû le titre, que l'on met d'ordinaire sur la Croix, que Dieu luy changea tellement le cœur, qu'elle ne se connoissoit plus elle-même. L'aversion qu'elle avoit pour le mariage venoit de ce qu'elle croyoit qu'il y avoit de la bassesse à s'assujettir à un homme, sans qu'elle sçût ce qui luy causoit un si grand orgueil. Dieu qui sçavoit le moyen de l'en guerir fit voir alors un effet de son infinie misericorde, dont on ne peut trop le loüer. Car de même que le Soleil ne luit pas plûtôt dans un lieu obscur qu'il l'éclaire de ses rayons, la seule lecture de ce titre répandit tant de lumiere dans l'ame si vaine de cette fille, qu'elle connut la verité. Elle arrêta sa veuë sur son Sauveur attaché à la Croix tout cou-

CCc

vert de sang. Elle admira jusques à quel excés avoient esté ses souffrances; Elle considera combien son extrême humilité estoit opposée à cet orgueil dont elle estoit pleine. Et Dieu l'élevant dans ce moment au dessus d'elle mesme, luy donna une si grande connoissance & un si grand sentiment de sa misere, qu'elle auroit voulu que personne ne l'ignorast, & un si violent desir de souffrir pour luy, qu'elle auroit esté preste d'endurer tous les tourmens qu'ont éprouvé les martyrs. Ces sentimens furent accompagnez d'une si profonde humilité & d'un tel mépris d'elle-mesme, que si elle l'eust pû sans offenser Dieu elle auroit esté bien aise qu'on eust eu pour elle autant d'horreur que pour les femmes les plus perduës. Ainsi elle commença à concevoir cet ardent desir de faire penitence qu'elle executa avec tant de ferveur. Elle fit à l'instant voeu de chasteté & de pauvreté. Et au lieu qu'auparavant la sujettion luy paroissoit insupportable, elle auroit souhaité qu'on l'eust envoyée dans les terres des Maures pour y estre esclave.

Elle a perseveré de telle sorte dans toutes les vertus qu'il estoit visible que Dieu luy faisoit des graces surnaturelles, comme je le diray dans la suite afin que l'on en donne à son eternelle majesté les loüanges qui luy sont deuës. Que soyez-vous beny à jamais, mon
" Createur, d'aneantir ainsi une ame dans un moment, pour luy re-
" donner aprés comme une nouvelle vie. Qu'est-ce que cela Seigneur?
" Je serois tentée de vous faire la mesme question que vous firent vos
" Apostres quand aprés que vous eustes rendu la veuë à l'aveugle-nay
" ils vous demanderent si c'estoit aux pechez de ses parens, ou aux
" siens que l'on devoit attribuer qu'il n'eust point jusques à ce jour
" veu la lumiere. Car qui avoit fait meriter à cette fille une grace si
" extraordinaire? Ce ne pouvoit estre-elle-mesme, puis que lors que
" vous l'en favorisastes elle estoit dans des sentimens tout contraires.
" Mais vous sçavez bien, Seigneur, ce que vous faites, & je ne sçay ce
" que je dis. Que vos jugemens sont impenetrables! Que vos œuvres
" sont incomprehensibles! Que vostre pouvoir surpasse infiniment tout
" ce que nous sçaurions en imaginer: & que seroit-ce de moy si cela
" n'estoit pas? C'est peut-estre, mon Dieu, qu'estant touché de la pieté
" de la mere de ces deux sœurs, vous voulustes luy donner la consola-
" tion de voir avant que de mourir tant de vertu dans ses filles. Car je
" ne doute point que vous n'accordiez à ceux qui vous aiment d'aussi
" grandes faveurs que celle de leur donner par leurs enfans encore
" plus de moyen de vous servir.

Lors que cette heureuse fille estoit dans les dispositions que je viens de rapporter il s'éleva un si grand bruit au dessus de sa chambre qu'il sembloit que l'endroit où elle estoit alloit tomber, & elle entendit durant quelque temps de fort grands gémissemens. Son pere qui n'eſtoit pas encore levé en fut effrayé juſques à trembler, & ſans ſçavoir ce qu'il faiſoit il prit ſa robe de chambre & ſon épée, entra dans la chambre, & luy demanda ce que c'eſtoit. Elle luy répondit qu'elle n'avoit rien veu. Il paſſa enſuite dans une autre chambre, où n'ayant auſſi rien trouvé il luy commanda de ſe tenir auprés de ſa mere à qui il alla raconter ce qu'il avoit entedu. On peut juger par ce que je viens de dire quelle eſt la fureur du demon quand il voit échaper de ſes filets une ame dont il ſe croyoit le maiſtre. Mais comme il ne peut ſouffrir noſtre bonheur je ne m'étonne pas que lors que Dieu fait en meſme temps tant de graces à une perſonne il s'en épouvente & faſſe ainſi éclater ſa rage, principalement s'il voit, comme dans cette rencontre, que l'abondance des graces dont cette ame ſe trouve enrichie luy en fera perdre encore d'autres qu'il conſideroit comme eſtant à luy. Car je ſuis perſuadée que noſtre Seigneur dans une telle profuſion de ſes faveurs veut qu'outre la perſonne qui les reçoit d'autres en profitent auſſi. Cette Demoiſelle ne parla à perſonne de ce qu'elle avoit entendu, mais elle fut touchée d'un tres grand deſir d'eſtre religieuſe, & pria inſtamment ſon pere & ſa mere de le luy permettre ſans pouvoir jamais l'obtenir. Aprés y avoir employé trois ans inutilement elle dit à ſa mere, qu'elle n'auroit pas eu peine à gagner ſi cela euſt dépendu d'elle ſeule, la reſolution qu'elle avoit faite dont elle n'oſoit parler à ſon pere; & le jour de S. Ioſeph ayant quité ſes habits ordinaires elle en prit un tres-ſimple & tres-modeſte, & s'en alla ainſi à l'Egliſe, afin que chacun l'ayant veuë en cet eſtat on ne pûſt le luy faire changer. Elle ne manquoit point durant ces trois ans d'employer tous les jours quelques heures à l'oraiſon, & de ſe mortifier en tout ce qu'elle pouvoit ſelon que noſtre Seigneur qui prenoit luy-meſme le ſoin de ſa conduite le luy inſpiroit. Et afin qu'on la laiſſaſt en repos ſur le ſujet d'un mariage dont on continuoit de la preſſer, elle ſe tenoit pour ſe gaſter le tein dans une court durant la plus grande ardeur du ſoleil aprés s'eſtre lavé le viſage.

Elle eſtoit ſi éloignée de vouloir prendre autorité ſur perſonne, que lors que le ſoin de la conduite de la maiſon dont ſon pere & ſa mere ſe repoſoient entierement ſur elle, l'obligeoit de commander aux ſervantes, elle prenoit le temps qu'elles dormoient pour leur aller baiſer les pieds, tant elle avoit de honte d'eſtre ſervie par celles qu'elle croyoit meilleures qu'elle. Et quand ſon pere & ſa mere l'occupoient durant tout le jour, elle employoit preſque toute la nuit en oraiſon. Ainſi elle dormoit ſi peu qu'elle n'auroit pû y reſiſter ſans une grace ſurnaturelle. Et ſes penitences & ſes diſciplines eſtoient exceſſives, parce que n'ayant point de directeur de qui elle pûſt prendre conſeil perſonne ne les moderoit.

Entre pluſieurs autres qu'elle faiſoit elle porta durant tout un ca-

C C c ij

resme une cotte de maille sur sa chair nüe. Elle se retiroit pour prier dans un lieu à l'écart où le diable ne manquoit pas d'user de divers artifices pour la tromper; & il arrivoit souvent que se mettant en oraison à dix heures de nuit, elle y demeuroit jusques au jour. Aprés qu'elle eut passé prés de quatre ans dans des exercices si penibles, nostre Seigneur l'éprouva d'une maniere encore plus rude. Elle tomba dans de tres grandes maladies, & fut travaillée de fievre, d'hydropisie, de maux de cœur, & d'un cancer qu'on ne pût déraciner qu'avec le fer, sans qu'elle eust à peine quelques jours de relasche durant dix-sept ans qu'elle fut en cet estat.

Son pere mourut sur la fin des cinq premieres années, un an aprés qu'elle eut changé d'habit en la maniere que je l'ay dit; & sa sœur qui avoit alors quatorze ans, & estoit auparavant fort curieuse, en prit aussi un tout simple, & commença à faire oraison. Leur mere au lieu de s'y opposer les secondoit & les fortifioit dans leurs bons desirs, & ainsi approuvoit qu'elles s'occupassent à un exercice tres-loüable, quoy que tres éloigné de leur condition, qui estoit d'enseigner le catechisme à de petites filles & leur apprendre à prier Dieu, à lire, & à travailler. Il y en vint un grand nombre; & la maniere dont elles vivent fait voir l'avantage qu'elles ont tiré d'avoir receu dans leur enfance de si saintes instructions. Mais un si bon œuvre ne continua pas long-temps. Le demon ne le pût souffrir, & les parens retirerent leurs filles, disant qu'il leur estoit honteux qu'on les instruisist pour rien; joint que les maladies dont je viens de parler augmenterent encore.

Cinq ans aprés la mort du pere de ces deux sœurs Dieu disposa aussi de leur mere. Et comme Mademoiselle Catherine qui estoit l'aînée avoit toûjours conservé le dessein que Dieu luy avoit donné d'estre religieuse, elle ne delibera pas de l'executer. Mais parce qu'il n'y avoit point de Monastere dans Veas ses parens luy dirent, que puis qu'elle avoit assez de bien pour en fonder un, elle ne devoit pas choisir un autre lieu. Elle y consentit; & comme Veas dépend de la Commanderie de S. Iacques on avoit necessairement besoin de la permission du Conseil des ordres, on travailla à l'obtenir. Il s'y rencontra tant de difficultez, que quatre ans se passerent dans cette poursuite avec beaucoup de peine & de dépense; & l'on n'en seroit jamais venu about si on ne se fust adressé à la propre personne du Roy par une requeste. Les parens de cette vertueuse fille voyant tant de difficulté luy representerent qu'il y auroit de la folie à s'y opiniastrer davantage, & que ses grandes infirmitez l'obligeant à garder presque toûjours le lit il ne se trouveroit point de Monastere qui voulust la recevoir à profession. Elle leur répondit que si dans un mois nostre Seigneur luy donnoit assez de santé pour pouvoir elle-mesme aller à la cour solliciter son affaire, ils ne devroient point douter qu'il n'approuvast son dessein. Lors qu'elle parloit avec tant de confiance en l'assistance de Dieu il y avoit desja plus de six mois qu'elle ne pouvoit sortir du lit, prés de huit mois qu'elle ne pouvoit se mouvoir, huit ans qu'elle n'estoit point sans fievre, & qu'outre la sciatique & une goutte arrtritique, elle estoit hectique, phtisique, hydropique, & travaillée d'une si grande ardeur de foye que sa chemise sembloit bruler, & que l'on en sentoit la chaleur à travers sa couverture. Comme cela paroist incroyable j'ay voulu m'en informer du Medecin mesme qui la traitoit, & il ne me l'a pas seulement confirmé, mais m'a avoüé que jamais rien ne l'avoit tant estonné.

Lors qu'un Samedy veille de saint Sebastien elle estoit en cet estat nostre Seigneur luy donna une santé si parfaite, qu'elle ne sçavoit comment cacher un tel miracle. Elle dit qu'elle eut un si grand tremblement interieur que sa sœur crut qu'elle alloit rendre l'esprit; qu'elle sentit un changement incroyable dans son corps & dans son ame, & qu'elle eut beaucoup plus de joye de se voir en estat de pouvoir solliciter l'establissement du Monastere, que de se trouver delivrée de tant de maux, parce que dans le moment que nostre Seigneur l'eut touchée il luy avoit donné une telle horreur d'elle mesme & un tel desir de souffrir, qu'elle l'avoit instamment prié de l'exercer en toutes manieres. Il l'exauça : car durant les huit ans de ses maladies on luy fit plus de cinq cens saignées, & on la ventousa & scarifia un tres-grand nombre de fois. Elle en porte encore les marques dans plus de vingt de ces incisions où l'on fut obligé de jetter du sel pour attirer de son costé un venin qui luy faisoit souffrir d'extrêmes douleurs : En quoy ce qui est de plus merveilleux, c'est que lors qu'on luy ordonnoit des remedes si violens elle avoit de l'impatience que l'heure de les luy appliquer fust venuë, & excitoit mesme les Medecins à y ajouster les cauteres qu'on luy fit à cause de ce cancer & de quelques autres de ses maux. Parce, disoit-elle, qu'elle estoit bien aise d'éprouver si son desir d'estre martyre estoit veritable.

Quand elle se vit ainsi restablie en un moment dans une parfaite santé, elle pria son Confesseur & son Medecin de la faire transporter ailleurs; afin que l'on pust attribuer sa guerison au changement d'air : & au lieu de le luy accorder ils publierent ce grand miracle dont ils ne pouvoient douter, parce qu'ils jugeoient son mal entierement incurable, & croyoient qu'elle vuidoit ses poulmons, à cause du sang corrompu qu'elle jettoit par la bouche. Elle demeura trois jours dans le lit sans se vouloir lever pour empescher qu'on ne s'apperceust de ce qui luy estoit arrivé, mais inutilement, sa santé ne pouvant non plus estre cachée que sa maladie.

Elle m'a dit que le mois d'Aoust auparavant priant Dieu de luy oster cet ardent desir d'estre Religieuse, & de fonder un Monastere, ou de luy donner moyen de l'accomplir, elle fut asseurée d'une certitude infaillible qu'elle seroit guerie assez tost pour pouvoir le caresme suivant aller solliciter la permission : Qu'ainsi encore que ses maladies augmentassent de beaucoup, elle espera tousjours que nôtre Seigneur luy feroit cette grace, & que bien qu'elle fust dans une telle extremité lors qu'elle avoit auparavant receu deux fois l'extreme-onction, que le medecin asseuroit qu'elle expireroit avant que le prestre pust venir, elle ne perdit jamais la confiance que Dieu luy avoit donnée qu'elle mourroit Religieuse.

Ses freres & ses autres proches qui traitoient son dessein de folie, n'oserent plus s'y opposer après avoir vû vn si grand miracle. Elle demeura trois mois à la cour sans pouvoir obtenir la permission qu'elle demandoit. Mais lors qu'elle eut presenté son placet au Roy & qu'il sçeut que c'estoit pour fonder vn monastere de Carmelites Déchaussées, il commanda qu'on l'expediast à l'instant mesme.

Il parut bien que c'estoit avec Dieu qu'elle avoit principalement traité de cette affaire, & que ce qu'il veut ne sçauroit manquer d'arriver, puisqu'encore que cette fondation fust dans un lieu si eloigné & le revenu fort petit, les Superieurs ne laisserent pas de l'agréer. Ainsi les Religieuses se rendirent à Veas au commencement du caresme de l'année 1574. La ville alla au devant d'elles en procession avec grande solemnité, & la joye estoit si generale qu'il n'y avoit pas iusques aux enfans qui ne tèmoignassent en la maniere qu'ils le pouvoient que c'estoit un ouvrage agreable à Dieu. Le jour de saint Mathias de cette année le Monastere fust establi, & nommé saint Ioseph du Sauveur.

Ce mesme jour les deux Sœurs prirent l'habit; & la santé de l'aisnée augmentoit tousjours. Son humilité, son obeïssance & son desir d'estre mèprisée du monde ont bien fait connoistre que sa pasion de servir Dieu estoit veritable. Qu'il en soit loüé & glorifié à iamais.

Elle m'a dit entre autres choses, qu'il y a plus de vingt ans que s'estant allé coucher dans le desir de sçavoir quelle estoit la plus parfaite de toutes les Religions afin de s'y rendre Religieuse, elle avoit songé après s'estre endormie qu'elle marchoit dans un chemin fort estroit, au dessous duquel estoient des precipices où l'on couroit fortune de tomber, & qu'un frere convers Carme Deschaussé qu'elle y rencontra & qu'elle a reconnu depuis à Veas estre frere Iean de la misere, lors qu'il vint quand j'y estois, luy dit : Venez avec moy, ma Sœur : Qu'il la mena ensuite dans une maison où il y avoit un grand nombre de Religieuses qui n'estoiēt éclairées que des cierges qu'elles portoient en leurs mains; & que leur ayant demandé de quel ordre elles estoient, elles ne luy rèpondirent point, mais leverent leurs voiles en soûriant avec des visages guais & côtens, qu'elle m'assura estre les mesmes que ceux des sœurs de cette fondation : Que la Prieure l'avoit prise par la main & luy avoit dit en luy montrant la regle & les constitutions : Ma fille, c'est pour cela que je vous veux : Aprés quoy s'estant éveillée elle se trouva si contente qu'il luy sembloit estre dans le Ciel : Qu'elle écrivit tout ce qu'elle se souvenoit d'avoir veu dans cette regle : Qu'il se passa un long temps sans qu'elle en dist rien à son confesseur ni à qui que ce fust, & sans que personne luy pust rien apprendre de cette religion.

Quelque temps aprés un Religieux de la Compagnie de Iesus qui sçavoit son dessein estant arrivé, elle luy montra ce qu'elle avoit écrit & luy dit, que si elle pouvoit apprendre des nouvelles de cette Religion elle iroit à l'heure-mesme s'y rendre. Il se rencontra que ce Pere avoit connoissance de nos fondations. Il luy en parla, & elle m'écrivit aussi tost. Lors qu'on luy rendit ma réponse elle estoit si malade que son confesseur luy conseilla de ne plus penser à cette affaire, puis que quand mesme elle seroit entrée en Religion l'estat où elle estoit l'obligeroit d'en sortir, & qu'ainsi on n'avoit garde de la recevoir. Cela l'affligea beaucoup. Elle eut recours à Dieu, & luy dit : Seigneur qui estes la vie de mon ame & à qui rien n'est impossible, ostez-moy ce dessein de l'esprit : ou donnez moy le moyen de l'executer. Elle profera ces paroles avec une extrême confiance, & conjura la sainte Vierge par la douleur qu'elle ressentit à la mort de son Fils de vouloir interceder pour elle. Elle entendit ensuite une voix qui luy dit interieurement : *Croyez & esperez. Ie suis tout-puissant. Ie vous gueriray. Et cela m'est plus facile que d'avoir empesché comme i'ay fait, que tant de maladies toutes mortelles ne vous ayent osté la vie :* Ce qui luy fut dit d'une maniere si forte qu'elle ne put douter de l'effet, quoy qu'elle se trouvast depuis accablée de plusieurs maux encore plus grands jusques au temps que nostre Seigneur la guerit miraculeusement, comme je l'ay rapporté.

Cette histoire paroist si incroyable, qu'estant aussi mauvaise que je suis ie n'aurois pu me persuader qu'il n'y eust point d'exageratiõ, si je n'en avois esté asseurée par le medecin mesme qui la traita, par les domestiques de la maison, & par plusieurs autres personnes dont je m'en suis informée avec grand soin. Quoy que cette excellente Religieuse ne soit pas forte, elle a assez de santé pour garder la regle. On ne la voit jamais que contente. Et son humilité est si grande qu'elle nous donne à toutes beaucoup de sujet de loüer Dieu.

Ces deux Sœurs donnerent tout leur bien à nostre ordre sans aucune condition, en sorte que si on eust voulu les renvoyer elles n'auroient pu en rien demander. Le détachement que l'aisnée dont j'ay si particulierement parlé a de ses parens & du lieu de sa naissance est si grand, qu'el est dans un continuel desir de s'en éloigner, & en presser les Superieures. Mais son obeissance est si parfaite, qu'elle ne laisse pas d'être contente, & que quelque forte que fust sa passion d'être converse, elle n'a pas laissé de se resoudre à être du chœur, sur ce que je lui écrivis pour la reprendre de ce qu'elle ne se rendoit pas à la volonté du Pere Provincial, & lui mandai entr'autres choses avec assez de severité, que ce n'étoit pas le moyen de meriter. Ces reprehensions qui paroîtroient rudes à une autre, au lieu de la mécontenter lui donnent de la joye, & lui font faire avec plaisir ce qui est contraire à sa volonté. Enfin je ne voy rien dans cette ame qui ne soit agreable à nôtre Seigneur, & à toutes les Sœurs. Plaise à sa divine Majesté de la tenir toûjours de sa main, & d'augmenter les vertus & les graces dont il la favorise, afin qu'elle puisse encore le mieux servir & le glorifier davantage. Ainsi soit-il.

FONDATION DV MONASTERE
des Carmelites de Seville.

CHAPITRE XXII.

La Sainte ne parle dans ce Chapitre que des vertus du Pere Ierôme Gratien de la Mere de Dieu Carme Déchaussé.

Le Pere Ierôme Gratien de la Mere de Dieu.

DVRANT que j'attendois à Veas la permission du Conseil des ordres pour fonder le Monastere de Caravaque, un Religieux Carme Déchaussé nommé le Pere Ierôme Gratien de la Mere de Dieu, qui peu d'années auparavant avoit pris l'habit à Alcala, m'y vint voir. C'êtoit un homme d'esprit, sçavant, modeste, & qui avoit toûjours été si vertueux, qu'il paroissoit que la sainte Vierge l'avoit choisi pour contribuer au rétablissement de l'ancienne regle de son ordre. Lors qu'il êtoit encore jeune à Alcala, il ne pensoit à rien moins, non seulement qu'à embrasser nôtre Regle, mais qu'à se faire Religieux. Son pere qui étoit Secretaire du Roy avoit aussi pour lui un dessein bien different; car il vouloit qu'il suivist sa profession. Et lui au contraire avoit un si violent desir d'étudier en Theologie, qu'enfin ses prieres & ses larmes lui en obtinrent la permission. Il fut prest d'entrer dans la compagnie des Iesuites qui lui avoient promis de le recevoir, & lui avoient dit d'attendre quelques jours pour de certaines considerations. I'ay sçu de luy-même, que le bon traitement qu'on lui faisoit lui êtoit penible, parce qu'il lui sembloit que ce n'étoit pas le chemin du Ciel. Il avoit toûjours pris quelques heures pour faire oraison, & son recueillement & son honnêteté étoient extrêmes.

En ce même temps un de ses amis nommé le Pere Iean de Iesus Docteur en Theologie prit l'habit de nôtre Ordre dans le Monastere de Pastrane. Ie ne sçay si ce fut par cette occasion, ou par un Livre qu'il avoit fait de l'excellence & de l'antiquité de nôtre Ordre, qu'il s'y affectionna. Car il prenoit tant de plaisir à lire les choses qui les regardoient, & à les prouver par de grandes autoritez, qu'il dit qu'il avoit souvent du scrupule de ce que ne s'en pouvant tirer il quittoit ses autres études ; & il y employoit même ses heures de recreation. O sagesse & puissance de Dieu que vous êtes admirables, & qu'il est impossible aux hommes de ne pas accomplir ce que vous voulez ! Vous sçaviez, Seigneur, le besoin que ce grand ouvrage que vous aviez commencé dans nôtre Ordre avoit de semblables personnes, & je ne sçaurois assez vous remercier de la grace que vous nous fîtes en cette rencontre. Car si j'avois eu à choisir entre tous ceux qui étoient les plus capables de servir dans ces commencemens nôtre Congregation, je vous aurois, mon Dieu, demandé ce saint Religieux. Que soyez-vous beny à jamais.

Lors que ce Pere n'avoit ainsi aucune pensée d'entrer dans nôtre Ordre, il fut prié d'aller à Pastrane pour traiter de la reception d'une Religieuse avec la Prieure de celuy de nos Monasteres qui subsistoit encore en ce lieu-là. Sur quoy je ne sçaurois assez admirer les moyens dont il plaist à Dieu de se servir, puis que s'il y fust allé pour prendre luy-même l'habit de nôtre Reforme, tant de personnes auroient travaillé à l'en détourner, qu'il ne l'auroit peut être jamais fait. Mais la glorieuse Vierge voulut le recompenser de son extrême devotion pour elle. Car je ne puis attribuer qu'à son intercession qui ne manque jamais à ceux qui ont recours à son assistance, la grace que Dieu fit à ce bon Religieux de l'engager ainsi dans son Ordre, afin qu'il pûst par les services qu'il luy rend luy témoigner l'ardeur de son zele.

Estant encore fort jeune à Madrid, il alloit souvent prier Dieu devant une Image de cette bien-heureuse Vierge qu'il nommoit sa Maîtresse, & je ne doute point que ce ne soit elle qui a obtenu pour luy de nôtre Seigneur cette grande pureté de cœur qu'il a toûjours euë. Il m'a dit qu'il luy sembloit quelquefois qu'il remarquoit dans ses yeux qu'elle avoit beaucoup pleuré à cause de tant d'offenses que l'on commet contre son Fils. Il en conçut des sentimens si vifs pour ce qui regarde la gloire de ce Redempteur du monde, & de si ardens desirs pour le bien des ames, qu'il n'y a point de travaux qui ne luy paroissent legers quand il rencontre l'occasion de profiter à quelqu'une, comme je l'ay éprouvé en diverses fois.

Ne semble-t'il donc pas, mes Filles, que la sainte Vierge par une heureuse trôperie le fit aller à Pastrane pour y prendre luy-même l'habit de nôtre Ordre lors qu'il ne pensoit qu'à le faire donner à une autre

DDd

„ O mon Sauveur que les secrets de vostre conduite sont impenetra-
„ bles d'avoir ainsi disposé les choses pour recompenser ce fidelle
„ serviteur de ses bonnes œuvres, du bon exemple qu'il avoit toûjours
„ donné, & de son extrême affection pour vostre glorieuse Mere.

Lors qu'il fut arrivé à Pastrane il alla trouver la Superieure pour la prier de recevoir cette fille, sans sçavoir que nostre Seigneur l'y conduisoit afin d'obtenir par ses prieres une semblable grace pour luy-mesme. Comme par une faveur particuliere de Dieu sa conversation est si agreable que l'on ne sçauroit le voir sans l'aimer, ainsi qu'il est de toutes les personnes qu'il gouverne, parce qu'encore que sa passion pour l'avancement des ames ne luy permette pas de dissimuler aucune faute, il les reprend d'une maniere si douce que l'on ne sçauroit s'en plaindre; cette Prieure en fut si touchée qu'elle conceut un tres-grand desir de le voir entrer dans nostre ordre. Elle representa ensuite aux sœurs, que n'y ayant gueres, ou peut-estre point de si bon sujet, elles devoient toutes se mettre en priere pour demander à Dieu de ne le pas laisser aller qu'il n'eust pris l'habit. Et comme cette Superieure est une si grande Religieuse que je croy qu'elle auroit seule esté capable d'obtenir cette grace de Dieu: à combien plus forte raison devoit on l'esperer des prieres que tant de bonnes ames joignirent aux siennes? Toutes luy promirent de s'y employer de tout leur pouvoir, & elles le firent par des jeusnes, des disciplines, & des oraisons continuelles. Leurs vœux furent exaucez. Car le Pere Gratien estant allé au Monastere des Peres Carmes Deschaussez, l'extrême regularité qui s'y pratiquoit, la ferveur avec laquelle on y servoit Dieu; & ce que cet ordre estoit consacré à la sainte Vierge qu'il desiroit si ardemment de servir, luy firent une telle impression, qu'il resolut de ne point retourner au monde. Le demon ne manqua pas de luy representer l'extrême douleur qu'il causeroit à son pere & à sa mere qui l'aimoient si tendrement, & qui dans le grand nombre d'enfans qu'ils avoient le consideroient comme le seul appuy de leur famille. Mais il remit le soin de les assister entre les mains de Dieu pour l'amour duquel il abandonnoit toutes choses, & se consacroit à sa sainte Mere. Ainsi ces bons Peres luy donnerent l'habit avec une grande joye. Et celle de la Prieure & des Religieuses fut telle, qu'elles ne pouvoient se lasser de remercier Dieu d'avoir accordé cette grace à leurs prieres.

Il passa l'année de son noviciat avec la mesme humilité que le moindre des novices, donna dans une occasion qui s'en offrit une preuve signalée de sa vertu. Car le Prieur estant absent on mit en sa place un jeune Pere qui n'estoit ni sçavant, ni habile, ni assez experimenté pour exercer cette charge. Il ordonnoit des mortifications si excessives, principalement pour de si bons Religieux, que si Dieu ne les eût assistez ils n'auroient pû les pratiquer. On a reconnû depuis que ce Pere est si melancolique que l'on a de la peine à vivre avec luy lors mesme que n'estant point en charge il n'a qu'à obeïr; & à plus forte raison quand il commande; tant cette humeur qui produit de si dangereux effets domine en luy. Il est d'ailleurs bon religieux, & Dieu permet quelquefois de semblables choses pour perfectionner l'obeyssance de ceux qui l'aiment, ainsi qu'il arriva en cette rencontre.

C'a esté sans doute par le merite d'une si parfaite obeyssance du Pere Ierosme Gracien de la Mere de Dieu, que Nostre Seigneur a voulu luy apprendre à conduire ceux qui luy sont soûmis aprés l'avoir pratiquée luy-mesme. Et afin qu'il ne luy manquast rien de ce qui est necessaire pour bien gouverner, il soûtint de tres-grandes tentations trois mois avant que de faire profession. Mais comme il devoit estre un genereux chef de tant de genereux combatans engagez dans le service de la Reyne des Anges, il resista avec tant de courage à ces assauts, que plus cet esprit infernal le pressoit de quitter l'habit, plus il se fortifioit dans la resolution de le porter toute sa vie. Il m'a donné un écrit qu'il fit dans le plus fort de ces tentations; & je l'ay leu avec grande devotion, parce que l'on y voit clairement de quelle sorte Dieu le soustenoit.

On trouvera peut-estre étrange que ce saint Religieux m'ait communiqué tant de particularitez des choses les plus interieures qui le concernent. Mais je veux croire que Dieu l'a permis afin que je les rapportasse icy, pour obliger ceux qui les liront d'admirer les faveurs qu'il fait à ses creatures, puis qu'il sçait que ce bon Pere n'en a jamais tant dit à nul autre, ny mesme à ses Confesseurs. Il s'y portoit quelquefois à cause que mon âge & ce qu'on luy avoit dit de moy luy faisoit croire que j'avois quelque experience de ces choses; Et d'autres fois, parce que la suite du discours l'engageoit à me les confier, aussi bien que d'autres que je ne pourrois écrire sans me trop étendre: outre que je me retiens de peur de luy donner de la peine si ce papier tomboit un jour entre ses mains. Mais quand cela arriveroit, comme ce ne pourroit estre que de long-temps, j'ay crû devoir rendre ce témoignage à l'obligation que luy a nostre ordre dans ce renouvellement de nostre ancienne regle. Car encore qu'il n'ait pas esté le premier à y travailler, il y a eu des temps où j'aurois eu regret de ce que l'on avoit commencé si je n'eusse mis mon esperance en la misericorde de Dieu. En quoy je n'entens parler que des maisons des Religieux; celles des Religieuses ayant par son infinie bonté toûjours bien esté jusques icy. Ce n'est pas que celles des Religieux allassent mal; mais il y avoit sujet de craindre qu'elles ne déchûssent bien-tost, parce que n'ayant point de Provincial particulier ils estoient soûmis aux Peres de l'observance mitigée, qui ne donnoient point de pouvoir sur eux au Pere Antoine de Jesus qui avoit commencé la reforme, & auroit peu les conduire. Ioint que nostre Reverendissime Pere General ne leur avoit point donné de constitutions. Ainsi chaque maison se gouvernoit comme elle pouvoit, & dans ces differentes conduites l'on souffrit beaucoup jusques à ce que le pouvoir passa entre les mains de ceux de la reforme. I'en estois souvent fort affligée. Mais Dieu y remedia par le moyen du P. Gracien de qui je parle quand il fut étably Commissaire Apostolique avec une entiere autorité sur les Carmes déchaussez & sur les Carmelites. Il fit alors des constitutions pour ses religieux, & nostre Reverendissime Pere General nous en avoit déja donné. Dés la premiere fois qu'il visita ces peres il étabit vne si grande vnion entre eux qu'il parut que Dieu l'assistoit, & que la Ste Vierge l'avoit choisi pour le rétablissement de son ordre. Ie la prie de tout mon cœur d'obtenir de son Divin Fils de continuer à le favoriser de ses graces, & le faire de plus en plus avancer dans son service. Ainsi soit-il.

CHAPITRE XXIII.

La Sainte part pour la fondation du monastere de Seville. Incroyables peines & grand perils qu'elle court en chemin, & difficultez qu'elle rencontre à cét établissement. Mais aprés qu'elle eut parlé à l'Archevesque il luy en accorda enfin la permission.

LORSQUE ce bon Pere Gracien vint me visiter à Veas nous nous estions seulement écrit mais nous ne nous estions encore jamais vûs, quoy que je le souhaitasse extremement à cause du bien que l'on m'avoit dit de luy. Son entretien me donna beaucoup de joye, & me fit voir que ceux qui me l'avoient tant loüé ne connoissoient qu'une partie de ses vertus. Ie me sentis dans nos conferences soulagée de mes peines. Dieu me fit comprendre ce me sembloit que je tirerois de grands avantages de sa communication, & je me trouvois si consolée & si contente que ie ne me connoissois plus moy-mesme. Sa commission ne s'étendoit pas plus loin que l'Andalousie. Mais le Nonce l'ayant envoyé querir à Veas il luy donna aussi pouvoir sur les Carmes déchaussez & sur les Carmelites de la Province de Castille, & j'en eus une telle joye, que je ne pouvois assez à mon gré en remercier Nostre Seigneur.

En ce mesme temps on m'apporta la permission de fonder un monastere à Caravaque. Mais comme elle n'estoit pas telle que je la jugeois necessaire on fut obligé de la renvoyer à la cour. Il me faschoit fort d'attendre là si long-temps, & je desirois de m'en retourner en Castille, parce que j'avois écrit aux fondatrices que cet établissement ne se pouvoit faire sans une certaine condition qui y manquoit: & l'on ne pust éviter d'aller à la cour. Comme le Pere Gracien en qualité de Commissaire de la Province d'Andalousie, estoit superieur de ce monastere, & qu'ainsi je ne pouvois agir sans son ordre, ie luy communiquay l'affaire. Il iugea aussi que si i'abandonnois la fondation de Caravaque, elle seroit ruinée, & que ce seroit rendre un grand service à Dieu d'en faire une dans Seville. Elle luy paroissoit facile à cause qu'elle estoit demandée par des personnes riches qui pouvoient presentement nous donner une maison, & que d'un autre costé l'Archevesque de cette grande ville avoit tant d'affection pour nostre ordre qu'elle luy seroit tres-agreable. Ainsi nous nous resolumes que je menerois à Seville la prieure & les religieuses que ie croyois mener à Caravaque. I'avois tousiours auparavant refusé pour de certaines raisons de faire des fondations dans l'Andalousie: & quand j'allay à Veas si j'eusse sçu qu'il en estoit ie n'y aurois point esté. Mais ce qui me trompa fut qu'encore que le territoire de cette province ne commence qu'à quatre ou cinq lieuës de là, il ne laisse pas d'estre de son ressort. Ie n'eus point neanmoins de peine à me rendre à la resolution prise par ce sage superieur, parce que Nostre Seigneur m'a fait la grace de croire que ceux qu'il éleve sur moy en authorité ne font rien que bien à propos.

Nous nous preparasmes aussi tost pour partir à cause que la chaleur commençoit d'estre bien grande, & le Pere Gratien Commissaire Apostolique ayant esté mandé par le Nonce, nous nous mismes en chemin accompagnées du Pere Iulien d'Avila, & d'un Religieux de nostre Reforme. Nous allions selon nôtre coustume dans des chariots couverts, & aprés estre arrivées à l'hostellerie nous nous mettions toutes dans une chambre bonne ou mauvaise selon la rencontre, & une sœur qui se tenoit à la porte recevoit ce dont nous aviõs besoin, sans que ceux qui nous accompagnoient y entrassent. Quelque diligence que nous pussions faire nous n'arrivasmes à Seville que le Ieudy de la semaine de la tres-sainte Trinité; & bien que nous ne marchassions pas dans la grande chaleur du jour, le soleil estoit si ardent, que lors qu'il avoit donné sur nos chariots on y estoit dans une espece de purgatoire. Cela faisoit quelquefois penser à ces bonnes sœurs combien les tourmens de l'enfer doivent estre grands, puis qu'une incommodité infiniment moindre donne tant de peine. Et d'autres fois elles s'entretenoient du plaisir de souffrir pour Dieu. Ainsi elles continuoient leur voyage avec grãde joye; & ces six Religieuses estoient telles qu'il me semble que je n'aprehenderois point avec une si sainte compagnie de me trouver au milieu des Turcs, parce qu'elles auroient la force, ou pour mieux dire Dieu la leur donneroit, de souffrir pour son amour, qui estoit le but de tous leurs desirs & le sujet de tous leurs entretiens, tant elles estoient exercées à l'oraison & à la mortification. Il est vray que voyant qu'il les faloit mener si loin j'avois choisi celles qui me paroissoient les plus propres pour cet establissement; & elles eurent besoin de toute leur vertu pour supporter tant de travaux. Ie ne dis rien des plus grands, à cause que quelques personnes pourroient s'en trouver blessées.

La veille de la Pentecoste Dieu les affligea extrêmement par une fiévre qu'il m'envoya si violente que je n'en ay jamais eu de semblable; & je ne puis attribuer qu'à leurs prieres ce que le mal ne passa pas plus avant. Ie paroissois estre en lethargie, & le soleil avoit tellement échauffé l'eau, que mes compagnes me iettoient pour me faire revenir, que j'en recevois peu de soulagement. En recompense nous arrivasmes le soir dans un si méchant logis, que tout ce que l'on pût faire fut de nous donner une petite chambre sans fenestres, qui n'avoit pour plancher que le toit de la maison, & que le soleil perçoit de part en part lors que l'on ouvroit la porte; mais un soleil incomparablement plus ardent que celuy de Castille. On me mit sur un lit qui estoit tel que j'aurois mieux aimé coucher par terre. Il estoit si haut d'un costé & si bas de l'autre que je ne m'y pouvois tenir, & il sembloit n'estre fait que de pierres pointuës. Tout est supportable avec la santé; mais en verité c'est une étrange chose que la maladie. Enfin je crus qu'il valoit mieux me lever & partir, parce que le soleil de la campagne me paroissoit plus supportable que celuy de cette chambre. Quel tourment doit donc estre celui des damnez qui demeurent durant toute une eternité dans un même estat sans pouvoir joüir du soulagement de changer au moins de peine en passant d'une douleur à une autre, côme il m'arriva une fois lors que j'en éprouvois une tres-grande. Mais quelque mal que je souffrisse dans cette derniere rencontre il ne me souvient point d'en avoir esté touchée. Mes sœurs l'estoient beaucoup: & il plût à nostre Seigneur que ces extrêmes douleurs ne continuerent avec tant de violence que jusqu'à la nuit.

Deux iours auparavant il nous estoit arrivé un accident qui nous donna une grande apprehension. Ayant à traverser dans un bac la riviere de Guadalquivir, les chariots ne pûrent passer au lieu où le cable estoit tendu. Il falut prendre plus bas en se servant neanmoins de ce cable; & ceux qui le tenoient l'ayant lasché ie ne sçay comment, le bac dans lequel estoit nostre chariot s'en alla sans rames au fil de l'eau. Dans un si pressant peril le desespoir du batelier me donnoit plus de peine que le danger où nous estions. Nous nous mismes toutes en priere, & les autres iettoient de grands cris. Vn Gentilhomme voyant cela de son chasteau qui en estoit proche avoit envoyé pour nous secourir avant qu'on eust lasché le cable que nos

Religieux & les autres tenoient de toute leur force: mais la rapidité de l'eau en faisoit tomber quelques uns par terre, & les contraignit tous enfin de le lascher comme je l'ay dit. Surquoy je n'oublieray jamais l'incroyable douleur qu'un fils d'un batelier qui n'avoit que dix ou onze ans témoignoit avoir de celle de son pere. Dieu qui a pitié des affligez fit que le bac s'arresta contre un banc de sable où l'eau estoit d'un costé assez basse, ce qui donna moyen de nous secourir. Et la nuit estant venuë celuy qui avoit esté envoyé du Château nous servit de guide pour nous remettre dans nostre chemin, sans quoy nous nous serions trouvées dans une nouvelle peine. Ayant tant de choses à dire de ce que nous souffrismes durant ce voyage je ne pensois pas rapporter celles-cy qui sont beaucoup moins importantes, & je me suis sans doute renduë ennuyeuse en m'étendant trop sur ces particularitez.

La derniere feste de la Pentecoste il nous arriva un nouvel accident qui me fascha plus que tous les autres. Nous nous estions extrémement pressées afin d'arriver à Cordouë assez matin pour y entendre la Messe sans estre veuës dans une Eglise qui est au delà du pont où nous croyons trouver peu de monde. Mais les chariots ne pouvant passer ce pont sans une permission du Gouverneur, il falut l'envoyer demander, ce qui nous retarda plus de deux heures, parce qu'il n'étoit pas encore levé. Cependant quantité de gens s'approchoient de nostre chariot pour voir qui estoit dedans; & comme il estoit bien fermé, cela ne nous donnoit pas beaucoup de peine. Lors que la permission fut venuë la porte du pont se trouva trop étroite pour passer nostre chariot. Il falut y travailler, & cela consuma encore du temps. Enfin nous arrivasmes à l'Eglise où le Pere Julien d'Avila devoit dire la Messe. Nous la trouvasmes pleine de monde à cause que l'on y faisoit une grande solennité, & que l'on devoit y prêcher, parce qu'elle porte le nom du saint Esprit, ce que nous ne sçavions pas. J'en fus si faschée, qu'il me sembloit que nous ferions mieux de nous en aller sans entendre la Messe que de nous engager dans une si grande presse. Mais le Pere Julien ne fut pas de cet avis. Et comme il est Theologien nous fusmes obligées de le croire, quoy que les autres seroient peut-estre entrées dans mon sentiment. Nous descendismes donc à l'Eglise sans que l'on pût nous voir au visage, parce que nous avions nos voiles baissez; mais il leur suffisoit pour estre surpris de nous voir avec ces voiles, des manteaux blancs de gros drap, & des sandales. L'émotion que cette rencontre me donna aussi bien qu'aux autres personnes qui nous accompagnoient fut si grande, qu'elle fut cause à mon avis que la fiévre me quitta. Lors que nous entrasmes dans l'Eglise un bon homme eut la charité d'écarter le peuple pour nous faire place; & je le priay de nous mener dans quelque Chapelle. Il le fit ; il en ferma la porte, & nous y laissa jusques à ce qu'il vint nous en retirer pour nous mener hors de l'Eglise. Peu de jours après il arriva à Seville, & dit à un Pere de nôtre Ordre, qu'il croyoit que Dieu pour le recompenser de cette action luy avoit donné du bien qu'il n'esperoit point. Je vous avouë, mes Filles, qu'encore que la peine que je souffris ce jour-là ne vous paroisse peut-être pas grande, ce fut pour moy l'une des plus rudes mortifications que j'aye éprouvées en toute ma vie, parce que l'étonnement & l'émotion de tout ce peuple ne furent pas moindres que s'ils eussent vû entrer plusieurs taureaux dans l'Eglise, ce qui me donnoit une étrange impatience d'en sortir, quoy que nous ne sçussions où nous retirer durant le reste du jour. Nous le passâmes comme nous pûmes dessous un pont.

Estant arrivées à Seville, nous allâmes loger dans une maison que le Pere Marian à qui j'avois donné avis de tout nous avoit loüée. Et bien que je crûsse ne rencontrer plus de difficultez, parce comme je l'ay dit, que l'Archevêque affectionnoit fort les Carmes Déchaussez, & m'avoit même quelquefois écrit avec beaucoup de bonté, Dieu permit que j'eus assez de peine, à cause que ce Prelat ne pouvoit approuver des Monasteres de filles sans revenu, & avec raison. De là vint nôtre mal, ou pour mieux dire nôtre bien. Car si on le luy eust fait sçavoir avant que je me fusse mise en chemin, je croy certainement qu'il n'y auroit jamais consenti. Mais le Pere Commissaire & le Pere Marian croyant qu'il seroit bien aise de ma venuë, comme en effet il en témoigna de la joye, & qu'ils luy rendroient un grand service, ne voulurent point luy en parler ; & s'ils en eussent usé autrement, ils auroient fait une grande faute en pensant bien faire. Ainsi quoy que dans toutes les autres fondations nous commencions toûjours par obtenir la permission de l'Ordinaire, selon le saint Concile de Trente, nous ne l'avions point demandée pour celle cy, à cause que nous croyions, comme il étoit vray, & que ce Prelat l'a reconnu depuis, que cette fondation luy étoit fort agreable. En quoy il paroît que Dieu ne veut pas qu'aucun de ces nouveaux Monasteres s'établisse sans que j'en souffre de grandes peines d'une maniere ou d'une autre.

Lors que nous fûmes dans la maison je pensois prendre possession ainsi que j'avois accoûtumé, & commencer d'y dire l'Office. Mais le Pere Marian qui conduisoit cette affaire n'osant de peur de m'affliger me dire la difficulté qui s'y rencontroit, m'alleguoit des raisons pour differer ; & côme elles étoient assez foibles, je n'eus pas de peine à juger qu'il n'avoit pû obtenir la permission. Il me proposa ensuite de fonder le Monastere avec du revenu, & quelqu'autre expedient dont il ne me souvient pas ; & enfin il me declara nettement que ce

Prelat

DE SEVILLE, CHAP. XXIII.

Prelat, quoy que fort homme de bien, n'ayant jamais depuis tant d'années qu'il eftoit Archevefque de Seville aprés avoir efté Evefque de Cordouë, donné aucune permiffion pour eftablir des Monafteres de Religieufes, il n'y avoit pas lieu d'efperer de l'obtenir pour celuy-cy principalement n'ayant point de revenu. Ainfi c'eftoit me dire nettement qu'il ne faloit plus penfer à cette affaire, puis que quand mefme je l'aurois pû j'aurois eu une tres grande peine à me refoudre de fonder un Monaftere avec du revenu dans une ville telle que Seville, n'en ayant jamais eftabli avec cette condition qu'en des lieux fi pauvres que l'on n'auroit fçû autrement y fubfifter. A quoy il faut ajoufter que ne nous reftant rien de l'argent que nous avions apporté pour la dépenfe de noftre voyage, & n'ayant pour toute chofe que nos habits, quelques tuniques, quelques coëffes, & ce qui avoit fervi à couvrir nos chariots, nous fufmes mefme contraintes d'emprunter d'un amy d'Antoine Gaytan ce qu'il faloit pour le retour de ceux qui nous avoient accompagnées, & le Pere Marian s'employa pour chercher les moyens d'accommoder le logis. Outre que n'ayant point de maifon en propre je trouvois de l'impoffibilité à faire une fondation en ce lieu.

Enfuite de plufieurs importunitez de ce Pere, l'Archevêque permit qu'on nous dift la Meffe le jour de la tres-fainte Trinité, & défendit en mefme temps de fonner les cloches, ni feulement d'en attacher: mais elles eftoient déja attachées. Nous paffafmes ainfi plus de quinze jours ou un mois, je ne fçaurois dire lequel tant j'ay mauvaife memoire, & j'eftois toute refoluë fi le Pere Commiffaire & le Pere Marian me l'euffent permis, de m'en retourner à Veas avec mes Religieufes pour travailler à la fondation de Caravaque; ce voyage me paroiffant moins fafcheux que d'avoir publié comme on avoit fait que nous eftions venuës pour nous eftablir à Seville. Mais le Pere Marian ne voulut jamais me permettre d'en écrire à l'Archevefque. Il jugea plus à propos de tafcher comme il fit à gagner peu à peu fon efprit, tant par luy-mefme que par les lettres que le Pere Commiffaire luy écrivit de Madrid. Ce qui m'oftoit tout fcrupule & me mettoit l'efprit en repos eftoit que nous continuions toujours à dire l'office dans le chœur, que l'on ne nous avoit dit la premiere Meffe que par la permiffion de ce Prelat; que c'eftoit un des fiens qui l'avoit dite, & qu'il ne laiffoit pas d'envoyer quelquefois me vifiter & m'affurer qu'il me viendroit voir. Toutes ces circonftances me faifoient croire que je n'avois pas fujet d'eftre fi en peine: & ma peine ne procedoit pas auffi de ce qui me regardoit & mes religieufes; mais de celle qu'avoit le Pere Commiffaire de m'avoir engagée à ce voyage & de penfer à l'affliction que ce luy feroit fi tout venoit à eftre renverfé, comme il n'y avoit que trop de fujet de l'apprehender.

EEe

En ce mesme temps les Peres Carmes mitigez apprirent que cette fondation se faisoit. Ils me vinrent voir, & je leur montray les patentes que j'avois de nostre Reverendissime Pere General. Elles leur fermerent la bouche, & ils ne se seroient pas à mon avis si aisément adoucis s'ils eussent esté informez de la difficulté que faisoit l'Archevesque; mais on ne la sçavoit point, & l'on croyoit au contraire que cette fondation luy estoit fort agreable. Dieu permit enfin qu'il me vint voir. Ie luy representay le tort qu'il nous faisoit. Il m'accorda tout ce que je pouvois desirer; & depuis ce jour il n'y a point de faveurs que nous n'ayons receuës de luy en toutes occasions.

CHAPITRE XXIV.

Dans les extrêmes difficultez de trouver une maison pour l'establissement de ce Monastere Dieu assure la Sainte qu'il y pourvoiroit. Assistance qu'elle reçoit d'un de ses freres qui revenoit des Indes. Enfin elle achete une maison tres-commode, & l'on y porte le tres-saint Sacrement avec une tres-grande solemnité.

QVI pourroit s'imaginer que dans une ville aussi grande & aussi riche qu'est Seville i'eusse trouvé moins d'assistance pour fonder un Monastere qu'en tous les autres lieux où j'en avois estably? I'y en rencontray neanmoins si peu, que je crus souvent qu'il valoit mieux abandonner ce dessein. Ie ne sçay si l'air du païs y contribuoit. Car j'ay entendu dire que Dieu y donne au demon plus de pouvoir de tenter qu'ailleurs; & il est vray que je n'avois de ma vie esté si lasche qu'alors, Ie ne perdois pas toutefois la confiance que j'avois en Dieu. Mais je me trouvois si differente de ce que j'avois toûjours esté, & si éloignée des dispositions où je m'estois veuë en de pareilles rencontres, qu'il me sembloit que nostre Seigneur se retiroit en quelque sorte de moy pour me laisser à moy-mesme, afin de me faire connoistre que le courage que j'avois auparavant venoit de luy, & non pas de moy.

Nous demeurasmes en cet estat dans Seville depuis le temps que j'ay dit jusques un peu avant le caresme, sans avoir moyen d'acheter une maison, ni que personne voulust estre nostre caution comme nous en avions trouvé ailleurs, parce que celles qui avoiët tant pressé le Pere Commissaire de nous faire venir, ayant sçeu quelle étoit l'austerité de nostre regle ne se jugerët pas capables de la supporter. Vne seule dont je parleray dans la suite vint avec nous & prit l'habit. Cependāt je me voyois pressée de quitter l'Andalousie à cause que d'autres affaires m'appelloient ailleurs, & ce m'étoit une tres-grande peine de laisser ces Religieuses sans maison, quoy que je connusse que je leur eſtois inutile, parce que Dieu ne me faiſoit pas la faveur de me donner comme dans les Provinces de deça, quelqu'un qui m'aſſiſtaſt en cette entrepriſe.

Les choſes eſtoient en cet eſtat lors que Laurent Zepida l'un de mes freres revint des Indes où il avoit paſſé plus de trente-quatre ans: Il eut encore plus de peine que moy de voir que ces bonnes Religieuſes n'euſſent point de maiſon en propre. Il nous aſſiſta beaucoup, & particulierement pour nous faire avoir celle où elles ſont à preſent. De mon coſté je priois inſtamment noſtre Seigneur, & le faiſois prier par mes ſœurs de ne permettre pas que je partiſſe ſans les laiſſer dans un logis qui leur appartint. Nous recourions auſſi à l'aſſiſtance du glorieux ſaint Ioſeph & de la tres-ſainte Vierge, en l'honneur de laquelle nous faiſions pluſieurs proceſſions. Voyant donc mon frere ſi diſpoſé à nous aider je traitay de l'achapt de quelques maiſons. Mais lors que le marché paroiſſoit conclu, il ſe rompit. M'eſtant enſuite miſe en priere pour demander à Dieu que puis qu'il honoroit ces Religieuſes de la qualité de ſes épouſes, & qu'elles avoient un ſi grand deſir de le ſervir, il luy plûſt de leur donner une maiſon. Il me dit: *I'ay déja exaucé voſtre priere. Laiſſez-moy faire.* Ces paroles me donnerent la joye que l'on peut s'imaginer; & je tins la choſe pour faite, comme en effet elle ſe fit. Il nous empeſcha enſuite par ſon extrême bonté d'en acheter une dont chacun approuvoit l'acquiſition à cauſe qu'elle eſtoit en tres-belle aſſiete ; mais ſi mal baſtie & ſi vieille, que ce n'eſtoit qu'une place qui ne nous auroit gueres moins coûté que la maiſon toute entiere que nous avons maintenant. Auſſi n'en eſtois-je pas contente, parce que cela ne me paroiſſoit pas s'accorder avec ce que Dieu m'avoit dit dans l'oraiſon qu'il nous donneroit une maiſon tres-commode. Il accomplit ſa promeſſe. Car ne reſtant plus qu'à paſſer le contract de celle dont je viens de parler, celuy qui nous la vendoit à un prix exceſſif remit pour quelques conſiderations à le ſigner dans le temps dont nous eſtions convenus ; & nous dégagea ainſi de noſtre parole. Ie l'attribuay à une ſinguliere faveur de Dieu, à cauſe qu'il y avoit tant à travailler à cette maiſon qu'elle n'auroit pû eſtre entierement reſtablie durant la vie des Religieuſes qui y eſtoient, quand meſme elles auroient trouvé moyen de faire une ſi grande dépenſe, ce qui leur auroit eſté fort difficile.

Vn Eccleſiaſtique grand ſerviteur de Dieu nommé Garcia Alvarez tres-eſtimé dans la ville à cauſe de ſes bonnes œuvres qui faiſoient toute ſon occupation, fut principalement cauſe de nous faire changer d'avis. Il avoit tant de bonté pour nous, que depuis que nous euſmes la permiſſion de faire dire la Meſſe il ne manquoit jamais de venir nous la dire tous les jours, quoy que la chaleur fuſt extrême ; & s'il euſt eu plus de bien rien ne nous auroit manqué. Com-

EEe ij

me il connoiſſoit fort cette maiſon il ne voyoit point d'apparence de l'acheter ſi cherement, & nous le repreſenta tant de fois qu'enfin il nous fit reſoudre à n'y plus penſer. Luy & mon frere allerent enſuite voir celle que nous avons aujourd'huy, & en revinrent avec raiſon ſi ſatisfaits, noſtre Seigneur le voulant ainſi, que l'affaire fut terminée en deux ou trois jours, & le contract ſigné. Mais nous n'euſmes pas peu de peine à y entrer, parce que celuy qui l'avoit loüée ne vouloit point en ſortir, & que les Religieux de ſaint François qui en eſtoient proches nous prierent inſtamment de ne nous y point eſtablir. Pour moy j'y aurois conſenty ſi le contract n'euſt pas encore eſté ſigné, & en euſſe remercié Dieu pour n'eſtre point obligée de payer ſix mille ducats que nous couſtoit la maiſon ſans pouvoir en joüir preſentement. La mere Prieure au contraire loüoit Dieu de ce que le marché eſtoit fait, à cauſe qu'elle avoit en cela comme en toute autre choſe plus de foy que moy, & qu'elle eſt beaucoup meilleure. Aprés avoir demeuré plus d'un mois en cet eſtat, enfin cette bonne mere, les autres religieuſes, & moy allaſmes de nuit nous mettre dans la maiſon, ne voulant pas que ces religieux le ſçeuſſent avant que nous en euſſions pris poſſeſſion. Mais ce ne fut pas ſans crainte que nous toutes & ceux qui nous accompagnoient fiſmes ce chemin. Autant d'ombres que nous voyions nous paroiſſoient autant de ces Religieux.

Dés le point du jour Garcia Alvarez ce bon Prêtre qui étoit venu avec nous dit la premiere Meſſe; & depuis nous n'euſmes plus rien à apprehender. I e s u s mon Sauveur, quelles frayeurs n'ay-je point eües dans ces priſes de poſſeſſion? Et ſi l'on en a tant lors que l'on n'a autre deſſein que de travailler pour voſtre ſervice; combien grandes doivent eſtre celles des perſonnes qui ne penſent qu'à vous offenſer & à nuire à leur prochain? & comment eſt-il poſſible qu'ils y trouvent du plaiſir & de l'avantage? Mon frere n'eſtoit pas preſent, parce qu'il avoit eſté obligé de ſe retirer à cauſe que la precipitation avec laquelle on avoit paſſé le contract luy avoit fait commettre une erreur qui nous auroit eſté prejudiciable, & qu'eſtant noſtre caution on vouloit pour ce ſujet le mettre en priſon. Ce qu'il n'avoit point d'habitude dans Seville où il paſſoit pour étranger, nous cauſa ainſi beaucoup de peine juſques à ce qu'il donna pour aſſurance à nos parties des effets dont ils ſe contenterent. Enſuite tout alla bien, quoy que pour nous faire meriter davantage nous euſmes durant quelque temps un procés à ſouſtenir.

Nous nous étions renfermées dans un étage bas, & mon frere paſſoit les jours entiers à faire travailler les ouvriers. Il continua auſſi à nous nourrir ainſi qu'il avoit commencé de faire quelque temps auparavant, parce que noſtre maiſon n'eſtoit pas encore conſiderée comme un monastere; mais comme un logis particulier, excepté par un saint Prieur des Chartreux de las Cuevas de la famille des Pantojas d'Avilla, à qui Dieu avoit dés nôtre arrivée donné tant d'affection pour nous, qu'il nous assistoit en toutes manieres, & il continuëra sans doute jusques à la fin de sa vie. Je rapporte cecy, mes Sœurs, à cause qu'estant juste de recommander à Dieu nos bienfaicteurs tant morts que vivans; je croy devoir engager celles qui liront cette relation à prier pour ce saint religieux à qui nous sommes si obligées.

Si je m'en souviens bien il se passa de cette sorte plus d'un mois, durant lequel mon frere travailloit avec tant d'affection à faire de quelques chambres une chapelle, & à tout accommoder, qu'il ne nous laissoit rien à faire. Quand cela fut achevé je desirois fort que le tressaint Sacrement y fust mis sans bruit parce que j'aprehende toûjours de causer de la peine aux autres lors qu'on le peut éviter. Je le proposay à Garcia Alvarez ce bon Prestre; & il en confera avec le pere Prieur des Chartreux, l'un & l'autre n'affectionnant pas moins que nous-mesme ce qui nous touchoit. Ils jugerent qu'afin de rendre le Monastere connu de tout le monde, il faloit que cette action se fist avec grande solemnité, & allerent ensuite trouver l'Archevesque. Aprés avoir agité l'affaire, il fut resolu que l'on iroit prendre le tressaint Sacrement dans une paroisse pour le porter en procession dans nostre Monastere. Ce Prelat ordonna aussi que le Clergé avec quelques Confrairies y assisteroient, & que l'on tapisseroit les ruës.

Le bon Garcia Alvarez para nostre Cloistre par où l'on entra, & orna extrêmement l'Eglise & les Autels. Il y avoit mesme une fontaine qui jettoit de l'eau de naphe sans que nous y eussions aucune part, ni que nous l'eussions desiré. Mais il est vray que nous ne pusmes voir qu'avec beaucoup de devotion & de plaisir cette ceremonie se faire avec tant de solemnité, les ruës si bien tenduës, & une si bonne musique de voix & d'instrumens, que ce saint prieur des Chartreux me dit qu'il n'avoit jamais rien veu de semblable à Seville. Ainsi on pouvoit juger que c'estoit un ouvrage de Dieu. Ce bon pere contre sa coustume assista à la procession. L'Archevesque posa luy-mesme le tres-saint Sacrement; & la multitude du peuple qui se trouva à cette Feste estoit incroyable. Vous voyez, mes Filles, par ce recit quels estoient les honneurs que l'on faisoit à ces pauvres Carmelites auparavant si méprisées de tout le monde, qu'il ne sembloit pas qu'on leur voulust seulement donner un verre d'eau, quoy qu'il n'en manque pas dans la riviere de cette grande ville.

Il arriva une chose que tous ceux qui la virent trouverent fort remarquable. Aprés que la procession fut achevée on tira tant de coups de canon & tant de fusées que cela dura presque jusques à la nuit; & il leur prit encore alors envie d'en tirer. Sur quoy le feu s'eſtant mis à de la poudre qu'un homme portoit, l'on conſidera comme un miracle qu'il n'en fut pas brûlé. Il s'éleva une ſi grande flâme qu'elle alla juſques au haut de noſtre Cloiſtre qui eſtoit tapiſſé de taffetas jaune & cramoiſi, & perſonne ne doutoit que ce taffetas ne dûſt eſtre reduit en cendre: mais il ne parut pas ſeulement que le feu s'en fuſt approché, quoy que les pierres de ces vouſtes en fuſſent toutes noircies. Nous en remerciaſmes Dieu, parce que nous n'avions pas moyen de payer cette eſtoffe; & il y a grande apparence que le demon à qui cette ceremonie ne plaiſoit point, non plus que de voir une nouvelle maiſon conſacrée à Dieu, avoit voulu s'en vanger en quelque maniere. Noſtre Seigneur ne le permit pas: Qu'il ſoit beny & glorifié à jamais.

CHAPITRE XXV.

La Sainte ne parle preſque dans tout ce Chapitre que d'une excellente fille qui ſe rendit Religieuſe dans ce Monaſtere nommée Beatrix de la Mere de Dieu.

VOus pouvez juger mes Sœurs, quelle fut ce jour là noſtre joye, & j'avouë que la mienne fut tres-grande de voir que je laiſſois ces bonnes filles dans une maiſon bien aſſie, fort commode, connuë de toute la ville, où eſtoient entrées des filles qui pouvoient en payer la plus grande partie du prix, & que pour peu que celles qui acheveroient de remplir le nombre y apportaſſent, elle ſe trouveroit entierement quitte. Sur tout je reſſentois une grande conſolation de ce que mes travaux n'avoient pas eſté inutiles. Mais lors que je pouvois joüir de quelque repos je fus obligée de partir le Lundy d'aprés le Dimanche qui precedoit la Pentecoſte de l'année 1576. à cauſe que la chaleur commençoit d'eſtre exceſſive, comme auſſi pour tâcher s'il étoit poſſible de ne point marcher le jour de la Fête, & de là paſſer à Malagon, où je deſirois de pouvoir demeurer quelques jours.

Ainſi Dieu ne permit pas que j'euſſe la conſolation d'entendre au moins une Meſſe dans nôtre Egliſe. Mon départ troubla la joye de ces bonnes Religieuſes. Elles ſentirent vivement cette ſeparation, à cauſe que nous avions durant un an ſouffert enſemble tant de travaux, que ceux que j'ay rapportez ne ſont que les moindres. Ie n'en ay jamais tant éprouvé dans aucune autre fondation, ſi l'on en excepte celle d'Avila, qui les ſurpaſſoient encore, parce qu'ils eſtoient interieurs. Ie ſouhaite de tout mon cœur que Dieu ſoit bien ſervi dans cette maiſon. C'eſt la ſeule choſe qui importe; j'ay ſujet de l'eſperer lors que je voy qu'il y attire de ſi bonnes ames, & que les cinq que j'y ay menées avec moy, de la vertu deſquelles j'ay parlé; mais beaucoup moins que je ne l'aurois pû faire, y sont demeurées.

Ie veux, mes Filles, vous dire quelque chose de la premiere qui prit l'habit dans ce Monastere, ne doutant point que vous ne l'apreniez avec plaisir. C'estoit une jeune Demoiselle fille de parens tres-vertueux qui demeurent dans le haut pays. Elle n'avoit encore que sept ans quand une de ses tantes qui n'avoit point d'enfans voulut l'avoir auprés d'elle, & la prit en affection. Alors trois servantes de cette tante qui se flatoient auparavant de l'esperance qu'elle leur donneroit son bien, ne doutant point qu'elle ne declarast cet enfant son heritiere, conspirerent ensemble pour la perdre, & inspirées du demon supposerent qu'elle vouloit faire mourir sa tante, & qu'elle avoit pour ce sujet donné de l'argent à l'une d'elles pour acheter de l'arsenic. Celle-là le dit à sa Maistresse, & les deux autres confirmerent son témoignage. Ainsi la tante le crut; la mere mesme de l'enfant en demeura persuadée, & elle retira sa fille qui passoit dans son esprit pour aussi coupable qu'elle estoit innocente. *Beatrix de la Mere de Dieu.*

Cette fille, dont le nom est Beatrix de la Mere de Dieu, m'a dit que durant plus d'une année sa mere la faisoit coucher sur la terre; qu'il ne se passoit point de jour qu'elle ne luy donnast le foüet pour lui faire confesser le crime dont elle estoit accusée; & que plus elle asseuroit qu'elle ne l'avoit pas commis, ni ne sçavoit pas seulement ce que c'estoit que de l'arsenic, plus elle luy paroissoit méchante de s'opiniastrer à le dénier, & la croyoit incorrigible. Il luy eust esté facile de se délivrer d'un si cruel traitement en avoüant ce qu'on luy imposoit & il y a suiet de s'estonner qu'elle ne le fit pas. Mais Dieu luy donna la force de soustenir toûjours la verité; & comme il est le protecteur des innocens il envoya à deux de ces trois femmes de si cruelles maladies qu'elles paroissoient avoir la rage. Se voyant en cet estat & prestes à mourir elles confesserent leur crime, & firent demander pardon à l'enfant. La troisiéme mourut en couche, & fit la mesme declaration. Ainsi toutes trois expirerent dans les tourmens pour punition d'une si horrible méchanceté. Ie n'ay pas seulement sçeu cela de la fille, mais aussi de la propre bouche de la mere qui la voyant Religieuse, & ayant peine à se consoler des maux qu'elle luy avoit faits, me l'a raconté avec d'autres particularitez qui faisoient voir quelles avoient esté ses souffrances. Dieu ayant permis qu'encore qu'elle n'eust point d'autre enfant, & qu'elle l'aimast tendrement, elle l'eust traitée d'une maniere si horrible, qu'on pouvoit dire qu'elle avoit esté son bourreau. Et c'est une femme si veritable & si vertueuse que l'on ne sçauroit refuser d'aiouster foy à ses paroles.

Lors que cette fille eut près de douze ans elle fut touchée en lisant la vie de sainte Anne d'une grande devotion pour les Saints du mont Carmel, parce qu'elle voyoit dans cette vie que la mere de sainte

Anne qui se nommoit, ce me semble. Emerentiane alloit souvent les visiter. Ainsi elle s'affectionna de telle sorte à cet ordre de la sainte Vierge qu'elle resolut de se faire religieuse, & fit vœu de chasteté. Elle passoit le plus de temps qu'elle pouvoit en solitude & en oraison, & y recevoit des graces tres-particulieres de N. Seigneur & de sa bien-heureuse mere. Mais quelque impatience qu'elle eust d'entrer en religion, elle n'osoit s'en declarer à son pere & à sa mere, & ne sçavoit comment apprendre des nouvelles de cet ordre. Sur quoy il est assez remarquable qu'y ayant dans Seville mesme une maison de la regle mitigée, elle n'en eut point de connoissance qu'après avoir plusieurs années depuis esté informée du nouvel establissement de nos Monasteres. Elle estoit restée seule de plusieurs enfans dont elle estoit durant leur vie la moins cherie; & celuy de ses freres qui estoit mort le dernier avoit défendu son innocence lors qu'on luy avoit suposé ce crime. Aussi-tost qu'elle fut en âge d'estre mariée son pere & sa mere luy proposerent un party si avantageux, qu'ils ne doutoient point qu'elle ne l'acceptast; mais elle leur répondit qu'elle avoit fait vœu de chasteté, & qu'elle mourroit plustost que de le violer.

Ce refus les irrita de telle sorte, soit par un aveuglement causé par le demon, ou que Dieu le permist afin de faire souffrir à cette vertueuse fille une espece de martyre, que s'estant imaginez qu'il faloit qu'elle eust commis quelque grand crime pour avoir pû se resoudre de faire un si grand affront à celuy à qui ils avoient donné leur parole ils la traiterent d'une maniere si barbare qu'il luy en auroit cousté la vie si Dieu ne la luy eust conservée, & elle demeura trois mois au lit sans se pouvoir remuer. Sur quoy elle m'a dit que dans l'excés de ses tourmens s'estant souvenuë de ce que sainte Agnez avoit souffert, elle ne les sentit presque plus, tant elle auroit desiré de mourir martyre comme elle.

Il faut avoüer qu'il est bien étrange qu'une fille qui ne quittoit jamais sa mere, & estoit continuellement éclairée par un pere si habile, ait pû estre soupçonnée par eux d'avoir commis un si étrange peché, elle qui avoit toûjours vécu saintement, & estoit si honneste, si sage, & si charitable envers les pauvres, qu'elle leur donnoit tout ce qu'elle avoit : Mais lors que Dieu par un excés de son amour pour une personne la fait souffrir, il se sert de divers moyens pour luy accorder cette grace. Quelques années après ce pere & cette mere ayant connu la vertu de leur fille changerent en caresses le mauvais traitement qu'ils luy faisoient. Ils ne luy refusoient rien de ce qu'elle desiroit d'eux pour faire l'aumosne, sans que neanmoins ils se pûssent resoudre à consentir qu'elle fust Religieuse; ce qui luy donnoit, à ce qu'elle m'a dit, beaucoup de peine.

Treize ou quatorze ans avant que le Pere Gratien allast à Seville
lors

lors que l'on ne sçavoit encore ce que c'estoit que de Carmes Déchauffez, cette fille estant avec son pere, sa mere & quelques-unes de ses voisines, un Religieux tres venerable & vestu de gros drap comme nos Peres de la reforme le sont maintenant, entra dans la chambre: & quoy qu'il semblast estre fort âgé, & que sa barbe qui estoit fort grande fust aussi blanche que de l'argent, il paroissoit beaucoup de fraicheur sur son visage. Il s'approcha de cette fille, & aprés luy avoir parlé en une langue que ni elle ni aucun de ceux qui estoient presens n'entendoit point, il fit trois fois le signe de la croix sur elle en disant ces propres mots: Beatrix, Dieu te rende forte: & puis s'en alla. Leur étonnement à tous fut si grand qu'à peine aucun d'eux pouvoit respirer tandis qu'il fut là. Quand il fut party le pere demanda à sa fille qui estoit ce venerable vieillard. Elle de son costé croyoit qu'il le connoissoit, & ils se leverent tous aussi tost pour l'aller chercher, mais inutilement. Cette apparition donna une grande consolation à cette sainte fille, & tous ceux qui la virent ne pouvant douter qu'elle ne vinst de Dieu en furent extrêmement surpris, & conceurent encore une plus grande estime de sa vertu. Durant les quatorze années suivantes elle continua de s'employer à servir Dieu, & à luy demander qu'il luy plût d'accomplir son dessein sur elle.

Vn si long retardement l'ennuyoit beaucoup, lors qu'allant entendre le sermon dans l'Eglise de Triane qui est le quartier de Seville où son pere demeuroit, sans sçavoir qui y preschoit, il se trouva que c'estoit le Pere Ierôme Gracien. Et quand il alla recevoir la benediction elle se ressouvint de celuy qui luy estoit apparu autrefois vestu & déchaussé de la mesme sorte, mais different de visage; le Pere Gracien n'ayant pas trente ans. Elle m'a raconté que sa joye fut si grande, qu'elle pensa s'évanoüir, parce qu'encore qu'elle eust appris que l'on avoit estably en ce quartier là un Monastere de Religieux, elle ne sçavoit point que ce fust des Carmes Déchaussez. Elle fit dés ce moment tout ce qu'elle pût pour aller à confesse à luy, & ne pût qu'avec beaucoup de peine l'obtenir, à cause qu'estant si reservé & si retiré, & la voyant jeune & fort belle, il évite autant qu'il peut de confesser de semblables personnes. Comme elle estoit de son costé fort retenuë, un jour qu'elle pleuroit dans l'Eglise, une femme luy demanda ce qu'elle avoit. Elle luy répondit qu'elle auroit desiré de parler au Pere Gracien, mais qu'elle ne sçavoit comment l'aborder, parce qu'il confessoit alors. Cette femme la prit par la main la mena à ce Pere, le pria de l'entendre, & elle luy fit une confession generale. Il fut également touché & consolé des graces que Dieu avoit répanduës dans cette ame, & la consola beaucoup en luy apprenant qu'il pourroit bien venir des Carmelites; & qu'estant satis-

FFf

fait de sa vocation il feroit en sorte qu'elle seroit la premiere qu'elles recevroient. Il luy confirma la mesme chose apres que nous fusmes arrivées, & prit un grand soin d'empescher que son pere & sa mere ne le sceussent, parce qu'ils n'auroient pû se resoudre à luy permettre d'entrer. Comme lors qu'elle alloit se confesser au Monastere des Carmes Déchaussez qui estoit fort éloigné de son logis & où elle faisoit plusieurs aumônes, sa mere ne la menoit point; mais la faisoit seulement accompagner par des servantes, cette vertueuse fille leur dit le jour de la feste de la tres-sainte Trinité de demeurer, & qu'une femme qui estoit reverée de tout le monde dans Seville à cause de son extrême pieté & de ses occupations continuelles en de bonnes œuvres, viendroit la prendre. Ainsi elles ne l'accompagnerent point, & selon qu'elle l'avoit concerté avec cette femme elle prit un manteau de gros drap si pesant, que sans la ioye qu'elle avoit de le porter ie ne sçay comment elle l'auroit pû. Sa seule crainte estoit de rencontrer quelqu'un qui la reconnust, & qui la voyant dans un habit si different de son habit ordinaire ne la traversast dans son dessein. Car qu'est-ce qu'un veritable amour pour Dieu ne fait point faire ? Nous luy ouvrismes la porte, & i'envoyay en donner avis à sa mere. Elle vint aussi-tost, & paroissoit estre hors d'elle-mesme. Mais aprés avoir repris ses esprits, au lieu de passer à ces extremitez ausquelles d'autres meres se laissent emporter, elle connut la grace que Dieu faisoit à sa fille, & malgré la resistance de la nature elle se soûmit à sa volonté, & nous fit ensuite de grandes aumosnes.

Il ne se pouvoit rien aiouster à la ioye que témoignoit cette nouvelle Epouse de Iesus-Christ de iouïr du bonheur qu'elle avoit si ardemment souhaité. Son humilité estoit si grande, & elle prenoit tant de plaisir dans le travail, que nous avions peine à luy arracher le balay des mains; les exercices les plus bas & les plus penibles luy estant les plus agreables, quoy qu'elle eust esté élevée avec beaucoup de delicatesse. Le corps se ressentit de la ioye de l'ame. Elle reprit aussi-tost son embonpoint; & son pere & sa mere la voyant en cet estat en furent si consolez, qu'ils n'auroient pas alors voulu qu'elle n'eust point esté avec nous.

Comme il n'estoit pas raisonnable que cette vertueuse novice iouïst d'un si grand bonheur sans qu'il luy en coustast des souffrances, elle fut extrêmement tentée deux ou trois mois avant sa profession, non pas iusques à se resoudre de ne la point faire; mais parce que le demon effaçoit de son souvenir tout le temps qu'elle avoit soûpiré aprés un tel bien, & luy faisant envisager mille difficultez agitoit sans cesse son esprit. Il se trouva neanmoins vaincu au lieu de la vainque. Elle s'éleva par son courage au dessus de tant de peines dont il taschoit de l'accabler, & malgré tous ses efforts, elle resolut de faire profession. Nostre Seigneur qui n'attendoit pour la couronner que d'éprouver sa constance luy fit trois iours auparavant des graces extraordinaires, & mit en fuite cet irreconciliable ennemy des hommes. Elle se trouva dans une telle consolation qu'elle en estoit toute transportée; & certes avec sujet, puis que c'estoit l'effet d'une preuve si signalée de l'amour que luy portoit son divin Epoux. Peu de jours aprés son pere estant mort, sa mere prit l'habit, & nous fit une aumosne de tout son bien. Il ne se peut rien ajouster au contentement dont elle & sa fille joüissent, & à l'édification qu'elles donnent à toutes les sœurs par la fidelité avec laquelle elles répondent à la faveur que Dieu leur a faite de les appeller à son service.

L'année n'estoit pas encore passée qu'une autre Demoiselle vint aussi se mettre avec nous, quoy que son pere & sa mere ne pûssent se resoudre à le luy permettre. Ainsi Dieu remplit cette maison d'ames choisies qui se consacrent à luy avec tant d'ardeur, qu'il n'y a ni clôture, ni austeritez, ni travaux qui soient capables de les estonner, & qu'elles ne surmontent par son assistance. Qu'il soit beny dans tous les siecles.

FONDATION DV MONASTERE des Carmelites de S. Ioseph de Caravaque.

CHAPITRE XXVI.

De quelle maniere se fit cette fondation: La Sainte exhorte à ne se point arrester au bien dans la reception des Religieuses. Elle parle ensuite des grands travaux qu'elle a soufferts dans ces fondations, & dit comme on luy rendit tant de mauvais offices auprés du Pere General qu'elle receut des défenses d'en faire davantage: ce qui au lieu de l'affliger luy donna beaucoup de ioye.

LORS que j'estois sur le point de partir du Monastere de S. Ioseph d'Avila pour aller à la fondation de Veas dont on estoit demeuré d'accord de tout, & qu'il ne restoit que de nous mettre en chemin pour l'executer, j'appris par un homme qu'une Dame de Caravaque nommée Madame Catherine m'envoya exprés, que trois Demoiselles avoient esté si touchées d'un sermon d'un Pere de la Compagnie de IESUS, qu'elles s'estoient retirées chez elle dans la resolution de n'en point sortir jusques à ce que l'on eust fondé en ce lieu-là un Monastere. Il y a grande apparence qu'elles avoient concerté avec cette Dame, & qu'elle les aideroit à faire cette fondation. Elles estoient filles de deux Gentilshommes des plus qualifiez de Caravaque, dont l'un se nommoit Rodriguez de Moya qui estoit tres-vertueux. Toutes ensemble avoient assez de bien pour executer ce dessein, & elles avoient appris ce qui s'estoit passé dans la fondation de nos Monasteres par les Peres de la Compagnie de Jesus qui nous y ont toûjours assistées.

L'ardeur avec laquelle ces bonnes filles envoyoient de si loin pour s'engager dans l'ordre de la sainte Vierge me donna de la devotion. Ie resolus de seconder leurs bonnes intentions, & ayant sceu que ce lieu estoit proche de Veas je menay un plus grand nombre de Religieuses que je n'avois accoustumé, parce que les lettres que j'avois receuës me faisant croire que cette affaire ne recevroit point de difficulté, mon dessein estoit d'aller faire cette fondation aussi-tost aprés que celle de Veas seroit achevée.

Mais Dieu en ayant ordonné autrement mes mesures furent rompuës. Car comme je l'ay rapporté dans la fondation de Seville la permission du Conseil des ordres arriva alors, & m'empescha d'executer ce que j'avois resolu, Il est vray aussi que j'en fus fort dégoustée, parce que j'appris estant à Veas que le chemin estoit si mauvais, que les Superieurs de nos Monasteres ne pourroiét sans beaucoup de peine y aller faire leurs visites. Toutefois comme j'avois donné sujet d'esperer que l'affaire s'acheveroit, je priay le Pere Iulien d'Avila & Antoine Gaytan d'aller sur les lieux pour reconnoistre l'estat des choses, & me dégager s'ils le jugeoient à propos. Ils trouverent cette grande chaleur assez rallentie, non pas du costé de ces Demoiselles, mais de celuy de Madame Catherine qui avoit la principale part dans ce dessein, & qui les avoit logées chez elle dans un appartement separé comme dans une espece de Monastere.

Ces bonnes filles demeurerent neanmoins si fermes dans leur resolution d'estre Religieuses, & gagnerent de telle sorte le Pere Iulien d'Avila & Antoine Gaytan qu'avant que de s'en revenir ils passerent tous les actes necessaires pour la conclusion du traité, & les laisserent ainsi comblées de joye. Quant à eux ils estoient si satisfaits d'elle & de la bonté du païs qu'ils ne pouvoient se lasser de nous le témoigner; & ils avoüoient en mesme temps que l'on ne pouvoit voir de plus méchans chemin. Tout estant donc ainsi d'accord je renvoyay le bon Antoine Gaytan qui ne trouvoit rien de difficile pour m'obliger. Et sans l'affection que le Pere Iulien & luy avoient pour cet establissement, & la peine qu'ils prirent pour le faire reüssir, il ne se seroit jamais fait, tant j'y estois peu portée. Ie priay ce bon homme de faire mettre un tour & des grilles aux lieux où l'on devoit prendre possession, & loger les Religieuses jusques à ce qu'elles eussent acheté une maison qui leur fust commode. Ce serviteur de Dieu y passa plusieurs jours, & nous accommoda un logement dans la maison de Rodriguez de Moya, qui estoit comme ie l'ay dit pere d'une de ces Demoiselles, & qui en dóna avec ioye une partie pour ce suiet.

Lors que i'estois preste à me mettre en chemin ie receus la permission. Mais ayant sceu qu'il y avoit une clause qui rendoit les Religieuses dépendantes des Commandeurs, à quoy ie ne pouvois consentir parce que cela est contraire à nos constitutions, il falut envoyer demander une nouvelle permission ; & on ne l'auroit iamais obtenuë non plus que celle de Veas si ie n'eusse pris la liberté d'en écrire au Roy Dom Philippes II. à present regnant. Il commanda qu'on l'expediast aussi-tost. Car Sa Maiesté affectionne de telle sorte les personnes Religieuses qui vivent selon leur profession, qu'ayant sceu que nous observons dans nos Monasteres la premiere Regle il nous a tousiours favorisées. C'est pourquoy, mes Filles, ie vous prie de tout mon cœur de ne discontinuer iamais les prieres particulieres que nous faisons pour ce grand Prince.

Comme il faloit donc faire reformer cette permission ie partis par l'ordre du Pere Ierôme Gracien de la mere de Dieu alors Commissaire & qui l'est encore : Ie pris mon chemin par Seville ; & laissay ces pauvres Demoiselles dans leur closture où elles demeurerent iusques au premier iour de l'année suivante, quoy qu'elles eussent envoyé vers moy a Avila dés le mois de Février. La permission fut bientost expediée. Mais estant si éloignée d'elles & si occupée du suiet de mon voyage, tout ce que ie pouvois estoit de les beaucoup plaindre dans les peines où elles me témoignoient estre par leurs lettres, & de desirer extrêmement de les en soulager.

M'estant donc impossible d'y aller, tant à cause de ce grand éloignement, que parce que cette autre fondation n'estoit pas encore achevée, le Pere Ierôme Gracien trouva bon que les Religieuses qui avoient esté destinées pour commencer cet establissement, & qui estoient demeurées à saint Ioseph de Malagon, le fissent sans moy.

Ie fis en sorte que l'on donna pour Prieure une Religieuse en la conduite de laquelle i'avois une grande confiance, parce qu'elle est beaucoup meilleure que moy. Elles partirent avec tout ce dont elles avoient besoin accópagnées de deux Peres Carmes de nostre reforme ; car le Pere Iulien d'Avila & Antoine Gaytan s'en estoient retournez il y avoit desia quelques iours ; & comme le chemin estoit long & le temps fâcheux à cause que c'étoit sur la fin de Decembre ie ne voulus pas leur donner la peine de revenir. Ces Religieuses furent receuës à Caravaque avec une grande ioye de toute la ville, & une tres-particuliere de ces Demoiselles qui les attédoient dans leur closture avec tant d'impatience. Elles fonderent le Monastere, & le tres-

Eef iij

saint Sacrement y fut mis le jour du saint Nom de Iesus de l'année 1576. Deux de ces trois filles prirent aussi-tost l'habit. Mais la troisiéme estant d'un naturel trop mélancolique pour vivre dans une closture si estroite & si austere, elle retourna en sa maison pour y demeurer avec une de ses sœurs. Qu'un tel exemple, mes Filles, vous fasse admirer la conduite de Dieu, & combien nous sommes obligées de le servir & de le remercier de la grace qu'il nous a faite de perseverer jusques à faire profession, & de demeurer ainsi dãs sa maison durant tout le reste de nostre vie en qualité de filles de la sainte Vierge. Il s'est servi du dessein qu'avoit cette Demoiselle d'estre Religieuse, & de son bien pour l'establissement de ce Monastere. Et lors qu'elle devoit joüir du bonheur qu'elle avoit si ardemment souhaité le courage luy a manqué & elle s'est laissé vaincre par cette humeur mélancolique sur qui nous rejettons si souvent les fautes que nos imperfections & la legereté de nostre esprit nous font commettre.

Plaise à sa divine Majesté de nous donner une grace si abondante que rien ne soit capable de nous empescher d'avancer dans son service; & qu'il veüille toûjours s'il luy plaist estre nostre protecteur & nostre soustien, afin que nous ne perdions pas par nostre lascheté un aussi grand bien que celuy dont il a commencé de favoriser des creatures aussi foibles & aussi miserables que nous sommes. Ie vous conjure en son nom, mes Sœurs & mes Filles, de luy faire sans cesse cette priere, & que chacune de celles qui entreront à l'avenir dãs ces maisons saintes se represente continuellement que ç'a esté par une grace toute extraordinaire que cet ordre de la sainte Vierge est rentré dans la premiere observance de sa Regle, afin qu'il ne permette pas qu'elle se relasche. Considerez que des choses qui paroissent legeres ouvrent la porte à de grands desordres, & font sans que l'on s'en apperçoive que l'esprit du monde entre dans ces lieux consacrez à la retraite & au silence. Representez-vous la pauvreté & les travaux qui vous ont procuré le repos dont vous joüissez, & vous connoistrez que la plus grande partie de ces Monasteres ne sont pas l'ouvrage des hommes, mais celuy de Dieu qui prend plaisir à nous accorder de nouvelles graces quand nous n'y apportons point d'obstacle. Car d'où pensez-vous qu'une fille aussi foible & aussi imparfaite que je suis ait tiré de la force pour executer de si grandes choses ? une fille soûmise à autruy, une fille sans argent & sans secours; celuy de mes freres qui m'assista en la fondation de Seville étant encore alors dans les Indes ? Et comment pourriez vous douter, mes Sœurs, que ce ne soit Dieu qui a tout fait, puis que je ne suis pas d'une naissance assez illustre pour m'attribuer l'honneur que l'on m'a rendu en tant de rencontres; & que de quelque costé que l'on considere ce qui s'est passé dans ces fondations il faut toûjours en venir à reconnoistre que

Dieu seul en a esté la source. Ne serions-nous donc pas bien malheureuses si nous manquions de maintenir sa perfection un si grand ouvrage quand il nous devroit couster pour le conserver nostre repos, nostre honneur, & nostre vie? Mais ces trois choses au contraire s'y rencontrent. Car quel repos égale celuy dont vous iouïssez avec une telle paix & une si grande ioye interieure, qu'au lieu d'apprehender la pauvreté vous la desirez? Quel honneur peut estre plus grand que d'estre les épouses d'un Dieu? Et quelle vie peut estre plus heureuse que celle où l'on n'apprehende point la mort, comme nous en voyons des exemples en celles qui finissent leurs iours parmy nous? Ainsi si vous demandez sans cesse à Dieu la grace de vous avancer de plus en plus dans son service: si vous vous défiez de vous-mesmes pour ne vous confier qu'en luy; & si vous ne vous decouragez iamais il ne vous refusera iamais son assistance.

N'apprehendez donc point que rien vous manque, & pourveu que vous soyez contentes des dispositions de celles qui se presenteront pour estre Religieuses & qu'elles soient riches en vertu, ne craignez point de les recevoir encore qu'elles soient pauvres des biens du monde. Il suffit qu'elles viennent dans le dessein de servir Dieu le plus parfaitement qu'elles pourront. Il pourvoira à vos besoins par quelque autre voye qui vous sera beaucoup plus avantageuse. J'en parle par experience; & il m'est témoin que ie n'ay iamais refusé aucune fille manque de bien quand j'estois contente du reste. Le grand nombre que vous sçavez que i'en ay receu purement pour l'amour de Dieu en est une preuve; & ie puis asseurer avec verité que ie n'estois pas si aise d'en recevoir de riches que de pauvres, parce que les premieres me donnoient quelque crainte; au lieu que les autres touchoient si sensiblement mon cœur, que souvent i'en pleurois de ioye. Que si en tenant cette conduite lors que nous n'avions ni maison, ni argent pour en acheter Dieu nous a tant assistées, serions-nous excusables de ne pas tenir la mesme conduite maintenant que nous avons dequoy vivre? Croyez-moi, mes Filles, vous perdriez en pensant gagner. Si celles qui se presenteront ont du bien qu'elles ne soient point obligées de donner à d'autres qui en auroient besoin, ie trouve bon que vous le receviez en aumosne, parce qu'il me semble qu'autrement elles vous témoigneroient peu d'affection. Mais prenez toujours garde que celles qui seront receuës ne disposent de leur bien que par l'avis de personnes doctes, & pour la plus grande gloire de Dieu. Nous ne sçaurions qu'avec ces conditions pretendre d'en recevoir d'elles, & il nous importe beaucoup davantage qu'elles servent Dieu le plus parfaitemét qu'elles pourront, puis que ce doit estre nostre seul desir. Toute miserable que ie suis ie puis dire à son honneur & pour vostre consolation

Ne se point arrêter au bien dans la reception des Religieuses.

que je n'ay jamais rien fait dans ces fondations que je n'aye crû conforme à sa volonté dont je n'aurois voulu pour quoy que ce fût m'éloigner en la moindre chose, & par l'avis de mes confesseurs, qui depuis que j'ay pris cette resolution se sont tous trouvez fort sçavans & personnes de grande pieté.

Peut-estre que je me trompe, & que j'ay commis sans le sçavoir un tres-grand nombre de fautes. I'en laisse le jugement à Dieu qui penetre le fond des cœurs, & dis seulement ce qui me paroist s'estre passé en moy mesme. Mais je voyois clairement que si je faisois quelque bien c'estoit luy qui me le faisoit faire, & qu'il se servoit de moy pour accomplir son ouvrage. Aussi ne l'ay-je rapporté, mes filles, qu'afin de vous faire encore mieux connoistre combien vous lui êtes obligées, & que jusques à cette heure nous n'avons fait tort à qui que ce soit. Qu'il soit beny à jamais d'estre la cause de tout nostre bonheur, & d'avoir suscité des personnes charitables pour nous assister. Ie le prie de nous faire la grace de n'estre point ingrates de tant de faveurs dont nous luy sommes redevables. Ainsi soit-il.

Vous avez vû, mes Filles, une partie des travaux que j'ay soufferts, & qui à mon avis ont esté les moindres. Ie n'aurois pû sans vous ennuyer vous les rapporter tous & vous dire particulierement combien grandes ont esté les fatigues que nous donnoient dans nos voyages la pluye, la neige, la peine de nous trouver égarées de nostre chemin, & sur tout mon peu de santé, m'estant arrivé diverses fois d'avoir une fievre si violente, & plusieurs autres maux tant interieurs qu'exterieurs. Il me souvient entre autres choses que le jour que nous partismes de Malagon pour aller à Veas je me trouvay reduite en tel estat, que considerant la longueur du chemin qui nous restoit encore à faire, les paroles du Prophete Elie nostre Pere quand il fuyoit la fureur de Iezabel me vinrent en l'esprit, & je dis à Dieu comme luy : Ie vous laisse à juger, Seigneur. Si j'ay assez de force pour tant souffrir. Sa divine Majesté voyant ma foiblesse me délivra comme en un moment de cette fiévre & de tous ces autres maux tant interieurs qu'exterieurs, dont j'attribuay la cause à un saint Ecclesiastique qui survint. Lors que Dieu me donnoit ainsi de la santé je supportois avec joye les travaux corporels. Mais ce ne m'estoit pas une petite peine de m'accommoder aux differentes humeurs des personnes des lieux où nous allions, & à me separer de mes Filles & de mes Sœurs quand je me trouvois obligée de les quitter pour aller ailleurs; la tendresse avec laquelle je les aime estant si grande que je puis dire avec verité que ces separations n'estoient pas les moindres de mes croix, principalement lors que je pensois

que

que je ne les reverois plus. La douleur qu'elles ressentoient de leur costé leur faisoit répandre quantité de larmes : parce qu'encore qu'elles soient détachées de tout le reste, Dieu ne leur a pas fait la grace de l'estre de moy, peut-estre pour augmenter la peine que me faisoit souffrir ce que je ne l'estois pas non plus d'elles. Ie faisois tous mes efforts pour ne le leur pas témoigner, & les reprenois mesme d'estre en cela si imparfaites : mais leur veritable affection pour moy dont elles me donnoient des preuves en toutes rencontres estoit si grande, que mes remontrances leur servoient de peu.

Vous aurez vû aussi comme j'avois non seulement la permission de nostre Reverendissime Pere General de faire ces fondations, mais un ordre particulier d'y travailler, & Dieu luy donnoit tant de zele pour ce bon œuvre que je n'en faisois aucune dont il ne me témoignast par les lettres une extrême joye. I'avoüe que rien ne m'a tant soulagée dans mes travaux, parce que je croyois servir Dieu en le contentant, étant comme il est mon superieur, & que i'avois de plus une grande affection pour luy.

Enfin, soit que nostre Seigneur voulust me donner quelque repos ou que le diable ne pust souffrir l'établissement de tant de maisons consacrées au service de Dieu, le cours de ces fondations fut interrompu sans que l'on puisse en attribuer la cause à nostre Reverendissime Pere General, puis que luy ayant écrit il n'y avoit pas long-temps pour le prier de me dispenser de fonder davantage des monasteres, il m'avoit répondu que bien loin de me l'accorder, il souhaitoit que leur nombre pust égaler celuy de ses cheveux.

Avant que ie partisse de Seville on avoit tenu un chapitre general dans lequel i'avois suiet de croire que l'on considereroit comme un service rendu à l'Ordre la fondation de ces nouveaux monasteres, Mais au lieu d'envisager cette affaire de la sorte, on m'envoya une défense des Définiteurs de faire davantage de fondations, & un commandement de me retirer dans celle de nos maisons que je voudrois choisir, avec défense d'en sortir pour quelque cause ou occasion que ce fust, ce qui estoit comme me mettre en prison, puis qu'il n'y a point de religieuse qu'un Provincial ne puisse envoyer d'un monastere en un autre lors que le bien de l'Ordre le desire. Mais ce qui estoit pis que tout le reste, & la seule chose qui m'estoit sensible, c'est que nostre Pere General estoit mal satisfait de moy sur de faux rapports que des personnes passionnées luy avoient faits. Or pour vous faire voir, mes Sœurs, combien grande est la misericorde de Dieu, & qu'il n'abandonne iamais ceux qui desirent de le servir, ie puis asseurer avec verité que non seulement cet ordre du chapitre ne me donna point de peine, mais me causa tant de joye que ie ne la pauvois dissimuler. Ainsi ie ne m'étonne plus de ce

GGg

que David dansa devant l'arche, puis que si ie l'eusse osé i'aurois fait la mesme chose en cette rencontre. Ie ne sçay à quoy attribuer une ioye si excessive, ne m'estant iamais trouvée en tant d'autres grandes traverses dans une semblable disposition, quoy que l'une des accusations que l'on me supposoit fust tres notable. Et pour ce qui estoit de ne plus fonder de monasteres, si on en excepte le déplaisir que me donnoit le mécontentement de nostre Reverend Pere-General, ce m'estoit un grand soûlagement, & i'avois souvent desiré de finir ma vie dans le repos & la retraite. Ce n'estoit pas neanmoins la pensée de ceux qui me rendoient ces mauvais offices. Ils croyoient au contraire extremement m'affliger, & peut-estre avoit-ils bonne intention. Il est vray que i'ay quelquefois senty de la ioye dans les grandes contradictions que i'ay eües dans ces fondations, & les discours qui se faisoient contre moy par diverses personnes dont quelques unes n'ayoient pas de mauvais dessein. Mais ie ne me souviens point d'avoir iamais en toute ma vie eu un contentement semblable à celuy que i'éprouvay en cette rencontre : En quoy ce qui me touchoit principalement estoit de penser qu'il faloit que mon Createur fust satisfait de moy, puis que les creatures me récompensoient de la sorte des travaux que ie souffrois. Car i'estois tres persuadée que c'est se tromper que de chercher sa consolation dans les choses de la terre & les loüanges des hommes. Ils sont auiourd'huy d'un sentiment, demain d'un autre : ce qui leur plaist le matin, leur déplaist le soir, & vous seul, mon Dieu, estes toûiours immuable : Que soyes-vous beny à iamais, vous qui ferez ioüir dans le ciel d'une vie sans fin ceux qui vous serviront fidellement iusques à la fin de leur vie.

Ie commençay, comme ie l'ay dit, en l'année 1573. à écrire ces fondations par l'ordre du Pere Ripalda religieux de la compagnie de IESUS alors mon confesseur & recteur du college de Salamanque, où ie demeurois dans le monastere de saint Ioseph. Aprés en avoir écris quelques-unes parmy plusieurs occupations ie resolus d'en demeurer là tant parce que ie ne me confessois plus à ce Pere qui estoit allé demeurer ailleurs, qu'à cause que i'avois eu beaucoup de peine à les écrire ainsi que i'en ay toûiours, sans neanmoins que i'y usse de regret l'ayant fait par obeïssance. Mais le Pere Ierosme Gracien de la mere de Dieu commissaire apostolique me commanda de continuer. Comme mon obeïssance est fort imparfaite ie luy representay pour m'en excuser mon peu de loisir, & les autres raisons qui me vinrent en esprit, tant i'apprehendois d'aioûter cette fatigue à celles que i'avois desia. Ne l'ayant pu persuader il m'ordonna d'y travailler quand ie le pourrois, & ie l'ay fait par soumission dans le desir que l'on en retranche tout ce que l'on y trouvera de mauvais, qui fera peut-eftre ce qui m'y paroift le meillieur. I'ay achevé cet traité le quatorziéme jour de Novembre 1576. veille de faint Eugene dans le monaftere de faint Iofeph de Tolede où je fuis prefentement, & par l'ordre de ce Pere qui n'eft pas feulement Commiffaire apoftolique des Carmes déchauffez & des Carmelites qui vivent felon la premiere regle ; mais Vifiteur de ceux de l'obfervance mitigée de l'Andaloufie. Ie prie noftre Seigneur IESUS-CHRIST qui regne & regnera dans tous les fiecles de faire que cet ouvrage reüffiffe à fon honneur & à fa gloire.

Ie conjure mes Sœurs qui liront cecy de vouloir pour l'amour de noftre Seigneur me recommander à luy, afin qu'il me faffe mifericorde, & me délivre des peines du Purgatoire que je puis avoir meritées, pour me faire ioüir de fa divine prefence, & que n'ayant pas le bonheur de le voir durant ma vie, je reçoive quelque recompenfe aprés ma mort de la peine que j'ay euë à écrire cecy ; & de mon extreme defir qu'il donne quelque confolation à celles à qui on permettra de le lire.

Eftant une veille de Pentecôte dans l'hermitage de Nazareth du monaftere de faint Iofeph d'Avila, & penfant à une tres grande grace que Dieu m'avoit faite a pareil jour il y avoit environ vingt ans, j'en fus fi touchée que je tombay en raviffement. Dans cette extafe noftre Seigneur me commanda de dire de fa part aux Peres de noftre reforme, qu'elle iroit toûjours en augmentant au lieu de fe relâcher, pourvû qu'ils travaillaffent avec grand foin à obferver quatre chofes. La premiere : Que les Superieurs s'accordaffent dans leurs fentimens. La feconde : Qu'ayant plufieurs maifons il n'y euft que peu de Religieux en chacune. La troifiéme : D'avoir peu de commerce avec les feculiers. Et la quatriéme : D'enfeigner plus par leurs actions que par leur paroles. Cecy arriva en l'année 1579. & pour témoigner qu'il eft tres-veritable, ie l'ay figné de ma main.

Therefe de IESUS.

SUITE DE CES FONDATIONS.

FONDATION DV MONASTERE
des Carmelites de Villeneuve de la Xare.

CHAPITRE XXVII.

Persecution faites aux Peres Carmes déchauffez par ceux de l'observance mitigée soûtenus par le Nonce apostolique, & qui ne cefferent qu'aprés que le Roy Philippe second eut donné à ce Nonce quatre Affeffeurs tres-gens de bien pour juger de cette affaire. La Sainte entreprend par l'ordre de Dieu de fonder un monastere de Carmelites à Villeneuve de la Xare où neuf Demoifelles qui vivoient en communauté d'une maniere admirable fouhaittoient avec ardeur d'eftre Carmelites. La Sainte ayant paffé pour y aller par un monaftere fondé par fainte Catherine de Cardene elle parle fort au long de la vie & des Vertus de cette grande Sainte.

APRE'S que la fondation de Seville fut achevée on demeura plus de quatre ans fans en faire d'autres, à cause des grandes perfecutions qui s'éleverent tout à coup contre les Carmes déchauffez & les Carmelites. Il y en avoit eu d'autres auparavant; mais non pas fi rudes que celles-cy qui penferent tout renverfer. Le diable fit voir combien de fi faints commencemens luy eftoient infupportables, & Dieu fit connoiftre que c'eftoit fon ouvrage en le conduifant à fa perfection malgré les efforts de cet ennemy de toutes les bonnes œuvres. Les Peres Carmes déchauffez, & particulierement les fuperieurs eurent beaucoup à fouffrir par l'oppofition des Peres Carmes mitigez & les temoignages fi defavantageux que prefque tous ces Peres leur rendirent auprés du Reverédiffime Pere General. Car encore que ce foit un fort faint religieux, & que tous ces nouveaux monafteres de Carmes déchauffez n'euffent efté fondez que par fa permiffiō, excepté celuy de faint Iofeph d'Avila pour lequel le Pape l'avoit luy-mefme dónée, ils luy reprefenterent tant de chofes & le prévinrent de telle forte, qu'il ne vouloit pas qu'on en fondaft davantage, & ils l'indifposerent auffi contre moy fur ce que j'avois contribué à ceux qui eftoient déja établis. Mais pour ce qui eft des nouveaux monafteres de religieufes il y a toûjours efté favorable. La peine que ie fouffris peut paffer pour la plus fenfible de toutes celles que i'ay éprouuées dans ces fōdations quoy que i'en aye eu de tres grandes, à caufe que d'un cofté ie ne pouvois me refoudre

DE VILLENEVVE DE LA XARE. CHAP. XXVII. 421

d'abandonner une entreprise que je voyois clairement regarder la gloire de Dieu & l'auantage de nostre Ordre, & que mes confesseurs qui étoient des personnes tres-capables me conseilloient de poursuivre. Et que d'autre part ce m'étoit une mortelle douleur de ne pas déferer a la volonté de mon Superieur, parce qu'outre l'obligation que i'auois de le contenter je l'aimois extrêmemēt & luy estois fort obligée. Mais quelque desir que i'eusse de le satisfaire je ne le pouvois, à cause que nous aviōs des Visiteurs apostoliques a qui nous estions contraintes d'obeïr. Vn Nonce du Pape qui estoit un homme fort saint, & qui par son affection pour la vertu estimoit beaucoup les Carmes dechaussez, mourut alors; & Dieu permit pour exercer ces religieux que celuy qui luy succeda & qui estoit un peu parent du Pape, leur fut tres-contraire. Ie veux croire qu'il estoit homme de bien: mais se trouuant disposé à favoriser en toutes choses les Peres de l'observance mitigée, & se laissant persuader de ce qu'ils luy disoient contre les reformez, il se mit dans l'esprit qu'il les deuoit empescher de se multiplier dauantage, & commença d'agir contre eux auec une si extrême rigueur qu'il condamnoit au bannissement & à la prison ceux qu'il croyoit pouuoir s'opposer à son dessein.

Le Pere Antoine de IESVS qui avoit le premier commencé la reforme, le Pere Ierosme Gracien que le Nonce precedent auoit étably Visiteur apostolique des mitigez contre lequel ce nouueau Nonce estoit principalement aigry, & le Pere Marian de S. Benoist desquels i'ay parlé dans les precedentes fondations, furent ceux qui souffrirent le plus. Il imposa des penitences rigoureuses à d'autres tres-bons religieux, & défendit particulierement à ceux-cy sous de grandes peines de se plus mesler d'aucune affaire. En quoy il estoit facile de juger que Dieu ne permettoit ce orage que pour faire mieux connoistre la vertu de ces excellens religieux, comme la suite le fit voir. Ce mesme Nonce établit pour Visiteur de nos monasteres tant de religieux que de religieuses un Pere de l'observāce mitigée, ce qui nous auroit extrêmement fait souffrir si les choses eussent été comme ils se l'imaginoient, & ne laissa pas de nous faire beaucoup endurer, ainsi qu'on le pourra apprendre par ce qu'en écriront ceux qui le pourront mieux rapporter que moy. Ie me contente de le toucher seulement en passant, afin de faire voir à celles qui nous succederont combien elles sont obligées d'aspirer de plus en plus à la perfection, puis qu'elles n'auront qu'à marcher dans un chemin que celles qui les ont precedées ont eu tant de peine à leur aplanir. On disoit contre quelques-unes d'elles mille choses fausses dont i'estois extrêmement touchée. Et quant à celles que l'on publioit contre moy, i'en avois au contraire de la joye, parce que me considerant comme la cause de cette tempeste i'aurois souhaité que l'on

GGg iij

m'eust iettée dans la mer ainsi que Ionas, afin de la faire cesser. Mais Dieu soit loüé à iamais d'avoir protegé la iustice. Le Roy Dom Philippes ayāt esté informé de la pieté & de la maniere de vivre des Carmes déchaussez conçut de l'affection pour eux. Ainsi il ne voulut pas que le Nonce fust le seul iuge de cette affaire. Il luy dōna quatre Assesseurs tous grands personages, & dont trois estoient religieux. L'un d'eux se nommoit le Pere Pierre Fernandez homme de tres-grand esprit, tres sçavant, & d'une fort sainte vie. Comme il avoit esté Visiteur tant des Peres de l'observance mitigée de la province de Castille que des Carmes déchaussez, il estoit tres-informé de la maniere de vivre des uns & des autres; ce qu'il nous importoit de tout qui fut bien connu. Ainsi lors que ie sçus que sa Maiesté l'avoit choisi ie crus nostre affaire terminée, comme elle l'est par la grace de Dieu. Ie souhaite que ce soit pour son honneur & pour sa gloire. Il est certain qu'encore que plusieurs Evesques & des plus grands Seigneurs du royaume s'employassent auec chaleur pour informer ce Nonce de la verité, leurs efforts auroient esté inutiles si Dieu n'eust permis que le Roy luy mesme eust pris connoissance de l'affaire.

Quelle obligation n'avons-nous donc point, mes Sœurs, de prier extrêmemēt Dieu pour ce grand Prince, & pour ceux qui ont favorisé avec luy la cause de nostre Seigneur & de la tres-sainte Vierge sa mere. & sçaurois-ie trop vous le recommander, puis que vous voyez qu'autrement il auroit esté impossible de continuer ces fondations? en quoy tout ce que nous pouvions contribuer estoit de demander à Dieu par des prieres & des penitences continuelles, qu'il luy pluſt que cette nouvelle reforme non seulement subsistat, mais fit un plus grand progrez s'il le iugeoit estre de son service.

Comme ie ne vous ay parlé qu'en passant de tant de travaux qu'on eut à souffrir ils vous paroistront peut-estre peu considerables. Ie vous assure neanmoins qu'ils furent fort grands & fort longs.

Lors qu'en l'année 1576, i'estois à Tolede aprés estre revenuë de la fondation de Seville, un Ecclesiastique de Villenuve de la Xare m'apporta des lettres du Conseil de ce lieu-là, avec ordre de tâcher de me porter à y fonder un monastere, & à y recevoir neuf filles qui s'estoit retirées il y avoit desia quelques années dans un hermitage de saint Anne du mesme lieu. Elles vivoient en communauté dans une si grande retraite & une si grande perfection que toute la ville admirant leur vertu les vouloit assister dans leur desir d'estre religieuses; & un Curé de ce lieu nōmé Augustin de Ervias fort sçavant & fort homme de bien touché du mesme sentiment m'écrivit aussi en leur faveur. Ie crus ne pouvoir entrer dans cette proposition pour quatre raisons. La premiere qu'il estoit difficile que ce grand nombre de filles sa pust accōmoder à nostre maniere de vivre

DE VILLENEVVE DE LA XARE. CHAP. XXVII.

aprés en avoir pratiqué une autre. La seconde: qu'elles n'avoient pas à beaucoup prés dequoy subsister, & qu'encore que la ville promist de les nourrir cela ne me paroissoit pas pouvoir continuer & suffire pour vivre d'aumônes dâs un lieu qui n'estoit guere de plus de mille feux. La troisiéme: qu'elles n'avoient point de maison. La quatriéme; que ce lieu estoit fort éloigné de nos monasteres. Et de plus, parce que ne les ayant iamais vuës, ie ne pouvois quoy que l'on me dist de leur vertu, m'assurer qu'elles eussent toutes les qualitez necessaires pour embrasser une vie semblable à la nostre. Ainsi ie me resolvois à un refus. Mais comme ie ne fais rien sans conseil de personnes sçavantes & vertueuses ie voulus en parler au Docteur Velasquez mon confesseur alors Chanoine & Theologal de Tolede & maintenant Evesque d'Osme home de grande capacité & pieté. Apres qu'il eut vu les lettres & esté informé de l'affaire il me dit, que ie devois rendre une réponse favorable, à cause que lors que Dieu unit ainsi dans un mesme dessein tant de personnes vertueuses, c'est une marque qu'il y va de son service. Ie luy obeis, & renvoyay celuy qui m'avoit esté dépesché sans luy donner un entier refus. On continua ensuite à me tant presser, & on employa tant de personnes pour m'engager dans cette fôdation que cela dura iusques en l'année 1580. parce que d'un costé il me sembloit toûiours qu'il n'y avoit point d'apparence de s'y résoudre; & que de l'autre mes réponses n'estoient point si mauvaises qu'elles ne leur laissassent quelque esperance.

Il arriva que le Pere Antoine de Iesus se retira durant le temps qui restoit de son exil dans le monastere de nostre Dame du secours distât de trois lieuës de Villeneuve. Ainsi il y alloit quelquefois prescher, & le Pere Gabriel de l'Assomption Prieur de ce monastere qui est un homme fort sage & de grande pieté l'y accompagnoit. Comme ils estoiêt tous deux amis du Docteur Ervias ils eurent par luy la connoissance de ces saintes filles, & furent si touchez de leur vertu & des instances que ce Docteur & toute la ville faisoient en leur faveur, qu'ils embrasserent cette affaire comme si elle eust esté la leur propre; & il n'y eut rien qu'ils ne fissent par leurs lettres pour tâcher à me persuader d'y entendre. I'estois alors dans le monastere de saint Ioseph de Malagon éloigné de plus de vingt-six lieuës de Villeneuve; & ce Pere Prieur vint me trouver sur ce sujet. Il m'assura entre autres choses que lors que l'établissement seroit fait le Docteur Ervias donneroit à cette maison trois cens ducats de rente à prendre sur son benefice aussi-tost que l'on en auroit obtenu la permission de Rome. Si c'eust esté une chose presente i'aurois crû que cela joint avec le peu qu'avoient ces filles suffiroit pour leur subsistance: mais ne se devant faire qu'aprés la fôdation ie n'y trouvois pas assez de sureté. Ainsi pour m'en excuser ie représentay au Pere Prieur diverses raisons qui me paroissoient tres fortes, le priay de bien considerer l'affaire avec le Pere Antoine de Iesus, & luy dis que je la remettois sur leur conscience, & ne croyois pas qu'elle se dust faire.

Aprés qu'il fut party considerant combien il avoit cette affaire à cœur & qu'il ne manqueroit pas sans doute de faire tous ses efforts pour persuader au Pere Ange de Salazar maintenant nostre superieur d'approuver ce dessein, j'écrivis à l'heure mesme à ce dernier pour le prevenir, & le prier de ne point donner cette permission. Ie luy en representois les raisons : & il m'a mandé depuis qu'il ne l'auroit jamais accordée sans sçavoir si je l'approuvois.

Six semaines aprés ou environ lors que je croyois l'affaire rompuë je reçus des lettres du Conseil de Villeneuve par lesquelles il s'obligeoit à donner tout ce qui seroit necessaire pour la subsistance de ce monastere. Ces lettres estoient accompagnées de celles du Docteur Eruias qui confirmoient la promesse qu'il avoit faite, & d'autres lettres des deux Peres dont i'ay parlé, qui continuoient de me representer avec beaucoup de force combien cette œuvre seroit agreable à Dieu. J'apprehendois tant neanmoins de recevoir ce grand nombre de religieuses qui pourroient, comme il arrive souvent, se liguer ensemble contre celles que ie leur ioindrois, que ne trouvant pas d'ailleurs ce qu'on offroit pour la subsistance de cette maison assez asseurée ie ne pouvois me determiner. J'ay reconnu depuis que c'estoit le demon qui m'abatoit ainsi le courage, & me faisoit perdre par ses artifices presque toute la confiance que i'avois en Dieu. Mais les prieres de ces vertueuses filles triompherent enfin de la malice de cet ennemy de nostre salut.

Comme dans l'extréme desir que i'ay toûjours de voir augmenter le nombre de ceux qui loüent & qui servent Dieu, & que la crainte d'empescher l'avancement de quelques ames avoit esté la cause des réponses favorables que i'avois renduës touchant cette affaire, ie ne cessois point de la recommander à nostre Seigneur. Et un iour aprés avoir communié il me demanda d'une maniere fort severe *avec quels tresors j'avois donc étably les monasteres que j'avois fondez*, & aioûta : *Que je ne deliberasse point d'accepter celuy là : Qu'il y seroit tres-bien servy ; & qu'il seroit utile à plusieurs ames.* La force toute-puissante de ces paroles d'un Dieu qui ne se font pas seulemét entendre à l'esprit, mais qui l'éclairent pour le rendre capable de connoistre la verité, & disposent la volonté à agir conformément à cette connoissance, me toucherent si vivement que ie ne deliberay plus à accepter cette maison, & recónus la faute que i'avois faite d'avoir differé si long-temps par des considerations humaines aprés avoir vû tant d'effets si extraordinaires de la conduite de Dieu dans l'établissement de ces maisons saintes consacrées à son service. Ne mettant donc plus en doute d'entreprendre

cette

cette fondation je crus pour diverses raisons qu'il étoit necessaire d'y mener moy-même les Religieuses qui devroient y demeurer, quoy que je ne le pûsse faire sans beaucoup de peine, parce que j'étois arrivée malade à Malagon, & l'estois encore. Mais jugeant qu'il y alloit du service de Dieu j'en écrivis à nôtre Superieur afin de sçavoir sa volonté. Il m'envoya la permission pour cette fondation, & m'ordonna de l'aller faire, & de mener avec moy telles Religieuses que je voudrois. Ce choix ne me mit pas peu en peine, à cause qu'il faudroit qu'elles demeurassent avec ce grand nombre de filles que je m'engageois de recevoir. Après avoir extrêmement recommandé l'affaire à Dieu je tiray du Monastere de saint Ioseph de Tolede une Religieuse pour être Prieure, & deux de celuy de Malagon dont l'une seroit Soûprieure. Comme on avoit beaucoup prié pour ce sujet ce choix reüssit tres-bien, & je l'attribuay à une faveur particuliere de Dieu. Car quant aux fondations où il n'y a que de nos Religieuses qui les commencent sans se mêler avec d'autres, elles ne sont pas sujettes à rencontrer de grandes difficultez.

Le Pere Antoine de IESUS, & le Pere Gabriel de l'Assomption ce bon Prieur, nous vinrent querir avec les ordres que la ville avoit donnez pour nostre établissement, & nous partâmes de Malagon le treiziéme jour de Février 1580. un Samedy avant le Carême. Ie ne pûs voir sans étonnement qu'étant auparavant si malade, je me trouvay dans un moment en tel état, que je ne me souvenois plus de l'avoir été. On voit par là combien il importe lors que Dieu demande quelque chose de nous de ne point considerer nos infirmitez ni les obstacles qui s'y rencontrent, puis qu'il peut quand il luy plaist changer la foiblesse en force, & la maladie en santé; & que s'il ne le fait pas, c'est qu'il juge que la souffrance nous est plus avantageuse. Car à quoy nostre santé & nostre vie peuvent-elles estre mieux employées qu'à les sacrifier pour le service d'un si grand Roy? Et ne devons-nous pas nous oublier nous-mesme quand il s'agit de son honneur & de sa gloire? N'apprehendez donc point, mes Sœurs, de pouvoir jamais vous égarer en marchant par ce chemin. I'avouë que ma lâcheté & ma foiblesse m'ont souvent fait douter & craindre. Mais il ne me souvient point que depuis que je suis Carmelite, & mesme quelques années auparavant nostre Seigneur ne m'ait par sa misericorde fait la grace de surmonter ces tentations pour embrasser ce qui regardoit son service, quelques difficultez qui s'y rencontrassent. Car encore que je connusse clairement que ce que je pouvois y contribuer n'étoit rien, & que luy seul faisoit tout; je trouvois ma satisfaction dans l'assurance qu'il ne demande de nous qu'une ferme resolution de vouloir absolument tout ce qu'il veut. Qu'il soit beny à jamais. Ainsi soit-il.

HH h

FONDATION

Nôtre chemin se rencontrant par le Monastere de Nôtre-Dam du Secours dont j'ay parlé, nous devions nous y arrêter pour donner avis de nôtre arrivée à Villeneuve qui n'en est éloignée que d trois lieuës, & cela avoit été ainsi resolu par ces Peres qui nous conduisoient, & à qui nous étions obligées d'obeïr. Ce Monastere est assis dans un desert assez agreable. Les Religieux vinrent en bon ordre au devant de leur Prieur; & comme ils étoient pieds nuds avec de pauvres manteaux de gros drap, ils nous donnerent à tous de la devotion. Pour moy j'en fus fort attendrie, m'imaginant de revoir ce temps bien-heureux de nos Saints Peres. Ie les considerois en cette solitude comme des fleurs odoriferantes, dont la blancheur est une marque de leur pureté, & je les croy tels devant Dieu, parce que je suis persuadée qu'ils le servent tres-fidellement. Ils entrerent dans l'Eglise en chantant le *Te Deum* d'un ton qui témoignoit assez combien ils étoient mortifiez. Cette entrée est sous terre comme seroit celle d'une caverne, & represente ainsi celle de nôtre saint Pere Elie. Tant d'objets de pieté me donnoient une telle joye, que quand le chemin que nous avions fait pour venir dans une demeure si devote auroit été encore beaucoup plus long, le travail m'en auroit paru bien employé. Mais je ne pouvois penser sans douleur que je n'avois pas été digne de trouver encore en vie sainte Catherine de Cardone, dont Dieu s'étoit servi pour fonder ce Monastere, quoy que j'eusse tant souhaité de la voir.

Ie croy qu'il ne sera pas mal à propos de rapporter icy quelque chose de sa vie, & des moyens dont j'ay appris que Dieu s'est servi par elle pour fonder cette maison qui a été si utile à plusieurs ames des lieux d'alentour, afin, mes Sœurs, que voyant quelle a été la penitence de cette Sainte, & combien nous sommes éloignées de lui ressembler, nous fassions de nouveaux efforts pour plaire à Dieu. Car comment pourrions-nous nous excuser de faire moins qu'elle, puis que la grandeur de sa naissance qu'elle tiroit des Ducs de Cardone, & qui lui donnoit tant davantage sur nous, l'avoit fait élever d'une maniere plus délicate que nous ne l'avons été? Ayant reçu quelques lettres d'elle j'y ay remarqué qu'au lieu de signer son nom propre, elle signoit seulement La pecheresse. D'autres écriront les particularitez de sa vie avant & depuis que Dieu luy eut fait tant de graces. Ie me contenteray de rapporter ce que j'en ay appris de plusieurs personnes dignes de foy qui avoient fort conversé avec elle.

Dès le temps que cette sainte fille vivoit dans le monde avec les personnes de sa qualité, elle veilloit tres soigneusement sur elle-même, faisoit beaucoup d'austeritez, & desiroit toûjours de plus en plus de se retirer en quelque lieu solitaire pour ne s'occuper que de Dieu seul & à des actions de penitence sans qu'on l'en pûst détourner. Elle le difoit à fes confeffeurs, & ils le luy déconfeilloient confiderant cette penfée comme une folie, parce que le monde eft fi plein de difcretion qu'à peine fe fouvient-on des faveurs fi extraordinaires que Dieu a faites aux Saints & aux Saintes qui ont tout abandonné pour l'aller fervir dans les deferts. Mais comme il ne manque jamais de favorifer les veritables defirs qu'on a de luy plaire il permit que cette bien-heureufe fille fe confeffa à un Religieux de S. François nommé le Pere François de Torrez. Ie l'ay connu particulierement, & le regarde comme un Saint. Il y a déja plufieurs années qu'il eft tres-fervent dans l'oraifon & dans la penitence ; qu'il fouffre une grande perfecution, & qu'il fçait quelles font les graces que Dieu fait à ceux qui s'efforcent de s'en rendre dignes. Ainfi il dit à cette Dame, qu'au lieu de perdre courage elle devoit répondre à la vocation de Dieu. Ie ne fçay fi ce furent fes propres paroles ; mais on en vit bien-toft l'effet par la refolution qu'elle prit.

Elle découvrit fon deffein à un Hermite d'Alcala, le pria de l'accompagner pour l'executer, & le conjura de luy garder un fecret inviolable. Ils s'en allerent enfemble au lieu où eft maintenant bafti ce monaftere ; & y ayant trouvé une caverne fi petite que cette grande fervante de Dieu pouvoit à peine y tenir, ce bon Hermite l'y laiffa & s'en retourna. Quel devoit eftre, mon Sauveur, l'amour dont " cette grande ame brûloit pour vous, puis qu'il luy faifoit ainfi ou- " blier le foin de fa nourriture, les perils où elle s'expofoit, & le ha- " zard où elle mettoit fa reputation lors que l'on ne fçauroit ce qu'el- " le feroit devenuë ? Quelle devoit eftre cette fainte yvreffe qui par " l'apprehenfion de rencontrer quelque obftacle qui l'empefchaft de " jouïr fans ceffe de la prefence de fon divin Epoux luy faifoit ainfi " renoncer pour jamais à tous les biens, à tous les plaifirs, & à tous les " honneurs du monde? "

Confiderez attentivement, mes Sœurs, ie vous prie de quelle forte cette pure & chafte colôbe s'éleva dans un moment au deffus de toutes les creatures. Car encore que nous ayons fait la mefme chofe en entrant en Religion, & offert à Dieu noftre liberté en faifant vœu d'une perpetuelle clofture, je ne fçay fi nous ne trouvons point dans quelques rencontres que noftre amour propre eft toûjours le maiftre. Ie prie Dieu de nous preferver de ce malheur ; & que nous faifant la grace d'imiter cette Sainte en renonçant comme elle à tout ce qui eft du fiecle, il luy plaife d'en détacher entierement noftre cœur.

I'ay entendu dire des chofes extraordinaires de fes aufteritez, quoy que l'on n'ait fans doute eu connoiffance que des moindres, puis qu'ayant paffé tant d'années en cette folitude dans un fi ardent defir de faire penitence, & fans que perfonne puft moderer fa ferveur, il y a fujet de croire qu'elle traitoit fon corps d'une terrible maniere.

HHh ij

J'en rapporteray ce que des personnes croyables ont appris de sa propre bouche, & ce qu'elle en dit à nos Sœurs de saint Ioseph de Tolede, lors que les considerant comme si elles eussent esté les siennes, elle leur parla dans la visite qu'elle leur fit, avec cette sincerité & cette ouverture de cœur qui luy estoient naturelles. A quoy je dois ajouster que cette profonde humilité qui luy faisoit connoître qu'elle ne pouvoit rien par elle-mesme, la rendoit si incapable de vanité, qu'elle ne prenoit plaisir à raconter les graces qu'elle recevoit de Dieu, qu'afin qu'on en rapportast à luy seul toute la gloire. Vne maniere d'agir si franche pourroit estre perilleuse à des ames qui ne seroient pas arrivées à un aussi haut degré de perfection que cette Sainte, parce qu'il se mêleroit peut-être parmy ces loüanges que l'on donneroit à Dieu quelque sentiment d'amour propre. Mais je ne doute point que la simplicité avec laquelle cette Bien-heureuse fille agissoit ne l'ait exemptée de ce defaut, & je n'ay jamais oüy dire qu'on l'en ait blâmée.

Elle raconta donc à nos Sœurs, qu'après avoir mangé trois pains que l'Hermite qui la conduisit dans cette caverne luy avoit laissez, elle y passa plus de huit ans sans autre nourriture que des herbes & des racines qui croissoient dans ce desert. Qu'ensuite un petit Berger qui la rencontra luy apportoit du pain, & de la farine dont elle faisoit de petits tourteaux qu'elle mangeoit de trois jours en trois jours. Vne preuve de cette verité est que des Religieux qui étoient presens lors qu'elle fonda ce Monastere asurent qu'elle avoit tellement perdu le goust, que s'il arrivoit qu'on l'obligeast à manger quelque sardine ou quelqu'autre chose, elle luy faisoit plustost du mal que du bien. Pour ce qui est du vin elle n'en bût jamais que je sçache. Les disciplines qu'elle se donnoit avec une grande chaîne duroient souvent une heure & demie, & quelquefois deux heures. Et ses cilices estoient si rudes qu'une femme m'a dit que revenant avec elle d'un pelerinage, & ayant la nuit fait semblant de dormir, elle luy vit oster & nettoyer son cilice qui estoit tout plein de sang. Mais ce qu'elle souffroit de la part des demons estoit encore beaucoup plus penible. Car elle dit à nos Sœurs qu'ils luy apparoissoient comme de grands dogues qui luy sautoient sur les épaules, ou comme des couleuvres, sans que quelques tourmens qu'ils luy fissent elle en eust peur.

Aprés même avoir fondé le Monastere elle ne laissoit pas de coucher dans sa caverne, excepté quand elle alloit au divin office. Auparavant qu'il fust basty elle entendoit la Messe aux Religieux de la Mercy à un quart de lieuë de là. Et faisoit quelquefois ce chemin à genoux. Son vétement que l'on auroit pris pour celuy d'un homme, estoit de bure, & sa tunique de gros drap.

Quand elle eut passé quelques années dans une si estrange solitude Dieu permit que le bruit de sa vertu se répandit, & l'on commença d'avoir tant de veneration pour elle qu'elle ne pouvoit éviter qu'un tres grand nombre de gens ne la vinssent voir. Ceux qui luy pouvoient parler s'estimoient heureux ; & cela augmentant toûjours elle en estoit si lasse & si ennuyée qu'elle disoit qu'ils la faisoient mourir. Presque aussi tost que le Monastere fut basty il y avoit des jours que la campagne estoit toute couverte de chariots, & ces Religieux ne trouvoient autre moyen de la soulager que de la faire monter sur un lieu élevé, d'où elle prioit Dieu de benir ce peuple, & s'en delivroit ainsi. Ensuite des huit années qu'elle avoit passées dans cette caverne, que ceux qui y alloient avoient accruë, elle tomba dans une si grande maladie, qu'il n'y avoit point d'apparence qu'elle en revinst, sans que neanmoins elle se pûst resoudre à sortir d'une si affreuse demeure.

Elle commença alors à estre touchée d'un grand desir de fonder proche de ce lieu un Monastere de Religieux. Mais elle demeura assez long-temps sans sçavoir de quel ordre elle les choisiroit. Estant en oraison devant un Crucifix qu'elle portoit toûjours sur elle, nostre Seigneur luy fit voir un manteau blanc, & connoistre qu'elle devoit choisir l'ordre des Carmes déchaussez dôt elle n'avoit point entendu parler, ni ne sçavoit pas seulement qu'il y en eust dans le monde, & il n'y avoit encore que ceux de Mancera & de Pastrane. Elle s'en informa, & ayant appris qu'il y en avoit un à Pastrane dont la ville appartenoit à la Princesse d'Eboli femme du Prince Ruy de Gomez de Silva son ancienne amie, elle s'y en alla pour travailler à executer sa resolution. Y estant arrivée elle prit l'habit de la sainte Vierge dans l'Eglise de saint Pierre, mais sans dessein de se faire Religieuse, n'y ayant jamais eu d'inclination, parce que Dieu la conduisoit par une autre voye, & qu'elle apprehendoit qu'on ne l'obligeast par obeïssance à moderer ses austeritez, & à abandonner sa solitude.

Elle prit ce saint habit en presence de tous les Religieux, du nôbre desquels estoit le Pere Marian dont j'ay parlé, & il m'a dit, qu'estant entré alors dans un ravissement, il eut une visiô en laquelle il luy sembla qu'il voyoit plusieurs Religieux & Religieuses à qui l'on avoit fait souffrir le martyre, dont les uns avoient eu la teste trenchée, & les autres les jambes & les bras coupez. Et ce n'est pas un homme capable de rien rapporter que de veritable, ni qui soit accoustumé d'avoir des ravissemens, nostre Seigneur ne le conduisant pas par ce chemin. Priez Dieu, mes Sœurs, qu'il nous fasse la grace de meriter d'estre du nombre de ces bienheureux Martyrs.

Ce fut donc en ce lieu de Pastrane que cette sainte fille commença à traiter de la fondation de son monastere. Et elle alla ensuite pour ce suiet à la cour qu'elle avoit quittée avec tant de ioye. Ce ne lui fut pas une petite mortification, parce qu'elle ne sortoit pas plutost du logis qu'elle se trouvoit environnée d'une grande multitude de gens, dont les uns coupoient des morceaux de son habit, & les autres des morceaux de son manteau. Delà elle fut à Toléde où elle vit nos Religieuses; & toutes m'ont asseuré qu'il sortoit d'elle une odeur si agreable & si grande, qu'il n'y avoit pas iusques à son habit & à sa ceinture, qu'elles lui osterent pour lui en donner une autre, qui n'en fussent parfumez; & que plus on s'approchoit d'elle plus on sentoit cette bonne odeur, quoi que l'estoffe de ses vestemens, & l'extrême chaleur qu'il faisoit alors dûssent produire un effet contraire. Cette marque qui paroissoit en son corps de la grace que Dieu répandoit dans son ame leur donna une grande devotion, & ie suis tres asseurée que ces bonnes filles ne voudroient pour rien du monde dire un mensonge. Cette Sainte obtint à la cour & ailleurs tout ce qu'elle desiroit pour l'establissement de ce monastere; & il fut fondé ensuite de la permission qu'elle en eut.

L'Eglise fut bastie au mesme lieu où estoit sa caverne, & on lui en fit une autre assez proche où il y avoit un sepulchre. Elle y passoit la plus grande partie du iour & de la nuit durant les cinq ans & demi qu'elle vêcut encore. Et l'on a consideré comme une chose surnaturelle que des austeritez aussi extraordinaires qu'estoient les siennes n'ayent pas plustost fini ses jours. Elle mourut en l'année 1577. & on l'enterra avec une tres-grande solemnité; un Gentilhomme nommé Dom Iouan de Leon n'y ayant rien épargné. Son corps est maintenant en dépost dans une Chapelle de la Ste Vierge pour qui elle avoit tant de devotion, en attendant que l'on bastisse une Eglise pour y conserver un si grand tresor. La veneration que l'on a à cause d'elle pour ce monastere & pour tous les lieux d'alentour est si grande, qu'il semble qu'elle ait imprimé des marques de sa sainteté dans cette heureuse solitude, & particulierement dans cette caverne où elle a passé tant d'années avant la fondation du monastere. On m'a asseuré que cette Sainte souffroit avec une telle peine l'incroyable multitude de ceux qui venoient pour la voir, qu'elle vouloit s'en aller en quelque autre lieu où elle ne fust connuë de personne, & qu'elle fit chercher l'Hermite qui l'avoit conduite en celui-là, afin qu'il la menast en un autre. Mais il estoit déia mort, & nostre Seigneur ne permit pas qu'elle executast ce dessein, parce qu'il vouloit que l'on consacrast à l'honneur de sa Ste Mere la maison où on le sert auiourd'huy si fidelement. Il ne faut que voir ces Religieux pour connoistre qu'elle est leur ioye d'avoir renoncé au monde, & principalement le Prieur, qui est passé des delices du siecle dans une vie si penitente. Dieu les a bien recompensez d'avoir ainsi tout abandonné pour l'amour de luy, en les élevant si fort au dessus de toutes les choses de la terre. Ils nous reçurêt avec beaucoup de charité, & nous donnerent des ornemens pour le monastere que nous allions fonder ; le respect & l'affection que l'on a pour la memoire de la Sainte faisant qu'on leur en donne beaucoup. Ie ne vis rien en ce lieu qui ne m'édifiast extrêmement. Mais la satisfaction que j'en avois estoit meslée d'une confusion qui me dure encore lors que je pense, que cette grande Sainte qui a passé sa vie dans une si aspre penitence estoit une fille comme moy, plus delicatement élevée à cause de sa condition, moins pecheresse sans comparaison que je ne suis, & qui n'a pas reçu de nostre Seigneur tant de faveurs qu'il m'en a fait en toutes manieres, dont celle de ne m'avoir pas precipitée dans l'enfer comme mes pechez le meritoient, en est une toute extraordinaire. Ma seule consolation est le desir que j'ay de mieux faire à l'avenir ; mais cette consolation est foible, parce que toute ma vie s'est passée dans de semblables desirs sans y avoir répôdu par mes actions. Dieu veüille, s'il luy plaist, m'assister par son infinie misericorde. I'y ay toûjours mis ma confiance en m'appuyant sur les merites de son Fils, & sur l'intercession de la sainte Vierge, dont il me fait la grace de porter l'habit.

Aprés avoir communié dans cette Eglise j'entray dans un ravissement, & cette sainte fille accompagnée de quelques Anges m'apparut d'une maniere intellectuelle telle qu'un corps glorieux. Elle me dit de ne me point lasser de fonder des monasteres ; & je compris, quoy qu'elle ne me le dit pas, qu'elle m'assistoit auprés de Dieu. Elle ajousta d'autres choses qui ne se peuvent écrire, dont je demeuray fort consolée & avec un grand desir de travailler pour le service de Dieu. Ainsi i'espere de sa bonté & des prieres de cette Sainte, que ie pourray y reüssir en quelque sorte.

Vous voyez, mes Sœurs, par ce que ie viens de rapporter, que les souffrances & les travaux de cette grande servante de Dieu sont finis avec sa vie ; mais que la gloire dont elle joüit maintenant ne finira point. Puis donc que nous la pouvons considerer comme ayant esté l'une de nos Sœurs, efforçons-nous de l'imiter, & ie vous en coniure au nom de nostre Seigneur. Ayons pour nos miserables corps cette sainte horreur qu'elle avoit d'elle-mesme, & n'y ayant rien ici bas de permanent, achevons ce qui nous reste à passer de la durée si courte de cette vie comme elle a achevé la sienne.

Nous arrivasmes à Villeneuve de la Xare le premier Dimanche de Caresme de l'année 1580. le iour de la feste de saint Barbacien, & la veille de celle que l'on celebre en l'honneur de la chaire de S. Pierre. Tout le Conseil de la ville & le Docteur Eruias accompagnez de plusieurs autres vinrent au devant de nous, & nous allasmes descendre à l'Eglise de la ville qui est fort éloignée de celle de sainte Anne.

Ie ne pouvois voir sans en ressentir une grande consolation avec quelle joye tout ce peuple recevoit des religieuses de l'Ordre de la tres-sainte Vierge. Nous entendismes de loin le son des cloches, & aussi tost que nous fûmes entrées dans l'Eglise on chanta le *Te Deum* en musique & au son des orgues. On mit le tres-faint Sacrement sur une machine faite pour ce sujet, & l'image de la Vierge sur une autre moindre. La procession précedée par plusieurs croix & bannieres commença de marcher avec grande pompe, & nous estions proches du saint Sacrement avec nos voiles baissez & nos manteaux blancs.

Les Carmes déchaussez qui estoient venus en bon nombre de leurs monasteres estoient prés de nous. Les Religieux de S. François du convent de la ville y assisterent. Et il s'y rencontra un Pere Dominiquain dont je fus fort aise, quoy qu'il fust seul.

Comme l'Eglise d'où nous partions & celle où nous allions estoient assez éloignées, on avoit dressé plusieurs reposoirs sur le chemin. On s'y arrestoit, & l'on y recitoit des vers sur le sujet de nostre Ordre qui me donnoient beaucoup de consolation ; parce qu'ils estoient pleins des loüanges de ce Dieu tout-puissant qui nous honoroit de sa presence, & pour l'amour duquel on faisoit tant de cas de sept pauvres Carmelites que nous estions. Mais en mesme temps ce m'estoit une grande confusion de me voir parmy ces servantes de Dieu, & de sçavoir que si l'on m'eust traitée comme je le meritois on n'auroit pû me souffrir. Ie ne vous ay, mes Filles, rapporté si au long cet honneur que l'on rendit à l'habit de la sainte Vierge, qu'afin que vous en remerciez nostre Seigneur, & le priez de vouloir rendre cette fondation utile à son service. Car pour moy je vous avoüe que ie ne suis jamais si contente que lors que ces établissemens se font aprés beaucoup de persecutions & de travaux, & que ce sont ceux que ie vous raconte plus volontiers. Il est vray neanmoins que ces bonnes filles qui estoient dans cette maison ont extremement souffert durant les cinq ou six ans qu'il y avoit qu'elles s'y estoient enfermées ; tant par d'autres travaux que parce que leur pauvreté estoit si grande qu'elles n'avoient pas peu de peine à gagner dequoy vivre. Car elles ne pûrent jamais se resoudre à demander des aumônes à cause qu'elles ne croyoient pas le devoir faire. Elles jeûnoient beaucoup, mangeoient peu lors qu'elles ne jeûnoient pas, estoient fort mal couchées, & logées fort étroitement. Mais leur principale peine venoit à ce qu'elles me dirent de leur extrême desir de se voir revêtuës de ce saint habit. Elles ne pensoient

jour

iour & nuit à autre chose tant elles apprehendoient de ne l'avoir point. C'estoiet le suiet de leurs prieres. Elles demandoient sans cesse à Dieu en plurant en sa presence de leur vouloir faire cette grace. Et dans l'extrême affliction que leur donnoient les obstacles qui s'y rencontroient elles redoubloient leurs penitences, & retranchoient de leur nouriture pour épargner sur ce qu'elles gagnoient du travail de leurs mains, afin d'avoir moyen de m'envoyer des messagers & donner quelque chose à ceux qui les pouvoient assister dans leur dessein. Dépuis avoir communiqué avec elles & reconnu leur sainteté ie n'ay pû douter que ce qu'elles ont esté receuës dans nostre Ordre ne soit un effet de leurs oraisons & de leurs larmes. Ainsi ie croy avoir rencontré en ces ames un beaucoup plus riche tresor que si elles avoient un grand revenu, & i'espere que cela ira toûjours en augmentant.

Lors que nous entrasmes dans la maison ces bonnes filles nous receurent avec les mesmes habits qu'elles y avoient apportez, parce qu'elles n'avoient point voulu prendre celuy des devotes que l'on nomme beates, à cause qu'elles esperoient toûjours que Dieu leur feroit la grace de recevoir le nostre. Le leur estoit fort honneste, quoy qu'il fust facile d'y remarquer le peu de soin qu'elles avoient de leurs personnes, & il ne faloit point de meilleure preuve de l'austerité de leur vie & de leurs penitences, que les marques qui en paroissoient sur leurs visages. L'abondance des larmes qu'elles répandirent en nous voyant & qu'il estoit facile de juger n'estre pas faintes, faisoit connoistre leur ioye: & en cette ioye iointe à leur humilité, à leur obeïssance pour la Prieure, & à ce qu'il n'y avoit rien qu'elles ne fissent pour nous contenter, étoient des témoignages de leur vertu. Leur seule apprension étoit que leur pauvreté & la petitesse de leur maison ne nous portassent à nous en retourner. Nulle d'elles n'avoit iamais commandé. Chacune travailloit avec grande humilité ce dont elle estoit capable. Deux des plus âgées traitoient de leurs affaires lors qu'il en estoit besoin, & les autres ne parloient ni ne vouloient parler à personne. Il n'y avoit point de serrure à leur porte, mais seulement un verrouïl, & la plus ancienne qui rendoit les réponses estoit la seule qui osast s'en approcher. Elles dormoient fort peu afin d'avoir assez de temps pour travailler à gagner leur vie & pour prier; car elles y employoient plusieurs heures, & les iournées entieres aux iours de feste. Les ouvrages du Pere Louis de Grenade & du Pere Pierre d'Alcantara estoient les livres d'où elles tiroient les regles de leur conduite. Elles s'occupoient la pluspart du temps à reciter l'office divin qu'elles lisoient le mieux qu'elles pouvoient, n'y en ayant qu'une qui sceust bien lire. Leurs breviaires n'estoient pas semblables, & quelques-uns qui estoient du vieil style romain leur avoient été donnez par des Prêtres qui ne pouvoient plus s'en servir. Comme à peine sçavoient-elles lire, elles y employoient beaucoup de temps, & ne le recitoient pas en lieu d'où ceux du dehors les pûssent entendre. Il y a suiet de croire qu'elles y faisoient plusieurs fautes, mais ie ne doute point que Dieu qui connoissoit leur bonne intention ne les excusât. Lors que le Pere Antoine de IESUS commença de communiquer avec elles, il fit qu'elles ne reciterent plus que l'Office de la sainte Vierge. Elles avoient un four où elles faisoient cuire leur pain, & se conduisoient en toutes choses avec autant de regularité que si elles eussent eu une Superieure. Plus ie conversois avec elles, plus je loüois Dieu des graces qu'il leur faisoit, & me réiouïssois d'être venuë; n'y ayant point de travaux que ie ne voulusse souffrir pour consoler de telles ames. Celles de mes compagnes destinées pour demeurer avec elles me dirent qu'elles avoient eu quelque peine durant les premiers iours; mais qu'ayant connu leur vertu, elles avoient conçû tant d'affection pour elles, qu'elles demeureroient avec ioye: & l'on voit par cet exemple quel est le pouvoir de la sainteté. Il est vray que ces Religieuses étoient telles, que quand cela leur eut été fort penible, elles n'auroient pas laissé de s'y engager volontiers avec l'assistance de Nôtre Seigneur par le desir qu'elles ont de souffrir pour son service. Celles qui ne se sentent pas être dans cette disposition, ne se doivent point croire de veritables Carmelites, puis que ce n'est pas le repos, mais la souffrance que nous sommes obligées de rechercher, afin d'imiter en quelque chose nôtre divin Epoux. Ie le prie de vouloir par son infinie bonté nous en faire la grace.

Ie dois maintenant vous dire, mes Sœurs, quel a été le commencement de cet Hermitage de sainte Anne. Vn Prêtre fort vertueux & fort recueilli nommé Iacques de Guadalajara natif de Zamore, & qui avoit été Religieux de Nôtre Dame du Carmel, ayant une devotion particuliere pour la glorieuse sainte Anne, fit bâtir en ce lieu un Hermitage tout proche de sa maison, d'où il pouvoit entendre la Messe. L'ardeur de son zele lui fit entreprendre le voyage de Rome, & il en rapporta des Bulles avec de grandes Indulgences pour cette Chapelle. Et mourant, il ordonna par son testament que cette maison & tout son bien seroient employez pour fonder un Monastere de Religieuses de Nôtre-Dame du Mont Carmel; & que si cela ne se pouvoit executer, il y auroit un Chapelain qui diroit quelques Messes toutes les Semaines: mais que cette obligation cesseroit aussitost qu'il y auroit un Monastere fondé. Ces lieux demeurerent ainsi entre les mains d'un Chapelain durant vingt ans, pendant lesquels le bien diminua beaucoup; & ces Demoiselles ne iouïssoient que de la maison. Car le Chapelain qui demeure dans un autre lieu dépendant de la même Chapelle ne veut pas la leur ceder, ni ce peu qui reste du bien. Neanmoins la bonté de Nôtre Seigneur est si grande, qu'elle n'abandonnera point la maison de sa glorieuse ayeule. Plaise à sa divine Majesté qu'il soit toûjours servi, & que toutes ses creatures ne cessent jamais de lui donner les loüanges qui lui sont deuës. Ainsi soit-il.

FONDATION DV MONASTERE des Carmelites de Palence.

CHAPITRE XXVIII.

Dans la repugnance qu'avoit la Sainte de s'engager à cette fondation Dieu lui commande de l'entreprendre, & lui ordonne ensuite de s'établir auprés d'une Eglise de la Vierge, quoi qu'elle eût déja fait le marché d'une autre maison. La Sainte rapporte aussi de quelle sorte l'affaire d'entre les Carmes Déchaussez & les Mitigez fut accommodée, & qu'ils eurent chacun un Provincial.

A Mon retour de la fondation de Villeneuve de la Xare, je receus un ordre de mon Superieur d'aller à Vailladolid pour satisfaire au desir de l'Evêque de Palence Dom Alvarez de Mendoce. C'étoit ce Prelat qui étant Evêque d'Avila nous avoit permis d'y fonder nôtre Monastere de S. Ioseph. Et comme il ne se peut rien ajoûter à son affection pour nôtre Ordre, Dieu lui inspira depuis qu'il fut passé de cet Evêché à celui de Palence, ce desir d'y fonder une autre maison.

Ie ne fus pas plûtôt arrivée à Vailladolid, que je tombai dans une si grande maladie, que l'on ne croyoit pas que j'en pusse relever. I'en revins toutefois, mais avec un tel dégoust, une telle foiblesse, & apparemment si incapable d'agir, que quelque desir qu'eust la Superieure que cette fondation se fist, & quoy qu'elle me pressast de l'entreprendre, je ne pouvois me persuader d'avoir pour cela assez de force, ni quand même je m'y employerois d'y reüssir, parce que ce Monastere devoit être fondé sans revenu, & qu'on me disoit que ce lieu étoit si pauvre, que les Religieuses n'y pourroient vivre.

Il y avoit déja prés d'un an que je traitois de la fondation de ce Monastere & de celui de Burgos, & il ne me paroissoit pas y avoir de grandes difficultez. Mais alors il s'en presentoit plusieurs à mon esprit, quoi que je ne fusse venuë à Vailladolid que pour ce sujet. Ie ne sçai si la foiblesse qui me restoit de ma maladie en étoit la cause, ou si c'étoit que le diable s'efforçoit d'empêcher le bien qui en est arrivé. En verité je ne puis voir qu'avec estonnement & un sensible déplaisir, ni mesme sans m'en plaindre souvent à nostre Seigneur, de quelle sorte nostre ame participe tellement aux infirmitez de nostre corps, qu'il semble qu'elle ne puisse éviter d'entrer dans les sentimés qui le font souffrir. C'est à mon avis l'une des plus grandes miseres de cette vie quand l'esprit n'est pas assez fort pour s'élever au dessus des sens, & s'en rendre maistre. Car quelque difficile à supporter que soit la peine de sentir de violentes douleurs, je la trouve peu considerable lors que l'ame demeure si attentive à Dieu, qu'elle luy rend graces de ses maux qu'elle considere comme venant de sa main. Mais souffrir beaucoup d'un costé, & ne rien faire de l'autre pour luy témoigner nostre amour, c'est une chose terrible, principalement à une ame qui s'est veuë dans de si grands desirs de ne chercher sur la terre aucun repos interieur ni exterieur, afin de s'employer toute entiere au service de ce divin Maistre. Ainsi quand cela arrive je n'y voy autre remede que la patience, la connoissance de nostre misere, & la soûmission à la volonté de Dieu, qui font que nous nous abandonnons à luy pour se servir de nous en ce qu'il luy plaist, & comme il luy plaist. C'est l'estat où j'estois alors. Et quoy que convalescente ma foiblesse étoit telle, que je n'avois plus cette confiance en Dieu dont il me favorisoit dans le commencement de ces fondations. Tout me paroissoit impossible; & j'avois besoin de rencontrer quelqu'un qui me redonnast du courage. Mais les uns augmentoient mes craintes au lieu de les diminuer; & les esperances dont les autres me flatoient me paroissoient si foibles, qu'elles ne suffisoient pas pour me fortifier dans le découragement où je me trouvois.

Le Pere Ripalda Religieux de la Compagnie de Iesus arriva alors. Et parce que c'estoit un homme fort sçavant, de grande pieté, & à qui je m'étois long-temps confessée, je luy declaray l'état où j'étois, & luy parlay comme je parlerois à Dieu. Il fit ce qu'il pust pour me fortifier, & me dit que cette lâcheté estoit une marque que je vieillissois. Ie voyois neanmoins, ce me sembloit, que ce n'en estoit pas la cause, & il paroist que j'avois raison, puis qu'encore que je sois maintenant plus avancée en âge je n'ay plus cette lâcheté. Mais je croy que ce qui le faisoit parler ainsi n'estoit que pour me reprendre, parce qu'il n'estimoit pas que ce découragemēt me vinst de la part de Dieu.

Les fondations de Palence & de Burgos se traitoient donc en même temps; & il n'y avoit rien dont je pûsse faire estat ni pour l'une ni pour l'autre. Ce n'estoit pas neanmoins ce qui m'arrestoit, car il m'est ordinaire de commencer de la sorte; & ce Pere m'avoit dit que je ne devois point abandonner cette entreprise. Vn Provincial de sa compagnie nommé le Pere Baltazar Alvarez m'avoit confirmé la mesme chose à Tolede; & comme je me trouvois avoir de la santé, je n'avois point craint de l'entreprendre : au lieu qu'alors, encore que je déferaffe beaucoup aux fentimens de ces deux Peres j'avois peine à me refoudre, parce que ma maladie, ou le demon me tenoient comme liée; mais je me trouvay depuis avec plus de force & de fanté. La Prieure de Vailladolid qui affectionnoit fi extrêmement la fondation de Palence faifoit auffi de fon cofté tout ce qu'elle pouvoit pour m'encourager, & auroit fait encore davantage fi ma froideur ne l'euft point un peu refroidie. La fuite fit voir que les confeils des hommes, ni mefme des plus grands ferviteurs de Dieu, ne font pas capables d'échauffer noftre cœur. Il faut que cette chaleur vienne d'enhaut. Et ainfi quand je fais quelque bien, c'eft à Dieu tout-puiffant qui me fait agir, & non pas à moy qu'on le doit attribuer.

Lors que j'eftois dans ces doutes fans pouvoir me refoudre à entreprendre ces fondations, & que je priois N. Seigneur de me donner lumiere pour connoiftre fa volonté, (ce qui eftoit une difpofition dont ma tiedeur n'eftoit pas telle qu'elle pûft me faire départir) un jour aprés avoir communié noftre Seigneur me dit d'une maniere fevere : *Qu'apprehendez-vous ? Vous ay-je jamais manqué ? Et ne fuis-je pas toûjours le mefme ? Ne craignez point de faire ces fondations.*

Seigneur mon Dieu, Dieu eternel, que vos paroles font differentes de celles des hommes! Je demeuray fi animée & fi refoluë à executer voftre commandement, que quand tout le monde enfemble s'y feroit oppofé il n'auroit pû me faire changer. Je commençay auffi toft de travailler à cette affaire, & noftre Seigneur me donna des moyens pour y reüffir. Je pris deux Religieufes avec deffein d'acheter une maifon : & bien que l'on me dift qu'il eftoit impoffible de vivre d'aumofne dans Palence, je ne l'écoutois pas feulement, parce que je voyois bien que je n'avois nul lieu d'efperer l'eftabliffement d'un Monaftere avec du revenu, & que je ne doutois point que puis que Dieu m'avoit affurée qu'il fe feroit il y pourvoiroit. Ainfi quoy que je n'euffe pas repris toutes mes forces, & que le temps fuft fâcheux, je ne laiffay pas de partir de Vailladolid le jour des Innocens, à caufe qu'un Gentilhomme qui eftoit allé s'eftablir ailleurs nous preftoit une maifon qu'il avoit loüée jufques au terme de la S. Jean de l'année fuivante. Il y avoit dans cette ville un Chanoine que je ne connoiffois point ; mais qu'un de fes amis m'avoit dit eftre un grand ferviteur de Dieu. Et comme noftre Seigneur qui voit le peu que je puis par moy-mefme avoit dans toutes les autres fondations fufcité quelqu'un pour m'affifter, je me perfuaday que ce bon Ecclefiaftique m'aideroit en celle-là. Je luy écrivis pour le prier de travailler à faire fortir un homme qui étoit demeuré dans cette maifon, afin que je la trouvaffe libre, fans neanmoins luy en dire la raifon, parce qu'encore que des perfonnes des plus qualifiées de la ville

LLl iij

& particulierement l'Evêque témoignaſſent de nous beaucoup affectionner, il importoit de tenir l'affaire ſecrette.

Ce Chanoine nommé Reynoſo ne ſe contenta pas de nous rendre ce bon office, il nous fit preparer des lits & pluſieurs autres commoditez dont nous avions grand beſoin, à cauſe qu'il faiſoit fort froid; que nous avions marché durant tout le jour precedent par un brouïllard ſi épais, qu'à peine pouvions-nous nous voir, & que nous nous étions fort peu repoſées à cauſe qu'il nous faloit tout accommoder pour mettre les choſes en état d'y pouvoir dire la Meſſe le lendemain avant que perſonne ſçeuſt nôtre arrivée. C'eſt une choſe que j'ai reconnu dans ces fondations ſe devoir toûjours faire, parce que ſi l'on attend que le bruit s'en répande, le demon y ſuſcite des obſtacles, qui bien qu'on les ſurmonte ne laiſſent pas d'inquieter. Ainſi la Meſſe fut dite dés le lendemain au point du jour par un Eccleſiaſtique fort vertueux nommé Porras qui étoit venu avec nous, & par un autre encore nommé Auguſtin de la Victoire fort ami des Carmelites de Vailladolid, qui nous avoit beaucoup aſſiſtées par le chemin, & nous avoit prêté de l'argent pour accommoder la maiſon.

J'avois alors cinq Religieuſes, dont l'une étoit une Converſe qu'il y a déja aſſez long-temps que je mene avec moi, à cauſe que c'eſt une perſonne d'une telle pieté, & ſi diſcrette, que j'en tire plus d'aſſiſtance que je ne pourrois faire de quelqu'une du Chœur. Nous repoſâmes peu cette nuit, quoi que les eaux qui étoient grandes nous euſſent beaucoup fait ſouffrir par le chemin. Mais je deſirois extrêmement que la fondation ſe fiſt ce jour-là, parce que l'on faiſoit l'Office de David ce grand Roi & ce grand Prophete pour qui j'ai une particuliere devotion.

Auſſi-toſt que la Meſſe fut achevée, j'envoyai donner avis de nôtre arrivée à l'Illuſtriſſime Evêque qui ne nous attendoit pas encore. Il vint à l'inſtant nous voir avec cette grande charité qu'il lui a toûjours plû de nous témoigner. Il me promit de nous fournir de pain, & commanda à ſon Maître d'Hôtel d'y ajoûter auſſi pluſieurs autres choſes. Les obligations dont nôtre Ordre eſt redevable à ce Prelat ſont telles, que celles qui liront ces fondations ne pourroient ſans ingratitude ne le point recommander à Dieu durant ſa vie & aprés ſa mort, & je les conjure de s'acquitter de ce devoir.

Le contentement que tout le peuple témoignoit de nôtre établiſſement étoit ſi extraordinaire & ſi general, qu'il n'y en avoit un ſeul qui n'en fiſt paroître de la joye. Et ce qu'ils ſçavoient que leur Evêque l'avoit deſiré y contribuoit ſans doute beaucoup, parce qu'ils ont pour lui une affection tres-particuliere, outre que ce peuple a par lui-même plus de bonté & de ſincerité que je n'en ay remarqué en aucun autre. Ainsi il n'y a point de jour que je ne me réjoüisse de l'établissement de ce Monastere.

Comme la maison où nous demeurions n'étoit que d'emprunt, & que bien qu'elle fust à vendre, l'assiete en étoit fort incommode, nous pensâmes aussi-tost à en acheter une autre, dans l'esperance que les Religieuses que nous recevrions nous pourroient assister, parce qu'encore que ce fust peu, ce peu seroit beaucoup en ce lieu là. Mais j'aurois pris de fausses mesures sans le secours des amis que Dieu nous donna en la personne de ce bon Chanoine Reynoso, & d'un autre Chanoine nommé Salinas homme de grand esprit & de grande charité qu'il nous acquit aussi pour ami. Ils embrasserent tous deux nos affaires avec plus de chaleur qu'ils n'auroient fait les leurs propres, & ils ont toûjours continué.

Il y a une Eglise en forme d'Hermitage nommée Nôtre-Dame du Chemin, pour laquelle toute la Ville & les environs ont tant de devotion, que l'on y vient de toutes parts. Ces Messieurs & nos autres amis jugerent que nous ne pouvions mieux faire que de nous établir auprés de cette Eglise, & d'acheter des maisons qui y touchoient, qui bien que petites nous pourroient suffire. Nous nous adressâmes pour ce sujet au Chapitre, & à une Confrairie de qui cette Eglise dependoit. Le Chapitre nous accorda aussi-tost ce que nous lui demandions. Et quoy qu'il y eust quelque peine à obtenir la même grace des Administrateurs de cette Confrairie, ils nous la firent aussi, parce comme je l'ay dit, que je n'ay point vû de peuple si traitable, si honnête, & si porté à toutes sortes de bonnes œuvres.

Lors que ceux à qui ces maisons appartenoient sçeurent que nous en avions envie, ils les surfirent de beaucoup, & il n'y a pas sujet de s'en étonner. Je voulus les aller voir, & elles me déplurent tellement, & à tous ceux qui vinrent avec nous, que je n'aurois voulu pour rien du monde les acheter. Mais on a reconnu depuis que le demon agissoit beaucoup en cela par l'apprehension que nous ne nous y établissions. Les deux Chanoines trouvoient aussi qu'encore qu'elles fussent dans le quartier le plus peuplé de la ville, elles étoient trop éloignées de la grande Eglise; & ainsi nous resolûmes d'en chercher d'autres. Ces Messieurs s'y employerent avec tant de soin, que je ne pouvois me lasser d'en loüer Nôtre Seigneur. Enfin ils en trouverent une qui appartenoit à un nommé Tamaio qu'ils crurent nous être propre, parce qu'il y avoit quelques logemens que nous pouvions habiter à l'heure même, & qu'elle étoit proche de la maison d'un Gentilhomme fort qualifié nommé Suero de Vega qui nous affectionne beaucoup, & qui desiroit que nous nous y établissions, comme aussi plusieurs autres personnes de ce même quartier. Cette maison n'étoit pas assez grande pour nous. Et quoy qu'on nous en offrît encore une autre, les deux ensemble ne suffisoient pas pour nous bien loger.

Toutefois sur le rapport que l'on m'en fit j'aurois desiré que le marché en eust déia esté arresté; mais ces deux Messieurs vouloient que ie visse auparavant la maison; & i'avois tant de confiance en eux, & tant de repugnance d'aller par la ville, que i'avois peine à me resoudre de sortir. Ie ne pûs neanmoins m'en défendre, & i'allay aussi voir ces deux maisons proches de Nostre Dame du Chemin sans dessein de les acheter; mais seulement pour faire connoistre au proprietaire de celle que nous voulions avoir, qu'elle n'estoit pas la seule dont nous pouvions traiter. Ie ne sçaurois maintenant assez m'estonner de ce que les deux qui estoient proches de Nostre Dame du Chemin me dépleurent autant qu'elles avoient fait aux autres. Nous fûmes de là à celle que nous avions envie d'avoir, & nous nous affermîmes dans ce dessein, quoy qu'outre plusieurs incommoditez qui s'y rencontroient, & ausquelles il estoit difficile de remedier, il faloit pour y faire une Eglise, mesme fort petite, abattre tout ce qui se trouvoit dans le logis de plus propre à nous y establir. Il faut avoüer que c'est une chose estrange que de se mettre fortement une pensée dans l'esprit: & rien ne me retira de ce mauvais pas que la défiance que i'ay de moy-mesme, bien que ie ne fusse pas en cela la seule trompée. Nous resolûmes donc de traiter de cette maison, d'en donner ce qu'on en demandoit, quoy que le prix fust excessif, & d'en écrire au proprietaire qui estoit alors dans une autre proche de la ville.

Vous vous estonnerez peut-estre, mes Sœurs, de voir que ie me sois tant arrestée sur l'achapt d'une maison. Mais vous connoistrez par la suite les efforts que faisoit le demon pour nous empescher de nous establir auprés de l'Eglise de la sainte Vierge, & je n'y puis penser sans quelque frayeur.

Les choses estant en cet estat, i'entray au commencement de la Messe dans un grand doute si nous faisions bien; & en fus inquietée durant presque tout le temps qu'on la dit. Lors que i'allay communier & que ie receus la sainte hostie, i'entendis une voix qui me fit resoudre absolument à ne point acheter cette maison; mais de traiter de celle qui estoit proche de l'Eglise de la sainte Vierge. Et voicy quelles furent ces paroles: *Cette autre ne vous est pas propre.* Comme il me paroissoit bien difficile de rompre une affaire déia concluë & si approuvée par ceux qui l'avoient negociée avec tant de soin, nostre Seigneur répondit à ma pensée: *Ils ne sçavent pas combien elle me déplaist. Et l'autre maison me sera agreable.* Il me vint dans l'esprit si ce n'estoit point une illusion, & i'avois peine à le croire, parce que l'effet que ces paroles operoient en mon ame me faisoit connoistre qu'elles venoient de l'esprit de Dieu. Alors nostre Seigneur me dit: *C'est moy.* Ces deux derniers mots dissiperent tous mes doutes, & me mirent

dans

dans le calme. Mais ie ne sçavois comment remedier à ce qui estoit déia fait, & au dégoust que i'avois donné à mes Sœurs de la maison proche de l'Eglise de la sainte Vierge, en leur disant que ie n'aurois voulu pour rien du monde ne l'avoir pas esté voir. Ce n'estoit pas neanmoins ce qui me donnoit le plus de peine, à cause que i'estois assurée qu'elles approuveroient tout ce que ie ferois. C'estoit ces autres personnes de nos amies que i'apprehendois, sçachant qu'ils se portoient entierement à acheter l'autre maison, & qu'ils pourroient attribuer à legereté ce changement si soudain & si contraire à mon humeur qu'ils verroient en moy. Ces diverses pensées n'ébranloient point toutefois ma resolution de choisir la maison de la sainte Vierge; & i'avois mesme perdu le souvenir des incommoditez que i'y avois remarquées. Car ie contois pour rien tout le reste quand il ne se seroit agy que d'empescher nos Sœurs de faire un peché veniel: & que i'estois persuadée qu'il n'y avoit une seule d'elles qui n'eust esté de mon sentiment si elle eust sceu ce que ie sçavois.

Ie me confessois alors au Chanoine Reynosa qui estoit l'un des deux qui nous assistoient avec tant d'affection, & ie ne luy avois encore rien dit de ces choses surnaturelles que Dieu opere dans les ames à cause qu'il ne s'estoit point rencontré d'occasion qui m'eust obligé à luy en parler. Neanmoins parce que pour marcher dans un chemin plus asseuré i'ay toûiours accoustumé de suivre les conseils de mon confesseur, ie me resolus de luy dire sous le sceau du secret, que ie ne pourrois sans une tres-grande peine ne pas executer ce que i'avois entendu. Que i'estois toutefois preste d'obeir à ce qu'il m'ordonneroit. Mais que i'esperois que nostre Seigneur feroit comme il avoit fait en d'autres occasions, qu'encore que mon confesseur fust d'une opinion contraire, il le porteroit à suivre sa diuine volonté. Avant que de luy parler ainsi ie luy avois dit de quelle maniere Dieu m'avoit souvent fait sçavoir en la mesme sorte ses intentions, & que l'on avoit connu par les effets que cela procedoit de son esprit. Ie l'asseuray toûiours neanmoins que quelque peine que i'en eusse ie ferois ce qu'il m'ordonneroit. Comme ce vertueux Ecclesiastique bien qu'il ne soit pas fort âgé est tres-prudent, quoy qu'il iugeast assez que ce changement donneroit suiet de parler, il ne me défendit point d'obeir à ce que i'avois entendu. Ie luy proposay d'attendre le retour de celuy que nous avions envoyé vers le proprietaire de la maison dont nous avions traité. Il l'approuva, & i'avois une grande confiance que Dieu remedieroit à tout, ainsi qu'il le fit. Car bien que l'on eust donné au maistre de cette maison tout ce qu'il avoit voulu & au delà de ce qu'elle valoit, il demanda encore trois cens ducats: ce qui estoit d'autant plus extravagant qu'il avoit besoin de vendre. Nous connusmes par là que Dieu vouloit nous tirer de cette

KKk

affaire, & nous nous laissâmes entendre que nous n'y penserions jamais plus, quoi que sans le declarer si précisément, parce qu'il sembloit qu'il n'auroit pas falu pour trois cens ducats rompre le marché d'une maison qui paroissoit nous être si propre pour en faire un Monastere. Ie dis à mon confesseur, que puis que c'étoit son sentiment on n'en donneroit pas davantage que ce dont on étoit convenu, & le priai de le faire sçavoir à ce Chanoine son collegue, & que j'étois resoluë d'acheter celle de la sainte Vierge à quelque prix que ce fust. Il le lui dit. Et comme il a l'esprit extrêmement penetrant, quoi qu'il ne s'en expliquast pas davantage, un changement si soudain lui fit assez comprendre que je ne m'y étois portée que par quelque grande raison. Ainsi il ne me pressa point de penser encore à la maison de ce Gentilhomme.

Nous avons depuis tous vû clairement que nous aurions fait une grande faute de l'acheter, tant nous trouvons de commodité dans celle que nous avons maintenant, sans parler du principal qui est que Dieu & sa glorieuse Mere y sont bien servis ; au lieu que durant que c'étoit un Hermitage, il pouvoit s'y commettre de grands desordres dans des veilles qui s'y faisoient la nuit, ce que le demon n'avoit pas moins de peine de voir abolir, que nous ressentions de joye de rendre ce service à nôtre tres sainte Patronne. Ainsi nous avions mal fait sans doute de ne nous y être pas plûtost resoluës, sans nous arrêter à tant de vaines considerations. Et il paroist bien que le demon nous aveugloit, puis que nous avons trouvé en cette maison plusieurs avantages qui ne se rencontrent point ailleurs, & que non seulement tout le peuple qui le desiroit en témoigne une tres-grande joye ; mais que ceux-là même qui avoient tant d'envie que nous prissions l'autre maison demeurent d'accord aujourd'hui que nous avons beaucoup mieux fait d'acquerir celle-ci. Beni soit à jamais celui qui m'a donné lumiere dans cette affaire, & qui me la donne dans tout ce que je fais de bien, n'y ayant point de jour que je ne voye avec étonnement quelle est mon incapacité en toutes choses. Ie ne le dis point par humilité. Il n'y a rien de plus veritable. Il semble que Dieu veüille que je connoisse, & que chacun connoisse aussi de plus en plus, que c'est lui seul qui agit en tout ceci : & que comme il rendit la veuë à l'aveugle né, il éclaire de même mes tenebres. Elles étoient si grandes dans cette rencontre, que toutes les fois que je m'en souviens je voudrois en rendre de nouvelles graces à nôtre Seigneur, & je n'en ay pas seulement la force. Ainsi je ne sçay comment il peut me souffrir ; & je ne sçaurois trop admirer sa bonté & sa misericorde.

Ces deux Chanoines si affectionnez à la sainte Vierge ne perdirent point de temps pour faire le marché de ces maisons qui étoient proches de sa Chapelle, & ils n'y eurent pas peu de peine, Dieu permettant que ceux qui nous assistent dans ces fondations en ayent toûjours afin d'augmenter leur merite. Je suis la seule qui ne fait rien comme je l'ay déja dit, & ne sçaurois trop le redire, parce que rien n'est plus vrai. Ils travaillerent aussi extrêmement à accommoder la maison, nous prêterent même de l'argent dans le besoin que nous en avions, & répondirent pour nous. En quoi ils me firent une faveur d'autant plus grande, que j'avois eu mille peines dans les autres fondations à trouver une caution pour des sommes beaucoup moindres, & il n'y a point de sujet de s'en étonner, puis que n'ayant pas un quart d'écu il faloit que ceux qui répondoient pour nous ne cherchassent autre sureté que leur confiance en Dieu. Mais il m'a fait la grace dont je ne sçaurois trop le remercier, qu'ils n'y ont jamais rien perdu. Les proprietaires des maisons ne se contentant pas de la caution de ces deux Chanoines, ces Messieurs eurent recours à l'Oeconome de l'Evêché qui se nommoit ce me semble Prudent, & qui a tant de charité pour nous, que nous ne sçaurions trop la reconnoître. Il leur demanda ce qu'ils desiroient, & lui ayant répondu qu'ils venoient le prier de vouloir être caution avec eux, & de signer le contract, il leur repartit en riant : Quoy! vous voudriez me rendre caution d'une telle somme? & il signa à l'instant même; ce qui doit passer pour une tres-grande obligation. Je voudrois pouvoir rapporter ici, & donner toutes les loüanges qui sont deuës à l'extrême charité que j'ay trouvée à Palence. Je pensois être dans les premiers siecles de l'Eglise lors que je voyois que n'ayant point de revenu, ces habitans par une maniere d'agir si contraire à celle de ce temps, non seulement ne refusoient pas de nous nourrir, mais consideroient cette action comme une tres-grande grace que Dieu leur faisoit. Il est certain que regardant les choses avec les yeux de la foi cela étoit veritable. Car quand il n'y en auroit point eu d'autre raison, que ce qu'ils avoient une Eglise de plus où étoit le tres-saint Sacrement, elle suffisoit pour leur donner ce sentiment. Qu'il soit beni à jamais.

Il n'y a personne qui ne voye à cette heure, que nôtre établissement en ce lieu-là a été agreable à Dieu, puis qu'il en a banni les desordres qui s'y commettoient, tous ceux qui alloient en grand nombre veiller dans cet Hermitage assis en un lieu écarté n'y allant pas par devotion; & l'image de la sainte Vierge n'y étant pas ténuë avec le respect qu'elle l'auroit dû être : au lieu qu'aujourd'hui l'Evêque Dom Alvarez de Mendoce y a fait bâtir une Chapelle où il l'a mise, & que l'on embellit toûjours en l'honneur & pour la gloire de son divin Fils.

Lors que la maison fut en état de nous recevoir l'Evêque voulut que cela se fist avec grande solemnité. Ainsi un jour de l'octave du tres saint Sacrement il vint exprés de Vailladolid, & accompagné du Chapitre, de tous les Ordres, & de presque tous les habitans avec une bonne musique, il commença la ceremonie par une procession à laquelle nous assistâmes toutes depuis nostre maison avec nos voiles baissez, nos manteaux blancs, & des cierges à la main. On alla premierement à une paroisse où l'on avoit apporté l'image de la sainte Vierge. Et aprés y avoir pris le tres-saint Sacrement on le porta en ceremonie & avec grande devotion dans nostre Eglise. Nous estions en assez bon nombre, parce qu'outre les Religieuses que j'avois amenées il en estoit venu d'autres pour faire la fondation de Sorie. Ie croy que nostre Seigneur fut beaucoup loüé en ce iour, & ie souhaite qu'il le soit à iamais de toutes les creatures.

Durant que i'estois en ce lieu de Palence la separation des Carmes déchaussez & des mitigez se fit, & ils eurent chacun un Provincial, qui estoit tout ce que nous pouvions desirer pour vivre en paix. Ce fut à l'instance de nostre Roy Catholique Dom Philippes que l'on obtint pour ce suiet un bref de Rome fort ample, & sa Maiesté continuë toûjours de nous favoriser. On assembla un chapitre dans Alcala par l'ordre du Reverend Pere Iean de la Cuëuas alors Prieur de Talavere de l'Ordre de saint Dominique, deputé du saint Siege & nommé par sa Maiesté, qui estoit un homme dont la sainteté & la prudence répondoient à un employ de si grand poids. Le Roy paya la dépense faite pour le chapitre, & toute l'Vniversité luy fut favorable pour son ordre. Il se tint avec beaucoup de tranquillité dans le College des Carmes Déchaussez qui porte le nom de S. Cyrille. & le Pere Ierosme Gracien de la mere de Dieu fut élû Provincial. Comme ces Peres ont écrit ce qui se passa dans ce Chapitre il seroit inutile d'en parler icy davantage, & ce que i'en rapporte n'est qu'à cause que nostre Seigneur permit que ce fut dans le temps de la fondation dont il s'agit que se fit une action si importante à sa gloire & à l'honneur de sa tres-sainte Mere nostre patronne. La ioye que i'en ressentis fut l'une des plus grandes que ie pouvois recevoir en cette vie. Car les peines, les persecutions, & les travaux que i'avois soufferts durant plus de vingt-cinq ans, & que Dieu seul connoist avoient esté tels que ie n'aurois iamais fait si i'entreprenois de les écrire: & qu'ainsi il faudroit les avoir éprouvez pour comprendre quel fust alors mon contentement. I'aurois souhaité que tout le monde m'eust aidé à en rendre graces à nostre Seigneur & à luy offrir des prieres pour nostre saint Roy. Il parut visiblement qu'il s'estoit servi de luy pour terminer cette grande affaire malgré les efforts & les artifices du demon, qui l'auroit entierement renversée si elle n'eust esté soûtenuë par la pieté & l'autorité de ce grand Prince.

Maintenant qu'ayant plû à Dieu d'exaucer nos prieres nous iouïssons, tous, tant mitigez que reformez, d'une paix qui leve tous les obstacles qui pouvoient nous empescher de le bien servir, ie vous coniure, mes Freres & mes Sœurs, de ne manquer á rien de ce qui peut dépendre de vous pour vous acquitter de ce devoir. Ceux qui sont encore au monde sont témoins des peines & des travaux dont il nous a délivrez, & des graces qu'il nous a faites. Et ceux qui viendront aprés nous, & qui trouveront les voyes applanies & toutes les difficultez levées, ne doivent-ils pas s'efforcer de maintenir les choses dans cette perfection ? Ie les prie au nom de nostre Seigneur de ne donner pas suiet de dire d'eux ce que l'on dit de quelques Ordres, que les commencemens en estoient loüables. Nous commençons: & ils ne doivent pas seulement s'efforcer d'entretenir ces commencemens : il faut qu'ils tâchent de les pousser encore plus avant. Qu'ils considerent que le diable fait de grandes playes dans les ames par des choses qui ne paroissent que de petites égratignures, & qu'ainsi ils se gardent bien de dire : Cela importe de peu, & ne merite pas que l'on s'y arreste. Tout est important, mes Filles, pour peu qu'il nous empesche de nous avancer dans le service de Dieu. N'oubliez iamais, ie vous prie, avec quelle promtitude tout passe : combien grande est la grace que Dieu nous a faite de nous appeller dans ce saint ordre, & quelle sera la punition de ceux qui commenceront d'y introduire du relâchement. Ayons toûjours devant les yeux ces saints Prophetes qui sont nos peres; comme aussi ce grand nombre d'autres Saints qui aprés avoir porté l'habit que nous portons sont à present dans le Ciel, & ne craignons point de nous assurer par une louable & sainte presomption que Dieu nous fera la grace d'avoir un iour part à leur gloire. Ce combat, mes Sœurs, que nous avons à soustenir durera peu : & il sera suivi d'une eternité. Méprisons tout ce qui ne subsiste point par soy mesme, & ne pensons qu'à aimer & à servir Dieu afin d'arriver à ce bonheur qui ne finira iamais. Ainsi soit-il.

FONDATION DV MONASTERE
des Carmelites de la tres-sainte Trinité de Sorie.

CHAPITRE XXIX.

La Sainte parle dans le recit de cette fondation des éminentes vertus de l'Evesque d'Osme qui la porta principalement à l'entreprendre.

LORS que i'estois encore à Palence pour la fondation dont ie viens de parler, on m'apporta une lettre de l'Evesque d'Osme auparavant nommé le Docteur Velafquez. J'avois communiqué avec lui lors qu'il étoit Chanoine & Theologal de la grande Eglife de Tolede, parce que fçachant qu'il étoit fort fçavant & grand ferviteur de Dieu, & ayant toûjours quelques craintes, je l'avois tant preffé de prendre foin de ma conduite, qu'encore qu'il fût extrêmement occupé, neanmoins voyant le befoin que j'en avois, il m'avoit fait cette charité d'une maniere très-obligeante. Ainfi il me confeffa durant tout le temps que je demeuray à Tolede qui fut affez long, & lui ayant découvert avec ma fincerité ordinaire le fond de mon ame, fes confeils me furent fi utiles, que ces craintes qui me donnoient tant de peine commencerent à fe diffiper, à caufe qu'il me raffuroit par des paffages de l'Ecriture Sainte, qui eft ce qui me touche le plus lors que je fçai que celui qui les rapporte eft capable & homme de bien. Il m'écrivoit cette lettre de Sorie, & me mandoit qu'une Dame qu'il confeffoit lui avoit parlé de faire une fondation de Religieufes de nôtre Ordre ; qu'il avoit approuvé fon deffein, & lui avoit dit qu'il feroit en forte que j'irois établir ce Monaftere. Il ajoûtoit que fi j'entrois dans fon fentiment, je le luy fiffe fçavoir, afin qu'il m'envoyaft querir. Cette nouvelle me donna de la joye, parce qu'outre que cette fondation me paroiffoit avantageufe, j'avois un fi grand refpect & une fi grande affection pour ce Prelat, & m'étois fi bien trouvée de fes avis, que je defirois de le voir pour lui communiquer des chofes qui regardoient ma confcience. Cette Dame fe nommoit Beatrix de Veamont de Navarre, à caufe qu'elle defcendoit des Rois de Navarre ; & elle étoit fille de François de Veamont illuftre par le rang que lui donnoit fa naiffance. Aprés avoir paffé quelques années dans le mariage, elle étoit demeurée veuve fans enfans, & avec beaucoup de bien ; & il y avoit déja long-temps qu'elle defiroit de fonder un Monaftere de Religieufes. En ayant parlé à ce bon Evêque, il lui apprit qu'il y avoit des Carmelites de l'Ordre de la fainte Vierge ; & cette Religion lui plûft tellement, qu'elle le preffa avec grande inftance de lui donner moyen d'executer promptement fon deffein. C'étoit une perfonne de fort douce humeur, genereufe, penitente, & pour dire tout en un mot qui avoit beaucoup de pieté. Elle avoit dans Sorie une maifon bien bâtie, & en belle affiete. Elle promit de nous la donner avec ce qui feroit neceffaire pour nous y établir. Et non feulement elle l'executa ; mais elle y ajoûta une rente de cinq cens ducats rachetable au denier vingt. L'Evêque de fon côté offrit de nous donner une affez belle Eglife voûtée qui étoit une Paroiffe proche du logis de cette Dame, d'où l'on pourroit y aller aifément en faifant un petit paffage. Et il lui étoit facile de nous accorder cette grace, parce que cette Paroiffe étoit fort pauvre, & qu'y en ayant plufieurs dans la Ville, il la pouvoit joindre à quelqu'autre. Sa lettre portoit tout ce que je viens de dire; & nôtre Pere Provincial s'étant rencontré à Palence, je lui en parlai & à plusieurs de nos amis. Tous jugerent à propos, que puis que la fondation de Palence étoit achevée j'écrivisse que je me tiendrois prête pour partir; & j'avouë que cette affaire me donna beaucoup de joye pour les raisons que j'ai dites.

On ne perdit point de temps à m'envoyer querir par un homme qui étoit fort propre pour nous conduire. Et comme cette Dame desiroit que l'on menast plûtost plus que moins de Religieuses, j'en fis venir sept, & j'avois aussi ma compagne & une Sœur converse. Ie menai aussi ensuite de l'avis que j'en avois donné, deux Religieux Carmes Déchaussez de nôtre Reforme, dont l'un étoit le Pere Nicolas de Iesus Maria Genevois, qui est une personne tres-sage. Il avoit à mon avis plus de quarante ans lors qu'il prit l'habit, ou au moins il les a à cette heure, & il n'y a pas long temps qu'il l'a pris; mais il a tant profité en ce peu de temps, qu'il paroist que Dieu l'a choisi pour rendre de grands services à l'Ordre. Car il a extrêmement agi durant nos persecutions, lors que les autres qui en auroient été capables ne le pouvoient, les uns étant exilez, & les autres prisonniers, sans que l'on pensast à lui, parce que ne faisant presque que d'entrer dans l'Ordre, il n'avoit point encore eu de charge; & Dieu le permettoit ainsi sans doute, afin que ce secours me restast. Il est si discret, qu'étant à Madrid dans la maison des mitigez, comme pour d'autres affaires; il ne parloit jamais des nôtres, & ainsi on le laissoit en repos. I'étois alors au Monastere de S. Ioseph d'Avila. Nous nous écrivions souvent dans le besoin qu'il y avoit de se communiquer l'état des choses, & je lui donnois, à ce qu'il disoit, beaucoup de consolation. On peut juger par là dans quelle extrêmité nôtre Ordre se trouvoit reduit manque de bons sujets qui pûssent agir, puis que l'on me comptoit pour quelque chose. Ie reconnus en tant de rencontres dans ces temps si fâcheux la grande vertu & la prudence de ce bon Pere, que c'est l'un de tous ceux de nôtre Ordre que j'estime & aime le plus en nôtre Seigneur.

Lui & un Frere lay nous accompagnerent dans ce voyage, & nous n'y souffrîmes pas de grandes incommoditez, parce que celui que l'Evêque avoit envoyé pour nous conduire prenoit un grand soin de nous bien loger, & qu'il ne nous manquoit rien. Ioint que ce Prelat est tellement aimé dans son Diocese que pour être bien reçu par tout il suffisoit que l'on sçeust l'affection qu'il nous porte. Le temps étoit aussi fort favorable, les journées petites, & je ne pouvois sans en ressentir une extrême joye entendre de quelle manière chacun parloit de la sainteté de leur Evêque.

Nous arrivâmes à Burgos le Mercredy veille de l'octave du saint

Sacrement. Nous y communiasmes le lendemain, & fusmes contraintes de nous y arrester le reste du jour, parce qu'il n'en restoit pas assez pour pouvoir arriver à Sorie. Comme il n'y avoit point de logement nous passasmes la nuit dans une Eglise, & cela ne nous fut point penible. Le lendemain aprés avoir entendu la Messe nous continuasmes nostre voyage, & arrivasmes à Sorie sur les cinq heures du soir. Le logis du saint Evesque se rencontrant sur nostre chemin il nous donna sa benediction de sa fenestre, d'où il nous voyoit passer, & cette benediction venant d'un si excellent Prelat i'en receus une grande ioye.

Nostre fondatrice nous attendoit à la porte de son logis qu'elle destinoit pour la fondation du monastere; & la multitude du peuple estoit si grande, qu'à peine pusmes-nous y entrer. Mais cette incommodité nous est ordinaire, parce que le monde est si curieux de voir des choses nouvelles, qu'en quelque lieu que nous allions il s'assemble tant de gens pour nous regarder, que si nous n'avions nos voiles baissez cela nous seroit fort penible. Cette Dame avoit tres-bien fait preparer une grande salle pour y dire la Messe en attendant qu'on eust fait le passage qui nous donneroit moyen de l'aller entendre à l'Eglise que l'Evesque nous avoit accordée. Et dés le lendemain qui estoit le iour de la feste de nostre saint Pere Elisée, on la dit dans cette salle. Cette mesme Dame avoit aussi tellement pourvû à tout ce qui nous estoit necessaire que nous ne manquions de rien, & elle nous donna un appartement separé où nous demeurasmes retirées iusques à la feste de la Transfiguration que le passage fut fait. Ce mesme iour on dit la premiere Messe dans l'Eglise avec beaucoup de solemnité. Il y eut un grand concours de peuple, & un Pere de la Compagnie de IESUS prescha. L'Evesque ne s'y trouva pas, parce que ne se passant pas un seul iour qu'il n'employe dans les fonctions de sa charge il avoit esté obligé d'aller à Burgos, quoy qu'il ne se portast pas bien, & qu'il vinst de perdre un œil. Cet accident me fut tres-sensible considerant combien precieuse est une veuë toute employée comme la sienne au service de l'Eglise. Mais ce sont de ces secrets iugemens de Dieu qu'il ne nous appartient pas d'approfondir, par lesquels il augmente le merite de ses serviteurs en leur donnant des occasions de conformer leur volonté à la sienne. Ainsi ce saint Prelat ne laissoit pas de continuer à travailler comme auparavant. Il m'a dit qu'il n'avoit pas esté plus touché de la perte de cet œil qu'il l'auroit esté d'avoir veu arriver cet accident à un autre, & qu'il pensoit quelquefois que quand il seroit aveugle il ne s'en affligeroit point, parce qu'il se retireroit dans quelque hermitage où rien ne le pourroit détourner de servir Dieu. Il avoit une si grande inclination pour cette sorte de vie; qu'avant qu'il

Des éminentes vertus de l'Evesque d'Osme.

qu'il fust Evesque je le voyois souvent presque resoluë tout quitter pour l'embrasser;& j'en avois de la peine, à cause que le croyant capable de rendre de grands service à l'Eglise je le souhaitois dans la dignité ou il est aujourd'huy. Neanmoins lors que j'appris qu'il avoit esté fait Evesque, cette nouvelle me troubla si fort dans la vûë de la pesanteur d'une telle charge, que je ne pouvois m'en consoler. Je m'en allay dans le chœur recommander l'affaire à Dieu. Il rendit le calme à mon esprit en me disant: *Qu'il seroit tres-utilement servi de lui.* : & les effets ont fait connoistre la verité de ces paroles. Cette incommodité de la vûë & d'autres fort penibles jointe à un travail continuel & à une tres-grande simplicité dans sa nourriture, n'empeschent pas ce saint Prelat de jeusner quatre fois la semaine & d'y ajouter plusieurs autres penitences. Il fait ses visites à pied, & va si viste que quelques-uns de ses domestiques m'ont dit ne le pouvoir suivre. Il ne souffre dans sa maison que des personnes vertueuses. Il ne commet guere d'affaires importantes à ses Proviseurs, & je croy qu'il n'y en a point dans lesquelles il n'agisse luy-même. Durant les deux premieres années de son episcopat il s'éleva contre luy de tres grandes persecutions, & je ne pouvois assez m'étonner que l'on osast l'accuser si faussement, sçachant avec quelle exactitude il rend la justice. Cet orage est maintenant cessé. Car qu'il n'y ait rien que ses ennemis n'ayent dit contre luy dans les voyages qu'il ont faite exprés à la Cour, sa vertu est si connuë dans tout son diocese que l'on n'a point eu d'égard à leurs calomnies. Il les a souffertes d'une maniere si chrestienne qu'il les a couverts de confusion en leur rendant le bien pour le mal. Et je ne dois pas oublier que ses occupations continuelles ne l'empeschent pas de prendre tousjours du temps pour faire oraison.

Quoy qu'il semble, mes Sœurs, que je me sois laissée emporter au plaisir de parler des vertus de ce saint Evesque, j'en aurois pû dire avec verité beaucoup davantage. Ce que j'en ay rapporté n'est que pour faire connoistre quelle a esté la principale cause de la fondation du monastere de la tres-sainte Trinité de Sorie, & afin que comme les Religieuses qui y sont maintenant en ont de la joye, celles qui leur succederont en ayent aussi. Ce grand Prelat si vertueux en toutes manieres n'a pû donner la rente qu'il nous avoit promise. Mais il nous a donné nostre Eglise, & a inspiré à cette Dame le desir de faire cette fondation.

Aprés avoir pris possession de l'Eglise, & que nous eusmes achevé ce qui estoit necessaire pour nostre closture je me trouvay obligée d'aller en diligence au monastere d'Avila, quoy que la chaleur fust tres-grande & le chemin fort mauvais pour des chariots. Un

Prebendier de Palence nommé Ribera, qui m'avoit extrêmement assistée dans le passage pour aller à l'Eglise & en d'autres choses vint avec nous, parce que le Pere Nicolas de IESVS Maria s'en estoit retourné aussi-tost que tous les actes necessaires pour la fondation que nous venions de faire furent passez, & que l'on avoit ailleurs grand besoin de luy. Ce Prebendier avoit quelques affaires à Sorie qui furent cause qu'il nous y accompagna, & Dieu luy donna depuis tant d'affection pour nous qu'elle nous oblige de le mettre au nombre des bienfacteurs de nostre Ordre, & de le recommander à sa divine Majesté. Ie ne voulus estre accompagnée à mon retour que de luy & de ma compagne, parce qu'il est si soigneux que cela me suffisoit, & que je ne me trouue jamais mieux dans les voyages que lors qu'on les fait avec peu de gens, & par consequent avec peu de bruit. Ie paiay bien à ce retour la facilité que j'avois trouvé en allant. Car encore que celuy qui nous conduisoit sçût assez bien le chemin ordinaire de Segovie, il ignoroit celuy des chariots. Ainsi il nous menoit par des lieux où nous estions souvent contraintes de descendre, & par des precipices où nostre chariot estoit quelquefois comme suspendu en l'air. Que si nous prenions des guides, lors qu'ils nous avoient conduits jusqu'au lieu dont ils sçavoient le chemin pour peu qu'ils en rencontrassent de mauvais ils nous quittoient en disant qu'ils avoient affaire ailleurs. La chaleur estoit si violente que nous avions beaucoup à souffrir avant que d'arriver où nous devions nous arrester; & souvent apres avoir bien marcé il nous faloit retourner sur nos pas, parce que nous nous estions égarez. Tant de traverses me donnoient une grande peine pour le bon Ribera. Mais quant à luy il ne me parut jamais en avoir. Ie ne pouvois assez m'en etonner, assez loüer Dieu de faire voir ainsi en ce vertueux Ecclesiastique, que lors que la vertu a jetté de fortes racines dans une ame elle ne trouve rien de difficile; ni assez remercier son eternelle Majesté de nous avoir tirées de ces mauvais chemins.

Nous arrivasmes la veille de saint Barthelemy à saint Ioseph de Segovie où nos Sœurs nous attendoient & estoient en grande peine de nostre retardement. Il ne se peut rien ajouter à la joye avec laquelle elles nous receurent; Dieu ne me faisant jamais rien souffrir qu'il ne m'en recompese aussi-tost. Ie m'y reposay plus de huit jours: & cette fondation se fit avec toute la facilité imaginable. Ainsi j'en revins tres-contente parce que Dieu y est bien servy, & qu'il y a sujet d'esperer de son assistance que ce bonheur continuera. Qu'il en soit beny & loüé à jamais. Ainsi soit-il.

FONDATION DV MONASTERE DES Carmelites de S. Ioseph de sainte Anne à Burgos.

CHAPITRE XXX.

Extrêmes peines qu'eut la Sainte dans cette fondation par les difficultez continuelles que l'Archevesque de Bourgos y apportoit, quoy qu'il eust témoigné d'abord de l'avoir tres agreable, & qu'il n'y eust rien que l'Evesque de Palence ne fist pour le presser de tenir la parole qu'il avoit donné. Le monastere des Carmelites de S. Ioseph d'Avila se trouvant alors le seul qui ne fust pas soûmis à l'Ordre, la Sainte obtint de l'Evesque de cette ville à qui il estoit soûmis, qu'il le seroit desormais à l'Ordre comme les autres.

IL y avoit desja plus de six ans que quelques Religieux de la cōpagnie de Iesus des plus anciens, des plus sçavans, & des plus habiles m'avoient dit qu'il seroit avantageux pour le service de Dieu de fonder dans la ville de Burgos un monastere de nostre reforme, & m'en avoient allegué des raisons qui m'avoient portée à le desirer. Mais les agitations arrivées dans nostre Ordre, & tant de fondatiōs que j'avois esté obligée de faire m'avoient empeschée d'y travailler.

Lors qu'en l'année 1580. j'estois à Vailladolid, l'Archevesque des Canaries, nommé depuis a l'Archevéché de Burgos, passant par là, je priay Dom Alvarez de Mendoçe Evesque de Palence, qui l'estant auparavant d'Avila avoit permis l'établissement du monastere de Saint Ioseph de cette ville qui estoit la premiere de nos fōdations, & qui n'affectionne pas moins les affaires de nostre Ordre que les siennes propres, de vouloir avec sa bonté ordinaire pour moy demander à cét Archeveque la permission d'établir un monastere dans Burgos. L'Archeveque n'ayant pas voulu entrer dans Vailladolid; mais s'estant retiré dans un monastere de S. Ierosme, l'Evesque l'y alla visiter avec une grande demonstration de joye de son arrivée, disna avec luy, luy donna une ceinture, ou je ne sçay quelle autre chose, avec une ceremonie qui devoit estre faite par un Evesque, & luy demanda ensuite la permission de fonder ce monastere. Il luy répondit, que non seulement il l'accorderoit tres-volontiers; mais que lors qu'il estoit encore dans les Canaries il avoit desiré d'y en avoir un, parce qu'y en ayant dans le lieu de sa naissance il sçavoit que nous servions fidellement Dieu, & que mesme il me connoissoit particulierement. Ainsi l'Evesque me rapporta avec beaucoup de joye que rien ne me pouvoit empescher de faire cette fondation, puis qu'il suffit d'obtenir le consentement de l'Evesque

LLl ij

tans que le Concile oblige de l'avoir par écrit. J'ay dit dans la fondation de Palence la repugnance que j'avois alors à faire des fondations, parce que je n'estois pas encore bien remise d'une maladie dont l'on avoit cru que je ne guerirois point, quoy que je n'aye pas accoustumé d'avoir si peu de courage quand il s'agit du service de Dieu. Ie ne sçay d'où me pouvoit venir cette lascheté, puis que si c'estoit des obstacles qui se rencontroient dans cette fondation j'en avois trouvé de plus grands en d'autres. Et depuis avoir vû qu'elle a si bien reüssi je ne sçaurois en attribuer la cause qu'au demon. Car il m'arrive d'ordinaire que lors qu'il a plus de difficultez à surmonter dans de semblables entreprises, Dieu qui connoist ma foiblesse m'assiste & me fortifie, soit par des paroles qu'il me fait entendre, ou par des rencontres favorables qu'il fait naistre: au lieu que dans les fondations qui ne sont point traversées il ne me dit rien. C'est ainsi que voyant les peines que j'aurois à surmonter dans celle-cy dont je traitois en mesme temps que de celle de Palence, il m'encouragea par cette severe reprehension qu'il me fit en me disant: *Que craignez-vous? Vous ay-je jamais manqué? & ne suis-je pas toûjours le mesme? Que rien ne vous empéche de faire ces deux fondations.* Sur quoy il seroit inutile de repeter ce que j'ay dit du courage que ces paroles me donnerent. Il fut tel que ma lascheté s'évanoüit, & que je ne craignis point d'entreprendre ces deux fondations en mesme temps. Il parut donc que ce n'estoit ny de ma maladie, ny de mon âge que procedoit mon découragement; & il me sembla qu'il estoit plus à propos de commencer par celle de Palence, tât à cause qu'elle étoit plus proche & que la saison commençant d'estre tres-rude Burgos estoit dans un pays encore plus froid, que pour contenter le bon Evesque de Palence. Mais apres que cette fondation fut achevée celle de Sorie m'ayant esté proposée & toutes choses estant preparées pour l'executer, je crus qu'il valoit mieux terminer cette affaire pour aller ensuite à Burgos. L'Evesque de Palence jugea à propos & je l'en suppliay aussi, d'informer l'Archevesque de Burgos du sujet de mon retardement; & lors que je fus partie pour Sorie il luy envoya exprés un Chanoine nommé Jean Alphonse. L'Archevesque aprés avoir conferé avec ce Chanoine m'écrivit qu'il desiroit de tout son cœur que la fondation se fist, & manda par une autre lettre à l'Evesque de Palence qu'il se remettoit à luy de la conduite de cette affaire: qu'il connoissoit Burgos: qu'il estoit besoin d'avoir le consentement de la ville; & que lors que je serois arrivée je travaillasse à l'obtenir. Que si elle le refusoit elle ne pouvoit pas luy lier les mains pour l'empêcher de me donner le sien. Que ce qui le faisoit parler ainsi estoit, que s'estant trouvé à Avila dans le

DE BVRGOS. CHAP. XXX.

temps de la fondatiō du premier monastere, & ayant vû les oppositions qui s'y étoient rencōtrées & le trouble qu'elles avoient excité, il desiroit de les prevenir. Mais qu'à moins d'avoir ce consentement de la ville il faloit necessairement que ce monastere fust rente.

L'Evesque de Palence tint alors l'affaire pour faite & avec raison, puis que l'Archevesque me mandoit d'aller, & m'avoit fait dire que je n'avois point de temps à perdre. Pour moy il me paroissoit que l'Archevéque n'agissoit pas avec assez de fermeté. Ie luy écrivis pour le remercier de la faveur qu'il me faisoit, & luy manday que je prenois la liberté de luy dire, que je croyois que si la ville ne vouloit point donner son consentement il valoit mieux faire cette fondation sans le luy demander, que de commettre sa Seigneurie avec elle. Il sembloit qu'en parlant ainsi je pressentisse le peu d'appuy que nous pouvions tirer de ce Prelat si l'affaire eust reçeu quelque contradiction. Et j'y trouvois d'ailleurs de la difficulté à cause de la cōtrarieté des sentimens qui se rencōtre en de semblables occasions. I'écrivis aussi à l'Evesque de Palence pour le supplier de trouver bon que l'esté estant si avancé & mes maladies si grandes, je differasse pour quelque temps d'aller en un pays si froid. Mais je ne luy parlay point de ce qui m'estoit passé dans l'esprit touchāt l'Archevesque, tant parce qu'il étoit desja assez fasché de voir qu'ayant témoigné d'abord tant de bonne volonté, il alleguoit alors des difficultez, que parce qu'estant amis je ne voulois pas causer du refroidissement entre eux. Ainsi comme je ne pensois plus à me rendre si tost à Burgos je m'en allay à S. Ioseph d'Avila où par de certaines rencontres ma presence se trouva estre assez necessaire.

Il y avoit à Burgos une sainte Veuve nommée Catherine de Toloze qui estoit de Biscaye. Et que n'aurois-je point à dire sur son sujet si je voulois rapporter quelles sont ses vertus, tant pour ce qui regarde la penitence, que l'oraison, l'aumône, & la charité, & qui a de plus l'esprit excellent? Elle avoit quatre ans auparavant, ce me semble, mis deux de ses filles Religieuses dans le monastere de la Conception qui est de nostre Ordre, & avoit mené les deux autres à Palence pour y attendre que nostre monastere y fust fondé : & elles les y fit aussi-tost entrer. Toutes ces quatre sœurs élevées de la main d'une telle mere ont si bien reüssi qu'elles me paroissent des Anges. Elle les dota tres-bien. Et comme elle est riche, & liberale, elle agit aussi tres honorablement dans tout le reste. Lors que j'estois encore à Palence & me tenois assurée de la permission de l'Archevesque de Burgos ie la priay d'y chercher une maison à loüer afin d'en prendre possession, & d'y faire faire un tour & des grilles dont ie luy ferois rendre l'argent, ne pretendant pas que ce fust à ses dépens. Le retardement de cette fondation qu'elle desiroit avec ardeur luy donnoit tant peine, que dans le temps que i'estois de retour à Avila & n'y pensois pas, la connoissance qu'elle avoit que nostre établissement dependoit du consentement de la ville la fit resoudre sās m'en rien māder, de travailler à l'obtenir. Elle avoit pour voisines & pour amies une mere & une fille personne de condition de grande vertu, dont la mere se nommoit Madame Marie Manriquez qui avoit pour fils Dom Alphōse de S. Dominique Manriquez Intendant de Police; & sa fille se nommoit Madame Catherine. Toutes deux prierent cet Intendant de s'employer pour obtenir du Conseil de la ville ce consentement. Il en confera avec Catherine de Toloze & luy demanda quelle subsistance ce monastere pourroit avoir, parce qu'autremēt il n'y avoit pas lieu d'esperer que le Cōseil accordat cette demande. Elle luy repondit qu'elle s'obligeroit à nous donner une maison si nous n'en avions point, & dequoy vivre: & elle signa la requeste qui portoit ces conditions. Dom Alphonse s'y employa avec tant d'affection qu'il obtint ce consentement par écrit; & le porta à l'Archevesque. Dés que cette vertueuse femme eut commencé à traiter ce que ie viens de dire, elle m'en dōna avis. Mais ie l'avois consideré comme une chimere a cause, que ie n'ignore pas la difficulté que l'on fait de recevoir des monasteres sans revenu, & que ie ne sçavois ny n'aurois iamais cru qu'elle eust voulu s'obliger de la sorte. Neanmoins recommandant l'affaire à N. S. un iour de l'octave de S. Martin ie pensois en moy-mesme ce que ie devrois faire si i'obtenois ce consentement, parce qu'il me sembloit, qu'estant travaillée de tant de maux ausquels le froid, qui estoit alors tres-grand estoit si contraire, il n'y avoit point d'apparence que ne faisant presque que d'arriver d'un si penible voyage, ie m'engageasse dans un autre si grand que celuy de Burgos: Que quand mesme ie le voudrois, le Pere Provincial ne me la permettroit pas, & que l'affaire estant sans difficulté, la Prieure de Palence l'acheveroit aussi bien que moy. Lors que i'estois dans ces pensées & resolue de ne point aller, N. S. me dit ces propres paroles qui me firent connoistre que le consentement de la ville estoit desia accordé. Que ce grand froid ne vous mette point en peine Ie suis la chaleur véritable. Le demon fait tous ses efforts pour empescher cette fondation. Faites tous les vostres pour la faire reüssir; & que rien ne vous arreste. Vostre voyage sera tres utile. Ces paroles me firent changer de sentiment malgré la répugnance de la nature, qui encore qu'elle resiste quelquefois quand il s'agit de souffrir, ne sçauroit ebranler ma resolution de tout endurer pour l'amour de Dieu. Ainsi ie luy respondis: Qu'il pouvoit sans s'arrester à ma foiblesse me commander tout ce qu'il voudroit, & qu'avec son assistance rien ne m'empescheroit de l'executer.

Outre que le froid estoit desia grand & la terre couverte de neige, mon peu de santé estoit ce qui me rendoit si paresseuse; & il me sembloit que si ie me fusse bien portée i'aurois méprisé tout le reste. Il est vray aussi que ce fut cette mauuaise santé qui me donna le plus de peine dans cette fondation: Car quant au froid i'en ressentis si peu d'incommodité qu'elle n'auroit pas esté moindre à Tolede. Ainsi N. S. fit bien connoistre que ses promesses sont tousiours suiuies des effets.

Peu de iours après ie reçus le consentement de la ville auec des lettres de Catherine de Toloze & de Madame Catherine, qui me pressoient extrêmement de me haster de peur qu'il n'arriuast quelque trauerse, parce que ces Religieux de S. François de Paule, des Carmes mitigez, & des Religieux de saint Bazile estoient venus pour s'etablir à Burgos. Cette nouuelle qui nous estoit sans doute un obstacle tres-considerable ne me donna pas moins de suiet de m'étonner que tant de diuers Ordres eussent conçeu comme de concert un mesme dessein, que de loüer la charité de cette ville, qui les receuoit tous si volontiers dans un temps qu'elle n'estoit plus si opulente. Et quoy qu'on m'eust tousiours fort exalté sa charité i'auoüe que ie ne la croyois pas si grande. Les uns fauorisoient un Ordre les autres un autre. Mais l'Archevesque considerant les inconueniens qui en pouuoient naistre s'y opposoit, parce qu'il luy sembloit que c'estoit faire tort aux autres Ordres de mandians qui auoient desia de la peine à subsister. Peut-estre estoit-ce ces Peres qui luy inspiroient ce sentiment, ou le demon qui vouloit empescher le grand bien que produisent les monasteres dans les lieux où ils s'etablissent, & que Dieu peut aussi facilement faire subsister en grand nombre qu'en petit nombre.

Me voyant donc si pressée per ces saintes femmes, ie croy que sans quelques affaires qu'il me falut terminer ie serois partie à l'heure même, parce que les voyant agir auec tant d'affection ie me trouuois plus obligée qu'elles à ne point perdre de temps dans une conioncture si importante, & qu'encore que ie ne pusse douter du succés puis que Nostre Seigneur m'en auoit asseurée, ie n'auois pas oublié qu'il m'auoit dit que le demon feroit tous ses efforts pour trauerser cette affaire. Mais ie ne pouuois m'imaginer d'où viendroit la difficulté, Catherine de Tolose m'ayant mandé que sa maison estoit preste pour prendre possession, & que l'Archevesque & la ville auoient accordé leur consentement. Il parut en cette occasion que Dieu donne lumiere aux Superieurs. Car ayant écrit au Pere Ierôme Gracien de la mere de Dieu nostre Prouincial pour sçauoir si ie deuois m'engager dans ce voyage que Nostre Seigneur m'auoit fait connoistre vouloir que ie fisse, il me témoigna de l'approuuer mais me demanda si j'avois la permission par écrit de l'Archevesque. Ie luy repondis que l'on m'avoit mandé de Burgos que l'affaire avoit esté resoluë avec luy; que la ville avoit donné son consentement; qu'il avoit fait paroistre d'en estre bien aise; & que tout cela ioint à la maniere dont il avoit tousiours parlé me faisoit croire qu'il n'y avoit pas lieu de douter.

Ce Pere voulut venir avec nous, tant à cause qu'ayant achevé de prescher l'Avent il avoit alors plus de loisir, que pour aller visiter le monastere de Sorie qu'il n'avoit point vû depuis son etablissement; cõme aussi parce que me croyant encore bonne a quelque chose & me voyant vieille, si infirme, & le temps si rude, il desiroit de prendre soin de ma santé. Ie pense que Dieu le permit. Car les chemins estoient si mauvais & les eaux si grandes, que son assistance & celle de ses compagnons nous fût necessaire pour nous empecher de nous egarer, & pour degager nos chariots des bourbiers qu'ils rencontroient à toute heure, sur tout depuis Palence iusques à Burgos, dont le chemin estoit tel qu'il faloit estre bien hardy pour l'entreprendre mais il est vray que N. S. me dit: *Que nous pouvions aller sans crainte puis qu'il seroit avec nous.* Ie ne le dis point alors au Pere Provincial. Ie me contentay d'en tirer ma consolation dans les grands travaux que nous souffrimes, & les perils que nous courumes, particulierement en un lieu proche de Burgos nommé les Ponts. L'eau repanduë dans toute la campagne estoit si haute qu'elle la couvroit entierement, & l'on ne pouvoit sans temerité tenter ce passage, principalement dans des chariots, parce que pour peu qu'ils s'ecartassent d'un costé ou d'autre il faloit perir: & en effet il y en eut un qui courut fortune. Nous prismes dans une hostellerie un guide qui connoissoit ce passage, & nos iournées se trouverent rompues à cause de ces mauvais chemins, où nos chariots s'enfontcoient de telle sorte que l'on estoit obligé pour les en tirer de prendre les chevaux de l'un pour les atteler à l'autre: en quoy nos Peres eurent d'autant plus de peine que nous n'avions que de ieunes chartiers peu soigneux. La presence du Pere Provincial me soulageoit beaucoup. Ses soins s'étendoient à tout: & son humeur si égale & si tranquille qu'il ne s'inquietoit de rien, luy faisoit trouver facile ce qui auroit paru tres difficile à un autre. Il ne laissa pas neanmoins de craindre au passage de ces ponts lors qu'il se vit au milieu de l'eau sans sçavoir le chemin que l'on devoit prendre, & sans le secours d'aucun bateau. Ie ne fûs pas moy mesme exemte de crainte quelque assûrance que N. S. m'eust donné de nous assister: & l'on peut iuger par la quelle pouvoit estre l'apprehension de mes compagnes. Nous estions huit, dont deux devoient retourner avec moy, & les cinq autres y compris une Conversé, demeurer à Burgos.

Vn tres grand mal de gorge qui m'avoit pris en chemin en arrivant à Vailladolid, & faisoit que je ne pouvois manger sans beaucoup de douleur, joint à la fiévre qui ne me quittoit point, m'empeschoit de tant ressentir les incommoditez de nostre voyage; & ces maux me durent encore maintenant que nous sommes au mois de Iuin, mais avec moins de violence. Mes compagnes oublierent aisément les fatigues de ce voyage, parce qu'aussi tost que le peril est passé on en parle avec plaisir, & que souffrir par obeïssance est une chose douce & agreable pour ceux qui aiment autant cette vertu que ces bonnes Religieuses l'aiment.

Nous arrivasmes à Burgos le lendemain de la Conversion de saint Paul un Vendredy vingt-sixiéme jour de Ianvier, & nostre Pere Provincial nous ordonna d'aller à l'Eglise devant le saint Crucifix, tant pour recommander l'affaire à nostre Seigneur, que pour y attendre l'entrée de la nuit, estant alors encore grand jour. Il avoit resolu que nous ne perdrions point de temps pour faire cette fondation, & j'avois apporté plusieurs lettres du Chanoine Salinas dont j'ay parlé dans celle de Palence, & qui n'a pas eu moins de part en celle-cy, comme aussi d'autres personnes de qualité qui écrivoient avec grande affection à leurs parens & à leurs amis pour les prier de nous assister. Ils n'y manquerent pas, & vinrent tous nous voir dés le lendemain. Des deputez de la Ville vinrent aussi me témoigner leur joye de mon arrivée, & me prier de leur dire en quoy ils me pourroient favoriser. Comme nostre seule apprehension n'estoit que de ce costé-là, nous ne craignîmes plus alors de rencontrer quelque obstacle, & aussi tost que nous fusmes arrivées chez la bonne Catherine de Tolose, sans que personne en eust connoissance, à cause que nous y allasmes par une tres-grande pluye, nous resolusmes de faire sçavoir l'estat des choses à l'Archevesque, afin qu'il luy plûst de donner la permission de faire dire la Messe comme j'avois accoustumé de le pratiquer. Mais le succés ne répondit pas à mon esperance.

N'y ayant point de bons traitemens que cette sainte femme ne nous fist, nous nous delassâmes cette nuit, & je n'eus pas neanmoins peu à souffrir, parce qu'ayant fait faire un grand feu pour nous secher aprés avoir esté si moüillées, quoy que ce fust dans une cheminée, je ne pouvois le lendemain lever la teste ni parler qu'estant couchée á ceux qui me venoient voir au travers d'une petite fenestre treillissée sur laquelle on avoit tendu un voile, ce qui me donnoit beaucoup de peine, á cause qu'il me faloit necessairement traiter de nos affaires.

Nostre Pere Provincial alla dés le lendemain demander la benediction à l'Archevesque dans la creance qu'il ne restoit plus aucune difficulté; & il le trouva en aussi mauvaise humeur de ce que j'estois

MMm

venuë sans sa permission, que s'il ne me l'eust point accordée, & qu'il n'eust jamais entendu parler de l'affaire. Il témoigna à ce Pere d'estre mécontent de moy, & fut contraint neanmoins de demeurer d'accord qu'il m'avoit mandé de venir : mais il dit qu'il entendoit que ce fust seulement pour traiter l'affaire, & non pas avec ce grand nombre de Religieuses. Le Pere Provincial lui répondit que nous avions creu qu'il n'y avoit plus rien à negocier, & qu'il ne restoit qu'à nous établir, puis que nous avions obtenu de la ville le consentement qu'il avoit jugé à propos d'avoir, & qu'ayant demandé à l'Evesque de Palence s'il seroit bon que j'allasse sans le lui faire sçavoir il m'avoit dit que je n'en devois point faire difficulté, parce que cette fondation luy estoit tres-agreable. Cette réponse le surprit extrêmement ; mais ne le fit point changer, & si Dieu qui vouloit cet établissement n'eust permis que nous nous fussions conduites de la sorte, il ne se seroit point fait ; l'Archevesque ayant avoüé depuis que si nous lui eussions demandé la permission de venir il nous l'auroit refusée. La conclusion fut, qu'à moins que d'avoir une maison en propre & du revenu il ne souffriroit point nostre établissement ; que nous n'avions qu'à nous en retourner ? & que le temps & les chemins n'estoient plus mauvais. Seigneur mon Dieu, qu'il paroist bien que l'on ne vous rend point de service sans en estre recompensé par quelque grande peine, & que cette peine seroit agreable à ceux qui vous aiment veritablement s'ils connoissoient d'abord quel en est le prix. Mais nous n'estions pas alors capables de le comprendre, parce qu'il nous paroissoit impossible de faire ce que proposoit ce Prelat, à cause qu'il ne vouloit pas que l'achapt de la maison & nostre revenu se prissent sur ce qu'apporteroient les Religieuses que nous recevrions ; & quel moyen dans un temps tel que celuy où nous sommes de trouver du remede à une si grande difficulté? Je ne desesperois neanmoins de rien tant j'estois persuadée que tout ce qui nous arrivoit estoit pour nostre avantage ; que c'estoient des artifices du demon pour traverser une si bonne œuvre; & que Dieu ne manqueroit pas de la faire reüssir. Comme le Pere Provincial ne s'estoit point troublé de cette réponse il me la rapporta avec un visage guay, & Dieu le permit pour m'épargner la peine que j'aurois euë s'il m'eust témoigné estre mal satisfait de ce que je n'avois pas demandé par écrit la permission de l'Archevesque ainsi qu'il me l'avoit conseillé.

Le Chanoine Salinas qui ne s'estoit pas contenté de nous donner comme les autres des lettres de recommandation ; mais avoit voulu venir avec nous, fut d'avis luy & ses parens que nous demandassions permission à l'Archevesque de faire dire la messe dans la maison où nous estions, tant parce qu'estant nuds pieds ç'auroit esté une chose indecente de nous voir aller ainsi par les ruës au travers des boües, qu'à cause qu'il se rencontroit y avoir dans cette maison un lieu qui avoit durant plus de dix ans servi d'Eglise aux Peres de la Compagnie de Iesus, lors qu'ils estoient venus pour s'establir à Burgos ; & que nous aurions pû mesme par cette raison prendre possession avant que d'avoir acheté une maison. Mais quoy que deux Chanoines fussent allez demander cette permission à ce Prelat, il ne voulut iamais l'accorder. Tout ce qu'ils purent obtenir de luy fut que quand nous aurions un revenu asseuré, il consentiroit à la fondation, quoy que nous n'eussions point encore de maison en propre, pourveu que nous nous obligeassions d'en acheter une, & donnassions pour cela des cautions. Ensuite de cette réponse les amis du Chanoine Salinas s'offrirent de nous cautionner, & Catherine de Tolose de nous donner du revenu.

Plus de trois semaines se passerent dans ces negociations, pendant lesquelles nous n'entendions la Messe que les Festes de grand matin, & i'estois toûjours malade & avec la fièvre ; mais il ne se pouvoit rien aiouster au bon traitement que nous faisoit Catherine de Tolose. Elle nous nourrit durant un mois dans un appartement de sa maison où nous vivions retirées, & prenoit tant de soin de nous, que quand nous aurions esté ses propres filles elle n'auroit pû nous témoigner plus d'affection. Le Pere Provincial & ses compagnons logeoient chez un de ses amis avec qui il avoit fait connoissance dés le College nommé le Docteur Manso Chanoine & Theologal de la grande Eglise, & il estoit assez ennuyé de ce long retardement, mais il ne se pouvoit resoudre à nous quitter.

Ce qui regardoit les cautions & le revenu estant resolu, l'Archevesque nous renvoya au Proviseur pour expedier l'affaire ; mais le demon nous suscita de nouvelles traverses : car lors que nous ne pensions plus qu'il pût y avoir de difficulté, ce Proviseur nous manda que l'on ne donneroit point de permission qu'après avoir acheté une maison, parce que l'Archevesque ne vouloit pas que la fondation se fist dans celle où nous éstions alors, à cause qu'elle estoit trop humide & dans une ruë trop exposée au bruit ; comme aussi, parce que la seureté pour le revenu n'estoit pas entiere, & autres choses semblables. Ainsi il sembloit que l'on ne fist que commencer à negocier l'affaire, quoy qu'il y eust plus d'un mois qu'elle se traitast, & ce Proviseur ajoustoit qu'il n'y avoit point à repliquer, puis qu'il faloit que la maison fust agreable à l'Archevesque.

Nostre Pere Provincial ne put non plus que nous toutes, entendre sans émotion des propositions si déraisonnables : car quel temps n'auroit-il point falu pour acheter une maison propre à y bastir un Monastere ? & il ne pouvoit souffrir aussi la peine que ce nous estoit d'estre obligées de sortir pour aller à la Messe, quoy que l'Eglise ne fust pas fort éloignée, & que nous l'entendissions dans une Chapelle où nous n'estions veuës de personne. Il fut d'avis s'il m'en souvient bien que nous nous en retournassions ; mais me souvenant du commandement que N. Seigneur m'avoit fait de travailler à cette affaire, je me tenois si asseurée qu'elle s'acheveroit, que je ne pouvois consentir à ce retour, & ne me tourmentois point de ce retardement. J'avois seulement beaucoup de déplaisir de ce que ce bon Pere estoit venu avec nous, ne sçachant pas combien ses amis nous devoient servir ainsi qu'on le verra dans la suite. Lors que j'estois dans cette peine, & qu'encore que celle de mes compagnes fust beaucoup plus grande, je la considerois peu en comparaison de celle du Pere Provincial. Dieu me dit sans que je fusse en oraison : *Therese, c'est maintenant qu'il faut tenir ferme.* J'exhortay alors plus hardiment que jamais le Pere Provincial de partir pour aller prescher le Caresme au lieu où il s'estoit engagé, & nostre Seigneur le disposa sans doute à s'y resoudre. Avant que de partir il fit en sorte par le moyen de ses amis, que l'on nous donna un petit logement dans l'Hôpital de la Conception où estoit le tres-saint Sacrement, & où nous pouvions tous les jours entendre la Messe. Cela le satisfit un peu, mais non pas entierement: car une veuve qui avoit loüé une bonne chambre dans cet Hôpital, non seulement ne voulut pas nous la prêter, quoy qu'elle n'y dûst aller de six mois, mais elle fut si fâchée de ce que l'on nous avoit donné quelque petit galletas par où l'on pouvoit passer à son quartier, qu'elle ne se contenta pas de fermer ce passage à la clef, elle le fit encore cloüer par dedans. Dieu permit de plus pour nous faire meriter davantage par tant de traverses, que les Confreres de cet Hôpital s'imaginant que nous avions dessein de nous l'approprier, nous obligerent le Pere Provincial & moy à promettre par devant Notaires d'en déloger à la premiere signification qu'ils nous en feroient. Cela me fit plus de peine que tout le reste, parce que cette veuve estant riche & bien apparentée, j'aprehendois qu'à la premiere fantaisie qui luy prendroit elle nous obligeât à sortir. Le Pere Provincial qui estoit plus sage que moy fut d'avis au contraire de faire tout ce qu'elle desiroit afin d'y entrer plus promptement. On ne nous donna qu'une chambre & une cuisine ; mais l'Administrateur de l'Hôpital nommé Ferdinand de Matança qui estoit un tres-homme de bien, nous en donna encore deux autres, dont l'une nous servoit de parloir : & comme il estoit tres-charitable & grand aumônier, il nous fit outre cela beaucoup de bien. François de Cuevas Maistre des Postes de la Ville qui avoit grand soin de cet Hôpital ne nous en fit pas moins, & il continuë de nous assister en toutes rencontres. Je nomme icy ceux à qui nous sommes si obligées, afin que les Religieuses qui sont vivantes, & celles qui leur succederont se souviennent d'eux dans leurs prieres, & elles doivent avec encore plus de raison s'acquitter de ce devoir envers nos fondatrices. Quoy que je ne crûsse pas d'abord que Catherine de Tolose seroit de ce nombre, sa pieté l'a renduë digne devant Dieu d'en estre, puis qu'elle s'est conduite de telle sorte dans toute cette affaire que l'on ne pourroit l'en exclure sans injustice. Car outre qu'elle acheta la maison que nous ne pouvions avoir sans elle, on ne sçauroit croire combien toutes ces difficultez de l'Archevesque luy ont donné de peine par l'extrême affliction que ce luy estoit de penser que l'affaire pourroit ne pas reüssir, & elle ne s'est jamais lassée de nous obliger. Encore que cet Hôpital fust fort éloigné de son logis, il ne se passoit presque point de jour qu'elle ne nous vinst voir, & elle nous envoyoit tout ce dont nous avions besoin, quoy qu'on luy en fist sans cesse tant de railleries, qu'à moins que d'avoir autant de bonté & de courage qu'elle en avoit, elle nous auroit abandonnées. Ces peines qu'on luy faisoit m'en donnoient une tres-grande, car bien qu'elle s'efforçast de les cacher, elle ne pouvoit quelquefois les dissimuler, principalement lors qu'elles touchoient sa conscience. Elle l'avoit si bonne, que quelque sujet que ces personnes luy donnassent de s'aigrir contr'elles, je n'ay jamais entendu sortir de sa bouche une seule parole qui pûst offenser Dieu. Ils luy disoient qu'elle se damnoit, & qu'ils ne comprenoient pas comment ayant des enfans elle croyoit pouvoir sans peché en user de la sorte; mais elle ne faisoit rien que par le conseil de gens sçavans & habiles; & encore qu'elle ne l'eust pas voulu, je n'aurois jamais souffert qu'elle y eust manqué quand cela auroit empesché la fondation non seulement de ce Monastere, mais de mille Monasteres. Je ne m'étonne pas neanmoins que la maniere dont cette affaire se traitoit n'estant point sçeuë on en portast des jugemens si desavantageux, ni qu'ils le fussent mesme encore davantage. Comme c'estoit une personne extrêmement prudente & discrette, elle leur répondoit si sagement, qu'il paroissoit que nostre Seigneur la conduisoit pour la rendre capable de contenter les uns, de souffrir des autres, & de ne se point décourager dans la suite de cette entreprise, ce qui montre combien lors que l'on est veritablement à Dieu on est plus propre à traiter des affaires importantes, que ceux qui ne sont considerables que par la grandeur de leur naissance, quoy que cette vertueuse femme dont je parle fust tres-bien Damoiselle.

Le Pere Provincial nous ayant donc procuré une maison où nous pouvions sans rompre nôtre clôture entendre tous les jours la Messe il reprit courage & s'en alla à Vailladolid où il estoit obligé de prescher. Il avoit de la peine neanmoins de voir l'Archevéque peu disposé à nous accorder la permission qui nous estoit necessaire, & il ne me pouvoit croire lors que je tâchois à luy persüader de bien esperer.

Nos amis qui esperoient encore moins que luy le fortifioient dans sa défiance, & il ne faut pas s'en estonner veu le suiet qu'ils en avoient. Ainsi son absence me soulagea, parce comme ie l'ay dit, que ma plus grande peine venoit de la sienne. Il nous ordonna en partant de travailler à acheter une maison ; mais cela n'estoit pas facile à cause qu'on n'avoit pas encore pû en trouver qui nous fust propre, & que nous eussions moyen d'acquerir. Nos amis, & particulierement les deux qui restoient des siens redoublerent durant son éloignement les soins qu'ils avoient de nous, & resolurent de ne point faire parler à l'Archevesque iusques à ce que nous eussions une maison. Ce Prelat disoit toûiours qu'il desiroit plus que personne que la fondation se fist ; & il est si homme de bien que ie ne sçaurois croire qu'il ne dist pas vray. Ses actions neanmoins témoignoient le contraire, puis qu'il ne nous proposoit que des choses impossibles ; & c'estoit sans doute ,, par un artifice du demon qu'il agissoit de la sorte. Mais comme vous ,, estes tout puissant, mon Dieu, vous fistes réüssir cette affaire par le ,, mesme moyen dont cet esprit de tenebres se servoit pour la ruiner. ,, Que soyez vous beny à iamais.

Nous demeurâmes dans cet Hôpital depuis la veille de S. Mathias iusques à la veille de S. Ioseph travaillant toûiours à acheter une maison, sans que l'on en pûst trouver qui nous fust propre. On me donna avis d'une qu'un Gentilhomme vouloit vendre, & que plusieurs Religieux qui en cherchoient aussi bien que nous avoient veu sans qu'elle leur eust plû. Ie croy que Dieu le permit ainsi : car ils s'en estonnent maintenant, & quelques-uns mesme s'en repentent. Deux personnes m'en avoient parlé avantageusement : mais tant d'autres m'en avoient dégoustée que ie n'y pensois plus du tout. Estant un iour avec le Licentié Aguiar que i'ay dit ailleurs estre tant des amis de nostre Pere Provincial & qui s'employoit pour nous avec un extrême soin, il me dit qu'après en avoir tant cherché il ne croyoit pas possible d'en trouver une qui nous fust propre. Celle de ce Gentilhomme me vint alors dans l'esprit, & ie pensay qu'encore qu'elle fust telle qu'on me l'avoit representée nous pourrions nous en servir dans un si pressant besoin, & ensuite la revendre. Ie la luy proposay, & parce qu'il ne l'avoit point encore veuë ie le priay d'y aller. Il partit à l'heure mesme, quoy qu'il fist le plus mauvais temps du monde, & celuy qui l'avoit loüé n'ayant point d'envie qu'on la vendist refusa de la luy montrer : mais l'assiette & tout ce qu'il en pût voir le satisfit tellement que sur son rapport nous resolûmes de l'acheter. Le Gentilhomme à qui elle appartenoit estoit absent, & il avoit donné pouvoir de la vendre à un Ecclesiastique fort homme de bien. Dieu inspira à ce bon Prestre le desir d'en traiter avec nous, & il y agit fort franchement. On trouva à propos que ie là visse, i'y allay, & là trouvay si à mon gré, que quand on l'auroit voulu vender deux fois autant j'aurois crû l'avoir à bon marché ; y a-t-il sujet de s'en étonner puis que deux ans auparavant ce Gentilhomme en avoit refusé le pris qu'on en demandoit alors ? Le lendemain cet Ecclesiastique me vint trouver avec le Licentié, qui n'estant pas moins satisfait que moy de la maison vouloit que l'on conclust à l'heure-mesme : & sur ce que je lui dis que quelques-uns de nos amis croyoient que ce seroit l'acheter cinq cens ducats plus qu'elle ne valoit, il me répondit qu'il estoit tres-persuadé du contraire ; & mon sentiment estoit si conforme au sien, qu'il me sembloit que c'estoit l'avoir pour rien; mais parce que cette somme se devoit payer de l'argent de l'Ordre je marchois avec retenuë. Ce fut la veille de la feste du glorieux saint Ioseph que nous commençâmes de traiter avant la messe ; & je priay ces Messieurs qu'aussi tost qu'elle seroit dite nous nous rassemblassions pour terminer cette affaire. Comme le Licentié est un homme de fort bon esprit & qu'il jugeoit bien qu'il n'y avoit point de temps à perdre, puis que si la chose se divulguoit il nous en cousteroit beaucoup davantage, il tira parole de l'Ecclesiastique de revenir aprés la messe. Nous recommandâmes cette affaire à Dieu, & il me dit : *Vous arrestez-vous à de l'argent ?* Me faisant connoistre par ces paroles que la maison nous estoit propre ; nos Sœurs avoient extrêmement prié S. Ioseph qu'elles pussent en avoir une au jour de sa feste, & lors qu'il y avoit le moins de sujet d'esperer que cela se fist si-tost, il se trouva fait. Le Licentié rencontra au sortir du logis un Notaire si à propos qu'il sembloit que nôtre Seigneur l'eust envoyé pour ce sujet. Il l'amena & me dit qu'il faloit conclure à l'heure même. Il fit venir des témoins, ferma la porte de la salle de peur que quelqu'un n'apprit ce qui se passoit, & ce traité s'acheva avec toutes les seuretez necessaires par le soin & la diligence d'un si excellent ami.

Personne ne se fust imaginé que l'on eust donné cette maison à si bon marché, & le bruit n'en fut pas plustost répandu que ceux qui avoient envie de l'acheter dirent que cet Ecclesiastique l'avoit donnée pour rien, & que le marché estant frauduleux il le faloit rompre. Ainsi ce bon Prestre n'eut pas peu à souffrir. Il en donna avis a ce Gentilhomme & à sa femme qui estoit aussi de fort bonne maison; & au lieu d'en estre mécontens, ils témoignerent de la joye de voir leur logis converti en un monastere. Ainsi ils ratifierent le contract, & n'auroient pû quand ils auroient voulu le refuser. Le lendemain on acheva de passer les actes necessaires, on paya le tiers du prix, & l'on demeura d'accord de quelques conditions plus avantageuses pour le vendeur que ne portoit le contract ; mais ce bon Ecclesiastique le desira, & on ne pust le lui refuser.

FONDATION

Quoy qu'il puisse paroistre ridicule de m'estre tant arrestée sur l'achapt de cette maison, je croy que si l'on considere la maniere dont cette affaire se passa on jugera qu'il y a eu du miracle, tant en ce qui regarde le prix, l'ayant euë à si bon marché, qu'en ce qu'il semble que tous ces Religieux qui l'avoient veuë ayent esté aveuglez d'avoir manqué à l'acquerir. Car tous ceux qui la virent ensuite ne s'en étonnoient pas seulement; mais disoient qu'ils avoient perdu l'esprit. Ainsi une communauté de Religieuses qui cherchoit une maison à acheter, deux autres communautez de l'une desquelles le monastere avoit esté brûlé, & une personne riche qui en vouloit fonder un ayant tous vû cette maison, pas un n'en voulut, & aujourd'huy tous, s'en repentent. Nous connûmes par le bruit que cela fit dans la ville que ce bon Licentié Aguiar avoit eu raison de tenir la chose secrete & de n'y perdre pas un moment, puis que nous pouvons dire avec verité qu'après Dieu nous luy sommes obligées d'une acquisition qui nous est si avantageuse. Il faut avoüer qu'un esprit capable de tout comme estoit le sien, joint à une aussi grande affection que celle que Dieu luy avoit donnée pour nous, estoient necessaires pour faire reüssir une telle affaire. Il travailla ensuite plus d'un mois à nous aider à tout accommoder pour nous loger, ce qui se fit avec peu de dépense & il paroist que nostre Seigneur avoit jetté les yeux sur cette maison pour l'employer à son service, tant nous y trouvâmes toutes choses si disposées qu'elles sembloient avoir esté faites pour ce dessein. Il me paroissoit que c'estoit un songe de voir en si peu de temps tout en estat de nous recevoir, & que Dieu nous recompensast ainsi avec usure de ce que nous avions souffert, en nous mettant dans un lieu que le jardin, la veuë, & les eaux rendoient si extrêmement agreable.

L'Archevesque en eut aussi-tost avis & parut estre fort aise de ce que nous avions si bien rencontré dans la creance que son opiniastreté en avoit esté la cause : en quoy il avoit raison. Ie luy écrivis pour luy témoigner ma joye de ce qu'il estoit satisfait, & l'assuray que je ne perdrois point de temps pour mettre la maison en estat que nous y puissions aller, afin qu'il luy plûst d'achever la faveur qu'il avoit commencé de nous faire. Ie me hastay d'autant plus d'executer ce que je luy promettois que je sçeus que l'on nous vouloit retarder sous pretexte de je ne sçay quels autres actes. Ainsi quoy qu'il se passast quelque temps avant que de pouvoir faire sortir un locataire qui y demeuroit, nous ne laissâmes pas d'y aller, & de nous loger dans une autre partie de cette maison. On me dit aussi-tost aprés que l'Archevesque n'en estoit pas content. Ie l'adoucis le mieux que je pus; & comme il est bon, sa colere passe aisément. Il se fâcha encore lors qu'il apprit que sans sçavoir s'il l'approuvoit nous avions fait mettre des grilles. Ie luy écrivis & luy manday que les Religieuses

gieuses en avoient toûjours ; mais que je n'avois osé rien faire dans la maison qui marquast que ce fust un Monastere, ni seulement par cette raison y mettre une croix, & il êtoit vrai. Cependant quelque affection qu'il témoignast nous porter nous ne poûvions obtenir de lui la permission.

Il vint voir nôtre maison, me dit qu'il en êtoit fort content, & nous fit paroître beaucoup de bonne volonté, mais sans nous promettre de donner la permission. Il nous la fit seulement esperer, & l'on devoit passer certains actes avec Catherine de Tolose, dont l'on apprehendoit qu'il ne fust pas satisfait. Le Docteur Manso cet autre ami du Pere Provincial qui êtoit fort bien auprés de lui, tâchoit de prendre le temps à propos pour avoir son consentement, parce qu'il ne pouvoit souffrir la peine que ce nous êtoit d'être obligées de sortir pour aller à la messe : car encore qu'il y eust une Chapelle dans la maison où on la disoit avant que nous l'eussions achetée, ce Prelat n'avoit point voulu le permettre. Ainsi nous étions contraintes les Dimanches & les Fêtes de l'entendre dans une Eglise qui se trouva par bon-heur être assez proche, & cela dura environ un mois depuis le temps que nous entrâmes dans cette maison jusques à l'établissement du Monastere. Comme toutes les personnes sçavantes croyoient que ce que l'on disoit auparavant la Messe chez nous suffisoit pour nous faire accorder la même permission, & que l'Archevêque êtoit trop habile pour l'ignorer, il ne paroissoit point d'autre cause de son refus, sinon que Dieu vouloit nous faire souffrir. Je le supportois assez patiemment, mais une de nos Religieuses en avoit tant de peine, qu'elle ne mettoit pas plûtost le pied dans la ruë qu'il luy prenoit un grand tremblement.

Nous ne trouvâmes pas peu de difficulté à achever de passer tous ces actes, parce que tantost l'Archevêque se contentoit des cautions que nous luy presentions, tantost il vouloit que nous donnassions de l'argent comptant, & nous faisoit ainsi mille peines. Il n'y avoit pas neanmoins tant de sa faute que de celle de son Proviseur qui ne se lassoit point de nous tourmenter; & si Dieu ne luy eust enfin changé le cœur, je croi que l'affaire ne se seroit jamais achevée. C'est une chose incroyable, que ce que souffrit la bonne Catherine de Tolose. Je ne pouvois assez admirer sa patience, & le plaisir qu'elle continuoit de prendre à nous assister. Elle ne nous donna pas seulement des lits: elle nous donna aussi les autres meubles qui nous étoient necessaires,& generalement tout ce dont nous avions besoin pour nous établir : & quand elle ne l'auroit pas trouvé chez elle, je ne doute point qu'elle ne l'eust acheté plutost que de nous en laisser manquer. D'autres fondatrices de nos monasteres nous ont donné beaucoup plus de bien : mais nulle n'a eu pour ce sujet la dixiéme partie de tant de peine; & si elle n'eût point eu d'enfans elle nous auroit sans doute donné tout son bien; son ardeur pour l'établissement de ce monastere estant si grande qu'elle croyoit mesme ne rien faire.

Voyant un si long retardement j'écrivis à l'Evesque de Palence pour le supplier, qu'encore que par son extrême affection pour nous il fust mal satisfait de l'Archevesque, il voulust bien luy écrire pour luy representer; que puis que nous avions une maison & qu'on avoit fait ce qu'il avoit voulu, rien ne devoit plus l'empescher d'achever l'affaire. Il m'envoya une lettre ouverte conçûë en des termes si forts que sçauroit esté tout perdre que de la rendre. Ainsi le Docteur Manso à qui je me confessois & sans le conseil duquel je ne faisois rien, ne jugea pas à propos de la donner. Ce n'est pas qu'elle ne fust fort civile; mais il y avoit de certaines veritez que de l'humeur, qu'estoit l'Archevesque auroient esté capables de l'irriter, estant desja aigry par des choses qu'il luy avoit mandées, & qui l'avoient porté à me dire que la mort de nostre Seigneur avoit rendu amis ceux qui auparavant estoient ennemis : mais que d'amis qu'ils estoient l'Evesque de Palence & luy ie les avois rendus ennemis a quoy je luy avois répondu, que le temps luy feroit cõnoistre la verité, & qu'il n'y avoit point de soin que ie ne prisse pour les empescher d'estre mal ensemble. J'écrivis ensuite à l'Evesque pour le supplier de m'envoyer une lettre plus douce, & luy represéray les raisons qui me faisoient croire qu'il rendroit en cela un service agreable à Dieu. Cette consideration jointe au plaisir qu'il prenoit à m'obliger le fit resoudre à me l'accorder, & il m'écrivit en même téps que tout ce qu'il avoit jamais fait en faveur de nostre Ordre n'estoit rien en comparaison de ce que luy avoit coûté cette lettre. Elle vint si à propos que l'Archevesque aprés l'avoir reçûë par le Docteur Manso nous envoya cette permission si long-temps poursuivie & attenduë par le bon Ferdinand de Matança qui fut ravy d'en estre le porteur. Il se rencontra que ce mesme jour nos Sœurs & la bonne Catherine de Tolose estoient plus découragées qu'elles ne l'avoient encore esté, & que moy-mesme qui avois toûjours eu tant de confiance l'avois perduë la nuit precedente, comme si nostre Seigneur eût pris plaisir à nous voir dans une plus grande peine que jamais lors qu'il estoit prest de nous consoler. Que son saint nom soit loüé dans tous les siecles.

L'Archevesque permit ensuite au Docteur Manso de faire dire le lendemain la messe chez nous, & que l'on y mist le tres-saint Sacrement. Ce bon Docteur dit la premiere, & le Pere Prieur de saint Paul Dominiquain à qui nostre Ordre est fort obligé aussi bien qu'aux Peres de la compagnie de Jesus, dit la grande messe. Elle fut chantée avec beaucoup de solemnité par des musiciens que l'on n'en avoit point priez : tous nos amis y assisterent avec une grande joye, & presque toute la ville qui n'avoit pû voir sans compassion ce que nous avions souffert, & sans blâmer tellement la conduite de l'Archevesque que i'estois souvent plus touchée de la maniere dont on en parloit que de ce que nous endurions. Le contentement de la bonne Catherine de Tolose & de nos Sœurs estoit si grand qu'il me donnoit de la devotion, & ie disois à nostre Seigneur : Qu'est-ce mon Dieu que vos servantes sçauroient souhaiter davantage que d'employer toute leur vie à vostre service dans un lieu d'où elles ne sortent iamais afin de ne s'occuper que de vous? Il faut l'avoir éprouvé pour comprendre quelle estoit nostre joye en ces fondations quand nous nous trouvions dans une closture où les personnes seculieres ne pouvoient entrer, parce qu'encore que nous les aimions beaucoup, nulle consolation n'égale celle que nous avons d'estre seules. Il me semble qu'on peut alors nous comparer á des poissons qui rentrent dans l'eau d'où on les avoit tirez, car les ames nourries dans les eaux vives des faveurs de Dieu se voyant comme prises en des filets quand on les engage dans le commerce du monde, peuvent à peine respirer iusques à ce qu'elles rentrent dans leur sainte solitude. Ie l'ay remarqué en toutes nos Sœurs : & sçay par experience que les Religieuses qui desirent de sortir pour converser avec les seculiers, ou de communiquer beaucoup avec eux, n'ont jamais goûté de cette eau vive dont nostre Seigneur parla à la Samaritaine, & que cet Epoux celeste s'éloigne d'elles avec justice quand il voit qu'elles ne connoissent pas l'extrême bon-heur que ce leur est de demeurer avec luy. I'apprehende que ce mal-heur ne leur arrive de l'une de ces deux causes, ou de n'avoir pas embrassé purement pour son amour la profession religieuse, ou de ne connoistre pas assez la faveur qu'il leur a faite de les appeller à son service, & de les empescher par ce moyen d'estre assujetties à un homme qui est souvent cause de leur mort non seulement temporelle ; mais éternelle. O Iesus Christ mon Sauveur & mon saint Epoux, qui estes tout ensemble veritablement Dieu & veritablement homme, une si grande faveur doit-elle donc estre si peu estimée ? Rendons-luy graces, mes Sœurs, de nous l'avoir faite, & ne cessons point de loüer ce puissant Roy, qui pour nous récompenser de quelques petits travaux qui ont si peu duré & qui ont mesme esté meslez de diverses consolations, nous prepare un Royaume qui n'aura jamais de fin.

Quelques jours aprés cette fondation il nous sembla au Pere Provincial & à moy que se rencontrant des circonstances dans le revenu que Catherine de Tolose nous avoit donné qui seroient capables de nous causer des procez, & à elle du déplaisir, il valoit mieux mettre toute nostre confiance en Dieu que de laisser des sujets de contestation dont elle pust recevoir la moindre peine. Ainsi estant toutes assemblées dans le Chapitre nous renonçames avec la permission de ce Pere à tout le bien que nous tenions d'elle, & luy remimes entre les mains tous les contracts qui en avoient esté passez. Cela se fit tres-secretement de peur que l'Archevesque ne le sçûst, parce qu'il l'auroit trouvé fort mauvais, quoy que nous seules en reçussions du préjudice. Car quand une maison ne possede rien, elle ne peut manquer de rien à cause que chacun l'assiste ; au lieu que lors que l'on croit qu'elle a du revenu elle court fortune de beaucoup souffrir, ainsi que celle-là fait maintenant ; mais après la mort de Catherine de Tolose elle ne sera pas en cette peine parce que deux de ses filles qui avoient en cette mesme année fait profession dans le monastere de Palence ayant renoncé à leur bien, cette renonciation a esté déclarée nulle & ordonné qu'elle tournera au profit de celuy de Burgos ; ce qui joint à ce qu'une troisième de ses filles qui a pris l'habit à Burgos & qui estoit en liberté de disposer de ce qui luy appartenoit de la succession de son pere & de sa mere, a voulu aussi le donner à cette maison, égale le revenu que leur mere nous avoit donné. La seule difficulté est que ce monastere n'en joüit pas dés à present: mais je ne sçaurois apprehender que rien luy manque, puis que Dieu qui fait subsister ceux qui ne vivent que d'aumosnes suscitera sans doute quelqu'un qui assistera ces bônes Religieuses, ou y pourvoyera par d'autres voyes. Neanmoins parce que nous n'avions encore fondé aucun monastere qui se trouvât en cet état je demandois quelquefois à Dieu, que puis qu'il l'avoit permis, il luy plust, de considerer ses besoins & je n'avois point d'envie de m'en aller que ie ne visse des effets de ma priere par l'entrée de quelque fille qui y auroit apporté du bié: mais un jour que i'y pensois après avoir communié nostre Seigneur me dit: *De quoy vous inquietez-vous? Cela est desja fait, & rien ne vous doit empescher de partir*, me faisant connoistre par ces paroles que l'on pourroit y subsister : car tout se passa de telle sorte que je n'en fus depuis non plus en peine que si je les eusse laissées avec un revenu suffisant & tres-asuré. Ainsi je ne pensay plus qu'à m'en retourner comme n'ayant plus affaire dans cette maison qu'à joüir du contentement d'y estre parce qu'elle me plait fort, au lieu que ie pourrois par mes travaux profiter à d'autres.

La fondation de ce monastere réchauffa l'amitié de l'Archevesque & de l'Evesque de Palence, & ce premier nous a toûjours depuis témoigné beaucoup d'affection. Il a donné l'habit à la fille de Catherine de Tolose & à une autre ; & quelques personnes jusques icy nous font sentir des effets de leur charité. Ainsi i'espere que nostre Seigneur ne permettra pas que ses Epouses souffrent, pourvû qu'elles continuënt à le servir comme elles y sont obligées: je le prie par son infinie misericorde de leur en faire la grace.

J'ay écrit ailleurs de quelle sorte S. Ioseph d'Avila qui a esté le premier de nos monasteres, fut fondé dans la dépendance de l'Ordinaire; & je croy devoir dire maintenant comment il passa dans celle de nostre Ordre.

Don Alvarez de Mendoce maintenant Evesque de Palence l'estoit d'Avila quand ce monastere y fut fondé. Il ne se pouvoit rien aioûter à l'affection dont il nous favorisoit: & lors que nous luy promîmes obeïssance nostre Seigneur me dit : *Que nous ne pouvions mieux faire.* Les suites l'ont bien fait voir, n'y ayant point d'assistance que nostre Ordre n'ait reçûë de luy dans toutes les occasions qui s'en sont presentées. Il voulut estre luy-mesme nostre Visiteur sans permettre que nul autre s'en meslast; & il n'ordonnoit rien dans nostre monastere que sur ce que je luy representois, & à ma priere. Dix-sept ans ou environ, car je ne me souviens pas précisément du temps, se passerent de la sorte: mais quand il fut fait Evesque nostre Seigneur me dit dans le monastere de Palence, où j'estois alors: *Qu'il faloit que celuy de S. Ioseph fust soûmis à l'Ordre, & que j'y travaillasse parce qu'autrement cette maison pourroit bien-tost se relascher.* Cette contrarieté entre ce que Dieu m'avoit dit dãs ces divers temps me mit en peine. J'en parlay à mon confesseur maintenant Evesque d'Osme tres-sçavant & tres-capable. Il me dit que cela ne devoit point m'embarrasser, puis que des choses sont avantageuses en des temps qui ne le sont pas en d'autres (ce que j'ay éprouvé en plusieurs rencontres estre tres-veritable) & qu'il trouvoit qu'en effet il estoit plus à propos que ce monastere fust soûmis à l'Ordre comme les autres que d'estre le seul qui ne le fust pas. J'allay pour luy obeïr à Avila traiter de cette affaire avec l'Evesque, & l'y trouvay fort opposé : mais luy ayant representé de quelle importance cela estoit pour les Religieuses qu'il avoit la bonté de tant affectionner, il considera mes raisons & comme il est tres-habile & que Dieu nous assistoit, il luy en vint encore d'autres dans l'esprit qui le firent resoudre à m'accorder ma demande, quoy que quelques-uns de ses Ecclesiastiques firent tout ce qu'ils purent pour l'en détourner. Le consentement des Religieuses estant necessaire aussi, quelques-unes avoient peine à le donner ; mais parce qu'elles m'aimoient beaucoup elles se rendirent à mes raisons dont celle qui leur fit le plus d'impression fut, que l'Evesque à qui l'Ordre estoit si obligé & pour qui j'avois tant de respect & d'affection venant à manquer, elles ne m'auroient plus avec elles. Ainsi cette importante affaire fut terminée, & l'on a vû clairement depuis qu'il y alloit de la conservation de cette maison.

FONDATION

Que noſtre Seigneur ſoit beny & loüé à jamais de prendre tant de ſoin de ſes ſervantes. Ainſi ſoit-il.

Toutes les ſuſdites fondations ſont écrites de la main de ſainte Thereſe dans le livre qui avec les autres traitez auſſi écrits de ſa main eſt dans la Bibliotheque du Roy Dom Philippe du monaſtere Royal de S. Laurens de l'Eſcurial: Et ce qui ſuit qui eſt écrit de la main de la Mere Anne de IESUS eſtant ſur le meſme ſujet & ſi conforme au ſtile de la Sainte, on a crû l'y devoir ajoûter.

FONDATION DV MONASTERE des Carmelites de S. Ioſeph de Grenade,
Faite par la Mere Anne de IESUS.

CHAPITRE XXXI.

De quelle maniere la fondation de ce monaſtere fut entrepriſe, & avec combien de difficultez elle fut enfin achevée.

VOus me commandez, mon Pere d'écrire la fondation du monaſtere de Grenade; & je ne ſçay comment je pourray m'en acquitter ayant ſi peu de memoire & de ſi grands maux de teſte. Ie diray neanmoins pour vous obeïr ce dont il me ſouviendra. Avant le mois d'Octobre de l'année 1581. le Pere Iacques de la Trinité voſtre Vicaire dans la charge de Provincial que Dieu veüille avoir en ſa gloire, vint viſiter le monaſtere de Veas dont il y avoit quatre mois que je n'eſtois plus Prieure, & m'y trouva malade. Il me parla fort ſerieuſement de fonder une maiſon dans Grenade, diſant que pluſieurs perſonnes tres-conſiderables & fort riches & des principales Dames de la ville le deſiroient extrêmement, & offroient d'y faire de grandes charitez. I'attribuay à la facilité cette opinion qu'il avoit & luy répondis que je ne conſiderois que comme des complimens ces belles proteſtations de nous aſſiſter. Que l'Archeveſque ne nous accorderoit point la permiſſion d'établir un monaſtere pauvre en un lieu où il y avoit desja tant de Religieuſes qui n'avoient pas moyen de vivre, Grenade eſtant toute ruinée, & les deux dernieres années ayant eſté ſi ſteriles. Il voyoit bien que je diſois vray; mais l'affection qu'il avoit pour cette fondation le confirmoit dans ſes eſperances. Il m'aſſura que le Licentié Laguna Conſeiller en cette cour luy avoit promis beaucoup d'aſſiſtance, & que le Pere Salazar de la compagnie de IESUS luy avoit auſſi dit ſous le ſecret qu'ils obtiendroient la permiſſion de l'Archeveſque. Tout cela me parut peu solide comme il l'estoit en effet ; mais voyant que ce Pere en avoit un si grand desir ie recommanday beaucoup l'affaire à Dieu, & priay mes Sœurs de luy demander la lumiere qui nous estoit necessaire. Il nous l'accorda en nous faisant entendre bien clairement : *Que nous ne pouvions esperer aucune assistance de ces personnes qui nous en promettoient tant : mais que nous ne devions pas laisser de fonder ce monastere comme nous en avions fondé d'autres en nous appuyant seulement sur sa providence ; qu'il prendroit soin de nous, & seroit fidellement servy dans cette maison.* Ce fut aprés avoir communié que cela me fut dit ; & il y avoit alors trois semaines que le Pere Visiteur estoit venu & qu'il me pressoit d'entreprendre cette fondation. Ainsi nonobstant mes défiances je me resolus d'obeyr ; & ensuite de ma communion je dis à la Sœur Beatrix de saint Michel Portiere qui avoit communié en mesme temps que moy : Ne doutez point ma Sœur que Dieu ne veüille que cette fondation de Grenade s'execute. C'est pourquoy faites venir, s'il vous plaist le Pere Iean de la Croix, afin que je luy dise ce que Dieu m'a fait entendre sur ce sujet. Elle le fit, & aprés que je le luy eus dit en confession il fut d'avis que nous le fissions sçavoir au Pere Visiteur qui estoit alors à Veas afin qu'il l'écrivit aussi-tost à vostre Reverence, & qu'ainsi on ne perdist point de temps à y travailler avec vostre permission. On donna ordre dés le mesme jour à tout ce qui estoit necessaire & les Peres & toute la communauté l'ayant sçû en témoignerent beaucoup de joye. Nous écrivîmes a vostre Reverence pour la prier d'agréer cette fondation & de nous donner pour ce sujet quatre Religieuses de Castille. Nous écrivîmes aussi en mesme temps à nostre sainte Mere Therese de Iesus de la venir faire, tant nous avions une ferme confiance qu'elle s'acheveroit & nous priâmes le Pere Iean de la Croix de donner ordre avec un autre Religieux à tout ce qu'il faloit pour la conduite des Religieuses. Estant party de Veas il alla trouver à Avila nostre sainte Mere & ils vous envoyerent un messager à Salamanque. Aprés que vostre Reverence eut vû les lettres elle nous accorda ce que nous luy demandions : & quant aux Religieuses vous vous remistes à nostre sainte Mere de choisir celles qu'elle jugeroit à propos. Elle en prit deux de la maison d'Avila, la mere Marie de IESUS-CHRIST qui en avoit esté cinq ans Prieure, & la Sœur Antoinette du saint Esprit qui estoit l'une des quatre premieres qui avoient fait profession. De deux autres qui estoient de la maison de Tolede l'une estoit la Sœur Beatrix de IESUS aussi l'une des plus anciennes & niece de nostre sainte Mere. Quant à elle, elle n'y pust venir parce qu'elle se trouvoit obligée d'aller à la fondation de Burgos qui se faisoit en ce mesme temps. Elle m'avoit écrit quelque temps auparavant que ce ne seroit point elle qui feroit cette fondation de Grenade ; & qu'elle croyoit que Dieu vouloit que ce fuſt moy qui la fiſt ; & comme il me paroiſſoit impoſſible d'en faire aucune qu'avec elle, je fus fort ſurpriſe de voir le jour de la Conception de la ſainte Vierge ces filles arriver ſans elle à Veas. Elles me rendirent une de ſes lettres par laquelle elle me mandoit qu'elle auroit par ma ſeule conſideration deſiré de venir ; mais que Dieu l'envoyoit ailleurs ; qu'elle eſtoit aſſurée qu'il m'aſſiſteroit, & que tout me reüſſiroit heureuſement à Grenade, ce que l'on commença bien-toſt à connoiſtre eſtre veritable.

Pendant que l'on eſtoit allé en Caſtille pour en amener des Religieuſes, le Pere Iacques de la Trinité Vicaire Provincial alla à Grenade pour y preparer les choſes dont nous avions beſoin qu'il ne doutoit point qu'on ne luy donnaſt & nous écrire enſuite de partir. Ce ſaint homme n'eut pas peu de peine à recevoir quelque partie de ce qu'on luy avoit offert, & il ne put jamais obtenir la permiſſion de l'Archeveſque. Il ne laiſſoit pas neanmoins de nous écrire que tout alloit bien & i'y faiſois ſi peu de fondement que je luy mandois de ſe contenter de nous loüer une maiſon que nous puſſions trouver preſte ; parce que les Religieuſes de Caſtille eſtoient desja arrivées : mais quelque peine qu'il ſe donnaſt il ne pouvoit en trouver. Et pour le regard de l'Archeveſque, ce bon homme l'ayant eſté voir avec Dom Loüis de Marcado & le Licentié Laguna deux des plus anciens Conſeiller pour luy demander la permiſſion de nous établir, il ne ſe contenta pas de la refuſer, il y ajoûta des paroles fort aigres diſant entre autres choſes qu'au lieu de recevoir de nouveaux monaſteres de Religieuſes, il vaudroit mieux abolir ceux qui eſtoient desja établis, tant il y avoit peu d'apparence d'en multiplier le nombre dans le temps d'une ſi grande ſterilité. Ces Conſeillers furent d'autant plus fâchez de cette réponſe que nous continuions de les preſſer en leur repreſentant le peu qu'il faloit pour la ſubſiſtance de dix Religieuſes, car nous ne pretendions pas d'en avoir un plus grand nombre. Ils aſſiſterent en ſecret ce bon Pere pour faire en ſorte qu'un Echevin luy loüaſt une maiſon, & aprés qu'il en fut aſſuré il nous écrivit de venir, fort affligé de n'avoir pû faire davantage. Nous attendions à Veas & eſtions preſtes de partir auſſi-toſt qu'il nous le manderoit, l'ayant ainſi reſolu avec le Pere Iean de la Croix & les Religieuſes qui eſtoient arrivées le 13. jour de Ianvier.

Lors que les choſes eſtoient en cet eſtat i'allay à l'oraiſon du ſoir ; où eſtant fort recueillie & penſant à ces paroles de Iesus-Christ à S. Iean quand il voulut eſtre baptiſé par luy ; *C'eſt à nous d'accomplir toute juſtice* : ſans que je penſaſſe en nulle maniere à cette fondation j'entendis le bruit d'un tres grand nombre de cris conſus, & il me vint

vint en l'esprit, que c'estoient les demons qui le faisoient à cause qu'il devoit arriver quelqu'un qui nous apporteroit l'ordre d'aller à Grenade. Comme j'estois dans cette pensée ces cris & ce bruit augmenterent d'une maniere si terrible, que me sentant tomber en défaillance je m'approchay encore plus prés de la mere Prieure qui estoit tout contre moy. Elle crut que c'estoit une foiblesse, & dit qu'on apportast quelque chose pour me faire revenir. Ie fis entendre par signes que ce n'estoit point cela, & que l'on allast voir qui heurtoit au tour. On y alla, & il se trouva que c'estoit le messager qui nous apportoit les Lettres qui nous obligeoient de partir. Il s'éleva aussi-tost une si horrible tempeste mêlée de pluye & de grêle, qu'il sembloit que le monde allast finir, & je me trouvay en tel estat, que l'on croyoit que j'allois rendre l'esprit. Ainsi les Medecins & toutes mes Sœurs consideroient comme une chose impossible que je fisse ce voyage, tant les douleurs que je souffrois estoient violentes & mes agitations surnaturelles. Mais au lieu de m'en estonner, je me fortifiay dans la resolution de partir, & je pressay encore davantage que l'on arrestast des voitures & tout ce qui estoit necessaire pour nous mettre en chemin le lendemain qui estoit un Lundy, quoy que je me trouvasse si mal qu'encore que ma cellule fust proche du Chœur je ne pûs entendre la Messe.

Nous partismes donc le Lundy à trois heures du matin avec une grande satisfaction de toutes les Sœurs que je menois, à cause de l'esperance qu'elles avoient que ce voyage reüssiroit à la gloire de nostre Seigneur. Le temps estoit beau, mais ce grand orage avoit rendu les chemins si mauvais, que nos meules pouvoient à peine s'en tirer. Lors que nous fusmes arrivées à Day fontaine, & que nous conferions avec le Pere Iean de la Croix & le Pere Pierre des Anges qui nous accompagnoient des moyens d'obtenir la permission de l'Archevesque qui nous estoit si contraire, nous entendismes un tonnerre épouventable. Il tomba sur la maison de ce Prelat tout contre la chambre où il estoit couché, brûla une partie de sa Bibliotheque, tüa quelques-uns de ses chevaux, & l'épouventa de telle sorte qu'il en fust malade. On m'a assuré que l'on ne se souvient point d'avoir vû en cette saison le tonnerre tomber à Grenade.

Ce mesme jour celuy qui avoit loüé la maison au Pere Vicaire retracta la parole qu'il avoit donnée par écrit à Dom Loüis Marcado & au Licentié Laguna, disant qu'il ne sçavoit pas que ce fust pour un Monastere, & qu'il n'en délogeroit point, ni tous ceux qui y demeuroient, sans que ces Messieurs qui nous assistoient secretement pûssent jamais luy faire changer de resolution, quoy qu'ils luy offrissent de luy donner caution de cinquante mille ducats. Ainsi voyant que nous arriverions dans deux jours, & ne sçachant comment ils seroient, Dom Loüis de Marcado dit à Madame Anne de Pegnalosa sa sœur à qui le Pere Vicaire ne s'êtoit point ouvert de ce qui se passoit: Ma sœur, puis que ces Religieuses sont en chemin, n'auriez-vous pas agreable qu'elles vinssent descendre icy, & de leur donner quelque chambre où elles puissent demeurer jusques à ce qu'elles ayent trouvé un logis ? Cette vertueuse femme qui depuis quelques années passoit presque les jours entiers en son Oratoire dans une douleur continuelle de la mort de son mary & de sa fille unique, commença, à ce qu'elle m'a dit depuis, à respirer, & sans perdre un seul moment travailla pour accommoder une Chapelle, & nous loger assez commodément, quoy qu'étroitement, parce que la maison étoit petite. Nous arrivâmes le jour de S. Fabien & de S. Sebastien à trois heures du matin, le besoin de tenir la chose secrete nous ayant obligées d'en user ainsi. Cette vertueuse Dame nous reçut à la porte de la ruë avec une extrême affection & beaucoup de larmes. Nous n'en répandîmes pas moins de nôtre côté, & chantâmes un *Laudate Dominum* avec une grande consolation de voir la Chapelle qu'elle avoit si bien pratiquée dans le porche du logis. Mais comme nous n'avions pas la permission de l'Archevêque, je fus d'avis de la fermer, & priay les Peres qui étoient venus avec nous & le Pere Vicaire, que l'on ne sonnast point de cloche, & que l'on ne dit point de Messe ni publique ni privée jusques à ce que nous eussions le consentement de ce Prelat, que j'esperois qu'avec la grace de Dieu il nous accorderoit bien-tost. Je l'envoyay saluër en luy donnant avis de nôtre arrivée, & le fis supplier de nous faire l'honneur de nous venir voir pour nous donner sa benediction; comme aussi d'agréer que l'on mist le tres-saint Sacrement dans nôtre Chapelle, parce qu'encore qu'il fust Fête nous n'entendrions point la Messe s'il ne nous le permettoit. Il répondit avec beaucoup de bonté que nous fussions les bien venuës; qu'il se réjouïssoit de nôtre arrivée; que s'il avoit pû se lever il seroit venu nous dire luy-même la premiere Messe, mais qu'étant malade, il envoyoit son Proviseur pour la dire & faire tout ce que je desirerois. Le Proviseur arriva sur les sept heures, & ensuite de la priere que je luy en fis il dit la Messe, nous communia toutes, & mit le tres-saint Sacrement avec grande solemnité. Ces Messieurs les Conseillers s'y trouverent & tant de monde, qu'il y avoit sujet d'admirer que ce bruit se fust si-tost répandu. Cette action s'étant passée sur les huit heures du matin du même jour que nous arrivâmes, toute la ville de Grenade y accourut comme si c'eust esté pour gagner un jubilé, & ils disoient tous d'une voix que nous étions des Saintes, & qu'ils devoient nous considerer comme envoyées de Dieu pour leur consolation.

Ce même jour Dom Louis de Mercado & le Licentié Laguna

allerent visiter l'Archevêque qui étoit malade de la frayeur qu'il avoit euë de ce coup de tonnerre. Ils furent surpris de voir qu'il jettoit le feu par les yeux de colere de ce que nous étions venuës. Ils luy dirent que s'il en avoit tant de déplaisir, ils s'estonnoient qu'il leur eust accordé la permission. Il leur répondit qu'il n'avoit pû s'en défendre, & qu'il s'étoit fait une tres-grande violence, parce qu'il n'approuvoit point les Monasteres des filles, mais qu'il ne nous donneroit rien, n'ayant pas moyen d'assister celles dont il étoit déja chargé.

Nous commençâmes alors à pratiquer veritablement la pauvreté pour laquelle nous avons tant de devotion; car les aumônes que Madame Anne nous faisoit n'étoient pas grandes, & les autres personnes nous voyant logées chez elle ne nous donnoient rien, parce qu'ils croyoient que rien ne nous manquoit dans une maison où l'on faisoit tant de charitez aux pauvres qui y accouroient de toutes parts, & presque à tous les Monasteres & les Hôpitaux de la Ville. Ainsi nous nous trouvâmes durant plusieurs jours en tel estat, que nous n'aurions pû vivre avec ce peu que cette Dame nous donnoit, si le Convent des Martyrs de nos Peres Carmes Déchaussez ne nous eust assistées d'un peu de pain & de poisson, quoy qu'ils n'en eussent pas trop pour eux-mêmes, tant la famine étoit grande, à cause que cette année avoit été tres-sterile dans l'Andalousie. Nous n'avions pour nous coucher que ce que nous avions apporté, & qui ne pouvoit suffire que pour deux ou trois de nous: ce qui nous obligeoit d'aller tour à tour dormir sur les nattes qui étoient dans le Chœur. Mais au lieu de nous en attrister, nous en avions tant de joye, que pour continuer d'en joüir nous cachions nôtre besoin, & principalement à cette sainte Dame de peur d'abuser de sa bonté; & comme elle nous voyoit si satisfaites, & nous consideroit comme des personnes vertueuses & penitentes, elle ne s'appercevoit point que ce qu'elle nous donnoit ne pouvoit pas nous suffire.

Nous passâmes de la sorte la plus grande partie des six mois que nous demeurâmes chez elle, & durant tout ce temps nous fûmes visitées par des personnes de la plus grande condition, & par des Religieux de tous les Ordres, qui ne parloient d'autre chose que de la temerité qu'il y avoit à fonder des maisons si pauvres, qu'elles manquoient de toutes les commoditez humaines. Nous leur répondions que c'étoit ce qui nous donnoit des consolations divines, & que mettant nôtre confiance en Dieu qui nous avoit donné tant des preuves de ses soins & de sa providence, nous n'apprehendions point de fonder de la sorte de Monasteres, mais croyons au contraire que rien n'étoit si assuré que de les établir en cette maniere. Plusieurs d'entr'eux se mocquoient de ce discours, & du contentement que nous témoignions d'estre resserrées dans une si estroite closture, & si reservées, que Dom Loüis de Mercado, quoy que demeurant dans une partie du logis, ne nous a jamais veuës que nos voiles baissez, & que ni luy ni aucun autre ne connoist nostre visage : en quoy nous ne faisons rien d'extraordinaire vivant toûjours de la sorte dans nos Monasteres ; mais ils le comptoient pour beaucoup.

Plusieurs filles de toutes conditions se presentoient pour prendre l'habit : mais entre plus de deux cens qui le demanderent il ne s'en trouva une seule que nous jugeassions avoir les qualitez marquées dans nos constitutions. Ainsi nous évitions de parler à quelques unes, & remettions les autres, en leur disant qu'avant que de les recevoir, il faloit qu'elles fussent informées de nostre maniere de vivre, & que nous eussions éprouvé leur vocation, ce qui ne se pouvoit qu'aprés que nous aurions une maison, parce que celle où nous estions n'estoit pas capable d'en tenir davantage. Nous ne perdions point de temps pour en chercher, & n'en pouvions trouver ni à vendre ni à loüer. Ie n'estois pas sans quelque peine de nous voir si peu assistées : mais toutes les fois que j'y pensois, je m'imaginois d'entendre ces paroles de IESUS-CHRIST à ses Apostres : *Quand ie vous ay envoyez prescher les pieds nuds & sans aucune provision, vous a-t'il manqué quelque chose ?* Et je me répondois à moy-mesme avec une grande confiance que ce divin Sauveur pourvoiroit abondamment à nos besoins spirituels & temporels. Non certes, Seigneur, il ne nous a rien manqué.

Les Prestres les plus estimez & les Predicateurs les plus fameux de la Ville nous venoient dire des Messes, & nous prescher sans presque que nous les en fissions prier ; ils témoignoient estre bien aises de nous confesser, & demeuroient satisfaits de nostre maniere de vivre. Ainsi je me fortifiois de plus en plus en la confiance que j'avois en Dieu, que rien ne nous manqueroit, dans laquelle j'estois déja fort affermie par une chose qui se passa aussi tost aprés nostre arrivée. Ce fut que j'entendis interieurement & si distinctement, que cela me fit une tres-forte impression, ces paroles du Pseaume : *Scapulis suis obumbrabit tibi, & sub pennis eius sperabis.* Ie le dis au Pere Iean de la Croix mon confesseur, & au Pere Iean-Baptiste de Ribera de la Compagnie de IESUS à qui je communiquois toutes choses. Ils me répondirent que c'estoit comme un gage que nostre Seigneur me donnoit pour m'asseurer que cette fondation réussiroit heureusement ; ce que les effets ont confirmé depuis quatre ans qu'il y a qu'elle est faite ; & je ne sçaurois trop luy rendre graces de ce que les Sœurs qui ont esté en cette maison durant tout ce temps m'asseurent n'avoir jamais eu ailleurs Dieu toûjours si present, ni receu tant de témoignages de la grace qu'il leur fait de se communiquer à elles.

 Cela parut évidemment dans leur avancement spirituel, & dans celuy que chacun remarquoit que leur exemple causoit en ce grand nombre d'autres monasteres de Religieuses qui sont dans cette ville: & le President Dom Pedro de Castro me le dit à moy-mesme. A quoy il faut ajoûter qu'outre ces faveurs que Nostre Seigneur nous faisoit l'assurance de l'avoir avec nous dans le tres saint Sacrement nous donnoit une joye inconcevable, parce qu'il nous faisoit sentir d'une maniere qui ne nous pouvoit permettre d'en douter & comme s'il nous eust esté visible, qu'il estoit réellement present. Vne si grande consolation nous estoit generale à toutes & si ordinaire que nous nous disions les unes aux autres, que nous n'avions jamais éprouvé ailleurs un tel effet du tres saint Sacrement. Cette mesme faveur qu'il nous fit dés le moment qu'il fust mis chez nous dure encore en quelques unes, quoy que non pas si sensible que durant les sept premiers mois.

 Nous loüasmes ensuite une maison que celuy qui la tenoit nous ceda sans en rien dire au proprietaire, & nous y allasmes secretement dans le mesme temps que vostre Reverence vint de Baëce pour nous assister. Nous ne pumes en trouver un autre jusques à ce que Nostre Seigneur toucha le cœur de quelques Demoiselles des plus qualifiées de la Ville qui entrerent chez-nous par l'avis de leurs Confesseurs sans en parler à leurs parens, parce qu'ils ne leur auroient jamais permis de s'engager dans un Ordre si austere. Nous leur donnâmes l'habit, peu de jours aprés avec une grande solemnité, & beaucoup de trouble de leurs parens & d'emotion de la Ville ; nostre maniere de vivre leur paroissant si terrible : & nous apprimes que plusieurs empeschoient avec grand soin leurs filles de nous venir voir à cause que le pere & la mere de la Sœur Mariane de Jesus qui fut la premiere que nous reçumes étant morts aussi-tost aprés qu'elle fut entrée, on l'attribua à la douleur qu'ils en avoient eüe. Mais quand à cette bonne Religieuse, elle remercie continuellement nostre Seigneur de la grace qu'il luy a faite de l'appeler à son service dans nostre Ordre, & il n'y a une seule des autres qui ont esté reçuës depuis qui ne soit dans le mesme sentiment. Lors que les filles eurent fait profession nous pensames à acheter une maison avec le bien qu'elles avoient apporté. On traita de plusieurs ; & l'on vint mesme jusques à en dresser le contract, sans neanmoins pouvoir rien conclure. On parla de celle du Duc de Sesse qui estoit la mieux assise & la plus commode pour nous qui fut dans Grenade : & nonobstant les difficultez qui s'y rencontroient que l'on disoit estre si grandes qu'il y auroit de la folie d'y penser, je me resolus de l'acheter, parce qu'il y avoit plus de deux ans que celle de nos Sœurs qui faisoit la charge de Secretaire, & que je ne nomme point icy, à cause que vôtre Reverence la connoist assez, m'avoit assurée que nôtre Seigneur luy avoit fait sçavoir avec tant de certitude, que nôtre Monastere s'établiroit dans cette maison, qu'elle ne pouvoit douter que cela ne s'executast malgré toutes les oppositions qui s'y rencontreroient. Les effets en ont confirmé la verité, puis que nous y sommes maintenant.

Anne de IESUS.

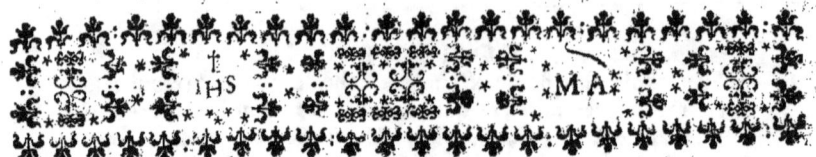

DE LA MANIERE DE VISITER LES MONASTERES.

On a imprimé dans l'Espagnol avant ce Traité une Lettre écrite aux Carmelites par leur General, qui ne vaqu'à leur en recommander l'excellence, & qu'ainsi l'on n'a pas jugé necessaire de traduire.

JE commence par reconnoistre & par avoüer que j'ay travaillé avec beaucoup d'imperfection à ce Traité. J'entens pour ce qui regarde l'obeïssance, quoy que ce soit celle de toutes les vertus que je desire le plus de pratiquer : & ce m'a esté une grande mortification de l'avoir écrit avec tant de repugnance. Dieu veüille que j'aye bien rencontré en quelque chose. Je ne le puis esperer que de sa bonté, qui sans avoir égard à mes defauts a consideré l'humilité de celuy qui m'a commandé d'entreprendre ce petit ouvrage.

2. Quoy qu'il ne semble pas à propos de commencer par le temporel j'ay crû le devoir, parce qu'afin que le spirituel aille toûjours de bien en mieux il est tres-important mesme dans les monasteres pauvres & sans revenu, d'avoir un tres-grand soin du temporel.

La prudence oblige un Superieur de prendre extrémement garde à sa conduite de telle sorte envers les Religieuses soûmises à son authorité, qu'encore qu'il leur témoigne beaucoup de douceur & d'affection, elles voyent qu'il leur sera rigoureux & inflexible dans les choses essentielles. Car un Superieur ne doit rien tant apprehender à mon avis, que de n'estre pas craint de ceux sur qui son pouvoir s'estend, & de leur donner ainsi la liberté de traiter avec luy d'égal à égal, principalement si ce sont des femmes, parce que si elles connoissent que son indulgence l'empesche de les corriger de peur de les attrister, il luy sera tres-difficile de les bien gouverner.

3. Il est necessaire qu'elles sçachent qu'elles ont en luy un chef dont la fermeté est inébranlable dans tout ce qui est contraire à l'observance; & un juge incapable de rien faire de contraire au service de Dieu & à la plus grande perfection; mais qui d'un autre costé a pour elles une tendresse de pere, afin qu'autant que sa juste severité le leur fera reverer, autant sa bonté les rassure & les console. Que s'il manque en l'une de ces deux choses, il vaut mieux sans comparaison que ce soit en celle d'estre trop doux & trop facile, que d'estre trop ferme & trop severe, parce que les visites ne se faisant qu'une fois l'année pour punir les fautes avec charité, si les Religieuses qui les commettent voyent qu'on ne les en punit pas, elles n'auront point de soin de s'en corriger, ni durant l'année d'après, ni durant celles qui la suivront; & il arrivera de là un si grand relâchement, qu'il n'y aura plus de moyen d'y remedier quand on le voudra.

Si la faute vient de la Prieure, quoy que l'on en mette une autre en sa place, le mal ne laissera pas de continuer, tant la coustume a de pouvoir dans une nature aussi corrompuë qu'est la nostre. Des choses qui paroissent n'estre point considerables apporteront peu à peu un incroyable dommage à tout l'Ordre, & le Superieur qui n'y aura pas remedié de bonne heure en rendra à Dieu un terrible compte.

4. Mais ne dois-je point apprehender en disant cecy de faire tort à nos Monasteres qui sont ceux de la sainte Vierge, puis que par la misericorde de Dieu ils sont si éloignez d'avoir besoin qu'on les traite avec rigueur. Il faut l'attribuer à la crainte que j'ay que le temps n'y apporte du relâchement faute d'y prendre d'abord bien garde. Je voy que par l'assistance de nostre Seigneur ils vont au contraire toûjours croissant en vertu. Mais peut-estre y en aura t'il quelqu'un où cela n'iroit pas de la sorte, si les Superieurs n'eussent usé de cette sage severité dont j'ay parlé en corrigeant jusques aux moindres imperfections, & en déposant les Superieures qui les negligeoient. C'est principalement en ce point qu'il faut agir avec force, & demeurer inflexible, parce que plusieurs Religieuses pourront estre fort saintes, sans neanmoins estre capables de commander, & qu'il n'y a point de temps à perdre lors qu'il s'agit d'une chose si importante. Que si elles sont aussi mortifiées & aussi humbles qu'elles doivent l'estre dans des maisons consacrées à Dieu où l'on fait une profession si particuliere de mortification & d'humilité, elles ne croiront point avoir sujet de se plaindre de ce qu'on les déposera. Et si au contraire

elles

élles en ont de la peine il paroiſtra clairement par ce deſir d'eſtre Superieures, qu'elles n'eſtoient pas capables de conduire des ames qui aſpirent à vne ſi haute perfection.

5. Le Viſiteur doit conſiderer en la preſence de Dieu combien grandes ſont les graces dont il favoriſe ces maiſons ſaintes, afin de n'eſtre pas ſi mal-heureux qu'elles diminuent par ſa faute : & il ne ſçauroit trop reietter cette fauſſe compaſſion dont le diable eſt d'ordinaire l'auteur, puis que ce ſeroit la plus grande cruauté dont il pourroit vſer envers des ames ſoûmiſes à ſa conduite

6. Comme il eſt impoſſible que toutes celles qu'on établit Superieures ayent les qualitez neceſſaires pour ſe bien acquitter d'une telle charge, il ne faut iamais lors que l'on voit qu'il leur en manque quelques vnes les y laiſſer plus d'vn an, parce qu'vne ſeconde année pourroit apporter vn grand dommage au monaſtere, & une troiſiéme cauſer ſa ruine en y faiſant paſſer en coûtume les imperfections & les fautes qu'elles n'auroient pas corrigées. Cecy eſt ſi extrémement important que quelque grande que ſoit la peine qu'ait le Superieur à dépoſer une Prieure, parce qu'elle luy paroiſt une ſainte, & qu'elle n'a que de bonnes intentions; il faut qu'il ſe faſſe violence pour remedier à un ſi grand mal, & je l'en conjure au nom de Noſtre Seigneur.

Si le Superieur remarque dans les élections, que celles qui donnent leur voix ont eu quelque pretention ou quelque affection particuliere (ce que Dieu ne veüille permettre) il doit caſſer l'élection, & leur nommer d'autres monaſteres d'où elles puiſſent élire une Prieure, parce qu'vne élection auſſi defectueuſe que ſeroit celles là ne pourroit jamais que mal reüſſir.

7. Ie ne ſçay ſi ce que j'ay dit juſques icy regarde le ſpirituel ou le temporel mais mon deſſein eſtoit de commencer par dire que l'on doit voir tres exactement les livres de la dépenſe, principalement dans les maiſons rentées, afin de la proportionner au revenu & en vivre le mieux qu'on pourra, puis que graces à Dieu toutes celles de nos maiſons qui ſont rentées en on ſuffiſamment, pourvû que les choſes ſoient bien reglées; Que ſi elles commencent à s'endetter elles ſe trouveront peu à peu entierement ruinées, parce que leurs Superieurs les voyant dans une grande neceſſité croiront ne leur pouvoir refuſer de recourir à leur parens ou de rechercher d'ailleurs quelque ſecours comme on en voit aujourd'huy des exemples en d'autres maiſons : l'aimerois mieux ſans comparaiſon qu'vn monaſtere fuſt entierement détruit que de le voir en cét eſtat. C'eſt ce qui m'a fait dire que le temporel peut cauſer vn tres-grand prejudice au ſpirituel & qu'il eſt tres-important d'y prendre garde.

Quant aux monaſteres pauvres & ſans revenu, ils doivent auſſi

Ppp

éviter avec grand soin de s'endetter, & avoir une ferme confiance que pourvû qu'ils servent Dieu fidellement & se contentent du necessaire, il ne les en laissera pas manquer. Il faut dans les uns & dans les autres, c'est à dire rentez ou non, prendre bien gerde de quelle sorte les Religieuses sont nourries, & comment les malades sont traitées, afin de pourvoir suffisamment à leurs besoins. L'experience fait voir que Dieu ne le leur refuse jamais lors que la Superieure a une grande confiance en luy, & n'a pas moins de vigilance que de foy & de courage.

8. Il faut s'enquerir dans tous les monasteres de ce que les Religieuses ont gagné du travail de leurs mains. Cela est utile pour deux raisons; La premiere pour les encourager par le gré qu'on leur en sçait : La seconde afin de le faire sçavoir aux autres monasteres qui n'ont pas tant de soin de travailler parce qu'ils n'en ont pas tant de besoin. Outre le profit temporel qu'apporte ce travail, il console celles qui s'y appliquent lors qu'elles pensent qu'il sera connu de leurs Superieures. Car bien que cela paroisse peu important il ne laisse pas de l'estre par la satisfaction que c'est à des filles qui vivent dans une si étroite closture de contenter leur Superieur, & à cause qu'il est juste d'avoir quelquefois de la condescendence pour leur foiblesse.

Le Superieur doit s'informer s'il ne se fait point de dépenses superfluës, principalement dans les maisons rentées qui sont celles qui y sont le plus sujettes. Parce qu'encore que cela semble n'estre pas considerable il cause d'ordinaire la ruine des monasteres : & s'il arrivoit que les Superieures fussent prodigues, leurs liberalitez indiscrettes pourroient reduire les Religieuses à n'avoir pas dequoy vivre comme on le voit dans plusieurs maisons. Ainsi il faut avoir soin de mesurer la dépense, & les aumônes au revenu, & user de discretion en toutes choses.

9. Il ne faut point souffrir de somptuositez dans les monasteres ni que l'on s'endette sans une grande necessité pour faire de nouveaux ouvrages : Il seroit besoin pour ce sujet de n'en entreprendre aucun sans en demander avis au Superieur, afin qu'il en accorde ou en refuse la permission selon qu'il le jugera à propos. Mais cela ne se doit pas entendre des petites choses qui ne peuvent incommoder le monastere, & les Religieuses doivent plûtost souffrir d'être dans une maison qui n'est pas telle qu'elles pourroient desirer, que de se mettre tant en peine d'estre mieux, de donner mauvaise édification, de s'endetter, & de se mettre en estat de n'avoir pas dequoy subsister.

10. Il est fort important de visiter souvent toute la maison pour voir s'il ne manque rien à la closture & à la retraite qui y doit estre, afin d'oster toute occasion d'y contrevenir sans s'arrester à la sainteté que l'on y remarquera quelque grande qu'elle soit, puis que personn-

ne ne pouvant juger de l'avenir il faut prendre toutes choses au pis. Il doit y avoir deux grilles aux parloirs, une au dedans & l'autre au dehors à travers lesquelles on ne puisse passer la main: ce qui importe beaucoup. Il faut aussi prendre garde que la toile des confessionaux soit cloüée; que l'ouverture par où l'on donne la sainte communion soit la plus petite qu'il se pourra; & qu'il y ait deux clefs à la porte du cloître dont la portiere aura l'une, & la Prieure l'autre. Ie sçay que tout ce que je viens de dire se pratique maintenant. Mais j'en parle afin que l'on s'en souvienne toûjours, parce que ce sont de ces choses qu'il ne faut pas manquer d'observer & qu'il est bon que les Sœurs voyent combien on les leur recommande afin qu'elles ne les negligent jamais.

11. Il faut s'informer de la conduite des Confesseurs & du Chapelain pour sçavoir si on ne communique avec eux que dans la necessité, & s'en enquerir exactement des Religieuses, comme aussi du recueillement où l'on est dans la maison. Que si quelqu'une par une tentation qui luy feroit trouver du mal où il n'y en auroit point exageroit les choses, comme cela arrive quelquefois, il ne faudroit pas laisser d'écouter patiemment ce qu'elle auroit à dire pour s'en servir à apprendre la verité de la bouche des autres: & lors qu'on auroit reconnu que ce n'est qu'une imagination, on pourroit reprendre severement cette Sœur pour l'empêcher de plus commettre une semblable faute. Que s'il arrive que quelqu'autre prenant des atômes pour des manquemens blâme la Superieure de certaines choses en quoy elle n'aura point failly, il faut la traiter avec rigueur afin de luy faire connoître son aveuglement, & luy fermer la bouche pour un autre fois.

Quand les choses ne sont pas de consequence on doit se contenter d'y remedier, & toûjours favoriser les Superieures, parce qu'il importe au repos des Religieuses que la bonne opinion qu'elles ont d'elles les porte à luy rendre avec simplicité une parfaite obeïssance, & qu'autrement le demon en pourroit tenter quelques unes en leur persuadant qu'elles sont plus éclairées que leur Prieure, & leur faire ainsi toûjours trouver à redire à des choses de nulle consideration, ce qui causeroit beaucoup de mal. C'est à quoy la discretion du Superieur doit bien prendre garde pour ne pas empécher leur avancement spirituel: & il n'y aura pas peu de peine si elles sont melancoliques. Quant à celles là il ne les doit pas traiter trop doucement, parce que s'il leur laisse croire qu'elles ont raison en quelque chose, elles ne cesseront jamais de s'inquieter. Mais il faut au contraire leur donner sujet de craindre d'estre rudement traitées, & de croire que l'on sera toûjours contre elles pour la Prieure.

12. S'il arrive que quelque Religieuse témoigne desirer de passer dans

un autre monastere, on doit luy répondre de telle sorte que ni elle ni aucune autre ne puisse jamais s'imaginer que ce soit vne chose qu'on luy accorde. Car il faut l'avoir vû pour pouvoir croire jusques à quel point va le mal que cela est capable de causer, & quelle porte c'est ouvrir au demon pour tenter les Religieuses que de leur donner lieu d'esperer de pouvoir obtenir cette permission quelque grandes que soient les raisons qu'elles en alleguent quand même on voudroit les envoyer ailleurs il se faudroit bien garder de leur laisser croire que ce seroit parce qu'elles l'auroient desiré : mais il faudroit prendre adroitement d'autres pretextes, puis que si on n'en vsoit de la sorte ses esprits inquiets ne seroient jamais en repos, & feroient grand tort aux autres. On doit au contraire leur faire connoistre la mauvaise opinion qu'auroit le Superieur de ce qu'elles desireroient ainsi changer de maisons, & que quand il auroit eu dessein de les envoyer en d'autres soit pour quelque fondation ou d'autres affaires de l'Ordre ce qu'il sçauroit quelles l'auroient souhaité l'en empécheroit. Cela est d'autant plus important que ces tentations n'arrivent jamais qu'à des personnes melancoliques, ou qui sont de telle humeur qu'elles ne sont propres à rien. Il seroit même bon avant qu'elles se déclarassent sur ce desir de sortir, de faire venir ce sujet à propos afin de leur faire connoistre sans témoigner que ce soit à dessein, combien ces sortes de tentations sont dangereuses d'en dire les raisons & de laisser doucement entendre qu'aucune Religieuse ne sortira du monastere, parce que le besoin de les envoyer ailleurs est cessé.

13. Le Superieur doit s'enquerir si la Prieure a vne affection particuliere pour quelques-vnes des Sœurs qui la porte à la mieux traiter que les autres. En quoy si elle ne se laisse point aller à l'excez ce n'est pas une chose fort considerable, puis qu'elle est obligée d'avoir plus de communication & de liaison avec les plus vertueuses, & les plus discrettes qu'avec les autres. Mais comme la trop bonne opinion que nous avons naturellement de nous mêmes nous empêche de nous bien connoistre, & que chacun se croit plus capable qu'il ne l'est, le demon peut se servir de cette inclination que nous apportons en naissant pour tenter quelques Religieuses. Car voyant qu'il ne s'en offre point de grands sujets au dehors il se sert de ces petites occasions qui se rencontrent dans le monastere pour y entretenir la guerre, & l'on merite en y resistant. Ainsi s'il y en a qui se persuadent que la Prieure se laisse gouverner par quelques vnes des Sœurs il faut qu'elles se modere en cela pour n'estre pas un sujet de tentation aux foibles. Mais elle ne doit pas cesser de les employer & de s'en servir dans le besoin qu'elle en a pour l'avantage du monastere. Il faut seulement prendre garde de n'avoir pas trop d'attache

pour quelques unes, ce qu'il est facile de connoistre.

14. Comme il s'en rencontre qui s'imaginent d'estre si parfaites qu'elles trouvent à redire à tout ce que font les autres, quoy que ce soit elles mêmes qu'il y a toûjours sujet de reprendre, elles rejettent toutes les fautes sur la Prieure ou sur quelque autre, & elles pourroient en surprenant le Superieur & luy faisant considerer comme un mal ce qui seroit un bien le porter ainsi à faire mal en pensant bien faire, il ne faut pas s'arrester au raport d'une seule, mais s'informer aussi des autres, puis que si le Superieur dans chaque visite y établissoit de nouveaux ordres, à moins que pour des raisons fort importantes & après s'estre informé avec grand soin de la Prieure & des Sœurs du besoin qu'il y a de le faire & de la maniere qu'on s'y doit conduire, ce seroit charger des personnes qui menent une vie si austere d'un fardeau si pesant que ne le pouvant porter leur découragement les empécheroit de satisfaire aux principales obligations de la regle.

Le Superieur doit prendre un extrême soin de faire observer les Constitutions: & lorsqu'une Superieure se donne la liberté d'y contrevenir quoy que ce ne soit qu'en des choses qui paroissent legeres, la prudence l'oblige de considerer cette liberté comme un fort grand mal ainsi que le temps le fera connoistre quoy que d'abord on ne s'en apperçoive pas. Car on tombe de ces petits relâchemens dans les plus grands, & ils causent enfin la ruine des monasteres.

15. Il faut declarer à toutes les Religieuses en general qu'elles sont obligées d'avertir des fautes qui se commettent dans la maison, & lorsqu'elles seront découvertes on doit imposer une penitence à celles qui les sçachant n'en auront pas donné avis. Comme c'est le moyen de tenir en devoir même les Superieures, & de les obliger à s'acquiter soigneusement de leur charge, il ne faut point differer à remedier aux desordres de peur de leur donner de la peine, mais leur faire connoistre qu'elles n'ont été établies en autorité que pour faire observer la regle & les constitutions sans qu'il leur soit permis d'y rien ajoûter ni diminüer, & leur faire voir qu'il y aura des personnes qui veilleront sur leur conduite pour en avertir le Superieur.

16. Ie ne sçaurois croire qu'une Prieure qui fait des choses qu'elle apprehende qui soient sceües du Superieur puisse bien s'acquiter de son devoir puis que c'est une marque qu'elle ne sert pas Dieu fidellement, que de craindre que ses actions soient connuës de celuy qui tient sa place à son égard.

Le Superieur doit extrêmement prendre garde si l'on agit avec luy sincerement. Et s'il reconnoit que l'on y manque en faire des reprehensions tres rudes, afin d'empécher ce mal de continuer. Il pourra même se servir pour ce sujet de l'entremise de la Prieure, des autres qui font en charge, & de tels autres moyens qu'il jugera les plus propres parce qu'encore que l'on ne dit rien contre la verité on pourroit ufer de diffimulation : & à caufe auffi que le Superieur étant comme le chef qui doit tout maintenir dans l'ordre, il eft neceffaire qu'il foit averty de tout de même que le corps humain ne peut bien agir s'il n'eft conduit par la tefte. Ie finis cét article en difant que pourvû que l'on obferve les Conftitutions on ne manquera jamais d'agir avec une entiere fincerité. Et qu'au contraire fi on y contrevient & à ce qu'ordonne la regle, les vifites feront fort inutiles, à moins que l'on ne change la Prieure & que l'on difperfe les Religieufes accoûtumées à vivre dans ce defordre en d'autres monafteres bien reglez où elles ne pourroient beaucoup nuire n'y en mettant qu'un ou deux dans chacun : & en faifant venir d'autres en leur place, tirées des maifons où la difcipline eft exactement gardée pour renouveller par ce moyen tout ce monaftere où ces abus s'étoient gliffez.

17. Il faut remarquer qu'il peut arriver que quelques Prieures demanderont la permiffion de faire des chofes qui ne feront pas conformes aux Conftitutions : qu'elles en allegueront des raifons qui manque de lumiere leur paroiftront bonnes, ou qui s'efforceront, ce que Dieu ne veüille permettre, de les faire recevoir pour telles au Superieur, quoy qu'elles même n'ayent pas fujet d'en être perfuadées. Mais encore que ce qu'elles demanderont ne foit pas directement contraire aux Conftitutions il pourroit être fort dangereux que le Superieur le leur accordât, parce que ne connoiffant pas ces chofes par luy-même il n'en fçauroit juger avec certitude, & que les perfonnes qui luy en parlent pourroient les luy reprefenter tout autres qu'elles ne font en effet par cette pente naturelle que nous avons à exagerer ce que nous avons à cœur pour faire approuver nos fentimens : mais le meilleur fera peut-eftre de ne fe rendre pas facile à écouter de femblables propofitions, & d'en demeurer à ce qui fe pratique maintenant, puis que l'on voit que graces à Dieu tout va fi bien, & qu'il faut toûjours preferer le certain à l'incertain. Ainfi le Superieur doit dans ces rencontres demeurer ferme à ufer de ce faint Empire que Dieu luy donne en refufant ce qu'il ne croit pas eftre raifonnable fans fe mettre en peine s'il mécontente la Prieure ou les Religieufes en ne leur accordant pas ce qui pourroit leur beaucoup nuire dans la fuite. Outre que pour rejetter une chofe il fuffit qu'elle foit nouvelle.

18. Le Superieur ne doit point donner de permiffions de recevoir des Religieufes qu'aprés s'être tres particulierement informé de leurs veritables difpofitions : Et s'ils fe trouve en lieu où il les puiffe connoiftre par luy-même, il eft de fa prudence de n'y pas manquer,

parce qu'il peut y avoir des Prieures si portées à recevoir des Religieuses qu'elles s'y rendent trop faciles, & que les Religieuses approuvent presque toûjours ce qu'elles leur voyent desirer, quoy que peut-estre elles se trompent & agissent en cela, ou par inclination ou en faveur de quelque parente, ou par d'autres considerations qu'elles s'imaginent estre bonnes encore qu'elles ne le soient pas. L'inconvenient n'est pas si grand quand il s'agit seulement de donner l'habit. Mais il n'y a point de soin qu'il ne faille prendre pour ce qui regarde la profession : Et s'il y des Novices le Superieur doit dans ses visites s'informer tres exactement de la maniere dont elles se conduisent, afin que selon ce qu'il en apprendra il accorde ou refuse la permission de les faire Professes lors que le temps en sera venu, parce que s'il arrivoit que la Prieure affectionnât particulierement ces Novices & s'interessa dans ce qui les regarde, les Religieuses n'oseroient dire avec liberté leur sentiment ; au lieu qu'elles ne craindroient point de le declarer au Superieur. Ainsi il seroit bon s'il se pouvoit de differer la profession jusques au temps de la visite si elle étoit proche : & même si on le jugeoit à propos d'envoyer au Superieur les suffrages des Religieuses bien cachetez comme on le feroit lors de l'élection parce qu'il est important à une maison religieuse de ne recevoir personne qui puisse y causer du trouble que l'on ne sçauroit y apporter trop de soin.

19. Il faut aussi bien prendre garde à la reception des Sœurs Converses, parce que presque toutes les Prieures se portant à en recevoir beaucoup les maisons s'en trouvent chargées, & qu'il arrive souvent qu'une partie de ces Converses sont de peu de travail. Ainsi on ne doit pas se rendre facile à en recevoir sans une grande necessité & sans estre exactement informé du besoin qu'en peut avoir la maison puis qu'elle a tant d'interest que l'on agisse en cela avec beaucoup de prudence.

Il faut tâcher de ne pas remplir le nombre de Religieuses du cœur ; mais qu'il reste toûjours une place, afin que s'il se presente quelque excellent sujet on puisse le recevoir ; au lieu que si le nombre estoit complet quelque vertueuse que fust une fille on seroit contraint de la refuser, puis qu'autrement ce seroit ouvrir la porte à l'infraction de l'une de nos principales Constitutions : ce qui n'importe de rien moins que de la ruine des monasteres, & cette raison fait aussi qu'il vaut mieux manquer à ce qui regarde l'avantage d'une seule personne que de prejudicier à tant d'autres. Mais ce que l'on pourroit faire en cette rencontre seroit d'envoyer une des Religieuses dans une autre maison dont le nombre ne seroit pas remply afin de donner lieu à la reception de cette personne si vertueuse qui se presenteroit ; & si elle apporte quelque dot ou quelque aumône l'envoyer avec la Religieuse qui s'en iroit pour ne plus revenir. Mais si cela ne se rencontre pas, arrive ce qui pourra plutost que de faire une chose si préjudiciable à tout l'Ordre.

Lors qu'on demande au Superieur la permission de recevoir une Religieuse il doit s'informer du nombre qu'il y en a dans le monastere sans se rapporter seulement à la Prieure d'une chose si importante.

20. Il faut s'enquerir si les Prieures n'ajoûtent point quelque chose à l'office ou aux penitences outre ce qui est d'obligation, parce qu'il pourroit arriver que chacune y ajoûtant selon sa devotion particuliere les Religieuses s'en trouveroient si chargées que cela nuiroit à leur santé, & leur osteroit le moyen de s'acquiter de leurs obligations. Ce qui ne se doit pas entendre des occasions extraordinaires qui ne durent que quelques jours, mais seulement s'il se rencontroit des Prieures assez indiscretes pour le tourner en coutume sans que les Religieuses osassent s'en plaindre à cause qu'il leur paroistroit que ce seroit manquer de discretion, & qu'elles ne doivent en parler qu'au Superieur.

21. Le Superieur doit prendre garde à la maniere dont on dit l'office & dont on chante dans le chœur, & s'informer si l'on observe les pauses, & ce ton de voix conforme à nostre profession & qui édifie. Car il se rencontre deux inconveniens à chanter haut: L'un que la mesure ne s'y gardant pas cela est desagreable: L'autre que cette disconvenance ne s'accorde pas avec l'uniformité de nostre maniere de vivre. A quoy si l'on ne remedie on tombera dans des manquemens qui feront perdre la devotion à ceux qui nous entendent chanter: au lieu que nos voix doivent estre tellement mortifiées qu'ils connoissent que nostre dessein n'est pas de flatter les oreilles: ce qui est aujourd'huy un défaut si general, & tellement passé en coutume qu'il paroist être sans remede & fait que l'on ne sçauroit trop y prendre garde.

22. Lors que le Superieur commandera des choses qui seront importantes il sera fort à propos qu'il ordonne à l'une des Sœurs en presence de la Superieure de luy écrire si l'on manque à les executer, afin que cette Superieure sçache qu'elle ne sçauroit s'en dispenser. Par ce moyen il sera comme toujours present, & l'on aura plus de soin de ne pas manquer à ce que l'on doit.

23. Avant que de commencer la visite il sera fort utile que le Superieur represente tres fortement combien la Prieure seroit blamable si elle trouvoit mauvais que les Sœurs rapportassent les fautes qu'elles auroient remarquées en elle quoy qu'elles n'en fussent pas bien asseurées, puis qu'elles y sont obligées en conscience, & qu'une Superieure ne se doit fâcher de rien de ce qui peut luy donner quelque

morti-

mortification, parce que celuy est un moyen de se bien acquitter de sa charge & de seruir Dieu plus parfaitement. Au lieu que si cela luy donne quelque mécontentement des Religieuses c'est une preuue certaine qu'elle n'est pas capable de commander, puis qu'elle leur osteroit la liberté d'en vser de méme dans un autre rencontre; voyant qu'aprés que le Superieur s'en seroit allé elles demeureroient exposées au pouuoir de cette Superieure: ce qui pourroit causer un tres-grand relaschement. C'est pourquoy quelque sainteté que le Superieur remarque dans les Prieures il ne doit pas laisser d'auertir les Religieuses d'agir de la sorte que je viens de dire, à cause que nous sommes naturellement tres-foibles & que le demon nostre ennemy ne sçachant d'ailleurs à quoy s'attacher, pourroit se seruir de cette occasion pour leur nuire & s'acquiter ainsi de ses pertes.

24. La Superieure doit garder un extrême secret, afin que la Prieure ne puisse jamais sçauoir qui sera celle qui l'aura accusée, à cause, comme je l'ay dit, que nous viuons encore sur la terre. Et quand ce ne seroit que pour luy épargner quelque sujet de tentation ce seroit toûjours beaucoup. Mais cela pourroit aller encore plus loin.

25. Que si les choses que l'on dira de la Prieure ne sont point importantes on pourra adroitement les faire tomber à propos en parlant à elle, sans qu'elle puisse juger qu'on les ait apprises des Religieuses, parce que le meilleur est qu'elle ne sçache point qu'elles ayent rien dit d'elle: Mais quand ce sont des choses de consequence, il faut plutost penser à y remedier qu'à la contenter.

26. Le Superieur doit aussi s'informer si la Prieure a de l'argent sans que la Celerie le sçache: Car il est fort important qu'elle n'en ait jamais, ainsi que les portent nos constitutions: & la mesme chose doit s'obseruer dans les maisons qui ne viuent que d'aumône. Ie pense l'auoir dit ailleurs & que ce n'est qu'une repetition: mais comme j'écris cecy à diuerses reprises je ne m'en souuiens pas bien: & j'aime mieux le redire que de perdre de temps à chercher si ie l'ay dit.

27. Ce n'est pas une petite peine au Superieur de se trouuer obligé d'écouter tant de petites choses dont i'ay parlé. Mais celuy en seroit une beaucoup plus grande de voir les desordres qui arriueroiét s'il ne le faisoit pas. Et comme ie l'ay desia dit quelque saintes que soient des Religieuses rien n'est si important à des filles que d'estre bien persuadées qu'elles ont pour chef un Superieur que nulles considerations humaines ne peuuent toucher, qui ne pense qu'à obseruer & faire obseruer aux autres tous les denoirs de la religion, qu'à punir ceux qui y contreuienent, qu'à prendre un soin particulier de chaque maison: & qui non seulement les visite une fois l'année, mais s'enquiert de ce qui s'y passe en chaque iour qui sont tous moyens pour augmenter la perfection, parce que les femmes pour la plus part

aiment leur honneur & font timides. Ainsi il importe extrêmement que le Superieur ne se relache point dans ses soins : & que mesme en quelque rencontre il ne se contente pas de reprendre, mais y employe encore les châtimens, afin que l'exemple d'une seule serue à toutes. Que si par une dangereuse compassion ou par des respects humains il manque à sa conduite de la sorte dans les commencemens lors que le mal est encore presque imperceptible, il sera contraint dans la suite d'user d'une beaucoup plus grande rigueur : Il connoistra que sa douceur a esté une veritable cruauté ; & il en rendra à Dieu un fort grand compte.

28. Il y a des Religieuses si simples qu'elles croiroient faillir en disant de la Prieure des choses ausquelles il est besoin de remedier. Mais il faut les guerir de ce scrupule, leur apprendre que lors qu'elles les voyent contreuenir aux constitutions, ou faire d'autres faute importantes elles sont obligées de les en auertir auec humilité. Il pourra neanmoins arriver que les Prieures n'auront point failly, & que celles qui trouuent à redire à leur conduite n'y sont portées que par quelque mécontentement qu'elles ont d'elles. Et comme les Religieuses sont peu informées de la sorte dont on doit agir dans ces visites il est du devoir du Superieur de les instruire pour y suppléer par sa prudence.

29. Le Superieur doit s'informer tres-exactement non seulement d'une ou de deux Religieuses, mais de toutes; de la maniere dont on vit auec les Confesseurs, & de l'accez qu'on leur donne. Car puis que l'on n'a pas jugé à propos qu'ils ayent jamais la charge de Vicaires elles ne doivent pas avoir grande communication avec eux, & le moins qu'elles en auront sera le meilleur. On ne sçauroit aussi trop prendre garde à éviter qu'il n'y ait entre eux trop de familiarité : & il sera quelquefois assez difficile de l'empêcher.

30. Il faut avertir les Superieures de ne faire aucune dépense superfluë, mais d'auoir toûjours devant les yeux que n'estant que les Economes & non pas les proprietaires du bien dont elles disposent, elles ne sçauroient trop le ménager. Elles sont obligées en conscience; comme aussi à n'avoir rien plus que les autres, si ce n'est la clef de quelque petite cassette pour y garder des lettres qui ne doivent point estre veuës & particulierement si elles sont des Superieures.

31. On doit aussi prendre garde qu'il n'y ait rien dans les habits qui ne soit conforme aux constitutions. Et s'il arrivoit jamais ce que Dieu ne veüille, qu'il s'y rencontrât quelque chose de curieux & qui ne donnat pas tant d'édification, il faut que le Superieur le fasse brûler en sa presence afin de ietter l'étonnement dans l'esprit des Religieuses qui seront alors vivantes pour les porter à se corriger & empescher celles qui leur succederont de tomber dans la mesme faute.

LES MONASTERES DES RELIGIEVSES.

32. Il faut bien prendre garde à la maniere de parler. Elle doit estre simple religieuse, proportionnée à l'estat des personnes retirées sans user de termes affectez & à la mode ; celles qui ont renoncé au monde devant plûtôt passer en cela pour rustiques & pour grossieres, que pour capables & curieuses.

33. On ne doit point s'engager dans des procez que par une pure necessité, & esperer que Dieu pourvoira par d'autres moyens à ce qui nous est necessaire, se souvenant toûjours qu'il faut aspirer à ce qui est de plus parfait. Que s'il est absolument impossible de les éviter, il ne faut ni les cōmencer ni les soûtenir qu'aprés en avoir donné avis au Superieur, & receu de luy sur ce suiet un ordre particulier.

34. En recevant des Religieuses il faut beaucoup plus considerer les qualitez qui sont en elles que le bien qu'elles apportent. Et quelque grand qu'il peut être on n'en doit recevoir aucune que conformement aux Constitutions.

35. Nous ne sçaurions trop nous representer ce que font & ce qu'ordonnent maintenant les Superieurs que Dieu nous a donnez. C'est d'eux que j'ay appris une partie de ce que j'écris icy en lisant les actes de leurs visites, & entre autres choses qu'ils ne doivent point avoir de communication plus particuliere avec quelqu'une des Sœurs qu'avec les autres ni luy parler seul à seul, ni luy écrire ; mais qu'ils doivent leur témoigner a toutes en general l'affectiō d'un veritable Pere, parce qu'autrement quand le Superieur & cette Religieuse seroient aussi saints que S. Ierôme & sainte Paule, on ne laisseroit pas d'en murmurer comme on murmuroit contre eux : ce qui ne feroit pas seulement tort à cette maison, il en feroit aussi à toutes les autres où le demon ne manqueroit pas de le faire sçavoir pour en profiter ; le monde estant si méchant dans ce siecle corrompu que cela produiroit beaucoup de mal comme on en voit assez d'exemples Il arriveroit aussi de là que l'affection que toutes ne sçauroient manquer d'avoir pour le Superieur, lors qu'il est tel qu'il doit estre & qu'il est si important qu'elles ayent ; viendroit a diminuer, quand elles croiroient que la sienne au lieu d'estre generale pour elles toutes, se porteroit entierement à l'une d'elles. Mais cecy ne se doit entendre que lors qu'il y a de l'excez & en des choses notables, & non pas pour quelque rencontre particuliere & necessaire qui peut obliger d'en user d'une autre sorte.

36. Quand le Superieur entre dans le monastere pour visiter la closture, comme il ne doit jamais y manquer, il faut qu'il voye exactement toute la maison : & que son compagnon, la Prieure, & quelques Religieuses le suivent toûjours, sans que jamais il y mange quoy que ce fust le matin & quelque instance qu'on luy en pust faire. Cela estant achevé il faut qu'il sorte & que s'il luy reste quel-

que chose à dire il le remette au parloir, parce qu'encore qu'il le puſt faire d'une maniere à laquelle il n'y auroit rien à reprendre, ce ſeroit introduire une coûtume dangereuſe pour l'avenir s'il ſe rencontroit d'autres Superieurs à qui il ne fuſt pas à propos de donner tant de liberté : Que s'il y en avoit qui vouluſſent la prendre, ie prie Dieu de ne pas permettre qu'on la leur accorde ; mais pluftoſt de les rendre tels qu'il ne ſe paſſe rien dans ces occaſions qui ne donne de l'édification & qu'ils reſſemblent en tout à ceux que nous avons maintenant. Ainſi ſoit-il.

37. Le Superieur ne doit point ſouffrir qu'on luy faſſe trop bonne chere dans le temps de ſa viſite. Il ſuffit qu'on le traite honneſtement, & s'il y avoit de l'excez il faut qu'il témoigne de le trouver fort mauvais. Car de ſemblables ſoins ne conviennent ni à luy ni aux Religieuſes qui doivent ſe contenter du neceſſaire pour ne point donner mauvaiſe édificatiõ. Que ſi l'on manquoit à ce que je dis, le Superieur que nous avons aujourd'huy ne s'en appercevroit pas à moins qu'on l'en avertiſt, tant il a peu d'application à de ſemblables choſes & prend peu garde ſi on luy donne peu ou beaucoup ni ſi ce qu'on luy donne eſt bon ou mauvais. Son ſoin va à travailler luy-meſme autant qu'il peut aux procez verbaux de ſes viſites, afin que nul autre que luy n'ait la connoiſſance des manquemens des Religieuſes. Cette conduite eſt excellente pour couvrir les petites fautes qu'elles pourroient commettre parce que les regardant avec des yeux de pere, Dieu de qui il tient la place luy donne lumiere pour y remedier & pour empeſcher qu'elles n'ayent de mauvaiſes ſuites. Au lieu que s'il n'agiſſoit pas de la ſorte il conſidereroit peut-eſtre côme des defauts fort importans ce qui n'eſt rien en effet & ne ſe mettant gueres en peine de les cacher il nuiroit beaucoup à la reputation d'un monaſtere ſans qu'il y en euſt ſujet. Dieu veüille, s'il luy plaiſt faire par ſa grace que les Superieurs agiſſent toûjours avec tant de ſageſſe & de bonté.

38. Le Superieur ne doit jamais témoigner avoir une affection particuliere pour la Prieure principalement en preſence de la communauté, de peur que les Sœurs n'oſent luy dire les fautes qu'elles auroient remarquées en elle. Il eſt neceſſaire au contraire qu'elles ſoient perſuadées qu'il ne l'excuſera point dans ſes manquemens ; mais qu'il y remediera. Car rien n'afflige plus les ames zelées pour la gloire de Dieu & pour l'Ordre que de voir la diſcipline pancher vers ſa decadence, & qu'aprés avoir eſperé que le Superieur y remediera leur eſperance ſe trouve vaine. Tout ce qu'elles peuvent faire alors eſt d'avoir recours à noſtre Seigneur, & de ſe reſoudre à ſe taire quand bien tout devroit perir, puis qu'elles s'en tourmenteroient inutilement. En quoy ces pauvres Filles ſont d'autant plus à plaindre qu'on ne les entend qu'une ſeule fois lors qu'on les appelle

LES MONASTERES DES RELIGIEVSES. 493

pour le scrutin; & qu'au contraire la Prieure à tout le loisir de se justifier, & mesme de faire croire qu'elles ont agy avec passion. Car encore qu'elle ne sçache pas au vray qui sont celles qui l'ont accusée, certaines conjectures font qu'elle s'en doute; Et comme le Superieur ne juge des choses que sur ce qu'on luy dit, il se persuade aisément devoir ajoûter foy à ses raisons. Ainsi il ne remediera à rien. Au lieu que s'il pouvoit voir de ses yeux ce qui se passe il découvriroit aisément la verité que la Prieure luy déguise, sans en avoir peut-estre le dessein, tant l'amour propre fait que nous avons de peine à nous connoistre & à nous condamner nous mesmes. J'ay souvent vû arriver ce que je dis à des Prieures fort vertueuses en qui j'avois tant de creance qu'il me paroissoit impossible que les choses alassent autrement qu'elles ne l'assuroient. Neanmoins après avoir demeuré quelques jours dans ces maisons, je voyois avec étonnement, & quelquefois en des choses importantes, que c'estoit tout le contraire, quoy que presque la moitié de la Communauté m'eust assurée ainsi que la Prieure qu'il y avoit de la passion; au lieu que c'estoit elles qui se trompoient & le reconnurent ensuite. Comme le demon trouve peu d'occasions de tenter les Sœurs, je croy qu'il tente les Prieures en leur donnant d'elles des opinions peu favorables, afin d'éprouver si elles le souffriroient avec patience: & tout cela tourne à la gloire de Dieu. Pour moy je suis persuadée que le meilleur moyen d'y remedier est de ne rien croire jusques à ce que l'on soit exactement informé de la verité, & qu'alors il faut la faire connoistre à celles qui sont dans l'erreur. Cecy n'arrive pas d'ordinaire en des choses fort importantes; mais le mal peut augmenter si on ne se conduit avec prudence. Je ne sçaurois trop admirer l'adresse dont le diable se sert pour faire croire à chacune d'elles qu'il n'y a rien de plus veritable que ce qu'elles assurent. C'est ce qui m'a fait dire qu'il ne faut pas ajoûter une entiere foy à la Prieure ni à une Religieuse, & que pour estre éclaircy avec certitude de ce que l'on doit faire il faut s'informer de la plus grande partie des Sœurs lors que le sujet le merite. Dieu veüille, s'il luy plaist, nous donner toûjours des Superieurs si prudens & si saints, qu'estant éclairez de sa celeste lumiere ils ne se méprennent point, mais qu'ils connoissent le veritable estat de nos ames & qu'ainsi leur sage conduite les fasse augmenter de plus en plus en vertu pour son honneur & pour sa gloire.

FIN.

AVIS
DE
LA SAINTE
A
SES RELIGIEVSES.

1. L'Esprit de l'homme ressemble à la terre qui bien que fertile ne produit neanmoins que des ronces & des épines lors qu'elle n'est pas cultivée.

2. Parlez avantageusement de toutes les personnes de pieté, comme des Religieux, des Prestres, & des Hermites.

3. Quand vous serez avec plusieurs, parlez toûjours peu.

4. Conduisez-vous avec une grande modestie dans toutes les choses que vous ferez & dont vous traiterez.

5. Ne contestez jamais beaucoup, principalement en des choses peu importantes.

6. Parlez à tout le monde avec une gayeté moderée.

7. Ne raillez jamais de quoy que ce soit.

8. Ne reprenez iamais personne qu'avec discretion & humilité, & avec une confusion secrette de vos defauts particuliers.

9. Acommodez vous toûjours à l'humeur des personnes avec qui vous traiterez. Soyez gayes avec ceux qui sont gais & tristes avec ceux qui sont tristes : & enfin rendez-vous toutes à tous pour les gagner tous.

10. Ne parlez iamais sans y avoir bien pensé auparavant & sans l'avoir fort recommandé à nostre Seigneur, afin de ne rien dire qui luy soit desagreable.

11. Ne vous excusez jamais, à moins qu'il n'y ait grande raison de le faire.

12. Ne dites iamais rien de vous-mesme qui merite quelque loüange, comme de ce qui regarde le sçavoir, ou les vertus, ou la race: si ce n'est qu'il y ait suiet d'esperer que cela pourra servir à ceux à qui vous le dites : & alors il le faut faire avec humilité, & considerer que ce sont des dons que l'on a reçus de la main de Dieu.

13. Ne parlez iamais avec exageration : mais dites simplement & sans chaleur ce que vous pensez.

A SES RELIGIEVSES.

14. Meslez toûjours quelque chose de spirituel dans vos discours & dans les conversations où vous vous trouverez pour éviter ainsi les paroles inutiles & les disputes.

15. N'assurez iamais rien sans le bien sçavoir.

16. Ne vous meslez iamais de dire vostre sentiment sur quoy que ce soit, à moins qu'on ne vous le demande, ou que la charité ne vous y oblige.

17. Lors que quelqu'un parlera de choses bonnes & spirituelles, écoutez-le avec humilité comme un disciple écoute son maistre, & prenez pour vous ce qu'il aura dit de bon.

18. Découvrez à vostre superieur, & à vostre confesseur toutes vos tentations, vos imperfections, & vos peines, afin qu'il vous assiste de ses conseils & vous donne des remedes pour les surmonter.

19. Ne demeurez point hors de vostre cellule, ni n'en sortez point sans suiet. Et lors que vous serez obligées d'en sortir, implorez le secours de Dieu afin qu'il vous garde de l'offenser.

20. Ne mangez ni ne beuvez qu'aux heures ordinaires : & rendez alors de grandes actions de graces à Dieu.

21. Faites toutes choses comme si vous voyez veritablement Dieu present devát vous: car lame en cette maniere fait un grand progrez.

22. N'écoutez iamais ceux qui disent du mal de quelqu'un : & n'en dites iamais aussi, si ce n'est de vous mesme. Et lors que vous prendrez plaisir d'agir de la sorte vous avancerez beaucoup.

23. Ne faites aucune action sans la rapporter à Dieu en la luy offrant, & sans luy demander qu'il la fasse reüssir à son honneur & à sa gloire.

24. Lors que vous serez dans la ioye ne vous laissez point emporter à des ris immoderez : mais que vostre ioye soit humble, douce, modeste & édefiante.

25. Considerez-vous toûjours comme estant servante de toutes les autres : & regardez en chacune d'elles nostre Seigneur IESVS-CHRIST. Car par ce moyen vous n'aurez nulle peine à les respecter.

26. Soyez toûjours aussi disposée à pratiquer l'obeïssance que si IESUS CHRIST luy-mesme vous l'ordonnoit par la bouche de vostre Superieure.

27. En toute action & à toute heure examinez vostre conscience: & aprés avoir remarqué vos fautes taschez de vous en corriger avec l'assistance de Dieu. En marchant par ce chemein vous arriverez à la perfection religieuse.

28. Ne pensez point aux imperfections des autres; mais seulement à leurs vertus. Et ne pensez au contraire qu'à vos imperfections.

29. Ayez toûjours un grand desir de souffrir pour IESUS-CHRIST en toutes choses, & dans toutes les occasions qui se pourront presenter.

30. Faites chaque jour cinquante oblations de vous mesmes à Dieu: & faites-les avec beaucoup de ferveur & un grand desir de le posseder.

31. Ayez present durant tout le jour ce que vous aurez medité le matin; & faites-le avec un soin particulier, parce que vous en tirerez un grand avantage.

32. Conservez soigneusement les sentimens que Dieu vous inspire, & mettez en pratique les bons desirs qu'il vous donne dans l'oraison.

33. Fuyez toûjours la singularité autant qu'il vous sera possible, parce que c'est un mal fort dangereux dans une communauté.

34. Lisez souvent vos Stauts & vostre regle, & les observez tres-exactement.

35. Considerez la sagesse & la providence de Dieu dans toutes les choses qu'il a créés, & prenez de toutes un sujet de le loüer.

36. Détachez vostre cœur de toutes choses: cherchez Dieu & vous le trouverez.

37. Cachez avec soin vostre devotion: & n'en témoignez iamais au dehors que ce que vous en ressentez au dedans.

38. Ne faites point paroistre la devotion que vous avez dans le cœur si quelque grande necessité ne nous y engage, mon secret est pour moy, disoit saint Bernard & saint François.

39. Ne vous plaignez point de vostre manger soit qu'il soit bien ou mal appresté, vous souvenant du fiel & du vinaigre qu'on presenta à Iesus-Christ.

40. Ne parlez point lors que vous estes à table: ni ne levez point les yeux pour regarder qui que ce soit.

41. Representez-vous la table du ciel; considerez quelle est la viande dont on se nourrit qui est Dieu mesme: Considerez quels sont les conviez qui sont les Anges; & élevez vos yeux vers cette sainte & celeste table avec un extrême desir d'y avoir place.

42. Puis que vous devez regarder Iesus-Christ en la personne de vostre Superieur, ne parlez iamais en sa presence si la necessité ne vous y oblige; & parlez alors avec grand respect.

43. Ne faites iamais rien dans ce qui regarde les mœurs, qui ne se pust faire devant tout le monde.

44. Ne faites iamais de comparaison entre les personnes, parce que les comparaisons sont odieuses.

45. Lors que l'on vous fera quelque reprehension recevez-la avec une humilité interieure & exterieure: & priez Dieu pour celuy qui vous reprend.

46. Quand un Superieur vous commande quelque chose, ne dites pas qu'un autre commande le contraire; mais croyez que tous deux ont de saintes intentions, & obeïssez à ce qui vous est commandé.

47.

A SES RELIGIEUSES.

47. Fuyez la curiosité dans les choses qui ne vous regardent point n'en parlez point, & ne vous en enquerez point.

48. Remetez vous devant les yeux vostre vie passée pour la pleurer : & songez à vostre tiedeur presente & aux vertus qui vous manquent pour gagner le Ciel, afin d'estre toûjours dans la crainte. Cette conduite produit d'excellens effets.

49. Lors que ceux de la maison vous diront de faire quelque chose ne manquez jamais de le faire pourvû qu'il n'y ait rien en cela de contraire à l'obeïssance, & répondez toûjours avec douceur & humilité.

50. Ne demandez jamais rien de particulier ni pour vostre vivre ni pour vostre vestement, si ce n'est pour quelque grande necessité.

51. Ne cessez jamais de vous humilier & de vous mortifier en toutes choses jusques à la mort.

52. Accoustumez vous de faire à toute heures plusieurs actes d'amour parce qu'ils enflamment & attendrissent le cœur.

53. Faites aussi des actes de toutes les autres vertus.

54. Offrez toutes choses au Pere eternel en vous unissant avec les merites de son Fils Nostre Seigneur Iesus CHRIST.

55. Soyez douces envers les autres, & rigoureuses à vous mêmes.

56. Aux jours des festes des saints considerez qu'elles ont esté leur vertus, & priez Nostre Seigneur de vous les donner.

57. Ayez un grand soin d'examiner tous les soirs vostre conscience

58. Aux jours que vous communierez employez vostre oraison du matin à considerer qu'estant aussi miserable que vous estes vous allez neanmoins recevoir un Dieu. Et employez celle du soir à penser que vous avez eu le bon-heur de le recevoir.

59. Quand vous serez Superieure ne reprenez jamais personne pendant que vous serez en colere, mais attendez que vous n'y soyez plus & par ce moyen vostre correction sera utile.

60. Trauaillez autant que vous le pourrez pour acquerir la perfection & la devotion : & tout ce que vous ferez, faites-le parfaitement & devotement.

61. Exercez vous beaucoup en la crainte du Seigneur, parce que de là naissent dans l'ame la componction & l'humilité.

62. Considerez avec attention combien les personnes sont changeantes & le peu de sujet qu'il y a de s'y fier. Et ainsi établissez toute vostre confiance en Dieu qui ne change point.

63. Tâchez de traiter de toutes les choses qui se passent dans vostre ame avec un Confesseur spirituel & sçauant à qui vous les communiquiez, & dont vous suiuiez le conseil en tout.

64. Toutes les fois que vous communierez demandez à Dieu quel

RRr

que grace particuliere ensuite de cette grande misericorde par laquelle il a daigné visiter vostre ame.

65. Quoy que vous ayez divers Saints pour intercesseurs, adressez-vous particulierement à S. Ioseph : car ses prieres peuvent beaucoup auprès de Dieu.

66. Lorsque vous serez dans la tristesse & dans le trouble n'abandonnez pas pour cela les bonnes œuvres soit d'oraison ou de penitence que vous aviez accoûtumé de faire : car c'est le dessein du demon de vous les faire quitter en remplissant vostre esprit d'inquietude. Mais au contraire faites en plus qu'auparavant : & vous verrez que Nostre Seigneur sera tres prompt à vous secourir.

67. Ne parlez point de vos tentations & de vos défauts à celles de la maison qui sont les plus imparfaites parce que cela leur nuiroit & à vous aussi : mais parlez en seulement aux plus parfaites.

68. Souvenez-vous que vous n'avez qu'une ame, que vous ne mourrez qu'une fois, que vous n'avez qu'une vie qui est courte : & qu'il n'y a qu'une gloire qui est eternelle. Et cette pensée vous detachera de beaucoup de choses.

69. Que vostre desir soit de voir Dieu : vostre crainte de le pouvoir perdre : vostre douleur de ne le pas posseder encore : & vostre joye de ce qu'il peut vous tirer à luy. Et vous vivrez dans un grand repos.

FIN DE LA PREMIERE PARTIE.